四川省公

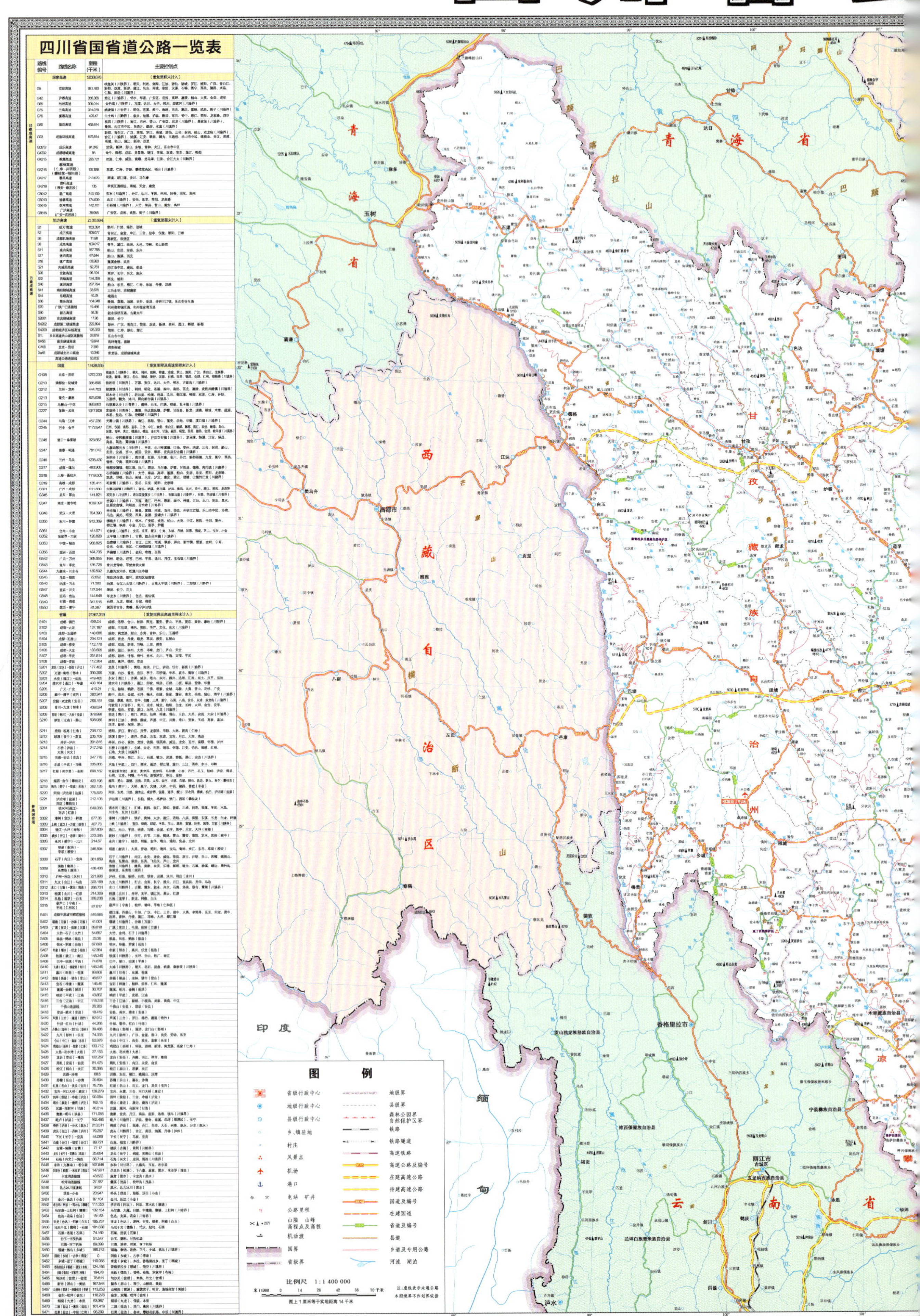

四川省国省道公路一览表

路线编号	路线名称	里程（千米）	主要控制点
	国家高速	5030.676	（重复里程未计入）
G5	京昆高速	981.483	棋盘关（川陕界）、朝天、利州、剑阁、江油、游仙、涪城、罗江、旌阳、广汉、青白江、新都、双流、新津、蒲江、名山、雨城、荥经、汉源、石棉、冕宁、西昌、德昌、米易、仁和、田房（川滇界）
G42	沪蓉高速	366.366	邻江（川渝界）、邻水、华蓥、广安区、岳池、高坪、嘉陵、船山、大英、金堂、成华
G65	包茂高速	305.014	金竹坝（川陕界）、万源、达川、大竹、邻水、邱家河（川渝界）
G75	兰海高速	331.078	姚渡镇（川甘界）、昭化、苍溪、阆中、南部、西充、顺庆、嘉陵、武胜、街子（川渝界）
G76	厦蓉高速	420.47	白土岭（川黔界）、叙永、纳溪、泸县、隆昌、东兴、资中、雁江、简阳、龙泉驿、成华
G85	银昆高速	458.614	桃园（川陕界）、南江、巴州、营山、广安区、伏龙（川渝界）、桑家坡（川渝界）、隆昌、内江市中区、自流井、翠屏、水富（川滇界）
G93	成渝环线高速	579.614	新都、青白江、广汉、旌阳、罗江、涪城、游仙、三台、射洪、船山、双龙店（川渝界）、合江（川渝界）、纳溪、江安、翠屏、犍为、五通桥、乐山市中区、峨眉山、夹江、洪雅、雨城、名山、蒲江、新津、双流
G0512	成乐高速	91.242	武侯、新津、彭山、东坡、青神、夹江、乐山市中区
G4202	成都绕城高速	85	金牛、新都、成华、龙泉驿、锦江、武侯、双流、青羊、温江、郫都
G4215	蓉遵高速	296.721	双流、仁寿、威远、富顺、龙马潭、江阳、合江九支（川黔界）
G4216	蓉丽高速（仁寿－井研段）（攀枝花－福田段）	107.688	双流、仁寿、井研、攀枝花西区、福田（川滇界）
G4217	蓉昌高速	213.679	郫都、都江堰、汶川、马尔康
G4218	雅叶高速（雅安－康定段）	135	草坝互通枢纽、雨城、天全、康定
G5012	恩广高速	313.109	宝石（川渝界）、开江、达川、平昌、巴州、旺苍、昭化、利州
G5013	渝蓉高速	174.539	忠义（川渝界）、安岳、乐至、简阳、龙泉驿
G5515	张南高速	142.101	石桥铺（川渝界）、大竹、渠县、营山、蓬安、高坪
G8515	广泸高速（广安－武胜段）	38.958	广安区、岳池、武胜、街子（川渝界）
	地方高速	2100.694	（重复里程未计入）
S1	成万高速	103.391	彭州、什邡、绵竹、涪城
S2	成巴高速	308.077	青白江、金堂、中江、三台、盐亭、仪陇、恩阳、巴州
S6	成都机场高速	11.98	高新区、双流区
S8	成名高速	109.017	青羊、温江、崇州、大邑、邛崃、名山新店
S11	遂内高速	157.758	船山、安居、安岳、东兴
S17	遂西高速	67.644	船山、蓬溪、西充
S18	遂广高速	63.983	蓬溪金桥、武胜
S21	内威荣高速	62.761	内江市中区、威远、荣县
S26	宜叙高速	96.104	翠屏、长宁、兴文、叙永
S32	西绵高速	124.358	西充、绵阳
S40	遂洪高速	237.794	船山、乐至、雁江、仁寿、东坡、丹棱、洪雅
S41	绵阳绕城高速	33.675	三台永明、涪城磨家
S44	乐峨高速	10.78	峨眉山
S66	隆乐高速	164.048	隆昌、富顺、沿滩、贡井、荣县、井研三江镇、乐山安谷互通
S70	广陕广巴连接线	19.456	利州[illegible]互通、利州张家湾互通
S80	叙古高速	56.38	叙永观桥互通、古蔺太平
S2601	宜宾绕城高速	17.96	翠屏、长宁
S4202	成都第二绕城高速	222.804	彭州、广汉、青白江、简阳、双流、新津、崇州、温江、郫都、新都
S4203	成都经济区环线高速	126.333	简阳、仁寿、彭山、蒲江
S1L	乐自高速乐山城区连接线	23.618	乐山市中区
SA56	南充绕城高速	19.944	高坪青莲、嘉陵
G108	北京－昆明	2.388	雅安雨城
Xa45	成都城北出口高速	10.349	青龙场、成都绕城高速
	高速公路连接线	50.002	
	国道	17428.636	（重复里程及高速里程未计入）
G108	北京－昆明	1272.233	棋盘关（川陕界）、朝天、利州、剑阁、梓潼、涪城、罗江、旌阳、广汉、青白江、龙泉驿、双流、新津、蒲江、名山、雨城、荥经、汉源、石棉、西昌、德昌、会理、仁和、[illegible]（川滇界）
G210	满都拉－防城港	385.896	铁匠垭（川陕界）、万源、宣汉、达川、大竹、邻水、方家沟（川渝界）
G212	兰州－龙邦	444.703	姚渡镇（川甘界）、利州、昭化、苍溪、阆中、南部、西充、嘉陵、武胜兴隆镇（川渝界）
G213	策克－磨憨	875.938	郎木寺（川甘界）、若尔盖、松潘、茂县、汶川、都江堰、郫都、双流、仁寿、井研、五通桥、犍为、沐川、屏山新市镇（川滇界）
G215	马鬃山－宁洱	893.863	石渠真达乡（川青界）、德格、白玉、巴塘、得荣、瓦卡镇（川滇界）
G227	张掖－孟连	1317.808	友谊桥（川青界）、壤塘、色达翁达镇、炉霍、甘孜县、新龙、理塘、稻城、木里、盐源、米易、盐边、仁和、[illegible]（川滇界）
G244	乌海－江津	457.236	光雾山镇（川陕界）、南江、恩阳、营山、蓬安、岳池、华蓥、溪口镇（川渝界）
G245	巴中－金平	1172.947	巴州、仪陇、南部、盐亭、三台、中江、金堂、青白江、新都、郫都、温江、双流、新津、彭山、东坡、青神、夹江、峨眉山、峨边、金口河、甘洛、越西、昭觉、西昌、德昌、会理、蛟平渡（川滇界）
G246	遂宁－麻栗坡	323.552	船山、安居磨溪镇（川渝界）、泸县立石镇（川渝界）、龙马潭、纳溪、江安、珙县、高县、筠连、蒿坝镇（川滇界）
G247	景泰－昭通	781.072	九寨沟郭元乡（川甘界）、平武、北川桂溪镇、江油、安州、涪城、三台、射洪、船山、安居、安岳、资中、威远、贡井、翠屏、宜宾县安边镇（川滇界）
G248	兰州－马关	1235.430	冻列乡（川甘界）、若尔盖、红原、马尔康、金川、丹巴、新都桥镇、九龙、冕宁、西昌、普格、宁南、葫芦口镇（川滇界）
G317	成都－噶尔	483.905	郫都安靖镇、都江堰、汶川、理县、马尔康、炉霍、甘孜县、德格、岗托镇（川藏界）
G318	上海－聂拉木	1119.505	石桥铺镇（川渝界）、大竹、渠县、高坪、蓬溪、船山、安居、乐至、简阳、龙泉驿、双流、邛崃、名山、雨城、天全、泸定、康定、雅江、理塘、巴塘竹巴龙（川藏界）
G319	高雄－成都	135.411	毛家镇（川渝界）、安岳、乐至、简阳、龙泉驿
G321	广州－成都	511.830	古蔺马蹄镇（川黔界）、叙永、纳溪、龙马潭、泸县、隆昌、东兴、资中、雁江、简阳、龙泉驿
G345	启东－那曲	141.821	冻列乡（川甘界）、若尔盖麦溪乡（川甘界）、石渠马崩（川青界）、石渠、色须镇（川青界）
G347	南京－德令哈	1039.397	[illegible]（川渝界）、万源、通江、巴州、恩阳、阆中、梓潼、江油、北川、茂县、黑水、红原安曲镇、阿坝县、分水岭（川青界）
G348	[illegible]	[illegible]	[illegible]
G350	[illegible]	[illegible]	[illegible]
G351	[illegible]	[illegible]	[illegible]
G352	[illegible]	[illegible]	[illegible]
G353	[illegible]	[illegible]	[illegible]
G356	[illegible]	[illegible]	[illegible]
G542	[illegible]	[illegible]	[illegible]
G543	[illegible]	[illegible]	[illegible]
G544	[illegible]	[illegible]	[illegible]
G545	[illegible]	[illegible]	[illegible]
G546	[illegible]	[illegible]	[illegible]
G547	[illegible]	[illegible]	[illegible]
G548	[illegible]	[illegible]	[illegible]
G549	[illegible]	[illegible]	[illegible]
G550	[illegible]	[illegible]	[illegible]
	省道	[illegible]	（重复里程及高速里程未计入）
S101	[illegible]	[illegible]	[illegible]
S102	[illegible]	[illegible]	[illegible]
S103	[illegible]	[illegible]	[illegible]
S104	[illegible]	[illegible]	[illegible]
S105	[illegible]	[illegible]	[illegible]
S106	[illegible]	[illegible]	[illegible]
S107	[illegible]	[illegible]	[illegible]
S108	成都－安县	112.364	成都、高坪、德阳、安县
S201	龙泉（宣汉）－新街（开江）	177.402	龙泉（川渝界）、樊哙、南坝、开江、讲治、任市、新街（川渝界）
S202	万源－御临（邻水）	339.296	万源、白沙、普光、宣汉、亭子、石桥铺、丰禾、袁市、御临（川渝界）
S203	永安（通江）－岳池	419.465	永安（通江）、沙溪、[illegible]、笔山、双河、魏兴、达州、汇南、双土、兴平、岳池
S204	诺水河（通江）－华蓥	403.164	诺水河（川陕界）、通江、邱家、碑庙、石梯、三板、渠县、[illegible]、华蓥
S205	广元－广安	419.21	广元、柏林、鹤龄、苍溪、千佛、观紫、金城、马鞍、大寅、营山、花桥、广安
S206	阆中－清平（武胜）	280.941	阆中、凉水、金城、长坪、楠木、仪陇、徐家、蓬安、南充、岳池、猛山、清平（川渝界）
S207	仪陇－双龙街（安岳）	256.151	仪陇、澳溪、南充、安平、任隆、三凤、遂宁、石洞、八角、安岳、永清、双龙街（川渝界）
S208	青川－九龙（邻水）	438.524	付家坝（川甘界）、青川、凉水、城北、柏林、白龙、长岭、大坪、金宝、安平、李渡、岳池、罗渡、溪口、坛同、九龙（川渝界）
S209	前进（青川）－大安（安居）	378.998	前进（青川）、雁门、厚坝、仙峰、梓潼、塔山、三台、大英、安居、大安（川渝界）
S210	厚坝（江油）－屏山	508.988	厚坝（江油）、[illegible]、魏城、芦溪、中江、兴隆、淮口、贾家、玉成、高家、富加、汪洋、新桥、观音、屏山
S211	德阳－视高（仁寿）	206.772	德阳、罗江、青白江、洛带、龙泉驿、华阳、大林、视高（仁寿）
S212	球溪（资中）－高县	235.169	球溪（资中）、连界、荣县、五宝、双谊、宜宾、月江、大窝、高县
S213	井研－泸州	301.816	井研、四公、富加、龙结、铁佛、观英滩、威远、龙会、瓦市、富顺、怀德、泸州
S214	石桥（泸县）－大坝（兴文）	217.249	石桥（川渝界）、玄滩、云龙、石洞、胡市、怀德、江安、怡乐、留耕、红桥、石海、大坝（川滇界）
S215	洪雅－安边（宜宾）	247.778	洪雅、中兴、夹江、乐山、石溪、犍为、泥溪、[illegible]、屏山、安边（川滇界）
S216	水晶（平武）－邛崃	335.865	水晶（平武）、白什、雎水、通济、都江堰、[illegible]、三江、西岭、水口、邛崃
S217	红星（若尔盖）－金阳	898.162	红星（若尔盖）、唐克、麦尔玛、查尔玛、马尔康、小金、丹巴、孔玉、姑咱、泸定、得妥、石棉、甘洛、阿嘎、牛牛坝、洛俄依甘、依达、金阳
S218	越西－鱼乍（攀枝花）	420.196	越西、[illegible]、喜德、[illegible]、西昌、太和、[illegible]、[illegible]、白坡、得石、盐边、新九、鱼乍（攀枝花）
S219	拖乌（冕宁）－普威（米易）	262.126	拖乌（冕宁）、大桥、冕宁、先锋、太和、中坝、德昌、普威（米易）
S220	阿坝－泸沽湖（盐源）	775.879	阿坝、安羌、日部、脚木足、观音桥、俄热、道孚、雅江、牙衣河、博窝、[illegible]、泸沽湖（盐源）
S221	泸沽湖（盐源）－西区（攀枝花）	212.106	泸沽湖（川滇界）、长柏、博大、格萨拉、渔门、西区（攀枝花）
S301	诺水河（通江）－瓦切（红原）	649.056	诺水河（通江）、汇滩、[illegible]、双汇、国华、曾家、三堆、前进、青溪、平武、水晶、川主寺、瓦切（红原）
S302	漆树（宣汉）－梓潼	577.36	漆树（川渝界）、铁矿、黄钟、大沙、通江、涪阳、八庙、黄猫、东溪、五龙、白龙、梓潼
S303	上峡（宣汉）－万家（旺苍）	407.73	上峡（川渝界）、宣汉、碑庙、邱家、平昌、玉山、恩阳、黄猫、旺苍、国华、万家（川陕界）
S304	通江－大坪（南部）	297.809	通江、元山、平昌、响滩、马鞍、金城、长坪、阆中、天宫、大坪（南部）
S305	拔妙（开江）－思依（阆中）	223.085	拔妙（川渝界）、任市、百节、三板、鹤林、营山、蓬安、南部、定水、思依（阆中）
S306	永兴（遂宁）－北川	214.57	永兴（遂宁）、桂花、明星、金华、塔山、绵阳、安县、北川
S307	明星（射洪）－草坝（雅安）	346.594	明星（射洪）、大英、[illegible]、简阳、清风、宝马、青神、夹江、东岳、草坝（雅安）
S308	石子（内江）－宝兴	361.659	石子（川渝界）、内江、永安、龙会、威远、荣县、双古、井研、乐山、苏稽、峨眉山、高庙、瓦屋山、[illegible]、乐英、飞仙关、芦山、宝兴
S309	渔箭（隆昌）－乐青地（越西）	438.436	渔箭（川渝界）、隆昌、黄家、自贡、乐德、新桥、犍为、石溪、[illegible]、峨边、黑竹沟、依果觉、乐青地（越西）
S310	泸州－利店（沐川）	221.906	泸州、[illegible]、板桥、白花、观音、[illegible]、沐川、利店（沐川）
S311	九支（合江）－马边	323.168	九支（川黔界）、打古、合面、长宁、[illegible]、月江、宜宾县、龙华、马边
S312	水口（古蔺）－蒿坝（筠连）	266.731	水口（川黔界）、古蔺、[illegible]、叙永、兴文、石海、洛表、联合、蒿坝（川滇界）
S313	桂溪（北川）－红原	214.309	桂溪（北川）、开坪、太平、镇江关、[illegible]、红原
S314	扎嘎（道孚）－白玉	339.236	扎嘎（道孚）、新龙、阿察、白玉
S315	葫芦口（宁南）－平地（仁和区）	87.617	葫芦口（宁南）、松坪、[illegible]、平地（仁和区）
S401	成都平原城市群环线	519.965	都江堰、丹景山、什邡、广汉、中江、三台、[illegible]、大英、卓筒井、乐至、[illegible]、资中、[illegible]、青神、丹棱、蒲江、邛崃、大邑、都江堰
S402	堰塘（万源）－沙滩（万源）	41.001	堰塘（川渝界）、沙滩（万源）
S403	广溪（宣汉）－庙垭（万源）	69.818	广溪（宣汉）、毛坝、庙垭（万源）
S404	大竹－石子（大竹）	54.657	大竹、金鸡、石子（川渝界）
S405	渠县－鹤林（渠县）	23.35	渠县、和乐、鹤林（渠县）
S406	邻水－罗渡（岳池）	67.693	邻水、华蓥、罗渡（岳池）
S407	牟家（邻水）－伏龙（岳池）	42.364	牟家（邻水）、高兴、伏龙（岳池）
S408	铁溪（通江）－南江	148.349	铁溪（川陕界）、长坪、空山、铁厂、南江
S409	巴中－坦溪（平昌）	74.678	巴中、曾口、坦溪（平昌）
S410	大滩（朝天）－秦家坝（青川）	148.245	大滩（川陕界）、朝天、花石、[illegible]、姚渡、秦家坝（川陕界）
S411	嘉川（旺苍）－苍溪	89.809	嘉川（旺苍）、东溪、苍溪
S412	贵福（渠县）－籍市（营山）	46.877	贵福（渠县）、老林、籍市（营山）
S413	宝石（梓潼）－蓬溪	145.45	宝石（梓潼）、柏梓、盐亭、仁和、蓬溪
S414	蓬溪－金鹤（射洪）	30.707	蓬溪、明月、金鹤（射洪）
S415	响岩（平武）－江油	43.862	响岩（平武）、武都、江油
S416	三合（江油）－中江	116.318	三合（江油）、新桥、小枧沟、吴家、黄鹿、中江
S417	千佛山连接线	26.282	千佛山（安县）、[illegible]（安县）
S418	安县－雎水（安县）	18.419	安县、秀水、雎水（安县）
S419	芦溪（三台）－遵道（绵竹）	82.912	芦溪（三台）、罗江、绵竹、遵道（绵竹）
S420	什邡－红白（什邡）	44.266	什邡、蓥华、红白（什邡）
S421	丹景山（彭州）－龙门山（彭州）	39.466	丹景山（彭州）、通济、龙门山（彭州）
S422	九尺（彭州）－乐至	74.333	九尺（彭州）、广汉、金堂、淮口、良安、劳动、乐至
S423	仓山（中江）－童家（乐至）	50.979	仓山（中江）、良安、放生、童家（乐至）
S424	鸡冠山（崇州）－高家（仁寿）	133.712	鸡冠山（崇州）、怀远、崇州、新津、黄龙溪、高家（仁寿）
S425	大邑－花水湾（大邑）	27.153	大邑、花水湾（大邑）
S426	龙台（安岳）－隆昌	122.257	龙台（安岳）、兴隆、内江、界市、隆昌
S427	周礼（安岳）－自贡	81.475	周礼（安岳）、内江、永安、自贡
S428	松江（眉山）－夹江	30.386	松江（眉山）、思蒙、夹江
S429	洪雅－沙湾	68.5	洪雅、东岳、[illegible]、峨眉山、沙湾
S430	苏稽（乐山）－沙湾	20.694	苏稽（乐山）、嘉农、沙湾
S431	红星（名山）－灵关（宝兴）	75.735	红星（名山）、百丈、龙门、灵关（宝兴）
S432	宝兴－河口大桥（康定）	139.279	宝兴、永富、三合、河口大桥（康定）
S433	[illegible]（荥经）－冷碛（泸定）	90.084	[illegible]（荥经）、三合、冷碛（泸定）
S434	塔公（康定）－磨西（泸定）	192.15	塔公（康定）、康定、磨西（泸定）
S435	汉源－乌斯河（甘洛）	40.014	汉源、顺河、乌斯河（甘洛）
S436	富顺－[illegible]（珙县）	171.055	富顺、宜宾、月江、珙县、底洞、洛表、[illegible]（川滇界）
S437	毗卢（泸县）－长宁	162.495	毗卢（川渝界）、泸县、[illegible]、南溪、牟坪（翠屏区）、长宁
S438	得胜（泸县）－分水（叙永）	213.511	得胜（泸县）、焦滩、合江、先市、大石、兴隆、叙永、分水（叙永）
S439	虎头（合江）－丹林（泸州）	79.297	虎头（川黔界）、合江、[illegible]、纳溪、丹林（泸州）
S440	下长（长宁）－宜宾	44.069	下长（长宁）、马家、宜宾
S441	白鹿（合江）－福宝（合江）	89.721	白鹿、福宝（川黔界）
S442	古蔺－黄荆（古蔺）	77.17	德跃（古蔺）、黄荆（川黔界）
S443	龙头（长宁）－芙蓉山（珙县）	25.654	龙头（长宁）、硐底、芙蓉山（珙县）
S444	石海（兴文）－筠连	88.714	石海（兴文）、底洞、筠连（川滇界）
S445	永和（九寨沟）－若尔盖	167.848	永和（川甘界）、九寨沟、玉瓦、若尔盖
S446	尕里台（松潘）－米亚罗（理县）	147.871	尕里台（松潘）、下八寨、麻窝、黑水、米亚罗（理县）
S447	卡龙沟连接线	43.522	麻窝（黑水）、卡龙沟（黑水）
S448	松坪沟连接线	27.787	叠溪（茂县）、松坪沟（茂县）
S449	达古冰川连接线	34.07	黑水、达古冰川（黑水）
S450	理县－小金	20.947	朴头（理县）、结斯、沃日（小金）
S451	金川－抚边（小金）	87.104	金川、抚边（小金）
S452	求吉玛（阿坝）－茸木达（壤塘）	111.333	求吉玛（阿坝）、阿坝、茸木达（壤塘）
S453	马尔康－上杜柯（壤塘）	132.154	马尔康、大藏、日部、中壤塘、壤塘、上杜柯（川青界）
S454	色达－泥朵（色达）	151.63	色达、克果、泥朵（川青界）
S455	亚龙（色达）－阿察（白玉）	195.757	亚龙（色达）、泥柯、甘孜、银多、阿察（白玉）
S456	马尼干戈（德格）－石渠	181.638	马尼干戈（德格）、竹庆、起坞、石渠
S457	石渠－洛须（石渠）	74.169	石渠、洛须（石渠）
S458	白玉－甘孜机场	51.547	白玉、[illegible]、甘孜机场
S459	巴塘－亚丁机场	89.099	巴塘、波密、[illegible]、亚丁机场
S460	理塘－然乌（乡城）	186.743	理塘、章纳、波密、正斗、乡城、然乌（川滇界）
S461	洞松（乡城）－古学（得荣）	0	洞松（乡城）、古学（得荣）
S462	乡城－亚丁（稻城）	110.055	青麦（乡城）、木拉、香格里拉乡、亚丁（稻城）
S463	香格里拉乡（稻城）－俄亚（木里）	124.166	香格里拉乡（稻城）、俄亚（川滇界）
S464	乐跃（德昌）－罗家坪（布拖）	194.78	乐跃（德昌）、普格、布拖、罗家坪（布拖）
S465	甸沙关（会理）－会理	78.811	甸沙关（会理）、米易、外北（会理）
S466	新市（屏山）－美姑	167.544	新市（屏山）、西宁、山棱岗、美姑
S467	山棱岗（雷波）－洛俄依甘（美姑）	113.258	山棱岗（雷波）、簸箕梁子、哈甘、洛俄依甘（美姑）
S468	[illegible]	[illegible]	[illegible]
S469	[illegible]	[illegible]	[illegible]
S470	[illegible]	[illegible]	[illegible]
S471	[illegible]	[illegible]	[illegible]

成都地图出版社　四川省交通运输厅　编制

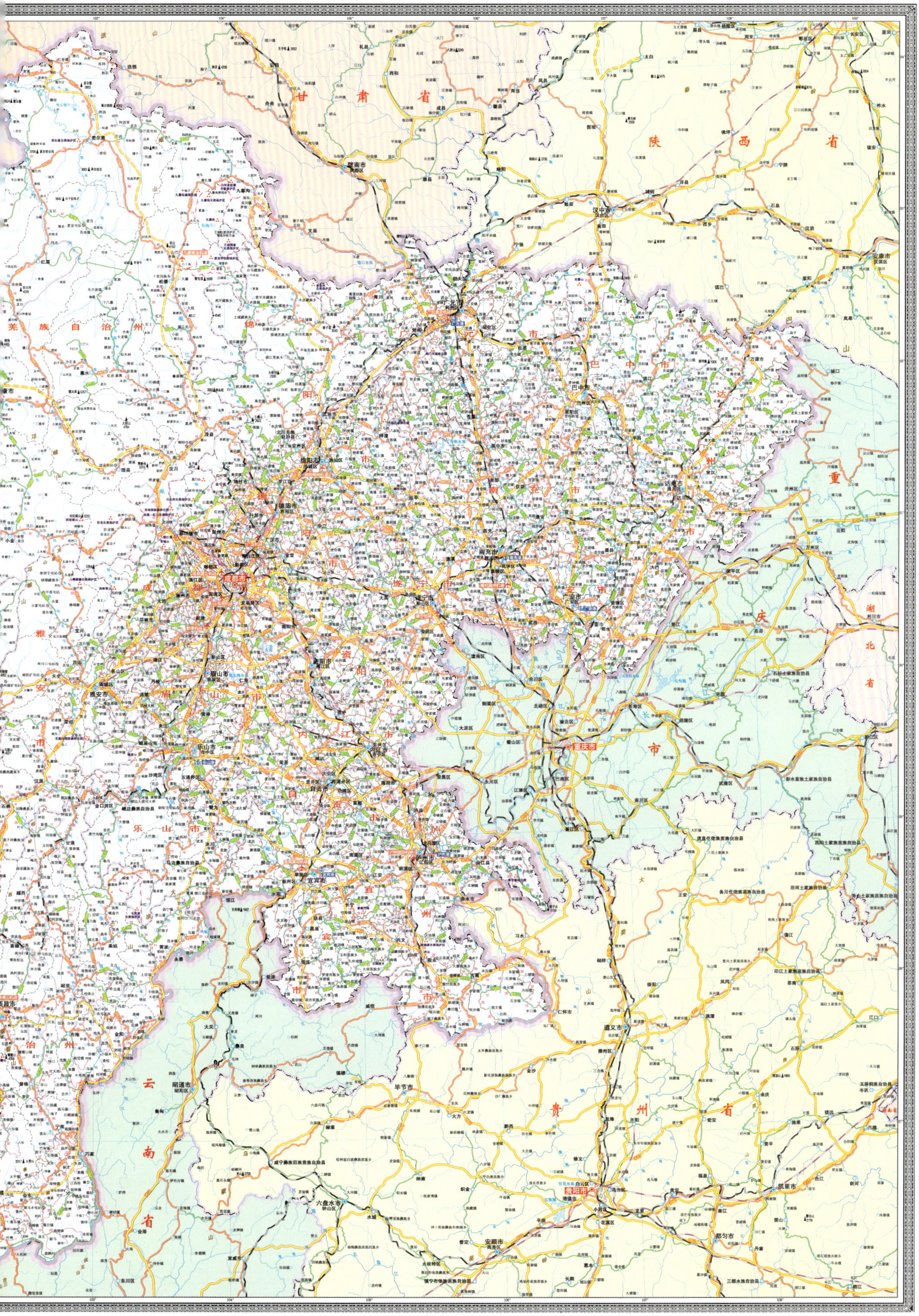

2016年7月

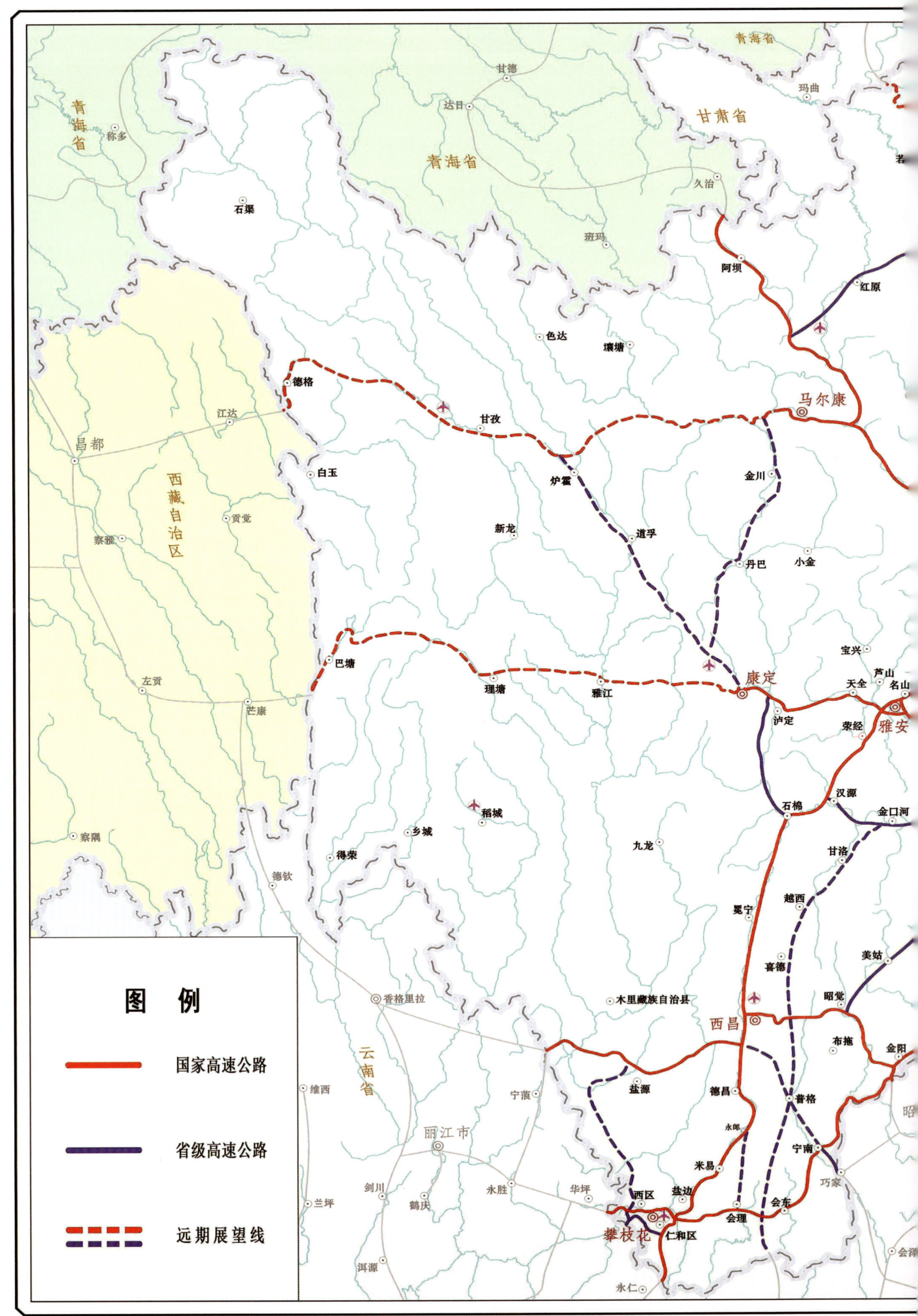

四川省发展改革委员会　四川省交通运输厅　编制

四川省高速公路网布局规划示意图

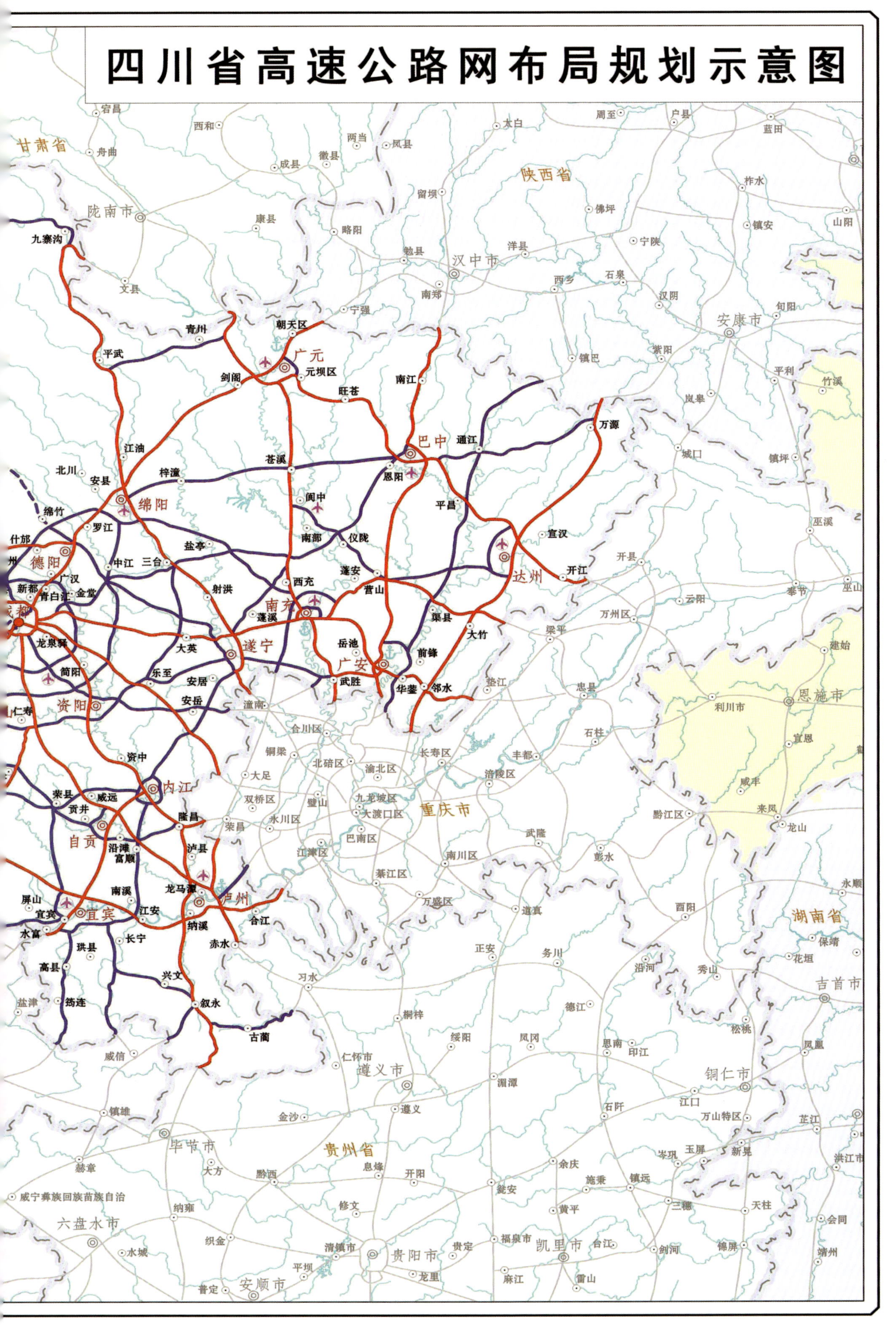

四川省“十三五”

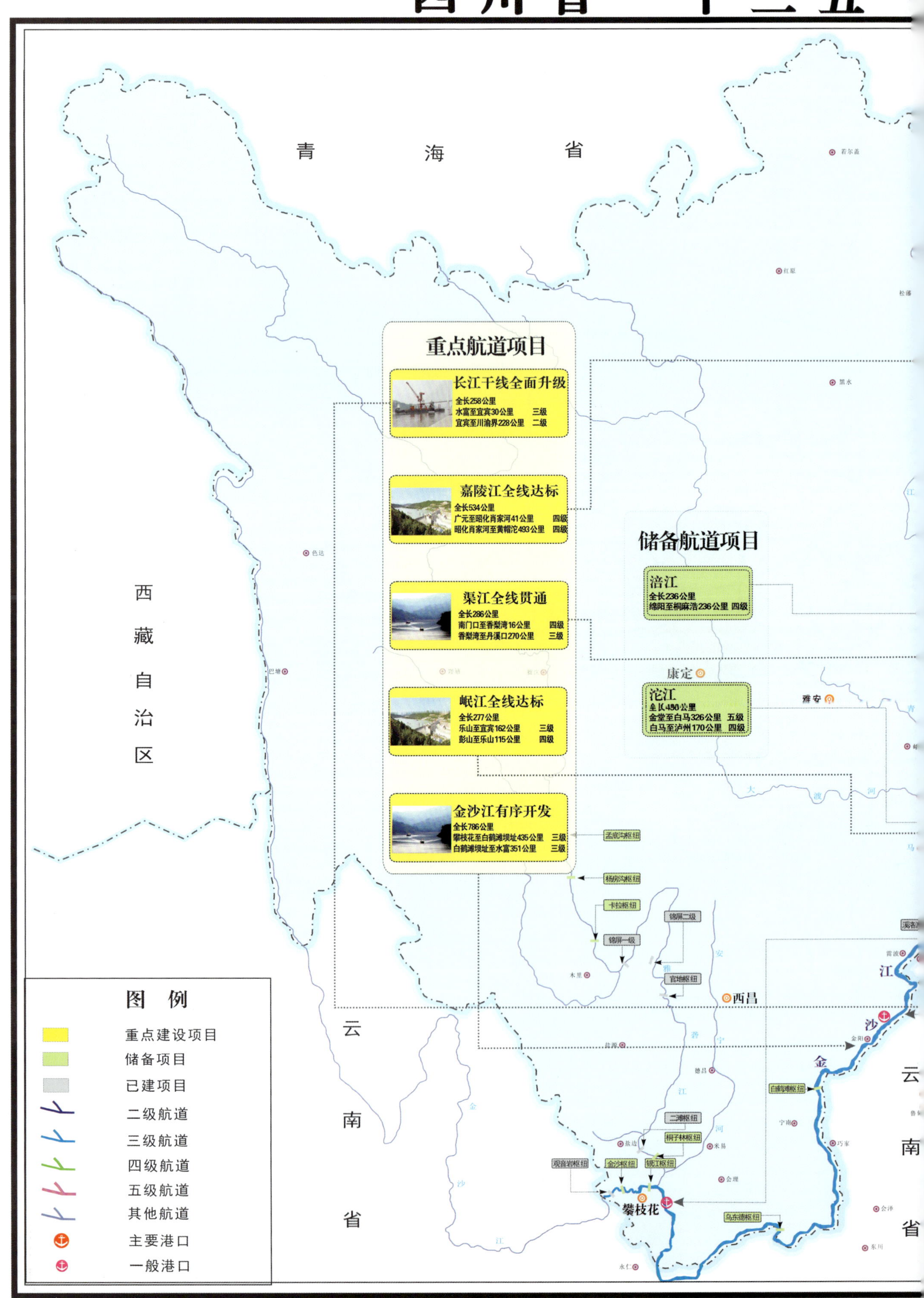

四川省交通运输厅航务管理局 编制

河水运发展规划图

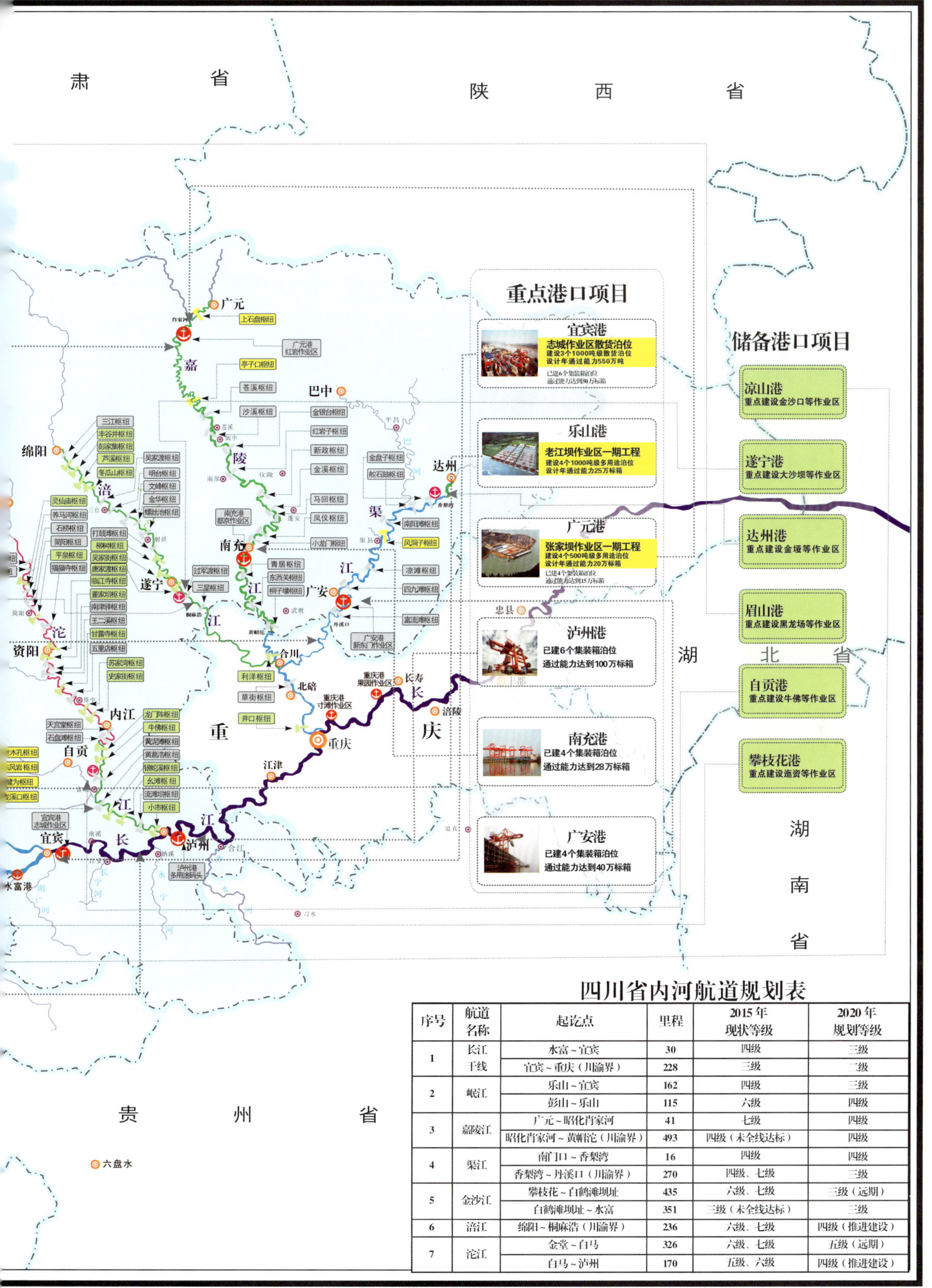

四川省内河航道规划表

序号	航道名称	起讫点	里程	2015年现状等级	2020年规划等级
1	长江干线	水富～宜宾	30	四级	三级
		宜宾～重庆（川渝界）	228	三级	二级
2	岷江	乐山～宜宾	162	四级	三级
		彭山～乐山	115	六级	四级
3	嘉陵江	广元～昭化肖家河	41	七级	四级
		昭化肖家河～黄桷沱（川渝界）	493	四级（未全线达标）	四级
4	渠江	南门口～香梨湾	16	四级	四级
		香梨湾～丹溪口（川渝界）	270	四级、七级	三级
5	金沙江	攀枝花～白鹤滩坝址	435	六级、七级	三级（远期）
		白鹤滩坝址～水富	351	三级（未全线达标）	三级
6	涪江	绵阳～桐麻沱（川渝界）	236	六级、七级	四级（推进建设）
7	沱江	金堂～白马	326	六级、七级	五级（远期）
		白马～泸州	170	五级、六级	四级（推进建设）

2016年7月

四川交通年鉴
2019
SICHUAN
TRANSPORT YEARBOOK

四川交通年鉴

SICHUAN 2019 TRANSPORT YEARBOOK

四川省交通运输厅交通史志总编室　编

四川科学技术出版社

图书在版编目（CIP）数据

四川交通年鉴. 2019 / 四川省交通运输厅交通史志总编室编. --成都：四川科学技术出版社，2019.12
ISBN 978-7-5364-9113-7

Ⅰ.①四… Ⅱ.①四… Ⅲ.①交通运输业-四川-2019-年鉴 Ⅳ.①F512.771-54

中国版本图书馆CIP数据核字（2019）第274477号

四川交通年鉴2019

出品人　钱丹凝
编　者　四川省交通运输厅交通史志总编室
责任编辑　戴　玲
封面设计　益　人
责任出版　欧晓春
出版发行　四川科学技术出版社
成都市槐树街2号　邮政编码 610031
官方微博：http://e.weibo.com/sckjcbs
官方微信公众号：sckjcbs
传真：028-87734035
成品尺寸　210mm × 285mm
印　张　28.00　字数1000千
印　刷　深圳市精一瑞兰印刷有限公司
版　次　2019年12月第1版
印　次　2019年12月第1次印刷
定　价　248.00元
ISBN 978-7-5364-9113-7

* 本书如有缺页、破损、装订错误，请寄回印刷厂调换。
* 如需购本书，请与本社邮购联系。
地址/成都市槐树街2号　电话/（028）87734035
邮政编码/610031

《四川交通年鉴》编委会

《四川交通年鉴》编辑部

《四川交通年鉴·2019》分部主任、特约撰稿人

分部主任

李武强　厅公路局

任胜平　厅航务局（省地方海事局、省船舶检验局）

刘　剑　厅运管局

张　钧　厅高管局（厅高速执法总队）

特约撰稿人

陈超超　厅办公室

田耀楠　厅办公室

李　鑫　厅法规处

肖　瑶　厅规划处

王世龙　厅规划处

吴佳沁　厅财务处

唐潇潇　厅人教处

陈　跃　厅建管处

孙博文　厅公路处

杨　倬　厅审批处

宋薇平　厅运输处

陈泓冰　厅安监处

陈　博　厅安监处

邹　增　厅审计处

谢富刚　厅科信处

彭　烺　厅外经处

周　磊　驻厅纪检监察组

李　军　厅公安处

李天洲　厅信访处

单　贝　厅离退休处

廖迎春　厅机关党委

李鹏程　省交战办

唐开川　省交通工会

陈亮吉　省交通工会

刘友春　厅公路局

郝苑苑　厅公路局

易　翥　厅航务局（省地方海事局、省船舶检验局）

杨钱梅　厅航务局（省地方海事局、省船舶检验局）

蒋大轩　厅运管局

蒋智力　厅运管局

李洪平　厅高管局（厅高速执法总队）

李济杉　厅高管局（厅高速执法总队）

谭　静　四川交职学院

鲜晓丽　厅质监局

匡成刚　厅公路设计院

何　芳　厅交通设计院

何梦冉　路网中心

袁俊周　厅结算中心

谭举鸿　厅造价站

张浩庆　厅造价站

程　鸿　监理处

李　京　大件处

刘涛声　交通宣传中心

曲美丽　厅信息中心

王雪岭　川高公司

王兰洁　成渝公司

钟　艺　成渝分公司

高建铭　成雅分公司

孙思齐　成仁分公司

朱泠颖　成乐运营分公司

文凤玲　遂广遂西公司

杨榆彬　省港航公司

肖宇涵　川西公司

雷　蕾　成南公司

罗林章　川北公司

黄　陶　川东公司

黄进舟　川南公司

郭高州　攀西公司

石　峰　成绵公司

凌　静　雅西公司

廖一静　雅康公司

罗祖红　汶马公司

郭玲梅　雅眉乐公司

吴　佩　成德南公司

马取贵　成都市交委

何昱霖　成都市交委

戴慧琳　自贡市交通运输局

夏林秀　攀枝花市交通运输局

曾志刚　泸州市交通运输局

周　琴　泸州市交通运输局

郭青利　德阳市交通运输局

黄　宇　绵阳市交通运输局

冯传斌　广元市交通运输局

鲁丕华　广元市交通运输局

胡藉文　遂宁市交通运输局

彭高华　内江市交通运输局

章梦菡　乐山市交委

程传磊　南充市交通运输局

谢胜东　南充市交通运输局

胥思伟　宜宾市交通运输局

李自东　达州市交通运输局

柏守全　达州市交通运输局

文雪琨　广安市交通运输局

吴德权　广安市交通运输局

郭　亮　巴中市交通运输局

李艳梅　巴中市交通运输局

代　静　雅安市交通运输局

魏　平　眉山市交通运输局

左燕洁　资阳市交通运输局

郑科志　阿坝州交通运输局

王廷强　阿坝州交通运输局

唐　源　甘孜州交通运输局

钟其富　凉山州交通运输局

SICHUAN
TRANSPORT YEARBOOK
2019 四川交通年鉴

编辑说明

一、《四川交通年鉴》是反映四川交通各方面发展情况的大型专业年鉴，是逐年编纂连续出版的资料性工具书。2019卷是继1987年创刊以来的第33部。全书近100万字、350多幅图片，反映2018年四川交通的基本面貌、发展状况和取得的新成就、新经验以及出现的新问题。由四川科学技术出版社出版，国内外公开发行。

二、本年鉴框架结构一般分三个层次：类目、分目、条目。全书设《特载》《概况》《大事记》《交通基础设施建设》《交通运输》《交通管理》《交通行政机关》《交通科技教育文化》《市州交通》《荣誉榜》《附录》11个类目。由于内容特点，《特载》《大事记》只设两个层次。条目为全书的主要表现形式。

三、本年鉴基本内容分为综合情况、动态信息和辅助资料三部分。主要记述上一年度信息资料，特殊资料、背景资料等适当上溯下延。全书注重体现专业特点、年度特色和时代特征，力求在充分反映成绩和经验的同时，如实反映存在的问题和不足。

四、本年鉴注重收录图片资料，分彩插和内文配图两种形式编录，力求全书图文并茂。彩插以专题化、系列化的形式，重点反映四川交通运输大事、要事和主要建设成就,为了突出年度特色，在卷首专题图片部分特设《2018交通成就》《数字交通》《四川交通要闻》《交通精准扶贫》《抓党建强保障》等板块；内文配图以文系图，形象直观补充反映相关内容。

五、本年鉴稿件和资料由四川省交通运输厅机关各处（室）、厅直有关单位和各市（州）交通运输局（委）及四川省交通投资集团有限公司所属有关单位提供，并经各单位（部门）领导审核和保密审查。主要统计数据以省交通运输厅业务主管部门提供的统计资料为准。

六、本年鉴注重提高实用性，刊载有四川省公路交通图、四川省高速公路网布局规划示意图、四川省“十三五”内河水运发展规划图。

七、为行文简洁，在目录前特制《有关机构（单位）全称简称对照表》和《四川省高速公路全称简称对照表》，在《附录》类目刊载《常用缩略语注释》。

八、本年鉴具有双重检索功能，书前列有中英文目录，书后配有索引。

有关机构（单位）全称简称对照表

全　称	简　称
中华人民共和国国家发展和改革委员会	国家发展改革委
中华人民共和国人力资源和社会保障部	人力资源社会保障部
中华人民共和国住房和城乡建设部	住房城乡建设部
中华人民共和国交通运输部	交通运输部
纪律检查委员会	纪委
国有资产监督管理委员会	国资委
中国共产党四川省委员会	中共四川省委
四川省（市、县）人民政府	省（市、县）政府
四川省人民代表大会常务委员会	省人大常委会
中国人民政治协商会议四川省委员会	省政协
中共四川省委直属机关工作委员会	省直机关工委
四川省市场监督管理局	省市场监督局
亚洲开发银行	亚行
国家开发银行	开行
中国工商银行	工行
四川省财政厅	省财政厅
四川省人力资源和社会保障厅	省人力资源社会保障厅
四川省住房和城乡建设厅	省住房城乡建设厅
四川省交通运输厅	省交通运输厅
四川省交通运输工会委员会	省交通工会
四川省交通运输厅公路局	厅公路局
四川省交通运输厅航务管理局	厅航务局

全　称	简　称
四川省交通运输厅道路运输管理局	厅运管局
四川省交通运输厅高速公路管理局 四川省交通厅高速公路交通执法总队	厅高管局 （厅高速执法总队）
四川交通职业技术学院	四川交职学院
四川省交通运输厅工程质量监督局	厅质监局
四川省交通运输发展战略和规划科学研究院	省交科院
四川省交通厅公路规划勘察设计研究院	厅公路设计院
四川省交通运输厅交通勘察设计研究院	厅交通设计院
四川省路网监测与应急处置中心	路网中心
四川省交通运输厅高速公路监控结算中心	监控结算中心
四川省交通运输厅交通建设工程造价管理站	厅造价站
四川公路工程咨询监理有限公司	咨询监理公司
四川省大件公路管理处	大件处
四川省交通宣传中心	交通宣传中心
四川省交通运输厅信息中心	厅信息中心
四川省交通运输厅交通史志总编室	厅史志总编室
四川兴蜀公路建设发展有限责任公司	兴蜀公司
四川省交通运输厅办公室 （精神文明建设办公室）	厅办公室（文明办）
四川省交通运输厅政策法规处	厅法规处
四川省交通运输厅综合规划处	厅规划处
四川省交通运输厅财务处	厅财务处
四川省交通运输厅人事教育处	厅人教处
四川省交通运输厅建设管理处	厅建管处

全　称	简　称
四川省交通运输厅公路管理处	厅公路处
四川省交通运输厅行政审批处	厅审批处
四川省交通运输厅运输管理处	厅运输处
四川省交通运输厅安全监督处（应急办公室）	厅安监处（应急办）
四川省交通运输厅审计处	厅审计处
四川省交通运输厅科技和信息化处	厅科信处
四川省交通运输厅外经外事处	厅外经处
四川省纪委监委驻交通运输厅纪检监察组	驻厅纪检监察组
四川省交通运输厅公安处	厅公安处
四川省交通运输厅信访处	厅信访处
四川省交通运输厅离退休人员工作处	厅离退休处
中共四川省交通运输厅直属机关委员会	厅机关党委
四川省国防动员委员会交通战备办公室	省交战办
四川省交通投资集团公司	省交投集团
四川高速公路建设开发总公司	川高公司
四川成渝高速公路股份有限公司	成渝公司
四川成渝高速公路股份有限公司成渝分公司	成渝公司成渝分公司
四川成渝高速公路股份有限公司成雅分公司	成渝公司成雅分公司
四川成渝高速公路股份有限公司成仁分公司	成渝公司成仁分公司
四川成渝高速公路股份有限公司成乐公司	成渝公司成乐公司
四川遂广遂西高速公路有限责任公司	遂广遂西公司
四川省港航开发有限责任公司	省港航公司
四川嘉陵江凤仪航电开发有限公司	凤仪公司
四川岷江港航电开发有限公司	岷江公司

全　称	简　称
四川港航嘉陵江金沙航电开发有限公司沙溪分公司	沙溪公司
四川港航嘉陵江金沙航电开发有限公司	金沙公司
四川泸州港务有限公司	泸州港务公司
四川广安承平港务有限公司	承平港务公司
四川长江水运有限公司	长运公司
四川南充都京港务有限公司	都京公司
四川汶马高速公路有限责任公司	汶马公司
四川雅康高速公路有限责任公司	雅康公司
四川川西高速公路有限责任公司	川西公司
四川成南高速公路有限责任公司	成南公司
四川省川北高速公路股份有限公司	川北公司
四川川东高速公路有限责任公司	川东公司
四川攀西高速公路开发股份有限公司	攀西公司
四川成绵高速公路有限公司	成绵公司
四川省川南高等级公路开发股份有限公司	川南公司
四川雅西高速公路有限责任公司	雅西公司
四川成德南高速公路有限责任公司	成德南公司
四川雅眉乐高速公路有限责任公司	雅眉乐公司
成都市交通运输委员会	成都市交委
乐山市交通运输委员会	乐山市交委
阿坝藏族羌族自治州交通运输局	阿坝州交通运输局
甘孜藏族自治州交通运输局	甘孜州交通运输局
凉山彝族自治州交通运输局	凉山州交通运输局

四川省已成、在建、规划高速公路全称简称对照表

全称	简称	全称	简称
成都至重庆高速公路	成渝高速公路	西昌至攀枝花高速公路	西攀高速公路
成都至绵阳高速公路	成绵高速公路	南充至重庆高速公路	南渝高速公路
成都城北出口高速公路	成都城北出口高速公路	邻水至垫江高速公路	邻垫高速公路
成都至乐山高速公路	成乐高速公路	攀枝花至田房高速公路	攀田高速公路
内江至宜宾高速公路	内宜高速公路	都江堰至映秀高速公路	都映高速公路
成都机场高速公路	成都机场高速公路	广元至巴中高速公路	广巴高速公路
成都至雅安高速公路	成雅高速公路	邛崃至名山高速公路	邛名高速公路
隆昌至纳溪高速公路	隆纳高速公路	乐山至宜宾高速公路	乐宜高速公路
泸沽至黄联关高速公路	泸黄高速公路	绵阳至遂宁高速公路	绵遂高速公路
西昌卫星基地高速公路	西昌卫星基地高速公路	雅安至西昌高速公路	雅西高速公路
广安至邻水高速公路	广邻高速公路	广元至陕西高速公路	广陕高速公路
达州至重庆高速公路	达渝高速公路	达州至陕西高速公路	达陕高速公路
成都至都江堰高速公路	成灌高速公路	成都至绵阳高速公路复线	成绵高速公路复线
广元至南充高速公路	广南高速公路	内江至遂宁高速公路	内遂高速公路
成都绕城高速公路	成都绕城高速公路	成都至自贡至泸州至赤水高速公路	成自泸赤高速公路
遂宁至回马高速公路	遂回高速公路	映秀至汶川高速公路	映汶高速公路
成都至南充高速公路	成南高速公路	纳溪至贵州高速公路	纳黔高速公路
绵阳至广元高速公路	绵广高速公路	达州至万州高速公路	达万高速公路
南充至广安高速公路	南广高速公路	广元至甘肃高速公路	广甘高速公路
成都至温江至邛崃高速公路	成温邛高速公路	乐山至雅安高速公路	乐雅高速公路
成都至彭州高速公路	成彭高速公路	巴中至南充高速公路	巴南高速公路
南充绕城高速公路	南充绕城高速公路	成都至德阳至南部高速公路	成德南高速公路
宜宾至水富高速公路	宜水高速公路	宜宾至重庆高速公路	宜渝高速公路
遂宁至重庆高速公路	遂渝高速公路	乐山至自贡高速公路	乐自高速公路

全　称	简　称
巴中至达州高速公路	巴达高速公路
遂宁至资阳至眉山高速公路	遂资眉高速公路
南充至大竹至梁平高速公路	南大梁高速公路
巴中至陕西高速公路	巴陕高速公路
丽江至攀枝花高速公路	丽攀高速公路
绵阳绕城高速公路	绵阳绕城高速公路
成都第二绕城高速公路	成都二绕高速公路
遂宁至西充高速公路	遂西高速公路
遂宁至广安高速公路	遂广高速公路
自贡至隆昌高速公路	自隆高速公路
内江至威远至荣县高速公路	内威荣高速公路
宜宾至叙永高速公路	宜叙高速公路
巴中至广安至重庆高速公路	巴广渝高速公路
成都至安岳至重庆高速公路	成安渝高速公路
叙永至古蔺高速公路	叙古高速公路
仁寿至沐川至新市镇高速公路	仁沐新高速公路
雅安至康定高速公路	雅康高速公路
汶川至马尔康高速公路	汶马高速公路
宜宾至彝良高速公路	宜彝高速公路
宜宾绕城高速公路	宜宾绕城高速公路
绵阳至西充高速公路	绵西高速公路
成都第三绕城高速公路	成都三绕高速公路
攀枝花至大理高速公路	攀大高速公路
营山至达州高速公路	营达高速公路
苍溪至巴中高速公路	苍巴高速公路
镇巴至广安高速公路	镇广高速公路
泸州至重庆高速公路	泸渝高速公路
泸州至永川高速公路	泸永高速公路
峨眉至汉源高速公路	峨汉高速公路
南充至潼南高速公路	南潼高速公路
乐山至汉源高速公路	乐汉高速公路
石棉至泸定高速公路	石泸高速公路
宜宾至攀枝花高速公路	宜攀高速公路
西昌至昭通高速公路	西昭高速公路
西昌至香格里拉高速公路	西香高速公路
永郎至会理高速公路	永会高速公路
华坪至丽江高速公路	华丽高速公路
银川至昆明高速公路	银昆高速公路
绵阳至九寨沟高速公路	绵九高速公路
北京至昆明高速公路	京昆高速公路
四川南充至重庆潼南高速公路	南潼高速公路
巴中至万源高速公路	巴万高速公路
重庆至广安高速公路	渝广高速公路
苍溪至巴中高速公路	苍巴高速公路
四川马尔康县至青海久治县高速公路	川青高速公路
四川西昌至云南昭通高速公路	西昭高速公路
德昌永郎至会理高速公路	永会高速公路
宜宾至叙永高速公路	宜叙高速公路
攀枝花至宁南段高速公路	攀宁高速公路
攀枝花至盐源高速公路	攀盐高速公路
宜宾至威信高速公路	宜威高速公路
宜宾至新市高速公路	宜新高速公路
泸州至古蔺至金沙高速公路	泸古金高速公路
遂宁至德阳高速公路	遂德高速公路
康定至新都桥高速公路	康新高速公路
德昌至会理高速公路	德会高速公路
简阳至蒲江高速公路	简蒲高速公路
德阳至都江堰高速公路	德都高速公路

Contents
目 录

特 载

概 况

大事记

交通基础设施建设

港口建设

公路水路勘察设计

交通运输

道路运输

水路运输

交通管理

交通规划

建设管理

运输管理

安全管理

高速公路管理暨交通执法

公路管理

航务管理

道路运输管理

工程质量监督管理

造价管理

交通审计

交通行政审批

交通公安

交通战备

交通行政机关

四川省交通运输厅

交通科技教育文化

自贡市交通

攀枝花市交通

泸州市交通

德阳市交通

绵阳市交通

广元市交通

遂宁市交通

内江市交通

乐山市交通

南充市交通

宜宾市交通

达州市交通

广安市交通

巴中市交通

雅安市交通

眉山市交通

资阳市交通

阿坝藏族羌族自治州交通

甘孜藏族自治州交通

凉山彝族自治州交通

荣誉榜

先进名录

优秀专家

人物选介

附录

Main Contents

2018 交通成就

1

交通项目建设势头强劲

交通投资再创历史新高：公路水路交通建设完成投资1 590亿元，继续保持稳中有进的良好态势，连续8年完成投资超千亿元。成都、乐山、甘孜、阿坝等市（州）完成投资超百亿。争取到位中央车购税补助资金254亿元，再创历史新高。

高速公路建设取得重大突破：建成雅康、汶马（部分路段）、巴陕、绵西、成彭扩容等高速公路436公里，全省高速公路建成总里程达7 238公里，实现所有市（州）政府所在地通高速公路，新增3个贫困县通高速公路，全省134个县（市、区）通高速公路，出川高速通道达19条。新开工成南扩容、德昌至会理等高速公路，全省高速公路建成和在建总里程突破1万公里。建成全国第二长高速公路隧道米仓山隧道和雅康高速公路泸定大渡河大桥等一批超级工程。

普通国省干线加快提档升级：国省干线公路新改（建）2 112公里，实施养护工程1 713公里，基本实现市（州）至县通二级（三州三级）及以上公路目标。川九路灾后恢复重建新示范工程、成雅和成资快速通道等一批重点项目启动建设，国道213线映秀至汶川公路等重点项目建成通车。

内河水运建设深入推进：岷江龙溪口航电枢纽开工建设。岷江犍为航电枢纽、长江川境段航道整治等项目加快推进。嘉陵江航道川境段实现全江畅通，利泽枢纽初步设计取得批复。泸州、宜宾、乐山三港整合启动实施。

枢纽建设持续强化：客运枢纽新开工8个，建成和在建36个，覆盖90%营运高铁站。建成3个物流园区，实现五大经济区大型货运枢纽全覆盖。

项目储备积蓄强大发展后劲：加快项目前期工作，储备了西昌至昭通高速公路等45个重大项目，总投资超过6 000亿元。

2

交通精准扶贫成效显著

扶贫保障精准有力：安排贫困地区部省补助资金307亿元、占总额的81.3%。基本完成第三轮甘推和第二轮凉推，启动新一轮甘推和凉推，藏区彝区交通面貌日新月异。

脱贫基础更加牢固：新（改）建农村公路2.67万公里，新增53个乡镇、1 356个建制村通硬化路，基本实现乡乡通油路、村村通硬化路，年度计划摘帽的30个县、3 500个村实现交通高水平脱贫。77座溜索改桥全面建成，彻底结束"溜索时代"。建成渡改桥96座。新增通客车建制村3 427个、建制村通客车率88.8%。整治破损路面9 425公里，建成安全生命防护工程9 700公里。

内生动力持续增强："交通+特色产业""交通+旅游"扶贫蓬勃发展，建成旅游路、资源路、产业路626公里。建成县、乡、村三级物流综合服务站181个，农村物流网络节点覆盖率达94.7%，创新高速公路"服务区+扶贫"等模式。

"四好农村路"再创佳绩：创建第二批省级示范县14个、全国示范县3个，示范县个数居全国第一。连续两年在全国现场会上作经验交流发言，涌现出犍为县、南部县等全国先进典型。

定点扶贫务实有效：牵头帮扶的沐川县被省委、省政府表扬为摘帽工作先进县，金口河区、越西县脱贫进展良好。协助交通运输部做好小金、黑水、壤塘、色达定点帮扶工作，提前完成通乡通村两个"100%"。厅连续两年被表扬为定点扶贫先进单位和全省脱贫攻坚"五个一"帮扶先进集体。

3

运输服务保障提质增效

货运结构不断优化：制定运输结构调整三年行动计划实施方案。成立以网络节点为支撑、以业务合作为纽带的区域甩挂运输联盟。扎实推进无车承运人试点，单车运输成本降低10%。成功入选国家多式联运示范工程3个。推动泸州港、宜宾港开通至广州港、钦州港铁水联运班列。运输200吨以上特殊大件货物223件。累计完成公路货运量17.3亿吨、货物周转量1 813亿吨公里，比上年分别增长9.5%、8.1%；完成水路货物周转量270亿吨公里，比上年增长5.7%。

客运服务提档升级：推动预约、定制、响应式等个性化客运服务，在16条市际县际班线开展定制客运试点，涌现出顺庆区"全域公交"，犍为县、江安县"便民小客车"等农村客运服务新模式。成都、眉山、泸州、自贡等四个国家级"公交都市"创建取得积极进展。开通全省第一条跨市城际公交线路天府新区视高至兴隆湖公交。开通西南地区第一条有轨电车线路蓉2号线。有序推进网约车新政落地实施，网约车与传统出租汽车加快融合发展。广安市创新建设特色集镇"综合运输服务中心"。

服务保障持续增强：出台普通国省干线公路养护工程管理办法和补助办法，路面使用性能指数维持较高水平，PQI指数达88.8。制订出台高速公路命名编号方案，系统开展国省道编号命名调整。全面实现地级城市公交一卡通互联互通。推进"厕所革命"交通决不掉队，新（改）建行业厕所474座，实现高速公路服务区和三级以上客运站全覆盖。全面开展黑车、地下班线、驾培三大专项整治行动，打击黑车1.8万辆，驾驶培训实现"计时培训"服务新模式全覆盖。成功创建全国百佳示范服务区5对、"五好"高速公路20条。

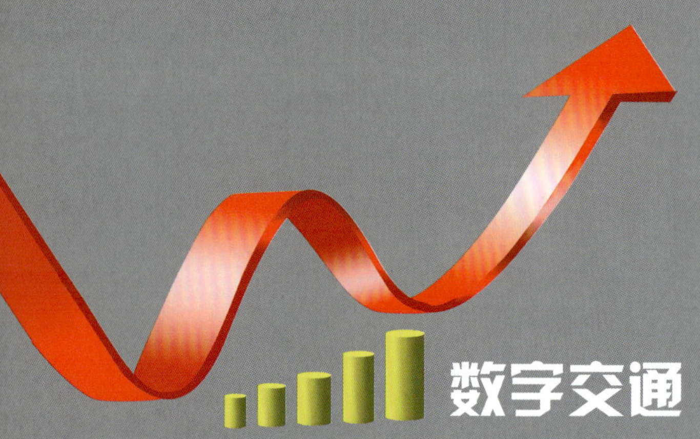

数字交通

2018年四川农村公路建设情况

新（改）建农村公路：26 707.8公里

建设完成投资：296亿元

通车总里程：28.6万公里

2018年四川高速公路建设情况

高速公路建设完成投资：715亿元

通车总里程：7 130公里（居全国第3、西部第1）

2018年四川公路里程年底到达数（公里）

公路总里程：331 592.3

国道：22 461.7　　省道：23 405.3　　县道：22 695.1

乡道：50 036.2　　村道：208 194.7　　专用公路：4 799.3

2018年四川交通建设完成投资（亿元）

1 590

2018年四川水路客货运输量

旅客运输量：1 991万人次　旅客周转量：19 058万人公里

货物运输量：6 862万吨　货物周转量：270亿吨公里

2018年四川公路客货运输量

旅客运输量：8.1亿人次　旅客周转量：466.1亿人公里

货物运输量：17.3亿吨　货物周转量：1 814.95亿吨公里

2018年四川内河航运建设情况

内河水运完成投资：60亿元

航道总里程：11 725公里（通航里程10 540公里）

2018年四川客货站场建设情况

客货站场建设完成投资：35亿元

客运站总数：27 081个　其中等级客运站：1 945个

简易站及招呼站：25 136个　货运站总数：16个

智慧交通及其他专项建设完成投资：48亿元

4月28日　交通运输部、中华全国总工会联合主办的“2017年感动交通年度人物”视频报告会在交通运输部举行，交通运输部党组书记杨传堂出席并讲话，部长李小鹏等为获奖人物颁奖。会上揭晓“2017年感动交通十大年度人物”评选结果，四川省交通运输厅公路规划勘察设计研究院总工程师牟廷敏等10个个人和团体获“2017年感动交通十大人物”称号。

牟廷敏（中）荣获“2017年感动交通年度十大人物”称号

交通运输部党组书记杨传堂、部长李小鹏等领导参观“2017年感动交通年度人物”先进事迹展并与牟廷敏亲切交流

相关链接：牟廷敏在钢管混凝土桥梁建设领域的突出贡献，成就“世界看中国，中国看四川”的美名；他带领团队开创性设计并建成世界第一座全钢管混凝土桁梁桥——雅西高速公路干海子大桥；他牵头攻克现代桥梁建设面临高地震烈度、高海拔、高寒和地形地质特别复杂等一系列世界性技术难题，主编《钢管混凝土拱桥技术规范》等国家标准，填补行业空白。他是“求真务实、精益求精”的大国工匠精神践行者，是四川交通人的代表，是中国交通人的典范。

1 由牟廷敏设计的《巫山长江公路大桥》获省部级优秀设计一等奖。图为2005年1月竣工通车的巫山长江公路大桥，全长612.2米，主跨492米，桥宽21.5米，是一座钢管中承式拱桥，创造多项世界纪录

2 由牟廷敏设计的合江长江一桥位于泸州市境内，是成渝环线高速公路上一座跨越长江的公路桥，全长530米，于2017年通过竣工验收。该桥是世界上最大跨度的钢管混凝土拱桥，与同等规模的斜拉桥、悬索桥相比，材料用量节省一半。由于做到科研投入少、产出大，其产生的直接经济效益达2 636万元，工程造价较同期建成的跨径420米斜拉桥——合江长江二桥节省1亿多元

3 2012年4月28日，雅西高速公路建成通车。由牟廷敏担纲设计的雅西高速公路干海子大桥全长1 811米，首创世界第一座全钢管混凝土桁架结构连续梁桥，为中国钢管混凝土桥梁建设技术迈入世界领先地位作出杰出贡献，在行业内广受赞誉。图为雅西高速公路干海子特大桥

8月1日　《四川省航道条例》于2018年8月1日正式实施。该《条例》是四川省第一部专门就航道立法的地方性法规。

组图：全省各级交通运输主管部门及航务海事机构积极响应、精心组织、多措并举，深入开展多种形式的《条例》宣传活动

相关链接：《四川省航道条例》是四川省第一部专门就航道立法的地方性法规，也是全省交通运输行业近年来的一项法制建设重要成果。《条例》制定出台，是全省交通运输行业全面贯彻落实深化供给侧结构性改革、建设交通强国、弥补水运发展短板又一重要举措，对进一步加强全省航道管理，保障航道畅通和通航安全，促进水路运输发展具有重要意义。《条例》分六章四十九条，包括总则、航道规划与建设、航道养护与保护、通航建筑物管理、法律责任、附则等内容。《条例》有效衔接和细化上位法，结合四川实际，对航道规划、建设、养护及保护的政府职责及各级交通运输主管部门的内部职责进行明确，对航道建设与养护资金的筹集渠道进行细化，建立健全涉及航道的江河蓄放水调度、通航流量保障及水位衔接、航道水情信息预警传递、航道应急处置联动、碍航断航处置与恢复，以及通航建筑物的建设及运行维护费用承担、管理区域划定、运行维护主体职责、运行方案编制与审批、梯级运行调度协调联动、停航检修方案批准等具有立法创新及地域特色的制度机制，丰富航道管理的措施和手段，从体制和机制层面较好解决航道管理各个方面、各个环节突出问题，填补四川航道管理法律空白，尽可能满足各方对航道立法及管理工作共同需求，立法具有较强针对性、实用性和可操作性，并为今后国家层面立法提供先行先试的经验。

金沙江航道

嘉陵江金银台航电枢纽　何 伦 摄

9月1日　位于乌蒙山区金沙江畔的四川省凉山彝族自治州金阳县对坪镇一村的溜索改桥项目完工。至此，全省77座溜索改桥全部完成，499个村的10多万名群众告别溜索出行。

1	2 3 4

1 2018年9月1日，中央电视台13频道直播"四川省结束溜索时代"节目

2 2018年9月，凉山州金阳县完成"溜索改桥"　陈 龙 摄

3 2018年7月10日，凉山州布拖县冯家坪村"溜索改桥"实现通车

4 2015年建成的广元市昭化区广吉村"溜索改桥"——广吉大桥

相关链接：受经济发展、自然条件等因素约束，过去很多年里，溜索曾经是阿坝、甘孜、凉山、绵阳、广元5个市（州）山区群众与外界沟通的重要工具。安全隐患突出，修建大桥迫在眉睫。2013年5月，省交通运输厅与省扶贫和移民工作局共同开展全省溜索现状调查，确定实施77个"溜索改桥"项目。为加快推动"溜索改桥"项目建设，省政府把"溜索改桥"作为20件民生实事来办，省交通运输厅成立领导小组，制订专项工作方案，在综合考虑施工条件、充分论证可行性后，科学确定建设标准和桥位、桥型。在77个"溜索改桥"项目中，最先建成通车的是北川羌族自治县桂溪镇金包村二组的金包桥。2014年底，金包桥建成通车，北川县桂溪镇彭家村、古坊村、玉龙村1 000多名群众彻底告别"溜索时代"。截至2018年9月，全省77座"溜索改桥"全部完成。

广吉大桥
Guangji Bridge

11月3日　汶马高速公路克枯大桥左幅合龙，标志着全长6.43公里的汶川克枯大桥双幅顺利贯通。

汶马高速公路克枯大桥　陈 龙 摄

相关链接：汶马高速公路克枯大桥于2018年11月3日合龙，其建成代表着在高烈度地震区、复杂地形山区、土地资源匮乏区的高速公路建设上，找到一种抗震性能好、经济适用、施工便捷、复制性强的新桥型。该桥是汶马高速公路的控制性工程之一，采用预应力钢管混凝土桁梁结构，既是交通运输部科技成果推广项目，也是交通运输厅资助的科研项目成果的依托工程。

克枯大桥具有"三高一俏"的特点：一"高"是建设在高地震烈度区域。大桥位于汶川至理县之间的汶川克枯乡，距离汶川"5·12"特大地震震中映秀镇约50公里，地震烈度高（Ⅷ度），余震不断，且沿线松散堆积体、滑坡等地质灾害频发，需处治边坡高达170余米，施工风险极大。二"高"是具有高抗震能力。大桥采用预应力钢管混凝土桁架这一新型组合结构，将"大震不倒、中震可修、小震不坏"的设计理念提升，实现8级地震可行、9级地震可修的目标，确保生命通道畅通。三"高"是项目高节能环保。大桥工厂化生产率达80%，具有工期短、环保、劳动强度低等优点，减少对生态环境的破坏。同时，减少低强度粗钢及混凝土用量，与同等规模常规桥梁相比，混凝土用量减少40%，钢材用量减少30%，原材料生产及现场污染排放物减少30%，降耗减排效果显著。一"俏"是桥型美观俏丽。大桥为红色梁体的钢桁梁桥，将"中国红"与藏羌民族特色"羌红"有机融合，其钢铁造型酷炫，桥型婀娜多姿，犹如藏羌风情走廊上的一道绚丽彩虹，被誉为川藏线上的"彩虹桥"。

1 2 建设中的汶马高速公路克枯大桥。上图由段鋆提供，下图为陈龙摄

11月7日　由厅公路设计院勘察设计、四川高速公路建设开发总公司俄岗公司建设的国道317线雀儿山隧道荣获国际隧道协会（ITA）"年度工程大奖"，标志着中国公路隧道勘察设计和施工水平成功跻身世界顶尖行列。

2018年11月7日，国道317线雀儿山隧道获国际隧道协会2018 年度工程大奖

相关链接：国际隧道协会(International Tunnellling association)——ITA，全称为"国际隧道与地下空间协会"，是由联合国备案登记的一个非营利性非政府国际组织，是隧道与地下工程领域最具影响力的国际性学术组织。ITA成立于1974年，总部设在瑞士，每两年召开一次年会并同时举行学术讨论会。作为国际隧道工程业界的权威性组织，每年面向全球评选一次国际隧道工程大奖，旨在推动世界隧道与地下空间建设的创新与发展。

2018年，共有来自全球25个国家和地区的234个隧道与地下工程项目参与9个奖项的角逐。而其中的"年度工程大奖"（PROJECT OF THE YEAR）则云集港珠澳大桥项目控制性工程拱北隧道（国内首座超大断面顶管暗挖隧道）、佛山东平隧道（亚洲首例内河沉管隧道、国内最大断面公铁合建沉管隧道）、挪威Vamma12水电站（利用BIM技术实现建造的示范性项目）等众多高水平工程入围提名并展开激烈角逐。国道317线雀儿山隧道从众多竞逐项目中以自身的建设难度、技术、质量、安全等指标脱颖而出，最终获得17位国际隧道界专家组成的评审小组的一致认可，成为最终胜出的唯一一个候选工程，并一举斩获被誉为国际隧道工程领域的"奥斯卡"奖——2018ITA年度工程大奖。这是中国公路隧道首次获得国际顶级大奖。

1 2017年9月，世界海拔最高超特长公路隧道——国道317线雀儿山隧道通车

周显仁 摄

2 国道317线雀儿山隧道洞口

相关链接：雀儿山隧道是国道317线重点控制性工程。国道317线也称为川藏公路北线，起点为四川成都，止于西藏那曲，全长2 030公里，是连接四川省与西藏自治区的重要通道。雀儿山位于四川省甘孜州德格县境内，主峰海拔6 168米，每年有长达8个月的时间被积雪覆盖，山高路险、高寒缺氧。上世纪50年代建成的雀儿山段公路通过垭口海拔5 050米，是全线海拔最高的一段，其地势险峻、气候恶劣、地质复杂，交通事故频发，安全风险极高，被称作“川藏第一高”“川藏第一险”。雀儿山隧道攻克在高原高寒地区修建隧道的诸多技术难题，打通几十年来川藏北线的天险瓶颈，进一步密切内地与西藏的联系，助推藏区经济社会加快发展。

11月22日　巴陕高速公路全线正式通车。巴陕高速公路起于巴中市巴州区，经南江县止于川陕两省交界处的米仓山隧道。该项目全线通车后，彻底改变以往翻越米仓山交通极为不畅的历史。同时，四川北向出川大通道形成北上出川“三箭齐发”（广陕高速、巴陕高速、达陕高速公路）的通道格局。

巴陕高速公路桥亭互通　杨继波 摄

巴陕高速公路

相关链接：1995年，四川首条高速公路——成渝高速公路建成通车，同时成为当时唯一高速出川通道。到2018年11月22日，随着巴陕高速公路全线正式通车，高速公路出川大通道增至19条，分别通往甘肃、陕西、云南、贵州、重庆等方向。巴陕高速公路（国道85线）是四川北上出川的第三条高速公路大通道，全长117.5公里，全线桥隧比高达78.2%。项目估算总投资137.14亿元，建设工期5年。其中，米仓山隧道全长13.8公里，是截至2018年已贯通的西南最长、国内第二长的高速公路隧道。隧道出口端掘进达8公里，是国内独头掘进最长的公路隧道。至此，四川北上出川形成“三箭齐发”（广陕高速、巴陕高速、达陕高速公路）的通道格局，进一步完善川东北高速路网，增强川陕交流合作，降低区域物流成本，为加快秦巴山区脱贫奔康步伐和实现川陕革命老区振兴发展提供重要支撑，助力四川“一干多支、五区协同”区域发展新格局。

米仓山隧道四川端洞口，景观设施融入四川文化元素

巴陕高速公路上主题为“旭日高升”的文化墙

米仓山隧道内LED灯带景观

12月25日　2018年全省交通重点项目集中开工动员活动在成都青白江区境内国道42线南充至成都段扩容成都入城段施工现场举行。同时，活动还在凉山州会理县境内德昌至会理高速公路工地设置分会场。该次集中开工动员“2+15”共17个项目，总投资600亿元，涉及五大经济区、四大城市群的12个市（州）。省政府副省长杨洪波出席活动并宣布开工，省政府副秘书长代永波主持。

全省交通重点项目集中开工动员。图为青白江境内主会场现场　陈 龙 摄

相关链接：2018年全省交通重点项目集中开工动员“2+15”共17个项目。“2”是指2个高速公路（317公里，总投资501亿元），即南充至成都段高速公路扩容工程、德昌至会理高速公路。“15”是指15个国省干线公路项目（681公里，总投资99亿元），即国道353线会东鲁昆山隧道、省道468线会东县城经铅锌镇至野牛坪、省道309线美姑县峨美公路椅子垭口隧道、国道213线川主寺至汶川段灾害整治、国道213线茂县石大关旧关楼山体高位崩塌灾损地灾整治、省道457线石渠至洛须段、国道318线康定市过境段、省道458线白玉县城经赠科至甘孜机场段等8个项目是四川省甘孜、阿坝及凉山三州重要的旅游公路，也是重要的扶贫公路，省道309线犍为石溪镇至泉水镇段、省道311线锦屏至龙华段、省道438线泸县界经白沙至白米互通段、省道436东湖至富世段、省道101线射洪段、遂宁市黄连沱大桥、省道209线梓潼县城至仙峰乡段等7个项目是四川省国省干线公路提档升级项目或重要经济干线。

12月28日　取消川渝高速公路省界收费站活动在国道93线成渝环线高速公路楼房沟站举行。取消川渝省界站是全国首批试点，该次共取消10处省界站。

2018年12月28日15时，遂渝高速公路楼房沟虚拟收费站正式启用

相关链接：中国高速公路建设、收费、管理以省级行政区域为单元，以省界站为转换门户，形成相对独立的内部网络体系。至2018年底，川渝两地已通车高速公路1万余公里，连通两地的高速公路省界站10处，收费车道521根，日均车流量10余万辆，拥有收费管理人员1 340名。

2018年5月，国务院作出取消高速公路省界收费站的战略决策，交通运输部选择川、渝、苏、鲁四省市在全国首批试点。四川省和重庆市积极推进，紧密结合，如期取消10处省界收费站。

随着省界站实体构筑物的拆除，原有站点的拥堵现象得到极大缓解，小汽车过站无需降速排队缴费，每辆车平均节约近3分钟，以2017年川渝年车流量3 200万辆计，可减少燃油消耗约160万升，节约票据纸张1 600万张以上，减少污染物排放约100吨，节约时间、油耗成本，减少资源浪费和环境污染。

12月29日　绵西高速公路正式通车。该路全长125公里，路线起于绵阳市三台县永明镇，止于南充市顺庆区同仁乡，跨越绵阳市、南充市的两区三县（绵阳市游仙区、三台县、盐亭县，南充市顺庆区、西充县）。项目采用双向四车道高速公路标准建设，设计时速80公里，其中与广南高速公路共线部分设计时速100公里。

2018年12月29日，绵西高速公路正式通车

相关链接：2018年12月29日，绵西高速公路正式通车。从绵阳出发到南充全线仅需1个小时左右。绵西高速公路是四川省高速公路路网规划中的一条重要联络线，直接联通绵阳和南充两个省内重要的区域中心。项目沿线共设置大桥130座，隧道19座，桥隧比29.5%。

串起沿线5条高速公路（绵阳绕城、绵遂、成巴、遂西、广南高速公路），通江达海，不仅完善区域高速路网，降低区域物流成本，而且增强川东北经济区和成都平原经济区的经济联系，将强力带动沿线经济社会发展，有效服务全省“一干多支、五区协同”区域发展新格局。通车后的绵西高速将成为绵阳经南充港到嘉陵江水运航道的便捷线路。利泽航运枢纽建成后，还可快捷直达长江。

绵阳绕城高速公路　韩子川 摄

绵遂高速公路过军渡涪江特大桥　四川遂宁绵遂高速公路有限公司 供图

广南高速公路

遂西高速公路双江枢纽

12月31日　雅康高速公路提前9个月全线建成试通车运营，将结束甘孜州府所在地康定市不通高速公路的历史。这条云端天路的建成，实现四川高速公路从平原向高原的跨越和四川高速公路建造能力的跨越。至此，全省高速公路建成总里程达7 238公里。

雅康高速公路　马长勇 摄

相关链接：雅康高速公路是国家高速公路网雅安至叶城（新疆喀什）高速公路的重要组成部分，起于雅安市雨城区草坝镇，接国道93线成渝经济区环线乐雅高速公路，在对岩镇与国道5线京昆高速公路成雅段、雅西段形成枢纽互通，向西经天全县、泸定县，止于康定城东。项目全长约135公里（雅安段89公里，甘孜段46公里），桥隧比达82%，全线桥梁85座（含特大桥7座），隧道29座（含特长隧道10座），互通式立交12座（含枢纽互通3座），设计时速80公里，为双向4车道。作为首条从四川盆地向青藏高原快速攀升的高速公路，项目建设难度极大，被喻为攀登公路建设的珠峰。对于雅康高速公路建设面临的挑战和考验，可以总结为“五个极其”：地形条件极其复杂、地质条件极其复杂、气候条件极其恶劣、生态环境极其脆弱、工程建设极其困难。

雅康高速公路的建设实现“七个首次”：国内首次使用隧道智能动态照明景观系统，有效缓解驾驶疲劳；国内首次在高海拔峡谷地区复杂强劲风场环境下，采用缆索吊装系统吊装千米级大桥主梁，保证施工质量和安全；国内首次采用隧道内拼装顶推大跨径曲线钢箱梁工艺，其中二郎山隧道国内首次完全实现斜井洞内反打，有效保护生态环境；国内首次建设多功能交通转换带，保证运营交通组织；国内首次建设共用一栋服务综合楼的立体双边地形服务区（泸定服务区）；省内首次运用北斗卫星地质灾害监测系统，保证高陡边坡稳定状况动态受控。省内首次全过程采用沥青砼拌和信息化管控系统，保证沥青砼路面施工质量全过程受控；省内首次对全线景观绿化进行系统规划设计和建设。

1 雅康高速公路泸定收费站 高月谨 摄

2 雅康高速公路二郎山特长隧道为雅康高速公路“一桥一隧”重点控制性工程之一，全长13.4公里，是全国通车以及在建公路第四长隧道。二郎山特长隧道地质条件极其复杂，隧道位于八度地震区，隧址穿越13条区域性断裂带。图为隧道内实景

3 图绘雅康高速公路

2018年，四川交通聚力脱贫攻坚，交通精准扶贫成效显著。全年安排贫困地区部省补助资金307亿元，占总额81.3%。基本完成第三轮“甘推”和第二轮“凉推”，启动新一轮“甘推”和“凉推”，藏区彝区交通面貌日新月异。

脱贫基础更加牢固

● 2018年，藏区、秦巴山区、乌蒙山区高速公路建设进展顺利。雅康高速公路全线通车，汶马高速公路控制性工程克枯特大桥合龙，巴陕高速公路建成通车，古习高速公路控制性工程赤水河大桥建设取得关键性进展。国省干线提档升级成效明显。新（改）建农村公路2.67万公里，新增53个乡（镇）、1 356个建制村通硬化路，基本实现乡乡通油路、村村通硬化路，年度计划摘帽的30个县、3 500个村实现交通高水平脱贫。77座溜索改桥全面建成，彻底结束“溜索时代”。建成渡改桥96座。新增通客车建制村3 427个、建制村通客车率88.8%。整治破损路面9 425公里，建成安全生命防护工程9 700公里。

雅康高速公路通车前，甘孜州对外联系陆路通道主要靠国道318线，道险且阻，冬季结冰时常封路。通车后，成都到康定全程高速公路直达仅3.5小时，时间较通行国道318线节省一半。图为雅康高速公路泸定大渡河大桥　雅康公司 供图

雅康高速公路泸定大渡河大桥　江宏景 摄

2018年11月3日，汶马高速公路克枯大桥合龙欢庆场景。克枯大桥建成代表着在高烈度地震区、复杂地形山区、土地资源匮乏区高速公路建设上找到了一种抗震性能好、经济适用、施工便捷、复制性强的新桥型。作为汶马高速公路控制性工程之一，大桥顺利合龙为实现全线通车目标奠定坚实基础。汶马高速公路建成后，将结束阿坝州州府马尔康不通高速公路的历史，对完善全省高速公路网、改善汶川地震灾区和民族地区交通条件，促进藏区经济社会跨越发展和长治久安等具有极重要的战略意义　段　鋈　供图

2018年11月22日，巴陕高速公路全线贯通。大行米仓添新道，穿越秦巴变坦途。四川再增北向出川大通道，巴陕高速公路通车必将加快秦巴山区脱贫奔康步伐，为实现川陕革命老区振兴发展提供重要支撑　朱锦鸿　供图

央视连续两天直播赤水河特大桥建设情况

2018年8月12日，古蔺至习水段高速公路赤水河特大桥两岸主墩索塔连为一体，标志着赤水河特大桥建设正式由下部施工转换为上部施工。作为川黔大通道——古蔺至习水段高速公路关键门户，赤水河大桥将连接川黔渝三地，为四川新增一条南向出川大通道。大桥建成前，从习酒镇出发到达赤水河峡谷对面的四川，全程至少1个小时。大桥建成后，只需几分钟便可跨越四川和贵州边界，对四川经济发展尤其乌蒙山区脱贫工作发挥积极作用。图为赤水河特大桥四川岸主塔

1 国道213线阿坝若尔盖段　敬思润 摄

2 国道318线康定市境内段　吴培琦 供图

3 国道317线朱倭过境路段　甘孜州公路管理局 供图

国道347线（原省道302线）阿坝至青海段　秦玥嘉 摄

省道217线石马路

1
2
3

1 2018年8月2日，省道217线石马路海子山隧道贯通。海子山隧道位于甘孜藏族自治州，是省道217线石渠至马尼干戈段公路（简称石马路）改建工程的控制性工程。全线217公里，总投资18.28亿元。其中，长2公里多的海子山隧道是甘孜州地质条件最差、最难建的公路隧道。全线于2012年9月开工，主体工程除海子山隧道外已于2014年9月底完工。海子山隧道在历时6年艰苦奋战后于8月2日终于贯通。图为贯通后的隧道

2 2018年9月1日，金阳溜索改桥具备通车条件，标志着四川省77个溜索改桥项目全部完工，10多万群众告别溜索出行。作为交通建设民生工程，溜索改桥项目的全面建成，极大地改善了贫困地区的交通运输条件，数以万计的山区群众可通过不断完善的偏远地区交通基础设施，更快更直接地接触新事物、新理念，加快脱贫攻坚步伐，共享社会进步的物质、文化成果　陈　龙　摄

3 甘孜县下雄乡锣戈村牧民定居点通村公路　龙　昱　王云汉　摄

1
2
3

1 会东县老君洞村通村公路二十三道拐建设场景
李云雪 冷文浩 摄

2 广元朝天柏杨乡通乡公路
罗 松 供图

3 金川县新建通村公路

内生动力持续增强

● 2018年，“交通+特色产业”“交通+旅游”扶贫蓬勃发展，建成旅游路、资源路、产业路626公里。巴中市以公路为线串连红色旅游景区（点），做响“川陕苏区首府”旅游品牌。建成县、乡、村三级物流综合服务站181个，农村物流网络节点覆盖率94.7%，创新高速公路“服务区+扶贫”等模式，助力农村群众致富奔康。

1 遂宁市船山区旅游产业道路　蒲永亮 供图
2 泸州江阳区董允坝国家现代农业示范园
3 合江乡村振兴环线道路　肖 杰 摄
4 犍为县清溪镇茉莉花基地路助推万里茉莉花产业大发展　犍为县交通运输局 供图

乐山市五通桥区辉山镇争鸣村茶山路网　章 綦 供图

南充嘉陵区村道联网产业路　嘉陵区交通运输局 供图

1 宜宾市翠屏区胡坝村因扶贫路而旧貌换新颜

2 宜宾市屏山县万涡村李子山村道

3 凉山州昭觉县公路通到村民家门口

4 甘孜县村级招呼站 王云汉 摄

5 犍为县“一元通”小公交车，每天运行在大街小巷

“四好农村路”再创佳绩

● 2018年9月7日，在浙江安吉召开的2018年全国“四好农村路”管理现场会上，交通运输部部长李小鹏、副部长戴东昌和农业农村部、国务院扶贫办对“四好农村路”全国示范县授牌，四川省6个县（区）被命名为“四好农村路”全国示范县，总数并列全国第一。

2018年，四川省成功创建第二批省级示范县14个、全国示范县3个，示范县个数居全国第一。连续两年在全国现场会上作经验交流发言，涌现出犍为县、南部县等全国先进典型。金堂县将“四好农村路”建设与农村产业兴旺发展、乡村旅游开发深度融合，取得显著成效。甘孜县在全省民族地区和深度贫困县率先实现通乡通村两个“100%”，实现农村公路安保工程和客运设施全覆盖。

2018年10月29日—30日，四川省“四好农村路”建设现场会在乐山召开。会议对省政府命名的第二批14个“四好农村路”省级示范县现场授牌

授牌

相关链接：

“四好农村路”全国示范县名单

成都市郫都区、平昌县、江安县、金堂县、犍为县、南部县

第二批“四好农村路”省级示范县名单

金堂县 眉山市彭山区 蒲江县 雅安市名山区

遂宁市船山区 南部县 峨眉山市 沐川县 巴中市恩阳区

高县 邻水县 自贡市沿滩区 苍溪县 甘孜县

1
2
3

1 金堂“四好农村路”
盘龙寺大桥 魏 舰 摄

2 南部县通乡公路
南部县交通运输局 供图

3 南部县东坝镇柑橘产业园道路
南部县交通运输局 供图

1
2
3

1 成都市郫都区青杠树村村道　刘贵明 摄
2 苍溪县“四好农村路”胡 勇 摄
3 巴中南江路

定点扶贫务实有效

● 2018年，省交通运输厅牵头帮扶的沐川县被中共四川省委、省政府表扬为摘帽工作先进县，金口河区、越西县脱贫进展良好。协助交通运输部做好小金、黑水、壤塘、色达定点帮扶工作，提前完成通乡通村两个“100%”。省交通运输厅连续两年为定点扶贫先进单位和全省脱贫攻坚“五个一”帮扶先进集体。

1
2
3 4

1 2018年12月1日，省交通运输厅举办扶贫干部慰问座谈会。图为厅长汪洋与扶贫挂职干部合影

2 国道348线沐川段 李首涛 摄

3 交通运输部定点扶贫县——小金县实现村村通公路，通达率、通畅率均达100%，率先在全省民族地区县实现农村公路安保及通村通畅“两个全覆盖”。图为小金县“四好农村路”服务葡萄标准化种植基地发展

4 小金县达维镇夹金村通村公路 陈 键 供图

抓党建 强保障

ZHUADANGJIAN QIANGBAOZHANG

党的建设全面深化

● 2018年，省交通运输厅坚持把政治建设摆在首位，牢固树立“四个意识”，坚定“四个自信”，自觉践行“两个维护”。持续推进“两学一做”学习教育常态化制度化，坚定用习近平新时代中国特色社会主义思想武装头脑、指导实践、推动工作。积极推进“四好一强”领导班子创建、“五好党支部”建设等重点工作。

2018年2月2日，省交通运输厅2018年党建工作会议召开

2018年5月10日，中共四川省交通运输厅党组中心组“大学习、大讨论、大调研”专家讲座现场

党风廉政建设强力推进

● 2018年，省交通运输厅制订《厅党组贯彻落实中央八项规定精神和省委省政府十项规定的实施细则》，全面开展“作风建设年”活动，坚决防止“四风”反弹回潮。扎实做好扶贫领域专项巡视巡察、省委巡视反馈问题整改和“回头看”各项工作，初次信访量持续明显下降。实行领导干部经济责任和重点风险告知制度，内部审计实现全覆盖。执纪监督问责力度持续加大，风清气正的政治生态不断巩固。省直部门巡察试点取得成效。

成风化俗之交通变化：蜀道在延伸 纪检在行动

2018-03-12 08:30:31 四川发布

【专题片】

10657120499...

来自【四川交通宣传中心】：2018年4月26日 四川交通快讯

【纪检微平台 巡察（10）】

巡察要见人、见事、见责任。找问题不能停留在现象和怀疑上，要弄清楚是不是问题，是什么性质的问题，问题的责任人是谁，谁该负什么责任。见了人、见了事、见了责任，才能真正解决问题、规范管理、治病救人。

【聚焦行业】

★近日，《中国公路》2018年07期以“蜀道通，蜀道畅，四川省以四好农村路为抓手推进交通扶贫”为题，重点报道我省“四好农村路”建设情况。

1 2018年5月30日，省交通运输厅召开2018年党风廉政建设工作会，深入学习习近平新时代中国特色社会主义思想和中央中纪委、省委省纪委全面从严治党部署精神，总结2017年交通运输党风廉政建设工作，分析面临的形势任务，安排部署2018年工作 蒋林珂 摄

2 “点滴纪检”创刊号截图

3 “纪检微平台”截图

4 2018年3月9日，省交通运输厅直属单位述责述廉工作会会场

行业软实力有效提升

● 2018年，持续开展政风行风“五大行动”，行业形象和社会满意度明显提升。

1	2
	3
	4
5 6	7

1 2018年4月19日，全省交通运输系统政风行风建设推进会会议场景

2 出行服务改善行动——残疾人卫生间

3 出行服务改善行动——应急卫生间

4 中央电视台报道四川高速公路服务区“厕所革命”

5 “12328”交通运输服务监督电话成为群众出行获取重要信息的渠道，是老百姓关注、参与交通运输管理的途径之一。2018年，全省“12328”热线共接听电话24.9万个，其中，解答信息咨询15万件，处理投诉8.6万件，收到群众意见建议1.3万条。12月27日，南充市“12328”电话中心获2017—2018年度全国“12328”电话十佳服务中心称号。图为南充市“12328”电话中心工作场景 陈 辉 摄

6 乐山市民通过“12328”热线反映学生乘坐公交困难且存在较大安全隐患得到妥善处理，乐山城区开通“学生号”公交。图为学生排队上“学生号”公交车 扎西美朵 摄

7 海事人员走村入户宣传水上交通安全 厅航务局 供图

（本栏目图片除署名外，其余由厅史志总编室、交通宣传中心提供）

特载
TE ZAI

2019
四川交通年鉴

部省领导关怀四川交通运输

2018年12月28日，交通运输部党组书记杨传堂、部长李小鹏批示：近年来，在省委、省政府的正确领导下，四川省交通运输厅坚持以习近平新时代中国特色社会主义思想为指导，大力弘扬“两路”精神，加强交通脱贫攻坚，有效应对重大自然灾害，通过抓项目促投资稳增长，推动交通发展持续高位运行。加快战略性综合交通走廊建设，谱写了“蜀道难”到“蜀道通”再到“蜀道畅”的历史新篇章。2019年是新中国成立70周年，是全面建成小康社会关键之年。希望在新的一年，全面贯彻落实党的十九大和十九届二中、三中全会精神，落实中央经济工作会议精神，坚持新发展理念，坚持高质量发展，坚持以供给侧结构性改革为主线，紧紧抓住并用好重要战略机遇期，落实“巩固、增强、提升、畅通”八字方针总要求，继续传承发扬“两路”精神，保持补短板促投资稳增长力度，有效助力经济社会发展。请部党组同志阅并呈清华、尹力、洪波同志阅。

2019年1月7日，中共四川省委书记彭清华同志批示：过去一年，全省交通运输系统认真贯彻落实省委、省政府决策部署，锐意进取、全力攻坚，推动交通投资再创新高，一批重大工程相继建成投运，服务保障和行业监管水平有效提升，在全省经济社会发展大局中发挥了积极作用。2019年，全省交通运输系统要坚持以习近平新时代中国特色社会主义思想为指导，抓住用好国家基础设施领域补短板重大机遇，强化统筹规划、主动对接争取，继续保持交通投资高位运行、重点项目高速推进的良好态势，加快构建现代综合交通运输体系，更好服务和支撑“一干多支、五区协同”“四向拓展、全域开放”战略部署，为决胜全面小康、建设经济强省、推动治蜀兴川再上新台阶作出新的贡献。

2019年1月9日，中共四川省委副书记、省长尹力批示：感谢传堂书记、小鹏部长对四川交通工作的指导和支持，2019年我们一定做好全省交通工作。

2019年1月9日，省人民政府副省长杨洪波批示：2018年，全省交通运输系统认真贯彻落实省委、省政府决策部署，雅康高速、巴陕高速公路等重大项目建成通车，交通脱贫攻坚取得决定性进展，交通强省建设平稳开局。成绩值得肯定！向为此付出艰辛努力的全省交通运输战线的同志们和家属致以亲切的问候和崇高的敬意！2019年，全省交通运输系统要坚持以习近平新时代中国特色社会主义思想为指导，按照省委十一届三次、四次全会决策部署，解放思想、锐意创新，坚持高质量发展主题和深化供给侧结构性改革主线，落实“一干多支、五区协同”“四向拓展、全域开放”发展战略，加快构建“四向八廊”战略性综合交通走廊，加快推动运输结构调整降本增效，加快推进交通脱贫攻坚“头等大事”，加快创新引领绿色智慧交通发展，为建设交通强省再立新功，以优异的成绩迎接中华人民共和国成立70周年。

（陈超超）

贯彻八字方针　抢抓战略机遇
加快构建现代综合交通运输体系

◎ 四川省交通运输厅党组书记、厅长　汪 洋

省交通运输厅党组书记、厅长汪洋作工作报告　交通宣传中心 供图

召开2018年全省交通运输工作会议，主要是以习近平新时代中国特色社会主义思想为指导，深入贯彻党的十九大和十九届二中、三中全会以及中央经济工作会议精神，全面落实中共四川省委十一届三次、四次全会和省委经济工作会议、全国交通运输工作会议部署，总结2018年工作，分析当前形势，部署2019年工作。

2018年全省交通运输工作

2018年，全省交通运输系统坚决贯彻中央和中共四川省委省政府、交通运输部各项决策部署，坚持稳中求进工作总基调，认真践行新发展理念，沉着应对复杂多变的宏观经济环境和艰巨繁重的发展改革任务，顶住重重压力，克服重重困难，统筹推进建设、管理、服务、改革等各项工作，圆满完成各项目标任务，保持了总体平稳、稳中有进的发展态势，实现了交通强省建设的良好开局。

（一）服务中心大局，交通战略研究持续深化

深入推进“大学习、大讨论、大调研”活动。紧扣交通运输高质量发展和建设交通强省，聚焦瓶颈短板，省交通运输厅组织开展22个重大课题研究，全系统联动推进326个课题调研，对全省交通运输发展进行再审视再梳理再谋划，进一步解放思想认识、找准突出问题、明确方向路径、坚定发展信心。“四向八廊”综合交通运输大通道建设规划等调研成果被中共四川省委全会和省委重要文件大篇幅采纳，在省委“三大活动”专题推进会上作交流发言。精心谋划交通强省战略。贯彻落实党中央、国务院推动高质量发展、基础设施领域补短板等重要决策部署，深度融入“一带一路”（详见《附录》）、长江经济带、新一轮西部大开发等国家战略，研究编制交通强省发展战略纲要，研究制订综合交通建设三年行动实施意见，研究修编全省高速公路网布局规划，超前启动“十四五”规划课题研究。服务支撑省委重大发展战略。围绕服务“一干多支、五区协同”（详见《附录》）区域发展新格局，研究编制五大经济区交通运输协同发展专项实施方案，明确区域交通发展定位、目标任务和实现路径，把省委重大决策部署落实到具体项目。围绕支撑“四向拓展、全域开放”立体全

面开放新态势，积极谋划进出川大通道建设，与周边省（区）达成西香、攀大、古蔺至金沙等省际通道接线协议，共同推进国际陆海贸易新通道建设。加强与俄罗斯、老挝、柬埔寨等“一带一路”沿线国家务实合作，招收留学生237名。

（二）抓投资稳增长，交通项目建设势头强劲

交通投资再创历史新高。全年公路水路交通建设完成投资1 590亿元，继续保持稳中有进的良好态势，连续8年完成投资超千亿元。成都、乐山、甘孜、阿坝等市（州）完成投资超百亿元，为全省经济稳增长作出积极贡献。高速公路建设取得重大突破。建成雅康、汶马（部分路段）、巴陕、绵西、成彭扩容等高速公路436公里，全省高速公路建成总里程达7 238公里，实现所有市（州）政府所在地通高速公路，新增3个贫困县通高速公路，全省134个县（市、区）通高速公路，出川高速通道达19条。新开工成南扩容、德昌至会理等高速公路，全省高速公路建成和在建总里程突破1万公里。建成全国第二长高速公路隧道米仓山隧道和雅康高速泸定大渡河大桥等一批超级工程。普通国省干线加快提档升级。国省干线公路新改建2 112公里，实施养护工程1 713公里，基本实现市（州）至县通二级（三州三级）及以上公路目标。川九路灾后恢复重建新示范工程、成雅和成资快速通道等一批重点项目启动建设，国道213线映秀至汶川公路等重点项目建成通车。内河水运建设深入推进。岷江龙溪口航电枢纽开工建设。岷江犍为航电枢纽、长江川境段航道整治等项目加快推进。嘉陵江航道川境段实现全江畅通，利泽枢纽初步设计取得批复。泸州、宜宾、乐山三港整合启动实施。枢纽建设持续强化。客运枢纽新开工8个，建成和在建36个，覆盖90%营运高铁站。建成3个物流园区，实现五大经济区大型货运枢纽全覆盖。项目储备积蓄强大发展后劲。加快项目前期工作，储备了西昌至昭通高速公路等45个重大项目，总投资超过6 000亿元。

（三）聚力脱贫攻坚，交通精准扶贫成效显著

扶贫保障精准有力。全年安排贫困地区部省补助资金307亿元，占总额的81.3%。基本完成第三轮甘推和第二轮凉推，启动新一轮甘推和凉推，藏区彝区交通面貌日新月异。石渠等县采用整县打捆方式引进国有大型企业建设农村公路，有效破解了建设任务重、技术管理弱等难题，保证了质量和进度。脱贫基础更加牢固。新（改）建农村公路2.67万公里，新增53个乡镇、1 356个建制村通硬化路，基本实现乡乡通油路、村村通硬化路，年度计划摘帽的30个县、3 500个村实现交通高水平脱贫。77座溜索改桥全面建成，彻底结束“溜索时代”。建成渡改桥96座。新增通客车建制村3 427个、建制村通客车率88.8%。整治破损路面9 425公里，建成安全生命防护工程9 700公里，群众走得更加安心、顺心、舒心。内生动力持续增强。“交通+特色产业”“交通+旅游”扶贫蓬勃发展，建成旅游路、资源路、产业路626公里。巴中市以公路为线串连红色旅游景区（点），做响“川陕苏区首府”旅游品牌。建成县、乡、村三级物流综合服务站181个，农村物流网络节点覆盖率达94.7%，创新高速公路“服务区+扶贫”等模式，助力农村群众致富奔康。“四好农村路”再创佳绩。成功创建第二批省级示范县14个、全国示范县3个，示范县个数居全国第一。连续两年在全国现场会上作经验交流发言，涌现出犍为县、南部县等全国先进典型。金堂县将“四好农村路”建设与农村产业兴旺发展、乡村旅游开发深度融合，取得了显著成效。甘孜县坚持党政主导，强化全民参与，突出资金保障，在全省民族地区和深度贫困县率先实现通乡通村两个“100%”，实现农村公路安保工程和客运设施全覆盖。定点扶贫务实有效。牵头帮扶的沐川县被中共四川省委省政府表扬为摘帽工作先进县，金口河区、越西县脱贫进展良好。协助交通运输部做好小金、黑水、壤塘、色达定点帮扶工作，提前完成通乡通村公路目标任务两个“100%”。省交通运输厅连续两年被表扬为定点扶贫先进单位和全省脱贫攻坚“五个一”帮扶先进集体。

（四）着力转型升级，运输服务保障提质增效

货运结构不断优化。制订运输结构调整三年行动计划实施方案。成立以网络节点为支撑、以业务合作为纽带的区域甩挂运输联盟。扎实推进无车承运人试点，

单车运输成本降低10%。成功入选国家多式联运示范工程3个。推动泸州、宜宾港开通至广州港、钦州港铁水联运班列。全年运输200吨以上特殊大件货物223件，有力支持全省重装产业发展。累计完成公路货运量17.3亿吨、货物周转量1 813亿吨公里，比上年分别增长9.5%、8.1%；完成水路货物周转量270亿吨公里，比上年增长5.7%。客运服务提档升级。大力推动预约、定制、响应式等个性化客运服务，在16条市际县际班线开展定制客运试点，涌现出顺庆区“全域公交”，犍为县、江安县“便民小客车”等农村客运服务新模式。成都、眉山、泸州、自贡等四个城市国家级“公交都市”创建取得积极进展。2018年全国绿色出行宣传月暨公交出行宣传周启动仪式在成都举行。开通全省第一条跨市城际公交线路天府新区视高至兴隆湖公交。开通西南地区第一条有轨电车线路蓉2号线。有序推进网约车新政落地实施，网约车与传统出租汽车加快融合发展。广安市创新建设特色集镇“综合运输服务中心”。服务保障持续增强。出台普通国省干线公路养护工程管理办法和补助办法，路面使用性能指数维持较高水平，PQI达88.8。制订出台高速公路命名编号方案，系统开展国省道编号命名调整。全面实现地级城市公交“一卡通”互联互通。推进“厕所革命”交通决不掉队，新（改）建行业厕所474座，实现高速公路服务区和三级以上客运站全覆盖。全面开展黑车、地下班线、驾驶培训三大专项整治行动，全年打击黑车1.8万辆，驾驶培训实现“计时培训”服务新模式全覆盖。成功创建全国百佳示范服务区5对、“五好”高速公路20条，打响了全省高速公路管理的品牌。

（五）勇于攻坚克难，重点领域改革蹄疾步稳

管理体制机制改革深入推进。按照中央和中共四川省委部署，有序推进厅机构改革和交通运输综合行政执法改革，完成渔船检验监督管理职责和承担行政职能事业单位行政职能划转。完成厅属两院转企改制，基本完成厅属全民所有制企业公司制改制工作，企业管理更加规范。交通投融资改革深入推进。制订出台《收费公路政府与社会资本合作项目前期实施程序》等规范性文件，加快PPP（详见《附录》）模式推广应用。探索创新多元融资模式，成功招商中江至遂宁等高速公路项目7个721公里，总投资977亿元。首次成功发行专项债券7.7亿元。四川交通投资基金第一期落地，撬动社会投资16.8亿元。省交通运输厅政府债务管理系统内银行贷款全部置换为政府债券规范管理。平昌县探索建立稳定多元的投入保障机制，17个项目包装入库省财政PPP项目库，总投资63.8亿元。丹棱县采取可行性缺口补助+使用者付费相结合的方式创新普通公路PPP模式，吸引社会资金29亿元。行政审批制度改革深入推进。梳理规范省市县三级行政权力事项清单。积极推进证照分离改革。省本级90%行政审批事项实现“最多跑一次”，在省级部门窗口政务服务考核中排名跃升至第二位。全面精简优化高速公路超限运输审批流程，在全国率先试行“一站式”公路超限运输审批服务。降本增效深入推进。全面落实收费公路通行费优惠政策，全年减免80亿元。提前实现普通货车“两检合一”和省内异地检测，每年为全省道路货运经营者减负1亿元以上。在全国率先完成取消省界收费站试点，实现川渝间10条高速公路顺畅通行。全面完成高速公路通行费“营改增”工作。全面落实中共四川省委省政府民营经济健康发展20条，营造良好营商环境。

（六）重规范强管理，行业治理能力显著提升

法治政府部门建设持续深化。《四川省航道条例》颁布实施。《四川省道路运输条例（修订）》等5个项目纳入省人大五年立法规划。完成2个部级37个省级“三基三化”（详见《附录》）试点建设。交通、公安部门公路“治超”联合执法实现常态化制度化规范化。仪陇县依托“互联网 ”实现执法信息共享联动，打造科技“治超”示范。行业管理更加规范。发布实施《高速公路服务区服务管理规范》等7项地方标准。制订出台高速公路PPP项目实施方案参考文本等20余项制度。完善重大行政决策专家论证机制，在全省率先组建部门行政决策咨询论证与法律专家库。启动全流程电子招投标系统建设和电子招标文件范本编制，招投标透明度和规范化有效提升。完善高速公路服务质量评价机制，“一路四方”联动工作机制实现通高速公路的市（州）和县（市、区）全覆盖。全面加快高速公路运营项目竣工验收，完成21个项目验收工作。加强地方铁路项目质量安

全监管，5个在建地方铁路项目建设顺利推进。信用体系建设深入推进。新出台《四川省道路运输企业信用管理办法》等5部信用标准规范。率先在全国开展对高速公路投资人的信用评价管理。建成新版公路水运建设市场信用信息管理服务系统，实现项目、从业单位、业绩、信用等信息及过程信用评价一网查询、一网通办。

（七）坚持创新转型，绿色智慧交通蓬勃发展

绿色交通发展取得实效。坚决打好交通运输污染防治攻坚战，强力推进环保督察反馈7个问题整改，省交通运输厅牵头的紫坪铺水库环境风险问题高质量销号，取缔长江干流非法码头82个。认真落实大规模绿化全川行动，大力推进绿色公路、绿色港口、绿色航道创建。“交通+旅游”加快融合发展，国道318线康定至雅江段等示范项目初见成效。启动实施高速公路路域景观绿化品质提升行动。开展普通公路路域环境专项治理。成都、泸州入选全国城市绿色货运配送试点。新能源汽车推广力度持续加大。智慧交通建设强力推进。完成四川省交通运输网上行政审批服务平台一期建设，省本级审批事项全部纳入网上办理，并与四川省一体化政务服务平台无缝对接，实现数据共享。基本实现省市县三级行政审批“一网通办”。交通运行监测与应急指挥系统建设加快推进，交通云整合平台投入运行。在全省率先完成第一批数据资源目录梳理并接入部、省共享平台。建成全国第一张省级高速公路光传输专用通信网（OTN）。所有高速公路收费站车道完成高清车牌识别改造，实现全路网移动支付全覆盖，ETC用户突破390万。内江、达州等地普通公路养护管理信息化系统投入试运行。新开工航务海事综合管理、普通国省道监测预警等项目10个，建成4个。科技创新能力明显提升。雀儿山隧道获国际隧道协会2018年度工程大奖。合江一桥获鲁班奖。《500米跨径钢管混凝土拱桥关键技术》等2项成果获国家科技进步二等奖。《钢管混凝土桥梁的抗震性能与防灾技术研究》等10项成果获省部级科技进步奖。深化品质工程建设，BIM+GIS项目管理系统广泛应用，钢筋数控加工等“四新技术”全面推行，智慧工地建设深入推进，助力雅康、绵九高速公路等项目打造“超级工程”“绿色高速”。

（八）狠抓平安交通，行业安全形势稳中向好

安全生产保持平稳。强化安全生产红线意识，大力开展平安交通三年攻坚行动，深入推进安全隐患集中排查治理、科技治安、监管规范化建设、“双超”治理等重点工作，全省交通运输安全生产形势稳定向好，事故起数和死亡人数实现双下降，其中，较大事故起数和死亡人数比上年分别下降50%和57.1%，没有发生重特大安全生产事故。应急管理成效显著。出台行业首部公路应急抢险专著《公路应急抢通技术手册》。有效应对金沙江白格堰塞湖灾害，用最短时间完成国道318线竹巴笼战备钢桥架设。采取强力措施确保行业安全度汛。圆满完成部“西部地区道路运输应急保障演练”任务。全省战备钢桥架设技能大比武成功举行，国防交通专业保障能力进一步提升。信访维稳持续向好。坚持依法化解矛盾纠纷，信访维稳责任有效落实，没有发生重大群体性事件。行业安保和反恐防范进一步加强。深入开展以道路运输、公路水路建设等领域为重点的扫黑除恶专项斗争，交通运输发展环境不断改善。

（九）全面从严治党，凝聚力战斗力不断增强

党的建设全面深化。坚持把政治建设摆在首位，牢固树立“四个意识”（详见《附录》），坚定“四个自信”（详见《附录》），自觉践行“两个维护”（详见《附录》）。持续推进“两学一做”学习教育常态化制度化，坚定用习近平新时代中国特色社会主义思想武装头脑、指导实践、推动工作。积极推进“四好一强”领导班子创建、“五好党支部”建设等重点工作，厅直机关党委被省直工委表彰为先进基层党组织。党风廉政建设强力推进。制订《厅党组贯彻落实中央八项规定精神和省委省政府十项规定的实施细则》，全面开展“作风建设年”活动，坚决防止“四风”反弹回潮。扎实做好扶贫领域专项巡视巡察、省委巡视反馈问题整改和“回头看”各项工作，初次信访量持续明显下降。实行领导干部经济责任和重点风险告知制度，内部审计实现全覆盖。执纪监督问责力度持续加大，风清气正的政治生态不断巩固。省直部门巡察试点取得成效。干部人才

队伍建设持续加强。坚持“好干部”标准，注重在急难险重任务、重大项目推进、艰苦复杂环境和锐意改革创新等“四个一线”培养和选任干部。深入实施人才强交战略，新入选“省学术和技术带头人”1人、后备8人，四川交职学院、交职学校分别成功创建国家级、省级高技能人才培训基地。行业软实力有效提升。扎实开展传承弘扬“两路”精神十大重点工作，完成川藏公路馆规划设计。省交通运输厅政府网站获得2018年度全省政府网站绩效评估第一名，省交通运输厅政务新媒体被评为“十佳省直部门政务新媒体”。四川交通16次登上央视《新闻联播》、12次登上《人民日报》等中央主流媒体，展示了四川交通良好形象。深入开展政风行风“五大行动”，行业形象和社会满意度明显提升。《四川交通年鉴》荣获全国年鉴编纂出版质量评比特等奖。精神文明、职业资格、统战群团、老干部、机关后勤等工作有力推进。

全省交通运输发展总体要求

2019年是新中国成立70周年，是决胜全面建成小康社会的关键之年，做好今年交通运输工作意义重大。总体要求是：坚持以习近平新时代中国特色社会主义思想为指导，全面贯彻党的十九大和十九届二中、三中全会精神，认真落实中央经济工作会议、省委十一届三次、四次全会和省委经济工作会议、全国交通运输工作会议精神，落实“巩固、增强、提升、畅通”八字方针总要求，坚持稳中求进工作总基调，坚持新发展理念，坚持推动高质量发展，坚持以供给侧结构性改革为主线，坚持深化市场化改革、扩大高水平开放，深入推进“一干多支、五区协同”“四向拓展、全域开放”（详见《附录》）等重大部署，大力实施综合交通建设三年行动，统筹推进稳增长、促改革、调结构、惠民生、防风险工作，着力提高综合交通运输网络效率，降低物流成本，确保安全稳定，推动科技创新，继续打好三大攻坚战，加快推进现代综合交通运输体系建设，努力开创交通强省建设新局面，以优异成绩庆祝中华人民共和国成立70周年。

初步考虑，2019年主要目标有四个：交通投资继续保持高位运行。全省公路水路建设投资确保完成1 400亿元、力争完成1 500亿元，实现连续9年交通投资超千亿元。项目建设持续高速推进。实施“十百千万”工程，力争新开工高速公路10条、1 000公里（成绵扩容、绵阳至苍溪、苍溪至巴中、马尔康至久治、泸定至石棉、南充至潼南、南充绕城北段、阆中至营山、西昌至昭通、德阳至遂宁），确保建成高速公路500公里（荣昌至泸州、德阳至简阳、蒲江至都江堰、内江城市过境、营山至达州、叙古剩余路段、成乐扩容试验段、泸黄扩容），新（改）建国省干线公路1 500公里、农村公路2万公里。川九路等灾后恢复重建项目全面推进并初见成效。加快推进内河航运、枢纽工程、信息化等50个重点项目。脱贫攻坚任务高质完成。提前一年全面实现乡乡通油路、村村通硬化路。新增通客车建制村3 000个以上，建制村通客车率达92%。高质量完成2019年计划摘帽的贫困县、贫困村和定点扶贫各项扶贫目标任务。管理服务实现高效提质。客货运输加快转型，综合运输效能加速提升。工程质量监管能力有效提升，品质工程建设取得实效。交通信息化水平取得突破。行业改革、安全生产等取得积极成效，行业治理能力显著增强。做好今年工作，实现预期目标，必须瞄准决胜全面建成小康社会交通运输领域兜底性任务，倒排工期，精准发力，狠抓落实，重点抓好“一个主题，一条主线，八个突破”，为服务全面建成小康社会收官打下决定性基础。

——一个主题，就是推动交通运输高质量发展。要着力推动交通运输发展质量变革、效率变革、动力变革，着力建设人民满意交通，着力打造现代化交通，加快构建安全、便捷、高效、绿色、经济的现代综合交通运输体系。

——一条主线，就是深化交通运输供给侧结构性改革。要更多采取改革的办法，更多运用市场化、法治化手段，落实好“巩固、增强、提升、畅通”八字方针，重点做好补短板的加法、降成本的减法、强服务的乘法和“放管服”的除法。

——八个突破，就是要审时度势，坚持目标导向、问题导向和结果导向，找准工作着力点，精准发力、攻坚突破。①要在提高综合交通运输网络效率上取得新突破。加强综合交通运输网络体系建设，大力推进综合交通通道和枢纽节点建设，加快实施一批补短板、增后劲的重点项目，打造高品质的快速交通网，强化高效率的普通交通网，拓展广覆盖的基础交通网。优化运输结构，全面实施《推进运输结构调整三年行动计划》，以促进大宗货物中长途运输“公转铁”“公转水”为主攻方向，促进联程联运发展，减少综合运输中间环节，发挥好各种运输方式的比较优势和组合效率。加强基础设施运营维护，实施精细化管理，提升交通运行效率和网络整体服务水平。②要在服务“一干多支、五区协同”发展上取得新突破。突出五大经济区交通发展功能定位，创新协同发展机制，推动沿江沿线协同发展，加快发展规划对接、区域合作互动、基础设施共建、公共服务共享，积极助推区域发展一体化进程。着力扩容加密，完善全省高速公路网布局，加快高速公路拥挤路段扩容改造和复线建设，增强高速公路主通道通行能力。着力打通断点，加快完善城际快速路网体系，加快城市群互联通道建设，提升城际通道与城市路网的衔接转换效率。着力建强枢纽，统筹公路与高铁城铁、高等级航道、支线机场合理布局，有机衔接，强化枢纽互联互通，支撑五区协同发展。③要在推动“四向拓展、全域开放”发展上取得新突破。按照“突出南向、提升东向、深化西向、扩大北向，构建陆海互济、东西畅达、南北贯通的‘四向八廊’战略性综合交通走廊和对外经济走廊”的总体战略布局，进一步细化完善发展规划，梳理明确重点任务，深度融入“一带一路”建设、长江经济带发展等国家战略，对接先进生产力、拓展发展新空间，不断提升四川对外开放合作水平。坚持把南向东向作为主攻方向，强化省际协调合作，加密与重庆、贵州、云南等省市的高速公路大通道，积极参与国际陆海贸易新通道建设。④要在打好三大攻坚战上取得新突破。打好交通脱贫攻坚战，始终把脱贫攻坚作为最大的政治责任、最大的民生工程、最大的发展机遇，聚焦深度贫困地区特别是凉山彝区，大力推进对外骨干通道建设，强化内部通道连接，全面实现通乡通村“两个100%”。打好交通污染防治攻坚战，大力促进绿色出行，推进资源集约节约循环利用，加强基础设施生态保护，防治并举提升交通运输绿色发展水平。打好防范化解重大风险攻坚战，创新交通投融资机制，积极争取加大财政投入，广泛吸引社会资本，把握好建设规模与节奏，有效防控债务风险；进一步完善行业安全体系，真抓实干控风险、除隐患、保安全、促稳定。⑤要在服务县域经济和全域旅游发展上取得新突破。按照乡村振兴多规合一工作要求，配合做好县域乡村振兴规划编制。主动对接新型城镇化和产业发展规划布局，从引领城镇布局、优化产业布局、支撑实体经济发展的角度，找准着力点和结合点，更好发挥交通先行作用。按照省委关于“把全域旅游盘活”“把文旅经济打造成为四川的支柱产业”的要求，以加快构建“快进、慢游、易出”旅游交通网络为目标，以红色旅游、生态旅游、人文旅游为重点，深入推进“交通+旅游”融合发展，强力支撑旅游经济强省和世界重要旅游目的地建设。⑥要在推进降本增效上取得新突破。推进结构性降本增效，宜铁则铁、宜公则公、宜水则水，倡导更经济的运输行为。推进制度性降本增效，着力治理乱收费、乱罚款，降低高速公路、港口等收费。推进技术性降本增效，以标准化促进物流体系标准兼容、信息共享、实体互联，有效降低物流的衔接成本。推进管理性降本增效，培育和支持平台型龙头骨干企业，整合“小散弱”市场主体，以信息流引导实体流集约高效组织。⑦要在深化市场化改革上取得新突破。坚持市场化改革方向，切实优化营商环境。进一步深化客货运输、建设审批等领域“放管服”改革，加快破除制约微观主体活力释放的体制机制障碍。切实支持民营企业发展，对交通运输新业态，要鼓励创新、趋利避害，包容审慎监管，推动新旧业态融合发展。切实转变政府职能，以推进行业综合行政执法改革、事业单位分类改革等重大改革为契机，加快提升行业治理体系和治理能力现代化水平。⑧要在行业创新发展上取得新突破。以智慧交通为主攻方向，创新信息化发展机制，推动大数据、互联网、人工智能等技术与交通运输深度融合，全面提升行业现代化水平。以科技创新为引领，围绕重大工程需求，加快新技术攻关和推广应用。坚持“高精尖缺”导向，加大行业人才队伍培养力度，真正使人才成为推动高质量发展的第一资源。

（该文为省交通运输厅党组书记、厅长汪洋在2019年1月10日全省交通运输工作会议上的讲话摘要）

概况

GAI KUANG

2019

四川交通年鉴

四川概况

SICHUAN GAIKUANG

区　位　**地理区位**　四川简称“川”或“蜀”，地理位置东经97° 21′～108° 31′，北纬26° 03′～34° 19′，东西长1 075公里，南北宽921公里，东邻重庆，南连贵州、云南，西靠西藏，北接陕西、青海、甘肃。辖区面积48.5万平方公里，占全国土地总面积的5.05%，居新疆、西藏、青海、内蒙古之后，列全国第五位。四川以其独特的地理环境、丰富的自然资源以及开发较早的农耕经济而享有“天府之国”的美誉。

经济区位　四川四面环山，气候多样，资源和物产富足，历来是中国西部地区具有重要经济地位的省份。四川虽然存在不沿边、不靠海的先天不足，但亦有其独特条件和巨大潜力：从地理位置来看，四川作为西部10个省（自治区、直辖市）之一，与除新疆、宁夏外的其他7个省（自治区、直辖市）接壤，是中国西部地区人流、物流、信息流的重要通衢，是云、贵、藏、青、甘等省（自治区）经济发展的重要依托，是西南、西北和中部地区的重要连接点；从区域市场来看，四川是西部特别是西南地区各种经济要素和商品的重要集散地；从交通条件来看，四川是承接华南、华中，连接西南、西北，沟通中亚、东南亚的重要交通交会点和交通走廊。四川特有的区位优势，使四川有条件成为辐射国内市场和“一带一路”国际经济格局的西部经济高地。

地貌特征　四川境内有青藏高原、云贵高原、横断山脉、秦巴山地和四川盆地五大地貌单元，地势西高东低，高差悬殊。以龙门山、邛崃山和大凉山主脊线为界，四川地貌可分为两大区域：东部是盆地，西部是大幅隆起的高原和山地。东部盆地周边山地海拔1 000～3 000米，盆底海拔200～750米，属中国地势划分的第二阶梯上相对凹陷部分；西部山地海拔多在4 000米以上，属中国地势划分的第一阶梯。四川山脉连绵，江河纵横。其盆地东南缘，长江两岸海拔在250米左右，西部的贡嘎山主峰海拔为7 556米，高差超过7 300米。

蜀山之王贡嘎山，主峰海拔7 556米　　杨占昌 摄

地貌类型复杂多样是四川地貌的另一大特征。平原、丘陵、山地和高原4种内陆地貌类型齐全。平原分布于盆地西部及河流两岸；丘陵分布于盆地中部及盆东平行岭谷底部；山地主要分布于凉山州、甘孜州、阿坝州的东南部，高原分布于川西北的甘孜州和阿坝州境内。

气候特征　四川地处亚热带地区，东、西部地貌差异显著，气候复杂多样，尤以气候垂直特征明显，为中国气候带最多的省区之一。其中，川西高山峡谷地区以亚热带气候为基带，从下至上依次呈现暖温带、温带、寒温带和永冻带气候特征。这种复杂多样的气候为四川农业的发展提供了得天独厚的优越条件。

四川气温差异显著。根据热量、降水、日照的差异，大致可分为东部盆地、川西高原和川西南山地三大区域。东部盆地年平均气温在14℃～19℃之间，春季气温回暖早，夏季长但少酷热，秋季低温来得早，冬季温暖而少霜雪；川西高原地区年平均气温低于8℃，气候垂直变化明显，气温低，多霜雪，雨量小，日照丰富；川西南山地谷地年平均气温在15℃～20℃之间，山地年平均气温在5℃～15℃之间，冬暖夏凉，四季不分明。

资　源

土地资源　四川总面积48.5万平方公里，全省陆地总面积4 840.6万公顷，其中耕地面积397.61万公顷。

四川土壤类型丰富，垂直分布特征明显。平原、丘陵主要为水稻土、冲击土、紫色土等，是农作物的主要产区。高原、山地依海拔高度分别分布不同土壤，其中多数有利于多种作物的生长。占比重较大的紫色土富含钾、磷、钙、镁、铁、锰等元素，土质风化度低、土壤发育浅、肥力高，极利于农业生产。四川湿地资源极其丰富，主要类型有河流湿地、湖泊湿地、沼泽和沼泽化草甸湿地及库塘湿地四大类。九寨沟高山湖泊群湿地、若尔盖高原泥炭湿地、黄龙钙化湿地群、泸沽湖湿地等湿地景观闻名全球。

水资源　四川大部分地区位于亚热带季风气候区，雨量充沛，河流水系发育良好，地表水、地下水和重复水储量巨大，其中以河川径流量最为丰富。境内流域面积50平方公里及以上河流共有2 816条，号称“千河之省”。水资源总量约2 616亿立方米（其中地下水资源量616亿立方米），为长江径流三大补给区之一。其中，岷江年径流量900亿立方米，为长江各大支流之冠。四川充足的水资源所蕴藏的水能，占全国四分之一。

生物资源　四川复杂的地形结构、气候类型和充裕的雨水为多种生物的生长繁衍提供了良好的自然条件，成为连缀华中、西南和青藏高原三大动植物区的走廊地带，古今动植物同存，数量种类繁多，素有“中国植物缩影”和“物种富乡”之誉，为全球25个生物多样性热点地区之一。仅高级植物就有1万余种，占中国植物总类的三分之一，居全国第二位，其中国家重点保护植物达63种。四川还是药用植物的主要产地和油料植物的生产基地，经济林木的栽培历史悠久。四川境内的野生动物种类占全国的46.4%，居全国第二位。其中有脊椎动物近1 300余种，占全国的45%以上。全省有国家一级保护动物32种、二级保护动物113种，分别占全国的34.3%和40.1%。举世闻名、被誉为“国宝”的大熊猫就主要生活在四川。四川毛皮用动物和药用动物种类繁多。全省雉类资源亦极为丰富，雉科鸟类达20种，占全国雉科总数的40%，其中有许多珍稀濒危雉类，如雉鹑、四川山鹧鸪、绿尾虹雉等。

矿产资源　四川地质构造复杂，地层发育完整，成矿条件有利，是中国少数矿藏资源极为丰富的省份之一。全省矿产种类齐全，储量丰富，已查明资源储量的矿种、矿区分别为101种和1 906处，其中有43种矿产的保有资源储量位居全国前五位。全省矿产资源分布相对集中，区域特征明显，地域组合较好，伴生矿种多，易于开采冶炼，为西部乃至全国的矿物原材料生产和加工大省。

旅游资源　四川拥有秀美的山川和独特的人文景观，是中国旅游资源种类繁多、门类齐全的省区之一。有世界自然与文化遗产5处，其中：自然遗产3处（九寨沟、黄龙、四川大熊猫栖息地），自然和文化双重遗产1处（峨眉山—乐山大佛），文化遗产1处（青城山—都江堰）。列入联合国“世界生物圈保护区”的有4处（九寨沟、卧龙、黄龙、稻城亚丁）。国家级风景名胜区15处，省级风景名胜区79处，国家5A级旅游景区12个，中国优秀旅游城市21座，国家历史文化名城8座，自然保护区166个，其中，国家级自然保护区31个。卧龙、蜂桶寨、喇叭河、草坡、鞍子河、黑水河6个大熊猫自然保护区作为大熊猫世界自然遗产地最精华区域进入《世界自然遗产名录》。森林公园137处，其中，国家级森林公园44处。已发现地质遗迹220余处，有世界级地质公园3处，国家级地质公园18处，其数量居全国前列。

四姑娘山双桥沟　　李 果 摄

人口民族宗教 四川是中国人口大省。据2018年全国人口变动情况抽样调查资料测算，全年出生人口92.0万人，人口出生率11.05‰；死亡人口58.3万人，人口死亡率7.01‰；人口自然增长率4.04‰。年末常住人口8 341.0万人，比上年末增加39.0万人。其中，城镇人口4 361.5万人，乡村人口3 979.5万人，城镇化率52.29%，比上年提高1.5个百分点。依经济发展水平和自然条件差异，人口分布呈东多西少特征。

四川民族众多。除汉族外，还有55个少数民族，其中世居少数民族有彝族、藏族、羌族、苗族、回族、土家族、纳西族等14个。四川拥有中国最大的彝族聚居区、第二大藏族聚居区、唯一的羌族聚居区，为全国第五大少数民族聚居的省份。

四川有佛教、道教、伊斯兰教、天主教、基督教5种宗教。佛教、道教分布较广；川西高原上的甘孜州、阿坝州和凉山州木里县是藏族聚居地，居民信仰藏传佛教；信仰伊斯兰教的回族群众主要分布在川西北和川西南的阿坝州、凉山州等地区；天主教、基督教的信众多分布在长江沿线的大中城市及农村。

历史沿革 四川是中国古人类文化发源地之一，也是中国经济开发较早的地区之一。旧石器时代晚期，中国境内最早原始人类之一的资阳人就生活在四川，并使用旧石器从事生产。古史传说的“蚕丛时代”即指四川古人类以养蚕著称的时代，“蜀”之得名亦与之有关。从新石器时代晚期到青铜器时代，两个较大的奴隶制国家——巴国和蜀国的人民就在今四川盆地东部和西部辛勤垦殖，创造了灿烂的“巴蜀文化”。20世纪80年代后期，广汉三星堆、新津宝墩、都江堰芒城、郫县古城、温江鱼凫城、成都金沙等一系列考古发掘证实，早在距今4800—4000年左右的成都平原，已逐渐形成分布密集、规模庞大的古城群。

公元前316年，秦灭巴、蜀，分置巴郡和蜀郡。从此，今四川地区进入中央王朝直接统治之下。战国秦昭王时，蜀守李冰父子兴建都江堰，灌溉成都平原，农业迅速发展，四川至今仍受其惠。秦末，刘邦以巴蜀为战略后方，出兵关中，建立汉朝。汉武帝元封五年（公元前106年），以今四川地域为中心，置益州，故四川又有“益州”之称。两汉时期，四川经济进一步发展，文翁兴学，开创西汉一代官学制度；牛耕、铁农具普遍使用，蜀酒已有特色；工矿业、手工业、商业相当发达。成都与洛阳、邯郸、临淄、宛城同为五都之一，世称“西都”。221年，刘备建立蜀汉政权，定都成都。263年，蜀汉为魏所灭。两晋南北朝期间，四川多次卷入战祸，经济一度衰落，但战乱较北方为轻，其间先后出现较为安定的时期，故时有“天下多乱，惟蜀得免”之说，不断有人入蜀避乱，并带来技术和资财，为四川经济的再次发展提供有利条件。隋炀帝大业三年（607年），废州置郡，实行郡县二级制，设蜀、巴等24郡。唐代实行道、州（府）、县三级制，今四川地区属剑南东、西两道和山南西道，故有“剑南三州”之称。其时四川经济再次进入发展的高潮，成都平原成为全国最发达的地区之一，时称“扬一益二”。907年，王建建立前蜀；934年，孟知祥建立后蜀。965年，北宋灭蜀。宋真宗咸平四年（1001年），分今四川地区为益州路（后改成都府路）、梓州路（后改为潼川府路）、利州路和夔州路，简称“川峡四路”，“四川”之名即由此而得。宋代是四川经济文化又一个大发展时期，确立都江堰岁修制度并沿袭至今，设置“茶马司”以茶易马，其蜀锦、麻纸、印刷和刻书均居当时先进行列，深井钻凿技术更是领先世界，交通运输和商业也较发达，世界上最早的纸币——交子始现成都，成都地位仅次于汴京和临安，被誉为“名都乐园”。元朝在各地置行中书省。至元二十三年（1286年），合并川峡四路置“四川等处行中书省”，简称“四川行省”，此为四川建省之始。1362年，红巾军将领明玉珍在川称帝，国号大夏。1371年，明军灭大夏，统一四川。明末农民起义军首领张献忠由湖广溯江而上，在成都建立大西政权。1659年，清军灭大西，四川归于清王朝版图。清王朝对四川采取一系列休生养民政策，使四川经济得以迅速恢复并发展，其中“湖广填四川”和“改土归流”政策影响尤为深远。其时红苕、玉米等新型粮食作物普遍种植，烟叶、蚕丝业继续发展，糖、酒业逐步兴盛，特别是以自贡为中心的盐场具有相当规模。

民国初年，四川出现长达近20年的军阀混战局面。第二次国内革命战争期间，中共四川省委先后组织领导20次武装起义。1932年，红四方面军主力入川，建立川陕革命根据地。抗日战争时期，四川成为抗日大后方和中国抗日的兵源、财源、粮食和物资基地。1949年12月，四川解放。1950年，四川划分为川西、川东、川北、川南4个行署和重庆直辖市。1952年，四川恢复省制，重庆由直辖市改为省辖市。1955年，西康省撤销，金沙江以东各县并入四川。1997年，重庆又改设为直辖市。至2018年，四川省共有地级行政区划21个，其中副省级市1个、地级市17个、民族自治州3个；有县级行政区划183个，其中市辖区54个、县级市17个、县108个、民族自治县4个。

经济建设 四川经济开发较早，历史上就以畜牧农耕、凿井煮盐、养蚕织锦著称。近年来，四川遭受了“5·12”汶川特大地震、“4·20”芦山强烈地震、“8·8”九寨沟强烈地震以及特大山洪泥石流等重大自然灾害，又经历国际金融危机和国内经济下行，面对复杂经济形势、多重矛盾交织、自然灾害频发的严峻考验，中共四川省委、省政府带领全省人民坚持以习近平新时代中国特色社会主义思想为指导，深入学习贯彻党的十九大精神和习近平总书记对四川工作系列重要指示精神，认真贯彻落实省委十一届三次、四次全会决策部署，统筹推进“五位一体”总体布局，协调推进“四个全面”战略布局，沉着应对多重困难挑战，牢牢把握稳中求进工作总基调，始终保持专注发展定力，统筹做好稳增长、促改革、调结构、惠民生、防风险各项工作，深入推进“一干多支、五区协同”“四项拓展、全域开放”重大战略部署，经济社会发展取得新成绩，治蜀兴川呈现新局面。2018年，全省实现地区生产总值40 678.1亿元，比上年增长8.0%。全年地方一般公共预算收入3 910.9亿元，比上年增长9.3%，其中税收收入2 819.7亿元，增长16.0%。一般公共预算支出9 718.3亿元，增长11.8%。全年全社会固定资产投资28 065.3亿元，同口径比上年增长10.2%。社会消费品零售总额18 254.5亿元，增长11.1%。城镇居民人均可支配收入33 216元，增长8.1%；农村居民人均可支配收入13 331元，增长9.0%；居民消费价格上涨1.7%。

四川工业门类齐全，发电量、天然气等产品产量均居西部各省（直辖市、自治区）第一位，机械、电子等行业在全国占有重要地位。近年来，结构调整和产业发展取得重要进展，投资消费持续扩大。2018年，全省工业增加值12 190.5亿元，比上年增长8.1%，对经济增长的贡献率为37.6%。年末规模以上工业企业14 205户。全年规模以上工业增加值增长8.3%。在规模以上工业中，轻工业增加值比上年增长8.8%，重工业增加值增长8.0%。规模以上工业41个行业大类中有36个行业增加值增长。其中，铁路、船舶、航空航天和其他运输设备制造业增加值比上年增长22.1%，金属制造业增长15.3%，专用设备制造业增长14.6%，石油和天然气开采业增长14.5%，计算机、通信和其他电子设备制造业增长14.4%，医药制造业增长13.0%，酒、饮料和精制茶制造业增长10.4%，电力、热力生产和供应业增长9.2%，非金属矿物制品业增长8.6%，汽车制造业增长3.6%。全年规模以上工业企业实现主营业务收入40 646.7亿元，增长13.8%，盈亏相抵后实现利润总额2 717.9亿元，增长22.1%。其中，国有控股工业企业实现利润818.6亿元，增长21.8%；股份制企业2 393.9亿元，增长27.5%；外商及港澳台商投资企业303.5亿元，下降0.3%。

四川现代农牧业发展显现成效。2018年，粮食作物播种面积626.6万公顷，比上年下降0.4%；油料作物播种面积149.1万公顷，增长0.8%；中草药材播种面积12.4万公顷，增长14.3%；蔬菜播种面积136.4万公顷，增长3.0%。粮食产量3 493.7万吨，比上年增长0.1%，其中小春粮食产量下降0.7%；大春粮食产量增长0.3%。经济作物中，油料产量362.6万吨，增长1.3%；烟叶产量16.2万吨，下降10.0%；蔬菜及食用菌产量4 423.8万吨，增长4.0%；茶叶产量30.2万吨，增长8.8%；园林水果产量937.0万吨，增长6.1%；中草药材产量44.8万吨，增长12.5%。全年肉猪出栏6 638.3万头，比上年增长0.9%；牛出栏276.2万头，增长3.3%；羊出栏1 740.9万只，下降2.2%；家禽出栏66 071.0万只，增长1.2%。禽蛋产量增长3.0%，牛奶产量增长0.8%。完成营造林面积68.8万公顷，其中，造林面积44.8万公顷，森林抚育面积24.0万公顷。全省有湿地公园64个，其中国家湿地公园29个。年末森林覆盖率38.83%，提高0.8个百分点。全年水产养殖面积19.1万公顷，增长1.1%；水产品产量153.5万吨，增长1.8%。全年新增农田有效灌溉面积5.3万公顷，年末有效灌溉面积292.6万公顷。全年新增综合治理水土流失面积46.7万公顷，累计992.4万公顷。年末农业机械总动力4 658.7万千瓦，新增80.0万千瓦。全年农村用电量194.7亿千瓦小时，增长3.3%。

成自泸高速公路仁寿段夜景　　厅史志总编室 供图

四川是西部最大的市场和物资集散中心，商业机构门类齐全、网点覆盖面广，为全国贸易大省。2018年，全省社会消费品零售总额18 254.5亿元，比上年增长11.1%，其中，商品零售额15 447.2亿元，增长10.8%。从限额以上企业（单位）主要商品零售额看，粮油、食品、饮料、烟酒类增长13.0%，服装、鞋帽、针纺织品类增长16.3%，日用品类增长37.1%，化妆品类增长14.9%，金银珠宝类增长13.1%，家用电器和音像器材类增长13.2%，中西药品类增长17.0%，家具类增长18.7%，建筑及装潢材料类增长10.9%，汽车类增长3.2%，石油及制品类增长11.5%。

四川招商引资和经贸合作取得重大成果。聚力加快产业转型升级，着力破解产业体系不优的问题，打造电子信息、装备制造、食品饮料、先进材料和能源化工五大支柱产业，推动数字经济与实体经济融合发展。全年实际利用外资754.3亿元，比上年增长28.7%。新批（备案）外商直接投资企业607家，累计批准（备案）12 308家。外商投资实际到位资金623.3亿元，增长11.1%。落户四川的境外世界500强企业244家。年末驻川外国领事机构17家。全年对外承包工程新签合同金额102.7亿美元，比上年增长29.7%，完成营业额61.1亿美元，增长55.5%。新增境外投资企业104家，累计1 065家。全年在履约的国内省外投资项目8 651个（含往年结转项目），实际到位国内省外资金10 492.8亿元，增长5.2%。全年进出口总额5 947.9亿元，比上年增长29.2%。其中，出口额3 334.8亿元，增长31.4%；进口额2 613.1亿元，增长26.5%。全年以加工贸易方式进出口3 351.0亿元，增长29.5%，占全省进出口总额的56.3%；以一般贸易方式进出口1 817.8亿元，增长30.2%，占全省进出口总额的30.6%。

四川立足省情，积极推进旅游产业由资源优势向经济优势的转变，并将其作为支柱产业之一予以重点培育，提出发展大旅游、建设旅游经济强省的目标，制订一系列促进旅游业加快发展的政策措施，推动旅游业较快发展。2018年接待国内游客7.0亿人次，比上年增长4.9%。国内旅游收入10 012.7亿元，增长13.5%。接待入境游客369.8万人次，增长10.0%；实现旅游外汇收入15.1亿美元，增长4.5%。全省旅行社组织出境游客总人数为170.5万人，增长2.1%。全年实现旅游总收入10 112.8亿元，增长13.3%。

四川作为西部综合交通枢纽主体骨架地位正在形成。2018年，四川大力推进出川通道和交通枢纽建设。全年公路水路交通建设完成投资1 590亿元，连续8年完成投资超千亿元。建成雅康、汶马（部分路段）、巴陕、绵西、成彭扩容等高速公路436公里，全省高速公路建成总里程7 238公里，实现所有市（州）政府所在地通高速公路，出川高速通道19条。成南扩容、德昌至会理等高速公路开工建设，全省高速公路建成和在建总里程突破1万公里。建成全国第二长高速公路隧道米仓山隧道和雅康高速公路泸定大渡河大桥等一批超级工程。国省干线公路新（改）建2 112公里，实施养护工程1 713公里。川九路灾后恢复重建新示范工程、成雅和成资快速通道开工建设，国道213线映秀至汶川公路建成通车。岷江龙溪口航电枢纽开工建设。嘉陵江航道川境段实现全江畅通，利泽枢纽初步设计取得批复。泸州、宜宾、乐山三港整合启动实施。客运枢纽新开工8个，建成和在建36个，覆盖90%营运高铁站。建成3个物流园区，实现五大经济区大型货运枢纽全覆盖。新（改）建农村公路2.67万公里，新增53个乡（镇）、1 356个建制村通硬化路。建成渡改桥96座。新增通客车建制村3 427个，建制村通客车率88.8%。整治破损路面9 425公里，建成安全生命防护工程9 700公里。推进无车承运人试点，单车运输成本降低10%。入选国家多式联运示范工程3个。推动泸州、宜宾港开通至广州港、钦州港铁水联运班列。全年累计完成公路货运量17.3亿吨、货物周转量1 813亿吨公里，比上年分别增长9.5%、8.1%；完成水路货物周转量270亿吨公里，比上年增长5.7%。推进网约车新政落地实施，网约车与传统出租汽车加快融合发展。在16条市际县际班线开展定制客运试点。成都、眉山、泸州、自贡四个国家级“公交都市”创建取得积极进展。开通全省第一条跨市城际公交线路天府新区视高至兴隆湖公交和西南地区第一条有轨电车线路蓉2号线。创建全国百佳示范服务区5对、“五好”高速公路

都汶高速公路庙子坪大桥　　厅史志总编室 供图

20条。“交通＋旅游”加快融合发展，国道318线康定至雅江段等示范项目初见成效。成都、泸州入选全国城市绿色货运配送试点。科技创新能力显著提升，雀儿山隧道获国际隧道协会2018年度工程大奖，合江一桥获鲁班奖。

四川形成以微波、光纤、卫星、程控电话、无线寻呼、图文传真等组成的现代通信体系。2018年四川邮电业务总量3 643.9亿元，比上年增长141.3%。其中，邮政业务总量348.5亿元，增长29.4%；电信业务总量3 295.4亿元，增长165.6%。年末拥有局用交换机容量（含接入网）657.2万门；移动电话交换机容量16 388.3万户。年末固定电话用户1 721.0万户，移动电话用户9 068 .6万户。固定电话普及率每百人20.7部，移动电话普及率每百人109.2部。固定互联网宽带接入用户2 624.5万户，移动互联网用户7 740.8万户，长途光缆线路长度7.1万公里，本地网中继光缆线路长度103.5万公里，接入网光缆线路长度168.4万公里。

科技文化教育 2018年，在川国家级重点实验室14个（含省部共建国家重点实验室1个），省部级重点实验室197个，四川省重点实验室116个，国家级工程技术研究中心16个，省级工程技术研究中心208个。全省有中国科学院院士25人、中国工程院院士34人。全年申请专利152 987件，获得授权专利87 372件，其中申请发明专利53 805件，获得授权的发明专利11 697件。行政机关立案处理专利案件5 112件，审理结案5 103件，结案率99.8%。实施专利项目13 844项。有高新技术企业4 200家，国家级高新技术产业开发区8个、省级高新技术产业园区12个，国家级农业科技园区10个，国家级科技企业孵化器29个、省级科技企业孵化器116个，国家级大学科技园5个、省级大学科技园12个，国家级众创空间66个（其中专业化示范众创空间2个）、省级众创空间95个，国家级星创天地96个，国家级国际科技合作基地22个，省级国际科技合作基地56个。全年登记技术合同15 192项，成交金额1 004.2亿元。完成省级科技成果登记3 702项。

悠久的历史赋予四川兼容并蓄、追求和谐的文化传统，灿烂夺目的古蜀文明为四川社会主义先进文化建设积淀了丰厚底蕴。2018年，全省有文化系统内艺术表演团体53个，艺术表演场所44个，公共图书馆204个，文化馆207个，美术馆41个，文化站4 574个。国家级文化和科技融合示范基地2个，国家级文化产业示范基地15个，省级文化产业示范园区11个，省级文化产业试验园区5个，省级文化产业示范基地59个。有博物馆253个，文物保护管理机构173个，全国重点文物保护单位230处、省级文物保护单位1 165处，市、县级文物保护单位6 619处。国家级非物质文化遗产139项、省级非物质文化遗产522项。有广播电视台165座、中短波发射台和转播台39座。广播综合覆盖率97.8%，电视综合覆盖率98.8%。有线广播电视实际用户1 125.8万户。全年出版地方报纸130种，出版量13.1亿份；出版期刊356种，出版量5 015.3万册；出版图书14 987种，出版量29 915.2万册；出版音像制品120种，电子出版物188种。纳入统计的档案馆244个，其中国家综合档案馆204个。国家综合档案馆全年向社会开放各类档案643.2万卷、232.6万件。

四川已形成初等教育、中等教育、高等教育相互衔接，普通教育、职业教育、成人教育协调发展的教育体系。2018年，全省有各级各类学校2.5万所，在校生1 572.7万人，教职工110.7万人，其中专任教师90.7万人。有小学5 730所，招生95.2万人，在校生555.5万人。初中3 716所，招生92.4万人，在校生261.8万人；普通高中768所，招生46.2万人，在校生139.0万人；特殊教育学校128所，招生2 649人，在校生1.5万人；中等职业教育学校508所，招生37.6万人，在校生94.2万人。职业技术培训机构4 147个，职业技术培训注册学员211.8万人次。有普通高校119所。普通本（专）科招生48.4万人，增长5.1%；在校生156.5万人，增长4.3%；毕业生39.4万人，增长2.0%。研究生培养单位36个，招生3.9万人，在校生12.8万人，毕业生2.7万人。成人高等学校13所，成人本（专）科在校生30.7万人；参加学历教育自学考试53.1万人次。

绵九高速公路公司BIM指挥中心大厅 李杨 摄

（本栏目撰稿人：交鉴 钟文）

（本栏目资料和数据主要参考《2018年四川省国民经济和社会发展统计公报》及相关部门官方网站）

四川交通历史与现状

SICHUAN JIAOTONG LISHI YU XIANZHUANG

古代交通 **陆路交通** 商周时期，巴蜀地区陆路交通就有所开拓。“武王伐纣，蜀亦从行”（《华阳国志·序志》），“武王伐纣，实得巴蜀之师”（《华阳国志·巴志》）。在广汉三星堆和成都金沙遗址，出土了与中原地区玉器形制完全相同的玉璧、玉璋、玉琮等。证明四川盆地与外界已有密切的联系。在《蜀王本纪》和《华阳国志·蜀志》中保存的五丁开山、石牛开道、武都担土、山分五岭等神话传说，正是巴蜀先民辟山开道的有力说明。

古代巴蜀与中原地区的联系要翻越秦岭和大巴山，故交通道路的开辟多选择在河谷，并修栈道以克服艰险。穿越秦岭的古道有4条：陈仓道、褒斜道、傥骆道、子午道；穿越大巴山的古道有3条：剑阁道、米仓道、洋巴道；从渭水上游翻越秦岭西段和岷山的通道有2条：仇池道和阴平道。

秦汉三国时期，是古代巴蜀交通大发展并形成基本格局的时期。陆路交通最大的变化是，相当一部分道路，由过去只能供人、畜行走的窄道，转为可通马车的大道。两汉时期，蜀中较为重视修治道路。官府或征调民力大规模治路，或私人捐款修路建桥，并勒碑石记其事，一时蔚为风气。

明月峡古栈道遗址　　厅史志总编室 供图

巴蜀地区的交通，在前代奠定的基础上，经过南北朝和隋唐时期的发展，有了较大改善。州县之间，道路相通，往来便捷，北经关中，可以直入长安，达于中原。

宋代，成都到长安的川陕干道，仍是四川主要的陆路交通干线。该路经汉州（今四川广汉）、绵州（今四川绵阳）、剑州（今四川剑阁）、过剑门关而达利州（今四川广元），再经金牛道而达兴元府（今陕西汉中）。此外，由阆州、巴州而到汉中的米仓道，是四川通往陕西的另一条重要陆路干线。

元朝十分重视交通建设，在全国广阔的领域建立“站赤”制度，首次在西南边疆省区设置站赤。“元制站赤者，驿传之译名也。”（《元史·兵志》）陆站以成都辐射全川，有的达于外省，历史形成的几条主要交通干线基本沿用，个别有所调整。明代四川陆路交通在元代基础上进一步改善和发展，特别是藏族地区的交通发展，从此改变历史上由甘肃、青海入藏为主要通道的格局。

清代四川驿站，沿袭明制。驿站分东南西北四路，驿站管理以驿丞专司和地方州县管理两种形式进行。

清代四川交通的一项突出成就，是康熙四十五年（1706年）建成川藏交通的大渡河上第一桥——泸定铁索桥。

在技术方面，巴蜀先民最突出的创造，就是在高山峡谷地带发明栈道建设技术。栈道有石栈和木栈两种，《四川通志》载：“考此特殊工程，有木栈与石栈之分。木栈施于森林茂盛山地，系斩伐原始森林，铺木为路，或杂以土石。石栈则施于悬崖绝壁，无径可通之处，或缘岩凿孔，插木为桥。”蜀人在交通技术方面的另一贡献就是发明索桥。川西山区河流湍急、峡谷深陷，建桥相当困难，当地人民因地制宜发明索桥，其制虽艰，但往来迅速，行旅方便。由于四川古代造索桥系用竹索，所以也称笮桥，其后演进，有溜筒等形制。

四川古道交通的嬗变与演进，绵延3 000余年。至20

世纪初引进欧美汽车和筑路新技术为标志的公路交通出现，始有质的变化。古代道路交通与近代公路交通，是历史发展过程中的两个不同阶段，四川古道交通，对促进区域内外经济和文化交流，社会发展作出巨大贡献，也为近现代四川公路、铁路交通建设，提供有益的借鉴。

水路交通 四川内河航运历史悠久。据《尚书·禹贡》记载，蜀国运往夏王朝的贡品，即沿嘉陵江转汉水、渭水、黄河而达夏都。战国时期，长江逐步发展成为进出川的重要交通路线。《史记·张仪列传》记载："秦西有巴蜀，方船积粟，起于汶山，浮江已下至楚三千余里。"西汉以来，巴蜀造船技术发展迅速。唐宋时期，商品运输繁盛，万斛之舟来往于成都、维扬（今扬州）之间。清代，四川航运又有发展。重庆开埠以后，西方列强带来轮船和治河技术，四川内河航运开始变革，轮船运输业兴起。总体而言，四川内河航运仍依赖自然河道通航，天然港口靠船，航道缺乏整治，港口疏于建设，船舶修造工业薄弱，四川内河航运业仍十分落后。

现代交通 **公路交通** 四川公路交通始于1913年，川督兼民政长胡景伊倡修成都至灌县（今都江堰市）马路，至1925年冬建成，长55公里，次年开行汽车。1925—1949年，为四川公路交通初创阶段。20余年间，川、康两省建成公路8 742公里，但不少公路晴通雨阻。全省仅有汽车4 000余辆，由于公路和汽车数量少，全省陆路交通大部分地区仍依靠人力和畜力运输。

20世纪50年代，四川集中力量修建成阿、沐石、宜西、东巴、川藏等干线公路，少数民族地区交通状况大为改观。1958—1965年，国家对公路建设实行"依靠地方、依靠群众、普及为主"的方针，四川出现全民修路的热潮。各地新（改）建一批国防、经济干线，修通一批支农和调运"死角粮"的公路，新（改）建一批支援"三线"建设的重点公路和林业专用公路，公路数量大幅度增长。全省新建公路17 900公里，是"一五"时期总和的3倍还多；新增通汽车的县城40个；新建大中型桥梁34座，改渡为桥28处，基本形成以国省干线公路为骨架，以县乡公路、机耕道、架车路、驮运路为纵横经络的道路网。

1966—1976年，四川除白玉、得荣两县外，各县均通汽车。通车的人民公社达全省人民公社总数的75.5%；全省新建各种大桥295座44 072米，并建成第一座混凝土斜拉桥和主孔跨径116米的九溪沟石拱桥。

20世纪80年代，中共四川省委、省政府提出要像抓农业那样抓交通，并要求"全省动员、各方出力、艰苦奋斗，支援交通建设"。由眉山倡导并推广到全省的公路加宽改造，拉开公路技术改造的序幕，四川公路建设开始从"数量型"到"质量型"的转变。这一时期，四川公路建设的特点是既重视公路建设的数量，又强调公路的质量，尤其重视高等级公路的发展。通过多渠道筹集建设资金，在加宽干线公路，改造大中城市进出口公路，兴建高等级公路，修建大型公路桥梁，加快老、边、少地区的公路建设，加强已成公路的养护，建设"标美路"等方面做出显著成绩。1988年，全省实现县县通公路。

至1990年底，全省公路总里程达9.7万公里，居全国第一位，其中建成二级以上高等级公路717公里。5年新建和改造山区公路1万公里，新建桥梁1 820座6.9万米。重点整治干线油路700公里，建成标美路1 700公里、整形路4 100公里，公路好路率由1985年的37%提高到56.8%。公路运输站点进一步向农村延伸，全省1万多个公路运输站点的85%均分布在县城和县以下广大农村。

"八五"期间，通过采取"以工代赈""公路建设大包干"和开展"交通发展年"等活动，全省新（改）建公路10 458公里，公路总里程达100 724公里。其中，等级路59 707公里、二级以上高等级公路2 876公里。公路好路率从"七五"期末的56.8%提高到74.2%。全省新（改）建县级以上汽车站111个。"八五"期间四川公路建设最突出的成果，是1995年9月建成通车的全长340.2公里的成渝高速公路。该路的建成结束四川没有高速公路的历史，对四川及整个西南地区经济社会的发展具有重大意义。内宜高速公路、二郎山隧道、万县长江大桥、涪陵长江大桥等重点建设项目的相继开工，成绵高速公路的部分通车，都是"八五"期间公路建设取得的重大成就。

"九五"期间，四川交通抓住国家实施西部大开发战略的契机，以空前的建设规模和超常规的发展速度，取得瞩目成就。全省以高速公路为主骨架的三级路网建设取得突破性进展，除建成成绵、成都城北出口、成都机场、内宜、成乐、成灌、国道108线西昌泸沽至黄联关段、隆纳、成雅、达渝罗江至大竹段、广邻等11条高速公路外，还有在建高速公路500公里。至2000年底，行政区划调整后的四川，公路总里程达108 529公里，居全国第二位，其中高速公路通车里程1 000公里，居西部第一、全国第六；二级以上公路9 000公里，比1995年净增6 617公里；高级、次高级路面铺装率33%，比1995年提高14%。全省99%的乡和86%的村通公路，基本形成以成都为中心、以国省干线公路为骨架，连接城乡、沟通山区、贯通相邻省（自治区、直辖市）的公路交通网络。

"十五"期间，四川交通发展任务重，投资规模大，增长速度快，建设质量好。主要表现为：全省交通基础设施建设完成投资751.6亿元，比"九五"期间增长59%，超过新中国成立至"九五"期末完成投资的总和；建成成南、绵广、南广、达渝、成都绕城、成彭、成温邛等759公里高速公路，高速公路通达17个市

（州）；全面完成47个项目、4 276公里三州通县油路建设任务，使三州州府所在地与各县城间全部以油路相连，行车时速平均提高1倍以上，实现三州交通事业一步跨越20年。至2005年底，全省公路总里程达11.5万公里，比“九五”期末增加2.4万公里。其中，高速公路通车里程1 759公里，新增759公里；二级以上公路1.3万公里，新增4 000公里；公路密度为每百平方公里23.5公里，增加5公里；高级、次高级路面铺装率42%，提高7.6个百分点。

“十一五”期间，按照中共四川省委九届四次全会确定的建设西部经济发展高地的战略定位和构建西部综合交通枢纽的战略部署，四川交通发展的主要任务是构建枢纽、打开通道、完善路网、支撑高地，变“蜀道难”为“蜀道通”。其具体目标：一是确保到2012年全省高速公路通车里程达到3 500公里，力争超过3 800公里；建成12条出川高速公路通道，初步形成贯通南北、连接东西、通江达海的西部公路交通枢纽，实现成都与周边多数省市中心城市朝发夕至，形成北抵环渤海、东达长三角、南至珠三角和北部湾等经济区及出海港口的22小时公路交通圈。二是到2012年基本完成7个干线公路出川通道和九寨、川东北、川南、川中、川西5条经济环线的改建任务，并改造国省干线公路8 348公里，力争实现全省国省干线公路中二级以上公路达到1.6万公里，占国省干线公路总里程的80%。三是加快实施“十一五”农村公路规划内剩余5万公里的农村公路建设任务，并到2011年改建农村断头公路17 355.8公里，使内江、眉山、攀枝花、遂宁、资阳、自贡、宜宾、广安等8个市提前实现 “油路到乡、公路到村”，眉山、自贡、遂宁、内江等平原微丘地区实现60%的村通水泥（油）路。四是加快实施国家公路运输枢纽总体规划和市县两级公路运输站场布局规划，力争超额完成建成1 700个农村客运站的“十一五”规划目标。

“十二五”时期，全省交通运输系统紧紧围绕构建畅通安全高效的现代综合交通运输体系总体目标，努力克服重大自然灾害和宏观经济下行等多重考验，开拓创新，砥砺奋进，迎来历史上发展速度最快、发展质量最好、发展成效最佳的时期，实现基础设施由“补欠账”到“促发展”，服务水平由“保基本”到“上档次”的重大转变，取得投资总量（6 081亿元）、BOT招商融资总量（1 774亿元）、高速公路新增通车里程（3 335公里）、公路网总里程（31.5万公里）、农村公路总里程（26.8万公里）和新（改）建里程（11.6万公里）、安保工程建设规模（2.44万公里）、争取交通运输部补助资金（949亿元）等多项指标在全国领先的优异成绩，为全省实施“三大发展战略”、实现“两个跨越”提供有力保障。

2015年是“十二五”规划收官之年，全省交通运输系统认真贯彻中共四川省委、省政府的决策部署，圆满完成各项任务。一是完成投资再创新高。全年完成投资1 305亿元，超过上年水平，继续位居全国第一。二是脱贫攻坚开局良好。研究制订总投资2 450亿元的精准扶贫专项方案和《大小凉山地区交通建设推进方案》等3个攻坚方案，为打好交通脱贫攻坚战奠定了良好基础。三是重大项目有力推进。绵西、营达等4条高速公路、长江宜宾至重庆航道“三升二”单滩整治、岷江港航电综合开发犍为枢纽等项目开工建设，成都二绕东段等9个高速公路项目506公里建成通车，全省高速公路通车里程突破6 000公里。四是普通公路加快发展。新（改）建国省干线公路2 400公里、农村公路2.6万公里，全面超额完成中共四川省委、省政府确定的民生工程目标任务。国省干线公路路况和管理养护水平不断提升，路面使用性能指数（PQI）提升到87.5，迎接交通运输部检查工作实现排名升位。五是灾后重建快速推进。国道108线雅安至荥经段、国道318线雅安至二郎山段和3条经济干线公路基本完成重建，国道351线多功至芦山县城段建成通车，农村公路累计建成1 390公里，为规划目标的96%，汽车客运站和水运项目全部完工。国道213线映秀至汶川段全面开工建设，省道303线巴朗山隧道全线贯通，绵茂路汉旺至清平段基本建成。六是服务能力明显提高。高速公路ETC用户突破110万，日均通行超过26万辆次。改造高速公路收费站26处，4对高速公路服务区被评为全国百佳示范服务区，19对服务区被评为全国优秀服务区。泸州市入选交通运输部综合运输服务示范城市建设。港口集装箱吞吐能力较上年新增33万标箱，完成集装箱吞吐量62万标箱，比上年增长40%，其中铁水联运集装箱吞吐量2.5万标箱，比上年增长125%。七

雅西高速公路　　省交投集团 供图

是安全形势稳中向好。大力开展道路交通安全综合整治深化巩固年行动，超限5吨以上货车违规进入高速公路数量大幅下降，普通公路超限率控制在4%以下，行业重大以上生产安全事故“零发生”。八是改革创新不断深化。积极推进9个方面30项改革工作，通过政府购买服务方式筹措交通建设资金，交通运输部PPP试点项目国道0511线德阳至都江堰段已签订投资协议及特许权协议。九是依法行政持续推进。推动出台《四川省高速公路条例》和《四川省港口管理条例实施办法》，研究完善7个方面32项管理制度。清理公布部门权力事项，启动行政审批网上服务平台建设。

2016年，省市合力推进138个交通重点项目建设，雅康、汶马等高速公路项目进展顺利，成安渝高速公路重启建设并实现二绕至省界段建成通车，全年建成高速公路项目6个、503公里，高速公路通车总里程达到6 519公里，提升三个位次跃居全国第二；绵九、峨汉等群众期盼已久的11个高速公路项目开工建设，新开工里程1 013公里、总投资1 490亿元，成功招商项目9个、1 055公里、引进社会投资1 500亿元，均超过2012年来4年总和；全省高速公路建成和在建里程超过8 600公里。加快推进普通国省道提档升级和大中修工程，完成新（改）建2 200公里、大中修2 000公里，全省普通国道二级及以上比重达到57%。汶川地震灾后发展振兴重点项目映秀至卧龙公路、巴朗山隧道及绵茂路汉旺至黑滩隧道段建成通车，雅安乐英至夹金山等芦山地震灾后重建“3+5”干线公路项目全部建成通车。

2017年，全省高速公路实现市（州）全通达。雅康高速公路雅泸段等7个项目（路段）、301公里建成通车，全省高速公路通车总里程达6 820公里，甘孜藏区结束不通高速的历史。成都至宜宾等12个项目、1 396公里开工建设，总投资2 391亿元，年度新开工项目里程和投资规模均创历史之最。宜攀高速公路单体投资（886亿元）创全国之最。全省高速公路建成和在建总里程达到9 785公里。普通国省干线公路建设成就超级工程。世界海拔最高的特长公路隧道国道317线雀儿山隧道建成通车，打通川藏北线的最大瓶颈，央视以“超级工程”向世界展示。新（改）建普通国省干线公路1 996公里，实施大中修工程1 537公里。国省干线公路服务保障水平持续提升。

2018年，全省建成雅康、汶马（部分路段）、巴陕、绵西、成彭扩容等高速公路436公里，高速公路建成总里程达7 238公里，实现所有市（州）政府所在地通高速公路，新增3个贫困县通高速公路，全省134个县（市、区）通高速公路，出川高速通道达到19条。新开工成南扩容、德昌至会理等高速公路，全省高速公路建成和在建总里程超过1万公里。建成全国第二长高速公路隧道米仓山隧道和雅康高速公路泸定大渡河大桥等一批超级工程。国省干线公路新（改）建2 112公里，实施养护工程1 713公里，基本实现市（州）至县通二级（三州三级）及以上公路目标。川九路灾后恢复重建新示范工程、成雅和成资快速通道等一批重点项目启动建设。

公路运输 20世纪50年代，全省60%的县不通汽车，大部分地区依靠人力和畜力运输。全省仅有4 000余辆汽车，且大多是拼凑起来的“万国牌”，车辆性能差，运效低。

20世纪50年代后期，四川公路客货运输迅速发展。1960年，全省民用汽车拥有量达1.52万辆，完成社会客、货运量分别为1 503万人次和1 644万吨，比1949年分别增长2.1倍、77.3倍和42.8倍。

20世纪70年代，全省公路运输业有了更快的发展。1970年，全省民用机动车已达2.65万辆。其中，汽车2.59万辆，完成社会客、货运量2 283万人次和2 466万吨。到1978年，民用机动车发展到12.8万辆，其中汽车拥有量6.05万辆，比1949年分别增长25倍和11.3倍，社会客、货运量分别为7 185万人次和4 824万吨。

1997年初，全省民用机动车拥有量122.1万辆，其中汽车54.2万辆，比1978年分别增长8.5倍和8倍；完成社会客货运量11.83亿人次和4.3亿吨，比1978年分别增长15.4倍和8倍；全行业拥有经营业户31.3万户，从业人员达88.2万人。公路运输在全省综合运输体系中居主导地位，客运、货运、维修、搬运装卸、运输服务五大市场突飞猛进地发展，1996年驾驶员培训也纳入交通行业管理。

“八五”期间，四川实施“一长一短一点”（超长客运、出租汽车客运、汽车站点建设）发展战略，取得显著成效。“九五”期间，为进一步培育、发展、规范客运市场，又提出并实施“三大系统”（跨省超长客运系统、直达快速客运系统、农村客运系统）发展战略。“南下、北上、东进、西出”，建立以民工疏运为主的跨省超长客运系统。1993—1997年，跨省超长客运创营业收入10亿余元，其中，企业纯利润1亿元以上。截至1998年底，全省已开通20个省（自治区、直辖市）的跨省客运班车，省际客运班线发展到297条、1 584班，最长的班线成都—伊宁单程达3 445公里，全省民工年疏运量近200万人次。1998年以后发展以高速公路为龙头的直达快速客运系统。直达快速客运以成都—重庆、成都—绵阳、内江—自贡高速公路为载体，实行高速公路客运经营权有偿使用和客运线路专营，并将一流的车辆，一流的服务，一流的管理以及“航空式”优质文明服务引入公路运输。拓展以县城为中心，乡镇为结点，站场为依托，干支相连，乡村相通的农村客运系统。

2000年，四川道路运输能力明显增长，全省道路客运量增长逾20倍，旅客周转量增长近22倍，道路货运量增长逾15倍，货物周转量增长逾36倍。道路运输在四川综合运输体系中独占鳌头，承担社会新增客、货运量中的95%和55%。

2005年，迎来道路运输业发展的新时期，客运市场的内涵不断丰富，以高速公路为依托的全省快速客运网络辐射到18个市（州）；以旅游包车为主、旅游班车为辅的旅游客运网络形成，旅游客运车辆发展到2 563辆；跨省超长客运线路延伸到全国24个省（自治区、直辖市）；出租汽车发展到21个市（州）政府所在地和142个县级城市，车辆达3.18万辆；农村客运车辆发展到2.62万辆，乡村客车通达率分别达99%和88%。

新都客运站外观　　厅运管局 供图

2013年，全省客运车辆达5.2万辆，城市公交车、出租汽车发展到2.69万辆和4.29万辆。发展省际市际客运班线118条，新开通32条高速直达客运班线。通公路的乡（镇）、建制村客车通达率分别达到95%和77%，比上年分别提高2.5%和1%。全省营运货车58.5万辆，总吨位262万吨、比上年增长4.7%。集装箱车辆达到1 535辆，比上年增长5.2%。全省公路客、货运量分别完成27.69亿人次和17.33亿吨，比上年分别增长4%和9.4%。

2014年，全省公路客运量、货运量分别完成12.6亿人次和14.2亿吨，分别比上年增长2.1%和下降6.3%，旅客周转量、货物周转量分别完成630亿人公里和1 510.5亿吨公里，分别比上年增长5.2%和18.6%；道路货运加快转型升级，发展城际货运专线班车、集装箱等专业运输，推进甩挂运输试点。全省新增集装箱车辆111辆，总数达1 651辆。

2015年，四川道路运输客运量、旅客周转量、货运量、货物周转量、高速公路货运量分别完成12.34亿人次、632.82亿人公里、15.04亿吨、1 693.26亿吨公里、11.22亿吨，比上年分别增长-2.6%、0.4%、5.8%、12.1%、7.2%。

2016年，四川道路运输客运量、旅客周转量、货运量、货物周转量、高速公路货运量分别完成10.97亿人次、597.84亿人公里、14.60亿吨、1 565.31亿吨公里、12.25亿吨，比上年分别增长-11.53%、-10.99%、5.36%、5.72%、9.1%。

2017年，综合客运枢纽建成和在建项目达到39个，覆盖90%的高铁站。纳入部规划的9个货运枢纽（物流园区）已建成3个，其余6个全部开工建设。

2018年，货运结构不断优化。制订运输结构调整三年行动计划实施方案。成立以网络节点为支撑、以业务合作为纽带的区域甩挂运输联盟。扎实推进无车承运人试点，单车运输成本降低10%。成功入选国家多式联运示范工程3个。推动泸州、宜宾港开通至广州港、钦州港铁水联运班列。全年运输200吨以上特殊大件货物223件，有力支持全省重装产业发展。累计完成公路货运量17.3亿吨、货物周转量1 813亿吨公里，分别比上年增长9.5%、8.1%。客运服务提档升级。大力推动预约、定制、响应式等个性化客运服务，在16条市际县际班线开展定制客运试点，涌现出顺庆区“全域公交”，犍为县、江安县“便民小客车”等农村客运服务新模式。成都、眉山、泸州、自贡等四个国家级“公交都市”创建取得积极进展。2018年全国绿色出行宣传月暨公交出行宣传周启动仪式在成都举行。开通全省第一条跨市城际公交线路天府新区视高至兴隆湖公交。开通西南地区第一条有轨电车线路蓉2号线。有序推进网约车新政落地实施，网约车与传统出租汽车加快融合发展。广安市创新建设特色集镇“综合运输服务中心”。

内河航运　1950年，四川初建重庆港九龙坡码头。从1953年起，交通部和各级政府先后组织对长江干流和运输任务重的中小河流进行重点建设。由交通部投资整治长江“日航困难，夜航危险”的航段，配置“锁链”式航标，重庆至宜昌的轮船实现分段夜航，适应每年100多万吨粮食外调和大批工业品进川运输的需要；由省投资将金沙江屏山至新市镇、乌江涪陵至彭水、岷江乐山至宜宾开辟为轮船航道，同时大力开辟和整治小河支流，使其与干流衔接。从1952年至1957年，全省开辟与整治26条小河1 385公里。

1958—1960年，交通部长江航务局和四川省交通厅先后对长江干流航道进行大规模整治，并增加绞滩、航标、信号台等助航设施，同时还分别整治嘉陵江南充至重庆航段及渠江航道、乌江航道，并试点开辟金沙江航道，使重庆至宜宾段航标实现电气化、乌江绞滩实现机械化。1961年，四川航道里程17 181公里，比1957年净增5 073公里。此期，四川加快长江宜宾港、重庆港、涪陵港和万县港四大港口建设。扩大港口规模，增设泊位和锚地，增加缆车、浮吊、岸吊等设备，使其码头装卸条件大大改善，基本能适应运输需要。

1966—1976年，四川对长江大渡口至江津蓝家沱航道进行全面整治，将嘉陵江南充至广元木船航道开辟为轮船航道。交通部长江航务局在重庆蓝家沱、猫儿沱新建两个大型装卸作业区，四川省投资建成乐山王浩儿大件码头、四川维尼纶厂黄磏中转站码头、泸州天然气化工厂尿素码头。同时，各地集体航运企业自力更生发展机动船舶，全省70%的木船实现机械化，由此带动水运制造业的迅速发展。20世纪80年代，四川逐步建成由60多家大、中、小企业组成的协作配套的水运制造业体系，实现船舶的自造自修。

20世纪80年代，随着改革开放的深入，四川内河航运发展迅速。至1996年，四川内河航运的发展变化主要表现为：轮船通航里程大幅度增加。1950年全省仅有长江干流和嘉陵江等约10%的航道能通行轮船。通过不断整治和渠化航道，到1996年全省轮船通航里程达4 724公里，比1950年增长近3倍。长江航道经过综合治理后，1 500吨～3 000吨级的大型船队可由上海直达重庆，长江川境段全面实现夜航。部分港口装卸实现机械化。机械化的装卸码头分别与铁路、公路相衔接，实行水陆联运。运输实现机动化。20世纪50年代初期，四川省地方航运部门仅有小轮船6艘（172吨、853客座、4 865千瓦），省内水路运输主要靠木船。1956年开始木船机动化改造，1996年，全省地方航运部门共有各种机动船1 127艘（24 515吨、109 654客座、221 035千瓦），运输驳船2 102艘（546 962吨），当年完成客运量和旅客周转量分别比1950年增长31.58倍和669倍，货运量和货物周转量分别比1950年增长14.72倍和33.07倍。客货轮加快更新换代。20世纪80年代船舶更新换代更为迅速。客轮船型愈加美观，机型愈发先进，设施日趋齐全；货轮全部使用大功率内燃机，拖带能力成倍提高。川江船舶动力装置实现内燃机化，机型实现系列化，船体实现钢质化，蒸气机、杂牌柴油机和木质轮船被淘汰，高速气垫船、水翼船发展迅速。水上旅游运输兴起。20世纪70年代末，长江水上旅游运输逐步兴起。其后大宁河、岷江、嘉陵江和乌江水上旅游运输发展迅速。至20世纪90年代中期，全省仅进出川旅游客运企业就发展到27家，旅游客船发展到122艘、5.24万客座。1996年，全省水上客运量达5 310万人次、旅客周转量达35.9亿人公里。水运制造业有长足发展。全省有大中小型造船厂60多个，既能建造适合行驶中小河流的拖轮、客轮、驳船，又能建造行驶长江等大河的大型客货轮、高档豪华旅游船舶和高速气垫船舶，实现船舶建造不出省。采用的“双尾”和“平头涡尾”新船型，船舶时速由27公里提高到32公里，达到国内先进水平。

1997年，重庆市划归中央直辖，四川及时调整水运发展规划，一方面实施“以陆补水”政策，一方面加快水运基础设施建设，并积极探索水资源综合利用，走出一条“以电养航、滚动开发”“水陆并举、以副补航”的新路子。

“九五”期间，全省建成航电枢纽工程2个，渠化航道108公里，整治航道491公里、险滩73个，使全省3～7级航道达2 383公里，占航道总里程6 089公里的39.14%。2000年6月竣工的乐山大件码头，码头岸线长115米，设计750吨泊位1个。其直立式桥吊跨度39米、高28.5米，起重最大单件550吨，是当时国内内河起重和跨度最大的桥吊，被誉为“岷江大力神”。

“十五”期间，四川内河航运基础设施建设的重点是嘉陵江航道梯级开发，渠江渠化，二滩库区港口、南充港和宜宾菜园沱码头建设，并充分借用长江“黄金大通道”建成与高速公路衔接的水运主通道，以形成港航配套、干支相通、通江达海的水陆联运网络。2005年底，嘉陵江渠化开发初见成效，规划建设的13个航电枢纽已建成4个、在建7个，渠化四级航道112公里；建成渠江金盘子航电枢纽；完成岷江大件航道续建工程和岷江成都至乐山段航道整治工程，整治航道348公里；建成泸州集装箱码头、二滩库区港口、广安港、南充港一期工程等重点项目，新增港口泊位19个，全年港口新增吞吐能力318万吨、200万人次、集装箱2.5万标箱。建成农村渡口1 307个。

2008年，泸州港多用途码头二期工程进展顺利，泸州港二期续建工程及进港铁路、宜宾港志城作业区一期工程实现开工。长江干线宜宾以下全线实现千吨级船舶昼夜通航。嘉陵江航道渠化整治工程进展顺利，渠化四级航道216公里，建成新政等航电枢纽。

嘉陵江金银台航电枢纽 厅航务局 供图

2009年，根据《泸州—宜宾—乐山港口群布局规划》《宜宾港总体规划》《乐山港总体规划》等规划，加快推进泸州港二期续建工程和宜宾港志城作业区一期工程建设，泸州港多用途码头二期工程形成生产能力，全省港口集装箱吞吐能力从2007年的5万标箱提升到50万标箱；长江宜宾至泸州段整治工程完工，宜宾以下实现千吨级船舶昼夜通航；嘉陵江川境段13级航电枢纽已建成8级、在建5级；《岷江（乐山—宜宾段）航电开发规划》经省政府批准实施，岷江航电综合开发和作为成都经济区水运口岸的乐山港项目前期工作全面启动。

2010年，水运港口建设迈上新台阶。宜宾港用两年时间建成并开港试运营，全省港口集装箱吞吐能力由3年前的5万标箱提升到100万标箱。广安港及渠江广安段航运工程实现当年制订规划和提出项目、当年开工建设，提前2年实现全省港口集装箱吞吐能力建成和在建规模达到200万标箱的目标。岷江航电和港口综合开发确定建设、养护、运营一体化模式和业主组建原则，前期工作加快推进。嘉陵江沙溪、凤仪场枢纽实现设计蓄水，嘉陵江川境段规划的13级航电枢纽累计建成11级，在建2级。

2011年，“四江六港”（详见《附录》）水运主通道和重要港口建设加快推进。全年完成投资25亿元。岷江港航电综合开发前期工作全面加快。宜宾港后方陆域及港区配套设施工程完工。泸州港进港铁路建成投运。泸州港二期续建工程、广安港一期工程加快建设。南充港、广元港开工建设，全省港口集装箱吞吐能力建成和在建规模达到233万标箱。嘉陵江渠化工程和渠江广安段航运工程等水运主通道加快建设。积极推进长江川境段航道等级提升工程，水富至宜宾段三级航道整治工程完成工程可行性研究编制。组织开展岷江（成都—乐山段）、渠江（达州—广安段）、沱江、涪江、金沙江等5条重要河流水运资源调查工作。

2012年，省政府出台《关于加快长江等内河水运发展的实施意见》，泸州港建成全省首个百万标箱大港，嘉陵江渠化工程、渠江广安段航运工程、南充港、广元港等水运重点项目加快推进，岷江港航电综合开发前期工作取得实质性进展。

2013年，广安港新东门作业区、南充港都京作业区一期工程投入试运营，全省港口集装箱年吞吐能力达193万标箱。嘉陵江苍溪航电枢纽工程全面建成。岷江港航电综合开发前期工作积极推进。渠江广安段航道整治工程加快推进。

2014年，内河水运建设加快推进。广元港红岩作业区一期工程、宜宾港志城作业区重件泊位、南充港化工园区专用码头建成投运。渠江四九滩至丹溪口航道整治工程基本完成。眉山市岷江汉阳航电枢纽建成投运。积极推进岷江港航电综合开发和嘉陵江川境段航运配套工程建设。全省新增三级高等级航道里程71公里，四级及以上高等级航道里程达到1 015公里；新增港口集装箱吞吐能力25万标箱，港口集装箱年吞吐能力达218万标箱。

2015年，南充港都京作业区一期工程总投资完成投资2.5亿元，为年度计划的100%。广元港红岩作业区一期工程主体全部完成，港务大楼装修、智能生产设备安装、控制系统施工处于收尾工作。广安港新东门作业区一期工程完成投资0.58亿元。南充港河西作业区化工园区专用码头工程完成投资4亿元，为年度计划的100%，12月30日开港试运行。

2016年，全省新增四级航道190公里，四级及以上高等级航道超过1 500公里；岷江犍为枢纽加快推进，嘉陵江航运配套二期工程等4个项目开工建设。

2017年，岷江港航电犍为枢纽实现右岸截流，龙溪口等4个航电枢纽开工建设。嘉陵江亭子口枢纽以下达到四级航道标准。

2018年，岷江龙溪口航电枢纽开工建设。岷江犍为航电枢纽、长江川境段航道整治等项目加快推进。嘉陵江航道川境段实现全江畅通，利泽枢纽初步设计取得批复。泸州、宜宾、乐山三港整合启动实施。

铁路交通 四川修建铁路酝酿于清光绪二十九年（1903年）。时任四川总督的锡良奏准由四川自行集资修建成都经重庆至宜昌达汉口的川汉铁路，并于1904年1月在成都设立川汉铁路公司。1911年，辛亥革命爆发，川汉铁路停建。抗日战争时期，动工修建成渝铁路，但因财力物力困难未能铺设轨道。至1949年底，四川仅有一条全长67公里的准轨铁路——綦江铁路，专门为重庆钢铁厂运输煤焦和铁矿石，附带承担少量旅客和其他民用物资运输业务。

1952年7月，新中国第一条铁路成渝铁路全线建成通车，实现四川人民40年的愿望。1958年11月，第一条出川铁路宝成铁路建成通车。1959年11月，内昆铁路内江至安边段建成通车。1964年，中共中央制订加快西南“大三线”（战略后方基地）建设的重大决策，国务院把成昆、川黔、贵昆和襄渝铁路作为西南“大三线”建设的重点工程，组建西南铁路建设指挥部，调集铁道兵和铁路职工31万人参建。1965年7月，川黔铁路建成通车；1970年7月，成昆铁路建成通车；1973年10月，经陕西通往湖北的襄渝铁路全线通车。同时，配套建成一批铁路支线和专用线。

1975—1990年，四川铁路建设的重点为干线电气化改造。1975年7月，中国第一条电气化铁路宝成铁路实现全线电气化，襄渝铁路（达县以北）和成渝铁路也先后完成电气化改造。1990年，四川准轨铁路营运里程2 795公里，比中华人民共和国成立初期增长40倍，初步构成全省的铁路骨架，其中有4条干线出川，从东、南、北3个方向与全国铁路网连通。省内各类型牵引机车597辆，其中内燃、电力机车比重达73%，宝成、成渝、成昆、川黔线（四川境内段）的牵引动力全部实现电气化或内燃化。在成都铁路局所属的川铁路线中，50千克以上的重型钢轨占正线的90.4%；各类旅客列车1 349辆，品类齐全，乘坐舒适，部分卧车还装有空调设备；四川开行直达北京、上海、广州、合肥、浦口、西安、太原、郑州、武汉、兰州、乌鲁木齐、贵阳、昆明等大城市和省内沿线市县之间的特快、直快或其他旅客列车。1990年与1953年相比，客运量由359万人次增加到4 094万人次，增长10.4倍；货运量由240.7万吨增加到6 022万吨，增长24倍。1990年，铁路运输所承担的客、货周转量分别占四川综合运输体系客、货周转量的31.9%和75.2%。

1991年12月，川黔铁路实现全线电气化；1992年6月，达成铁路开工建设；1992年12月，宝成铁路（四川境内）复线开工建设；1993年，成昆铁路（四川境内）电气化改造开工；1997年，达万铁路（四川境内72公里）开工建设；1998年，内昆铁路新建水富至梅花山段（川境内25公里）开工建设；1999年，内宜铁路电气化建设开工。

至2001年底，达成铁路和成昆铁路电气化改造工程、宝成铁路复线工程、成都铁路枢纽工程相继竣工投入营运，内昆铁路、达万铁路、筠连铁路和泸叙铁路正加紧建设，全省铁路营运里程达4 000多公里。2002年，四川境内的宝成、成渝、内昆、襄渝等干线铁路全部实现电气化；总投资5亿元，历时近8年的成都铁路西环线通过验收投入试营运，成都成为中国率先拥有中心城市铁路环线的省会城市。渝怀、遂渝、万宜3条新线开工。

泸州港铁水联运 交通宣传中心 供图

2012年，四川铁路客运量、旅客周转量分别为7 997万人次、303亿人公里，货运量、货物周转量分别为8 867万吨、818亿吨公里。

2013年，四川加快成绵乐城际铁路、兰渝铁路等在建铁路项目。西成客专于3月实现开工建设；成蒲铁路于8月底完成招标实现开工建设；成兰铁路取得环保部变更环评批复，于9月份恢复施工，全面开工建设；成贵铁路、成昆铁路扩能改造成峨段和米攀段3个项目于12月底实现开工建设。川藏铁路成都（朝阳湖）至雅安段可行性研究报告审批前置要件齐备，初步设计完成审查；川藏铁路雅安至康定（新都桥）段及成都枢纽接轨方案的可行性研究报告完成初审，国土、环保等要件编制工作加快推进；成昆铁路扩能改造峨眉至米易段项目建设书获批复。

2014年，四川铁路客运量、旅客周转量分别为8 778万人次、272亿人公里，货运量、货物周转量分别为7 192万吨、690亿吨公里。

2015年，四川铁路客运量、旅客周转量分别为9 078万人次、272亿人公里，货运量、货物周转量分别为5 893万吨、614亿吨公里。

2016年，四川铁路客运量、旅客周转量分别为11 321万人次、302亿人公里，货运量、货物周转量分别为5 452万吨、605亿吨公里。

2017年，四川铁路客运量、旅客周转量分别为12 499万人次、318亿人公里，货运量、货物周转量分别为5 397万吨、637亿吨公里。

2018年，四川铁路客运量、旅客周转量分别为14 982万人次、380亿人公里，货运量、货物周转量分别为5 223万吨、721亿吨公里。

航空交通 1931年8月，中国航空公司重庆办事处成立，为四川最早的民用航空机构。同年10月21日，沪蓉航线汉口至重庆航段通航。1933年6月4日，重庆至成都航段通航，全长1 981公里的沪蓉航线贯通。1935年，中国航空公司先后开辟重庆至贵阳、重庆至昆明航线；欧亚航空公司开辟西安至成都航线。同时，中国航空公司在重庆珊瑚坝建设机场。成都、南充、内江等地修建简易机场。1938年10月，四川航线由战前的8条增至17条。抗战胜利后，四川开通飞往越南河内、缅甸仰光等国际航线。1946年7月，四川有简易机场28个。

1949年底，中国人民革命军事委员会民航局驻渝办事处在重庆成立。1950年8月1日，开通天津经北京、汉口到重庆的航线。陆续开通重庆至成都、昆明、贵阳等地的航线。至1954年，四川先后开通12条国内航线，分别以重庆或成都为起点，通达北京、天津、上海等12个大中城市。

1956年，民航重庆管理处迁至成都，1957年1月，更名为民航成都管理处。至1978年，四川拥有各型民航飞机31架。同时，四川从1955年开始组建民航飞行队伍，到1978年共有各类空勤人员469名。1959年、1966年，成都双流机场和重庆白市驿机场先后改（扩）建，“三线”建设时期又新建西昌青山机场。1955—1978年，四川开辟新航线72条，分别通往省外各主要大中城市和省内的成都、重庆、西昌、南充、达县、泸州等；共飞行86 242个班次，完成运输总周转量20 399.11万吨公里、旅客运输量198.1万人次、货邮运输量111 785.6吨。1956年5月29日，四川使用CV-240型飞机飞越号称“世界屋脊”的喜马拉雅山脉，试航北京经成都至拉萨航线成功；1965年3月1日，四川使用伊尔-18型飞机正式开航该航线。成都双流国际机场1978年发运旅客第一次突破10万大关，达112 655人次。

1979—1998年，民航管理体制由军队领导为主的政企合一体制逐步改为企业体制。1986年9月19日，四川省航空公司（1992年更名为四川航空公司）成立。1987年10月15日，成都双流机场进行体制改革，独立经营核算。1998年，四川拥有波音、图-154、运-7、空客A321等各型运输和通用航空飞机59架。空勤人员总数增多，人员结构发生变化，飞行领航员、机械员、通信员较1978年前大为减少。1998年与1978年相比，空勤人员总数增加3.3倍，其中驾驶员增加2.6倍、乘务员增加15.2倍。同时，新建和改（扩）建一大批机场。成都双流国际机场改（扩）建后，3 600米的主跑道可供波音747-400型飞机起降；西昌青山机场改造后，成为可适应各类大型飞机起降的国家一级机场。此外，南充都尉坝、达川、宜宾、泸州机场均进行扩建；绵阳、广元和阆中机场新建工程进展顺利。四川共开辟新航线323条，其中国内干线303条、地方航线13条、国际和地区航线7条，还开通成都至新加坡、泰国曼谷等国际航线以及成都至日本广岛、马来西亚吉隆坡等国际客货包机航线。1998年，四川经营飞行的航线达200余条，通达国内外70余个大中城市，仅成都飞往各地的航线就有53条。

成都机场高速公路　　厅史志总编室 供图

1999年，泰国安琪尔航空公司开通曼谷至成都定期航线，成都双流国际机场首次接纳外航定期航班。2000年，中国西南航空公司引进波音737-800客机2架，新开辟成都—武汉—温州、成都—泰国普吉等国内、国际航线8条，至当年底，该公司已拥有以波音、空中客车为主体的飞机40架，开通飞行国际、地区和国内航线190多条，通航城市60余个，其航线总里程达21万公里，实现安全飞行10余万小时，并创造成都—拉萨航线安全飞行35年的纪录。2000年，四川航空公司在国内率先引进5架国产“新舟60”和5架巴西EMB145飞机，投入以中国西部地区为重点的支线航空运输，当年，该公司开通飞行国内航线130多条，形成以成都、重庆为基地，辐射全国各主要城市的干支线航空运输网络。此期，四川机场建设取得突破性进展。新建广元机场、绵阳机场、攀枝花机场、九寨黄龙机场、南充机场；成都双流国际机场扩建工程完工，成为中国五大航空港之一。2007年，四川民用航空完成的全社会客运量、货运量分别达1 713万人次、32万吨。2008年，20个国内航空公司和外国的航空公司开通飞行四川地区的航线，基本形成以成都双流机场为枢纽、涵盖省内和西藏的轮辐式航线网络。2009年，四川民用航空完成全社会客运量、货运量分别达1 947万人次、32万吨。2010年6月30日，四川与中国民用航空局在成都签订《关于加快推进四川民航发展的会谈纪要》。民航局与四川省政府承诺在四川省民用机场体系的完善、成都双流国际机场航空枢纽建设、支线机场建设和运营、基地航空公司发展、通用航空业务发展等方面，加大政策、资金的支持力度，共同协调解决四川民航建设、改革与发展等重大问题，积极推进四川省民航重大项目建设与发展。

2013年，民航方面围绕建设“一个枢纽，三个网络”的工作目标，进一步巩固和强化现有双流机场区域性枢纽机场优势地位，积极推进成都国家级国际航空枢纽和西部地区门户枢纽建设，加快成都新机场前期工作，推进支线机场项目建设。

南充机场扩建工程、阿坝红原机场、稻城亚丁机场建设推进顺利，其中稻城亚丁机场9月16日正式通航，阿坝红原机场于9月进行校飞，南充机场民航扩建工程完工。开展成都新机场前期工作，项目选址报告已获得国家民航局批复，项目预可行性研究报告、立项申报相关要件专题报告已编制完成，并经过中咨公司预评审，立项请示于12月底报国务院、中央军委审批。巴中机场、乐山机场、甘孜机场、达州机场迁建选址报告已获国家民航局选址批复，并已编制完成预可行性研究报告，其中巴中、甘孜机场预可行性研究报告已报国务院、中央军委。

2014年，四川民用航空完成全社会客运量、货运量分别为3 752万人、45万吨。

2015年，四川民用航空完成全社会客运量、货运量分别为4 204万人、67万吨。

2016年，四川民用航空完成全社会客运量、货运量分别为4 609万人、60万吨。

2017年，四川民用航空完成全社会客运量、货运量分别为4 976万人、61万吨。

2018年，四川民用航空完成全社会客运量、货运量分别为5 484万人、64万吨。

（本栏目撰稿人：岑　松）

大事记

DA SHI JI

2019

四川交通年鉴

2018年四川交通运输大事记

3日　2018年元旦假日期间，全省日均投放营运客车4.3万辆参与旅客输运，三天累计发班26.86万班次，完成旅客运输699.16万人次，比上年下降11.68%，日均道路客运量233.05万人次。

△　宜宾市忠孝街路段一辆11路公交车发生燃烧。在火灾事故中，由于公交车驾驶员刘四川在关键时刻正确处置，为乘客逃生赢得关键的15秒。车上约20名乘客全部安全逃生。刘四川是该次火灾中唯一受伤的人员。

10日　省交通运输厅配套出台《关于收费公路政府与社会资本合作项目前期实施程序的通知》，进一步修改和完善相关工作程序。

11日　厅交通设计院水运监理项目长江下游马当南水道航道整治工程获“2017年度水运交通优质工程奖”。该奖项是全国水运建设行业工程质量评选的最高奖项。

12日　国道544线川主寺至九寨沟县城段灾后重建工程可行性研究报告获阿坝州发展改革委批复，项目正式进入设计阶段。该项目连接九寨沟、黄龙两个世界自然遗产地核心景区，路线起于松潘县川主寺镇，经山巴乡、水晶乡、九寨沟县漳扎镇、白河乡、永乐镇，止于九寨沟县城西北侧，线路全长123.25公里，采用二级公路技术标准，设计时速40公里。

16日　交通运输部党组成员、副部长戴东昌赴阿坝州小金县开展扶贫调研，与部驻四川藏区定点扶贫联络组就交通扶贫、定点扶贫开展座谈，听取州、县、乡、村脱贫攻坚工作汇报。

△　省人大常委会副主任刘道平，省政协副主席、省总工会主席李登菊在四川广播电视台演播厅为首届“四川工匠”代表颁发证书和奖杯，厅公路设计院教授级高级工程师范碧琨（女）是获该殊荣的唯一交通运输系统代表，组委会颁奖词为“潜心桥梁技术，成就了让世界看中国的经典工程”。

18日　2018年全省交通运输工作会议在成都召开。省交通运输厅党组书记、厅长汪洋作题为《对标现代化　着力高质量　奋力开启新时代交通强省建设新征程》的工作报告。会议由厅党组副书记、副厅长周道平主持并总结讲话。会议传达学习习近平总书记等中央领导人关于“四好农村路”建设的重要批示精神，传达中共四川省委省政府领导对交通运输工作的重要批示精神，总结2017年及党的十八大以来全省交通运输发展成就，分析当前发展形势，研究谋划交通强省建设，安排部署2018年交通运输重点工作。

△　全省公路工作会议在成都召开。

22日　厅高管局通报2017年全省“五好”高速公路创建情况。成都绕城、达万、成仁、成自泸、成绵复线、成灌、成温邛、成都机场和内遂共9条高速公路成功创建“五好”高速公路，成为四川省高速公路新的靓丽“名片”。

23日　2018年全省道路运输工作会议在成都召开。

△　汶马高速公路控制性工程鹧鸪山隧道全线贯通。隧道左线长8 795米，右线长8 766米，地处高原、高寒地区，施工地海拔高度3 230米。

26日　交通运输部党组成员、副部长刘小明率春运安全检查组检查四川省交通运输春运工作。刘小明一行先后走访成都旅游客运集散中心、成都东客站、成都东站等交通枢纽，对各枢纽服务大厅和发班站台的安全、服务保障、中转接驳等工作进行重点检查，详细了解“五不出站”、营运车辆卫星定位监控、旅客购票等情况。省政府副秘书长黄小平，成都市副市长刘守成，省交通运输厅党组成员、副厅长黄英权等陪同检查。

△　全省高速公路管理工作会议在成都召开。

31日　2018年全省航务海事工作会议召开。

△　汶马高速公路新店子隧道全线贯通。项目位于阿坝州理县薛城镇，左线全长2 858米，右线全长2 760米，隧道洞身最大埋深246米。

1日　春运首日，全省投入营运客车4.61万辆，完成客运量239.84万人次，比上年下降15.12%，全省道路旅客运输平稳有序；完成水路旅客运输量16.897 5万人次，比上年增长133.28%。全省日均投放2 316客（渡）船艘、65 586客位，未发生水上交通安全责任事故和旅客滞留现象，水路客运秩序井然。

6日　雅康高速公路泸定大渡河大桥最后一片钢桁梁吊装完成，整座大桥合龙，大桥施工最难、风险最高的工程顺利完成。

△　芦山地震“4·20”灾后恢复重建项目邛芦路镇西山隧道（内部总长2 635米）正式通车，邛崃到芦山的便捷快速通道正式打通，大大缩短两地之间的距离。

22日　春节假日期间，全省道路旅客运输日均投入营运客车4.68万辆，累计发班77.8万次；准备应急车辆500辆、应急调用340辆，应急加班395班次；累计疏运旅客1 621万人次。全省日均投放2 534艘船舶、71 723客位，合计完成旅客运输量192.71万人次，比上年增长19.73%。全省高速公路网出口总车流量为1 979.08万辆，日均282.73万辆，比上年上升12.32%；假期峰值出现在2月20日，达329.33万辆次；与节前路网运行趋势研判基本一致；ETC车流量345.31万辆，占比2%。

1日　泸黄路钢筋数控加工中心正式建成投入使用。该中心建筑总面积6 000平方米，采用型钢立柱、彩钢板搭设而成。

8日　九环东线平武境灾毁恢复工程完成全部前期工作，正式发布施工招标公告。

12日　驻厅纪检监察组推出“点滴纪检”创刊号《成风化俗之交通变化：蜀道在延伸 纪检在行动》，展示省交通运输厅党组、驻厅纪检监察组认真履行管党治党政治责任。

13日　由中央电视台、中国电影股份有限公司联合出品的大型纪录电影《厉害了，我的国》，自3月2日上映以来，仅3天票房突破1亿元。其中，介绍了世界海拔最高公路特长隧道——四川省雀儿山隧道。

△　2018年春运期间，全省日均投入客车4.74万辆（不含出租和公交），开行总班次451万班，其中加班1.96万班次，完成客运量0.98亿人次（客流高峰日2月21日，客运量271万人次）。完成水路客（渡）运量722.45万人次，比上年增长6.34%。水路旅客运输日均运量18.06万人次。全省日均投放客（渡）船2 384艘、67 152客位。全省高速公路网总车流量9 001.47万辆次，比上年增长10.33%。日均车流量225.04万辆次。其中，客车流量8 063.51万辆次，比上年增长9.8%，货车流量937.96万辆次，比上年增长15.06%，ETC车流量3 062.83万辆次，占路网总流量34.03%，比上年增长49.68%。

14日　省交通运输厅印发《四川省城际快速公路建设指导意见》，进一步明确四川省城际快速公路建设标准、工作要求、保障措施等。

△　四川交职学院与柬埔寨工业技术学院等5所高校进行友好会谈并签署合作备忘录。在未来5年，学院将与5所高校结成姊妹学院，并将在校长、教师及专家学者的互访活动、学生互换、教育领域开展校际交流，在招收柬埔寨留学生、建立合作协调委员会等项目中开展合作。具体的合作细节双方还将进行进一步沟通和协商。

23日　三峡南线船闸停航检修提前结束，船闸正式复航。

△　交通运输部甩挂运输试点项目——“四川宜宾五粮液集团安吉物流甩挂运输”和“四川企业联盟公路甩挂运输”项目通过验收。至此，全省包括达州达运物流、宜宾欣联物流、成长司现代物流等5个交通运输部甩挂运输试点项目全部通过部验收，完成部甩挂运输试点任务。

△　成都双流国际机场获国际航空运输协会（IATA）颁发的“便捷旅行项目”最高奖项——白金认证，成为2018年度国内唯一获此殊荣的机场。

27日　泸定大渡河大桥正式进入桥面结构施工阶段，5月中旬完成大桥桥面板安装。

3日　交通运输部下发《交通运输部关于外贸船舶临时进出泸州港和宜宾港部分泊位期限的批复》，泸州港和宜宾港水运口岸成为国家开放口岸，填补了四川省港口没有国家开放口岸的空白。

△　国道227线壤塘友谊桥（川青界）至黑桥段公路改建工程正式开工。项目全长105公里，计划总投资5.44亿。

9日　省交通运输厅信息化建设管理推进工作办公室在成都召开“四川省交通运输网上行政审批服务平台（一期）”建设项目终验会。经专家组讨论与质询，一致同意该项目通过终验。通过该项目的建设推动，省级许可事项顺利接入省政府一体化政务服务平台，网上办理许可事项实现一网办通。

11日　省交通运输厅印发并实施《四川省高速公路政府和社会资本合作（PPP）项目社会资本方招标文件参考文本》（2018年版）。

12日　2018年川渝两地交界水域联系会在邻水县黎家乡召开，双方就交界水域海事管理、水情汛情传递、打非治违、联合执法、应急联动和水上交通安全监管工作交流机制等方面进行沟通，达成共识。

13日　交通运输部办公厅下发《关于泸州港总体规划修订工作有关事项的复函》，同意开展泸州港总体规划修订工作。

16日　省交通运输厅党组书记、厅长汪洋主持召开专题会议，传达学习全省市厅级主要领导干部读书班精神，研究交通重大课题调研工作。

△　省交通运输厅、省公安厅、省政府政务服务和公共资源交易服务中心联合印发《四川省公路超限运输许可联网协同办理工作方案》《公路超限运输许可联网协同办理工作规范（试行）》，明确联网协同办理工作阶段性任务，落实各部门职能职责，确立各岗位人员，规范具体办理流程和办理行为等内容，为公路超限运输许可联网协同办理提高制度性保障。

17日　全国人大常委、中国公路学会理事长翁孟勇一行到川调研交通科技工作，并于17日在省交通运输厅召开四川交通运输工作座谈会。厅党组书记、厅长汪洋，厅党组成员、副厅长张琪分别汇报四川省交通运输工作情况。

19日　交通运输部副部长何建中一行，在省交通运输厅党组成员、总工程师陈乐生陪同下，赴阿坝州小金县开展交通扶贫工作调研，看望慰问交通运输部挂职干部。何建中一行先后对国道350线四姑娘山镇过境公路改线工程、脱贫攻坚项目——美心镇光伏电站，以及达维镇特色农业发展情况进行实地调研，同时深入困难群众家庭进行慰问。

22日　截至4月底，全省道路运输管理机构完成驾培机构预录入687所，预录入完成率99.28%；上传监管平台的教练车29 414辆、教练员33 359名、考核员1 608名；全省安装计时培训系统平台的驾培机构654所，安装计时终端的大中型客货教练车795台、小型教练车20 448辆。

23日　省交通运输厅党组召开扩大会议，审议厅党组开展“大学习、大讨论、大调研”活动的通知和方案，以及《贯彻落实习近平总书记对四川工作重要指示精神交通重点课题调研方案》，全面动员部署“大学习、大讨论、大调研”活动。

26日　全省交通运输行业《钢管混凝土梁桥技术规程》等6项地方标准全部通过省质监局组织的专家评审。四川省交通运输行业地方标准达25项，在全国省级交通运输行业中处于前列。

28日　交通运输部、中华全国总工会联合主办的“2017年感动交通年度人物”视频报告会在交通运输部举行。会上揭晓“2017年感动交通十大年度人物”评选结果，四川省交通运输厅公路规划勘察设计研究院总工程师牟廷敏等10名个人和团体荣获“2017年感动交通十大人物”称号。

29日　汶马高速公路下桩特大桥右幅顺利贯通。大桥长1.3公里，为新型科研桥，其施工工艺全国首创。

2日　省交通运输厅制发《甘孜藏族自治州2019—2020年公路建设推进方案》即第四轮“甘推”方案，甘孜州将完成交通项目投资214亿元。

11日　向家坝升船机通过试通航前验收。经过会前现场踏勘和会议集中讨论，金沙江向家坝水电站升船机特殊单项工程验收委员会同意升船机工程投入第一阶段试通航运行。

12日　交通部原部长、中国水运“一史一录”编审委员会主任黄镇东一行到川调研四川水运和“一史一录”编纂工作。调研组一行赴宜宾、泸州、乐山等地调研港口、航道和航电枢纽建设运营情况等，并在成都召开调研座谈会。省交通运输厅党组书记、厅长汪洋出席会议并汇报四川交通运输工作暨“一史一录”编纂工作情况。

14日　在省交通运输厅党组统一领导下，厅运管局、厅高管局、四川交职学院和厅办公室、财务处统筹谋划、通力配合，确保相关道路保通保畅，完成“5·12”汶川特大地震抗震救灾10周年纪念仪式和发展振兴成就展交通保障任务。

15日　凉山州金阳溜索改桥项目首片箱梁完成吊装，展开桥梁上部结构施工。

16日　雅安市石棉县连续发生3次地震。交通运输部、四川省领导赓即作出有关抢通保通批示指示。省交通运输厅党组书记、厅长汪洋立即作出指示，要求“确保安全，及时抢通保通！”按照部、省领导以及厅领导的批示指示要求，厅指导组织雅安市、县两级交通运输部门和高速公路执法支队按应急预案迅即开展地震后交通应急工作。

21日　省交通运输厅、省公安厅、省质量技术监督局联合印发《关于贯彻实施道路货运车辆检验检测改革工作的通知》，推进全省道路货运车辆年检（安全技术检验）和年审（综合性能检测）依法合并，切实减轻道路货运经营者的负担。

25日　由交通运输部长航局、省交通运输厅、泸州市政府联合举办的2018年长江泸州水域船舶溢油联合应急演习在泸州市长江黄家碛水域举行。这是中国首次在长江上游自然航段、急流水域开展船舶溢油应急演习。

26日　向家坝升船机试通航圆满成功。

28日　嘉陵江南充段九级船闸通畅运行仪式在南充举行。嘉陵江南充段船闸实现统一运行调度，全面畅通。

31日　省十三届人大常委会第四次会议通过《四川省航道条例》，自2018年8月1日起施行。

1日　省交通运输厅印发《传承弘扬“两路”精神近期十项重点工作分工方案》的通知。

6日　交通运输部副部长刘小明到四川省甘孜州调研交通脱贫攻坚和“四好农村路”运输服务等工作。赴甘孜州道孚县八美镇、色达县甲学乡调研通村客运情况和交通定点扶贫项目，在阿坝州壤塘县汽车站、石里乡中大石沟村调研了解农村客运情况、脱贫攻坚情况并慰问贫困户。

8日　由交通运输部主办、中国交通报社承办的“小康路 交通情”主题采访活动走进四川。活动为期4天，光明日报社、中国交通广播电台、农民日报社、中国交通报社、新华网、中国网、中国青年网、中国社区报社、封面新闻、四川电视台、四川日报社等10余家媒体单位记者组成的采访团，赴阿坝州、凉山州，重点采访报道当地交通扶贫工作。

13日　省政府颁发《关于2017年度四川省科学技术奖励的决定》。其中，由省交通运输厅公路设计院完成的“大跨桥梁风振计算理论、试验方法及控制技术”获省科技进步奖一等奖；由厅推荐的“钢管混凝土桥梁的抗震性能与防灾技术研究”获省科技进步奖二等奖；由厅推荐的“高海拔地区复杂地质条件下公路隧道设计与施工技术研究”“长江上游地区特大跨钢箱梁悬索桥设计施工关键技术研究”“高烈度地震峡谷区公路松散体边坡稳定性快速评估及防治对策研究”“大断面岩溶富水特长公路桥隧道施工关键技术”等4项成果获省科技进步奖三等奖。

△　省交通运输厅联合省环境保护厅印发《关于建立实施机动车排放检验与维护（I/M）制度的通知》，正式实施机动车排放检验与维护（I/M）制度。

25日　巴陕高速公路在建项目的关键节点工程——米仓山隧道右洞顺利贯通，刷新了国公路隧道独头掘进最长的记录。同时，在建石桥河特大桥最后一跨合龙。

26日　厅航务局赴云南省航务局调研学习并签订《推进金沙江航运共同发展合作备忘录》。双方一致同意建立长期、稳定、高效的战略合作伙伴关系，在加快实施金沙江溪洛渡至水富段高等级航道建设工程建设，加快启动金沙江下游航运规划工作，强化应急救援协作、完善协调指挥机制，共同推动乌东德和白鹤滩库区翻坝转运系统建设，加强水运环境保护交流合作，共同推动金沙江库区航运发展等方面深化协作配合。

1日　全省部分市（州）普降大至暴雨，江河水位升

高，部分高速公路、国省干线发生因强降雨关闭或断道情况。全省交通运输系统迅速行动，做好强降雨天气应对工作。

3日　省交通运输厅与眉山市委市政府在眉山签订《四川省交通运输厅 眉山市人民政府交通运输发展战略合作协议》。

9日　四川交职学院牵头组织的交通职教联盟兄弟院校师生传承弘扬“两路精神”重走川藏公路社会实践活动正式启动。来自京津冀沪宁晋川等地交职院校的近百名师生，用4天时间重走川藏路。

10日　受持续强降雨影响，茂县辖区国道213线2015KM+109M（小地名：茂县叠溪镇龙池）发生多处路基塌陷。茂县公路管理局路政执法人员陈开军在此处应急值守时，发现路基塌陷缺口正在变大，极可能再次发生塌陷，立即上前向路过的救援车辆高声呼喊、挥手示意，成功指挥车辆在路基塌陷前及时停车，避免了一场灾祸发生。

12日　广州—泸州首趟海铁联运班列抵达泸州，泸州—广州铁海联运班列实现双向开行。

18日　四川交通广播FM101.7成功在雅西高速公路泥巴山超长隧道内实现广播信号全覆盖。广播信号在10公里以上的超长隧道实现覆盖尚属国内首次。

19日　厅高管局组织全省48家高速公路营运公司开展收费员星级评定工作，按照《四川省高速公路收费员星级评定管理办法》要求，综合考评收费员2017年度基础素质、岗位表现、工作业绩和普通话等级、计算机等级等内容，评定星级收费员10 531名。五星级、四星级、三星级、二星级、一星级收费员分别为39名、319名、4 081名、3 766名、2 326名。

23日　省交通运输厅召开全省公路水运项目建设推进调度会，学习贯彻中共四川省委十一届三次全会精神，落实省委省政府“项目年”决策部署，总结2018年上半年工作，分析研判当前公路水运项目建设推进面临的形势和存在的问题，重点围绕促投资稳增长安排部署下半年全省交通运输工作。

25日　遂宁市普通国省干线首个服务区——七彩明珠服务区开工建设。

1日　《四川省航道条例》正式实施。该条例是四川省第一部内河航道地方法规。

△　中欧班列广元组货基地揭牌仪式在广元交通物流港上西园区举行。中欧班列运行时间18天，为海运的1/3。运行成本为空运的1/6。广元交通物流港上西园区为中欧班列广元产品组装指定地点。

12日　在川黔大通道古蔺至习水段高速赤水河特大桥施工现场，无人机牵引先导索跨越赤水河将两岸主墩索塔连为一体，赤水河特大桥工程转为桥梁上部施工。

14日　厅高管局联合信息技术部门共同研发的高速公路智慧生活出行服务平台“熊猫高速”正式上线运行。“熊猫高速”智慧生活出行服务平台依托路网信息大数据资源，实现实时路况查询、车车互联、一键救援等八大便民服务功能。

22日　汶马高速公路一颗印特大桥和独柏树大桥通过交工验收。一颗印特大桥全长1 049米，为汶马高速公路全线第二长桥。独柏树大桥位于理县毕棚沟高原收费站附近，全长729米。

24日　全省首个“交通扶贫专柜”金口河区专场在国道0512线成乐高速公路夹江天福服务区揭牌，来自金口河区的峡谷蜜、大瓦山食用菌等6个品牌20余种特色农产品率先进柜展销。

26日　广陕、广巴高速公路大石互通连接线建成通车。该连接线起于广陕、广巴高速公路大石E匝道出口，止于滨河南路，全线2.6公里，总投资2.76亿元。

30日　“民泰号”班轮驶出泸州港，泸州港“启运港退税+无水港”模式的业务正式启动。

1日　位于乌蒙山区金沙江畔的四川省凉山彝族自治州金阳县对坪镇一村的溜索改桥项目完工。全省77座溜索改桥全部完成，499个村的10多万群众告别了溜索出行。

7日　2018年全国“四好农村路”管理现场会在浙江安吉召开，省交通运输厅厅长汪洋作题为《咬定目标 凝聚合力坚决打赢交通脱贫攻坚战》的大会典型交流发言。四川省成都市郫都区、平昌县、江安县、金堂县、犍为县、南部县等6个县（区）被命名为“四好农村路”全国示范县，总数并列全国第一。

14日　交通运输部办公厅通报上半年交通运输部

政府网站政务公开与共建工作考评情况。按照政府信息公开、政民互动、网站链接、子站四个指标，部对地方交通运输主管部门的网站共建工作进行考评。其中，省交通运输厅“四川交通”子站政民互动情况排名全国第一，获得部通报表扬；综合考评得分和政府信息公开情况排名全国前列。

17日　由交通运输部、公安部、国家机关事务管理局、中华全国总工会联合举办的2018年“绿色出行宣传月和公交出行宣传周”活动启动仪式在成都市举行。

19日　全国交通运输行业职业技能竞赛四川赛区预赛暨四川省交通运输行业筑养路机械操作工职业技能竞赛在成都市大邑县公路养护与应急保通中心开幕。此次竞赛由省总工会、人力资源和社会保障厅、省交通运输厅共同主办，省交通运输工会、厅公路局、省职业技能鉴定指导中心承办。此次筑养路机械操作工技能竞赛设置挖掘机和装载机两个项目，全省各市（州）75名选手参加竞赛。

22日　雅康高速公路泸康段大杠山特长隧道左线安全贯通。大杠山特长隧道左线全长4 730米，海拔2 016米。

26日　省交通运输厅党组书记、厅长汪洋与甘肃省交通运输厅党组书记、厅长李睿在敦煌市签订《甘肃四川两省交通运输领域专项行动计划合作协议》，四川省省长尹力和甘肃省省长唐仁健见证签约。

△　近日，厅公路局组织研发的国省干线公路危桥隧数据库正式上线运行，实现省、市、县三级养护管理单位危桥隧网上动态联动管理。

1日　雅康高速公路泸定大渡河大桥路面施工完成，具备通行能力。

10日　泸州—钦州铁海联运班列正式开行，这是继开行泸州—广州铁海联运班列之后又一条南向出海通道。

11日　西藏江达县波罗乡突发山体滑坡，堵塞金沙江干流，形成白格堰塞湖，威胁下游安全。省交通运输厅党组书记、厅长汪洋及分管厅领导立即安排部署应急处置工作，厅直有关单位、厅机关有关处室积极指导甘孜州、县交通运输部门开展保通保畅、紧急疏运群众工作。

12日　省交通运输厅召开推进成都平原经济区交通运输同城化一体化发展座谈会，学习贯彻中共四川省委省政府实施“一干多支”发展战略、推进成都平原经济区协同发展工作会议精神，研究部署有关工作。省交通运输厅党组书记、厅长汪洋主持会议并讲话。

16日　中国公路学会印发《关于表彰第五届“最美中国路姐”的决定》，四川省交通运输厅高管局被表彰为第五届“最美中国路姐”优秀组织单位；成渝高速公路内江收费站、成温邛高速公路温江北收费站、内威荣高速公路内江经开区收费站获“最美中国路姐团队”荣誉称号；四川成渝高速公路收费站收费员李英、内遂高速公路收费员陈静文、隆纳高速公路泸州管理处副班长李洁心获第五届“最美中国路姐”荣誉称号。

23日　成都经济区环线高速公路蒲江至都江堰段尖峰顶隧道右线顺利贯通，成为蒲都高速公路全线首条贯通的隧道。项目位于成都市邛崃市境内，右线全长376米。

25日　厅航务局联合遂宁市交通运输局在涪江成南高速公路桂花大桥上游黑石湾水域，开展大型非自航船舶失控救助处置应急演练。演练包括洪水中大型非自航船舶遇险自救、被困群众转移和落水人员救助、船舶失火救助、大型非自航船舶失控救助4个科目。

30日　全省“四好农村路”建设现场会在乐山市召开。副省长杨洪波出席会议并讲话，中共乐山市委书记彭琳出席会议并致辞，省交通运输厅党组书记、厅长汪洋主持会议。会上对省政府命名的第二批14个“四好农村路”省级示范县现场授牌。

3日　金沙江白格堰塞湖再次垮塌。甘孜州交通运输局迅速反应，作出通往灾区道路保通保畅、应急运力准备、值班值守等应急安排，并及时通知受威胁的受灾县、施工单位，立即开展灾情监测预警，疏散转移涉险区域的受灾人员、机具。

5日　《四川交通志·稽查征费志》正式出版。该书是全国第二轮修志5部试点志书之一，也是四川稽查征费行业的首部志书，反映1926—2011年四川稽征历史，对读者了解四川征管机构沿革、征管机构管理、规费征收、征费管理、行政执法等具有较高参考价值。

7日　由省交通运输厅公路设计院勘察设计、川高俄岗公司建设的国道317线雀儿山隧道获国际隧道协会（ITA）“年度工程大奖”。

△　四川自贸试验区川南临港片区管委会与广州港

物流有限公司、新海丰物流有限公司签署共建“泸广”海铁通道战略合作框架协议。

19日　2018年全国第十届交通运输行业职业技能大赛决赛在长沙闭幕。华川集团晏启红获职业组全国一等奖，成都地铁运行公司获职业组全国团体第一名，四川交职学院学生李兴国获学生组全国一等奖，四川交职学院获学生组全国团体第四名，四川交通运输职业学校获学生组全国团体第十名，厅公路局获职业组团体第五名，厅运管局获职业组全国团体第九名，成都地铁运营公司袁浩、李天琪获职业组三等奖。

22日　巴陕高速公路全线正式通车。巴陕高速公路起于巴中市巴州区，经南江县止于川陕两省交界处的米仓山隧道。全线通车后，四川北向出川大通道形成北上出川“三箭齐发”（广陕、巴陕、达陕高速公路）的通道格局。

26日　全省21个市（州）106个县（市、区）建立“一路四方”联动机制，其中，资阳、宜宾、自贡等14个市（州）实现全覆盖，厅高速公路交通执法第六支队管辖的凉山州片区高速公路联动机制覆盖至西昌市西乡乡、冕宁县彝海镇等5个重要乡（镇）。

28日　金沙江货运船舶首次通过向家坝升船机直达泸州港。4艘满载货物的船舶从金沙江航道抵达泸州港。2 400吨货物从泊位上吊装上岸，装入集装箱，再通过长江航道运往上海、营口等地。此次货船装载的货物为四川新洋丰肥业有限公司的磷酸一铵产品，每吨将降低20元的水运物流成本，并大大减少污染排放。

30日　国道318线金沙江竹巴笼战备钢桥成功合龙。武警和四川、西藏交通共调集300余人组成抢险突击队，调集各类抢险机具、设备、车辆100多台（套），战备钢桥7跨，投入抢险。

5日　全长28公里的成都二环高架路实现5G全覆盖，并投入面向公众体验和产业应用的全国首辆5G公交车。

9日　四川路桥集团承建的挪威哈罗格兰德大桥正式通车。建设哈罗格兰德大桥，是中国企业首次在欧洲发达国家修建大跨径桥梁，被交通运输部誉为中国企业实施“中国建造”走出去的典范。

16日　四川省宜宾市兴文县（北纬28.24度，东经104.95度）发生5.7级地震，震源深度12千米。

18日　“中国交通·辉煌40年”全国交通运输行业微视频大赛各奖项揭晓。由省交通运输厅监制，甘孜州交通运输局、四川交职学院、省交通工会、省交通运输厅办公室、交通宣传中心联合摄制的微电影《天路入云端》获得本次大赛唯一的特等奖。

21日　电影《大路朝天》在北京人民大会堂首映。《大路朝天》是国家电影局重点推介的9部优秀国产电影之一。电影以四川交通发展为背景，以成雅高速公路、雅西高速公路、雅康高速公路建设为题材，通过讲述祖孙三代交通人伴随改革开放40年所发生的故事，折射出时代的发展和交通的变迁。

△　国家发展改革委、交通运输部联合发布《国家物流枢纽布局和建设规划》，其中，明确泸州为港口型国家物流枢纽承载城市。

△　四川内河最大载人游轮“东进一号”成功下水。游艇长35米、宽8米，设计载客150人。该项目是淮州新城重点基础设施建设项目——沱江通航项目的重要组成部分。

25日　2018年全省交通重点项目集中开工动员活动在青白江区境内国道42线南充至成都段扩容成都入城段施工现场举行。同时，活动还在凉山州会理县境内德昌至会理高速公路工地设置分会场。此次集中开工动员“2+15”共17个项目，总投资600亿元，涉及5大经济区、4大城市群的12个市（州）。

28日　取消川渝高速公路省界收费站活动在国道93成渝环线高速楼房沟站举行。取消川渝省界站是全国首批试点，此次共取消10处省界站。

△　四川省交通投资基金完成首个项目投资落地。投资建设丹棱县国家乡村公园PPP项目公路子项目——省道401线丹蒲快速路丹棱段建设工程项目和省道104线丹棱段改建工程项目，总投资17.9亿元，预计2019年3月底前部分建成通车。

29日　绵西高速公路正式通车。该项目全长125公里，路线起于绵阳市三台县永明镇，止于南充市顺庆区同仁乡，跨越绵阳市、南充市的两区三县（绵阳市游仙区、三台县、盐亭县；南充市顺庆区、西充县）。项目采用双向四车道高速公路标准建设，设计时速80公里，其中与广南高速公路共线部分设计时速100公里。

31日　雅康高速公路提前9个月全线建成试通车运营，结束甘孜州不通高速的历史。至此，全省高速公路建成总里程达7 238公里。

（本栏目撰稿人：田耀楠）

交通基础设施建设

JIAOTONG JICHU SHESHI JIANSHE

2019

四川交通年鉴

综　述　2018年，全省公路水运交通建设完成投资1 689亿元，连续8年超千亿元。其中，高速公路完成740.03亿元，国省干线完成471.92亿元，农村公路完成274.64亿元，站点建设完成35亿元，水运建设完成56.98亿元，养护、智慧交通及其他专项工程完成111.04亿元。

高速公路建设　新建成通车雅康高速公路泸定至康定段（62公里）、绵西高速公路（125公里）、汶马高速公路部分段（105公里）、巴陕高速公路（18公里）、成彭高速公路扩容建设（18公里）等5个项目（路段），新增通车里程310公里，全省高速公路通车总里程达7 130公里，通车总里程继续排名全国第三、西部第一。实现所有市（州）政府所在地通高速公路，新增马尔康、康定、理县3个贫困县通高速公路，新增1条出川高速大通道，出川高速通道达19条。建成全国第二长高速公路隧道米仓山隧道和雅康高速公路泸定大渡河大桥等一批超级工程。新开工成南扩容、德昌至会理等2个高速公路项目317公里，全省高速公路建成和在建总里程突破1万公里。

2018年11月22日，巴陕高速公路全线通车。图为路边红叶景观
川高公司 供图

国省干线及农村公路建设　国省干线公路新（改）建2 112公里，实施养护工程1 713公里，基本实现市（州）至县通二级（三州三级）及以上公路目标。川九路灾后恢复重建新示范工程、成雅和成资快速通道等一批重点项目启动建设，国道213线映秀至汶川公路等重点项目建成通车。

内河水运建设　岷江龙溪口航电枢纽开工建设。岷江犍为航电枢纽、长江川境段航道整治等项目加快推进。嘉陵江航道川境段实现全江畅通，利泽枢纽初步设计取得批复。泸州、宜宾、乐山三港整合启动实施。

汽车客运站建设　客运枢纽新开工8个，建成和在建36个，覆盖90%营运高铁站。建成3个物流园区，实现五大经济区大型货运枢纽全覆盖。

（厅建管处）

高速公路建设

GAOSU GONGLU JIANSHE

成彭高速公路扩容改造工程竣工通车　2018年7月12日，成彭高速公路扩容改造工程竣工通车。路线起于省道105线成彭公路金丰高架桥，沿原路实施扩容改造，止于成彭高速公路与成绵复线高速公路互通式立交匝道交接点。路线全长18公里，－K0+540.763至K0+220段采用双向六车道一级公路技术标准建设，设计时速60公里，路基宽26米；K0+220至K2+182.70段采用双向六车道高速公路技术标准建设，设计时速80公里，路基宽31米；K2+182.70（成彭高架桥右线桥止点）至成都第二绕城高速公路互通（K14+480）段采用双向八车道高速公路技术标准建设，设计时速100公里，路基由原24.5米宽扩为38.5米宽；成都第二绕城高速公路互通（K14+480）至项目终点（K17+900）段采用双向六车

成彭高速公路新繁互通　　高月谨 摄

道高速公路技术标准建设，设计时速100公里，路基由原24.5米宽扩为33米宽；汽车荷载等级采用公路Ⅰ级。全线共扩孔延长（加宽）40座桥梁（大桥13座、中桥9座、小桥18座），新建（加长）涵洞及通道107道，改造5处互通式立交（枢纽互通2处，一般互通3处）。项目概算投资21.62亿元。

成彭高速公路是四川省第一条“四改八”高速公路。

（厅质监局）

巴陕高速公路通车 2018年11月22日，巴陕高速公路全线正式通车。项目建设分为三期，一期巴中至南江北81公里于2014年1月1日通车；二期南江北至关坝16公里于2017年11月18日通车；22日通车的为项目三期关坝至米仓山隧道入口端（陕西省汉中市南郑区）20.5公里。路线起于陕西省南郑县小坝乡米仓山隧道进口处，经南江县、巴州区，止于巴中市东兴场互通，与建成的广巴、巴南、巴达高速公路相接。路线全长117.5公里，采用双向四车道高速公路技术标准建设，设计时速80公里，整体式路基宽24.5米，分离式路基宽12.25米，整体式桥梁宽24米，分离式桥梁宽11.75米，汽车荷载等级采用公路Ⅰ级。全线设桥梁55座，隧道20座，桥隧比78.2%；设收费站7个（巴中、下两、南江南、南江北、桥亭、关坝、光雾山），服务区2个（南江服务区、光雾山服务区），停车区1个（元潭停车区）。项目概算投资147亿元。

巴陕高速公路　　川高公司 供图

连接川陕两省的米仓山超特长隧道是巴陕高速公路控制性工程。隧道进口位于陕西省汉中市南郑区小南海镇小坝附近，出口位于巴中市南江县关坝乡，全长13.8公里（陕西境3公里，四川境10.8公里）。

（厅建管处）

绵西高速公路通车 2018年12月29日，绵阳至西充高速公路建成通车。路线起于绵阳市三台县永明镇，与绵阳绕城高速公路相接，经绵阳市游仙区、三台县、盐亭县，南充市西充县，止于南充市顺庆区同仁乡，与广南高速公路相接。路线全长125公里，采用双向四车道高速公路技术标准建设，设计时速80公里，路基宽24.5米（与广南高速公路共线部分设计时速100公里，路基宽26米），汽车荷载等级采用公路Ⅰ级。沿线设大桥130座、隧道19座，桥隧比29.5%。项目概算投资102.5亿元。

绵西高速公路　　交通宣传中心 供图

（厅建管处）

雅康高速公路建成通车 雅康高速公路是国家高速公路网雅安至叶城（新疆喀什）高速公路的重要组成部分，路线起于雅安市雨城区草坝镇，接乐雅高速公路，西经天全县、泸定县，止于康定城东，全长135公里。采用双向四车道高速公路技术标准建设，设计时速80公里，路基宽24.5米。桥隧比82%。交通运输部批复概算总投资230亿元，建设工期5年。项目具有地形条件极其复杂、地质条件极其复杂、气候条件极其恶劣、生态环境极其脆弱、工程施工极其困难等5大特点，是全省乃至全国在建桥隧比最高、施工难度最大的高速公路之一。

2014年9月，项目全线开工；2016年7月，雅安草坝至对岩段提前贯通；2017年12月底，雅安至泸定段95公里提前21个月试通车运行；2018年12月底，泸定至康定段62公里建成，雅康高速公路全线提前9个月建成试通车运行。全线路基土石方2 563万立方米，沥青混凝土路面676万平方米，桥梁85座（部分单幅桥梁，特大桥梁7座），隧道28座（特长隧道10座），互通式立交12座（枢纽互通3座）。控制性工程包括二郎山特长隧道，飞仙关、紫石特长隧道，对岩枢纽互通，李子坪改线隧道，大仁烟大桥，泸定大渡河大桥，喇嘛寺、大杠山、日地二号、小马厂、小天都特长隧道，冷竹关、喇嘛嘴沟、龙进沟、大河沟、大丈沟隧间桥及沥青混凝土路面工程。

雅康高速公路全线提前建成通车结束甘孜藏区不通高速公路的历史，同时，创下六个第一：①泸定大渡河大桥雅安岸隧道锚长159米，为世界第一长隧道锚。②二郎山特长隧道长13 459米，为全国已通车高海拔地区高速公路隧道长度第一。③泸定大渡河大桥主跨1 100米，为全省已通车高速公路第一。④机电工程安装1 500个高清摄像头、3.5万盏隧道灯、538台风机，造价10亿元，为全省已通车高速公路第一。⑤隧道长度72 019米，为全省已通车高速公路第一。⑥桥梁钢结构用量32 270吨，为全省已通车高速公路第一。七个首次：①全国首次使用隧道智能动态照明景观系统，有效缓解驾驶疲劳。②全国首次在高海拔峡谷地区复杂强劲风场环境下，采用缆索吊装系统吊装千米级大桥主梁，首次采用隧道内拼装顶推大跨径曲线钢箱梁工艺。③二郎山特长隧道为全国首次完全实现斜井洞内反打，保护生态环境，全国首次建设多功能交通转换带，保证运营交通组织。④全国首次建设共用一栋服务综合楼立体双边地形服务区，利用有限空间满足服务需求。⑤全省首次运用北斗卫星地质灾害监测系统，保证高陡边坡稳定状况动态受控。⑥全省首次全过程采用沥青砼拌和信息化管控系统，保证沥青混凝土路面施工质量全过程受控。⑦全省首次系统对全线隧道洞门建筑进行景观规划设计和建设。

雅康高速公路　　雅康公司 供图

（雅康公司）

汶马高速公路建设顺利　汶马高速公路起于汶川县城以南凤坪坝、接映汶高速公路止点，设汶川枢纽互通连接映汶高速公路、汶马高速公路和汶九高速公路；沿杂谷脑河上行、与国道317线平行布线，经理县克枯、龙溪、桃坪、通化、木卡、薛城、蒲溪、甘堡至理县县城，再经理县朴头、古尔沟、沙坝、夹壁至米亚罗镇，穿越鹧鸪山，沿梭磨河下行，经马尔康县梭磨、止于马尔康县卓克基，全长172公里。主线设置桥梁121座（特大桥11座）52公里（包括互通及服务设施主线），隧道32座（特长隧道12座）96公里，桥隧比86.5%。设置互通式立交10处，服务区4处、停车区3处、管理分中心3处和养护工区4处、主线收费站1处。交通运输部批复总工期6年，项目总投资287亿元。汶马高速公路具有极其复杂的地形、极其复杂的地质、极其复杂的气候条件、极其脆弱的生态条件、极其复杂的工程建设环境等特征，项目控制性工程为“两隧一桥”，即鹧鸪山隧道、狮子坪特长隧道、汶川克枯大桥。截至2018年底，汶马高速公路建成105公里（含隧道19座，桥梁65座，其中特大桥梁9座，特长隧道7座），其中，汶川至理县桃坪17公里、理县薛城至古尔沟段40公里、理县尽头寨至马尔康48公里。

2018年，汶马高速公路完成概算投资65.06亿元，为省交通运输厅年度投资计划55亿元的118.3%，累计完成234.79亿元，占概算81.8%。路基挖方完成589万立方米，占工程总量的100%；抗滑桩1 572根，占工程总量的96.8%；其他防护工程193万立方米，占工程总量的92.9%；桥梁工程桩基7 040根，占工程总量的98.4%；墩柱5 030根，占工程总量的97.9%；预制梁板累计完成12 107片，占工程总量的95.4%；涵洞88道，占工程总量的95.7%；隧道工程单洞开挖188 331米，占工程总量的91.8%；二衬182 878米，占工程总量的89.1%。全线32座隧道，主线双洞贯通29座，单洞贯通1座。

汶马高速公路鹧鸪山隧道内景　　汶马公司 供图

控制性工程鹧鸪山隧道主线长8 848米，平导洞长

3 725米，总投资26亿元，主线于2018年1月底实现双向贯通，平导洞开挖707.9米，占设计总量19%。隧道最大埋深1 400米，海拔3 100米，空气稀薄，是全国海拔在3 000米以上贯通的最长高速公路隧道，是全世界最长的高原高瓦斯高速公路隧道。施工过程中解决千枚岩遇水软化、高瓦斯隧道施工、隧道出洞口滑坡等技术难题，开发研制全自动一体式喷浆车等新设备，采取钢管桩加连系梁加固强震后隧道洞口松散体工法、千枚岩与砂板岩互层富水大断面隧道变形控制工法、高原寒区隧道后注浆施工工法等4项新工法，开展强震后高原季节性冻土隧道修建关键技术研究。控制性工程狮子坪特长隧道全长13.1公里，通风平导洞4座7公里，总投资27亿元。为加快施工进度，先将4座7公里通风平导洞打通作为施工通道，将整个隧道分为四段，使主线作业面达16个；同时采用软弱围岩洞身开挖光面爆破、隧道平导与主洞交叉口挑顶施工等技术创新及引进先进设备等技术手段，加快狮子坪隧道建设。2018年，狮子坪隧道主线左洞完成开挖3 939米，累计完成8 146米，占设计总量62%，二衬累计完成7 231米，占设计总量55%；右洞开挖完成3 493米，累计完成7 592米，占设计总量57%，二衬累计完成6 742米，占设计总量51%，计划于2020年全线贯通。控制性工程汶川克枯大桥全长4.3公里，由原克枯特大桥（2.45公里）、下庄特大桥（1.35公里）、互通匝道桥（0.5公里）组成，具有“三高一俏”特点，即建设在高地震烈度区域、高抗震能力、高节能环保、桥型美观俏丽，被誉为川藏线上“彩虹桥”。全桥无模板施工，钢管桁梁生产制造工厂化率80%，降耗减排成效显著。大桥于2018年11月全线贯通，为类似川藏公路环境条件桥梁建设提供重要参考依据，全桥无模板化施工及桥梁整幅整跨吊装架设填补国内相关技术空白。

汶马高速公路是四川省在建第二条藏区高速公路，建成后可实现全省21个市（州）政府所在地全部通高速公路。

（汶马公司）

国省干线重点公路建设

GUOSHENG GANXIAN ZHONGDIAN GONGLU JIANSHE

概　况　2018年，四川省新建普通国省干线公路2 113公里，为年度确保目标任务1 500公里的141.9%，为年度力争目标任务2 000公里的105.6%；全年完成建设投资471.9亿元，为年度确保目标任务411亿元的114.6%，为年度力争目标任务421亿元的112.1%。九黄机场至红原机场、国道318线康定至雅江段两个“交通+旅游”融合发展示范项目初见成效，最美景观大道国道318线雅江县城至竹巴龙（西藏界）段等10个“交通+旅游”融合发展试点项目和北川县地震遗址博物馆连接公路等14个红色旅游公路项目加快推动。

公路建设管理　2018年，厅公路局对“甘推”“凉推”“南推”等重点项目实行专人督导制度，落实专项督导工作人员，每月形成专项工作报告，定期编制《全省普通国省干线公路建设情况简报》，并对存在问题进行梳理，定期进行督导检查，确保项目顺利推进。截至2018年底，基本完成第三轮“甘推”和第二轮“凉推”，并启动新一轮“甘推”和“凉推”。督促全省各地贯彻落实交通运输部《公路水运品质工程评价标准（试行）》和省交通运输厅《关于加快推进公路水运品质工程建设的实施意见》，推进“两区三厂”（生活区、办公区、钢筋加工厂、拌和厂、预制厂）施工标准化建设，推行首件工程认可制，应用“四新技术”，努力建设国省干线公路品质工程。建立全省普通公路建设项目农民工工资支付台账，督促市（州）及时处理农民工工资投诉，并派人分别对达州、广元、南充、遂宁等市开展农民工工资支付工作专项抽查。多次组织德阳市、阿坝州和绵竹市及四川路桥等有关各方分析绵茂公路推进缓慢问题，落实工作措施，强化跟踪督促，协调德阳市将蓝家岩隧道1.5公里划给阿坝州实施，阿坝州开始施工蓝家岩隧道德阳段工程。

公路抢通保通　2018年，四川省内先后发生金沙江白格堰塞湖和宜宾兴文地震严重自然灾害，在中共四川省委、省政府和厅党组领导下，厅公路局参与抢险救灾工作，督促指导地方制订应急抢险实施方案，并开展应急

2018年，交通运输部副部长戴东昌（前排右二）调研指导金沙江白格堰塞湖灾损公路抢通保通工作　　厅公路局 供图

值守和信息报送工作，履行抢险保通工作职责，完成应急抢险工作，同时及时汇总收集各地灾情，上报交通运输部，积极争取交通运输部对四川省水毁恢复工程的资金支持。

国道544线川九路灾后恢复重建　2018年，厅公路局多措并举推进国道544线川九路灾后恢复重建：①按照国道544线2018年3月底开工的目标要求，倒排工期，挂图作战，厅公路局督促相关单位加快推进工程可行性研究报告、设计及相关要件，确保按期完成开工目标；②印发《川九路灾后恢复重建工程专项督导工作方案》协调相关单位开展督导工作；③多次组织召开“8·8”九寨沟地震灾后交通恢复重建项目工作推进会、川九路新示范工程建设推进工作会等专题会议，并多次开展现场督导，强化人员履约管理，严格信用考核，加快项目推进；④多次组织相关单位研究形成“安全畅通、绿色生态、智慧协同、融合发展”的建设理念，并组织贯彻落实。

（本栏目供稿单位：厅公路局）

农村公路建设

NONGCUN GONGLU JIANSHE

概　况　2018年，四川省新（改）建农村公路2.67万公里，新增通硬化路的乡（镇）50个（其中凉山州34个、甘孜州16个），新增通硬化路的建制村1 356个（其中甘孜州915个、凉山州441个）。全省乡（镇）和建制村通硬化路比例均达99%以上，全省农村公路总里程达到28.5万公里，其中县乡道7.3万公里、村道20.8万公里、专用公路0.4万公里。

巴中市南江县农村公路　　厅公路局 供图

溜索改桥和渡口改桥　2018年，全省77座溜索改桥任务全部完成。其中车行桥76座、人行桥1座，主要分布凉山、甘孜、阿坝、绵阳、广元5个市（州）。根据省政府办公厅《渡口改桥2016—2020年建设推进方案》，全省2016—2020年计划实施渡口改公路桥223座，估算总投资91.9亿元。项目涉及泸州、南充、达州、巴中、广安等17个市（州）62个县（市、区）。截至2018年底，全省建成渡

改公路桥84座。

农村公路安保工程 2018年，全省建成农村公路安保工程13 189.3公里，其中县乡道6 314.7公里、村道6 874.6公里，分别为年度目标（县乡道6 200公里、村道6 000公里）的101.9%和114.6%；贫困地区建成9 980.7公里，其中县乡道4 121.1公里、村道5 859.6公里，分别为年度目标（县乡道3 541公里、村道3 600公里）的116.4%和162.8%

村道窄路加宽和危桥改造 2018年，全省建成村道窄路加宽改造7 939公里，为年度目标（6 600公里）的120.3%，其中贫困地区建成6 452.4公里，为年度目标（3 000公里）的215%。全省完工农村公路危桥改造314座，其中县乡道229座、村道85座，分别为年度目标（县乡道245座、村道132座）的93.5%和64.4%；贫困地区村道危桥改造建成76座，为年度目标（60座）的126.7%。

交通脱贫攻坚 2018年，全省普通公路精准扶贫完成投资469.6亿元。高县、筠连县、珙县、兴文县、平武县、朝天区、昭化区、青川县、阆中市、营山县、岳池县、武胜县、邻水县、达川区、大竹县、渠县、开江县、南江县、金口河区、金川县、小金县、若尔盖县、红原县、松潘县、九寨沟县、康定市、丹巴县、九龙县、乡城乡、稻城县等30个脱贫摘帽县实现“乡乡通油路，村村通硬化路”，3 500个退出贫困村实现100%通硬化路，11 501个贫困村通畅率99.8%。全省88个贫困县新增50个乡（镇）、1 332个建制村通硬化路，分别为年度目标（53个、1 000个）的94.3%、133.2%。

“四好农村路”建设 2018年，全省“四好农村路”建设坚持“优中选优”，严格督导考评，成功创建金堂县、眉山市彭山区、蒲江县、雅安市名山区、遂宁市船山区、南部县、峨眉山市、沐川县、巴中市恩阳区、高县、邻水县、自贡市沿滩区、苍溪县、甘孜县等14个第二批省级示范县和金堂县、南部县、犍为县3个全国示范县，累计创建28个省级示范县和6个全国示范县，四川是创建全国示范县最多的省份之一，在全国“四好农村路”建设督导考评中得分位列全国前列，并连续3年在全国“四好农村路”现场会上作经验交流发言，受到交通运输部、国务院扶贫办等领导高度肯定。10月30日，省政府在乐山召开“四好农村路”建设现场会，通报2018年省级交叉督导考评结果，督促市（州）加快问题整改，推进示范创建纵深发展，全省成功创建173个示范乡（镇）、1 452个示范村、10 158公里示范路，省评示范县，市县评示范乡（镇）、示范村、示范路的“四好农村路”建设格局基本形成。

（本栏目供稿单位：厅公路局）

汽车站场建设

QICHE ZHANCHANG JIANSHE

概　况 2018年，全省交通运输基础设施保障能力不断提升。年内完成道路运输场站建设投资35亿元。新开工建设8个客运枢纽“全覆盖”工程，建成和在建项目达36个，覆盖90%的营运高铁站。新（改）建322个汽车客运站厕所，实现三级以上汽车客运站全覆盖。开工建设县级客运站9个（含建成4个），开工建设乡（镇）客运站102个（含建成54个）。

宜宾西站外观　　厅运管局 供图

雅安汽车客运站 雅安汽车客运站于2016年12月开工，2018年完工。该项目工程按一级汽车客运站标准要求设计，该站为一级客运站，项目投资76 169万元，项目总占地面积129 067平方米，汽车站总建筑面积24 359.42平方米，汽车站停车场占地面积8 664.42平方米。设计班线60条，设计日发班300班次、设计日均发送旅客量1.26万人次。

设施设备 该站配备条码阅读枪、机柜（检票）、单向通道摆闸、读卡器、自助打印机、自助售票机（带现金）、自助售票机（非现金）、自助检票翼闸、触摸屏查询机、无线手持终端打印机、电脑、窗口对讲机、监控摄像设备、显示器、身份证读卡器、财务打印机、热敏打印机、广播系统吸顶喇叭、多媒体管理软件、液晶电视、8路高清网络电视编码器、交换机、发车位LED、列检LED、出站口LED、残卫救助、通道式X光机（X射线安检设备）、金属探测安检门、手持式危险液体安全检测仪、手持式金属探测仪、防爆罐、酒精检测仪、防爆毯、无线AP、WiFi控制器、光钎收发器、机架、视频切换器、服务器等设施设备。

亮点特点 除人工售票口，该站还配备多台自助售票机，提高旅客购票率，做到随到随走。从一楼的售票大厅到二楼候车大厅除步行楼梯以外还增设电动扶梯，与此同时一楼售票大厅一侧还有无障碍通道，专设箱式电梯。二楼进站口的两台安检设备是最先进的通道式X光机，能得到高质量的图像，更精准的进行行李物品的检查。二楼检票口采用“人脸识别”方式，提高检票效率。车站设施先进、配套齐全、功能完善，体现人性化设计和公益功能，既实现市内公交和客运班线的“零距离”换乘及汽车、火车客运站的“无缝对接”，又实现站服务的智能化调度和班车运营的实时监控。车站外设有过街地下通道，直达公交总站，安全又便捷。

甘孜州得荣县白松新区客运站 甘孜州得荣县白松新区客运站于2017年6月开工，2018年6月完工。该项目工程按《四川省汽车客运站建设标准（试行）》要求设计，该站为三级客运站，项目投资1 062.270 7万元（其中补助资金600万元），总占地面积5 376平方米，总建筑面积2 616平方米，停车场面积300平方米。设计班线3条，设计日发班车3班次，日均发送旅客量100人次。

甘孜州得荣县白松新区客运站停车场　　厅运管局 供图

甘孜州九龙县客运站 甘孜州九龙县客运站于2017年7月开工，2018年7月完工。该项目工程按《四川省汽车客运站建设标准（试行）》要求设计，该站为三级客运站，项目投资600万元，总占地面积2 547平方米、总建筑面积717平方米，停车场面积500平方米。设计班线7条，设计日发班车13班次、日均发送旅客量2 000人次。该站采用藏、彝相结合的建筑风格，同时结合现代手法，采用真石漆外墙，使九龙客运站既具有现代建筑的气质又不失藏、彝建筑风格的特点。整体效果明快大方，外观形象也呼应平面布局“简洁、明快、大方”的设计原则，与周边建筑协调统一。

甘孜州九龙县客运站外观　　厅运管局 供图

甘孜州白玉县亚青寺客运站 甘孜州白玉县亚青寺客运站于2017年8月开工，2018年9月完工。该项目工程按《城市公共停车场工程项目建设标准》（建标128—2010）要求设计，该站为三级客运站，项目投资1 953.32万元，总占地面积14 450平方米，总建筑面积2 961.72平方米，停车场面积2 407.76平方米。设计班线12条，设计日发班车115班次、日均发送旅客量3 000人次。

（本栏目撰稿人：徐海涛）

公路养护

GONGLU YANGHU

概　况　2018年，全省普通国省干线公路养护工程完成里程1 703公里，完成投资32.8亿元，分别为年度目标的113.5%和182.2%。建成养护中心22个、养护管理站79个，分别为年度目标的110%和105.3%；完成新（改）建服务设施37个，为年度目标的185%；新（改）建普通国省干线公路公共厕所60座（新建28座、改建32座），为年度目标的120%。年内，印发《进一步加快构建普通国省干线公路现代养护管理体系行动方案》，推进管理信息化、决策科学化、养护机械化、工程规范化的“四化”建设。

2018年6月5日，凉山州公路局举办国省干线公路机械化养护培训暨施工演示
凉山州交通运输局　供图

养护信息化管理　2018年，厅公路局多管齐下推动管理信息化：①推动养护巡查信息化和桥梁健康监测系统。甘孜、泸州、内江、阿坝等地养护管理信息化系统以及省道214线攀枝花倮果大桥和国道213线五指山隧道桥隧健康监测系统投入试运行。②开展信息化边坡形变监测工作。利用合成孔径雷达干涉测量技术（InSAR），在国道317线紫坪铺水库段试点，通过卫星图片和数据处理，开展路基及边坡位移、沉降形变评估。③工作台账信息化管理。运用养护综合信息管理平台，将养护工程、危桥隧库等工作台账纳入平台管理，提升信息化管理水平。

养护科学化决策　2018年，厅公路局坚持决策科学化：①坚持典型引领。年初组织召开全省养护科学决策示范工程现场观摩会，推广安岳县省道206线养护工程在科学决策方面的主要做法和经验。②建立项目库。根据年度路况检测数据，设定养护工程判定指标和判定标准，建立项目库，实行滚动管理，指导各地提前开展前期工作，推动项目加快实施。③推进预防养护。对预防养护设计、审批、施工和验收等工作作出明确规定，采取以会代训方式组织预防养护业务培训，指导各地规范实施预防养护工程。全年安排预防养护724公里，占年度计划的46%，开工510公里，完成385公里。

养护机械化　2018年，厅公路局稳步推进养护工作机械化：①加快养护能力建设。截至年底，全省累计建成养护中心67个，实现21个市（州）全覆盖；新（改）建或维修养护管理站169个。②提高机械化应用水平。大中修及预防养护实现机械化作业，阿坝、德阳、成都等市（州）推广沥青热再生技术等新工艺，提升废旧材料循环利用率；成都、德阳、宜宾等市加大小修保养设备经费投入，配置综合养护车、小型摊铺机、沥青铣刨设备、压路机、波形护栏矫正设备等，基本实现日常维修、清扫保洁、绿化剪枝等小修保养机械化作业。

养护工程规范化建设 2018年，厅公路局加快完善工程规范化建设：①修订补助办法。会同省财政厅修订《四川省普通国省干线公路养护工程专项补助办法》，经省政府办公厅转发实施，首次将预防养护纳入省级补助资金范围，并提高大中修省级补助标准。②修编管理办法。编制《四川省普通国省干线公路养护工程管理办法》，经省交通运输厅正式印发，解决养护工程全寿命周期成本理念推广不深入、计划管理系统性不强、环境保护力度不够、管理规范化程度不高等实际问题。③出台地方性标准。编制《四川省普通国省干线公路养护规范化管理标准》，经省质量技术监督局审批印发实施，指导各地加强养护内业资料管理，促进养护工作规范化、精细化。

桥隧养护管理 2018年，厅公路局开展桥隧养护管理工作：①动态管理危（病）桥隧基础数据库。重新对申请入库、销号桥隧进行符合性审查，更新危（病）桥隧库，同时督促指导各地加快开展危（病）桥隧整治工程，并实行挂牌督办。②强化隧道安全防控。按照省交通运输厅统一安排部署，开展普通公路隧道安全风险防控专项行动和隧道入口安全隐患专项整治工作，隧道入口整治工作于6月底完成，隧道安全风险防控有序推进，隧道安全总体处于受控状态。③开展桥隧年度抽检巡查。厅公路局委托中介机构对各市（州）桥隧规范化管理、隧道入口段整治、隧道风险防控、路网结构改造工程等工作开展情况进行抽检巡查，首次实现21个市（州）全覆盖。④开展专项业务培训。年内，组织开展多种形式桥梁和隧道养护及安全管理培训，帮助各地提高桥隧养护管理人员业务素质。

应急抢险救灾 2018年，厅公路局适时开展应急抢险救灾工作：①应对金沙江白格堰塞湖、苦荞垭山体滑坡等灾害，厅公路局均第一时间赶赴现场，全年派出115人次参与各类抢险救灾，同时做好应急值守、信息报送、应急资金争取等工作。②完善应急管理机制。制订《普通国省干线公路交通阻断信息审核处置方案》，建立处室信息审核制度，快速应对处置突发交通阻断信息。③开展安全隐患排查。指导全省各地做好《地质灾害和防汛安全隐患排查数据库系统》信息维护更新工作，截至年底，纳入数据库管理的国省干线公路安全隐患2 951处，其中销号651处、在治理207处、监测预警2 093处。④部署保通保畅。抓住重点加强重大节假日、社会敏感期、汛期等重要时期的工作部署，及时督促指导各地落实有关工作要求，确保国省干线公路安全运营。⑤完成中共四川省委、省政府重点工作督导任务。参加森林草原防火、防汛减灾和地质灾害防范等督导，并承担主要具体工作。

公路服务水平提升 2018年，四川省公路系统服务水平提升显著：①推进服务设施建设。全年建成服务设施120个，其中，新建服务区34个，停车区25个，改建服务设施61个，超额完成交通运输部、省政府目标任务。②完成环保问题整改。针对紫坪铺库区公路环保问题，先后印发整改通知3次，现场督办2次，并在5月对紫坪铺水库环境风险隐患问题整改完成工作进行现场复核，完成整改销号。③旅游道路路域环境整治。会同相关省级部门，编制《四川省旅游道路路域环境专项整治工作方案》，并经省政府同意由省交通运输厅印发实施，同时现场督导国道318线康定至巴塘段、国道350线映秀至小金段等重要旅游干线公路路域环境。

（本栏目供稿单位：厅公路局）

航道建设

HANGDAO JIANSHE

概　况 2018年，全省内河航道里程11 725公里。其中，通航里程10 540公里，七级（含）以上航道4 220公里，四级及以上航道里程1 532公里。列入省政府续建重点项目名单的岷江犍为航电枢纽工程、岷江龙溪口航电枢纽工程、岷江虎渡溪航电工程、岷江汤坝航电工程、岷江尖子山航电工程、遂宁唐家渡电航工程、广元港张家坝作业区一期工程、嘉陵江川境段航运配套工程二期8个续建项目，除尖子山航电枢纽尚无实质性进展外，其余7个各项目质量、安全、造价总体受控，生态环保、农民工工资支付等专项工作开展情况较好。

（厅航务局）

航道养护 2018年，全省航道养护机构严格贯彻落实《中华人民共和国航道法》《中华人民共和国航道管理条例》《四川省航道条例》等法律法规和《航道养护管理规定》等行业规章，依法依规开展例行养护、专项养护，通航建筑物管理和航道通航条件影响评价等工作，航道养护质量达标，计划执行效果基本满足要求。

嘉陵江东西关航电枢纽渠化航道船闸闸室 厅航务局 供图

开展例行养护。岷江、嘉陵江等重要航道的航道养护管理机构认真制订年度养护计划并开展航道养护，定期对辖区内航道进行巡查，对浅滩河段采取航道疏浚，开展航标、整治建筑物检查和问题整改。航道维护与观测、航标维护、整治建筑物维护、船闸维护、船艇维护等工作方面开展效果较好，保障省内高等级航道正常畅通运行。其他航道开展航道巡查、航标设置及维护等基本养护工作，基本保证航道正常运行。2018年，全省航道养护例行养护完成航道疏浚和清障4万立方米，完成航道测量10平方公里，完成航标维护63.6万座，维护正常率达95%，通航建筑物开放1 722 闸次。

推进专项养护。自2016年起，全省每年投入2 400万元省级补助资金结合地方配套资金用于岷江、嘉陵江、渠江、金沙江等重要航道的设施监测、修复、疏浚、清障等专项养护。2016—2018年下达计划40个，计划总投资11 020万元，省补助资金到位5 510万元。截至2018年底，实施完成专项养护计划项目总数26个，完成总投资6 495万元，解决了岷江、嘉陵江、渠江、金沙江等重要航道存在的安全隐患。

加强通航建筑物管理。协调推动嘉陵江等重要航道梯级通航建筑物统一调度，有效缩减各梯级通航时间，最大化提升提高通航建筑物使用效率。实现嘉陵江川境段13级通航建筑物市级统一调度。开展通航建筑物运行方案审核，督促嘉陵江等重要航道上的梯级通航建筑物管理单位按照《四川省航道条例》《船闸管理办法》科学制订通航建筑物运行方案并按规定报审，实现通航建筑物运行科学规划调度。督促通航建筑物运行单位严格执行运行方案，保障通航建筑物高效运行和科学维护，发挥通航效益。

加强航道通航条件影响评价工作。严格在投资项目审批平台依法对航道通航条件影响评价审核依据、条件、程序、内容等予以公示，制定航道通航条件影响评价审核服务指南，按照“只跑一次”精神提高办事效率，为办事单位和个人提供更优质服务。依法组织开展航道通航条件影响评价工作，2018年办理省级航道通航条件影响评价审核申请71件，同时组织开展航评审核意见执行情况监督检查，督促整改相关问题，规范涉航工程建设。

（厅航务局）

航道整治 2018年，全省继续实施重点航道整治项目建设。嘉陵江川境段航运配套工程二期项目按照Ⅳ级航道标准实施（广元至金溪段319公里）8个库区航道整治和航道支持保障系统，概算投资7.4亿元。截至2018年12月，累计完成投资5.35亿元，占概算投资72%。2018年，项目完成投资2亿元，完成考核目标。完成疏浚127万立方米，炸礁42万立方米，开挖土方2万立方米，筑坝40万立方米，砼预制块3万立方米。基本完成全部滩险整治。

（厅航务局）

航电枢纽建设 2018年，全省继续实施岷江犍为、

2018年，岷江犍为航电枢纽项目建设现场 厅航务局 供图

龙溪口、汤坝航电枢纽和涪江唐家渡电航工程建设。岷江犍为航电枢纽项目建设Ⅲ级船闸一座，船闸尺度为220×34×4.5米，渠化Ⅲ级航道20.2公里，建设标准为2.4×60×500米，电站装机容量50万千瓦，概算总投资104亿元。2018年完成投资21亿元，为年度计划105%。完成右岸船闸上下游引航道建设，上下闸首浇筑到设计高程；左岸厂房浇筑到设计高程，完成装卸间、安装间建设以及桥机安装；基本建成鱼道和业主营地。

岷江龙溪口航电枢纽工程项目建设Ⅲ级船闸1座，船闸尺度为220×34×4.5米，渠化Ⅲ级航道31.8公里，建设标准为2.4×60×500米，电站装机容量48万千瓦，概算总投资155.29亿元。该项目累计完成投资17.93亿元，占总投资12%。2018年完成投资7.05亿元，占年计划的54%。完成前期准备工程以及主体工程施工单位、监理单位招标，开展移民安置、建设用地征拆和主体工程施工准备工作。

岷江汤坝航电枢纽工程项目建设Ⅳ级船闸1座，渠化Ⅳ级航道13.8公里，装机容量6.9万千瓦，概算投资23.05亿元。截至2018年12月，该项目累计完成投资9.64亿元，占总投资46%。2018年完成投资6.03亿元，为年计划的100%。全年完成土石方开挖54万立方米，土石方填筑27.5万立方米，砼浇筑16万立方米，钢筋制作安装7 300吨。完成防洪堤建设，实施枢纽主体建设。

2018年，岷江汤坝航电枢纽工程项目建设现场　　厅航务局 供图

遂宁唐家渡电航工程项目建设Ⅳ级船闸1座，船闸有效尺寸120×12×3.5米，渠化涪江Ⅳ级航道公里，总装机容量4.2万千瓦，概算投资37.1亿元。截至2018年12月，该项目累计完成投资5.5亿元，占总投资15%。2018年完成投资4.21亿元，为年计划的162%。全年浇筑砼19.2万吨，钢筋制作安装3 662吨。完成临时实施建设，实施主体工程和船闸建设。

（厅航务局）

何建中调研岷江犍为航电枢纽　2018年4月20日，交通运输部副部长何建中、部水运局副局长易继勇到岷江犍为航电枢纽调研工程建设情况。省政府副秘书长黄小平、中共乐山市委书记彭琳、省交通运输厅总工程师陈乐生，乐山市副市长罗新礼等参加调研。何建中听取关于岷江港航电综合开发规划及枢纽工程概况、施工总布置、施工导流等情况的汇报，指出岷江港航电综合开发建成岷江高等级航道，形成四川通江达海新通道，对四川未来社会经济发展意义重大，地方政府要站在促进西南地区经济社会发展的长远角度来规划建设。何建中要求各单位在实现通航、发电、防洪三大功能上兼顾供水灌溉、工业生态旅游等功能，实现水资源综合利用；严格依据交通运输部规划批复组织施工，在确保安全质量的前提下加快建设进度，早日投产发电发挥效益；抓好枢纽技术创新、施工标准化、环境保护等工作，打造品质工程，建设绿色生态航电。

2018年4月20日，交通运输部副部长何建中（中）调研岷江犍为航电枢纽　　省港航公司 供图

（杨榆彬）

杨洪波调研岷江犍为航电枢纽工程　2018年10月29日，四川省副省长杨洪波率省调研组到岷江犍为航电枢纽调研项目建设情况，省交通运输厅党组书记、厅长汪洋，乐山市交委主任何金文，省港航公司总工程师潘荣伟等参加调研。调研组听取关于岷江港航电综合开发项目规划等有关情况的汇报，详细了解犍为航电枢纽工程建设进展和环境保护工作。杨洪波要求各建设单位要

2018年10月29日，四川省副省长杨洪波（前排左一）调研岷江犍为航电枢纽工程
省港航公司 供图

强化安全环保意识，坚持绿色、生态发展理念，高质量高标准完成施工建设任务，发挥好项目效益，为地方经济社会健康发展贡献力量，同时履行好国有企业政治责任和社会责任，以交通完善便捷、环境不断改善，惠及人民群众。

（杨榆彬）

岷江犍为航电枢纽工程审查会 2018年3月15日—16日，省交通运输厅在成都组织召开岷江犍为航电枢纽工程第二批施工图设计审查会。厅有关单位，乐山市及犍为县相关部门、特邀专家及省港航公司有关领导和代表参加会议。与会专家和代表实地踏勘现场，审阅相关文件并听取设计单位关于主要设计成果以及咨询单位关于技术审查咨询报告的汇报。与会专家认为第二批施工图设计所依据的基础资料满足要求，设计标准、规模和内容以及执行技术规范、强制性标准等符合国家和行业的现行有关规定，并针对各分项工程设计提出深化意见及建议。岷江公司督促设计单位依据技术审查咨询报告和专家审查意见，完成第二批施工图设计的修改完善工作。

（杨榆彬）

2018年3月16日，岷江犍为航电枢纽工程第二批施工图设计审查会在成都召开
省港航公司 供图

桐子壕和金银台航电枢纽施行6S管理体系 2018年，桐子壕、金银台航电枢纽公司探索施行6S管理体系，提高企业精细化管理水平，努力创建现代化航电企业。6S管理是5S管理模式的升级，6S即整理（SEIRI）、整顿（SEITON）、清扫（SEISO）、清洁（SEIKETSU）、素养（SHITSUKE）、安全（SECURITY）。两家枢纽建立健全6S管理体系的规章制度、工作标准和考核机制，成立并完善组织机构，制订切实有效的实施方案，出台6S管理推行工作手册，并组织开展一系列活动，确保6S管理高效有序推进，管理水平、设备运行水平、员工工作效率得到显著提升。

（杨榆彬）

苍溪与亭子口航电枢纽实现水情信息共享 2018年6月5日，国网四川省电力公司水电及新能源处批准开通苍溪航电枢纽流域实时水情共享功能，实现与亭子口航电枢纽水情信息共享。同时完善对水情数据的系统统计、管理和监测，加强与上游亭子口电站的信息交流，对省港航公司嘉陵江各涉水项目防洪度汛安全和发电调度起到重要作用。

（杨榆彬）

岷江龙溪口航电枢纽工程先行用地获批 2018年7月9日，犍为县国土资源局出具《关于岷江龙溪口航电枢纽工程先行用地有关事项的函》，同意岷江龙溪口航电枢纽工程先行用地83.7 061公顷（其中耕地41.6 203公顷）。

（杨榆彬）

岷江犍为航电枢纽工程坝顶高程变更专家评审会在成都召开 2018年8月29日，交通运输部水运局在成都主持召开岷江犍为航电枢纽工程坝顶高程变更专家评审会。交通运输部总工程师姜明宝，省港航公司党委书记、董事长李永林，省交通运输厅党组成员、总工程师陈乐生等领导出席会议，交通运输部水运局、厅航务局、省港航公司、相关设计单位代表以及特邀评审专家参加会议。部分专家及代表实地踏勘岷江犍为航电枢纽工程施工现场，分别听取设计单位及咨询单位关于《岷江犍为航电枢纽工程坝顶高程设计变更专题报告》的设计变更汇报、技术审查咨询汇报。会议讨论、评议并通过报告，同时，提出深化完善的意见建议。评审认为，根据初步设计阶段成果及有关批复意见要求，在施

2018年8月29日，岷江犍为航电枢纽工程坝顶高程变更专家评审会在成都召开　　省港航公司 供图

工图设计阶段对工程建筑物适当优化，考虑有利于两岸交通衔接、优化施工组织和保障工期、确保工程按期实现通航和发电目标，对岷江犍为航电枢纽工程坝顶高程进行适当调整是必要的。坝顶高程调整后，工程建设规模及内容符合初步设计报告批复的建设规模及内容，符合国家和行业的相关规范、标准，枢纽防洪标准、泄洪能力、建筑物稳定和应力均满足相关规程规范和设计标准的要求。

岷江犍为航电枢纽工程于2015年底开工建设，截至2018年底，完成大坝基础开挖及覆盖。省港航公司、岷江公司在施工图阶段组织设计单位对坝顶高程开展优化设计，进行设计变更专题分析，通过降低坝顶高程，可优化结构设置、节省工期和降低工程造价。

（杨榆彬）

岷江犍为航电枢纽工程BIM协同平台投入使用　2018年8月23日，岷江犍为航电枢纽工程BIM协同平台应用推进会在乐山召开。会议对协同平台相关操作流程等进行培训，并安排对后续应用工作。至此，岷江犍为航电枢纽工程BIM协同平台搭建完成并正式投入使用。犍为航电枢纽工程作为国内率先系统实施BIM技术应用的大型水利工程项目，将全程采用精确定量的信息技术手段，搭建智能、精细的工程数据协同共享中心，辅助项目工程管理执行。BIM技术应用工作结合实际工程建造实践过程，在工程实施过程中推进BIM技术普及运用，分为实施准备、设计勘探、施工建设、交付运维4个阶段。基于BIM技术工程管理实施与研究系统性要求较高，实施准备阶段工作完成，设计勘探相关工作基本完成，施工建设相关工作按照合同相关规定有序开展。

（杨榆彬）

岷江犍为航电枢纽工程二期三段围堰成功截流　2018年10月8日，岷江犍为航电枢纽工程二期三段上游围堰成功实现截流。岷江犍为航电枢纽工程二期三段围堰及上游丁坝于9月20日开始进场施工，参建单位克服天然来水量大、大粒径石料匮乏、连续阴雨天气等困难，18天填筑围堰13.2万立方米，提前27天完成截流任务，为枢纽第三个枯水期施工创造有利条件。

（杨榆彬）

2018年10月8日，岷江犍为航电枢纽工程二期三段围堰成功截流　　省港航公司 供图

港口建设

GANGKOU JIANSHE

概　况　2018年，全省有港口17个，其中规模以上港口6个，码头泊位1 830个，千吨级泊位47个，港口年吞吐能力10 288万吨，集装箱吞吐能力233万标箱。其中，泸州港集装箱多用途码头已建成6个1 000吨级兼顾3 000吨级直立框架式多用途泊位，具备集装箱100万标箱、散杂货300万吨与汽车滚装30万辆的年吞吐能力，是全国内河28个主要港口之一，全国内河第一个铁路直通堆场的集装箱码头。宜宾港作为万里长江第一港，是川南地区、攀西地区和滇东北、黔西北地区重要的物资集散地，分为4个港区11个作业区，其中宜宾港志城作业区已具备滚装、重大件、集装箱装卸运输能力，集装箱年吞吐能力50万标箱。乐山港是承载德阳、成都地区重特大件出川运输的主要通道，为四川省大型重装设备制造业蓬勃发展和国防军工事业作出积极贡献。南充港都京作业区、河西化工专用码头，广元港红岩作业区、广安港新东门作业区均已相继建成投运，为服务区域经济发展发挥了重要作用。

（厅航务局）

泸州港被批准为国家临时开放口岸　2018年3月16日，交通运输部下发《关于外贸船舶临时进出泸州港和宜宾港部分泊位期限的批复》，同意外贸船舶可临时进出泸州港集装箱码头1号、2号、3号水运专业泊位，标志着泸州港正式获批成为国家临时开放口岸。

泸州港是四川唯一的全国28个内河主要港口之一、第一大港和集装箱码头，也是四川及滇东、黔北地区最便捷的出海通道和实现江海联运的枢纽港，其直接经济腹地包括成德绵经济区和川南经济区，间接经济腹地直达滇北、黔北以及陕、甘、藏、青等西部省（自治区）的部分地区。该项批复的通过有利于泸州港优化地区国际贸易营商环境，联动构建沿江开放型经济新高地，推进内陆自由贸易港建设，同时有利于加大西部地区开放力度，落实国家“一带一路”开放战略和长江经济带建设战略，形成陆海内外联动、东西双向互济的开放格局。

（李洪燕）

泸州港获“中国港口海铁联运超一万标箱码头”称号　2018年3月28日，泸州港获2017年“中国港口海铁联运超一万标箱码头”称号，位列中国港口铁路海路联运集装箱码头前10名。

自开港以来，泸州港发展铁路水路联运，发挥国家第一批多式联运示范工程项目优势，利用四川省物流公路铁路水路服务联盟物流资源开发铁路水路联运市场，

2018年3月16日，泸州港获交通运输部批准为国家临时开放口岸　　省港航公司 供图

持续增开铁路水路联运班列。现设立昆明、成都、攀枝花、乐山、德阳5个无水港，稳定开行昆明、成都、新津、乐山、西昌、德阳、黄埔7条铁路水路联运班列，并成功对接蓉欧班列，参与“一带一路”发展的物流大通道建设。

（李洪燕）

泸州港成为四川最大进口粮食中转口岸 2018年，泸州港货源市场开拓成效显著，进口粮食业务发展迅猛。截至12月11日，泸州港进口粮食中转量突破10万吨，比上年增长69.2%，占全省进口粮食总量的84.8%，成为四川最大进口粮食中转口岸。泸州及周边地区白酒产业每年进境加工用原料粮需求约120万吨，泸州港引进澳洲及北美的高粱、豌豆、扁豆等进口粮食在港中转，通过水路铁路联运、水路公路联运等方式辐射西南地区。

（李洪燕）

泸州港岸电系统正式启用 2018年12月19日，泸州港3号泊位低压小容量岸电系统接电箱通过一根电缆为靠泊的5 000吨级集装箱船舶“长航集运0332”充电，正式启用港口绿色环保岸电系统。“岸电”是指靠泊港口的船只关闭船舶自备辅助发电机，转而使用港口提供的清洁能源向主要船载系统供电。船舶停靠港口采用岸电系统为船上用电设备供电，使靠泊船舶达到“零排放”，是减少船舶污染排放的重要措施，对建设“绿色港口”、发展“绿色航运”具有重大推动作用，同时使船舶靠泊平均成本大大降低。

（李洪燕）

彭清华调研泸州港 2018年6月6日，中共四川省委书记彭清华到泸州港考察调研，中共四川省委常委、秘书长王铭晖，四川省副省长朱鹤新等有关领导参加调研。

彭清华实地察看泸州港集装箱作业码头，询问泸州港航道和港池水深、船型和航班密度、港口集装箱吞吐量和年吞吐能力以及国际贸易东向通道三峡船闸通航、南向大通道等相关情况，了解港口总体规划、进港铁路专线建设、中国（四川）自由贸易试验区川南临港片区建设及长江沿岸生态环境保护治理等情况。彭清华强调泸州港要发挥地处长江“黄金水道”的优势，科学利用和有效保护港口资源，抓好生态环保和航道整治，提高港口基础设施水平，推进多式联运，培育壮大港口经济，为推动全省对外开放合作提供支撑。

（李洪燕）

荷兰蒂尔堡市市长参观访问泸州港 2018年11月1日，荷兰蒂尔堡市市长西奥·韦特灵斯率荷兰GVT物流集团总经理费尔布拉克·罗兰德等一行到泸州港参观访问。

考察团实地查看泸州港港口岸线建设情况，现场参观码头前沿集装箱装卸工艺，并详细了解泸州港航道水深、通航能力及年吞吐能力等实际情况。韦特灵斯·西奥表示希望泸州港务公司及蒂尔堡GVT物流集团能以此次访问为契机，搭建合作平台，开展航运物流方面的合作，并以航运物流合作为起点，不断推动两市间更深层次和更宽领域的合作。

自蓉欧快铁开通以来，成都班列可直达荷兰蒂尔堡以及鹿特丹，四川与荷兰交往更加便捷，经贸往来更加频繁，泸州港积极融入“一带一路”和长江经济带建设，实施“蓉欧+”战略，同时泸州市与蒂尔堡市相似度高，两市港口间存在很大的合作空间，该次访问为两市港口开展交流合作，实现互利共赢提供基础。

2018年11月1日，荷兰蒂尔堡市市长西奥·韦特灵斯（右五）到泸州港调研　　省港航公司 供图

（李洪燕）

宜宾港建设 2018年12月29日，宜宾港铁路集疏运中心开工建设，该项目估算总投资250 047万元，包括新建铁路22.60公里，包括改建一步滩站，新建宜宾港货运站以及相关配套工程，预留临港北站，全线新建桥梁12座3.521公里，新建隧道3座7.625公里，新征永久用地

128.26公顷。宜宾港志城作业区二期工程完成预可行性研究报告编制，并于2018年5月3日通过省发展改革委和省交通运输厅联合组织的专家审查，该工程拟建4个1 000吨级（兼顾3 000吨级）集装箱泊位，设计年吞吐量52.5万标箱，估算总投资9.64亿元。宜宾港散货泊位项目继续建设，完成投资约2亿元。宜宾临港综合保税区标准厂房一期工程开工建设，该项目拟建设11栋标准厂房，面积11.7万平方米，项目概算总投资3.88亿元，已完成投资约6 000万元。

宜宾港全貌　　厅航务局 供图

（厅航务局）

南充港都京作业区一期工程获国家级“平安工程”称号　2018年9月21日，南充港都京作业区一期工程通过交通运输部、国家安全监管总局联合审定，获2016—2017年度公路水运建设“平安工程”称号。南充港重视项目建设安全工作：持续加强安全生产文化宣传教育，营造浓厚安全宣传氛围；强化安全预防控制体系及安全生产标准化体系建设；落实责任制，确保责任到人、措施到位，保障安全态势持续稳定，实现安全生产7年“零事故”。

（李洪燕）

广元港张家坝作业区　2018年，省交通运输厅航务局主要实施的港口建设为广元港张家坝作业区一期项目。该项目建设4个500吨级多用途泊位及相应配套设施，占用岸线长度338米，设计通过能力每年228万吨，其中件杂货每年147万吨，集装箱每年8.1万标准箱，概算投资6.96亿元。截至2018年12月，项目累计完成投资2.07亿元，为总投资30%。2018年，项目完成投资1.5亿元，为计划投资125%。全年完成180根桩基施工、承台浇筑、给排水工程等，挖填方60万立方米，砼浇筑8 000立方米，钢筋制作安装1 000吨。完成前沿桩基施工和后方陆域换基。

（厅航务局）

渡改人行桥　2018年，省政府下达渡改人行桥民生工程考核目标为开工44座、建成30座。厅航务局年初制订并印发《2018年民生工程（渡改人行桥）建设项目推进工作方案》，以“月检查、季通报”的形式开展督查，通过以督促建的形式确保项目有序推进。建立渡改人行桥项目月报机制和通报机制；针对滞后项目，开展“点对点”督办，指导市（州）分类推进，抓紧施工。全年推进实施渡改人行桥民生工程开工66座，为年开工44座目标的150%；建成33座，为年建成30座目标的110%；完成投资13 452万元，为年投资8 000万目标的168%。

（厅航务局）

2018年建成的宣汉县三河乡姚家湾渡改人行桥　　厅航务局 供图

公路水路勘察设计

GONGLU SHUILU KANCHA SHEJI

厅公路设计院概况 2018年，厅公路设计院成为四川唯一上榜交通运输部守信典型企业目录的公路行业设计单位，被省交通运输厅评为2017年度落实党建工作责任制和党风廉政建设责任制先进单位，院领导班子被厅评为2017年度“成效显著”班子。雀儿山隧道获国际隧道协会年度工程大奖，两项科研成果获国家科技进步二等奖，牟廷敏获评“2017年感动交通十大年度人物”。全年新增合同额突破20亿元，完成产值8.8亿元，实现营收10.3亿元、利润总额6 800万元，比上年分别增长66%、13%、3.7%、11.2%。

签订合同425份，新增合同金额突破20亿元，创近5年新高。完成《四川省交通强省战略框架体系研究》等20余个规划和课题研究，7个重点项目工程可行性编制，4个项目298公里初步设计以及5个项目215公里施工图设计；加强项目后期服务，针对承担的27个省重点项目派出174名常驻和非常驻设计代表，组织开展35次设计回访；迅速响应雅西高速公路瓦厂坪地质险情、汛期抢险、金沙江白格堰塞湖等应急抢险工作，派出技术骨干200多人次，深入一线完成道路踏勘、灾损调查、试验监测、应急处治以及灾后恢复重建等任务，为省交通运输厅应急抢险决策部署提供技术支撑；编制出版行业首部公路应急抢险专著《公路应急抢通保通技术手册》并送发各地、市（州）交通运输局（委），助推地方公路应急抢险能力提升。

新兴专业快速发展。BIM技术研发和应用持续推进，“BIM+GIS”平台及工具研发取得阶段性成果，多个项目获国内大赛奖项，BIM技术水平在业内得到认可；测绘专业形成外业航飞采集、内业数据处理的激光雷达全环节自主生产能力，达省内同类业务领先水平；环保专业获评水土保持方案编制5星和水土保持监测2星级单位，拓展环境监测业务取得实效；交通工程专业深入智慧交通领域，取得多个大型项目；新成立的工程结构安全智能监测中心，取得多项课题和监测系统施工设计、安全监测项目方案咨询等业务，发展潜力巨大。EPC项目初具规模，通过与大型施工企业合作，成功中标成乐高速公路扩容等5个EPC项目。资质建设成果丰硕，取得通信广电行业（电子系统工程）专业甲级、地理信息系统工程（GIS）乙级、一般航摄乙级、市政行业（给水、排水）专业乙级资质以及施工劳务资质、安全生产许可证；实现部、厅信用评价AA级。

2018年1月，厅公路设计院召开科技创新大会表彰奖励先进个人和团队　厅公路设计院 供图

加快绿色交通、智慧交通、“交通+旅游”等新理念融合和实践。编制完成2项设计导则，重点围绕川九路打造新品牌新示范。制订《技术咨询会审实施细则》，组建“技术会审特邀专家库”，全年开展10次院级技术会审，覆盖所有重大项目和复杂地质工点；强化

地质调绘，加强地质先行管控，引进先进勘测工具和设备，提高地质调绘工作效率，全院工程地质尤其是先期地质调绘工作得到广泛重视。加强技术总结交流，全年组织20余次学术交流，邀请国内外知名专家开展专题讲座，拓展眼界，提升水平；加强雅康、汶马等复杂山区高速公路技术总结，提炼技术特色。加大管理体系执行力度，持续改进院质量体系，强化执行力度，组织开展飞行检查和内部审查8批次，以问题为导向，督促整改落实。全年设计产品质量合格率100%。严控工程造价，全年召开8次工程造价专业技术交流会，着力解决工程造价各专业技术质量问题，依托典型案例剖析问题、探讨对策，效果显著。精心打造品质工程超级工程，依托省重点项目创新探索，围绕以克枯大桥为代表的汶马高速公路，以泸定大渡河大桥、二郎山隧道为代表的雅康高速公路，以宜宾南溪长江大桥为代表的渡改桥工程，以布拖金沙江大桥为代表的溜索改桥工程等，开展新材料、新结构、新工艺开发和集成应用；雅康高速公路、雅西高速公路等超级工程成为电影《大路朝天》、纪录片《最美公路》《航拍中国》背景工程。

强化科研平台建设，加强行业研发中心管理，完成三年建设与发展规划；11月，获批设立博士后科研工作站，成为全省9家新增博士后科研工作站单位之一，也是全省交通系统首个博士后科研工作站，获批高新技术企业；完成四川省钢管混凝土桥梁建设工程技术中心申报，基本完成道桥所试验室改造工程。推进科技成果转化，全面梳理科研项目成果和知识产权状况，形成院核心知识库目录；探索科技成果产业化新路径，科技成果转化迈出实质性步伐。新立项科研项目37项，立项直接经费3 100万余元；全年获科技奖和质量奖33项，创5年来新高，其中“超500米跨径钢管混凝土拱桥关键技术”等2项成果获国家科技进步二等奖，雀儿山隧道获国际隧道协会年度工程大奖；获专利授权27项，发布规范标准和技术专著3项。

基本完成转企建制。按照省交通运输厅统一部署积极稳妥推进转企建制，完成资产清查和评估审计，获省财政厅批复；组织全院311名在岗在职事业编制人员签订安置方式确认书；有序推进完成工商注册。多次召开转企建制工作政策宣讲和薪酬管理专题培训，保障职工知情权、参与权和选择权，形成全院参与改革谋划良好局面。狠抓内控制度建设，围绕构建现代企业内部管理运行机制，梳理完善管理制度，建立“废改立”清单68项，完成起草涉及生产经营、人力资源、财务、科研等方面制度58项。加强人才队伍建设，严格执行党政领导干部选拔任用工作规定，选拔任用7名中层干部，7名专家获评第十二批省学术和技术带头人及后备人选；推荐技术援助等下派挂职干部12人，招录应届毕业生28人，创新开展校园招聘工作，提高招聘质量。加快信息化建设，完成信息化平台二期建设，开始三期建设，启动“数字化”“信息化”发展规划和实施纲要制订及企业私有云建设工作。加强对外宣传，围绕泸定大渡河大桥、克枯大桥、雀儿山隧道、溜索改桥等重大项目，结合改革开放40周年等重大主题，加大宣传力度，牟廷敏等多名专家亮相央视《焦点访谈》《面对面》和四川电视台等主流媒体，展示四川交通建设成就。

以技术力量推动贫困地区高速公路、“四好农村路”“产业扶贫路”、渡改桥等项目建设；以“青春美化乡村行动”和“设计下乡工程”为重点，持续开展对口帮扶地区交通配套设施完善、产业品牌设计推广、脱贫致富劳动竞赛、“爱心圆梦”等特色工作，助推金口河区与沐川县实现高质量脱贫。开展“聆听优秀人物典型事迹”、青年文明号创建等教育实践活动，获评首届“全国青年岗位能手”“四川工匠”各1人。厅公路设计院成功进入交通运输部“2018年公路水运工程建设领域守信典型企业目录”，系省内唯一上榜公路设计单位。厅公路设计院隧道与地下工程分院被中华全国总工会授予“全国工人先锋号”称号。

（匡成刚）

科技创新团队简介 **进藏公路隧道风险防控与节能技术创新团队** 厅公路设计院教授级高级工程师、四

2018年，进藏公路隧道风险防控与节能技术创新团队设计的雀儿山隧道洞口 厅公路设计院 供图

川省学术与技术带头人后备人选郑金龙领衔，成员30人。团队常年奔走在高寒、高海拔山区，设计完成700余座、里程近1 000公里公路隧道，包括雀儿山隧道、巴朗山隧道、雪山梁隧道、鹧鸪山隧道、泥巴山隧道、二郎山隧道、米仓山隧道等众多世界级高难度超级工程。完成26项高海拔公路隧道、复杂地质公路隧道、超特长公路隧道等省部级重大科研项目，引领全国隧道勘察设计施工技术发展，在111座280公里进藏高速公路、国省干道公路隧道等重大项目开展关键技术推广应用，累计节约工程投资3.7亿元。编写行业和地方标准7项，获国际隧道协会（ITA）年度工程大奖1项、国家科技进步奖2项、省部级奖20项，取得发明专利7项、实用新型专利20余项。团队获全国“工人先锋号”“全国青年文明号”等荣誉，团队成员获中国公路青年科技奖、中国公路百名优秀工程师、中国公路青年科技奖等奖项。

钢管混凝土桥梁创新团队 厅公路设计院教授级高级工程师、首届四川工匠奖获得者范碧琨领衔，成员14人。该团队完成雅西高速公路干海子大桥，汶马高速公路克枯大桥、下庄大桥钢管混凝土桁架梁桥和腊八斤大桥、黑石沟大桥等钢管混凝土组合高墩设计，以及绵九高速公路、雅康高速公路等中等跨度钢箱混凝土组合梁桥等重大项目设计。建立主拱钢管混凝土容限脱空统一理论、本构关系、极限承载能力计算方法，并创新主拱构造；研发钢格子梁结合钢—混凝土组合桥面板新型桥面结构；采用吊索抗风串联索和整束防腐与挤压锚固钢绞线吊索体系。获国家发明专利授权15项、实用新型专利授权30项，制订国家、行业、地方规程11部，承担主要科研项目20余项，获国家级科技奖1项、省部级科技一等奖8项。其学科布局涵盖桥梁工程结构、材料、测试等专业领域，成员获全国五一劳动奖章、首届“四川杰出人才”、首届“四川工匠”、四川工程勘察设计大师等荣誉。

四川交通强省战略规划研究团队 厅公路设计院教授级高级工程师蒲之艳领衔，成员23人。团队围绕构建现代综合立体交通运输体系，发挥规划引领先行作用，坚持改革创新、科学谋划、主动作为、系统推进，近十年承担完成100多项国家、省、厅及地方重大规划及战略研究课题，编制完成《四川省“十三五”综合交通运输发展规划》《四川省高速公路网规划》《四川省普通省道网布局规划》等30余项行业发展规划，以及《四川汶川地震灾后公路水路恢复重建规划》等20余项专项规划；开展《四川省构建现代综合交通运输体系发展规划和战略研究》等10余项重大科研课题研究；完成一大批工程方案和工程可行性研究工作，提出具有创新性、政策性和可实施性技术建议，为四川交通建设发展提供智力支持。团队成员在EI、核心期刊上发表论文30余篇；获发明专利和实用新型专利4项；获部规划研究院技术成果科技进步奖2项；省优秀工程咨询成果一等奖4项、二等奖5项、三等奖2项；省优秀工程咨询一等奖7项、二等奖8项、三等奖2项。

复杂山区公路边坡地灾勘察防治创新团队 厅公路设计院教授级高级工程师、四川省工程勘察大师程强领衔，成员20人。完成雅西、雅康、汶马等数十个复杂山区公路工程地质勘察和岩土处治设计工作。近年省内地质灾害频发，团队成员第一时间深入汶川、芦山、茂县、九寨沟等地开展地震地质灾害评估防治，为高烈度地震山区公路防灾减灾做出重要贡献。该团队积极开展山区复杂地质稳定性、山区超深基坑稳定性、公路边坡地质灾害监测预警等研究工作，多项研究成果应用于工程建设中，经济和社会效益显著。获省部级科技进步特等奖1项、一等奖3项、三等奖6项，获省部级优秀勘察一等奖6项、二等奖4项、三等奖1项，以及省部级优秀设计一等奖2项、三等奖2项。团队成员以第一作者在中文核心期刊发表论文30余篇，其中EI收录7篇；主编地方标准1本，参编行业标准1本；主编专著1本，参编专著4本。团队成员获四川省勘察大师、中国公路青年科技奖、交通运输部交通青年科技英才、四川省三八红旗手等多项荣誉。

路面专业创新团队 厅公路设计院教授级高级工程师、中国公路百名优秀工程师张蓉领衔，成员29人。长期从事高速公路、国省干线、城镇道路及机场道路新建路面设计、大中修养护设计、养护规划等工作，负责建设交通运输部“公路建设与养护技术材料及装备”行业研发中心和“四川省路面结构材料及养护工程实验室”，致力于“四新技术”（新技术、新工艺、新材料、新设备）研发，解决路面建设及养护中复杂技术难题。该团队完成省内外近6 000公里新建高速路面设计，2 000余公里养护设计，在路面中应用沥青性能SHRP分级、橡胶沥青SMA、排水降噪路面、高性能路面再生等技术，延长路面寿命，水泥路面加铺沥青路面等多项技术作为四川省标准工法被推广。在成都市三环路路面改造整治工程项目中，创新性采用集勘察设计、试验检测、质量监控、技术服务和工程监理于一体的“路面质量管控模式”，使该项目在保证质量前提下工期提前完成，成为成都市市政路面维护整治样板工程，在省内外众多工程中推广应用。团队完成科研项目20项，在研科研项目16项，获省部级科技二等奖5项。三等奖3项，获发明专利1项、实用新型专利5项。出版专著6本。发表论文46篇，其中SCI、EI收录5篇，中文核心期刊收录15篇。

（匡成刚）

《公路应急抢通保通技术手册》 2018年8月，厅公路设计院主编的《公路应急抢通保通技术手册》（以下简称《手册》）由人民交通出版社股份有限公司出版。

这是全国交通运输部门关于公路应急抢险首个公开出版物，不仅是复杂地形地质条件山区公路应急抢险指导性工具书，也可作为公路工程领域教学、研究和工程技术人员参考书籍。厅公路设计院作为公路抢险救灾主力军，全力参加各次灾害公路抢通保通，承担完成交通运输部《汶川地震公路震害评估、机理分析及设防标准评价》《四川藏区高海拔高烈度条件下公路建设减灾关键技术研究》等交通建设科技项目，在总结“5·12”汶川地震、“4·20”芦山地震、“8·8”九寨沟地震及“6·24”叠溪特大山体滑坡等抢险救灾工程十余年实践经验基础上，结合系列科研成果编制该《手册》。该《手册》针对灾后应急救援极为关键的公路抢通保通时期，以科学、高效、实用为准则，系统论述各类地质灾害及公路结构物病害类型、特征，总结形成公路沿线地质灾害和结构物病害应急调查方法，建立灾损评估体系，提出抢通保通技术方法；针对灾后应急救援期灾情不断、时间紧迫、资源短缺、场地受限等特殊条件，从调查方法、评估体系、抢通保通技术等方面，秉承“快速、实用、就地取材”等准则，具有较好实用性、可操作性；抢通保通技术全面覆盖公路路线、路基、桥梁、隧道等各专业，并提出安全保障措施；图文并茂，结合工程实例，深入浅出介绍公路实用抢通保通技术。

（向　波）

《四川省高速公路景观及绿化设计导则（试行）》 2018年8月，厅公路设计院编制的《四川省高速公路景观及绿化设计导则（试行）》（以下简称《导则》）发布实施。《导则》是为全面贯彻党的十九大关于生态文明建设和建设交通强国战略部署，实施中共四川省委《关于推进绿色发展建设美丽四川的决定》，进一步提升全省高速公路建设品质，构建更加美丽和谐的高速公路，结合四川省实际制订。《导则》围绕公路景观设计体现“绿色公路”和品质工程理念、打造四川高速公路美丽生态走廊等要求，先行通过景观设计构架公路建设整体景观，再于主体设计中加以实现，因地制宜，打造路域景观带，让公路与自然更协调。参照四川省文化分区和四川省重点旅游资源分布情况进行景观设计，赋予公路文化属性和独有地域标识性。根据四川省生态区划，依据地形、气候变化和差异，提出不同设计原则，进一步规范全省高速公路景观及绿化设计，有利于全面提升高速公路景观及绿化品质，助推交通强省和美丽四川建设。

（环境与景观工程分院）

川九路重建工程 2018年，厅公路设计院完成设计的川九路重建工程起于九寨沟县城西北侧，止于松潘县川主寺镇，连接九寨沟、黄龙两个世界自然遗产地核心

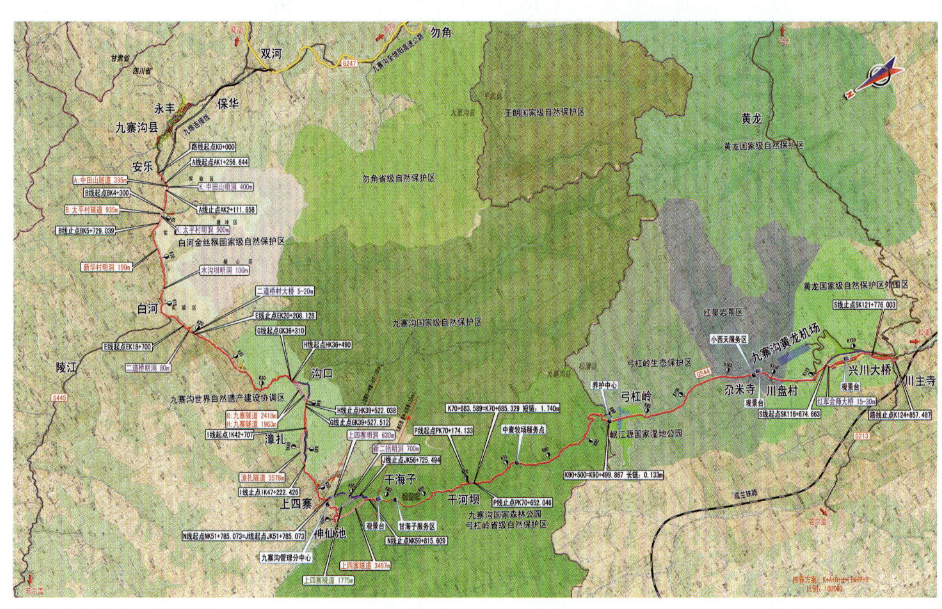

川九路路线平、纵缩图　　厅公路设计院　供图

景区，是进出九寨沟景区唯一公路。2017年8月8日，四川省阿坝州九寨沟县发生7.0级地震，道路损毁严重。按照《“8·8”九寨沟地震灾后恢复重建交通专项实施方案》要求，项目提出“绿色、安全、智慧、融合”建设目标，定位为“新示范、新标杆”工程。项目将“交通+旅游”作为专项工程进行设计，设计内容体现“交通+旅游”相关需求，针对公路与旅游融合发展做出一定程度探索。具体内容是在建设新川九旅游公路时做好“五大系统”相关工作。自驾车系统即道路主体工程，包括路线、路面、边沟处理、边坡防护、隧道设计等；慢行系统包括自行车道和步道系统；景观系统设计理念为展现高原生态的梦幻画卷、体现世界水准的中国公路，景观段落划分为“原上风光”川主寺—弓杠岭，“林海听涛”弓杠岭—甘海子湿地，“人间仙寨”甘海子湿地—九寨沟口，“彩色河谷”九寨沟口—九寨县城四段；服务系统即设置多处驿站和观景台；信息系统包括特色道路交通标志（国标）、特色标识系统、文化解说标识三类。

（环境与景观工程分院）

“四川省‘交通+旅游’发展机制创新研究”课题 2018年，厅公路设计院根据厅党组《关于印发〈贯彻落实习近平总书记对四川工作重要指示精神交通重点课题调研方案〉的通知》要求，完成“四川省‘交通+旅游’发展机制创新研究”课题。该课题梳理总结全国各地在推进交通与旅游融合发展方面做法和成功经验，针对四川“交通+旅游”融合发展机制问题，形成总体推进与解决思路。研读交通运输部《关于促进交通运输与旅游融合发展的若干意见》和其他相关材料，解读“交通+旅游”融合发展基本内涵，为四川省“交通+旅游”融合发展提供政策依据和思路借鉴；原则上立足四川省资源禀赋特点、交通运输发展实际，凸显四川“交通+旅游”融合特色，塑造品牌，对相关建设标准，相关创新机制，融合目标与方向等进行论述；制订试点示范工作推进方案，遴选具体试点示范承担单位，明确试点示范工作主要内容，从政策保障、组织保障、资金保障三个方面提出要求与方案，主动作为，先行先试；从成立工作领导小组、加强跨部门协作、加强督促检查、调动全社会积极性等方面提出保障试点示范工作顺利推进措施和建议。

（环境与景观工程分院）

四川省普通省道网线位规划 2018年，为充分利用和合理控制通道线位资源，建立普通省道基础信息系统，有效管理下阶段省道项目实施，省交通运输厅委托厅公路设计院牵头、厅交通设计院参与完成“四川省普通省道网线位规划”（以下简称“省道线位规划”）。“省道线位规划”对现状线位、规划线位和高速公路连接线等关键问题进行研究，提出全省省道现状线位方案，包括成都放射线8条（1 899公里）、北南纵线21条（8 235公里）、东西横线15条（5 695公里）、联络线71条（7 746公里），计115条（23 575公里）。从技术等级来看，其中一级公路773公里，为3.3%；二级公路3 729公里，为15.8%；三级公路3 377公里，为14.3%；四级公路12 398公里，为52.6%；等外公路1 464公里，为6.2%；另有无路需新建路段1 834公里，为7.8%。分路线来看，省道405线、省道411线、省道414线、省道418线、省道420线、省道421线、省道425线、省道427线、省道428线、省道430线、省道435线、省道443线、省道449线等13条路线技术状况相对良好，三级及以上比重达95%以上；省道315线、省道402线、省道432线、省道433线、省道442线等16条路线技术等级低，无三级及以上公路；省道219线、省道220线、省道314线、省道404线、省道434线等11条路线技术等级较低，三级及以上比重低于10%。“省道线位规划”根据四川省地形条件不同，提出平原丘陵地区建设普通省道时，不同情况下采用的一级、二级和三级公路技术标准；三州和盆周山区建设普通省道时，不同情况下采用的二级和三级公路技术标准。“十三五”期间，全省着力提升普通省道路网整体技术等级，优先改造具有互联互通性质路线，区域内连接产业园区、重要乡（镇）节点路线，以及进出川通道路线，实施普通省道建设项目5 280公里。到2020年，普通省道二级及以上公路比重达30%，三级及以上公路比重达50%。全省普通省道技术等级大幅提升，互联互通能力进一步增强，路网体系逐步完善。

（综合交通规划分院）

交通运输支撑四川“一干多支”发展格局研究 2018年，厅公路设计院编制的《交通运输支撑四川“一干多支”发展格局研究》重点围绕“一干多支、五区协同”发展要求，研究省域内部通道网络和综合交通枢纽（城市）布局，按照各区域不同发展定位，提出差异化交通发展重点，为各区域交通规划编制和交通发展提供指导借鉴。推动成都平原经济区率先实现交通现代化。成都平原经济区在推动区域协同发展方面做出表率，建设成都国际性综合交通枢纽，完善一体化城际交通网络，推动成德、成眉、成资交通同城化运营；在破解现代交通发展难题、推广“智慧”“绿色”等先进交通发展理念等方面发挥好引领表率作用。推动川南经济区交通一体化协同构建南向开放重要门户。在推动区域交通一体化发展基础上，着力构建大通道、打造大枢纽，发挥长江黄金水道优势，建设四川省南向连接粤港澳大湾区、北部湾和云南桥头堡，东向依托沿长江综合立体交通走廊沟通长三角重要门户。推动川东北经济区提升通道品质实现交通振兴。川东北经济区交通发展聚焦关键通道、重点项目，提升通道品质、突破瓶颈制约，打造四川省东向沟通长三角、北向沟通京津冀的综合交通枢纽；加强与重庆长江上游航运中心合作，拓展开辟通江达海新通道；持续改善革命老区交通条件，推动区域内部互联互通网络建设。推动攀西经济区构建外联内畅交通发展新格局。攀西经济区交通发展聚焦深度贫困地区，推进交通脱贫攻坚，在完成全面建成小康社会托底指标基础上，提升交通对资源开发和现代农业、阳光康养产业发展支撑作用；进一步提升传统京昆运输走廊优势，打造南向连接云南桥头堡重要门户。推动川西北生态示范区构建便民惠民交通网。川西北生态示范区交通发展坚持生态优先，坚持交通与产业有机融合，统筹把握项目实施的轻重缓急，推进“康庄大道”“幸福小康路”“特色致富路”“平安放心路”建设，形成川西北生态示范区便民惠民交通网。

（综合交通规划分院）

屏山新市至金阳段金阳至对坪互通段航飞测绘 2018年8月30日，厅公路设计院完成国道4216线高速公路屏山新市至金阳段、金阳至对坪互通段航飞测绘内外业工作。该次航飞地形测绘采用机载激光雷达来快速获取地表信息，克服测区海拔高差大、地形条件艰难、地质条件复杂等恶劣自然环境影响，实时高效地获取高精度地形信息数据和高分辨率影像数据。经内业处理，生成数字线划图、数字高程模型、数字正射影像等数字测绘产品，为该项目初步设计提供高时效高精度数据支持，提高线路勘测设计效率。

（李红梅）

泸定大渡河大桥三维实景模型 2018年8月，厅公路设计院利用无人机航测技术及相关软件建成雅康高速公路泸定大渡河大桥三维实景模型，主要包括大桥主桥与引桥、桥墩、桥下公路与建筑、大渡河河面、连接大桥部分公路隧道及周围山体。三维实景模型真实客观地反映大桥周边环境，包含多角度丰富色彩与纹理信息，可与设计方案融合，VR交互展示，实现地理坐标信息查询，计算距离、面积和挖填方体积等功能。该模型能有效代替部分野外勘测工作，解决部分特殊工点（如滑坡等）现场勘测视点受限、角度不全等问题，同时也最大限度地保证人员安全、节约勘测成本、缩短外业工期，在工程勘测设计与自然灾害防治中发挥重要作用。

（李红梅）

汶马高速公路汶川克枯大桥设计 汶马高速公路克枯大桥位于汶川县，全长6 431米。该桥采用非传统结构钢管混凝土桁梁桥，跨径分为30米、40米，双向四车道，设计时速80公里，设计寿命100年。2018年12月正式通车，桥梁工程项目总投资5.54亿元。汶川克枯大桥主梁的主桁由钢管混凝土弦管和腹管组成，主桁间由钢管横撑连接，腹管与下弦管采用相贯节点连接，腹管与上弦管采用埋入式锚固节点连接。下部结构采用钢管混凝土桥墩和预应力钢箱混凝土盖梁（部分桥墩采用），通过变刚度支座与钢管混凝土主梁相连。该桥钢结构兼做模板浇筑混凝土，实现全桥无模板化施工；钢结构全部采用工厂化制造，整跨主梁、整体桥墩一次架设完成，平均每天完成一跨桥梁施工。现场只需安装钢结构和浇筑桥面板混凝土，工厂内完成80%工作量，实现山区桥梁方便、快速施工。汶马高速公路克枯大桥以其非传统结构型式，以其优异抗震能力和方便快捷施工，成为高烈度地震山区桥梁建设标杆，推动世界桥梁进步与发展。

（田 波）

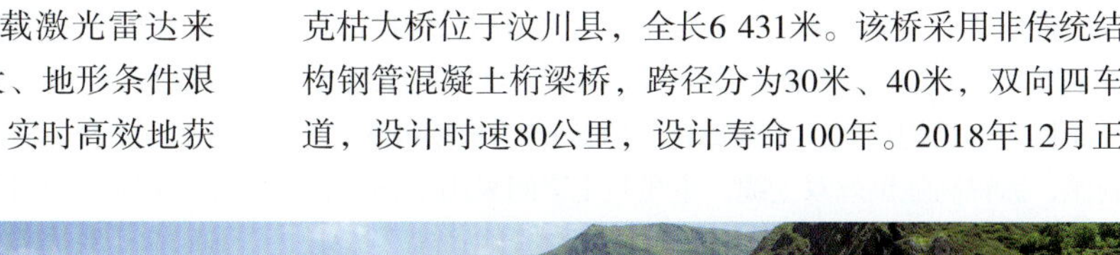

2018年6月6日，汶马高速公路克枯大桥下庄大桥半幅贯通 厅公路设计院 供图

雅康高速公路泸定大渡河大桥设计 四川雅康高速公路泸定大渡河大桥是一座建设在高海拔、高烈度地震区、复杂风场环境、困难施工条件下的大跨径钢桁梁悬索桥，是雅康高速公

雅康高速公路泸定大渡河大桥三维实景模型图 厅公路设计院 供图

路控制性工程。大桥主桥为1 100米单跨悬索桥。主梁采用钢桁梁，桁宽27米、桁高8.2米，主梁节间长10米，上下平联采用K形体系。桥道系采用纵向钢工字梁与混凝土桥面板组合结构形式。主缆成桥矢跨比1/9，采用PPWS法制作、镀锌高强钢丝双主缆。主缆与主梁间采用平行双吊索体系，跨中设置中央扣。雅安岸采用深长隧道锚，康定岸采用重力锚；两岸均为188米高钢筋混凝土桥塔、波形钢腹板PC横梁、群桩基础。大桥桥面宽24.5米，双向四车道，设计时速80公里，设计寿命100年。2018年12月正式通车，项目总投资17亿元。大桥设计通过大量科技创新，解决三大技术难题：大桥在泸定岸桥隧直接相连，如何解决隧道锚与公路隧道空间位置冲突问题；如何解决在高烈度地震区采用钢筋混凝土桥塔问题；如何避免地震次生灾害危及大桥安全问题。泸定大渡河大桥体现人类工程技术与大自然完美结合，成为当地标志性建筑。

（田　波）

宜宾南溪长江公路大桥设计　宜宾南溪长江公路大桥是四川省首个渡改桥PPP模式建设项目，被列入国家规划长江干线新建过江通道重点项目。项目总造价6.5亿元，其中主桥建安费4.6亿元。工程路线全长2 100米，其中桥梁长1 499米，两岸引道接线601米。主跨为572米双塔双索面混合梁斜拉桥，双向四车道。大桥技术特点及创新主要有以下几点：因地制宜地选择最合理桥型方案。主跨采用280+572+189米非对称混合梁斜拉桥。充分利用江中岛设置主墩，减小主桥跨度，节约工程投资。大桥采用非对称桥跨布置有效解决长江珍惜鱼类资源保护问题。北岸边跨采用280米跨度不设置辅助墩解决长江航道远期提升为一级航道时辅助通航孔预留需求。南岸边跨采用189米跨度适应桥位处河势地形条件并有效解决桥梁结构体系问题。技术创新设计解决桥梁安全性、经济性和耐久性问题。主梁创新提出钢-混组合梁与混凝土梁形成混合梁设计方案，解决大跨度斜拉桥安全受力问题，并大幅节约工程造价。主梁钢混过渡段采用新型过渡构造设计，实现桥梁结构安全可靠传力需求。主桥交界墩创新采用双向受压支座有效解决支座耐久性问题。首次实现大型越江桥梁关键构造部位养护检查全覆盖。积极实施预防养护技术，通过主梁检查车、塔内电梯设置，为运营期提升机械化养护和快速维修能力奠定基础，优化施工设计、提高施工效率、保证施工质量和施工工期。首次采用冲孔加旋挖相结合技术进行桩基施工，确保1个枯水期完成全部基础施工，大大节约工期。通过采用基于等张拉值法原理斜拉索安装、两次张拉斜拉索法等工艺保证斜拉索受力均匀性，节约施工工期2个月。通过对钢结构“匹配加工制造”合理控制，实现全桥高精度（5毫米误差）顺利合龙。

（田　波）

九石公路大卡子隧道设计　国道549线雅安石棉界至甘孜九龙段公路翻越大卡子山路段设置大卡子山越岭隧道，里程长11.53公里，为目前国内最长低等级公路隧道，且为高海拔隧道。隧道按对向行车两车道二级公路设计，设计时速40公里，建筑限界9×5米；设置贯通车行平导作为救援通道兼做运营通风风道，平导长11.4公里，平导建筑限界4.5×5米。隧道洞口海拔高度约3 100米，最大埋深2 004米，该隧道具备典型“一高三低”特征，即：高海拔、低气温、低气压和低含氧量，建设条件十分恶劣，加之平导开挖断面较小，采用传统钻爆法开挖时，机械作业效率不高，难以快于主洞开挖并辅助主洞施工，同时超特长高海拔隧道施工面临长距离施工通风和供氧问题，传统开挖方法难以避免人工和机械设备效率显著降低，设计中平导采用TBM施工，平导贯通后增加主洞施工工作面，实现长隧短打，有效缩短隧道建设工期。大卡子隧道部分预算造价13.42亿元，施工图设计于2018年完成，计划2019年开工，总工期约5年。

（张　博）

泸定至石棉高速公路隧道初步设计　2018年，厅公路设计院开展泸定至石棉高速公路初步勘察设计。该

泸棉高速公路隧道洞门效果图　　厅公路设计院 供图

项目位于四川省甘孜州泸定县及雅安市石棉县境内，起于泸定县泸桥镇咱里村，途经泸定县城，绕海螺沟景区，跨越大渡河，入石棉境内后，经新民至礼约三跨大渡河，经安靖、安顺、下坪穿越隧道后，在石棉西南侧四跨大渡河，止于石棉均大杉树。路线全长97公里，采用高速公路标准，隧道建筑限界10.25×5米，设计时速80公里，双洞单向行车。推荐线隧道27座，左右线长度合计126.82公里，为路线长度63.37%。中隧道6座，长隧道15座，特长隧道6座（含长度大于5公里隧道4座）。

（张　博）

久马路隧道工程项目 国道0615线久治至马尔康段高速公路位于四川省阿坝州，是最新国家高速公路网国道6线北京—拉萨高速公路联络线国道0615线德令哈—马尔康重要组成部分。国道0615线主要控制点为德令哈、都兰、玛沁、久治、马尔康，该项目即国道0615线久治至马尔康段。久马高速公路初步设计分为3个设计标A1、A2、A3，其中，A2标为纳总单位，由厅公路设计院设计完成。A2标设置11座隧道，设计时速分别为80公里、100公里，建筑限界分别为10.25×5米和11×5米，总长17.88公里（单线）。马久路A2标隧道，洞身段最高海拔3 655米，是高海拔、高寒冷公路隧道。隧道地质条件复杂、不良地质发育，面临季节性冻土、软岩大变形、瓦斯等多项技术难题。勘察设计单位加强地质勘察和水文资料收集，强化监控量测和地质超前预报，合理评估不良地质施工风险，对活动断裂不利影响进行针对性结构设计，并着重针对供氧、保温、抗防冻等措施进行专项设计，确保隧道施工安全并缩短建设工期。

（张　博）

乐西高速公路马边至昭觉段大凉山1号2号隧道设计 2018年，厅公路设计院完成乐西高速公路马边至昭觉段大凉山1号、2号隧道两阶段初步、施工图勘察设计。该项目起于乐山市马边彝族自治县境内，顺接仁沐新高速公路马边支线止点，经凉山州雷波县、美姑县，止于昭觉县，在昭觉县以南接西昌至昭通高速公路，路线全长约170公里。大凉山1号、2号隧道分别长15 338米、12 475米，是乐西高速公路控制性重点工程，其中大凉山1号隧道为西南地区第一超特长隧道。

乐西高速公路马边至昭觉段大凉山隧道效果图　　厅公路设计院　供图

隧道设计时速80公里，建筑限界10.25×5米。大凉山1号隧道地质构造为斯依阿莫倒转背斜、黄果洛向斜、哈都洛背斜，受构造影响，岩体较为破碎，为低瓦斯隧道。隧道设置1座平导加2座无轨斜井，采用三区段送排式加平导排烟通风模式。大凉山2号隧道总体受纪尔洛背斜控制，岩体较为完整，围岩以玄武岩为主。隧道设置2座无轨斜井，采用三区段送排式通风。大凉山1号隧道左右线隧道之间设置平导，平导长8 182米，平导施工期间作为超前洞，辅助主洞施工、排水、超前地质预报，运营期间作为服务洞，辅助主洞通风，并作为独立救援服务洞、临时行车通道。平导施工首次在国内高速公路引进隧道掘进机法（TBM）施工工艺。

（张　博）

天府新区新机场快速通道设计 2018年，厅公路设计院完成天府新区新机场快速通道设计。该项目分为主线K线以及天府支线A线。其中K线起于天府新区新兴工业园区北侧，止于华龙大道口，路线全长7.05公里；A线起于正公路与成自泸高速公路交叉点西端，经科学城东路连接线立交、双简路立交，止于冷家河坝立交，路线全长10.46公里。该项目于2018年6月12日取得行业主管部门初步设计批复。K线属于集散公路，全线采用一级公路配套市政设施技术标准，主线双向四车道，设计时速60公里，辅道双向四车道，设计时速40公里，采用三幅路横断面形式。项目一期工程路基宽为机场高速公路投影面宽46米，二期工程路基宽67米。A支线属于城市快速路，采用一级公路配套市政设施技术标准，主线双向六车道，设计时速60公里，辅道双向四车道，设计时速40公里，采用四幅路横断面形式。项目一期工程路基宽为机场高速公路投影面宽47.7米，远期二期工程路基宽67米。

（勘察设计四分院）

川主寺至九寨沟县城段灾后恢复重建工程设计 2018年，厅公路设计院完成国道544线川主寺至九寨沟县城段灾后恢复重建工程（简称“川九路重建工程”）勘察设计工作。“8·8”九寨沟地震严重损毁川九路，造成九寨沟景区旅游中断，厅公路设计院在震后抢通同时，超前开展方案研究，探索提升新理念，研究应用新技术，创建灾后重建新示范，完成川九路重建工程前期工作，打造“高原多彩画卷，百里生态长廊”国家级旅游风景廊道。项目于2018年1月12日获工程可行性批复，2月2日获初步设计批复，2月25日获施工图设计土建部分批复。项目起于九寨沟县城西北侧，止于松潘县川主寺镇，维持原路二级公路标准，设计时速40公里，路基宽以8.5米为主。项目国道主线全长122.8公里，其中原路利用69公里、原路加宽30.2公里、绕避灾害5段、融合旅游3段新（改）建23.6公里；利用旅游支线3段14.7公里。主线新建及加固桥梁35座2 236米，新建涵洞114道；设置隧道和明洞10座10 362米，其中特长隧道2座7 093米、长隧道1座1 963米、中短隧道2

2018年，“青年文明号”在川九路重建工程现场开展施工图外业勘察
厅公路设计院 供图

座656米（含完全利用短隧道1座168米）、明洞5座650米；设置4处分离式立交；桥隧比例10.2%。

（勘察设计四分院）

成都至金堂至简阳快速路设计 2018年，厅公路设计院完成成金简快速路勘察设计。该项目是中心城区与东进片区连接重要通道，是市域交通“五环二十五射”高速公路快速路网和东进区域“四纵八横”快速路网体系重要组成部分。该项目起于成华区境成都绕城高速公路龙港枢纽立交，经新都区石板滩规划区、青白江福洪杏花和欧洲产业城规划区、青白江人和镇规划区、金堂通用机场园区、金堂淮州新城规划区，止于金堂县境金简仁快速路，路线全长42公里，大致呈东西走向。项目采用一级公路技术标准，兼市政配套功能，主线设计时速80公里，辅道设计时速40公里。其中起点至老成环路段15.84公里为新建路段，采用主六辅四断面，路基宽64米；老成环路至通用机场段18公里为新建路段，采用双向六车道断面，路基宽35米；通用机场至止点段7.84公里为新建路段，采用主六辅四断面，路基宽64米。

（勘察设计四分院）

久治（川青界）至马尔康段高速公路初步设计 2018年，厅公路设计院完成国道0615线久治（川青界）至马尔康段高速公路初步设计。该项目是国家高速公路网中德令哈至马尔康高速公路重要组成部分，是规划中首都放射线北京至拉萨高速公路重要联络线；是四川省规划的“16、8、8”（16条成都放射线、8条纵线、8条横线）骨架高速公路网中16条放射线之一，作为四川省连接川西北地区重要通道，是加强四川西北部地区与内地中心城市联系重要干线。路线起于四川与青海省界，接青海省花久高速公路，经阿坝、红原至马尔康，终点与在建的汶马高速公路相接。初步设计路线全长218.85公里，全线按照双向四车道高速公路标准建设，分段采用技术标准，起点至吉灰（K0+000—K74+300）和海子山至中壤口（K109+600—K204+500）段设计时速100公里，路基宽26米，里程长167.2公里；吉灰至海子山（K74+300—K109+600）、中壤口至终点（K204+500—K224+301）段设计时速80公里，路基宽25.5米，里程长51.65公里。全线设置安斗寺、阿坝、查理寺、龙日坝、中壤口、刷经寺、王家寨（枢纽）7处互通式立交，预留红原（枢纽）互通，设服务区4处，停车区3处，全线桥隧比43.9%。项目均位于海拔3 000米以上，其中海拔3 000～3 500米段长121公里，3 500～4 000米段长97.85公里。

（邹长富）

泸石高速公路初步设计 2018年，厅公路设计院完成泸石高速公路初步设计。该项目是《四川省高速公路网规划（2014—2030年）》中8条南北纵线马尔康至石棉高速公路重要组成部分。项目北接雅康高速公路，西经康定进入甘孜州腹地，可分别通过成都至康定至西藏高速公路和炉霍至康定高速公路至西藏、青海；向东经雅安到成都；向北经丹巴过阿坝州至青海。项目南连雅西高速公路，往南至凉山州，向东经汉源至乐山市。拟建项目不仅具有衔接成都至康定至西藏、马尔康至泸定和雅西等高速公路的纽带功能，还与雅康高速公路共同构成京昆高速公路雅石段辅助通道。项目路线全长约100公里，采用双向四车道高速公路标准建设，设计时速80公里、路基宽25.5米。路面类型为沥青砼路面结构；隧道建筑限界采用10.25×5.0米；桥涵设计汽车荷载采用公路Ⅰ级。路线起于甘孜州泸定县伞岗坪附近，接雅康高速公路，经泸定南、冷碛、德威、海螺沟景区东、得妥、田湾河景区东、新民、安顺、石棉西，止于石棉大杉树附近，接雅西高速公路。全线设置伞岗坪（枢纽）、泸定南、冷碛、海螺沟、田湾河、安顺、大杉树（枢纽）7处互通式立交。

（蒋周耘）

新金段高速公路初步设计 2018年，厅公路设计院完成国道4216线屏山新市至金阳段高速公路初步设计。该项目位于川、滇两省省界金沙江一带，是《国家公路网规划（2013—2030年）》中国道4216线成都至丽江高速公路重要组成，也是《四川省高速公路网规划（2014—2030年）》“宜宾—雷波—金阳—宁南—攀枝花”高速公路重要路段。项目起于在建国道4216线仁沐新高速公路，自北向南依次经过雷波、金阳，止于国道4216线金阳至宁南段高速公路，同步建设绥江支线、永善支线、马湖连接线、金阳连接线与相关路网、城镇相衔接。项目采用双向四车道高速公路标准，设计时速80公里，路基宽25.5米。初设路线起点位于宜宾市屏山县新市镇中都河左岸，设杨柳坝枢纽立交接国道4216线仁沐新段、宜新高速公路、昭乐高速公路串佛段；路线南行，依次经新市、清平、乌家堡，进入凉山州雷波县，经双河、汶水，由雷波县西侧外围经安寨坪、上田坝、卡哈洛、岩脚进入凉山州金阳县境；经德溪、金阳，止于金阳县芦稿镇下坝村，预留芦稿枢纽互通立交接国道4216线金宁段、国道7611线昭西高速公路，推荐线全长165.68公里，设2座枢纽互通立交、11座落地互通立交、桥梁89座33 151.9米、隧道41座114 607.2米、3处服务区、1处停车区，桥隧比89.2%，批复概算402.06亿元。

（勘察设计二分院）

乐西高速公路乐山至马边段初步设计　2018年，厅公路设计院完成乐西高速公路乐山至马边段初步设计。乐西高速公路位于四川省以南乐山市、凉山州境内，是《四川省高速公路网规划（2014—2030年）》8条纵线中第7纵，是成都平原经济区与攀西经济区又一条联系通道，路线纵贯乌蒙山集中连片特困地区和大小凉山彝族主要聚居区，是重要扶贫通道。按照省高网规划路线走向，项目起于乐山市，经乐山市市中区、沙湾区、沐川县、马边县和凉山州雷波县、美姑县，止于昭觉县接西昭高速公路，并利用西昭高速公路连接西昌市。项目初步设计范围为乐山境乐山至马边段，起点位于乐山市峨眉山市境内，终点为仁沐新高速公路马边支线终点（与马边支线共线21.524公里），顺接马边至昭觉段。乐山至马边段主线位于乐山市峨眉山市、市中区、沙湾区、沐川县境内，总体路线走向为南北向。路线起自峨眉山市境内乐雅高速公路和乐汉高速公路峨眉连接线相交叉设置的冷山互通立交，路线往南进入市中区，于K1+600处下穿成绵乐客专，在罗汉安谷电站下游约200米处跨越大渡河，经市中区平兴乡、罗汉镇、安谷镇后进入沙湾区境内。路线在K12+660处设置沙湾枢纽互通立交，于K14+640处下穿连乐铁路后沿大渡河右岸山体布设，经碧山乡、踏水镇、福禄镇后进入沐川县境内。路线继续向南，经黄丹后沿国道348线（原省道103线）西侧布线，过舟坝、凤村在利店跨马边河后接仁沐新高速公路马边支线，路线全长77.87公里。为完善高速路网，项目新建乐山城区支线，路线起点与乐自高速公路对接，与乐宜高速公路形成十字交叉，路线往西南方向上跨成贵高铁后，继续沿山体展布，在大渡河安谷电站南岸与主线沙湾枢纽互通立交相接，路线全长6.7公里。项目工程可行性批复意见确定建设规模为项目路线全长84.7公里（其中，新建主线78公里，新建支线乐自高速公路联络线6.7公里，形成乐山城区过境高速公路环线）。全线设置桥梁34.1公里，隧道11.7公里，其中特大桥7座9 919米，长隧道4座7 085米。主线设置冷山（枢纽）、罗汉、沙湾（枢纽）、沙湾东、福禄、黄丹、舟坝武圣（枢纽）等8处互通式立交。支线设置关子门（枢纽）、安谷等2处互通式立交。互通式立交连接线19公里，其中一级公路2.535公里，二级公路16.81公里。经初设路线方案优化、调整后长度相比工程可行性推荐线长度缩短236米；同时主线设置8处互通式立交，支线2处互通式立交；互通式立交及服务区2处和停车区2处，互通型式及规模与工程可行性基本一致。

（周海波）

德阳中江至遂宁高速公路初步设计　2018年，厅公路设计院完成德阳中江至遂宁高速公路初步设计。该项目是四川省规划建设的“16、8、8”（16条成都放射线、8条纵线、8条横线）网中18条联络线之一。路线起于中江县玉兴镇，接成都经济区环线高速公路德阳至简阳段，设玉兴枢纽互通立交连接德简高速公路。路线由西北向东南前行，从玉兴镇向东至永安镇后折向东南，至鲁班水库以南进入绵阳市三台县，向东经观桥镇南、景福镇南、双乐乡南进入遂宁市射洪县陈古镇，折向东南经万林乡、沱牌镇至项目终点大英县回马镇，接遂回高速公路。路线全长82.635公里。德阳中江至遂宁高速公路推荐方案路线长82.635公里，全线设置桥梁57座14 514米（含互通主线桥），隧道13座6 292.5米，互通立交9处（含1处预留枢纽互通立交），其中枢纽互通立交2处（含1处预留枢纽互通立交），7处连接地方的一般互通式立交，停车区1处，服务区1处，养护工区与普陀停车区合建，管理分中心与景福互通匝道收费站合建。

（周海波）

雀儿山隧道获国际隧道协会年度工程大奖　2018年11月7日，由厅公路设计院完成勘察设计的国道317线雀儿山隧道获年度工程大奖。港珠澳大桥项目控制性工程拱北隧道（国内首座超大断面顶管暗挖隧道）、佛山东平隧道（亚洲首例内河沉管隧道、国内最大断面公铁合建沉管隧道）、挪威Vamma12水电站（利用BIM技术实现建造的示范性项目）等众多高水平工程获入围提名，并展开激烈角逐竞争。雀儿山隧道作为中国首次入围该奖项提名的公路隧道项目，获得17位国际隧道界专家评审小组一致认可，成为唯一一个最终胜出的候选工程，捧起被誉为“隧道界奥斯卡奖”的布鲁内尔奖杯，成功跻身世界顶尖隧道工程行列。国道317线雀儿山隧道主洞长7 079米，平导长7 108米，洞口平均海拔4 380米，是世界上海拔4 000米以上最长公路隧道，也是世界上海拔最高超特长公路隧道。项目于2012年6月动工，2017年9月建成通车。10年的规划研究、科研攻关和勘察设计，5年的建设期，厅公路设计院均全程参与。该隧道地处川藏公路北线，具有海拔高、地应力高、气温低、含氧量低、气压低的特点，勘察设计及施工难度极大，既无成熟规范提供理论支撑，又无工程实例借鉴，必须从零开始摸索，历经预可行性报告、工程可行性报告、初步设计、施工图设计各个阶段，逐一攻克高寒、高海拔超特长隧道诸多重大技术难题，逐步形成高海拔隧道勘察设计和施工成套方案与核心技术，取得国内外领先多项创新性科研技术成果。

（张　博）

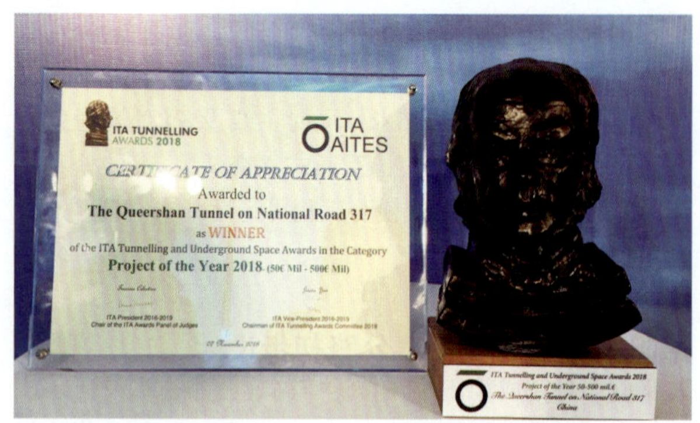

2018年11月7日，国道317线雀儿山隧道获国际隧道协会（ITA）年度工程大奖　　厅公路设计院 供图

科研课题获中国公路学会科学技术奖　2018年6月18日至21日，2018年世界交通运输大会（World Transportation Convection）在北京国家会议中心举行。厅公路设计院作主题为《中国大跨径钢管混凝土钢管拱桥的技术发展》的报告。大会期间举行2017年度中国公路学会科学技术奖颁奖大会。厅公路设计院“高烈度地震峡谷区公路松散体边坡稳定性快速评估及防治对策研究”和“桥面铺装整平层复合强化技术及工程应用研究”获2017年度中国公路学会科学技术二等奖，“高速公路瓦斯隧道防治与施工管理研究”获2017年度中国公路学会科学技术三等奖。

（胡栋才）

BIM应用获奖　2018年9月21日，中国勘察设计协会第九届“创新杯”建筑信息模型（BIM）应用大赛颁奖典礼在杭州举行。厅公路设计院参赛作品《BIM技术在G544线川主寺至九寨沟县城段灾后恢复重建工程的应用》获公路类并列第二名。11月29日，中国图学学会主办的第七届“龙图杯”全国BIM大赛颁奖典礼在北京召开。厅公路设计院《BIM技术在G544线川主寺至九寨沟县城段灾后恢复重建工程的应用》获“龙图杯”优秀奖。12月5日，工业和信息化部人才交流中心主办的首届“优路杯”全国BIM技术大赛颁奖典礼在北京举行，厅公路设计院《BIM技术在G4216线沿江高速新市至金阳段中的应用》获“优路杯”设计类交通基础设施组金奖，另有3项目分获银奖、铜奖和优秀奖。

（胡栋才）

测绘专业获奖　2018年12月20日，厅公路设计院“G4216线（沿江高速）屏山新市至金阳段高速公路杨柳坝枢纽互通实景建模”获四川省测绘地理信息优秀工程金奖，“G544线川主寺至九寨沟口段‘8·8’九寨沟地震恢复重建工程机载Lidar扫描测量”获铜奖。

（胡栋才）

研究项目获中国公路勘察设计协会优秀勘察设计奖　2018年12月24日，厅公路设计院4个项目获中国公路勘察设计协会“2018年度公路交通优秀勘察设计奖”，其中，国道317线俄尔雅塘至岗托段改建公路工程（炉霍境）施工图设计获优秀设计一等奖，四川省省道303线巴朗山隧道、云南沾益至会泽高速公路两项目获优秀勘察二等奖，遂西高速公路项目获优秀设计二等奖。

（胡栋才）

研究项目获中国公路学会2018年度科学技术奖　2018年12月25日，厅公路设计院5个项目获中国公路学会“2018年度科学技术奖”，其中“川西强震艰险山区高速交通路基抗震及安全保障关键技术”“长江上游地区特大跨（820米）钢箱梁悬索桥设计施工关键技术研究”“灾害环境下都汶公路建设与修复关键技术研究与应用”3个项目获二等奖；“基于承载能力量化分析的公路隧道支护体系设计方法与工程应用”“强震后山区公路地质灾害演变规律及防灾减灾成套技术”2个项目获三等奖。

（胡栋才）

“钢管混凝土桥梁的抗震性能与防灾技术研究”课题　2018年，厅公路设计院主持研究的“钢管混凝土桥梁的抗震性能与防灾技术研究”课题获四川省科技进步二等奖。项目创造性地提出从材料、结构和体系三维度系统地研究桥梁抗震性能和防灾技术研究路线。通过模型试验、理论分析、工程实践等集成研究，攻克下列科学技术难题：钢管混凝土材料的抗震计算方法、与构件抗震性能匹配节点计算方法，以及合理抗震构造技术；钢管混凝土主拱、桁式桥墩、组合桥墩、复合桥墩抗震性能、评价方法和构造设计技术；钢管混凝土桥墩结构形式与高度匹配标准，钢管混凝土主拱、吊索与桥面梁合理组合体系，多跨连续变刚度长联结构体系，大跨高墩抗震位移控制体系等核心技术。项目研究成果在国内外近10座大跨度拱桥、梁式桥中成功应用，最长服役时间超过6年，没有任何病害。相关成果获国家发明专利7项，实用新型专利12项，发表学术论文30余篇，并在国家、行业与地方规范制订中得到应用，社会经济效益显著。

（孙　璐）

“高海拔地区复杂地质条件下公路隧道设计与施工技术研究”课题　2018年，厅公路设计院主持研究的“高海拔地区复杂地质条件下公路隧道设计与施工技术研究”项目获四川省科技进步三等奖。项目为2004年度交通部西部交通建设科技项目，项目通过隧址区气候要素和地温条件观测基础上，提出一种新型抗防冻结构型式——离壁式保温衬砌结构，通过现场实测，提出海拔2 200米到4 400米烟雾浓度海拔高度修正系数，填补该领域研究空白。通过理论分析、数值模拟和模型试验等综合研究手段，提出隧道与活断层最小合理安全距离，以及将隧道边坡防护、洞门结构和洞口明洞作为一个系统进行综合抗减震的设计方法和工程措施。研究成果应用于依托工程黄草坪隧道建设和雀儿山隧道设计。高海拔地区抗防冻研究成果，为国道317线雀儿山隧道（隧道长7 079米、海拔高度4 373米）、省道303线巴郎山隧道（隧道长7 954米、海拔高度3 850米）和县道120线（川黄公路）雪山梁隧道（隧道长7 966米、海拔高度3 415米）设计提供重要技术支撑，主要体现在隧道抗防冻结构型式、施工辅助措施以及通风与救灾模式等方面。

（孙　璐）

“高烈度地震峡谷去公路松散体边坡稳定性快速评估及防治对策研究”课题　2018年，厅公路设计院主持研究的“高烈度地震峡谷去公路松散体边坡稳定性快速评估及防治对策研究”项目获四川省科技进步三等奖。项目基于四川省藏区、山区公路工程穿越高烈度地震峡谷区特点，以公路松散体边坡为研究对象，立足于工程实际目的，采用资料收集、现场调研、理论分析和数值模拟相结合方法，确定高烈度地震峡谷区公路松散体边坡稳定性评价指标体系，并研发与应用松散体边坡稳定性快速分级系统，揭示松散体边坡在地震荷载作用下失稳机理和破坏模式，提出松散体边坡防治原则和最优治理方案。该项研究对中国地震区尤其是高烈度地震峡谷区公路工程设计、施工和运营具有重要指导意义，也为类似条件下其他公路、铁路以及水电等工程领域松散体边坡防治设计提供借鉴。项目技术难度大，研究成果具有原创性、系统性、新颖性，获授权发明专利2项（1项在申请中），软件著作权1件，实用新型专利7项，发表高水平学术论文27篇（其中SCI收录2篇，EI收录13篇），多项研究成果为国内外首创。

（孙　璐）

厅交通设计院概况　2018年，厅交通设计院实施“产业优化、人才培养、技术创新、科学管理、设计精品”五大工程，取得较好工作成绩。

品质工程建设　保障“项目年”和精准扶贫重点项目建设。围绕厅重点项目开工目标，完成西香高速公路、马久高速公路、德会高速公路、岷江老木孔航电枢纽等重点项目勘察设计工作；做好绵西、雅康、汶马等74个公路项目和岷江犍为枢纽等19个项目后期服务工作，10个项目18名设计代表受建设单位表彰。启动为期三年的“质量管理年”活动，从强化质量意识、提升质量能力等五个方面制定19项具体措施并有序推进。全年获各类勘察设计及咨询省、部级奖22项，其中一等奖6项、二等奖8项、三等奖7项、银奖1项。

经营业绩　完成省交通运输厅下达的经营业绩考核指标。全年新增合同产值10.2亿元、完成产值6.3亿元、营业收入5.99亿元，超额完成厅下达的经营业绩考核目标。主营业务持续做强做优。发挥水运专业优势，获得岷江港航电开发犍为枢纽船闸工程等50多个项目设计任务，牵头承担渠江风洞子航电枢纽等项目勘察设计工作；承担西昭、绵广扩容等高速公路项目勘察设计工作，争取到10多项国省干线公路勘察设计工作，新增公路项目合同产值创历史新高。配套辅助专业稳步发展。以水运、公路项目为依托，工程勘察、咨询、环水保、概预算、交通工程等专业持续发展，交通运输全产业链辅助专业全面推开。

技术服务保障　注重前期规划及课题研究。参与厅“大学习、大讨论、大调研”交通重点课题研究，主持“新时代四川水运发展思路和对策”等5项重点课题研究工作，参与“四川建设交通强国试点示范区研究”等2项课题；结合转企改制工作，自立课题形成调研报告7篇。持续改进技术质量管理。技术质量管理从注重成果文件审查向事前指导、中间检查、成果验审全过程管控转变，出院产品合格率100%。出台《标识和可追溯性管理规定》，进一步规范项目文件格式及标识；基本完成《装配式后张预应力混凝土简支T梁通用图》。广泛开展技术交流。成立春山技术沙龙，邀请专家开展技术讲座，举办沙龙活动3次，学术报告8场；线上线下办好“大家讲坛”，举办技术讲座30余次，“崇尚技术、崇尚学术、争当专家”氛围逐步形成。

技术研发　推进行业研发中心建设。制定BIM技术应用行业研发中心章程和三年行动计划；厅交通设计院出台《院BIM技术推广应用管理办法》，推进BIM技术生产应用，引导正向设计；新增投入1 294万元，择优调配和引进专业技术人才15名；自主研发完成的仁沐新高速公路BIM建设管理系统正式投入应用；“基于BIM开发与应用的交通勘察设计标准化”等4个课题有序推进；川九路灾后重建项目BIM应用获中国勘察设计协会第九届“创新杯”建筑信息模型（BIM）应用大赛第三名。开展科研工作及标准规范编制。在研的30项科研项目完成11项，新增科研立项11项，取得专利5项，《桩板墙及其施工方法》获国家发明专利；牵头主编的部级规范标准《公路桥梁无线监测系统标准》，以及参编的4项部级规范和5项地方标准有序推进。加强新技术推广应用。新引进激光雷达测量技术，有效提升测绘技术水平；大力推行“交通+旅游”、交通传承文化等先进设计理念及技术综合应用，以川九路、德会高速公路为抓手，创建绿色公路品质示范工程。提升科技创新积极性。修订《科研项目及经费管理办法》，赋予科研人员更大自主权，进一步调动科研积极性。

内控管理 管理制度及流程进一步优化。针对重点领域和关键环节，修订完善合同管理等12项内控制度，优化程序8项。强化督促目标任务落实，建立按月督办机制，推动院全年目标如期实现。将安全生产、保密、维稳、信访等工作纳入目标管理，全年无重特大安全事故、泄密事故和集中上访事件发生。推行生产月例会制度、重点项目进度公示制度，建立院领导联系重点高速公路勘察设计项目工作机制，加强组织领导和资源调配，确保重点项目优质高效推进。规范外部供应采购，修订《外部供应采购管理办法》，更新合格供应商库，规范采购流程，严格过程管控。

人才队伍建设 推进技术领军人物和业务骨干队伍建设。厅交通设计院制订《专业技术领军人和技术骨干选拔管理办法》。引进21名专业技术人才，新增教授级高级工程师2名，高级工程师27名，1名技术骨干被确定为第十二批省学术和技术带头人后备人选。推进忠诚干净担当干部队伍建设，按照好干部标准和“三严三实”要求，选拔思想政治素质过硬、工作实绩突出、群众认可度高的干部到管理岗位。紧扣精准脱贫攻坚和好干部培养，选拔5名年青优秀的技术干部到凉山州、阿坝州等艰苦地区开展扶贫工作。

文化建设 制订院史编纂工作方案，收集整理历史资料和发展成绩，完成1957年至1989年院史资料数字化录入，形成5万多字初稿。挖掘建院以来“乌江抢险精神”“九黄精神”“抗震救灾精神”“新时代创新精神”和团结、开拓、敬业、奉献企业精神内涵。开展10个项目、130余人次工地慰问，开展离退休职工、劳模、军属、生病职工、扶贫干部等慰问工作70余次。开通院长网络信箱，畅通一线员工与院领导之间信息渠道。开展“不忘初心、牢记使命，交通院青年在行动”“青年文明号开放周”“震后十年，青春再出发”等主题教育实践活动；组织开展“迎新春拔河赛”“五四青年篮球赛”“冬季足球赛”和春游、秋游等活动；开展“两路”精神征文、摄影、书法、美术作品征集活动，建设电子书屋。参加全国第三届平安中国微视频比赛，作品《六年》《静静的杏花桥》获交通运输部微视频大赛优秀奖。

（厅交通设计院）

德阳至都江堰段B2标段高速公路施工图设计 2018年4月18日，由厅交通设计院及中交第二公路勘察设计研究院有限公司组成联合体中标完成的施工图勘察设计项目，于2018年5月15日获省交通运输厅批复。该项目是国道5线北京至昆明高速公路和国道4217线成都至昌都高速公路联络线，也是成都经济区环线高速公路（成都三绕高速公路）西北段。B2标段主线起于德阳市黄许镇南，接已建国道5线京昆国家高速公路德阳段，顺接在建成都经济环线高速公路德阳至简阳段，经旌阳、绵竹、什邡，止于什邡市双盛镇西，顺接国道0511线德阳至都江堰段B1标段，B2标段主线全长28.93公里，按双向六车道高速公路标准建设，设计时速120公里，路基宽33.5米。另建绵竹支线，起于主线孝感枢纽互通式立交，止于绵竹东，接省道107线，全长17.87公里，按双向四车道高速公路标准建设，设计时速80公里，路基宽24.5米。德都高速公路全线预算总投资153.462亿元，其中B2标段主线和绵竹支线总投资58.29亿元（主线41.8亿元，绵竹支线16.49亿元）。

（厅交通设计院）

成都至南部高速公路新增鸣龙互通式立交设计 2018年11月9日，厅交通设计院编制的南充市南部至成都高速公路新增鸣龙互通式立交设计通过评审。成都至南部高速公路是《四川省高速公路网规划》的“16、5、5”高速公路网（成都引入线和纵横网格相结合，包括16条成都引入线、5条南北纵向路线、5条东西横向路线和6条联络线，规划总规模8 000公里）中16条成都引入线中的第5条——桃园至成都高速公路重要组成路段，即成都经金堂、中江、三台、盐亭、南部、仪陇、巴中、南江，至桃园（川陕界），是四川省东北方向出省通道之一，直接通往陕西西安，于2013年1月底全线建成通车。全线按双向四车道高速公路技术标准设计，设计时速80公里，路基宽24.5米。新增鸣龙互通立交位于南充市西充县西北部鸣龙镇，中心桩号为K22+577，为A型单喇叭互通，匝道上跨主线。匝道设计时速40公里，匝道路基宽8.5米（单向单车道Ⅰ型）和15.5米（对向双车道匝道Ⅳ型）；连接线宽15.5米（双向四车道）。新增鸣龙互通式立交设置匝道收费站1处，3进5出。项目总投资1.09亿元。

（厅交通设计院）

广平高速公路设计 2018年9月29日，厅交通设计院编制的广平高速公路B2合同段两阶段施工图设计（不含交

通工程及沿线设施、房建等附属工程）通过评审。该项目作为《四川省高速公路网规划（2014—2030年）》中

平武枢纽互通立交前期效果图　　厅交通设计院 供图

东西横线之一，对加强省内、省外联系，进一步完善四川省高速公路网起到重要作用。路线起点位于广元市青川县桥楼乡洗锅坪（K49+185接B1合同段终点），止点位于绵阳市平武县母家山（接在建国道8513线绵九高速公路），施工图阶段厅交通设计院主要负责完成B2合同段（K49+185—K91+211.299）工程勘察设计工作。路线长41.67公里，设计时速80公里，按双向四车道高速公路标准建设，路基宽24.5米。

（厅交通设计院）

国道4216线宁南至攀枝花段高速公路两阶段初步设计　2018年10月，厅交通设计院参与编制的《国道4216线宁南至攀枝花段高速公路两阶段初步设计》通过交通运输部现场调研及审查工作。该项目是《国家公路网规划（2013—2030年）》中国道4216线成都至丽江高速公路一段，也是《四川省高速公路网规划（2014—2030年）》“16、8、8”高速公路网（由16条成都放射线、8条纵线、8条横线构成的省域高速公路网）中成都至沐川至攀枝花至云南高速公路重要组成部分。路线起于同步开展设计的国道4216线金阳至宁南段高速公路止点凉山州宁南县，经会东县、会理县、盐边县，止于攀枝花市仁和区，对接国道4216线丽攀高速公路。全线长167.4公里，按双向四车道高速公路技术标准设计，设计时速80公里，路基宽25.5米，概算总投资299.66亿元。

（厅交通设计院）

成都至阿坝高速公路方案研究　2018年6月，厅交通设计院编制的《成都至阿坝高速公路方案研究》报告通过审查。该项目路线起于成都二绕高速公路郫县古城互通立交附近，南接沙西线，北沿彭州市西侧，经丽春镇，于桂花镇与成都三绕高速公路形成枢纽互通，过磁峰镇，避小鱼洞镇，至龙门山镇，局部展线爬坡后设龙门山特长隧道穿越龙门山，至汶川县雁门乡，于克枯乡处接在建汶马高速公路。全线长89.67公里，按双向四车道高速公路技术标准设计，设计时速80公里，路基宽25.5米，投资匡算173.22亿元。

（厅交通设计院）

川九路灾后恢复重建工程两阶段初步设计　2018年2月2日，厅公路设计院、厅交通设计院共同编制的国道544线川主寺至九寨沟县城段灾后恢复重建工程两阶段初步设计获省交通运输厅公路局批复。该项目为“8・8”九寨沟地震灾后恢复重建项目，主要建设内容为灾损路段恢复重建和局部路段提升改造。路线为《国家公路网规划（2013—2030年）》规划中联络线国道544线一段，起于九寨沟县岭岗岩隧道西北侧中田山村，利用绵九高速公路九寨沟连接线，接国道247线文县至平武段公路，沿白水江、白河而上，分设九寨隧道、漳扎隧道绕避九寨沟景区沟口，漳扎镇设四寨隧道绕避上四寨、新二拐、九道拐等高位崩滑灾害群后，利用既有老路改建向南翻越弓杠岭，溯岷江源而下，绕川主寺北西侧，止于国道213线，路线全长123.14公里。全线按二级公路技术标准设计，设计时速40公里，九寨沟县城至沟口段路基宽12～15米（特殊困难路段10米），沟口至川主寺段8.5米（局部路段12米）。概算总投资33.36亿元，平均每公里造价2 708.7万元。

（厅交通设计院）

九龙县至稻城县公路工程可行性研究　2018年11月，国道549线九龙县至稻城县公路工程可行性研究完成外业踏勘工作。该项目位于四川省以西，甘孜藏族自治州以及凉山彝族自治州境内。主要经过行政区域有甘孜藏族自治州九龙县、雅江县、理塘县和稻城县，凉山彝族自治州木里县，是国家公路网（四川境）线位规划国道549线（石棉至得荣）一段，是甘孜州南部东西向出州通道，该项目的建设不仅可以完善甘孜州路网，还能明显带动甘孜州南部区域经济发展，维护社会稳定。起点位于九龙县城与国道248线相接，止点位于稻城县与理亚路相接。路线全长259.5公里，全线按二级公路技术标准设计。

（厅交通设计院）

下长至宜宾（翠屏区段）道路建设项目两阶段初步设计　2018年9月，厅交通设计院编制的省道440线下长至宜宾（翠屏区段）道路建设项目两阶段初步设计文件通过评审。省道440线下长至宜宾（翠屏区段）是《四川省普通省道网布局规划（2014—2030年）》下长（江

安）至宜宾重要一段，起点位于李庄镇双塘村，终点位于马家镇白塔村（翠屏区边界）处，路线全长9.16公里。全线按二级公路技术标准设计，设计时速60公里，路基宽16.5米。概算总投资4.757亿元。

（厅交通设计院）

石渠洛须至德格柯洛洞段公路改建工程两阶段初步设计 2018年11月，厅交通设计院编制的国道215线石渠洛须至德格柯洛洞段公路改建工程两阶段初步设计文件通过评审。国道215线洛柯路是《国家公路网规划（2013—2030年）》南北纵线川青界（真达村）至川滇界（贺龙桥）重要一段，起点位于石渠县洛须镇金沙江友谊桥以东约500米处，终点位于德格县柯洛洞乡以西约1 100米处，路线全长115.43公里。另设俄南乡连接线12.43公里。主线按三级公路技术标准设计，设计时速30公里，路基宽7.5米；连接线按四级公路技术标准设计，设计时速20公里，路基宽6.5米。概算总投资18.899亿元。

（厅交通设计院）

康定市过境段公路两阶段初步设计 2018年9月28日，厅交通设计院编制的国道318线康定市过境段公路两阶段初步设计文件获厅公路局批复。推荐方案路线起于龙洞电站拦水坝附近，原路利用国道318线（康定互通康定连接线）1.1公里，至康定市汽车站以东约400米处加油站，与情歌大道平交，设1跨40米T梁桥跨折多河，设2.37公里隧道穿越郭达山，在清泉村附近出洞，以明线路基在雅拉河左岸房群背后斜坡布线，北上至州儿童福利院大门附近设回头曲线，并设置互通式立交连接省道434线，主线沿省道434线右侧斜坡南下并爬升至子耳沟附近，设8跨30米T梁桥跨沟，以隧道穿越子耳沟右岸山体，在白土坎村布设明线南下至南无寺后山，以隧道穿越山体，设10跨30米T梁桥跨越任家沟，随后沿国道318线老路右侧斜坡布设。为实现泸定、塔公至榆林方向车辆顺畅通行，在两岔路村回头弯处设平交连接该项目与国道318线老路，最终在两岔路村附近接回国道318线老路，路线全长10.33公里，其中建设里程9.23公里。为使起点平交处交通更为顺畅（情歌大道泸定至康定直行方向与该项目去往泸定方向车辆在起点交织），在情歌大道进城半幅路基增设下穿隧道，总长659米，其中下穿明洞长35米，船槽段长528米，挡墙段长96米，在下穿隧道右侧地面扩宽一条车道，以提供过境车辆在平交口右转。全线采用二级公路技术标准设计，设计时速40公里，路基宽10米，隧道建筑限界5×10米。全线设隧道3座4 362米，大桥4座869米，桥隧比56.64%，批复概算总投资10.064亿元。

（厅交通设计院）

京昆高速公路广元至绵阳段扩容工程可行性研究 2018年12月12日，厅交通设计院编制的京昆高速公路广元至绵阳段扩容工程可行性研究报告通过省发展改革委和省交通运输厅联合审查，修编稿于2018年底报送省发展改革委。广绵高速公路是国家高速公路网中首都放射线国道5线京昆高速公路重要组成部分，四川省高速公路网中成都放射线“成都至广元至陕西”组成部分。由于既有绵广高速公路交通量增长较快，服务水平下降较多，亟需对老路进行扩容改造。推荐方案采用全新建复线，起于广元绕城高速公路黑水塘附近，对接国道5012线恩广高速公路，与建成的国道5012线恩广高速公路、国道75线兰海高速公路形成枢纽互通式立体交叉，随后路线一路向西南方向延伸，在红岩镇西侧约2公里处跨越嘉陵江，途经广元港、高观乡，从剑阁老县城普安镇东侧过境，随后途经柳沟镇、武连镇、演武镇、许州镇，从梓潼县西侧过境，经徐家镇，在魏城镇东南侧对接京昆高速公路绵阳至成都段扩容起点，路线全长123.81公里。全线采用双向六车道高速公路技术标准，设计时速120公里，路基宽34.5米，桥隧比62.09%，总投资估算285.231亿元，平均每公里造价2.303亿元。

（厅交通设计院）

石棉（雅安界）至九龙段公路工程SJ-2标段初步勘察设计 2018年8月，厅交通设计院编制完成国道549线石棉（雅安界）至九龙段公路工程SJ-2标段初步设计正式稿。该项目是《国家公路网规划（2013—2030年）》中国道549线石棉至得荣公路中一段，SJ-2标段起于麻窝沟麻窝组西侧，沿麻窝沟至长海

九石路测试现场　　林　涛　摄

子，设木耳瓜山隧道至四大牛场，经热枯沟，止于甘孜州九龙县城北，接国道248线康定新都桥至冕宁段公路。全线按三级公路技术标准设计，设计时速30（40）公里，路基宽7.5（8.5）米。路线全长54.09公里，总投资概算18.06亿元。

（厅交通设计院）

开江至梁平高速公路（四川境）工程可行性研究 2018年12月，厅交通设计院完成开江至梁平高速公路（四川境）工程可行性研究项目外业调查工作。开江至梁平高速公路（四川境）段起于四川省达州市开江县县城东南部，接国道5012线达万高速公路，路线向南，经讲治镇西、甘棠镇东、任市镇东，至川渝省界，接开江至梁平高速公路重庆段，开江至梁平高速公路（四川境）段全线长30.5公里，初步匡算总投资32.1亿元。全线按双向四车道高速公路技术标准设计，设计时速100公里，路基宽26米。

（厅交通设计院）

康定至炉霍高速公路工程可行性研究 2018年8月，厅交通设计院与交通运输部规划研究院共同编制完成康定至炉霍高速公路工程可行性研究报告（送审稿）。该项目是《四川省高速公路网规划（2014—2030年）》中一条联络线，起于康定市新都桥，接国道4218线康定至芒康高速公路，经道孚县八美镇、道孚县城、炉霍县斯木乡、炉霍县城，接国道4217线马尔康至昌都高速公路，全长210公里。全线按双向四车道高速公路技术标准设计，设计时速100（80）公里，路基宽26（25.5）米。估算总投资355亿元。

（厅交通设计院）

乐山至西昌高速公路马边至昭觉段第A3标段初步勘察设计 2018年5月，厅交通设计院参与编制的《乐山至西昌高速公路马边至昭觉段第A3标段初步勘察设计》获批复。该项目为《四川省高速公路网规划（2014—2030年）》8条纵线中第7纵，是成都平原经济区与攀西经济区又一条联系通道，路线纵贯乌蒙山集中连片特困地区和大小凉山彝族主要聚居区，是重要扶贫通道，全长152.5公里，其中A3标段长40.9公里。全线按双向四车道高速公路技术标准设计，设计时速80公里，路基宽25.5米。项目概算335.3亿元，A3标段总概算70.2亿元。

（厅交通设计院）

马尔康至甘孜界段高速公路工程可行性研究 2018年12月，国道4217线马尔康至甘孜界高速公路工程可行性研究完成外业资料收集工作。该项目是国家公路网规划（2013—2030 年）中国道4217线成都至昌都高速公路组成部分，与国道4218线雅安至叶城段一起构成四川省进藏南北两条重要公路通道。项目起点位于马尔康卓克基，与前段汶马高速公路止点对接；止点位于阿坝州与甘孜州交界处。根据预可行性报告，项目路线全长144.61公里，采用高速公路标准，设计时速80公里，路基宽25.5米，项目估算总投资314.63亿元，平均每公里造价21 757万元。

（厅交通设计院）

攀枝花至盐源高速公路工程可行性研究 2018年9月26日—29日，监理公司组织进行攀枝花至盐源高速公路工程可行性研究项目外业验收现场踏勘工作，完成工程可行性报告初稿。项目工程可行性研究范围包含攀盐高速公路主线段及攀枝花东绕城段。攀盐高速公路主线段是《四川省高速公路网规划（2014—2030年）》中优化路网衔接18条联络线之一，攀盐高速公路南起国道4216线蓉丽高速公路，经攀枝花西区、仁和区、盐边县、凉山州盐源县北接国道7611线西香高速公路。攀盐高速公路主线段全线长141.35公里，估算总投资284.13亿元。攀枝花东绕段起于国道4216线蓉丽高速公路宜宾至攀枝花段，终点接国道5线高速公路总发枢纽互通立交。攀枝花东绕段全线长24.53公里，估算总投资51.51亿元。项目全线按双向四车道高速公路技术标准设计，设计时速80公里，路基宽25.5米。总长165.88公里，估算总投资335.64亿元，平均每公里造价2.02亿元。

（厅交通设计院）

巴塘县经波密至理塘章纳乡界段工程可行性研究 2018年6月，厅交通设计院编制的省道459线巴塘县经波密至理塘章纳乡界段工程可行性研究报告获甘孜州发展改革委批复。省道459线是《四川省普通省道网布局规划（2014—2030年）》新增的一条联络线路，其起点为甘孜州巴塘县，终点为亚丁机场。该项目研究范围为其中一段，起点位于巴塘县城，终点位于巴塘县波密乡与理塘县章纳乡交界处，路线全长131.5公里。全线按三级公路技术标准设计，设计时速30公里，路基宽7.5米，局部困难路段适当降低技术标准。批复估算总投资15.71亿元。

（厅交通设计院）

筠连段（横山子至腾达）升级改造工程两阶段施工图设计 2018年5月，厅交通设计院编制的省道444线筠连段（横山子至腾达）升级改造工程两阶段施工图设计文件获宜宾市交通运输局批复。省道444线筠连段是《四川省普通省道网布局规划（2014—2030年）》东西横线石海（兴文）至筠连中重要一段，起点位于筠连县横山子（云南界）处，终点位于腾达镇珙筠友谊大桥桥头处，路线全长29.1公里。全线按二级公路技术标准设计，设计时速40公里，路基宽8.5米。批复总投资3.374亿元。

（厅交通设计院）

昭通（川滇界）至西昌段高速公路第A1标段初步勘察设计 2018年12月，厅交通设计院参与编制的国道7611线昭通（川滇界）至西昌段高速公路第A1标段初步勘察设计完成外业调查工作。该项目是《国家公路网规划（2013—2030年）》都匀至香格里拉高速公路重要组成路段，是《四川省高速公路网规划（2008—2030年）》第五条东西横线中一段，是四川省攀西经济区主要经济干线和打通相邻省份重要通道，全长184.4公里，与沿江高速公路共线16.2公里，实际建设里程167.6公里，其中A1标段建设里程73.6公里。全线按双向四车道高速公路技术标准设计，设计时速80公里，路基宽25.5米。

（厅交通设计院）

南充至潼南（四川境）高速公路工程可行性研究 2018年5月4日，厅交通设计院编制的南充至潼南（四川境）高速公路工程可行性研究报告获省发展改革委批复。该项目为《四川省高速公路网规划》“16、8、8”高速公路网（由16条成都放射线、8条纵线、8条横线构成的省域高速公路网）中8条纵线中第5条“南充至泸州至毕节”中一段，是四川省高速公路网中重要出省大通道。起于南充市顺庆区，上跨广南高速公路并形成枢纽互通立交，顺接南充过境高速公路北段，向南经南充市双桂镇、花园乡、于韩家湾与成南高速公路实现互通立交，南行经世阳镇、龙岭镇、金凤镇、华兴乡、安福镇，于遂宁市蓬溪县蓬南镇与遂宁至广安高速公路形成互通立交，止于川渝界楠木湾处，对接南充至潼南（重庆境）高速公路。路线全长61.54公里。全线按双向四车道高速公路技术标准设计，设计时速100公里，路基宽26米。估算总投资60亿元。

（厅交通设计院）

德昌至会理高速公路工程可行性研究 2018年9月7日，厅交通设计院编制的德昌至会理高速公路工程可行性研究报告获省发展改革委批复。该项目是《四川省高速公路网规划（2014—2030年）》中20条联络线中一条，起于德昌县锦川乡，衔接国道5线京昆高速公路西攀段，经老碾镇、六华镇、下村乡、益门镇、外北乡、会理县城，在会理县城东南侧南阁乡衔接拟建国道4216线成丽高速公路宜攀段，路线长77公里。全线按双向四车道高速公路技术标准设计，设计时速80公里，路基宽25.5米。估算总投资120.65亿元。

（厅交通设计院）

理塘县至章纳乡（巴塘界）段公路工程可行性研究 2018年6月7日，厅交通设计院编制的省道460线理塘县至章纳乡（巴塘界）段公路工程可行性研究报告获甘孜州发展改革委批复。省道460线是《四川省普通省道网布局规划（2014—2030年）》中新增省道之一，该项目是省道460线重要组成部分，起于理塘国道318线巴塘方向距理塘县城6.7公里处，与国道318线平交，沿现有理章路老路改建，先后经阿超村、嘎热纳卡垭口、门子村、巴溪村、喇嘛垭乡、格青村、章纳乡，向西沿热地曲布线，止于理塘与巴塘两县交界处，与拟建的省道459线巴塘境内路段顺接，路线总长112.12公里。全线按三级公路标准设计，设计时速30公里，路基宽7.5米，局部困难路段可适当降低技术标准。全线估算总投资9.85亿元。

2018年9月10日，厅交通设计院在理塘县章纳乡外业调查　　张赟 摄

（厅交通设计院）

岷江犍为航电枢纽船闸 2018年3月15日—16日，厅交通设计院编制的岷江犍为航电枢纽船闸工程施工图通过评审。项目位于岷江下游乐山市犍为县境内，是规划的岷江乐山至宜宾162公里长河段航电梯级开发第三级航电枢纽。枢纽主要建筑物包括船闸、泄洪冲砂闸、发电厂房、混凝土重力坝、鱼道、开关站、库区防洪堤和梯调中心等，正常蓄水位335米，水库总库容2.28亿立方米，渠化岷江三级航道20.2公里。工程建设三级船闸和装机容量500兆瓦电站各一座，可通行2×1 000吨船队。犍为船闸尺度为220×34×4.5米，水级19米，单向年过闸货运量1 474.67万吨。枢纽工程总投资104亿元，其中船闸工程投资6.63亿元。

（厅交通设计院）

宜宾港志城作业区散货泊位施工图设计 2018年6月22日，厅交通设计院编制的宜宾港志城作业区散货泊位工程施工图（第二批次）通过评审。项目位于宜宾临港经济技术开发区，宜宾市合江门下游约14公里长江北岸，隶属宜宾港翠柏港区志城作业区。项目为全省乃至长江上游第一个大型专业化散货码头，建设1 000吨级（兼顾3 000吨级）散货泊位3个，包含1个粮食进口泊位、1个矿石进口泊位、1个矿石出口泊位，设计年吞吐量550万吨，码头占用岸线346米。码头按二类河港建设，设计高水位为10年一遇洪水位272.06米、设计低水位为98%综合历时保证率水位255.75米，作业水位差16.31米。工程由前沿框架、栈桥、后方阶梯式陆域等建筑物组成，采用专业装、卸船机、带式输送机及堆场堆、取料机进行作业，工程总投资6.83亿元。

（厅交通设计院）

渠江风洞子航运工程设计 2018年9月5日—7日，厅交通设计院和达州市水利电力建筑勘察设计院共同编制的渠江风洞子航运工程可行性研究报告通过评审。风洞子航运工程位于渠县天星镇八蒙村境内，是渠江干流上航电梯级开发第三级，上接舵石鼓枢纽，下接凉滩枢纽。工程以航为主，兼顾发电、防洪与城市水环境综合整治，完善综合交通运输体系，以促进区域社会经济发展。工程由左岸接头坝、鱼道、电站、19孔泄洪冲沙闸、船闸和右岸接头坝等组成，坝轴线全长879.7米。枢纽正常蓄水位为243米，相应库容1.79亿立方米，可渠化航道57公里。航道按三级航道建设，航道建设尺度为2.4 × 60 × 480米，船闸按三级船闸标准建设，船闸尺度220 × 23 × 4.2米。电站装机容量75兆瓦，枢纽总投资34.2亿元。

（厅交通设计院）

岷江彭山尖子山航电枢纽工程设计 2018年11月20日，厅交通设计院编制的岷江彭山尖子山航电枢纽工程初步设计通过批复。项目是岷江干流（彭山江口至乐山岷江三桥段）航电梯级开发实施规划中第一级，下衔汤坝梯级。坝址距下游简蒲高速公路岷江大桥2.3公里，上游距成都市65公里。枢纽主要建筑物包括船闸、泄洪冲砂闸、发电厂房、混凝土重力坝、鱼道、开关站、库区防洪堤等，正常蓄水位426米，水库总库容3 540万立方米，渠化岷江四级航道13公里。工程建设四级船闸和装机容量69兆瓦电站各一座，可通行500吨货船，丰水期兼顾1 000吨级货船。船闸尺度为120 × 16 × 3.5米，水级11.7米，单向年过闸货运量近期101万吨，远期266.5万吨。枢纽工程总投资16.99亿元，其中船闸工程投资1.91亿元。

（厅交通设计院）

岷江（龙溪口枢纽至宜宾合江门）航道整治工程可行性研究 2018年12月14日，厅交通设计院编制的岷江（龙溪口枢纽至宜宾合江门）航道整治一期工程可行性研究报告获批复。岷江是四川省大件装备产品进出川唯一通道，是《全国内河航道与港口布局规划》“两横一纵两网十八线”（长江干线、西江航运干线、京杭运河、长江三角洲高等级航道网、珠江三角洲高等级航道网和18条主要干支流高等级航道）中主要干支流高等级航道，是构建国家高等级水运网重要组成部分。项目起于龙溪口枢纽沿岷江干线至屏山岷江大桥，全长47公里。全线按内河三级双向航道标准设计，设计航道尺度2.4 × 60 × 500米，估算总投资8.98亿元。

（厅交通设计院）

岷江犍为航电枢纽库区航道整治工程施工图设计 2018年3月16日，厅交通设计院编制的岷江犍为航电枢纽库区航道整治工程施工图设计文件通过评审。工程河段长20.2公里。按照内河三级航道整治滩险3处，航道尺度2.4 × 60 × 500米，按内河一类标准建设航标工程，修建1座航标工作船码头，同步建设航道配套工程。预算总投资4 845万元。

（厅交通设计院）

向家坝水电站库区助航设施复建工程施工图设计 2018年5月3日，厅交通设计院编制的向家坝水电站库区助航设施复建工程施工图设计文件通过评审。该工程范围为新市镇至向家坝新滩坝锚地之间75公里库区主航道，全线按一类航标配布标准建设，航道维护尺度50 × 2.7 × 560米。预算总投资1 534万元。

（厅交通设计院）

黄河乌金峡库区及龙湾至南长滩河段航运建设项目二期工程初步设计 2018年12月13日，厅交通设计院编制的黄河乌金峡库区及龙湾至南长滩河段航运建设项目二期工程初步设计文件通过评审。该项目是甘肃省“十三五”期重点建设内河航运工程，工程分上、下两段，全长135.5公里。上段乌金峡库区河段长32.1公里，下段龙湾至南长滩河段长103.4公里。二期工程整治7个滩险段及部分区段浅滩，建设滚装码头4座。全线按内河五级双向航道标准建设，设计航道尺度1.6 × 40 × 270米。概算总投资1.5亿元。

（厅交通设计院）

澜沧江海事局普洱海事工作船码头工程初步设计 2018年10月16日，厅交通设计院编制的澜沧江海事局普洱海事工作船码头工程初步设计文件获交通运输部海事局批复。该项目位于思茅港下游1公里处，占地10 046.7平方米，占用岸线长度345米。主要建设内容包括新建30米级海事巡逻船靠泊泊位1个（兼顾500吨级溢油设备运输货船靠泊功能）、海事管理业务用房一座，同时建设港内道路、绿化、供电照明、通信、给排水、消防等配套设施。工程总概算3 694万元。

（厅交通设计院）

金堂县转隆大道西延线建设工程设计 2018年，咨询监理公司工程设计院完成金堂县转隆大道西延线建设工程勘察设计工作。项目位于成都市金堂县隆盛镇，起于黄桷垭村大堰塘三叉口处与金堂县转隆大道止点相接，止于金堂大道与金乐路平面交叉口。路线全长2.29公里，采用二级公路技术标准建设，设计时速60公里，路基宽12米，沥青混凝土路面，总投资4 477.52万元。

（咨询监理公司）

乌蒙山水潦乡至二郎镇农村扶贫公路建设工程设计 2018年，咨询监理公司工程设计院完成乌蒙山水潦乡至二郎镇农村扶贫公路建设工程（椒园乡沙田水库至大田坳段）全线一阶段施工图设计（其中，先开工段于5月完成）。项目位于泸州市古蔺县境内，经椒园乡、白泥乡、石宝镇、水口镇、丹桂镇、土城镇。路线全长110公里（利用30公里，改建50公里，新建30公里），采用四级公路技术标准建设，设计时速20公里，路基宽6.5米，沥青混凝土路面，总造价8.60亿元。全线处于四川盆地南缘与云贵高原过渡地带，属山岭重丘区，地质条件差，地形陡峻，路线走廊狭窄，老路状况差，局部路段老路最大纵坡21%，多路段连续3公里平均纵坡超10%。

（咨询监理公司）

国道356线布拖县城至金阳县热柯觉乡段工程设计 2018年，咨询监理公司工程设计院完成国道356线布拖县城至金阳县热柯觉乡段工程可行性研究报告编制和外业工作。项目起于丙底乡韦巴则洛村与省道208线顺接（省道208线与Y001接点），经丝窝乡、南瓦乡、地洛乡、补洛乡、火烈乡，止于国道356线和省道464线共线的布拖县城环城路。路线全长123.47公里，采用二级公路技术标准建设，设计时速40公里，沥青混凝土路面，总投资约18亿元。

（咨询监理公司）

国道321线纳溪至泸县一级公路改建工程设计 2018年，咨询监理公司工程设计院完成国道321线纳溪至泸县一级公路改建工程（隆昌界至渠坝段）设计工作。项目起于纳溪区渠坝镇场镇口国道321线K1786+810处，经双加、仁和、得胜、玉蟾山隧道、濑溪河、团仓村、罗桥村，止于山川镇。路线全长90.23公里，采用一级公路技术标准建设，设计时速60公里，路基宽分别为23米和30米，沥青混凝土路面，设大中桥10座1 420米，隧道3座6 133米（单洞），总投资33.49亿元。

（咨询监理公司）

省道104线草坝至姚桥段改建工程设计 2018年，咨询监理公司工程设计院完成省道104线草坝至姚桥段改建工程设计工作。项目位于雅安市雨城区境内，起于省道104线（已建永兴大道）与草坝镇龙州路交叉口，下穿雅康高速公路及成雅快速通道，经大垭口、顶峰村、梯子岩，止于姚桥镇省道104线与东外环路平交处。路线全长6.21公里（改建道路4.64公里，利用道路1.57公里），采用一级公路技术标准建设，设计时速60公里，双向四车道，路基宽25.5米，总投资3.98亿元。

（咨询监理公司）

省道220线道孚县城至雅江县城段公路改建工程设计 2018年，咨询监理公司工程设计院完成省道220线道孚县城至雅江县城段公路改建项目勘察设计工作。项目位于甘孜州道孚县、雅江县境内，起于道孚县城与国道350线康武大桥路口，沿鲜水河、雅砻江下行，止于雅江县城国道318线与道雅小桥交叉路口。全线位于3 000米海拔地区，山体横坡陡峭，地形地质条件复杂，拆迁量大，投资受限，项目勘测设计难度极大。路线全长167.67公里，其中改建段42.33公里（道孚段改建段22.35公里，雅江段改建段19.99公里），利用两河口电站还建道路125.34公里，采用三级公路技术标准建设，设计时速30公里（部分困难路段降低技术指标，采用四级公路技术标准建设，设计时速20公里），路基宽7.5米，总投资4.05亿元。

（咨询监理公司）

2018年，咨询监理公司工程设计院的工程师在磨子沟隧道踏勘 咨询监理公司 供图

专 文

科技征服泸定天险　匠心造就超级工程

——记厅公路设计院泸定大渡河大桥设计创新

匡成刚　胡栋才

2018年10月1日，雅康高速公路泸定大渡河大桥完成路面施工，具备通行能力。该桥位于泸定县咱里村，下距著名的古泸定桥5.2公里。主桥为1 100米单跨钢桁梁悬索桥，引桥为34米（30米）跨连续现浇箱梁桥，全桥长1 411米。主梁采用型钢桁架，为带竖腹杆的华伦式结构，桁宽27米、桁高8.2米；主梁节间长（横梁间距）10米；上下平联采用K形体系。

这座四川第一大跨度悬索桥，也被称为“川藏第一桥”，雄伟壮观、气势磅礴。这样一个令人震撼的超级工程，设计上克服了哪些难题，有什么科技含量与技术创新呢？该项目设计负责人——厅公路设计院桥梁勘察设计分院副总工程师、教授级高级工程师陶齐宇为我们作专业解析。

“大桥地形地质条件极其复杂，抗震、防风、固边坡是勘察设计面临的三大难题。”陶齐宇介绍说，“为优质高效完成这项艰巨任务，我们决心发扬当年红军不畏艰险、不惧强敌的精神，争分夺秒地开展工作，多次现场勘察、实地调研，多项科研试验同步开展，无数次深入细致的研究论证，克服了种种困难。我作为项目负责人和设计代表，自工程开工以来就常驻工地现场，实地指导、解决了施工中的大量技术问题，还作为项目钢结构加工巡视组成员，为确保重要构件的质量，深入多个生产厂商进行了大量调研把关工作。”

三大难题挑战勘察设计

桥址位于鲜水河断裂带、龙门山断裂带、川滇南北断裂带三大断裂带交汇区域，西距活动断裂带——鲜水河断裂带22公里，地震基本烈度为8度，E2水准的地表峰值加速度为0.49g，居同类大桥之首，对工程抗震提出极高要求。同时，桥址区位于高山峡谷区，桥面设计风速32.6米/秒，具有风速高、湍流强、风攻角大等特点，加上干热河谷热力驱动效应，风场特别紊乱，风环境特别复杂，防风设计面临考验。大桥两岸边坡高陡，坡度超过35度，又是岩土二元结构，地震时边坡垮塌会形成碎屑流，尤其是强震条件下雅安岸边坡稳定性是一个非常突出的问题。在具体勘察设计过程中，需要解决四个难点，一是如何在地质条件差、地灾风险高的峡谷山区选择相对最优的桥位；二是合理确定桥面高程，预留泸棉高速公路的枢纽立交，并实现全路段造价最省；三是面对极其复杂的建设条件，如何提升结构抗灾能力，保证工程安全；四是详细研究施工工艺，保证高塔、深锚等工程顺利实施。

泸定大渡河大桥　　邵 斌 摄

科研攻关助力技术创新

厅公路设计院自2011年开始勘察设计，组建由多个国内外知名专家组成的设计团队，针对面临难题采取多种解决措施，开展多项科研攻关。

为科学合理选择桥位，按照趋利避害、抗灾能力一票否决原则，结合大渡河两岸地形、地质条件等实际情况共布设不同标高10个桥位方案，经过反复研究比选，推荐综合防灾减灾性能最好的咱里高桥位。为解决结构抗震问题，进行大量结构数值分析，专门开展波形钢腹板与混凝土顶底板组合横梁抗震试验研究，对数值分析加以验证。为解决地质和边坡稳定问题，开展详细地质勘察，同步开展大量现场测试和试验研究工作，比如现场大剪试验、冰碛土层接触面原位直剪试验、压缩及剪切蠕变试验、1：10隧道锚模拟试验等，仅地质钻孔长度就超过大桥总长两倍多。为掌握风场规律，在现场建立声雷达风廓线仪观测站和四要素自动气象站，获取现场风场资料，开展地形CFD分析、地形模型风洞试验、主梁节段模型风洞试验及气动优化等系列研究。他们通过扎实工作和不懈努力，顺利通过多次交通运输部专家委员会审查，成功完成设计。

创新设计打造高品质超级工程

厅公路设计院凭借多年技术积累，通过对多座相关山区特

泸定大渡河大桥　　曹雪娟 摄

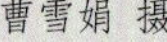

大桥梁技术总结，并邀请包括多名院士在内的业界权威专家会商研究，以减轻、防止桥梁自然灾害为根本出发点，从桥位、桥型选择入手，宏观把控、小处着手，实现设计理念、设计技术创新，成功解决该项目关键技术难题。

在解决高烈度地震区特大跨径桥梁抗震问题方面大胆更新传统理念，在桥塔塔柱、桥塔横梁、中央扣、约束体系等环节均有关键技术创新，其中两大创新设计为业界首创。一是首次将防屈曲钢支撑用作悬索桥的中央扣，在强烈地震时，中央扣屈服耗能，从而保证主梁安全；二是首次将波形钢腹板与混凝土顶底板的组合结构作为桥塔横梁，充分利用两者结构优点，既克服混凝土横梁和钢横梁在抗震方面不足，又简化塔柱–横梁连结构造。为解决大桥隧道锚和泸定隧道冲突干扰，创造性地采用反向平曲线设计，将泸定隧道左右两幅分离，布置在大桥隧道锚外侧，极大地减小隧道锚和公路隧道相互影响，为山区桥隧相连的悬索桥总体布置提供一条崭新思路。同时，在隧道与隧道锚之间设置横通道，既作为施工期运输通道，加快施工进度，又作为今后检修通道，便于养护。为消除地震时边坡垮塌形成的碎屑流对大桥的威胁，他们创新边坡防护理念，将雅安岸第一排和第二排抗滑桩按人字形布置，采用"疏导"方式，将强震产生的碎屑流沿斜向导出大桥范围，确保碎屑流不危害大桥构造物。为解决抗风问题，通过仪器观测和科研试验，获取现场第一手风场资料，分析研究风场规律，得出合理、可信的设计风速，细化抗风设计，采取投资省、效果好的抗风措施，设立大风预警系统，将大风对行车影响降至最低。为解决冬季行车不受冰雪影响问题，经充分论证研究，桥面标高确定为1 619米，低于当地2 000米雪线标高，可确保四季畅通。

泸定大渡河大桥　　邵 斌 摄

泸定大渡河大桥　　邵 斌 摄

不仅如此，陶齐宇介绍说：泸定大渡河大桥还是一个典型"交通+旅游"项目，大桥本身雄伟壮观，造型优美，是当地标志性景观建筑。在设计时也充分考虑景观、旅游因素，设计观光廊道。大桥通车后，当地将利用桥下泸定水电站库区开发水上游乐等项目，将大桥有效融入当地自然人文景观，一个围绕这座特大桥打造的多元化旅游景区正在紧锣密鼓地酝酿规划中。

交通运输

JIAOTONG YUNSHU

2019

四川交通年鉴

综　述　2018年，四川省道路运输客运量、旅客周转量、货运量、货物周转量分别完成8.1亿人次、466亿人公里、17.3亿吨、1 815亿吨公里，比上年分别增长-13.40%、-10.60%、9.6%、8.2%。水路运输客运量、旅客周转量、货运量、货物周转量、集装箱吞吐量分别完成1 991万人次、1.905 8亿人公里、6 862万吨、270亿吨公里、97万标箱，比上年分别增长-15.8%、-14.5%和-11.5%、5.7%、4.6%。年内，四川交通运输呈现以下特点：

道路水路运输基础设施建设成效显著　全省全年完成道路运输场站建设投资35亿元。成都天府新区新津公路货物集散中心等3个物流园区主体完工，实现全省五大经济区均拥有大型货运枢纽（物流园区）。新开工建设8个客运枢纽“全覆盖”工程，建成和在建项目达36个，覆盖90%的营运高铁站。新（改）建322个汽车客运站厕所，实现三级以上汽车客运站全覆盖。全省有港口17个（交通运输部认定的规模以上港口6个），港口码头泊位2 106个（千吨级泊位60个），港口货物吞吐能力1亿吨，集装箱吞吐能力233万标箱，初步构建起以泸州宜宾乐山—广元南充广安两大港口群为主，其他一般港口为辅的“6+6”枢纽互通港口体系。在生态优先前提下，长江羊石盘至上白沙段航道整治工程5个重点项目前期工作加快推进，岷江犍为航电枢纽等8个续建项目质量、安全等“五大”管理总体受控。

运输服务能力明显提高　道路客运运力结构进一步优化。2018年高级客车达14 870辆，占比30.7%，较上年提高1.2个百分点；新增城市公交车2 142辆，城市公交车总数发展到3.37万辆；轨道交通（成都市）新开通1号线三期、3号线二三期、有轨电车蓉2号线首开段（59.7公里），累计运营6条地铁线、225公里，1条有轨电车、13.7公里，安全运营3 018天，年客运量达11.6亿人次。农村客运全年新增通客车建制村3 427个，全省乡（镇）、建制村通客车率达95%和89%。旅游包车信息平台建设加快推进，“交通+旅游”融合发展趋势明显。全省224个三级以上车站实现联网售票，18个车站开展电子客票试点。城市公共交通“一卡通”互联互通工程持续推进，21个市（州）实现公交“一卡通”互联互通。2018年，全省交通运输领域计划新（改）建行业厕所456座（新建92座、改建364座），年内实际新（改）建474座，其中新建102座、改建372座，分别为年度目标任务的110.9%和102.2%，完成省政府下达的年度目标任务。全省“12328”电话系统受理业务249 693件，比上年下降6%；限时办结率97.87%，比上年提升10%；抽查回访满意率为94.83%，比上年提升10%。泸州港、宜宾港获批国家临时开放口岸，泸州市获批港口型国家物流枢纽承载城市，泸州航运物流交易所完成筹建，“启运港退税+无水港”模式在泸州港先行先试。用好三峡过闸（升船机）绿色通道，全省121艘重点急运物资船舶优先过闸得到保障。推进多式联运“一单制”，制订《全省水路集装箱运输组织优化工程实施方案》。下放自贸区省级审批权限7项，支持自贸区建设发展。加强大件运输组织协调，保障126批次、3万吨大件顺利通过岷江运输。

道路水路货运物流体系建设加快推进　全省营运货车57.61万辆（比上年增长3.4%）、总吨位444.09万吨（比上年增长14.8%），集装箱车辆2 183辆（比上年增长12.6%）。2018年，全省省际运输船舶441艘，千吨级船舶304艘，平均吨位3 070吨、增加80吨，过三峡船闸船舶标准化率88%。全省省际水运企业79家，万吨以上水运企业31家。三级Ⅳ类以上船舶生产企业58家，船舶工业健康发展。水运多式联运发展成效明显。融入南向通道，泸州、宜宾港首次开通至广州、广西钦州港铁水联运班列。拓展东向通道，“天天直航快班（升船机）”和“水水中转航班”持续优化加密，新开通班轮航线2条，达到10条，每周发班30余班。主动对接西向通道，“蓉欧+泸州港”班列顺利首发，蓉欧快铁第一条铁水联运线路正式开通。泸州港、宜宾港在昆明、攀枝花等地建立无水港，与遵义、毕节、六盘水等地签订合作协议，宜宾港进港铁路开工建设。全省铁水联运箱量达3.5万标箱，比上年增长25%。

重大运输保障能力不断提升　完成春运、十一“黄金周”等重大道路运输保障任务。全省道路、水路春运运送旅客1.05亿人次，比上年下降12.99%。其中，道路和水路客运分别运送旅客9 800万人次、722.45万人次，比上年分别增长-14.14%、6.34%。道路旅客运输日均投入客车4.74万辆；水路旅客运输日均投入客运船舶2 384艘。日均客运量为262万人次左右，仍保持高位运行。全省高速公路出口总流量为9 001.6万辆次，比上年上升10.3%，日均车流量达225.0万辆次，比上年上升10.3%。2月20日出现春运车流最高峰，峰值车流量达329.33万辆次，与2017年春节最高流量285万辆相比增加15%。

（厅运输处）

道路运输

DAOLU YUNSHU

概　况　2018年，四川道路运输服务保障能力和水平不断提升。

道路运输基础设施建设 发展农村客运和农村物流。全年新增通客车建制村3 427个；建成一批县、乡、村三级物流综合服务站，构建“多站合一”的县乡村三级节点物流网络，建成县乡村三级物流综合服务站181个，农村货运配送线路发展至400余条，服务网点发展至3 000余个，农村物流网络节点覆盖率（通邮率）达到94.71%；新开工建设8个客运枢纽“全覆盖”工程，建成和在建项目36个，覆盖90%的营运高铁站。新（改）建322个汽车客运站厕所，实现三级以上汽车客运站全覆盖。

道路运输安全治理 全年发生道路运输行车事故195起、死亡229人，分别上升1.56%和下降3.78%。“两客一危”车辆未发生较大以上事故。全年查实违规违法行为1 500余车辆次，处理率100%。坚持联网联控，全省“两客一危”车辆入网率100%，上线率95.06%，车辆实时在线率位列全国前三；推广犍为农村客运集中监控和攀枝花危货运输第三方统一监控的经验作法，降低企业运行成本，提升动态监控效能；推广实施电子运单管理制度，电子运单异常率下降到5.5%；强化驾驶员监管和退出，实施运输企业信用考核管理；推进道路运输“打非”工作，全年查处“黑车”1.7万辆，取缔地下班线23条，整治驾培市场乱象1 000余起，移交司法机关追究刑责2起，移交纪检监察部门问责系统内干部职工16人。

重点领域改革创新 制订《四川省道路客运定制服务试点工作方案》，在部分二类以上市际客运班线开展定制客运试点；有序推进网约车新政全面落地实施，促进网约车与传统出租汽车融合发展；推进驾培机构“计时培训、计时收费、先培训后付费”培训服务模式改革，全面启用四川省驾驶培训监管服务平台；加快推进汽车电子健康档案系统建设，初步建立覆盖全省、互联共享的汽车维修行业大数据系统，实现营运客车和危货车辆全覆盖；全面清理道路运输行权事项，梳理优化流程，行权事项全部纳入政府政务服务一体化平台运行，重新编制服务指南和工作手册。

道路运输行业提质增效 “证照分离”改革落实到位，道路运输站场经营许可改为告知承诺制，道路客运、货运、危货和机动车驾驶员培训经营许可采取优化服务准入制。制订道路运输企业信用管理办法，事中事后监管框架体系初步成型；鼓励道路货运企业加强与铁路部门战略合作，开发多式联运服务产品；扩大无车承运人试点范围，做大全省甩挂运输联盟，鼓励中小货运企业联盟发展，促进企业、站场、平台等深入合作、集约经营；鼓励创新“互联网+”货运新业态，培育货运交易平台型企业；推广应用交通运输部标准化推荐车型，完成在用不合格车辆运输车淘汰退出市场任务；客运枢纽工程建成和在建项目达36个（新开工建设8个），覆盖所有营运高铁站，加强道路客运衔接铁路、航空的接续接驳；新（改）建322个汽车客运站厕所，实现三级以上客运“厕所革命”全覆盖。建成覆盖全省三级以上客运站联网售票服务网络，优化升级联网售票网站和App功能。

（蒋智力）

春运工作 2018年2月1日—3月12日春运期间，全省道路客运形势总体平稳，达到预期目标。主要特点：①客运量总体下降明显，但部分主线（站）有所回升。全省日均投入营运客车4.47万辆，累计疏运旅客8 837万人次，比上年同期下降9.5%。随着扫黑除恶专项斗争的开展，主要线路、客运站客流量回升2%左右。道路客运量下降主要原因除受高铁、私家车、网约车等因素影响外，部分市（州）客运班线公交化改造后，其客运量未纳入统计也是重要因素。②安全生产形势基本稳定。春

2018年2月15日，交通运输部党组书记杨传堂视频连线四川省交通运输厅检查指导春运工作　　交通宣传中心 供图

运期间，发生一般事故11起、死亡13人，比上年同期分别下降21.43 %和13.33%；发生较大道路客、货运输行车事故各1起、各死亡3人（2017年未发生较大道路运输行车事故）。③服务质量稳步提升。开展农民工平安返乡返岗和“情满旅途”专题活动，全省组织直达包车服务6 320辆次，运送农民工超19.8万人次，中央电视台等主流媒体给予肯定性报道。

2018春运工作总体情况：①创建“便捷春运”，运输组织更加高效。春运前，客运企业对全省现有的4.1万辆客运班车进行全面技术检查和检测，将符合条件的全部投入春运；组织5 000辆包车客车，采取加班车和民工包车等方式投入春运高峰期紧急运输；组织1 640辆外省支援运力，主要参与全省后春运省际超长加班。运输调度有序。节前重点保障成都至省内各地的干线客运运力需求，节后重点保障川南、川东北省际长途客运运力需求。在春运高峰时段，对客运班线起讫地之间有多条高速公路或普通国省干道、快速通道联通的，采取客运车辆临时“多线运行”方式，选择通行速度最快的线路运行，大幅度提高运输效率。运输衔接顺畅。各级道路运输管理机构主动加强与铁路、民航的信息互通，

统筹组织运力调度，合理安排城市公交、轨道交通、出租汽车、道路客运班线营运时间和发车频次，做好道路运输与其他运输方式的有效衔接。全省平峰时段共落实接续接驳车辆1.749 2万辆（其中客车3 947辆、公共汽车5 548辆、出租车7 997辆），城市轨道班次2 509班次；高峰时段落实接续接驳车辆1.927 3万辆（其中客车4 890辆，公共汽车6 013辆、出租车8 370辆），城市轨道班次2 661班次。应急保障有力。春运期间，各级运管机构主动与气象、公路和公安部门加强工作对接，进一步夯实应急联动机制，形成工作合力，妥善处置各类突发情况。②开展“农民工平安返乡返岗”和“情满旅途”专题活动，服务质量稳步提升。春运期间，各地运管机构、运输企业、汽车客运站开展“农民工平安返乡返岗”“情满旅途”专题活动，推进工作理念创新和服务手段创新，从道路运输各个环节创新服务举措，拓展服务内容，多措并举提升服务质量和服务水平。农民工出行便捷。各级道路运输管理机构加强与人力资源和社会保障、工会、当地政府驻外机构、乡镇政府等单位的衔接，收集掌握农民工返乡返岗信息，并组织运输企业节前深入务工人员集中的园区、厂区、大型企业以及大型工程建设项目，节后深入务工人员集中返岗的乡镇（村）开展出行需求调查，提供直达包车服务。其中，遂宁市运管处春节前免费组织5辆直达包车把农民工从广东顺德接回家过年，内江市运管处在浙江、深圳、贵阳组织农民工返乡专车直达包车，运输企业对农民工票价优惠每人150元至190元。绵阳、雅安、成都等地组织客车对接农民工专列，为农民工提供温馨服务。春运期间，全省组织直达包车服务6 320辆次，运送农民工超19.8万人次。各级道路运输管理机构组织开展好“情满旅途”活动。其中，达州开展“温暖回家路活动”。春运期间，全省二级以上汽车客运站增设226个农民工购票专门窗口，三级以上汽车客运站共张贴欢迎农民工回家过年等各类暖心标语358幅。售票服务便捷。依托全省联网售票系统，拓展电话购票、手机App客户端购票、人工代理网点购票等多元化的购票服务。春运期间，全省联网售票系统累计出售出汽车票530万张，日均出售车票13.3万张，比上年同期增长38.6%。候车服务舒心。全省21个市（州）重点汽车客运站实行高峰时段候车厅24小时开放、免费热水服务，设立母婴哺乳区、重点旅客候车区和医疗服务点，为旅客提供更加舒适宽敞的候车环境和更人性化的候车服务。成都东客站通过增开售、检票窗口，缩短旅客站内候车时间，为母婴候车室、无障碍候车室添置轮椅、坐垫等便民服务设施，同时为行李箱破损的乘客免费提供爱心箱包。③创建“平安春运”，安全形势总体稳定。安全检查严格。厅运管局督查和暗访检查61家道路运输企业，其中查实惩处1家，挂牌督办2家。责任落实到位。从严执行“六严禁”规定落实企业主体责任。运用重点营运车辆联网联控监控平台和道路运输第三方安全监测平台，严查严惩超速超载、疲劳驾驶、非法载客等违法违规行为，实行春运期间“一周一通报”、大假7天“一日一通报”制度，对省联网联控平台监测到11个市（州）、25家企业、29辆车、49辆次实际违法超速报警行为，督促属地运管机构严格依法依规进行处理。警示教育严格。以从严执行《四川省道路营运驾驶员记分管理办法》警示规范驾驶员安全行为。春运期间，对1 100名驾驶员实行记分（其中有101人记满15分以上被列入重点监控名单并下岗学习，有16人记满20分以上被列入行业禁止进入“黑名单”），形成有力震慑。④创建“诚信春运”，市场秩序不断规范。采取暗访为主的检查方式，重点督导各地扫黑除恶治乱下沉一级的落实情况，及时梳理推广各地治乱的有效措施，形成省、市、县三级齐抓共管共治的良好工作格局。扫黑除恶治乱有力。各级道路运输管理机构纵深推进扫黑除恶治乱工作，依法严厉打击超员超载、非法营运、甩客宰客等违法失信行为，对多次发生严重违法失信的运输企业、车辆、驾驶员建立失信记录，纳入重点监控名单和“黑名单”管理，市场秩序进一步规范。旅客维权顺畅。发挥网络舆情和“12328”交通运输服务监督电话作用，及时办理网络舆情、受理各类投诉和咨询，为广大旅客排忧解难，维护旅客合法权益。为鼓励乘客实名举报违法违规行为和不文明行为，形成社会监督的信用环境，厅运管局组织在全省所有县际以上客运班线车辆和包车客运车辆上推广应用道路运输“安全与服务”微信公众管理平台，有效促进道路运输提升营运安全和服务质量。春运期间，“安全与服务”微信公众管理平台收到359条投诉，督促各级运管机构和企业查实处理投诉347条；厅运管局收到有效网络舆情信息249条，查实处理140条，18名驾驶员被责令停岗学习并纳入记分管理，23家客运企业和汽车客运站被要求整改，13家出租汽车公司被依法进行处理。舆论宣传深入。各级道路运输管理机构加强春运宣传和信息服务，挖掘宣传交通运输系统干部职工和从业人员舍小家、为大家，始终坚持春运一线的奉献精神，报道道路运输守信经营的服务品牌，树立爱岗奉献的先进模范，弘扬社会正能量，唱响诚信主旋律。

（龚文波）

全省道路运输行业基础设施建设 2018年，全省道路运输站场建设完成投资35亿元，开工建设140个项目（含建成69个），其中，开工建设客运枢纽28个、县级客运站10个、乡（镇）客运站102个。继续推进厕所革命。2018年，全省汽车客运站厕所建设任务为311个，其中，新建成汽车客运站厕所40个；提升改造汽车客运站厕所271个，实现三级及以上汽车客运站全覆盖。基础建设的推进为道路客货运输提供保证。2018年1月至12月，全省公路运输累计完成客运量8.1亿人次、旅客周转量466.1亿人公里、货运量17.3亿吨、货物周转量1 814.9亿吨公里，与上年同期相比，分别增长-13.4%、-10.6%、9.6%、8.2%。1至12月公路运输完成总周转量1 861.6亿吨公里，比上年增长7.67%，比2018年初省政府服务业办的建议目标高0.17个百分点。农村物流服务网点进一步扩大。农村地区整合交通运输、农业、供销、商务、邮政等物流资源，节点布局不断优化，涌现出宜宾县快递货运、遂宁顺义通城乡配送等农村物流服务新模式。建成县乡村三级物流综合服务站181个，农村货运配送线路发展至400余条，服务网点发展至3 000余个，农村物流网络节点覆盖率（通邮率）达94.71%。智慧绿色交通稳步推进。全省道路运输综合管理信息平台启动建设，客运站联网售票网站和App功能优化升级，224个三级以上车站实现联网售票，二级及以上客运站省内联网售票率达90%。成都、泸州两市成功入选全国绿色货运配送示范工程创建城市。全省营运“黄标车”全部淘汰退出营运市场，汽车检测与维护（I/M）制度全面实施。城市公交新增和更新新能源车比重超过25%。

（蒋智力）

全省道路运输信息化建设 2018年，省交通运输厅进一步加强全省道路运输信息化建设。道路运输综合管理与服务信息平台建设进一步加快。梳理形成道路运输信息化建设体系架构，根据总体架构要求，按照“成熟内容先行启动，调整内容同步完善”的原则，完成道路运输综合管理与服务信息平成熟建设内容共计7个标段的招投标及合同签订工作。同步开展调整深化内容的补充设计编制工作。全省联网售票运营管理优化。完成系统第三方软件测评和安全测评及定级备案工作。按照信息化项目建设程序和要求，完成项目完工验收和交工验收工作。以竞争性磋商方式确定中国建设银行四川分行为省联网售票系统清分结算银行，并完成清分结算系统技术升级改造工作。完成清分结算系统技术升级改造。组建运维团队，完成培训后全部分类到岗，独立承担省联网售票系统日常运营管理工作。指导省运业公司与联网售票车站签订售票服务协议，年内基本实现接手省联网售票系统运营管理工作。联网联控技术支撑工作扎实推进。修订《四川省重点营运车辆卫星定位系统服务商企业监控平台考核管理办法（试行）》和《四川省道路运输车辆卫星定位系统企业监控平台备案办法》，进一步建立完善卫星定位系统考核评价体系和服务商退出机制。严把准入关，扎实做好服务商企业监控平台备案和视频终端核验工作。2018年，对收到申请备案的省内外3家服务商企业监控平台进行严格备案审查，对4家卫星定位视频终端进行功能核验，将服务能力差、技术水平达不到要求的卫星定位服务商和终端设备“拒之门外”。截至年底，全省有29万辆营运车辆安装使用卫星定位装置，3.4万辆营运客车安装使用3G车载视频系统。扎实做好联网联控基础性工作，经过清理整治，2018年全省“两客一危”车辆入网率达100%，上线率达95.3%。推进政务信息资源共享工作。与省公安厅协调，获取驾驶员、车辆基础数据，有力支撑了道路运输客运线路许可、道路运输证、从业资格证业务办理及运政信息数据清理工作。向公安、旅游、相关市（州）交通局等多个数据申请单位共享推送了卫星定位、网络售票及运政信息基础数据。在成都市北门车站推动实现道路运输从业人员、车辆基础数据、驾驶员记分数据与车站站务系统数据互联互通，形成驾驶员、车辆源头闭环管理。

（田智猛）

全省道路运输信用体系 2018年，省交通运输厅进一步加强全省道路运输信用体系建设，措施主要有：①制订出台《四川省道路运输企业信用管理办法》。首次对行业信用体系考核进行制度设计，对全省道路运输企业信用管理和信用评价考核进行规范，构建全省道路运输信用体系框架，推动运管机构由传统管理向信用监管为核心的新型道路运输监管方式转变，行业信用建设管理登上新台阶。②注重信用信息化建设。开展道路运输市场信用信息平台建设。在省交通运输厅统一部署下，厅运管局开展平台功能调研，参与节点核认和系统评审，指导和督导市县两级运管机构开展试运行，及时录入行业信用有关信息和数据，完善信用平台功能和数据。③及时对外公布行业信用信息，推进社会监督。推行红黑名单曝光制度，厅运管局网站开设专栏公示驾驶员重点监管名单、黑名单、企业重点监管名单、六严禁违法行为及媒体曝光与部门抄告等信息，通过四川道路运输安全生产微信公众号等渠道接受群众举报，适时公布违规驾驶员和企业名单，在“信用交通”四川网站上公布全省运输企业质量信誉考核结果，促使全行业道路运输企业和从业人员提高信用意识，依法依规诚信经营、文明从业。④开展形式多样的信用交通宣传。做好“诚信建设万里行”主题宣传，推进“信用交通省”创建，在全省道路运输行业开展信用交通宣传月活动，各级运管机构深入客货运输企业、维修企业、客货车站场和驾培学校，以“唱响信用交通，唱亮交通发展”为主题，采取座谈会、张贴标语、悬挂横幅、开辟宣传栏、散发宣传单、制作宣传展板等多种形式，开展信用政策知识、企业信用承诺等为主要内容的信用交通宣传，引导全省道路运输行业从业人员和运输企业诚实守信、合法经营。

（黄于孜）

水路运输

SHUILU YUNSHU

概　况　2018年，全省拥有运输船舶5 316艘、1 336 368吨、47 565座、553 963千瓦。千吨级以上船舶332艘、968 043吨、226 497千瓦，比2017年新增2艘、36 875吨、6 530千瓦。货运船舶平均吨位488吨/艘，比2017年增加95吨/艘。

（厅航务局）

水路货物运输　2018年，四川省完成水路运输货运量6 862万吨、货物周转量270亿吨公里，分别比上年下降11.46%和增长5.47%。其中，岷江大件运输完成126批次、3万吨。全省港口完成货物吞吐量5 685万吨，比上年减少34.88%；港口集装箱吞吐量完成97.32万标箱，比上年增长4.65%，其中泸州港、宜宾港集装箱吞吐量分别完成57万标箱、40万标箱，分别比上年增长3.6%、5.3%。全省铁路水路联运集装箱吞吐量达到3.5万标箱，比上年增长25%。

（厅航务局）

水路旅客运输　2018年，四川省完成水路客运量1 991万人次、旅客周转量19 058万人公里，比上年分别下降15.78%和14.52%。春运期间，全省日均投放客（渡）船2 388艘67 517客位，累计完成水路客（渡）运量722万人次，比上年增长6%。十一“黄金周”期间，全省日均投放客（渡）船2 380艘62 522客位，完成水路客（渡）运量155.17万人次，比上年下降19%。通过精心组织、合理调配运力、强化现场监管，重大节假日期间未发生旅客滞留、投诉，水路客运秩序井然。

（厅航务局）

海事人员热情为旅客服务　　厅航务局 供图

水运企业及运力　2018年底，四川省拥有水运企业263家。其中，省际水运企业79家，万吨船舶运力以上水运企业31家。全省拥有运输船舶5 316艘（其中货船2 626艘、客船1 615艘），总运力133.6万载重吨，其中省际运输船舶441艘，过闸船舶标准化率88%。全省有1 000载重吨以上标准船舶304艘、93万载重吨。

（厅航务局）

多式联运发展　2018年，按照中共四川省委、省政府“突出南向、提升东向、深化西向、扩大北向”的战略方针，全省港口积极作为，实现新形势下物流多式联运大发展。南向：泸州港发展陆海联运，4月2日，泸州—广州外贸铁海联运班列顺利首发，5月15日，泸州—广西钦州外贸铁海联运班列正式开通。泸州港南向出海通道在贯通后又实现迅速延伸、拓展，将四川、云南、贵州、广西等中国西部省份通过铁路、海运与东盟紧密相连；6月15日，四川宜宾港（集团）有限公司与广西北部湾港股份有限公司就两地战略合作关系正式签约，打通“川—桂—港（马）”南向通道，开行成都—宜宾—钦州铁路集装箱班列，畅通四川以及西部地区南向出海通道。东向：泸州港依托长江，推动多式联运，发展“天天直航快班（升船机）”，持续优化加密“天天直航快班（升船机）”和“水水中转航班”。西向：“泸蓉欧”班列正式开行。6月12日，“蓉欧+泸州港”号班列首发，蓉欧快铁第一条铁路水路联运线路正式开通。北向：推进泸蓉欧快铁北线通道建设。泸州港积极推进泸蓉欧快铁北线（泸州港—成都—莫斯科）物流通道建设开行，为企业沿“一带一路”交流合作提供国际物流通道保障。同时，港口企业积极拓展货源腹地，泸州港在昆明、攀枝花等地建立无水港，与遵义、毕节、六盘水等地签订合作协议。全力推进多式联运示范工程建设，宜宾港进港铁路开工建设，泸州港投资完成多式联运粮库建设2 600多万元，铁路水路联运集装箱量超过3.5万标箱，比上年增长25%。2018年，新开班轮航线2条，全省开通泸州、宜宾至上海等集装箱班轮航线10条，每周发班32班左右。

（厅航务局）

泸州港南向出海新通道正式贯通 2018年4月2日，泸州—广州外贸铁海联运班列顺利首发，标志着泸州港南向出海新通道正式贯通。

该外贸铁海联运班列装载着川南地区的化工品与机械产品，4天后到达广州黄埔港，并出海发往中国香港、东南亚及非洲等地。这一班列的顺利运行成功拓展泸州港铁水联运新版图，标志着川南地区外贸货源最便捷的南向出海通道正式贯通，为川南及周边地区外贸企业提供了一条价格及运力优于公路、时效快于水运的铁路出海便捷通道，满足了“外贸货物，急货急走”的需求。

（李洪燕）

泸州至上海外高桥“启运港退税”直航快班首航 2018年4月19日，泸州—上海外高桥“启运港退税”直航快班从泸州港启航，标志着西部地区首票“启运港退税”政策落地实施。1月，财政部联合海关总署、税务总局发布《关于完善启运港退税政策的通知》，明确在原有8个启运港基础上，新增泸州港等5个港口享受启运港退税政策。企业在泸州港出口可与在上海等沿海港口出口享受同样的退税时效，较之前的退税模式可节约退税时间至少20天。

2018年4月19日，泸州—上海外高桥“启运港退税”直航快班首航　　省港航公司 供图

泸州港将“启运港退税”政策与“泸州—上海升船机五定外贸直航班轮”相结合，推出集“启运退税”“公共班轮”“电梯翻坝”“快船运输”“货物直达”等特点于一身的长江绿色水运服务，吸引四川、贵州、云南等地出口货物在泸州港中转，一体化通关，在提高企业资金周转效率的同时，助推泸州港构建“长江上游辐射川滇黔地区的航运物流中心”，促进区域协同开放。

（李洪燕）

启动“启运港退税+无水港”业务 2018年4月19日，“民泰号”班轮驶出泸州港，标志着泸州港“启运港退税+无水港”模式的业务正式启动。该次出口的80吨玻璃纤维由成都经泸州发往韩国釜山，“启运港退税”政策成功延伸至泸州港无水港腹地区域。

“启运港退税+无水港”模式的顺利实施，实现泸州港“启运港退税”、三峡升船机外贸直航班轮、江海联运外贸直达近洋航线等多个优势叠加，是泸州港“启运港退税”由本地延伸至无水港区域的深化应用，有利于破除长期困扰内陆出口企业的退税时效问题，对企业吸引力巨大。

（李洪燕）

泸州至广西钦州外贸铁海联运班列正式开通 2018年5月15日，泸州—广西钦州外贸铁路海路联运班列测试列装载着18节车厢汽车零配件从泸州港正式开行出发，这是泸州港继开通泸州—广州黄埔外贸班列之后又一条南向出海通道，泸州成为继成都之后四川省第二个开行至钦州外贸海铁联运班列的市。

该外贸海铁联运班列既服务于泸州及川南地区产业发展，又通过钦州的国际航线连接东南亚、南亚等国家。泸州港不断拓展的铁路水路联运网络为港口集散的货物提供多通道选择，为泸州建设进出口货物集散中心和承接产业转移奠定通道基础。

（李洪燕）

拓展西南供应链市场 2018年5月29日，贵州省赤水市市长谭海一行率市招商引资组到泸州港开展合作洽谈，有关企业与泸州港就西南（赤水）家具产业园项目签订战略合作协议。西南（赤水）家具产业园是贵州省2018年重大工业项目，双方将以港口供应链服务为基础，依托各自资源、资金、物流、土地、技术等优势采取多样化合作方式，在西南（赤水）家具产业园区供应链综合服务和行业协会等领域开展广泛合作。

（李洪燕）

2018年7月12日，“广州—泸州港”首班海铁联运班列顺利抵泸　　省港航公司 供图

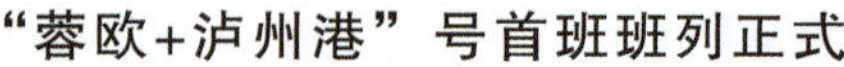

“蓉欧+泸州港”号首班班列正式开行 2018年6月12日4时，一列56标箱的铁路班列驶出泸州港进港铁路专用线，15天后抵达德国纽伦堡。这是四川自贸区川南临港片区“蓉欧+泸州港”号班列的第一班列车，也是蓉欧快铁第一条铁路水路联运线路。

该班列的开行标志着泸州港西向开放大通道的进一步优化贯通，在省内实现长江水运与蓉欧快铁的无缝连接，发挥出铁路和水路运输的比较优势及组合效应。同时该班列的开行也是成都、泸州两港打造的国家多式联运示范工程的重要成果，货物抵达泸州港视同抵达成都港，促进成都、泸州两市物流一体化、市场一体化、服务一体化。

2018年6月12日　“蓉欧+泸州港”号首趟班列正式开行　　省港航公司 供图

（李洪燕）

广州至泸州港首班海铁联运班列抵泸 2018年7月12日，“广州—泸州港”首班海路铁路联运班列抵达泸州港，这是泸州港完成的首批从欧美地区进口并经广州港铁路中转的货物，标志着泸州港至广州（广州港、黄埔港）外贸铁路海路联运双向通道正式打通。

“广州—泸州港”铁路海路联运班列上行每周日固定发班，下行每周六固定发班，逐步实现常态化运行，标志着泸州港打通更加高效便捷的出川国际物流通道，丰富以泸州港为核心的多式联运体系，将提高川粤地区的物流资源配置效率，促进四川在南向通道持续优化的基础上不断提高对外开放的广度与深度。

（李洪燕）

泸州港至钦州铁海联运班列正式开行 2018年10月10日，载有50个标箱的列车驶出泸州港，标志着泸州港—钦州铁路海路联运班列正式开行，这是继泸州港—广州铁路海路联运班列后，又一条稳定的南向出海通道正式开通。

泸州港—钦州、广州铁路海路联运班列的开行是贯彻落实中共四川省委、省政府《关于畅通南向通道深化南向开放合作的实施意见》中坚持陆海联动、扩大开放，加快建设连接北部湾、畅联粤港澳、面向东南亚、通往印度洋的综合运输大通道，打通衔接“陆上丝绸之路”和“21世纪海上丝绸之路”的南北大动脉，全面提升南向开放水平，引领形成“四向拓展、全域开放”新格局的具体实践。泸州港—钦州班列通过对接钦州—新加坡天天公共驳船以及钦州港至东南亚航线，利用钦州港进口粮食、肉类、水果、整车等指定口岸优势，支撑外贸进出口货物集散，为隆黄铁路建成投运后，打通通往北部湾最近出海货运通道培育市场基础。

该次泸州港—钦州班列的货源是工业混合油，经成都、乐山、重庆等地发运至泸州港集并，形成班列发

运，3天后抵达钦州港，再通过海运运输至马来西亚巴生港。钦州—泸州港上行货源也在筹备中，目标货源为

2018年10月10日，泸州港—钦州铁海联运班列正式开行
省港航公司 供图

轻质循环油，形成双向对流，计划每周双向各开一列。
（李洪燕）

拓展云南市场 2018年10月18日，一列装载着铝锭的“云南昭通—泸州港—上海”的铁路水路联运班列从云南昭通运抵泸州港，经泸州港中转装船运至上海，这是泸州港努力提升东向通道建设的又一举措，同时也是泸

2018年10月18日，泸州港深度拓展云南市场，持续强化东向通道建设
省港航公司 供图

州港加快铁路水路联运发展、深度拓展云南市场、着力提升箱量所取得的成效。

该批次货运由四川泸州港供应链管理有限公司承运，装载8个20英尺铁路集装箱，全程历经公路、铁路、水路，里程3 100公里，运行时间近20天，密切云南地区货物与长江“黄金水道”各江运口岸的联系，物流成本与铁铁联运相比下降20%，预计后期货运量将会增至每月200个标箱。

（李洪燕）

“迪拜—钦州—成都”铁海联运 2018年11月13日，四川首趟“迪拜—钦州—成都”国际铁路海路联运班列顺利抵达成都青白江国际铁路港。该列专项搭载省港航公司平行进口汽车的“南向通道”国际铁海联运班列成功运行。这是继4月开通泸州港—广州（黄埔）快铁班列、10月开通泸州港—广西北部湾（钦州）快铁班列，省港航公司积极参与“一带一路”大通道建设，践行“四向拓展、全域开放”战略，助力“南向通道”发展的又一重要工作。

11月23日，省港航公司“平行进口汽车”海路铁路

2018年11月13日，首列“迪拜—钦州—成都”铁海联运货物顺利到港
省港航公司 供图

联运专列（迪拜—钦州—成都）顺利到达青白江国际铁路港。搭载该次“迪拜—钦州—成都”专列的是25个集装箱货柜，49台从阿联酋迪拜杰贝阿里港进口经钦州港转关至成都的平行进口汽车，总价值2 500万元人民币。目前，省港航公司以平行进口汽车为代表的国际物流业务已成功抢占市场，累计完成平行进口汽车国际物流业务量1 800余台，规模位居全省第一。依托“迪拜—钦州—成都”等海铁联运线路，省港航公司在阿联酋迪拜设立的“海外仓”也将于2019年初内落地运营。

（李洪燕）

安岳柠檬自营出口启动仪式 2018年11月27日，安

2018年11月27日，安岳柠檬自营出口启动仪式在泸州港举行
省港航公司 供图

岳柠檬自营出口启动仪式在泸州港举行。安岳柠檬首次从泸州港江海联运通道实现自营出口，安岳柠檬年出口量将达20万吨，全年可为泸州港增加集装箱吞吐量8 000标箱以上。这是泸州港持续提升东向通道开放建设、完善口岸功能又一重要成果。

资阳市安岳县是柠檬商品生产基地县，被誉为“中国柠檬之都”，主要出口美国、俄罗斯、阿联酋、新加坡、泰国等30多个国家。借助泸州港东向江海联运通道和一站式通关服务，加之四川自贸区川南临港片区良好的口岸贸易便利化环境，将有效节省安岳柠檬东进长江、南下出海的运输时间和运输成本，为今后扩大出口贸易，增加外汇收入提供物流保障。

（李洪燕）

首批进口松木抵达泸州港 2018年12月11日，搭乘蓉欧班列的首批进口松木从俄罗斯克拉斯诺亚尔斯克装运历时20天抵达泸州港木材集散中心，标志着蓉欧班列以泸州港为枢纽，实现与长江“黄金水道”的无缝衔接。泸州港凭借自身区位优势为长江经济带和川滇黔地区进口木材需求方提供优质价廉快捷的物流通道。本批次俄罗斯松木41个40英尺集装箱、1 435立方米，其中6个集装箱通过公路运抵贵州赤水，35个集装箱通过水路中转至江苏太仓港。预计2019年，泸州港木材集散交易中心平均每月可销售中转木材1万立方米，未来两年将达到年均30万立方米以上的中转交易量。

2018年12月11日，首列“俄罗斯克拉斯诺亚尔斯克—二连浩特—成都—泸州港”铁水联运货物顺利到港 省港航公司 供图

（李洪燕）

金沙江流域直达泸州港散改集航线成功首航 2018年11月28日，首批装载化肥的散货船从雷波县抵达泸州港，在泸州港完成“散改集”后，将换乘3 000吨级集装箱船舶，于12天后直达上海港。金沙江流域直达泸州港散改集航线成功实现首航，标志着泸州港对腹地实体企业的服务能力和服务水平实现新突破。金沙江流域直达泸州港“散改集”航线开通后，泸州港预计每月完成袋装化肥“散改集”8 000吨以上，全年可为泸州港增加集装箱吞吐量1.6万标箱以上。

2018年11月28日，“金沙江流域直达泸州港”散改集航线成功首航 省港航公司 供图

（李洪燕）

央视国际频道报道港航公司国际物流业务 2018年12月17日，央视国际频道中国新闻栏目报道省港航公司在成都青白江国际铁路港开展国际物流业务。结合具体业务以及企业参与“一带一路”发展取得的成效，央视国际频道分别选取一家外国企业、一家制造企业和一家综合物流企业（省港航公司）进行采访报道。该次报道是央视国际频道纪念改革开放40周年系列节目的一个重要板块，结合西部地区的口岸建设，以及四川“四向拓展、全域开放”的战略布局，反映内陆地区与沿海沿边协同开放取得的成果。

（李洪燕）

交通管理

JIAOTONG GUANLI

2019

四川交通年鉴

综　述　2018年，省交通运输厅履行职责要求，加强公路水路行业管理，促进行业转型升级、提质增效。①推进管理体制机制改革。按照中央和四川省委部署，推进省交通运输厅机构改革和交通运输综合行政执法改革，完成渔船检验监督管理职责和承担行政职能事业单位行政职能划转。完成厅公路设计院和厅交通设计院转企改制，基本完成厅属全民所有制企业公司制改制工作。②完善行业管理制度体系。《四川省航道条例》颁布实施。《四川省道路运输条例（修订）》等5个项目纳入省人大五年立法规划。发布实施《高速公路服务区服务管理规范》等7项地方标准。制订出台高速公路PPP项目实施方案参考文本等20余项制度。新出台《四川省道路运输企业信用管理办法》等5部信用标准规范。③加强重点领域管理。规划管理方面：贯彻落实党中央、国务院推动高质量发展、基础设施领域补短板等重要决策部署，深度融入“一带一路”、长江经济带、新一轮西部大开发等国家战略，研究编制交通强省发展战略纲要，研究制订综合交通建设三年行动实施意见，研究修编全省高速公路网布局规划，超前启动“十四五”规划课题研究。服务支撑省委“一干多支、五区协同”重大战略，研究编制五大经济区交通运输协同发展专项实施方案，明确区域交通发展定位、目标任务和实现路径，把省委重大决策部署落实到具体项目。建设管理方面：严格规范工程招标投标活动，落实高速公路招投标活动事中事后监管，规范实行异议投诉台账管理，及时调查核实。及时制订出台《关于进一步落实招标人主体责任强化招标投标制度执行的通知》，对涉及招标人和招标文件的异议投诉一律转其上级纪检部门实行一案双查，维护建设市场秩序。启动全流程电子招投标系统建设和电子招标文件范本编制，通过信息化手段增强招投标活动的透明度和规范度。加快高速公路运营项目竣工验收，完成21个项目验收工作。运输管理方面：提前完成道路普通货运车辆“两检合一”和货车省内异地检测的系统建设任务。完成营运“黄标车”和不合规在用车辆运输车的淘汰任务，建成汽车维修电子健康档案系统。完成春运、国庆“黄金周”和重大专项运输任务。驾培机构培训服务模式改革覆盖率100%，试点开展三条定制客运线路，探索实施超长线客运、包车客运精准监管。实现地级城市公交“一卡通”互联互通。安全管理方面：强化安全生产红线意识，开展平安交通三年攻坚行动，推进安全隐患集中排查治理、科技治安、监管规范化建设、“双超”治理等重点工作，全省交通运输安全生产形势稳定向好，事故起数和死亡人数实现双下降，其中，较大事故起数和死亡人数比上年分别下降50%和57.1%，没有发生重特大安全生产事故。高速公路管理方面：成功创建全国百佳示范服务区5对、“五好”高速公路20条，树立四川省高速公路管理的品牌。建成全国第一张省级高速公路光传输专用通信网。所有高速公路收费站车道完成高清车牌识别改造，实现全路网移动支付全覆盖，ETC用户突破390万户。完善高速公路服务质量评价机制，“一路四方”联动机制实现通高速公路的市（州）和县（市、区）全覆盖。公路管理方面：出台普通国省干线公路养护工程管理办法和补助办法，将预防性养护工程纳入省级补助范围，提高大中修工程补助标准，路面使用性能指数维持较高水平，达88.8。交通、公安部门公路“治超”联合执法实现常态化制度化规范化。系统开展国省道编号命名调整。启动实施路域环境整治。航务管理方面：以流域为单元，在全省6条主要江河建立水上交通安全监管与应急救援联防联动机制，预警响应和突发事件处置流程更加规范有效。强化督查督导，完成长江干线88座非法码头整治。建立常态化监管机制，杜绝长江干线非法码头死灰复燃。制订全省主要通航河流非法码头整治工作方案，并纳入河长制年度重点工作。开展全省船舶摸底调查，建立船舶污染源台账，为“规范新建船舶、治理在用船舶、淘汰老旧船舶”奠定基础。工程质量监督管理方面：推进交通建设监管信息化建设，加强工程质量、安全、进度、投资、环保监管体系和监管能力建设。深化品质工程建设，BIM+GIS项目管理系统广泛应用，钢筋数控加工等“四新技术”全面推行，智慧工地建设深入推进，助力雅康、绵九高速公路等项目打造“超级工程”“绿色高速”。加强地方铁路项目质量安全监管，5个在建地方铁路项目建设顺利推进。行政审批管理方面：行政审批制度改革深入推进。梳理规范省市县三级行政权力事项清单。推进证照分离改革。省本级90%行政审批事项实现“最多跑一次”，在省级部门窗口政务服务考核中排名跃升至第二位。精简优化高速公路超限运输审批流程，在全国率先试行“一站式”公路超限运输审批服务。此外，加强财务、审计、人事等方面管理，不断提升内部管理规范化水平。

（陈超超）

交通规划

JIAOTONG GUIHUA

概　况　2018年，厅规划处按推进规划、前期、计划、扶贫、环保等各项工作。完成《省高网规划优化完善课题研究》；印发实施新一轮《甘孜藏族自治州2019—2020年公路建设推进方案》（第四轮“甘推”方案）、《凉山州2019—2020年公路水路交通建设推进方案》（第三轮“凉推”方案）；加快编制《四川交通强省发展战略纲要》和《五大经济区交通实施方案》；启动开展国家和省级公路国土空间控制规划编制工作。以高速公路项目为重点，推进项目前期工作，为项目开工建设奠定坚实基础。加强政策对接，争取中央资金支持，强化计划执行监督管理，为项目顺利推进提供有力保障。统筹推进脱贫攻坚、节能环保、交通统计等其他各项工作，完成年度目标任务。

2018年9月1日，凉山州金阳县溜索改桥项目完工　　交通宣传中心 供图

交通建设计划执行　2018年，全省公路水路固定资产计划完成投资1 430亿元，围绕年度中心工作，省交通运输厅及时分解下达年度投资目标，2018年全省重点公路水路交通项目年度建设任务，开展2018年交通建设投资计划编报和下达工作，全年下达部省补助资金374亿元，其中，交通运输部资金254亿元，省资金120亿元。全年公路水路固定资产完成投资1 590亿元，为年度目标的111.2%，连续9年超千亿元高位增长，首次超过1 500亿元。

交通运输重点项目推进　2018年，全省交通运输重点项目建设稳步推进：①高速公路。雅康、巴陕、绵西、成彭扩容等4个高速公路项目全线通车，并建成汶马高速公路部分路段，德昌至会理、成南扩容改造2个高速公路项目实现开工建设。荣泸、资潼、成宜、德都、广平等7个高速公路项目实现实质性开工，叙古、绵九、仁沐新、泸黄扩容、德简、攀大等9个高速公路项目总体推进滞后，宜宾绕城西、宜彝2个高速公路项目实现复工建设。峨汉高速公路、天府机场高速公路等5个项目推进略有滞后，成乐高速公路扩容、乐西高速公路、宜攀高速公路未实现开工建设。②国省干线公路。建成省道463线亚丁至云南三江口（木里段）等26个省重点续建项目、827公里，新开工国道246线泸县立石镇至泸州段等16个项目、448公里，成都市五环快速路等19个项目尚未开工，其余35个项目有序推进。③港口航运。续建项目中，尖子山航电枢纽尚无实质性进展，其余7个项目建设推进正常，生态环保、农民工工资支付等专项工作开展情况较好。龙溪口航电枢纽开工建设，长江羊石盘至上白沙段航道整治等3个拟开工项目受生态环保条件制约均未实现开工。

交通运输扶贫　2018年，厅规划处完成交通运输精准扶贫相关工作：①调整交通运输脱贫攻坚领导小组，制订《进一步加强交通扶贫领域腐败和作风问题专项治理实施细则》，制订交通扶贫攻坚2018年实施方案；②全年全省新（改）建农村公路2.67万公里，新增50个乡镇、1 356个建制村通硬化路；3 427个建制村通客车，建制村通客车率88.8%；③完成畅返不畅整治工程9 425公里整治，占已排查发现总量80%以上。“四好农村路”建设中，成功创建14个省级示范县和3个全国示范县，示范县个数居全国第一位。脱贫摘帽30个县全部实现乡（镇）和建制村通硬化路“两个100%”目标，计划脱贫摘帽的3 500个建制村全部通硬化路。

绿色交通　2018年，全省绿色交通发展成效显著：省交通运输厅推进中央环保督察反馈问题整改，都汶高速公路紫坪铺水库环境风险等问题高质量销号。紧盯交通运输重点环节，制订实施《全面加强交通运输生态环境保护污染防治攻坚战的实施方案》等文件，健全完善长效机制。落实环保党政同责、责任分工，开展非法码头整治等督查专项行动，加强培训宣传，行业绿色环保意识明显提升。推进“交通+旅游”融合发展专项行动，启动高速公路景观绿化品质提升行动，开展普通公路路域环境治理工作。

（本栏目供稿单位：厅规划处）

建设管理

JIANSHE GUANLI

概　况　2018年，厅建管处按照省交通运输厅统一部署，继续推进全省交通基础设施建设，加强建设管理工作。高速公路建设管理方面，加快推进续建项目，围绕年度目标细化分解任务，实现主动管理；严格项目计划管理，强化项目跟踪督导，建立高速公路建设推进月报告制度，实时梳理项目建设"进度清单"和"问题台账"；发挥省政府调度会议和交通建设联席会议机制作用，协调督促地方政府落实工作主体责任，及时解决各类要素保障问题；完成国道4218线康定榆林至新都桥等15个项目1 434公里高速公路勘察设计储备。品质工程建设方面，以高速公路和重点水运建设为重点，以标准化为核心，通过"品质工程+"协同推进绿色公路、交旅融合和智慧工地建设。招标投标管理方面，执行《四川省公路建设项目招标投标管理实施细则》，落实高速公路招投标活动事中事后监管；出台《关于进一步落实招标人主体责任强化招标投标制度执行的通知》，明确招标人规范招投标活动的主体责任；启动全流程电子招投标系统建设和电子招标文件范本编制。从业单位信用管理方面，完成2018年度信用评价工作，对全省520家企业完成评价工作，评定A级从业单位54家，AA级从业单位32家，C级从业单位2家，D级从业单位1家，B级从业单位431家。

高速公路建设管理　2018年，省交通运输厅强化统筹，推动项目实施见成效。续建项目加快推进，围绕年度目标细化分解任务，采用面对面方式与在建项目业主和投资人座谈对接，明确目标、形成共识、共同推动，做到抓早、抓实，实现主动管理；严格项目计划管理，强化项目跟踪督导，建立高速公路建设推进月报告制度，实时梳理项目建设"进度清单"和"问题台账"；发挥省政府调度会议和交通建设联席会议机制作用，通过分管副省长调度和向市（州）政府发通报等方式，协调督促地方政府落实工作主体责任，及时解决各类要素保障问题；对特殊重点项目采用周督导、日报告等方式，掌握项目推进动态，实时督促协调处理现场问题，确保通车目标任务实现。设计前期工作保障有力，注重勘察设计过程管控，及时组织重大技术方案专题研究，协调解决制约勘察设计工作的外部问题，督促项目业主、设计单位及咨询审查单位提高工作效率，报批设计文件；对报部审批项目，坚持向上主动沟通汇报，超前落实审查工作，实时安排专人跟踪，确保第一时间取得批复；制定《勘察设计工作贯彻落实品质工程建设要求》，强化勘察设计质量管理，明确勘察设计在提升设计理念、全面应用GIS+BIM、强化总体设计和地勘工作质量，落实勘察设计精细化及品质工程、绿色公路、交旅融合的各项管理要求，建立全过程安全性评价和环评、水保、压矿等要件动态评估机制和同步推进工作机制。前期项目设计梯次储备到位，按照"超前安排、平行作业、无缝搭接、整体推进"的前期工作推进机制，有序超前储备新一轮高速公路项目勘察设计，完成国道4218线康定榆林至新都桥等15个项目1 434公里高速公路勘察设计储备，为项目建设尽快开工创造条件。

品质工程建设　2018年，省交通运输厅研究制定公路水运品质工程建设实施意见和推行全员班组规范化管

2018年，开展品质工程建设的成资渝高速公路沱江特大桥建设现场

川高公司 供图

理指导意见，以高速公路和重点水运建设为重点，以标准化为核心，推进以信息化为重点的项目业主管理标准化、以精细化为重点的项目设计标准化、以装配化为重点的工程施工标准化和以班组化为重点的一线人员作业标准化，通过“品质工程+”协同推进绿色公路、交旅融合和智慧工地建设。项目管理过程中采用专题交流座谈、专题培训、现场督导、横向评比等方式强力推进，全省高速公路工程建设理念大幅提升，绵九、仁沐新、峨汉等一批高速公路项目建设基于BIM+GIS的项目管理系统，仁沐新、新机场、资潼、成都第三绕城等高速公路项目高标准建设施工“两区三厂”（办公区、生活区、钢筋加工厂、拌合厂、预制厂），钢筋数控加工、智能张拉、桩基旋挖等“四新技术”全面推行，施工质量水平和管理水平提升成效明显。

招标投标管理 2018年，省交通运输厅执行《四川省公路建设项目招标投标管理实施细则》，落实高速公路招投标活动事中事后监管。制订出台《关于进一步落实招标人主体责任强化招标投标制度执行的通知》，进一步明确招标人规范招投标活动的主体责任，对涉及招标人和招标文件的异议投诉一律转其上级纪检部门实行一案双查，并明确严控总承包试点和招标人关联企业投标等监管措施，维护建设市场秩序。启动全流程电子招投标系统建设和电子招标文件范本编制，通过信息化手段增强招投标活动透明度和规范度，保证招投标工作公平、公开和公正。

从业单位信用管理 2018年，省交通运输厅建设完成新版公路水运建设市场信用信息管理服务系统，以“信用交通·四川”形式上线运行，对接部、省信用管理平台，实现项目信息、从业单位基本信息、业绩信息、信用信息及过程信用评价一网查询、一网通办。完成2018年度信用评价工作，对全省520家企业完成评价工作，评定A级从业单位54家，AA级从业单位32家，C级从业单位2家，D级从业单位1家，B级从业单位431家。

扫黑除恶专项部署 2018年，厅建管处按照省交通运输厅扫黑除恶专项斗争统一部署，制定建设领域扫黑除恶“1+3”方案，即建设领域扫黑除恶专项斗争工作方案和开展宣传动员线索摸排专项工作、恶意竞标专项整治活动及建设环境专项整治活动3个专项工作方案，将建设领域“涉黑涉恶涉乱”行为细化为4类11项，围绕治标、治根、治本目标，细化三年工作任务，结合市场督查工作开展扫黑除恶工作专项督查，在检查市（州）交通运输主管部门和项目业主扫黑除恶工作落实情况同时，深入一线主动排查寻找涉黑涉恶线索，推进交通建设领域扫黑除恶专项行动。

（本栏目供稿单位：厅建管处）

运输管理

YUNSHU GUANLI

概　况 2018年，全省道路水路运输管理工作有序开展。完成全省道路水路春运工作组织任务，道路水路客运量完成1.05亿人次，日均客运量为262万人次，“情满旅途”活动得到交通运输部肯定；协调、督促成都国际铁路港公司继续推进集装箱铁（路）公（路）水（路）多式联运示范工程项目建设，协调、督促成都铁路局集团公司等单位继续推进四川“空中+陆上”丝绸之路国际空（路）铁（路）公（路）多式联运示范工程建设；指导川内企业申报全国第三批多式联运示范工程；进一步强化落实“12328”电话数据的定期统计分析制度、工单督办制度、考核制度、培训制度和通报制度；推动行业新（改）建厕所456座；完成城市轨道交通运营安全交叉检查；迎接国家物流安全专项督查组到四川检查督导；配合开展道路货运安全专项整治；加快推进公交都市建设，完成眉山市公交都市创建实施方案批复工作；深入推进交通运输精准扶贫脱贫攻坚工作，加快推进农村客运发展特别是建制村通客车工作；协调督促乐山市犍为县、绵阳市涪城区城乡交通运输一体化示范县建设；参与中欧班列多式联运“一单制”探索，商务部组织的国际铁路运输运单物权化调研，四川物流发展纲要研究，川港澳合作周筹备，西部口岸物流发展研讨，以及交通运输服务业、物流等重大调研任务；参与运输结构调整调研，初步制订四川省推进运输结构调整三年行动计划方案；继续推进四川省交通运输物流公共信息平台建设。

春运运输组织协调 2018年春运时间为2月1日—3月12日，全省道路、水路运送旅客1.05亿人次，比上年下降12.99%。其中，道路和水路客运分别运送旅客9 800万人次、722.45万人次，比上年分别增长-14.14%、6.34%。道路旅客运输日均投入客车4.74万辆；水路旅客运输日均投入客运船舶2 384艘。日均客运量为262万人次，仍保持高位运行。全省高速公路出口总流量为9 001.6万辆次，比上年增长10.3%；日均车流量达225.0万辆次，比上年增长10.3%。2月20日出现春运车流最高峰，峰值车流量达329.33万辆次，比上年增长15%。春运期间，高速公路ETC通道通行车辆2 947.96万辆次，占总流量的33.74%。省交通运输厅要求成都、德阳、广元、内江、南充、宜宾、达州、广安、巴中9个市加强接续接驳工作，落实与铁路接续接驳的长途客车4 258辆、公共汽车6 425辆、出租汽车8 370辆、城市轨道1 690班次。全省联网售票系统累计出售出汽车票368.6万张，日均出售9.45万张，比上年增长59.4%。成都、泸州、德阳、巴中等地深入开展售票进校园、进园区等活动，为学生、务工人员提供便捷的购票渠道。春运期间，全省未发生（已连续47个月未发生）重特大道路运输行车事故。全省主要客运站未出现大量旅客滞留现象。全省路网运行总体稳定，高速公路路网和国省干线公路未发生大面积、长时间堵塞情况。

2018年春运期间，旅客在候车厅休息。图为泸州市客运站候车现场
厅运输处 供图

交通运输服务监督电话系统建设 2018年，按照交通运输部要求，省交通运输厅继续加快推进“12328”交通运输服务监督电话系统建设和运行管理工作，全省全年“12328”电话系统受理业务249 693件，比上年下降6%；限时办结率97.87%，比上年提升10%；抽查回访满意率94.83%，比上年提升10%。年内举办四川省2018年“12328”电话系统运行管理质量水平提升培训班，加强各地对“12328”电话系统考评体系、数据应用与业务工作结合的认识，提高“12328”电话话务人员的上机规范操作能力，促进全省“12328”电话系统运行管理和综合服务能力提升。开展“12328”电话宣传推广工作，宣传范围包含全省公路、道路运输、水路运输、交通建设、微信、网站、新闻媒体、政务窗口等领域。通过近半年时间，提高了全省“12328”交通运输服务监督电话的社会知晓度，2018年下半年“12328”电话系统业务总量环比增长9%，比上年增长10%。强化落实“12328”电话数据定期统计分析制度、工单督办制度、考核制度、培训制度和通报制度。2018年，全省纳入重点监控名单2 035人，“黑名单”119人，重点监控企业50家，“黑名单”企业4家。

交通运输行业推进“厕所革命” 2018年3月，省交通运输厅召开全省交通运输行业2018年“厕所革命”推进工作电视电话会议，并结合行业和地方实际，印发《四川省交通运输厅关于下达2018年度“厕所革命”目标任务的通知》，分解落实年度工作目标任务。全省高速公路、国省干线、汽车客运站、水路客运码头等领域分别制订专项实施方案，明确具体项目、实施标准、投入资金、建设工期和工作要求，落实“时间表”“路线图”和“任务书”，确保责任层层压实、项目具体落地。省交通运输厅在制订出台《交通运输行业“厕所革命”专项行动计划》基础上，先后印发汽车客运站和水路客运码头“厕所革命”省级资金补助办法，进一步明确相关项目实施单位申报、验收标准和拨付程序。2018年，全省交通运输领域计划新（改）建行业厕所456座（新建92座、改建364座），年内实际新（改）建474座，其中新建102座、改建372座，分别占年度目标任务的110.9%和102.2%。

绿色货运配送示范工程 2018年，省交通运输厅对成都市、泸州市“绿色货运配送示范工程”创建工作加强指导，推动城市货运配送绿色高效发展，缓解城市交通拥堵，减少大气污染，促进物流业降本增效。成都市紧扣城市建设全面体现新发展理念的城市目标和工作要求，全面推进城市物流业治理体系和治理能力现代化，营造“物流企业上水平、政府施策更精准、人民群众得实惠”城市绿色货运配送发展新格局。截至2018年，累计认定家乐福、沃尔玛等100余家试点配送企业，涵盖商超、连锁、电商、快递、配送等相关领域。纳入试点的标准化配送车辆3 400余辆，2018年底全市新能源货运汽车累计登记上户20 133辆，入城营运货运车辆新能源汽车替换比例超过50%，完成申报方案提出的相关目标。泸州市强化规划引领，研究制订《创建全国城市绿色货运配送示范工程完善便利通行政策工作实施方案》《泸州市城配送企业考核管理办法》《泸州市城市绿色货运配送运力调控制度》《泸州市邮政、快递车辆通行管理办法》等10余个政策性文件。加强节点建设，建成港口综合型物流园区——泸州临港物流园区，建成城乡配送网点810个，建成充电站点40余个和直流、交流充电桩780余根。持续推行“集中配送”“夜间配送”物流等规范模式，泸州汇通百货、永辉连锁超市等重大商贸企业全部实现规范化“共同配送、集中配送”，培育AAA级（含）以上物流企业15家，专业冷链运输车辆39辆。

大型设备运输 2018年，全省完成通过大件公路的超限运输审批1 623件（次），其中车货总重200吨以上90件（次）；完成涉路施工审查及监管6处；完成大件运输监护通行10次；完成非大件公路重点大件运输协调10件（次）。2018年，完成省经信委运输计划55件次，完成率96.5%（由于暂缓生产或需求延迟未完成运输计划2件次），全年确保大件公路的所有大件运输万无一失。2018年1月，省交通运输厅拟订并出台《四川省大件公路及大件运输管理规定》（以下简称《规定》），《规定》从建设、养护、路政、涉路施工和大件运输等方面，规范大件公路和大件运输管理。草拟完善《规定》相关配套实施细则。强化法治宣传和业务指导，深化法治政府部门建设工作，并深入到大件运输企业进行以“规范执法，护路为民”为主题的法制宣传月活动。近年来随国防建设、基础建设需要，非大件公路重点大件运输任务增多，省交通运输厅主动作为，完成天明电厂大件设备运输协调、广元风电设备运输、成飞热压罐重点项目设备运输等多项重点大件运输组织协调工作。

2018年11月13日，四川权兴物流有限公司运输风电叶片至广元剑阁 厅运输处 供图

泸州市综合运输服务示范城市建设 2018年，省交通运输厅指导泸州市交通运输局继续推进综合交通运输服务示范城市建设。加快建设川南城际铁路，推动渝昆高铁、成自泸遵高铁前期工作，实现高铁突破发展。建成“一环六射一横高速”公路骨架网，通车总里程455公里，实现县县通高速。建成云龙机场，开通北京、上海、广州、深圳等国内航线21条。稳定开行泸州至上海、泸州至武汉升船机“五定”外贸直航班轮，打造长江上游外贸水运精品航线，开行泸州至广州、泸州至钦州铁海联运班列，接入粤港澳大湾区和环北部湾经济圈，拓展与川滇黔渝周边城市合作，开行泸州至成都、攀西、昆明、昭通、遵义、毕节等地区集装箱铁水联运班列，加快融入孟中印缅经济走廊，以长江航运为主的多式联运体系逐步完善。2018年12月，泸州市成功入选港口型国家物流枢纽承载城市，也是四川唯一的港口型国家物流枢纽承载城市。

推进城市公交优先发展战略 2018年，省交通运输厅继续推进城市公交优先发展战略。年内起草《四川省城市公共交通发展水平考核评价办法（送审稿）》报省政府；完成全省城市公交企业新增及调整名录整理报送工作；指导成都、自贡、泸州、眉山等4个“十三五”时期第一批全国公交都市创建城市完成年度创建任务；联合省公安厅、省总工会、省机关事务管理局，开展2018年绿色出行宣传月和公交出行宣传周活动，举行全国绿色出行宣传月和公交出行宣传周活动启动仪式。

城市轨道交通运营监管 省交通运输厅督促成都市抓好《国务院办公厅关于保障城市轨道交通安全运行的意见》（国办发〔2018〕13号）和《城市轨道交通运营管理规定》（交通运输部令2018年第8号）的贯彻落实；接受部轨道交通检查，成都地铁安全运营工作得到检查组肯定；起草《四川省城市轨道交通安全运行联席会议制度》报送省政府；组织专家对成都市轨道交通运营安全开展检查，督促成都市按照检查意见完成整改工作。

水运多式联运建设 2018年，省交通运输厅加强长江干线多式联运和江海联运项目推进指导工作，深化与长江中下游港口对接合作，巩固已开通的10条集装箱班轮航线，力争再新开航线。争取三峡通航管理部门支持，建立三峡过闸绿色快速通道，进一步加密“天天直航快班（升船机）”和“水水中转航班”。推动广安港、南充港、广元港与长江干线港口协调合作发展，实现优势互补、干支联动。完善无水港合作机制，推进攀枝花市等无水港建设工作，推动泸州港、宜宾港至钦州港、黄埔港铁海联运班列正常化，加快形成通江达海新通道。水运多式联运发展成效明显。融入南向通道，泸州港、宜宾港首次开通至广州、广西钦州港铁水联运班列。拓展东向通道，“天天直航快班（升船机）”和“水水中转航班”持续优化加密。主动对接西向通道，“蓉欧+泸州港”班列顺利首发，蓉欧快铁第一条铁（路）水（路）联运线路正式开通。泸州港、宜宾港在昆明、攀枝花等地建立无水港，与遵义、毕节、六盘水等地签订合作协议，宜宾港进港铁路开工建设。全省铁（路）水（路）联运箱量达3.5万标箱，比上年增长25%。

2018年，四川省水运多式联运快速发展。图为泸州港集装箱铁水联运现场
厅运输处 供图

建制村通客车和城乡交通运输一体化 2018年，全省加大农村客运发展步伐，截至年底，全省新增通客车建制村3 427个，为交通运输部下达年度目标1 800个的190.4%，全省建制村客车通达率88.8%，其中，全省91个交通贫困县（市、区）建制村客车通达率86.1%，“三区三州”48个县（市、区）建制村客车通达率70.3%。全省47 296个建制村已通客车的有42 001个，占88.8%，其中，眉山市所有建制村均通客车；未通客车有5 295个，占11.2%，其中，未通客车建制村主要集中在88个贫困县共计3 377个，占总数的63.8%。全省已通客车建制村中，采取班车服务模式的27 887个，占比66.4%；公交服务模式的8 414个，占比20%；响应式服务模式的5 700个，占比13.6%。

在推进农村运输发展过程中，各地因地制宜，开拓创新，在政策支持、服务方式、管理模式等方面积极探索并取得一定成效。在农村客运方面，涌现出成都郫都区“全域公交”，巴中平昌“四统一”（即统一标准、统一排班、统一调度、统一结算）管理，雅安宝兴“两险”托底，乐山犍为、宜宾江安“便民小客车”等发展新模式。

交通运输行业推进“自贸区建设” 2018年，省交通运输厅负责省自贸办联络工作，推进全省自贸区建设工作。交通运输行业结合自贸区建设总体方案，提出深化改革创新各项实施意见，加速推进建设以铁（路）水（路）多式联运优势集成为依托、以内陆广阔腹地为支撑的自由贸易港并深化多式联运“一单制”改革。年内，省交通运输厅作为四川自贸试验区争创工作先进集体被省政府通报表扬。

（本栏目供稿单位：厅运输处）

安全管理
ANQUAN GUANLI

概　况 2018年，全省交通运输系统按照中央和部省关于做好安全生产工作的一系列决策部署，以有效防范和坚决遏制重特大交通运输安全生产事故为目标，全省交通运输安全生产领域改革发展，狠抓交通运输安全生产责任落实，以推进交通运输安全生产风险分级管控、隐患排查治理、信用管理为重点，深化平安交通建设。全省全年发生交通运输安全生产事故202起、死亡人数241人，比上年分别下降1.5%、6.2%，实现事故起数、死亡人数“双下降”。其中，较大事故起数、死亡人数比上年分别下降37.5%、42.9%，年内没有发生重特大事故，行业安全生产形势总体稳定。

（陈　博）

安全预防预控体系建设 2018年，省交通运输厅进一步强化风险分级管控，分领域细化安全生产风险管控标准，年内编制完成《四川省道路运输安全生产风险辨识手册与评估指南》《四川省水上交通安全风险防控指导意见》。成都市出台交通运输安全风险评估实施方案，南充市编制道路客运企业安全生产风险源辨识手册。强化隐患排查治理，突出水毁易发路段、地震灾区道路、地质灾害隐患路段、渡口码头及施工驻地等重点区域，先后开展两轮拉网式、全覆盖的地质灾害和防汛隐患排查治理。开展公路隧道安全风险防控专项整治，高速公路隧道出入口提升改造工作年内完成93%，隧道安全运营能力和管理水平有效提升。对发生较大事故或社会影响较大的事故，直接派出工作组进驻企业和属地行业机构开展事故调研并督促开展隐患整改。

（陈泓冰）

“科技兴安”应用 2018年，省交通运输厅推进重点营运车辆主动安全智能防控技术应用试点，完善第三方监测平台运行机制和结果应用，强化对重点营运车辆的动态监控。“四川运管安全云课堂”被交通运输部安委会评选为“平安交通”重点推荐创新案例。指导建立雅康高速公路应急指挥综合管控云平台，实现全域、全时空精准管控。在全省19条高速公路雨雾多发路段两侧安装雨雾天气安全行车诱导系统。泸州市在全省率先投入4 170万元建成智慧桥隧监测系统，实现对桥梁、隧道的全天候实时动态监测。

（陈　博）

重点领域攻坚整治 2018年，省交通运输厅持续巩固公路“双超”治理成果，妥善解决取消省界收费站后“治超”管控工作，全国率先试点货车轴型自动识别工作并取得技术突破。汲取陕西安康京昆高速公路“8・10”特别重大道路交通事故教训，紧盯“两客一危”（详见《附录》）安全监管，开展道路运输安全隐患集中整治，重点治理超速超员、疲劳驾驶、危险驾驶、分心驾驶、故意屏蔽GPS信号等违法违规行为。成都市关闭成都籍客车超长客运班线，并对外地超长客运班线实施集中管控；乐山市制发近万册“8・10”事故警示录和学习体会等材料供全系统干部职工学习。开展危险化学品安全综合治理，全面排查危化品运输车辆动态监控情况，推进危险货物道路运输电子运单使用，对全省6个危化品码头实施全覆盖检查。推进冬季公路水路安全生产行动，细化制订7项行动实施方案。汲取重庆“10・28”公交车坠江事件教训，内江市率先在城区公交线路上加装驾驶员隔离设施222套；阿坝州聘请心理学教授对主要道路旅客运输企业驾驶员开展心理辅导培训教育；广安市建立从业人员家属参与安全教育制度，部分企业还设置“委屈奖”，通过教育与奖励相结合方式帮助从业人员正确处理驾乘矛盾。

（陈　博）

安全工作责任体系建设 2018年，四川省交通运输厅继续强化安全工作责任体系建设。坚持“党政同责、一岗双责”，省交通运输厅党组始终高度重视安全生产工作，全年召开18次厅党组会和厅务会、4次厅安委会部署交通运输安全工作，研究涉及安全重大问题；分管业务厅领导既抓业务又抓安全，结合业务检查督导开展安全检查督导；分管安全厅领导每月召开安全例会，协调解决、跟踪督办突出问题。强化安全顶层设计，制订印发《平安交通三年攻坚行动方案》，推动安全重点工作责任落地落实。省、市、县三级进一步健全完善“条块结合、分级管理、属地负责”安全监管体制，狠抓企业主体、行业监管和属地管理责任落实，守住一线操作层面。

2018年2月5日，省交通运输厅厅长汪洋（中）带队深入成雅、成乐高速公路检查指导春运安全和组织保障工作　　朱姜郦 摄

（陈泓冰）

安全生产基础建设 2018年，省交通运输厅继续夯实安全监督基础工作。完成77座溜索改桥建设任务，边远山区群众告别溜索过江的历史。紧盯急弯陡坡、临水临崖等危险路段隐患治理，整治破损路面9 425公里，建成安全生命防护工程9 700公里，完成20座普通国省干线公路、276座农村公路危桥改造。建成渡改桥96座，拆解中小船舶683艘，强制报废老旧运输船舶37艘，水上交通安全基础进一步稳固。

（陈　博）

安全应急保障 2018年，四川省交通运输厅快速反应、成功应对金沙江白格堰塞湖“10・11”“11・13”两次险情，军民协同，用最短时间完成竹巴笼战备钢桥架设，恢复国道318线通行。采取强力措施妥善应对近40年来最大汛情，快速处置塌方量在千立方米以上道路阻断54条、119处及“跑船走锚”险情25起、船舶37艘。开展京昆高速公路瓦厂坪大桥山体移位、国道108线广元北段二级专用公路、国道347线万源段等公路应急抢通保通，应对宜宾兴文“12・16”等多次地震灾情。组织开展交通运输综合预案编制，联合甘孜州开展普通公路隧道应急演练。制订省交通运输厅专业化值班工作规则，健全值班值守工作机制。推动建立高速公路通用航空应急救援机制。省交通运输厅出台行业首部公路应急抢险专著《公路应急抢通技术手册》。

（陈泓冰）

高速公路管理暨交通执法

GAOSU GONGLU GUANLI JI JIAOTONG ZHIFA

概　况　2018年，厅高管局（厅高速执法总队）以“五好”高速公路建设为抓手，推进智慧高速公路建设，打造高速公路服务品牌，提升行业治理能力。信息化建设方面，编制完成《四川省高速公路信息化建设顶层设计》和《四川省高速公路信息化数据标准体系设计》；灾备中心建设“开局战”、路网视频系统“集成战”、移动支付系统“升级战”、行业管理系统“整合战”、出行信息系统“突破战”顺利推进；ETC升级拓展持续深化，ETC专用车道数1 300余条，服务网点2 758个，用户突破390万户。提升服务品质方面，创建11条“五好”高速公路，“五好”高速公路总数达20条；完成30对服务区人性化设施提升，改善9对服务区水源供给，4对服务区节假日应急保障得到加强；服务质量评价不断完善，全省高速公路服务质量满意度稳步提升；实施服务区文明服务创建，评定星级服务区23对，复审21对，推动服务区服务质量管理规范上升为地方标准；推进全省高速公路景观绿化改造提升，3条试点线路加快实施；完成都汶高速公路紫坪铺水库环境风险问题以及成德绵、达渝、乐宜等高速公路噪声污染问题整改工作；完成成都绕城高速公路、雅西高速公路泥巴山隧道等路面大中修1 412车道·公里，处置三类桥隧44座。创新管理方面，完善高速公路行业管理模式，“一路四方”联动工作机制实现已通高速公路21个市（州）134个县（市、区）全覆盖，深化“放管服”改革，实现超限运输审批“两集中、两到位”和网上办理，超限运输、涉路及养护施工审批集中统一办理，完善“一路一大队”执法管理模式，推动广元、巴中、达州、遂宁等片区执法集中办公试点；推广“三基三化”建设试点经验，推进基层执法大队规范化建设，推进高速公路交通执法信息化建设，加快高速公路行业监管和交通执法一体化系统建设，创新开展高速公路“服务区+扶贫”工作，建成夹江天福服务区扶贫产品展销示范点，取消川渝10处省界收费站；开展“大学习、大讨论、大调研”活动，形成4篇调研报告。交通执法方面，编制执法文书范本、内部管理制度手册，修订完善一系列配套管理办法；稳步终止20～30座客运车辆和正常装载合法运输车辆7～8折优惠政策；做好高速公路交通执法工作，强化高速公路建筑控制区、桥下空间等巡查监管力度；做好行政处罚、行政许可信用信息“双公示”工作；组织开展“路政宣传月”“交通信用宣传月”等宣传活动。安全管理方面，不断健全安全生产责任体系，推进安全生产诚信体系建设；组织开展高速公路不合规车辆治理工作，推动入口“治超”管控数据联网，基本实现高速公路违法超限货车“零驶入”，全年未发生因超限导致的道路交通安全事故；完成663座隧道洞口安全性能提升工作，排查整治安全隐患3 000余处；开展高速公路安全大会战、交通执法大会战和交通安全宣传大会战，完成663座高速公路隧道出入口提升改造工作及汛期和地质灾害期间安全排查工作。队伍建设方面，以贯彻落实习近平新时代中国特色社会主义思想和习近平总书记来川视察重要讲话精神为主线，推进“两学一做”学习教育常态化制度化，开展“四好一强”领导班子和“五好”党支部创建工作；依托“互联网+党建”，创新开展天天微党课194期，实现1 266名党员全覆盖、常态化；共产党员服务车实现全省主要高速公路全覆盖，解决2004年车购税费改革后遗留的城南征费中心等全省8处交通与税务部门之间资产划转问题，清核成都、眉山、阿坝稽征处资产、账务等遗留问题；稳步清退协助执法人员850名；在中央、省级主流媒体宣传报道重点工作成效20余次，发行《四川高速》杂志4期。

（厅高管局）

高速公路信息化建设　2018年，厅高管局（厅高速执法总队）持续推进信息化建设。按照适度超前原则，高标准、高质量编制完成《四川省高速公路信息化建设顶层设计》和《四川省高速公路信息化数据标准体系设计》，基本搭建成信息化建设架构体系、标准体系。“五大攻坚战”成效明显，灾备中心建设“开局战”扎实推进，攻坚完成灾备中心设计方案、水土保持方案，取得空军航空限高批复，编制视频会议及OA系统等，提前于10月26日破土动工；路网视频系统“集成战”顺利推进，完成视频系统集成建设和专用通信网改造，初步建成全国第一张省级高速公路光传输（OTN）专用通信网，高清视频监控点位突破4 280个；全面铺开移动支付系统“升级战”，建成省级移动支付平台，完成所有高速公路收费站4 300余条车道高清车牌识别改造，聚合扫码、无感支付在全省8条高速公路40个收费站试点成功，移动支付实现全路网所有收费站全覆盖；行业管理系统“整合战”基本完成，整合完善养护管理、交通执法、行业监管等系统功能，关键点位、所有执法车辆、在线执法人员、施工区域等基本实现可视、可查、可控；出行信息系统“突破战”全面完成，开发完成熊猫高速App，实现路况查询、一键救援、费率计算、车车互联等8大功能，出行信息实现与高德、百度共享，建立包括四川交通广播、可变情报板、互联网在内的多渠道、高频率、全覆盖信息发布体系。ETC升级拓展持续深化，升级推广“4G—ETC”“智能OBU”，实现整车WiFi覆盖及信息实时推送功能，ETC专用车道数超过1 300条，服务网点2 758个，用户突破390万户，超额完成年度目标；ETC在双流机场、成都东站停车场开通应用。

（李济杉）

高速公路公共服务 2018年，厅高管局（厅高速执法总队）实施服务品牌化战略，推动高速公路服务提档升级。推进“五好”高速公路创建，成功创建11条“五好”高速公路，“五好”高速公路总数达20条，占全省收费营运高速公路项目总数30%。“厕所革命”持续发力，建立“厕所革命”进展情况周报制度，及时督促整改问题，完成30对服务区人性化设施提升，改善9对服务区水源供给，4对服务区节假日应急保障得到加强，完成年度目标任务。服务质量评价不断完善，出台实施服务质量评价异议复核制度，组织开展暗访巡查、交叉检查，强化事中事后监管，基本建立客观、公正、统一、高效的评价体系，全省高速公路服务质量满意度稳步提升。实施服务区文明服务创建，评定星级服务区23对，复审21对，星级服务区占比达70%；推动服务区服务质量管理规范上升为地方标准，成南高速公路淮口等6对服务区实现日常管理信息化和车流量实时统计。综合规划、因地制宜，稳步推进全省高速公路景观绿化改造提升，3条试点线路加快实施。完成都汶高速公路紫坪铺水库环境风险问题以及成德绵、达渝、乐宜等高速公路噪声污染问题整改工作。投入养护资金约22亿元，完成成都绕城高速公路、雅西高速公路泥巴山隧道等路面大中修1 412车道·公里，超出年度目标任务的40%，处置“三类桥隧”44座，道路通行条件始终保持优良。

（李济杉）

2018年，高速公路交通执法人员救援故障车辆 厅高管局 供图

高速公路行业管理 2018年，厅高管局（厅高速执法总队）创新完善高速公路行业管理模式，“一路四方”联动工作机制实现已通高速公路21个市（州）134个县（市、区）全覆盖，打通高速公路管理横向、纵向协作渠道，推动管理各方责任落实；深化“放管服”改革，深入推进行政审批改革，实现超限运输审批“两集中、两到位”和网上办理，超限运输、涉路及养护施工审批实现局（总队）集中统一办理，精简审批流程，建立科学合理验算机制，调试联网收费管理系统，优化超限运输护送机制，强化事后监管服务，超限、施工审批更加便民高效；完善“一路一大队”执法管理模式，推进片区执法力量深度整治、执法业务深度融合，推动广元、巴中、达州、遂宁等片区执法集中办公试点。推广“三基三化”建设试点经验，健全基础管理制度，推进基层执法大队规范化建设；推进高速公路交通执法信息化建设，加快高速公路行业监管和交通执法一体化系统建设，实现交通执法案件办理和行业监管业务处理信息化、执法监督智能化、信息查询实时化、统计分析自动化，提高交通执法和行业监管效率及服务信息化水平；创新开展高速公路“服务区+扶贫”工作，推动扶贫产品进入高速公路服务区展示销售，建成夹江天福服务区扶贫产品展销示范点，受到多家新闻媒体关注报道；积极争取，主动对接，创新管理机制措施，攻破多项技

术难题，川渝10处省界站全部于12月28日实现自由流通行，为全国取消高速公路省界站积累经验。开展“大学习、大讨论、大调研”活动，形成《高速公路重大节假日小型客车免费通行政策调研报告》《四川省高速公路养护管理运行机制研究报告》《高速公路货车分时段收费研究报告》《高速公路管理和交通执法系统干部职工综合考核激励机制研究报告》4篇调研报告，为行业发展建言献策。

（李济杉）

高速公路交通执法 2018年，厅高管局（厅高速执法总队）推进高速公路法治建设。完成《〈四川省高速公路条例〉释义》（送审稿），拟订《交通执法行政处罚自由裁量权实施标准（高速部分）》《高速公路路网黑名单管理办法》，出台《四川省运营高速公路安全生产监督管理责任体系》，印发《高速公路交通执法大队基础管理制度建设推进方案》，实施《高速公路服务区服务管理规范》，编制执法文书范本、内部管理制度手册，修订完善一系列配套管理办法，逐步建立起以执法和行业监管为主体，内部管理为保障的行业制度体系，严格落实行政规范性文件管理办法，强化行政规范性文件合法性审查，依法行政、科学管理能力不断提升。稳步终止20～30座客运车辆和正常装载合法运输车辆7～8折优惠政策；做好高速公路交通执法工作，出动执法人员148 084人次，联合执法21 438起，巡查里程7 315 247公里；实施行政处罚2 322件（路政886件，运政1 195件，收费稽查241件），金额达亿元；实施行政强制111件，行政许可175件；检查货运车辆38 211辆次、危化品车辆5 949辆次、客运车辆45 158辆次；路产赔补偿备案

2018年，高速公路交通执法人员严查违章危化品运输

厅高管局 供图

12 674起，赔偿金额7 163万元；强化高速公路建筑控制区、桥下空间等巡查监管力度，排查整治桥下空间900余处，拆除非标267块。结合扫黑除恶专项行动，累计出动执法人员3.5万人次，摸排线索1 300余条，检查车辆1.8万辆，查获非法营运车辆219起，处罚95起，移交其他部门124起，警示教育600余次。做好行政处罚、行政许可信用信息“双公示”工作。严格落实普法责任制，组织开展“路政宣传月”“交通信用宣传月”等宣传活动。

（李济杉）

高速公路安全管理 2018年，厅高管局（厅高速执法总队）继续强化高速公路安全管理。安全生产责任体系不断健全，签订年度安全生产工作目标和任务责任书，编制安全生产权责清单，分层分级分岗位落实安全生产主体责任、监督责任。推进安全生产诚信体系建设，加

2018年，厅高管局（厅高速执法总队）组织开展高速公路安全咨询日活动

厅高管局 供图

强安全生产教育培训，开展安全生产宣传教育“七进”工作、举办安全生产业务知识培训、开展典型案例警示教育学习，将安全生产诚信承诺和诚信报告制度纳入年度安全生产考核内容，完善安全生产诚信体系。高速公路入口“治超”保持高压态势，组织开展高速公路不合规车辆治理工作，推动入口“治超”管控数据联网，基本实现高速公路违法超限货车“零驶入”，全年未发生因超限导致的道路交通安全事故。吸取陕西安康“8·10”事故教训，全面完成663座隧道洞口安全性能提升工作，排查整治安全隐患3 000余处。开展高速公路安全大会战、交通执法大会战和交通安全宣传大会战，突出抓好元旦、春节、五一、端午等重大节假日和“两会”、汛期、冬季及岁末年初等重点时段、重大活动以及极端恶劣天气下的安全生产监管，完成663座高速公路隧道出入口提升改造工作，汛期和地质灾害期间排查里程达18万公里（单向里程），排查点位达15 300个。

（李济杉）

川高公司营运管理 2018年，川高公司完成建设投

资176亿元，比上年增长40%。实现营业收入223.4亿元，比上年增长9.4%；实现利润2.8亿元，增长近4倍。

项目建设 国内第二、西南最长的隧道工程——巴陕高速公路米仓山特长隧道建成通车，川高系统首个扩容改造项目——泸黄高速公路改（扩）建项目完工，实现主线通车。加快仁沐新、成资渝、九绵等在建高速公路项目进度。新开工成南高速公路扩容项目入城段、德会高速公路项目。加快推进乐西、宜攀高速公路项目前期工作，调整适应财政PPP入库项目招投标模式。跟踪成绵苍巴、宜新、西昭等高速公路项目。完成广南、成德南等17个高速公路项目竣工验收。建设管理水平不断提升，出台招投标、造价、品质管理等重大关键制度。

收费管理 完成通行费收入116.9亿元，比上年增长4.8%，减免各类车辆通行费59亿元。在全国率先完成取消省界收费站试点，所属川渝间5条高速公路顺畅通行。平稳实现货车计重收费优惠政策到期终止。查处逃费车24万辆次，挽回经济损失4 100万元。成功告破“8・22”“6・10”等重大偷逃案，灵活处置“5・31”挟持人质事件。完成应急二期及高清视频改造、隧道LED照明改造、省干网建设、车牌高清识别及抓拍设备升级、隧道机电系统年度定检。开发应用“绿通”车辆管理App，试点出口车道扫码支付、无感支付。全年服务通行车辆3.6亿辆次。创建成德南、隆纳、邻垫3条“五好”高速公路。推动收费站、服务区外观形象标准化建设和泸州西服务区四川省服务业标准化试点。完成“厕所革命”创建任务及示范提升项目。

2018年10月17日，四川省副省长杨洪波（中）调研巴陕高速公路建设情况　　川高公司 供图

智慧交通建设 完成大数据平台一期建设，启动二期规划。川高易行App正式面向公众服务。自主研发的养护、建设等12个业务系统试点上线。成都绕城高速公路智慧情报板建成投用，启动川高系统视频智能分析试点。联合阿里云、电子科大等单位开展智能视频分析、车路协同应用研究。

养护管理 投入养护资金23亿元，完成路面整治860公里・车道，路面使用性能指数保持较高水平，PQI（路面使用性能指数）92.1，完成5 000余座桥梁定期检查。完成五年养护招标，奠定未来养护工作基础。实施成都绕城、绵广、达渝、映汶等高速公路提档升级和维修改造工程，及时发现并完成雅西瓦厂坪、石棉隧道、龙溪隧道、三家村滑坡应急抢险工程。开展两轮质量督导巡查，纠正多处拌和站质量隐患，推行桥梁定期检查首件认可制，推广隧道检测车设备，保证养护质量。攀田高速公路就地热再生、雅西高速公路桥梁边坡安全风险检测试点取得进展。

财务管理 利用企业改制契机，总资产增加295亿元，净资产增加275亿元；资产总额2 465亿元，净资产826亿元，分别比上年增长5.1%和6.7%，资产负债率下降10个百分点。全年完成融资230亿元，增长12%。完成乐西高速公路银团组建。发行债券38亿元，发行价格在全国560家企业中排名第26位。完成超短融、中票、公司债、资产证券化、保险资金债权计划方案并上报相关机构。对10亿美元亚行存量贷款探索尝试境外贷款利率互换和套期保值业务。取得省国资委和全部债权银行同意，完成政府融资平台退出工作。8个通车高速公路项目获得竣工决算批复，3个项目完成竣工决算审计，10个项目完成审计准备工作。配合省交投集团预算核算一体化项目实施，完成报表系统切换，完成费用自动报销系统基础性工作。

资产管理 累计清理低效无效资产原值1.3亿元，处置资产8 400万元，回收资金2 200万元。整合通车项目通信资源，实行统一规划、统一经营开发。

相关产业 各延伸产业实现营业收入35亿元，利润7.4亿元，分别比上年增长44%、287%。政企合作板块全年实现利润4.4亿元，试行政企合作项目《款项回收考核管理办法》。房地产板块全年完成投资8.3亿元，实现营收5.5亿元。仪陇、恩阳“高庐御品”系列完成认购2 417套，认购总金额12.3亿元。成都、泸州房产项目加快推进。竞得冕宁拓展区7.2公顷土地，完成川西片区应急指挥分中心地块置换，推进西昌1.33公顷地块和泸州3.2公顷土地调规变性。交旅融合板块巴中恩阳交旅文化居住服务融合示范项目加快建设，会理交旅康养特色小镇项目前期工作加快推进，依托雅西、九绵、乐西、宜攀等重大高速公路项目的交旅融合产业布局加速形成。建设服务板块高路信息、高路房产、高路建筑、高路绿化和高路物业的资质条件不断升级，市场竞争能力不断增强。

安全管理 安全责任层层分解落实，安全红线意识得到加强。加大科技治安力度，累计投入2亿元开展交安设施升级改造。开展巡逻排查和隐患治理，巡逻近700万公里，排查整治一般安全隐患2 442处，落实整改资金2 273万元。未发生源头责任事故。

体制机制改革 川高系统本部《内部控制管理手册》完成编制并试运行，绵九、成南、高路信息等单位完成内控试点，川高系统内控体系建设全面铺开。集中开展选人用人专项整治工作，修订完善领导人员选拔任用管理办法。公开竞聘选拔10名本部中层副职干部，面向全系统公开选调16名本部管理人员。优化岗位层级和薪酬结构，基层关键岗位薪酬水平最高增幅达22%。制定专项奖励管理办法，规范标准程序，完善建设项目竣工验收、投资目标专项考核奖惩机制。全年引进硕士研究生21人、博士研究生2人；以推动大数据研究为契机，市场化引入近30名互联网技术、软件工程等方面专业技术和管理人才。营运单位严选45名一线优秀人员转入管理岗位。增强党建工作机构和力量配置，充实党群和纪检监察审计工作机构。完成本部内设机构改革调整方案，完善职能部门职责分工和协同工作机制。累计制订实施各类管理制度119个，夯实企业管理制度基石。

（川高公司）

成渝公司营运管理 2018年，成渝公司跻身四川省大企业大集团100强培育名单，位列第80名；蝉联四川外商系投资企业营业收入100强、纳税总额100强名录。在高速公路建设、营运、养护、管理、融资等方面主要做了以下工作：

项目建设 成乐高速公路扩容建设项目精细组织、多措并举，克服初步设计批复滞后等不利等因素影响，全年完成投资17.34亿元，完成年度目标100%。试验段方面，主线路基土石方、桥梁桩基及下部结构、涵洞工程、梁板预制全部完成；加强施工现场标准化管理，推广应用“四新技术”，实体工程质量、安全环保工作得到肯定。全线方面，成都二绕高速公路至辜李坝段获交通部分段批复并完成土建工程标段EPC招标；起点至成都二绕高速公路段调线最终确定黄甲大道方案，初步设计报批工作加快推进；项目征拆、融资保障及智能交通技术应用全面展开，环评分段报批可行性论证加紧研究。重大项目竣工验收取得突破。成仁高速公路以全省最高综合评分完成竣工验收并取得试收费延期批文。遂广遂西高速公路工程变更办理完成90%以上，环水保、工程缺陷处治基本完成验收，为项目竣工验收打下基础。仁寿BT项目全部完工，仁寿高滩水库片区道路等7个项目完成竣工验收及移交，中央商务大道景观工程等15个项目完成审计。

融资工作 公司整体及债项继续保持AAA信用评级，获得四川省鼓励直接融资财政奖补资金485万元。在资金面偏紧环境下，新增贷款持续保持低利率，全年完成各类融资34亿元。其中，提取23.2亿元流动贷款保持省交投集团内同期限最低水平，较同期直接融资成本下降10%。合理统筹、高效利用内部资金，全年向所属企业提供统借统还借款3.26亿元，节约财务费用500万元。公司中票、超短融注册发行及公司资金中心筹备设立工作有序推进。金融板块筹募资能力不断增强，成渝租赁逐步实现自身造血，全年获得银行授信8.4亿元，提取2.3亿元。众信基金公司实现募资4 300万元，引入简阳工投拟出资1.5亿元认购知识产权基金中间级份额。推进成乐高速公路扩容建设银团搭建，年内提取建贷5.4亿元，利率为央行同期基准利率，既保证项目建设资金需求，又实现利息费用资本化。

收费管理 全年完成通行费收入36.86亿元（含税），为年度目标108.41%，比上年增长10.95%。强化收费管理规范化、信息化，推进打逃工作常态化，在全国率先实现绿通车检测数据跨省联动，提升收费稽查通行数据动态管理和利用效率。推动取消成渝高速公路省界收费站，完成应急二期、“营改增”车道抓拍系统改造，推进5.8GHz路径标识站建设。持续推进自助发卡、移动支付等智能收费方式试点使用，公司所辖高速公路

遂广高速公路三凤特色收费站优质文明服务　　成渝公司 供图

64个收费站出口人工车道全部安装扫码支付设备，有8条车道投入使用。公司参与研发的“纸票改电票解决方案”“4G+OBU视频数据平台”，分别获交通运输部主办的2018年中国（小谷围）“互联网+交通运输”创新创业大赛一等奖、三等奖，取得四川交通行业在本次大赛中的最好成绩。遂广遂西高速公路“入口‘治超’环境下的无人值守自助发卡系统及方法”获国家发明专利。

安全管理 不断强化目标责任分解落实，理顺安全生产管理体制和运行机制。提升基础、突出重点、把握焦点、防患未然，全年公司范围内未发生安全生产责任事故和管理源头责任事故，安全生产形势持续向好，被省政府安委办评为“四川省隐患排查治理体系建设先进单位”，是全省高速公路行业中唯一一家获此荣誉的企业。对照上级要求，推进“风险分级管控”及“隐患排查治理”双重预防机制体系建设，健全完善“两清单、一卡、一册”和“两库一图”，实现风险管理控制和事故隐患自查、自报、自改闭环管理。在公司范围内开展冬季高速公路安全管理、建设施工安全监管、电气火灾安全管理、危险化学品安全管理、特种设备安全管理等五大专项整治行动，查找和补齐公司安全生产工作短板。不断强化“一路四方”联动工作机制，重点加强春运和“两会”、五一、中秋、国庆等特殊时段，成乐高速公路扩容建设涉路施工、大中修养护工程、新建项目穿（跨）越等重点路段的安全管理工作，确保营运高速公路安全畅通。成乐运营分公司打造“三专”文化，推广安装应用雨雾诱导系统，保障成乐高速公路扩容建设边施工边营运。

服务管理 预防性养护和“厕所革命”“五好”高速公路创建、智慧高速公路建设及服务质量提升等重大营运管理工作扎实开展、有序推进。推行养护台账管理，推广运用视频巡查系统开展养护日常检查，在成雅高速公路高架桥段创新采用极薄磨耗层等新技术，降噪效果明显。公司所辖高速公路在全省运输系统政风行风建设“五大行动”和“全省高速公路服务质量”排名中保持前列，成渝高速公路内江站、成都站李英分获全国“最美路姐团队”和“最美路姐”称号，遂广高速公路三凤特色收费站建设在集团内推广。

（成渝公司）

成渝高速公路四川段营运管理 2018年，成渝分公司所辖成渝高速公路四川段在营运管理方面主要做了以下工作：

收费管理 完成通行费收入8.55亿元（含税），比上年增长4.69%。以联勤联动、数据稽查为突破口，与成都二绕、成自泸等高速公路营运管理单位建立稽查协作机制，保持高压态势，系统内增收3.76万辆次，增收金额105.07万元。专项稽查方面，查处偷逃车辆1 174辆次，补收通行费109.74万元，其中重大节假日专项打逃查获车辆949辆次，增收通行费77万余元。推进收费方式智能化、信息化，完成全线收费站出口MTC车道移动支付设备安装工作。完成国内首批高速公路取消省界站试点即川渝界渔箭收费站取消工作。完成应急二期平台建设、省界虚拟站及5.8GHz路径识别系统建设、“营改增”收费设备升级改造等项目，推进成渝高速公路监控系统改造及收费站入口计重设备数据联网改造。

成渝高速公路内江互通立交　　成渝分公司 供图

服务管理 结合高速公路服务质量评定工作，排查并整改营运服务问题，累计9个月排名前十位，年度排名第六位。全面开展收费、路产管护及服务区岗位劳动竞赛，每月开展评比考核并与绩效挂钩。成都收费站李英、内江收费站分获全国“最美路姐”“最美路姐团队”称号。公司获省交通运输厅“2018年全省道路水路春运工作先进单位”称号，内江收费站获省交投集团“收费管理工作先进集体”称号。完善全线服务区功能设施，第三卫生间及母婴室全部竣工并投入使用。

安全管理 持续落实目标责任，强化教育宣传，完善规章制度，开展隐患排查，健全应急体系，加强双超管控，确保安全管理工作有布置、有落实、有检查，横向到边、纵向到底，全年未发生安全责任事故和源头安全责任事故，安全形势良好。组织开展职业病危害因素检测，各收费站、服务区（停车区）的噪音、粉尘、有害气体等含量未超过国家规定的职业接触限值。组织开展防汛及地质灾害防治，冬季雨雾天气下灾害防治，其中，K2103+400处由于及时安装被动防护网，岩体崩塌后有效拦截，确保道路安全。组织开展各类应急演练23场，其中，资阳段汛期地质灾害应急演练、成都处危化品事故综合应急演练有效检验预案实用性和可操作性。在事故发生时反应快速，完成边坡滑坡抢险、人行天桥垮塌等事故处置，应急救援队伍快速反应和科学处置能力得到提升。明确清排障作业责任主体，管护队员业务水平较大提高。全线清排障车辆3 916辆次，比上年提升141%。

养护管理 成渝高速公路路况平均MQI（道路技术状况指数）93.8，道路技术状况评定等级为优，在年度全省高速公路桥隧规范化管理抽检中排名第一位、养护管理信息化工作抽检中排名第三位。针对预防性罩面工程早安排、早实施，完成预防性罩面工程118车道·公里，完成目标任务147.5%。全面推行养护规范化管理，按季度对计量支付台账、资金使用台账等进行检查通报，实现养护工程病害实时掌控、及时维修、计量准确、资金受控。在沱江大桥等部分路段开展路面极薄磨耗层等新技术、新材料试验，及时采集路面路况信息数据，科学降低养护成本。科学论证，积极协调，推动国内首例跨铁路提篮拱桥体系转换工程。规范穿跨越项目审批流程，协调推动成资渝高速公路跨成渝高速公路清泉互通工程、资中县春岚南路下穿成渝高速公路工程等涉路穿跨越工程项目。全程参与、统筹推进简阳收费站、资阳收费站改造等项目，协同成都兴城公司同步推进3—7公里入城段改造及成渝高速公路“白加黑”施工。

环境综合治理 委托设计单位及专家对沿线生产生活用水排放现状进行现场勘查和方案评审，完成公司本部、龙泉湖收费站，石桥停车区及内江管理处四处污水排放处置工程，确保达标。完成资中停车区上行鱼塘污染处治历史遗留问题，解决该处环保投诉问题，资阳管理处获省交投集团年度安全生产和环境保护先进集体奖。内江管理处廖梅英获省交投集团年度安全生产和环境保护先进个人奖。开展部分中央隔离带补植工作，提升防眩功能，达到环保美观目标。

（成渝分公司）

成雅高速公路营运管理 2018年，成渝公司成雅分公司在成雅高速公路营运管理方面主要做了以下工作：

收费管理 深化联勤联动，加大稽查力度，完成通行费收入9.44亿元，比上年增长8.02%。合理运用科技手段，利用智能设备提升工作效能。采用大数据试点平台及“绿通”App进行绿通车辆查验，利用“黑名单”数据库稽核打逃，提升工作效率。堵漏增收391.9万元，占成渝公司堵漏增收总额953.3万元的41.1%；其中系统内增收343.9万元，占成渝公司系统内增收总额644.4万元的53.4%，确保通行费应收尽收。克服工期紧、任务重等困难，完成成雅高速公路全线5个5.8GHz路径标识站建设和9.15万张CPC卡采购，确保完成年底全面取消川渝高速公路省界收费站目标；完成全省省干网建设，实现新旧传输系统切换，收费数据和视频监控已通过万兆传输网与结算中心相联；完成554路高清图像应急二期监控改造并组织完工验收；完成16个收费站出口高清车牌识别建设。公司获省交投集团“经营管理先进集体”称号。

养护管理 与高速公路交警、执法部门沟通，通过优化施工方案、加强施工现场监管等措施，在车流量超饱和情况下，超额23%完成80车道·公里路面罩面，病害铣刨热铺12 800平方米。为有效解决高架桥沿线居民对噪音污染的诉求，在充分论证和多方调研基础上，完成成都高架桥超薄磨耗层试验段铺装。完成蒲江服务区北侧下挡墙病害处治，优化原设计方案，先设置两排仰斜式排水孔及玻璃片进行观察，再根据观察情况决定是否实施钢管桩加固措施，将预算费用由原方案213万元降到20万元。完成K1921处边坡处治，优化原设计处治方案，取消坡体加固措施，采用直接清坡后对坡面进行防护并加强观测的方式，节约投资500万元。启动蒲江服务区污水处理系统升级改造，采用“预处理+超微浮悬+深度处理”方式，通过生物滤塔一体化系统进行生化处理，出水满足国家标准。完成成都高架桥、名山河桥三类桥病害处治目标任务，实现成雅高速公路全线无

成雅高速公路　　成雅分公司 供图

三、四、五类桥。

安全管理 利用路产管护信息化管理平台，科学分析路产管护大数据。巩固加强“一路四方”联勤联动长效机制建设，完善信息沟通共享平台，探索在交通流量超饱和状态下道路安全保畅新措施新方法；召开安全生产会议及联勤共建协调会10余次，研判道路交通形势，强化对施工现场易发拥堵节点的车流疏导值守和错峰出行调整等，保障道路罩面、护栏提升、中央活动栅栏加固改造、桥梁搭接、匝道梯次限速等专项施工顺利推进以及施工期间道路交通安全。编制《成雅高速公路危险化学品车辆运输事故应急处置手册》《路产管护标准化基本规范》，建立完善应急联络机制。妥善处置成都高架桥“5·25”火灾事故，推进桥下空间整治。开展全线安全生产大检查11次，安全专项检查88次，发现并整改问题54处。处理交通事故1 837起、路产案件503起、道路巡查7 357趟次，巡查里程68.53万公里，清障救援3 584次，连续保持清障率、巡逻率、安全设施完好率及服务及时率100%，各项安全生产指标处于可控状态。

服务区管理 在服务区试用“服务区管理”App，开展“厕所革命”，强化环境卫生现场监管。完成蒲江服务区A、B区经营场所内部装修及临时卫生间升级改造，对功能区布局等重新调整，设立儿童休闲区、扶贫产品售卖专柜。蒲江服务区再获五星级服务区称号，全年迎接车流500万辆次，比上年增长12%；接待人数超1 000万人次。

（成雅分公司）

成乐高速公路营运管理 2018年，成乐公司、成乐运营分公司在成乐高速公路营运管理方面主要做了以下工作：

项目建设 成乐高速公路扩容建设项目完成投资17.34亿元，其中，青龙场至眉山试验段完成投资6.03亿元，全线其余工程完成投资11.32亿元。形象进度方面，试验段主线路基填方完成96.7%，水稳底基层完成38.9%，基层完成30.2%，沥青下面层完成16.8%，永丰互通建成通车，青龙互通将进入路面施工，眉山互通眉州大道中桥拆除重建工程完成并于12月15日开放通行。青龙场至眉山试验段预计2019年底建成通车。项目开工建设以来，加大新工艺新技术运用，在梁板预制中推广应用智能张拉、循环压浆、自动喷淋、钢筋加工胎模和整体吊装等工艺，在路基搭接施工中应用液压夯、轻质泡沫混凝土等新工艺，在路面搭接中创新应用小宽度施工面下的大宽度铣刨等工艺，均为全省高速公路改（扩）建首次大规模运用。5月24日，成都二绕高速公路至辜李坝段初步设计获交通运输部批复，分段批复方式在全国高速公路建设项目属首例。

管理理念 成乐运营分公司正式提出“建设专业公司、打造专业团队、争做专业员工”的“三专”理念和“平安、绿色、人文、智慧”的服务区管理理念。

收费管理 完成营业收入5.78亿元，比上年增长16.61%，其中车辆通行费收入5.64亿元，比上年增长25.1%；营业收入、利润总额创历史新高。按照“堵漏不是最终目的，通过堵漏规范车辆缴费行为，达到以堵促收才是最终目的”指导思想，狠抓堵漏增收工作，通行费堵漏增收金额再创新高。加强数据收集和分析，联合辖区内高速公路交警、交通执法开展“一路三方”专项打逃工作。深化手挽手行动，联合雅眉乐公司签订《手挽手行动公约》，开展对内、对外双向稽查，实行对鲜活车双管双控，加大堵漏增收力度，节假日免费专项稽查工作进入常态。开展“治超”工作，促进收费工作顺利开展。

成乐高速公路扩容建设试验段 成乐公司 供图

营运管理 不断深化“三专”理念，培养专业员工。通过开展收费、管护等多岗位融入式培训、与相关联高速公路营运公司联合开展融入式综合能力培训、四季劳动竞赛等培训与竞赛，提高员工专业技能；开展优质服务标准化建设，深化标兵班、标兵站建设，以点带面，多措并举，不断提升优质服务水平；深化“三项制度”改革，收费管理实行优质服务首末制激励，实行“车牌输入”纠错及对扣对奖制度，制订出台《公司员工上挂下派培养锻炼管理试行办法》，在机关与基层单位之间进行员工岗位交流。在员工培训中将业务绩效与培训成绩同时考核并运用在岗位任用上，探索培训+考核模式。对内公开竞聘选拔实行聘期制度，对外公开招聘引进专业人才，完善能上能下选人用人机制；严格执行《内部控制手册》和《风险防控手册》，严格执行财务预算管理，强化内部控制，加强风险防控。

养护管理 对成乐高速公路反光较差、磨损较严重的标线，重新进行施画，对加宽扩容试验段内填方高度大于3米的事故多发路段处护栏进行改造；对乐山段路面采用修补和锐创热铺的方式进行道路养护；采用不中断交通处理空心板桥破损铰缝技术处治桥梁病害，对全线有裂缝的桥涵、梁板进行提前处置或更换，对中央隔离带绿化缺失或稀疏路段进行增补，探索“机械+人工”保洁模式，科学管养道路，确保成乐高速公路在改造扩容期间安全畅通。在ETC车道设计安装轴承转动可调式手摇限高杆提高收费员工作效率。

安全管理 落实安全生产责任、加强宣传教育、做好隐患排查，开展各类专项整治以及防汛、地质灾害防治工作，并且联合成乐公司及辖区高速公路交警、交通执法到沿线村镇、学校进行安全宣传活动及开展施工区汛期交通事故应急救援演练等；与成都英威讯电子技术有限公司合作研发“交通环境智能感知及预警系统”，安全生产形势处于可控状态。

服务区管理 推进“服务区+”，打造“服务区+智慧旅游”“服务区+休闲娱乐”“服务区+美食”“服务区+扶贫项目”，拓展服务区功能，推进服务区“厕所革命”，提升服务区人性化服务水平。完善服务区无障碍通道、母婴室及第三卫生间，服务区设置残疾人专用停车位、免费轮椅；夹江天福服务区厕所增设免费提供特殊情况女性卫生用品的服务。8月，全省首个“交通扶贫专柜”——乐山市金口河区专场在夹江天福服务区设立。

（成乐公司　成乐运营分公司）

成仁高速公路营运管理 2018年，成渝公司成仁分公司在成仁高速公路营运管理方面主要做了以下工作：

收费管理 坚持收费工作中心地位，以省交投集团收费标准化建设在成仁高速公路试点为契机，全面提升营运管理水平，提高通行费收入。完成通行费收入8.94亿元，比上年增长13.34%，完成年度任务104.28%；利润3.34亿元，比上年增长43.67%，完成年度任务103%；经济效益处于历史最好水平。加强收费基础管理，梳理收费管理流程，印发《收费业务规程守则》，编制“卡票款”“应急管理”等收费管理标准，按时完成试点任务。加大路网信息宣传力度，会同地方政府完善、规范指路标志标牌，开展收费营销，引导更多车辆上路；加强与联勤单位配合，优化交通管制措施，减少车辆分流。强化优质文明服务，推行“三快一畅”（车型识别反应快、业务操作速度快、突发事件处理快，收费站道路畅通）车道通行效率考核，避免收费站道口拥堵现象；开展“微笑服务能手”传帮带活动，组织收费员工岗位练兵，持续做好星级评定等工作。提升收费智能化水平，在省内率先试点移动支付等新技术，参与研发、独家试点的高速公路MTC车道通行费“纸票改电票解决方案”“4G—OBU”系统分别获全国交通行业“互联网+交通运输”创新创业大赛一、二等奖。强化堵漏增收措施，深化路网打逃工作机制，利用收费通行数据和自主设计安装的两套高清车牌识别系统，加大数据稽查及打逃力度。

成仁高速公路　　成仁分公司 供图

养护管理 重视管养工作，做好道路养护巡查，坚持预防性养护理念，对桥梁、路面、标线等技术指标进行定期检测，处置水毁边坡险情27处，完成专项工程33个，道路PQI（路面使用性能指数）94.2。坚持绿色交通理念，注重养护施工现场扬尘防治工作，对各收费站、服务区污水处理设备进行技术改造，持续推进“厕所革命”，提升服务水平。完成5.8GHz路径标识站、干线通信网络设施应急监控二期等重大专项任务。创新养护新技术，会同西南交大等单位分别进行二峨山隧道内装技术研究和无缝桥面结构提升及养护技术项目研究，取得阶段性成果。推进绿化景观提升工程，编制道路绿化景观提升实施方案，组织1.5公里试点，成仁高速公路以94.32综合评分通过竣工验收。

安全管理 完善安全管理措施，强化责任落实，层层签订安全生产目标责任书，推进双重预防机制体系建设，建立和完善“两清单、一卡、一册”（管控责任清单、管控措施清单，明白卡，安全风险册）、“两库一图”，实现风险管理控制和事故隐患自查、自报、自改闭环管理。开展安全管理五大专项行动及桥下空间整治、隧道专项治理活动，组织各类安全检查60次，发现并整改全部隐患30处。注重安全生产宣传教育，组织“安全生产月”“平安交通百日行动”“走村入户”等专项活动12次；强化员工安全“红线”意识，对各级管理人员进行安全工作复训，开展应急演练11次。严格安全管理“一岗双责”，全年未发生责任事故和管理源头责任事故，未发生双超治理违规行为。继续强化“一路四方”联勤联动机制，汛期、冬季、“两会”、节假日等重大节点安全保畅措施得到进一步加强，二峨山隧道通行管控及预警能力不断提升，路产案件数量比上年下降7%。

服务管理 围绕收费管理加强完善内部运行机制，营运服务质量连续第三年排名全省第一位。获2018年全省道路水路春运工作“先进单位”称号。兴隆收费站获中华全国总工会“职工书屋”称号，汪洋收费站被省交投集团评为“优秀收费站”。

（成仁分公司）

遂广遂西高速公路营运管理 2018年，遂广遂西公司在遂广遂西高速公路营运管理方面主要做了以下工作：

收费管理 开展堵漏增收稽查活动，完成通行费收入2.95亿元，比上年增长25.4%。开展试收费延期工作，取得试收费延期至2020年3月的正式批复；落实收费政策落地，完成“取消货车收费优惠”“货车差异化收费”等。结合公司实际，为“自由流”收费模式转变做准备，在部分收费站开始试点新倒班模式。“治超”工作方面，定期检查进站“治超”设备，及时维修设备故障。完成全线整体汽车衡年度首次检定工作，全面保证设备正常。进站对临近超载限值货车登记，对执有超限运输证的车辆通知高速公路执法单位核证并拍照登记，全年未放入超载货车进站。

路产管理 完善和推进路产补偿程序和清障作业规范。按照《关于规范路产赔偿案件处理程序》要求，组织路产管护中队开展业务学习和培训，邀请交通执法大队进行指导。规范清排障车辆外观标识、人员着装、记录登记等工作，通过交通执法单位检查。

安全管理 开展收费员、管护队员岗前安全教育培训及上岗后安全操作培训工作，重点强调收费员道口作业安全、管护队上路作业安全等。聘请广安市安监局及四川省安全教育培训中心开展安全生产教育活动。制订并完善各类应急预案和现场处置方案。开展收费站消防安全应急演练等活动，提高应急处置能力。建立并完善应急物资库房，按照3个管理处3个应急库房配置，分别在3个管理处建立完善应急物资库房并储备必要应急物资。

养护管理 日常养护巡查对边网破坏、桥下空间堆积等问题及时处治，并对养护施工安全情况进行现场监管。开展结构物现场专项巡查，开展特殊季节、重点路段养护巡查工作。建立视频巡检系统，提高养护巡查效率和下单便利性、及时性；专业问题由养护专职人员组织监理、施工单位到场制定处治方案，下达养护任务单并开展质量验收工作。遂广高速公路嘉陵江特大桥、米汤沟大桥、余家沟中桥梳齿板伸缩缝进行更换；对超高过渡段积水路面采用开槽、设置震荡标线、防滑标线、警示标识等多种处治方式处置48处。梳理道路沿线事故易发点，对17处事故多发路段进行综合措施处治，增设安全警示标志180处，处治路段事故率明显降低。

服务管理 梳理沿线交安设施并补充完善，在服务区龟背增设波型护栏，对全线、服务区、收费用缺损突起路标、轮廓标、标线进行集中补充完善；开展ETC专用车道彩色喷绘专项工程，使ETC车道设置规范、醒目和人性化；完善互通标志牌内容改造，打造连接南北、贯通东西大通道；多雾路段增设条形频闪灯，增强诱导功能。推进信息化和桥隧规范化管理工作，完善专项养护制度和应急预案，落实主体责任，开展桥隧工程师定期培训。遂广、遂西高速公路成功创建“五好”高速公路。

（遂广遂西公司）

遂西高速公路　　遂广遂西公司 供图

成都绕城高速公路和都汶高速公路营运管理 2018年，川西公司在成都绕城高速公路、四川都汶高速公路营运管理方面做了以下工作：

收费管理 克服绕城高速公路形象提升工程、映汶高速公路恢复工程、都汶砂石车禁行、汛期收费站受灾等对通行费收入的不利影响，加强现场管理和稽核稽查，打击偷逃通行费行为。通行费收入9.21亿元，完成年度目标100.80%；实现利润1.53亿元，还贷付息4.33亿元。收益土地收储大幅增长，三产收入7 800万元，比上年增长近1倍。持续开展打击偷逃通行费行动，堵漏增收245万元，比上年增长33%，其中追缴降类逃费车辆通行费69万元。争取成都市绿道建设政企合作项目，签署锦城绿道绕城线内工程8.2亿元框架协议。

成都绕城高速公路锦城湖段路景 川西公司 供图

养护管理 实施绕城高速公路形象提升工程，选择"白天占道挖补施工，夜间半幅断道挖补或加铺，半幅单向通行"施工和交通组织方案，全年完成总目标35%，第一阶段推进顺利。夜间施工交通组织经验申请创新成果，对大车流道路无感养护作业积累经验。实施锦城绿道建设，完成一期工程91.3%，绕城高速公路面貌明显改观。实施映汶高速公路恢复工程，恢复道路基础设施和软硬件，完成隧道病害维修处治及亮化工程、部分路面病害维修处治工程及交安设施、收费站及站房改造、机电工程等恢复工程并封闭运行。针对中央第五环保督察组提出的紫坪铺大桥桥面径流收集系统、蓄毒池等应急防护措施建设不到位等问题，实施紫坪铺大桥径流收集系统改造工程，并制订运行制度和预案，规范系统运行流程，完成中央环保督查项目整改。

缓堵保畅 绕城高速公路日均站口车流量70万辆次，通行压力巨大。为达到缓堵保畅的目的，一是开站扩道，新开通永宁收费站设5进7出12条车道，北新B2收费站新建3条车道。二是提升一线人员业务能力，以ETC、移动支付等新设备使用和纠纷处置为培训重点，化解造堵重点因素。三是履行"一路四方"主任单位职责，与高速公路交警、执法加强合作，实现与交警部门数据共享；在交通事故易发路段，提前预判，安排管护队员，协调高速公路交警、执法在车流高峰时段派专人专车值守。四是在绕城高速公路和都汶高速公路全线开通移动支付，提升收费站通行能力。

服务管理 在收费站推行收费综合管理软件系统，包含电子看板信息平台和收费综合管理软件，逐步推行收费工作无纸化办公。在收费站安装电子展板系统，在几个重点收费站安装试用，与收费综合管理平台对接，人员考核及数据统计板块内容直接通过平台调取并实时展示。提升收费站服务质量和形象，绕城高速公路天府收费站获全国最美路姐入围集体奖；成新蒲收费站接待全国总工会和全国海员总工会参观团；绕城高速公路双流收费站被授予区级"青年安全示范岗"；绕城高速公路天府收费站、成灌收费站、成金收费站、货运大道收费站和都汶高速公路映秀收费站分别创建川高系统"先进职工小家"和"合格职工小家"。

安全管理 有效处置管辖的绕城高速公路和都汶高速公路段4 279起事故，未发生源头责任事故，无职工因公死亡、重伤。防汛度汛，年初提前安排防汛工作，同步开展汛前、汛中安全隐患排查治理，处置都汶高速公路"6·26"龙溪隧道泥石流阻断道路事件，"7·19"银杏坪沟泥石流堵塞桥涵冲入路面事件，成龙、双流、成新蒲收费站大面积淹水事件；针对绿道建设造成绕城高速公路水系堵塞引发滑坡和内涝等安全问题，与绿道公司沟通协调将水系疏通纳入绿道建设整体工作。治理双超，管辖的24个"治超"点劝返超载超限车辆12万辆次，比上年下降38.33%。隐患整改，开展安全检查7次，下发整改通知7份，排查隐患1 033处，隐患整改率99%；对短时间难以整改的安全隐患，采取临时警示防护措施，制订长期整改方案。

环境综合治理 投入1 290万元保洁费用，加强绿化保洁单位督导力度，确保机具、人员投入到位，严格执行作业规程，严格考核，考核结果与相关单位收入挂钩。上下班高峰、雾天封道及节假日期间提前做好保洁安排。强化源头治理，杜绝对道路污染严重的车辆上路。

（川西公司）

成南南渝遂渝遂回高速公路营运管理 2018年，成南公司在成南、南渝、遂渝、遂回4条高速公路营运管理方面主要做了以下工作：

项目建设 成南高速公路扩容项目前期工作取得

阶段性进展。成立"改扩建前期工作办公室"，全线用地预审，项目通航论证、地震安评、地灾评估、矿产压覆、社稳评估及规划选址、环评水保均获批，全线工程可行性研究报告获批复，入城复线段初步勘察设计获批复。在入城复线段初步勘察设计阶段，组织开展项目培训和参观交流，总结成南高速公路营运经验，牢固树立"创新、协调、绿色、开放、共享"五大发展理念，落实"四个交通"（综合交通、智慧交通、绿色交通、平安交通）发展要求，始终将品质工程理念贯穿整个阶段。

收费管理 分析收费形势，科学核算分解收费任务，确保通行费按要求足额征收，实现通行费收入14.65亿元。优化完善收费制度流程，其中，梳理完成"12122"服务热线管理制度、监控中心（分中心）及监控员考核实施办法、机电系统设备维护管理办法等管理制度的编写修订；完成川高系统标准化建设监控部分18项制度编制、7个企业标准初稿编制及后续改进完善，其中4个作为行业标准发布；联合软件公司开发收费管理软件，与"熊猫驾信"软件合作建设无感通行智能支付系统，提高收费业务水平。开展稽查堵漏工作，打击各类逃费行为，研发"收费稽查打逃助手"软件并上线推广运行，集中组织开展川高系统客车降类欠费、临界车逃（欠）费专项追缴行动和整治ETC逃费专项活动，与地方公安机关、辖区各执法单位建立长效联动机制，收费站日常收费争议、突发事件等得到及时解决；开展对内监管4 400余次，对外稽查专项行动1 400余次，查处偷逃通行费车辆4.31万辆次，追缴通行费223.18万元。组织基层一线人员开展应急处理及救援、服务规范用语、电话沟通问答技巧培训，主动开展交流学习，增强一线人员业务素养。举办公司第一届机电系统维护知识技能竞赛，开展"营运15年 业务树标杆"业务能手主题评选活动，评选出"成南公司业务能手"21名，"成南公司业务能手入围奖"18名，以先进典型带动全体员工增强基层服务意识，提升整体业务水平。完善收费站软硬件配置改造，完成全线17个收费站污水处理设施升级、供水及天然气改造工程，为部分管理处、收费站安装直饮机和厨房、生活用水、井水全套净化设备；完成收费站出入口车牌识别系统高清改造、监控视频高清改造、专用通信网设备采购安装、遂宁站新增ETC车道、5.8GHz路径标识站建设，自主设计、自主实施部分收费站入口"治超"设备改造。完成所辖路段8个标识站、2个省界虚拟站建设及CPC卡招标采购和全面更换，完成实体拆除工程以及道路交安设施恢复工作，所辖两个省界收费站同时实现双向六车道（含应急车道）不停车缴费目标。协调配合高速公路交警、交通执法和地方"治超"办，加强联勤联动机制，共同保障"治超"工作顺利开展。自主研发和完善收费亭内入口"治超"超载车辆报警系统，规范入口"治超"点操作流程。制定维稳应急预案，完善应对措施，实行领导及中层干部到站值班制度，确保货车计重收费费率调整工作平稳过渡；加强宣传，推广普及"营改增"政策。

养护管理 规范开展道路养护工作，贯彻"预防为主、防治结合"养护管理理念，完成成南高速全线路面病害处治、遂回及南渝高速公路路面维修处治、成南高速公路边坡地质灾害处治；提前封闭路面裂缝防止雨水对道路侵害，完成全线裂缝统一处理，消除路基沉陷的风险。完成所辖全线隧道出入口交通安全设施提升改造、冯店隧道进行彩色防滑层标线铺筑、增加隧道抗滑系数等专项养护工程。做好绿化保洁、及时更换损坏交通安全设施，确保道路"畅、洁、绿、美"。日常巡视与专业检查相结合，在全线桥梁、隧道设置户外二维识别码，利用手机即可知晓桥隧检测情况，桥隧质量管理更加快捷精准；坚持"保障道路畅通为第一要务"的工作思路，对养护占道施工交通管制区规范化设置开展专项整治，落实规范化和常态化巡查监测。及时更新信息管理系统数据，邀请第三方专业公司对系统应用情况进行分析总结完善，进一步提升系统应用的及时性和准确性；推广养护信息化系统手持端设备使用，实现占道施工现场全过程监督。执行环境保护及污染防治长效工作机制，组织公司各部门开展环保整改，完成公司环保管理制度、环保应急预案、环保管理工作实施细则汇编。对淮口服务区，仓山收费站及成阿收费站进行绿化升级改造，完成沿途噪音污染整改工程，完成全线五个服务区（含停车区）及6个收费站污水排放整改工作并验收合格。路面养护过程中产生铣刨废料，按照环保要求全部回收堆放于金桥拌合站，回收率100%。

成南高速公路淮口服务区 成南公司 供图

安全管理 树立"安全发展、防范胜于救灾"安全理念，逐级签订《安全生产目标责任书》，完善《岗位安全生产职责制度》《主要岗位和设施设备操作规程》《应急救援预案》等系列安全管理手册并通过专家评审及备案，把安全生产职责职权落实到各部门、各岗位；以通过省安监局二级安全生产标准化达标企业认证为起点，继续投入足额安全经费，开展安全教育培训、安全宣传和安全检查；运用无人机和人工巡查开展安全隐患排查治理，建立危险路段档案，定期对重点边坡、隧道、桥梁、全线收费站开展专业隐患排查，提前做好安全预测及防控措施安排，防范安全事故发生；将道路交安设施养护工作理念从被动修复性养护向主动预防性养护转变，率先将防撞中央活动护栏提升防护等级达SB级并满足10分钟内打开的要求，实施后被新版行业标准认可，在省内外高速公路中得到广泛应用；在中央活动开口前200米区域、长下坡曲线路段、互通区域增加震荡标线提醒，主线桥梁增加中央防眩板密度，在防眩板上统一增设红白反光膜，在线性变化较大路段每个护栏立柱上增贴自洁功能反光膜，勾勒出公路轮廓线性，为夜间行驶车辆提供更为清晰的道路引导；在辖区内多雾路段继续增设雾天防撞诱导系统，投入使用后事故发生率显著下降，选送的“成南高速公路智能安全行车诱导系统”作为交通运输部安委办“平安交通”优秀创新案例，在第十四届国际交通与设备展览会中展出。联合软件公司完成路产管护信息系统开发和推广使用，实现日常路巡功能信息化同时，收集管护巡查系统累计的道路数据，结合天气、路况等因素有针对性采取相应措施消除道路管护盲点；打造高速公路路网（成南）运行监测平台，初步实现路况监测、远程互动、资源调度、数据分析等功能；协调各软件服务公司把管护和养护数据在川高大数据平台下集成对接，在交通安全设施修复部分率先实现互联互通。依托队伍建设，修订完善路维管理制度，开展路产管护队员培训，提升道路管护水平和应急救援能力，在第七届全国清障车操作技能邀请赛中首次选派路维队员参赛，获得优胜奖；依托服务区建设路维执勤服务点，将更多路维清障人员和机械设备配置到点上覆盖前后20公里范围，在原有8个保通清障基地基础上加密力量部署；开设清障救援服务微信公众号，便于涉事车主一键发送清障服务需求；购置全自动交通锥自动收集工程车、大型装载机等机械设备，提高清障服务响应速度和清障工作效率。所辖四条高速公路开展路管巡逻里程194.07万公里，比上年增长1.05%，未发生源头责任道路交通事故；被省交通运输厅评为“2018年全省道路水路春运成效显著单位”。

服务区管理　强化高速公路服务区“标杆”引领效应，继续打造服务区标准化管理体系，完善服务区软硬件设施，武胜服务区增设临时卫生间、第三卫生间、母婴室，南充服务区完成电力及主供水管改造等，所辖四个服务区服务设施功能整体提升。淮口服务区、南充服务区被评为全省“五星级服务区”，遂宁服务区被评为“四星级服务区”，武胜服务区被评为“三星级服务区”，淮口服务区获“中国高速公路服务区30年优秀团队”称号。

（成南公司）

绵广广陕广甘广北路营运管理　2018年，川北公司在绵广高速公路、广陕高速公路、广甘高速公路、广北二级专用公路营运管理方面做了以下工作：

收费管理　完成通行费收入18.21亿元（税前），比上年增长1.2%，完成年度目标任务102.3%；整治逃费车辆18 852辆次，追缴通行费641.3万元。加强川、陕、甘三省打逃联动协作机制，巩固完善区域路段联动打逃稽查平台，提高联合打击偷逃通行费能力，有序推进全省高速公路管理重大目标任务，按期完成智慧高速公路路网视频集成系统建设；完成金子山收费站改扩建工程并按时开通，完成厅高管局和川高公司下派的5.8GHz路径标识站建设任务，提前部署撤除川渝省界主线收费站相关工作和货车计重收费优惠取消工作，配合动检部门做好非洲猪瘟查验工作。推进互联网管理等平台应用，自主开发稽查监控中心稽查监控软件，试点运行川高公司收费综合管理平台“绿通”App系统，绿通车辆查验效率得到提升，无感支付和移动支付设施设备安装完成，三大系统硬件管理再上新台阶。收费秩序和环境得到改善，未出现服务质量投诉事件。

广陕高速公路楼房沟大桥　　川北公司 供图

养护管理　按照养护规范做好道路养护工作，提升道路技术指标和服务水平，实现“畅、安、舒、美”的道路通行环境。加强预防性日常养护工作，及时处理各类安全隐患，加大道路保洁力度，道路面貌有较大改变。加快推进专项养护工程，重点实施绵广高速公路张家坪至磨家路面中修工程、绵广高速公路磨沙段次差路面处治工程等19项专项工程，完成计量2.09亿元。国道5线京昆高速公路绵广段MQI（道路技术状况指数）93.4，PQI（路面使用性能指数）90.94；广陕段MQI95.91，PQI94.2；广甘高速公路MQI97.03，PQI95.95。道路状况持续改善，道路技术指标大幅提升。

安全管理 全年无安全生产责任事故，安全生产形势受控。查处各类路产案件503起，立案率100%，结案路产案件493起，结案率98%；清排障作业1 981起，发生一般交通事故271起，比上年下降22.8%；开展各类安全生产检查42次，排查安全隐患329处，整改324处，整改率98.4%，加强未能整改隐患的管控并明确整改计划和措施。强化隐患排查，组织开展日常安全隐患排查和桥下空间清理、特种设备运行管理情况、特种（设备）作业人员证照持有情况、隧道端头处置等各项专项安全检查和隐患排查治理活动；强化教育培训，提高全员安全意识；强化应急管理，提高清障救援能力。成功处置古家山隧道两车追尾燃烧事故，组织开展“川北公司清排障人员技能竞赛”和“川北公司广陕路高架桥危化品处置应急救援演练”活动，组织参加“四川技能大赛—2018年国有企业职工技能大赛”获得表彰；依托“一路四方”联勤联动机制，确保特殊气候时段下道路安全畅通。成功处置7月大汛期间、12月28日至2019年初暴雪低温等突发事件。申请各类道路安全专项资金14项，总金额1 760万元。广甘高速公路路维中队被评为“2017年度全国青年安全生产示范岗”和省交投集团“2018年安全生产和环境保护先进集体”。

综合管理 修订完善公务接待、差旅费管理等综合管理制度6项。根据川高公司“三项制度”工作实施方案完善绩效考核、工资预算、定员定岗等改革举措和规章制度。按照省政府关于广北二级专用公路停止设站收费要求，分流安置111名员工。首次与西南交大开展校企合作综合培训，完成2018年收费监控、路维安全、工程养护、人力综合、党团工会等多项全员培训工作。完成收费服装重新设计换装，实施人员转岗竞聘。重新建立以川高公司成都分公司为法人主体的核算体系，更新工商、税务、银行证照，理顺磨沙路、广陕高速公路法人主体关系、资产权属关系、对外经济合同关系和法律关系，降低经营风险和财务管理风险。按期完成车辆改制，处置废旧车辆并归顺多年来外单位车辆挂靠，分流安置车改富余人员。完成公司A8办公平台迁建工作。完成广北二级专用公路债务审计，参与省交投集团新预算核算一体化系统建设工作，按期完成磨沙路、广陕高速公路川高资产评估后重置固定资产卡片。开设“川北高速”抖音新媒体，通过微信平台、网站、“今日头条”等媒介发布各类专题信息，拓展信息覆盖面和社会影响力。完成重大资产的询价采购、上牌上户工作和资产清查、校核、报废处置工作。争取专项资金和自筹资金改善一线职工办公和生活条件，提高员工福利费用。

服务区管理 全面接管服务区公共区域管理工作，强化服务区现场管理，将服务区现场安全、消防、食品卫生检疫、环保监督等纳入地方监管体系。投入专项资金实施服务区外立面、屋顶的翻新以及老旧破损设施更换，完成中子服务区B区场坪病害处置，开展服务区鸟市迁改及占道商家清退工作，提升服务区外部形象。

环境综合治理 收费站、服务区新建或改（扩）建相应环保设施设备或接入地方管网，白色垃圾试行承包外运到垃圾场的方式，做到所有污染物先处理后达标排放。全年未发生环保事故。

（川北公司）

南广邻达渝邻垫高速公路营运管理 2018年，川东公司在南广邻、达渝、邻垫3条高速公路营运管理方面主要做了以下工作：

收费管理 收取通行费10.43亿元，比上年增长3.4%；放行政策性免费车辆597 948辆次，减免通行费1.8亿元。推进收费管理精细化、标准化、信息化建设，梳理完善收费管理制度58项。严格执行非洲猪瘟防控措施，累计查验运输活畜禽车辆9 474辆次，拦截非法运输生猪及其产品嫌疑车辆64辆次。在全国率先完成取消省界收费站试点工作，推进取消货车计重收费优惠政策，收费管理水平和服务质量持续提升。坚持“预防为主，防打结合”，利用“大数据”平台，联合高速公路交

广邻高速公路老山梁子隧道　　川东公司 供图

警、地方公安开展各类专项打逃行动，发现全省首例皮卡车办理ETC卡逃费案件，查处各类逃费车辆33 695辆次，追缴高速公路通行费297.56万元，收费稽查体系进一步完善，公司被授予“川高系统专项追缴行动先进集体”称号。

经营管理 强化经营管控，严格资金管理，修订《差旅费管理办法（试行）》，制订《资金监督管理办法（试行）》，合理利用税收优惠政策，减免企业所得税2 312.22万元，减免房产税和城镇土地使用税28.66万元。收回邻水城南互通立交、大竹南互通、达州、徐家坝改扩建项目、邻水老站延期运营5个项目政府补助款4 682万元，收回川高公司向广安市交通局贷款760万元。完成营业收入10.63亿元，实现净利润4.43亿元，国有资产保值增值率10.05%，累计还本付息6.23亿元，公司获省交投集团“2018年经营管理先进集体”称号。

养护管理 严格按照路面整治罩面工程新要求，坚持以路面养护为重点，以专项工程为亮点，以确保道路安全畅通、服务广大司乘人员为宗旨，开展道路管养工作。完成三类桥及三类构件整治、垫邻及广邻高速公路隧道病害和抗滑处治、收费站改扩建、路面病害处治等32项养护投资2.37亿元，南广、垫邻、达渝高速公路三期通过竣工验收。

安全管理 成功创建安全生产标准化二级达标企业。修订完善29项安全管理制度、28项操作规程、156项安全生产职责、27项应急预案，引入第三方安全技术服务机构参与公司安全管理，签订公众责任险保险合同。坚持每季度分析辖区安全风险重点部位和关键环节，通过风险辨识建立33个作业活动、17个建构筑物和设备设施共50个类别清单，开展40余次安全问题督办。深入落实“一岗双责”，组织开展安全生产主体责任集中宣誓，层层签订安全目标责任书，分批组织专兼职安全管理员、维修人员134名员工参加高速公路安全管理人员资格和高处作业培训，培训合格率达100%。举办邻垫高速公路明月山隧道跨省交通事故应急救援演练，组织开展汛期隧道突发地质灾害、收费排堵保畅、服务区火灾、边坡塌方等应急演练20余次。未发生源头责任事故，公司获“广安市安全生产先进企业”称号。

服务区管理 以“厕所革命”“五好”高速公路创建为契机，满足和提升综合服务能力，集中改造所辖服务区及部分收费站供水系统，持续升级服务区污水处理设备，优化场区内雨污分流系统，通过与地方污水管网并网，解决服务区用水、排污难题。所辖服务区取得1个五星级、2个四星级“全国优秀服务区”称号，3人被评为省交投集团“服务区管理先进个人”，大竹服务区管理团队被授予省交投集团“服务区管理先进团队”称号。

政企合作 加强“路地联动”，推进“政企共建”，完成投资8 074万元。其中岳池收费站改（扩）建、大竹南互通立交工程分别于6月1日、10月1日正式通车，邻水北互通工程于5月25日进场开展前期准备工作；与达州市政府续签《统缴本地籍车辆通行达渝高速部分区间通行费用协议》，达州、达州南、徐家坝收费站日均分流车辆1万辆次，全年政府补贴通行费300万元；与广安市政府签订《统缴广安籍小型客车进出沪蓉高速公路广安站至广安东站区间通行费用协议》，自2019年2月1日零时起至2020年1月31日24时止，试行政府买单，广安籍7座以下（含7座）小型客车借道广安、广安东收费站区间道路进行城市交通转换。

智慧交通建设 推进隧道智能化监控系统升级，改造沿线LED显示屏和高清摄像头，完成邻垫高速公路隧道机电系统改造、监控视频高清改造（含应急二期）、收费站路由器3G模块升级、华蓥山隧道LED有源诱导标安装、专用通信网设备采购安装、省界虚拟收费站建设等13项9 215万元机电投资。建设ETC专用通道，推进收费管理软件平台、机电运维管理平台、多媒体展示系统、绿通放行管理平台建设，引进安装车辆外部轮廓激光扫描仪，试点应用新型收费亭，安装并开通移动支付功能，三大系统整体面貌焕然一新。拆除川渝省界实体收费站，改造高效专用通信网，推行虚拟收费站技术，实现ETC车辆无感扣费，MTC车辆自动计费，推动传统人工收费模式向现代智能化收费模式转变，车辆通行效率显著提升。

（川东公司）

内宜宜水高速公路营运管理 2018年，川南公司在内宜、宜水2条高速公路营运管理方面主要做了以下工作：

内宜高速公路　　川南公司 供图

收费管理 全年完成通行费收入（税后）5.14亿元，比上年增长15.46%。配合川高公司开展收费综合管理、机电运维、稽查监控等多个平台软件研发及试运行工作，建立收费大数据分析体系，实现信息数字化共享；完成省干网通信设备和联网收费系统升级改造，实现机电设备上档升级；适应收费政策重大调整，保障取消川渝省界收费站试点工作实施；实现货车计重收费优惠政策到期终止实施工作。分阶段开展油罐逃费车、客车降类欠费、“6·10”假冒鲜活逃费车等专项追缴行动，挽回经济损失131万元。

经营管理 完成宜宾南收费站改（扩）建工程后续工作，收回政府补助资金。与地方政府就自贡城区段、白马收费站迁建工程、新增宜宾互通立交等项目开展磋商。加大对自贡板仓原排障基地、宜宾阳光名城、汇东九鼎等闲置房屋出租和招商力度，加快对低效无效资产处置。

养护管理 开展路面、桥涵、隧道、绿化等日常性养护施工，完成差异风化路堑边坡、桥梁支座位移等应急抢险，柏杨湾隧道渗水处治、石拱涵加固处治等专项整治工作；完成五粮液互通立交匝道、兴隆收费站广场拓宽、自贡收费站大棚抢险等4个工程自主设计，自主监理5项；重点实施自宜段路面整治工程，制定施工质量保证体系。施工过程坚持数据说话，科学论证，加大巡查和抽检力度，强化质量控制，实现与施工、监理单位闭合管理。

西攀高速公路安宁河特大桥 攀西公司 供图

安全管理 树立安全红线意识，层层分解安全责任，通过召开季度安全生产例会、事故案例分析会落实安全整改和保障措施；实行网格化管控，加大汛期、春运、节假日等重要时段、重点区域、重点环节安全检查，未发生重特大安全事故及源头安全责任事故。完成道路沿线标志牌改造、外隔离墙修复、柏杨湾隧道交安设施提升等安全专项工程，提高道路安全管控能力；与地方政府、高速公路交警、交通执法部门密切合作，妥善应对和处置多车追尾、边坡落石、人行天桥损坏等突发事故；加大对金秋湖停车区安全隐患的协调处置力度，基本解决安全隐患。

服务区管理 完成餐厅、超市、厕所等非油品经营场所升级改造，增设花箱、盆景、应急客房、汽车应急维修点，进一步满足社会需求。通过充实现场管理人员队伍，落实“分区管理责任制”，加大对环境卫生、食品安全、治安秩序、综合保障监管；开展春运“情满旅途，温暖回家”“平安春运、幸福回家”等主题活动，提升服务温度和司乘人员满意度。

环境综合治理 执行工程建设“三同时”制度，压实环保责任，强化环保意识；加强对养护施工场地的环境保护、水土保持、废旧材料再生循环利用；完成金沙江大桥事故地表径流收集系统设置、岷江二桥水源保护区提示标志牌设置、服务区雨污分离及污水进入城市管网改造工程，污染防治工作能力不断加强。

（川南公司）

西攀攀田泸黄高速公路营运管理 2018年，攀西公司在西攀、攀田、泸黄3条高速公路营运管理方面主要做了以下工作：

项目建设 泸黄高速公路加宽改造项目是四川省第一个高速公路加宽改造项目，采取“边建设、边营运、边通车”方式进行，全年完成产值13.66亿元，为年度目标任务10亿元的136.6%；累计完成产值30.18亿元，为投资总额38.5亿元的78.4%。1月30日，泸黄高速公路实现双向六车道临时通行目标。因泸黄高速公路优质高效完成建设目标，公司获四川省“五一劳动奖状”，公司及泸黄路参建单位2人获四川省“五一劳动奖章”，6人获四川省“重点工程劳动竞赛优秀建设者”称号，6个集体分别获四川省“工人先锋号”和四川省“重点工程劳动竞赛先进集体”。配合做好德会高速公路前期工作，参与完成项目工程可行性研究报告和初步勘察设计文件编制。12月25日，德会高速公路举行开工动员会，正式进入建设准备阶段。

收费管理 克服瓦厂坪地质灾害处置、泸黄高速公路加宽改造施工等不利影响，完成通行费收入9.02亿元，占年度目标10.07亿元的89.57%；清分收入6.69亿元，占年度目标任务6.90亿元的96.90%，减免各类车辆通行费6 690.47万元。强化收费稽查管理工作，提升收费质量管理水平，开展打击换卡、冲站、假冒绿通车辆等偷逃通行费、泸黄高速公路改（扩）建开口管控、授权卡管理、客车降类逃费专项追缴工作，做好实时监控、稽查、打击各种偷逃通行费违法行为。开展稽查111次，查处各类逃费车辆32 089辆次，追缴通行费172.63万元，查获偷逃通行费案件115起，挡获涉案人员115人，移交公安机关1人。

服务管理 提升“四川高速 阳光攀西”文明服务形象。全面强化收费文明服务质量考核管理，推动收费站、服务区外观形象改造和“厕所革命”建设，完成服务区星级复审，强化收费文明服务质量考核管理。智慧交通建设继续提升，完成西攀、攀田高速公路全线收费站高清改造和省交通运行监测与应急指挥系统（二期）工程设备安装。

养护管理 树立预防性、前瞻性管养理念，科学做好道路养护管理，路容路貌品质不断提升，及时做好三家村滑坡应急处理。日常养护完成计量金额1 835.27万元，为年度预算金额100%；三大系统及隧道机电养护计量结算793万元，完成年度预算100%。实施米易收费站加宽改造、西攀高速公路路面养护等21项专项养护工程，其中与米易县政府合作的米易互通匝道收费站扩能改造工程，用98天就完成收费大棚建设。西攀、攀田高速公路平均双向公路技术状况MQI（道路技术状况指数）94.43，综合评定等级为优，优良路率100%。开展养护新技术探索与利用，在攀田高速公路完成热再生路面养护技术试验段铺设。

安全管理 强化路地联勤联动机制，建立联合监控指挥中心，建立执法管护人员联动、地方部门联勤、情报渠道广泛、资源优势互补、成果业绩共享的防堵保畅工作体系。加大投入，提高泸黄高速公路保畅作业单位工作效率，加强施工路段高密度、高频率、高效率安全管控，防堵保畅工作取得成效。及时做好环境保护工作，完成全线21个收费站、4个服务区污水处理设备升级改造，加强施工现场防尘、污水排放工作。召开安全环保工作会议11次，其中，安委会4次，专题会4次，安全工作协调会3次，安排各项安全检查30余次，参加人员120余人次，覆盖面100%。未出现安全责任事故，安全生产形势全面受控。

（攀西公司）

成绵高速公路营运管理 2018年，成绵公司在成绵高速公路营运管理方面主要做了以下工作：

收费管理 强化收费管理，确保车道开启率，减少车道争议处置时间，将收费目标任务落实到人，完成通行费收入8.10亿元，实现净利润5.20亿元，净利润率65%。对内强化稽查监督职能，开展质量交叉检查，结合月度优胜评比活动，规范员工操作流程，提高员工服务水平，强化员工廉洁意识；对外加强与高速公路交警、执法部门协调配合，稽核临界车、ETC、MTC车等异常车数据，查处及追缴各类逃费车辆113辆次，追缴通行费67.68万元，比上年增长1.04%。完成高清车牌识别系统升级改造工程；完成专用通信网改造项目一、二期建设；完成5.8GHz路径标识站建设、联网收费系统软硬件设备升级、政策宣传、操作培训等，确保川渝省界收费站于12月28日撤除并网收费。各“治超”点计重检测载重货车381万辆次，劝返超限车辆6.3万辆次。

成绵高速公路金山互通　　成绵公司 供图

路产管理 提高巡逻质量，尽早清除路面障碍，及时消除事故隐患。路产人员全年参与处理交通事故及路产案件1 705起，比上年减少360起，下降17%。清排障4 173辆次，比上年增加270辆次，增长7%。突发事件平均响应时间8.4分钟，平均处置时间27.2分钟。

养护管理 按照预防为主、防治结合原则，围绕“路容靓丽、功能完善、安全舒畅”养护管理目标，日常小修保养实行自主养护与委托外包相结合的管理模式：保洁与绿化管养执行委托外包养护管理模式、路基路面小修和交通安全设施恢复等日常性工作执行自主养护管理模式。小修保养完成交通安全设施、路面、桥涵病害及服务设施日常维修1 889处，比上年减少221处；完成重大节假日、特殊活动、礼宾车队等各类迎检特情养护作业156次；开展车祸事故现场抢险、抛洒物处置、交安设施抢修532起，完成日常小修保养费用607万元。完成专项养护工程5项，涉及桥涵结构隐患处置、路况检测、特大桥监测、水毁处治等项目，完成专项养护费用860万元。日常安全隐患排查280次，整治一般隐患210项，完成整治费用55万元。完成11个互通上下匝道道路标线整改4 581平方米；提升改造波形护栏立柱反光膜138公里、白马至磨家段缆索护栏反光膜双向补缺48公里；事故多发路段安装太阳能防雾轮廓灯、太阳能线性诱导灯98个。

“7·11”水毁抢险 全线3处高边坡坍塌，黄许收费站水涝灾害，广汉收费站广场出口路基被洪水掏空，路面局部断裂。公司启动抢险应急预案，关闭受灾收费站、互通匝道，渠化打围恢复施工。完成清除倒伏树木89株、修补汛期路面病害609平方米，完成广汉收费站路堤路肩挡墙170米、路面1 520平方米、排水边沟168.54立方米、桥底修筑321.43立方米、交安标牌2块、标线145.13平方米、波形护栏131米。黄许收费站7月12日恢复运营，广汉收费站11月6日恢复运营。

（成绵公司）

雅西高速公路营运管理 2018年，雅西公司在雅西高速公路营运管理方面主要做了以下工作：

收费管理 推进收费管理标准化建设，规范收费行为，提高文明服务水平，加强收费秩序治理，堵漏增收和专项打逃追缴通行费114.89万元；瓦厂坪险情出现后，合理布设、高效建设应急收费站与应急通道，最大限度减少通行费损失，维护路网收费秩序，完成通行费收入9.63亿元。

经营管理 围绕“交通+旅游”发展战略要求，挖掘路域资源，发挥雅西高速公路优质资产效应，使汉源服务区、冕宁服务区2个政企合作项目政府补助资金到位，公司从单一通行费收入、服务区租赁收入向产业多维度延伸发展，产业升级发展实现历史性突破。汉源服务区、冕宁服务区加快建设，成为新经济增长点。组织开展“大学习、大讨论、大调研”和“转型高速公路生活方式服务企业”大讨论，明确建设“平安、美丽、和谐、幸福雅西”目标。成立信息宣传中心，增设微信公众号。制作双螺旋实景沙盘和宣传软件参展西博会。1名青年党员获省交投集团“十佳杰出青年”称号。

安全管理 落实“党政同责、一岗双责”和“双报告制度”，组织开展隐患排查处治，发现和处置隐患106处，整改率100%；投入安全专项和应急保畅经费2 435.83万元，完成拖乌山北坡下坡方向特管区交安设施综合调查、设计与实施工作，完成隧道进口交安设施提升工程，提高重点路段和部位交通安全防范能力；强化超限超载及危化品运输车辆管控工作，劝返超载超重车11 450辆次、运输危化品车7 851辆次；细化完善预案，组织开展多种安全培训与宣传教育活动，强化安全生产意识与技能。强化避险车道管理，成功避险12起。全年发生交通事故388起，比上年下降28.54%；受伤127人，比上年下降20.13%。未发生安全责任事故和源头事故。

养护管理 全线推广日常养护工作示范路段标准建设，及时处治道路病害；推广应用新技术，桥梁边坡安全风险检测试点取得进展；完成铁寨子、腊八斤、黑石沟、石滓经河等大桥桥面改造工程，完成隧道LED灯与车道指示器改造和监控视频高清改造。

应急抢险 冬季保通保畅能力提高。1月2日—3日，雅西高速公路拖乌山持续36小时降雪，积雪深度最厚达100厘米。公司在极端天气条件下，除冰除雪保通，救助司乘人员390余人次，转移受困车辆300余辆次。提早准备，加强预警，在冰雪天气提前至11月上旬和12月出现持续冰雪的异常气候条件下，确保道路安全运行。瓦厂坪重大险情得到成功处置。公司按照“保安全、抢通道、保桥梁、稳山体”原则，建立健全七大工作机制，争取上级部门和雅安市政府大力支持，“一路

雅西高速公路 雅西公司 供图

四方”通力配合，5天建立土山岗应急收费站，7天抢通2号应急通道，17天抢通1号应急通道，实现雅西高速公路应急通行，并在125天内克服坡陡无施工平台和多雨天气的影响，完成边坡加固和桥梁一期应急加固主体工程，实现主线管制通行，被称为“川高速度”，缓解西南地方交通压力，成为四川省山区运营高速公路重大应急抢险的成功案例。汛期泥石流得到高效处治。7月底，石棉隧道左洞出口因连续大暴雨遭遇多次泥石流，经冒雨连续奋战，最大限度保证车辆通行，未发生双向中断现象。

（雅西公司）

乐雅高速公路营运管理 2018年，雅眉乐公司在乐雅高速公路营运管理方面主要做了以下工作：

收费管理 强化检查考核，按照“发卡量、收费额、优质文明服务、堵漏增收”四项考核指标，对收费人员进行全方位考核，激发一线员工能动性，全年完成通行费收入2.24亿元。采取不定期监控视频抽查、现场检查及监控中心实时监控等方式，抓好监督检查。强化对内稽查，扩展稽查内容，坚持现场稽查与录像稽查相结合，有效堵塞漏洞。强化逃费打击，建立打击偷逃通行费长效机制，查处各类逃费车辆13 671辆次，增收59.36万元。强化设备保障，加强机电维护管理，完善机电管理制度，印发《收费站机电设备维护手册（试行）》。规范信息发布，接打内外线电话53 946次，报送各类信息6 401条，发布可变情报板1 169条，“12122”服务热线1 466次。峨眉山收费站获省级“巾帼文明岗”和市级“三八红旗（集体）”称号，洪雅收费站获县级“巾帼文明岗”称号，乐山南收费站获“优秀巾帼志愿服务队”称号。

乐雅高速公路陈水碾大桥 雅眉乐公司 供图

养护管理 按照“全面养护、预防为主、及时抢修、保证质量、保持完好”原则确保养护质量。规范巡查工作，将日常养护单位技术人员的巡查纳入养护合同。完成桥梁经常性检查12次，专项检查1次；涵洞检查8次；隧道经常性检查12次，专项检查1次。规范预防性养护，及时修补路面裂缝1 490米，修补路面坑凼44处，修复路面结构层12处；委托桥梁定检单位，对张徐坝特大桥、青衣江一号桥、川溪河大桥等49根水中桩基进行检测，对桩基露筋现象进行针对性处治。规范安全管理，与养护施工单位层层签订安全责任书，督促安全教育培训，加强安全检查，定期组织召开养护月度例会。

安全管理 健全安全生产制度，层层落实各部门安全生产责任，严格执行生产工作例会制度，开展隧道安全隐患治理、“安全生产月”等专项活动，未发生源头责任事故和较大以上道路交通事故。健全联勤联动机制，加强与高速公路交警、交通执法通力协作，召开“一路三方”联席会7次，参加乐山、眉山、雅安市政府组织开展的“一路四方”联勤联动会3次，配合打击非法超载、非法修车、行人非法上路等违法行为，联合做好涉路施工、建控区违章建筑管理。健全管护巡查制度，严格执行管护巡查制度，开展宣传活动149次，发放安全宣传资料7 965份，宣传普法教育7 293人次，清除安全隐患1 593处；清障车执行清障任务522次，收取排障费14.35万元，保障路产设施完好和道路安全畅通。向相关职能部门发送《路产设施损坏维修申报单》186份，修复路产设施设备及相关工程隐患176处。

服务区管理 打造“安全、舒适、整洁、有序”服务区，夹江、瓦屋山两个服务区创建成为三星级服务区。对服务区进行绿化升级改造，新建花台20余座，增加各类观赏植物1 000余株；推进“厕所革命”，改造洗手台盆120余个，安装冬季热水供应系统8套，新增完善第三卫生间、免费WiFi、母婴室、信息查询系统以及手机充电站等便民设施，硬件设施明显改善。定期组织员工开展服务标准、工作流程的学习培训；加强服务区日常管理和安全巡查，管理质量明显改善。在重大节假日设置便民服务点，为过往司乘人员提供免费开水、免费药品、旅游咨询、安全宣传等服务，开展咨询、帮扶900余次。启动“优雅服务”，探索“服务区+旅游”融合发展，在服务区走廊设置旅行路线图和乐雅高速公路沿线知名旅游景点展示，向过往司乘人员推荐宣传沿线美景，发放各类宣传资料、旅游资料等1 600余份。

（雅眉乐公司）

成德南高速公路营运管理 2018年，成德南公司在成德南高速公路营运管理方面主要做了以下工作：

收费管理 通行费收入7.37亿元，比上年增长3.22%；车流量达1 746.13万辆次，比上年增长6.6%。查处偷逃通行费车辆7 307辆次，追缴通行费40.21万元，其中，查获临界车逃费车4 052辆次，补缴通行费22.34万元；查获降档逃费案件1件。推进监控视频高清改造工程，接收业务电话7.7万次，情报信息发布4 191余次。优化隧道机电系统，加快推进隧道LED改造，隧道综合节能试点启动，完成专用通信网设备采购安装工程、隧道变电所及夜间金库防盗报警专项、车道费显改造工程等4项专项工程；完成“营改增”第三阶段工作，对辖区路段12个收费站、92条车道车牌识别系统升级改造。

养护管理 实施20项养护专项工程，其中新建项目13项，续建项目7项。根据路面技术状况指标，开展道路检测，落实桥梁定期检查制度，抓好日常巡查及经常性检查，做到养护工作从“突击抓”向“经常抓、日常抓”转变。下发维修通知单1 427份，验收单1 427份，实现日常道路维修作业全闭合。加强日常保洁及绿化养护工作，提升道路整体路容路貌，督促养护单位积极开展修枝、浇水、除草、施肥等养护工作，重视中分带绿化养护，确保绿化整体与自然协调，发挥安全、防眩效果。开展结构物经常性检查工作，开展桥梁经常性检查24次，隧道经常性检查24次，涵洞经常性检查18次。

安全管理 安全生产形势平稳、总体受控。二级安全生产企业达标工作以85.1%得分率通过复评。做好冬季大雾、低温雨雪、冰冻灾害下道路的保通、保畅、保安全工作，辖区路段无因路面结冰导致的行车安全事故发生。开展汛期安全生产大检查，制定防汛工作方案，落实“汛前排查、汛中巡查、汛后复查”工作制度，突出重点路段、重点区域、重点部位，着重以点带面，确保检查工作“全覆盖、无死角”，安全隐患全面清零。规范、加强路维清障设施、设备管理工作，开展路维清障技能培训，加强与社会救援力量磨合，加强督导，针对性做好救援力量储备工作，清障救援及时、高效。全年无有效投诉引起的负面事件发生。做好“一路三方”联勤联动机制建设工作，协助高速公路交警招录11名35岁以下辅警，加强春运期间全线重要路段交通安全管控力量；联合执法大队共同打击各类违建行为，对全线单立柱等广告牌进行拉网式隐患排查，对存在安全隐患的责令整改；对辖区沿线桥梁、涵洞下部空间违堆、违建进行联合清理行动，维护辖区路段运营安全。组织开展多种安全宣传教育活动，开展2018年度职工安全教育系列培训会，提升安全生产意识。抓好涉路施工管理，履行主体责任，贯彻执行“安全第一、预防为主、综合治理”方针，全年辖区路段无涉路（占道）施工安全事故发生。开展清排障工作1 918次，比上年降低16.86%；开展各种安全检查，发现安全隐患733处，整改完成733处，整改完成率100%，落实“回头看”检查制度，未发生源头性安全责任事故。

服务区管理 服务区品质星级化、设施完善化、管理规范化、服务人性化、物业专业化等标准要求融入到服务区日常管理。金堂服务区被评为五星服务区，中江、盐亭服务区被评为四星服务区。春运期间，金堂服务区启动“情满旅途，暖冬行动”活动，受到中央电视台等主流媒体关注。服务区运营管理平台及App使用普及，实现服务区运营管理和监督检查在线化、常态化、智能化。金堂服务区B区厕所管道大修完工；槐树服务区加油站建设完成，处于试运营阶段，槐树服务区基础设施全部配齐；三台停车区完成双向油面铺设开放营业；中江、盐亭、槐树服务区第三卫生间改造工程全部完工。

环境综合治理 全线服务区、停车区污水改造现场完工，并出具污水水质监测报告；收费站、管理处污水处理设施修复工程签订专项框架合同，预计2019年全面完工并取得水质检测报告。

成德南高速公路 成德南公司 供图

（成德南公司）

公路管理

GONGLU GUANLI

概　况　2018年，四川省公路管理细化工作任务，制订责任清单，逐条订措施，逐项抓落实，各项工作有序推进：①围绕强本固基，建立健全制度体系；②围绕提质增效，加强重点工作落地落实；③围绕补齐短板，加强专项工作扎实推进；④围绕优化服务，加强日常工作有序开展。

2018年5月9日，布拖县路政大队开展超限超载整治行动
凉山州交通运输局 供图

普通公路路政执法　2018年，厅公路局继续加强全省普通公路路政执法管理，全省公路路政执法机构“三基三化”（详见《附录》）试点建设成果演练观摩及经验交流活动在四川仪陇召开，推进全省普通公路基层路政执法单位“三基三化”建设，提高基层执法能力和水平。全省“路政宣传月”活动期间，地方路政管理部门出动宣传车3 000余辆次，宣传人员2 000余人次，接受群众咨询 1.5万余人次，设置24小时滚动播放LED电子显示屏、悬挂宣传标语、横幅、展板等计4 000余块（条），发放路政宣传资料25万余份，走访单位、部门、企业等1 000余家，利用互联网新媒体、电视、广播、报纸、微信等发布宣传信息2 000余条。

公路路政依法行政培训　2018年10月，按照省交通运输厅年度教育培训工作部署，厅公路局联合四川交通管理学校和广东省公路管理局科技教育中心举办两期全省公路路政依法行政培训班，培训主要内容包括公路路政执法责任风险及防范、“治超”相关案例分析、公路路政执法相关法律法规解读、两省公路路政管理执法经验交流等，各市（州）公路路政管理机构、部分县（市、区）公路路政管理机构负责人及法制工作业务骨干参与培训和交流。

大件运输审批　2018年，厅公路局办结大件运输许可140 196件，其中，不予受理9 283件，不予许可7 886件，承诺时限内办件140 196件，办结率100%。4月下旬，四川省超限运输许可联网协同办理“一站式”服务平台运行，率先在全国实现通过政务中心政务一体化平台，联合交通、公安协同一网通办大件运输许可，受到交通运输部高度评价。持续加强政策宣传培训力度，向新都、德阳等大件运输企业较为集中地区提供送政策上门服务2次；对省内运输申请量大的四川省大件公司、德阳华荣大件运输公司、四川权兴大件运输公司等开展“手把手”培训7次，规范报件要素，避免申报不合规造成的退件处理；对成都京东方项目、绵阳京东方项目、成飞J20项目、江油天明电厂等4项重点采取召开专项协调会，制订审批服务方案，定期召开通气会等方式，总体协调推进项目实施，确保4 000余台（套）设备顺利交付。

“治超”管理　2018年，厅公路局继续推进新增固定超限检测站建设工作。截至年底，全省规划新建公路超限检测站95个，建成88个。加强执法工作督导检查，组织两个督查组分别对内江、自贡、泸州、宜宾等8市26个“治超”站点建设和运行情况进行明查暗访，重点检查路警联合执法、基层站点建设运行、科技“治超”探索等方面工作。开展扫黑除恶专项整治行动，以公路路面超限治理执法为重点，开展全省普通公路路政执法领域扫黑除恶专项整治行动。

收费公路管理 2018年，按照《交通运输部办公厅 财政部办公厅 国家税务总局关于印发〈完善收费公路通行费增值税发票开具工作实施方案〉的通知》及《收费公路通行费增值税电子普通发票开具总体技术方案》的相关要求，厅公路局对普通收费公路4个经营性收费项目开展“营改增”工作进行布置安排，使其具备非现金支付卡及用户卡刷卡功能，满足联网数据传输要求。截至年底，国道212线西充至南部段、省道305线自贡段、马啸溪大桥经营性普通收费公路基本完成收费车道高清车牌识别系统和收费公路系统技术改造和系统联调联试，向部级联网收费系统传输数据。省道207线资中段项目于2018年12月31日停止设站收费。

（本栏目供稿单位：厅公路局）

航务管理

HANGWU GUANLI

概　况 四川地处长江上游，全省通航里程10 540公里，四级以上航道里程1 532公里，是交通运输部确认的“六区一线”水上交通安全监管重点省份和重点区域。2018年，全省各级航务海事部门始终把保障水上交通安全放在最重要位置，加快推进渡改桥建设、实施水上交通安全监测巡航救一体化、理清政府涉水部门间安全管理职责、落实风险源分级管控措施、推进四川省水上交通安全监管标准化，构建以安全基础人性化、监管责任体系化、监管内容清单化、监管过程标准化、监管手段科技化为主要内容的“五化”安全体系，全省水上交通安全形势持续稳定。

水运建设市场管理 2018年，四川省有在建水运重点工程11个，其中港口工程1个，航道工程4个，航电枢纽6个，完成投资57亿元。省、市两级主管部门严格执行《水运建设市场监督管理办法》，以省级行业监督指导、市级属地管理监督方式开展省、市二级建设市场管理工作。省级交通运输主管部门和厅航务局以专项工作方式，对招投标“围标串标”整治、工程总承包与分包管理、保证金清理、农民工工资支付情况核查、工程建设环境保护政策落实情况、建设程序执行情况、设计变更管理、信用评价奖惩等实施重点监督。动态制订市场督查计划，对市级交通运输主管部门属地管理履职情况和重点项目建设单位推进工作情况开展定期或不定期检查。开展建设领域扫黑除恶、建设项目生态环保、平安工地建设、未批先建整治、施工标准化示范活动，品质工程创建等专项活动。全年开展省级综合检查4 次、专项检查5次，检查梳理问题37个，整改2017年检查中发现的46个问题，整改率100%。强化安全管理和风险预控，加强隐患排查治理，确保行业质量安全总体受控。各项目业主完成2018年发现问题整改，水运建设市场管理工作形势总体稳定。

水路运输发展专题研究 2018年，厅航务局开展各项专题研究，一是开展水路集装箱运输组织优化工程研究，形成《四川省水路集装箱运输组织优化工程实施方案》报厅，并进一步针对自贸区集装箱运输组织优化研究试点对策。二是开展港口整合方案研究。通过“大学习、大讨论、大调研”活动，调研其他省市港口整合情况，提出《四川省港口整合实施方案》报省政府。11月21日，省交投集团和泸州、宜宾两市签署泸州港—宜宾港整合发展协议。三是开展水运通道分析研究。为降低全省综合物流成本，推进交通供给侧改革，客观分析全省货物流向、外贸通道，研究提出水运在服务全省外向型经济的措施建议，形成《四川省水运通道分析研究报告》报省交通运输厅。四是开展长江港口水陆联运发展研究，分析水路多式联运制约因素，研究全省多式联运发展策略。

个体客船公司化经营 2018年，厅航务局指导完成个体客船公司化经营。442艘个体客船加入公司化经营。截至年底，全省省际运输船舶441艘，千吨级船舶304艘，平均吨位3 070吨，增加80吨，过三峡船闸船舶标准化率88%。全省省际水运企业79家，万吨以上水运企业31家。

港口污染防治 2018年，厅航务局开展船舶与港口污染防治专项行动，组织开展长江流域船舶与港口污染防治专项治理，开展全省长江干线港口船舶污染物接收、转运及处置能力情况调查和评估工作，指导督促各地编制辖区港口船舶污染物接收、转运和处置设施建设方案，加强港口码头污染防治能力建设。乐山、内江、自贡等13个市（州）完成港口与船舶污染物接收、转运和处置建设方案编制并由各市（州）政府印发。

2018年，海事人员向过渡群众宣传水上交通安全知识 厅航务局 供图

危险货物港口作业安全管理 2018年，厅航务局按照《危险货物港口作业安全治理专项行动实施方案（2016—2018年）》，对违法违规经营、港口项目超期试运行和安全距离隐患、重大隐患和重大危险源、应急处置能力等重点领域和突出问题进行整治。组织开展危险货物港口企业经营资质年度核查和专项检查。开展港口危险货物装卸管理人员从业资格管理工作。组织2次4场从业人员考试。全省6家危险货物港口企业，300余人次参加从业人员考核。其中，装卸作业管理人员通过109人，主要安全管理人员通过37人。

2018年，厅航务局开展危货码头大排查大整治行动 厅航务局 供图

泸州港和宜宾港获批国家临时开放口岸 2018年3月16日，交通运输部下发《交通运输部关于外贸船舶临时进出泸州港和宜宾港部分泊位期限的批复》，批复显示，泸州港集装箱码头1号、2号、3号水运专业泊位和宜宾港志诚作业区4号水运专业泊位被允许外贸船舶临时进出，进出期限为自批准之日至2018年8月13日。标志着泸州港和宜宾港水运口岸临时开放获得国家认可，填补四川省港口没有国家开放口岸空白。

水上交通安全 2018年，全省航务海事系统落实安全监管责任，夯实水上交通安全基础，完善安全监管体制机制，应对极端恶劣天气，全省水上交通安全形势总体稳定。全年发生4起水上交通事故，死亡5人，连续10年事故件数和死亡人数为个位数。

“启运港退税+无水港”模式推行 2018年8月30日11时，“民泰号”班轮出泸州港，泸州港推行的“启运港退税+无水港”模式实现首票发运。该次出口的80吨玻璃纤维由成都经泸州发往韩国釜山，“启运港退税”政策红利延伸至泸州港无水港腹地区域。“启运港退税+无水港”模式的实施，实现泸州港“启运港退税”、三峡升船机外贸直航班轮、江海联运外贸直达近洋航线等多个优势的叠加，有利于破除长期困扰内陆出口企业退税时效问题。

“智慧海事”建设 2018年，厅航务局推进《水上交通安全监测巡航救助一体化建设方案》，信息化项目建设落实落地。统筹开展乐山、凉山、广元市级水上交通安全监管系统建设工作。凉山、乐山完成招标文件编制。协调交通运输部海事局、南海航保中心，加大对全省AIS、北斗等监测设备建设投入力度。截至目前，全省完成AIS终端安装1 075套，嘉陵江、岷江、渠江等主要江河建设31个AIS基站。攀枝花市、巴中市推广船载CCTV、GPS兼容系统，实现视频监控与动态监管资源有效整合，水上交通安全监测监管能力进一步提升。

安全监管和风险管控 2018年，厅航务局以通航管理、船员管理、船舶管理、危管防污管理、港口管理及现场监督检查等业务业务类别为基础，明确海事执法人员现场监督管理的内容、行为、频次、标准、问题的发现及处置，形成统一的安全监管表格。海事监管标准化指南的运行有利于基层执法监管人员更好地学习理解和执行落实，有利于提高基层人员的监管能力及水平，及时发现和解决问题，避免小问题演变为大事故。推进风险管控及隐患排查治理工作。针对四川省水上监管对象“小、乱、散”特点，研发建设四川省水上交通安全“两库一图”信息系统，研究明确风险源辨识所选用的标准及分级标准，实现同类风险同一标准衡量，提高风险源辨识及分级科学性及可操作性。

船舶污染防治 2018年，厅航务局在全省开展污染源数据清理，摸清船舶现状、污染源类型和数据。开展饮用水源船舶和码头设施整治，取缔各类船678艘，搬迁码头78道、增添码头环保设施786个。开展餐饮船污染水域专项整治，整治餐饮船舶环保问题121起，搬迁21艘、拆解53艘。落实水污染防治行动计划相关工作要求。泸州、宜宾、乐山、自贡、内江、眉山、攀枝花等7市完成港口和船舶污染物接收、转运及处置设施建设方案编制工作；自贡、泸州、宜宾、内江、眉山、绵阳、攀枝花、广元等8市印发实施船舶污染物接收、转运、处置监管联单制度及联合监管制度；自贡、广元、乐山、南充等4市完成防治船舶及其有关作业活动污染水域环境应急能力建设规划编制。

扫黑除恶专项治理 2018年，厅航务局遵循“有黑打黑、有恶除恶、有乱治乱”工作原则，在全省水路交通领域开展扫黑除恶专项斗争，排查梳理可能存在的有关群众诉求、信访积案、职务犯罪、妨碍公务、暴力抗法等问题，利用官方网站、手机报、微博、微信和“12328”交通运输服务热线电话等拓宽线索搜集渠道。全省航务海事系统对非法码头治理、老旧船舶拆除与淘汰、水源保护治理中的乱象进行整治，其中，泸州市取缔码头58座，生态复绿58座，合法码头15座；巴中市拆解销毁老旧船舶400余艘；南充市拆解老旧船舶200余艘；成都金堂县切割不符合环保要求船舶26艘；自贡市拆解存在安全隐患船舶23艘。

向家坝升船机通过试通航前验收 2018年5月11日，向家坝升船机通过试通航前验收。经过会前现场踏勘和会议集中讨论后，金沙江向家坝水电站升船机特殊单项工程验收委员会同意，升船机工程投入第一阶段试通航运行。向家坝升船机是世界升船机史上一项杰作，在设计、制造、安装调试等方面借鉴吸收三峡升船机经验。升船机按IV级航道标准设计，过坝代表船型为2×500吨级一顶二驳船队，兼顾1 000吨级单船，升船机最大提升高度114.2米，居世界前列。

全省船舶基础数据清理 2018年，为摸清全省在用船舶数量、船舶类型、船龄结构以及船舶营运状态，厅航务局开展船舶基础数据清理工作，对船舶在海事登记、船舶检验、运输许可三个部门数据的关联性和一致性进行清理，为四川省船舶技术改造和设备更新相关政策及资金争取提供基础数据支撑。全省有海事登记船舶15 444艘、150.8万总吨，其中客运类船舶3 220艘（含车渡口、客货运船、客〈渡〉船，其中客〈渡〉船2 129艘），集装箱11艘，趸船298艘，拖船、工程船、公务船3 159艘。该批船舶中，5 846艘为营运船舶，8 949艘按船舶检验证书配备防污染设备。

沱江流域水上交通安全监管工作联合调度会 为应对主汛期强降雨造成的水位抬高、漂浮物增多等不利影响，强化流域沿线市（州）协同合作，2018年7月6日，厅航务局组织沱江流域沿线市（州）及相关区县在自贡市召开沱江流域水上交通安全监管工作联合调度会。会上，各地汇报水上交通安全监管工作落实情况，研讨联合调度采用信息传递、应急互助等方式手段。会议要求从提高思想认识、严格落实监管责任、加强流域沿线协调沟通、加强宣传引导等方面提前谋划，保障汛期水上交通安全形势稳定。

沱江下段跨区巡航巡查 2018年11月27日—30日，厅航务局安监处、港航处、运输处、船检处、计划处、办公室、法规处及厅交通设计院、交通宣传中心相关人员，组织内江市、自贡市和泸州市及其所辖县（区）航务海事、航道管理处等，联合开展2018年沱江下段市县联合跨区巡航执法活动。巡航活动检验内江、自贡和泸州三地航务海事机构水上交通安全监管能力，震慑沱江水上交通违法违规行为，完成渡口、码头、桥梁等通航要素数据采集工作。

涉砂船舶整治 为有效应对年初涉砂船舶事故多发态势，厅航务局组织开展涉砂船舶专项整治，从严格落实涉砂船舶企业安全主体责任、严格把关涉砂行为许可、严格涉砂船舶检验、严格涉砂船舶装载及船员管理、严格涉砂船舶通航秩序管理等方面加强对涉砂船舶安全监管，2018年，拆解僵尸船58艘。南充市航务局开展为期3个月的涉砂船舶整治“春雷行动”；眉山市航务局提请政府成立砂石开采办公室，由政府牵头，安监、水利、交通、公安为成员开展联合执法；成都从源头消除隐患，对不合格船舶全部吊离上岸并撤解，专项整治活动收到良好的效果。

中小型船舶专项整治 2018年，厅航务局组织开展中小型船舶安全管理专项行动，对3 000 总吨（含）以下中国籍船舶及承担其安全与防污染责任的航运公司进行整治。该次专项行动，停航整改78艘次，处罚夜间值班船员配备不齐276人次，安全特检船舶783艘次。

船舶救助暨防污染处置应急演练 2018年10月下旬及12月上旬，厅航务局分别联合遂宁、达州市地方海事局开展大型非自航船舶失控救助处置、船舶救助暨防污染处置应急演练，对洪水中大型非自航船舶遇险自救、被困群众转移和落水人员救助、船舶失火救助、大型非自航船舶失控救助、转移沿江遇险船舶和群众、船舶溢油污染等科目进行演练，检验地方海事机构及相邻地区应对水上安全事故及险情、溢油事故等突发情况处置能力。

金沙江大桥应急抢通 2018年，为保障因白格堰塞湖泄洪被冲垮的国道318线竹巴笼金沙江大桥顺利抢通，厅航务局组织协调乐山市地方海事局，带领8名应急救援队成员及应急船艇，克服高原反应、不利交通等困难，昼夜兼程45小时驰援保障大桥抢通建设。应急救援队员在烈日和大风环境下连续奋战10余个昼夜，开展渡运175次，运送沟通协调及勘测人员637人次、应急建设及生活必需物资7.5吨。

《四川省水上交通安全预警响应处置程序》印发 2018年，厅航务局制订印发《四川省水上交通安全预警响应处置程序》，程序包括预警信息收集与核实、组织会商、预警响应、预警终止、总结评估5个环节，包含对搜集汇总预警信息收集、核实、分类，研判确定预警响应等级，规范预警响应行动以及总结提升等相关内容。

川粤海事部门“结对子” 2018年4月26日—28日，四川省地方海事局局长刘孝明一行赴广东海事局开展“结对子”工作及共建交流学习活动。川粤海事部门分别介绍两省水路交通建设发展、安全监管等工作情况，共同签署《四川省地方海事局与广东海事局“结对子”

2018年4月，四川省地方海事局与广东海事局签署“结对子”工作协议 厅航务局 供图

工作协议》。按双方将在队伍建设、人才培养、联合项目研究、海事整体科研能力提升和促进海事“三化”建设等方面切实加强结对共建，实现取长补短、互惠互助，共同提升海事综合管理水平。双方表示，深化定期沟通、信息交流、互访和协作机制，结合双方工作需求，制订切实可行的结对子工作计划，扎实开展共建活动。四川省地方海事局一行还现场调研东莞海事局、东莞港务集团。

船检业务 2018年，全省完成船舶检验9 994艘次、1 684 962总吨，功率77 8482千瓦，客船112 497客位，图纸审查107套，全省58家船厂完成产值2.18亿元，完成各项业务工作。

船型标准化工作 2018年，厅航务局开展船型标准化工作。一是长江船型标准化工作。根据交通运输部水运局及长江航务管理局工作安排，对2009年开展长江船型标准化工作以来所有船型标准化工作全面清算，485艘船舶资料通过财政部驻川办专项审查；加快推进完善长江上游船型标准体系，研发适合长江上游地区中转运输200标准箱左右标准船型设计；开展适用于四川境内嘉陵江、岷江以及干支中转60标准箱、100标准箱和150标准箱标准船型主尺度预研究，开展适用于渠江和金沙江干支直达30标准箱、60标准箱标准船型主尺度系列预研究；开展长江5 000吨级，嘉陵江、岷江1 000～2 000吨级标准散货船型调查研究；开展过向家坝升船机标准船型专家评审。二是内河船型标准化工作。推动乐山、广元、南充三地旅游客船示范船型工程；组织协调广元开展研究设计30客位钛酸锂电池旅游船舶研究；发布“四川省旅游客船船型安全技术指标”；组织省内外专家对四川省公布的10型公益性渡船进行后评估，对船型进行优化、修改。开发设计适合四川各水域情况第二代客渡船标准船型；开展船型标准化政策研究，完成《长江三峡过闸运输船舶的经济性论证》研究；为加快全省长江上游货船标准船型的推广，调研各种措施、政策鼓励船主拆解老旧船舶、建造标准船型。

旅游客船指标体系发布 2018年，省交通运输厅印发《四川省交通运输厅关于进一步加强全省船舶安全管理的通知》，并以《四川省交通运输厅航务管理局关于新增旅游客船相关技术要求的通知》对旅游客船建造技术指标进行具体落实，提高全省旅游客船安全性能。

航运科研项目 2018年，厅航务局完成“四川港口资源配置和开发利用研究报告编制”“半潜式起泊趸船设计研究”“通航建筑物管理模式及法律制度研究”“四川省长江港口多式联运发展研究”和“渠江工程施工期通航关键技术研究”等项目验收工作。“金沙江库区船型标准化研究”“ 四川省港口协同发展机制研究”等2个项目列入2018年度厅航务局水上交通科研项目。

船舶生产企业管理 2018年，厅航务局做好船舶生产企业资质管理相关工作。对资质证书到期船厂达标情况进行审查，同时对全省船厂进行随机抽查。对不达标船厂限期整改，整改不到位的，降级或不予发证。组织宜宾片区、攀枝花片区、乐山片、泸州片区船舶电焊工培训考试，宜宾、自贡、内江、资阳、成都、攀枝花、凉山、乐山、眉山、雅安、泸州等地364人参加。通过焊工基础知识、船舶建造施工安全等专题培训、理论考试和实际操作考试。

四川省新能源船舶研究起步 2018年，厅航务局启动绿色环保安全美观新能源船舶船型研究工作。针对广元青川老旧旅游船更新改造和乐山市海事局公务船海巡艇环保改造工作，厅航务局分别对LNG、锂电池和柴油机三种推进方式进行对比，提出采用锂电池方式作为新能源船舶推进模式的技术方案，对广元青川旅游船船型提出锂电池双体船型、乐山海巡艇采用锂电池和大容量电容双电推进系统分别进行技术设计和研究。

新能源船舶船型设计图 厅航务局 供图

（本栏目供稿单位：厅航务局）

道路运输管理

DAOLU YUNSHU GUANLI

概　况 2018年，四川省农村运输能力持续增强，农村客运发展模式不断拓展。探索推动预约、定制、响应式等个性化客运服务，涌现出犍为县、江安县“便民小客车”，成都市郫都区、南充市顺庆区全域公交，射洪县“农村客运片区化经营”等农村客运服务新模式。全年新增通客车建制村3 427个，超额完成部下达目标任务的128%，全省建制村通客车率88.8%。农村物流发展质量不断提升。农村地区整合交通运输、农业、供销、商务、邮政等物流资源，节点布局不断优化，涌现出宜宾县快递货运、遂宁顺义通城乡配送等农村物流服务新模式。建成县乡村三级物流综合服务站181个，农村货运配送线路发展至400余条，服务网点发展至3 000余个，农村物流网络节点覆盖率（通邮率）94.71%。农村运输发展基础全面摸清。从运输需求的角度，针对性开展未通客车建制村公路的实地踏勘工作，摸清未通客车建制村的常住人口、公路通行条件和群众出行意愿等基础情况，为精准推进建制村通客车和农村公路建设提供数据支撑。

重点领域改革纵深发展。“放管服”改革深入推进。梳理全省道路运输行政权力事项155项，建立“清单制+责任制”。省级许可事项全部实现网上办理，市、县级许可事项80%实现“最多跑一次”。省政务服务窗口全年受理行政审批1 642件，现场办结率、按时办结率、群众满意率实现“三个100%”。“证照分离”改革落实到位，道路运输站场经营许可改为告知承诺制，道路客运、货运、危货和机动车驾驶员培训经营许可采取优化服务准入制。制定道路运输企业信用管理办法，事中事后监管框架体系初步成型。下放委托出租汽车企业质量信誉考核等三项省级管理权限事项至自贸实验区。推进出租汽车改革。“合规化”工作取得突破，实现与公安部门共享出租汽车驾驶员背景信息，颁发网约车平台公司经营许可证153个、网约车驾驶员证68 121张、网约车运输证36 677张。15个市（州）出台深化出租汽车行业改革实施意见和网约车管理实施细则。维修驾培改革深入推进。全省725家驾培机构全部实现“计时培训、计时收费、先培训后付费”培训服务模式，内江、宜宾、攀枝花等地驾校学员选择新服务模式比例超5%。启用四川省驾驶培训监管服务平台，教练车计时终端安装率达90%，广元、内江、攀枝花等地计时培训系统运行成效明显。建成全省汽车维修电子健康档案管理系统，覆盖“两客一危”重点营运车辆，实现与全国汽车维修电子健康档案系统的互联互通。公路客运改革试点突破。16条市际、县际客运班线试点开展定制客运，班线客运自主择站工作稳步启动，赋予符合条件的企业在运力投放、站点选择等方面更多的自主权，激发市场活力。

客货运输保障提质增效。基础设施保障能力不断提升。全年完成道路运输场站建设投资35亿元。成都天府新区新津公路货物集散中心等3个物流园区主体完工，实现全省五大经济区均建成有大型货运枢纽（物流园区）。新开工建设8个客运枢纽“全覆盖”工程，建成和在建项目36个，覆盖90%的营运高铁站。新（改）建322个汽车客运站厕所，实现三级以上汽车客运站全覆盖。货运保障能力不断提升。全年完成公路货运量17.3亿吨、货物周转量1 813亿吨公里，较上年同期分别增长9.5%、8.1%。促进物流业降本增效成效明显，提前实现全省道路货车“两检合一”和车辆异地检测，实施货车车主“交钥匙工程”，实现“一次上线、一次检验、一次收费”，为全省道路货运经营者减负1亿元以上。货运结构不断优化，成立以网络节点为支撑、以业务合作为纽带的区域甩挂运输联盟，11家无车承运人试点企业的单车运输成本降低10%，龙泉驿中国西部汽车物流多式联运示范项目入选国家第三批多式联运示范工程项目，提前完成全省206辆不合规车辆运输车的淘汰退出目标。客运服务品质不断提升。成都至巴中、成都至康定等“精品客运线”深受乘客欢迎。成都、眉山、泸州、自贡等四个国家级“公交都市”创建取得进展，2018年全国绿色出行宣传月暨公交出行宣传周启动仪式在成都举行。开通全省第一条跨市城际公交线路——天府新区视高至兴隆湖公交，开通西南地区第一条有轨电车线路蓉2号线。21个市（州）政府所在地城市实现交通“一卡通”互联互通，发行互联互通卡140万余张，解决学生办理公交卡“堵点”问题。智慧绿色交通扎实推进。全省道路运输综合管理信息平台启动建设，客运站联网售票网站和App功能优化升级，224个三级以上车站实现联网售票，二级及以上客运站省内联网售票率90%。成都、泸州入选全国绿色货运配送示范工程创建城市。全省营运“黄标车”全部淘汰退出营运市场，汽车检测与维护（I/M）制度全面实施。城市公交新增和更新新能源车比重超25%。

2018年，交通运输部门开展西部地区道路运输应急保障演练　　厅运管局 供图

市场发展基础有效夯实。扫黑除恶专项斗争初见成效。围绕“有黑扫黑、有恶除恶、有乱治乱、无乱抓常”的总体目标，分类推进涉黑涉恶及乱象问题线索治理，高压态势铁腕整治“黑车”、地下班线、驾培市场十大乱象，全年查处“黑车”1.7万辆，取缔地下班线23条，整治驾培市场乱象1 000余起，移交司法机关追究刑责2起，移交纪检监察部门问责系统内干部职工16人。多部门维稳协调机制作用充分发挥。建立健全分级分层的道路运输领域稳定事件应急处置机制，提请省政府建立全省道路运输联席会议制度，调整充实成员单位，强化上下联动和多方协同，第一时间快速反应、稳妥处置新都传化物流基地司机聚集以及多地多起出租汽车不稳定事件。行业反恐防范能力不断加强。实现跨省、跨市客运班线（农村客运班线除外）汽车客运站售、检票实名制管理，在成都东站汽车客运站等5个汽车客运站开展《客运站反恐怖防范工作规范（试行）》试点工作，严格落实寄递物流“三个100%”制度。

（蒋智力）

道路运输行业安全形势 2018年，全省交通运输行业安全形势总体稳定。全省全年发生道路运输行车事故195起、死亡229人，分别比上年上升1.56%和下降3.78%。“两客一危”车辆未发生较大以上事故。

开展隐患“清零”行动 从运输企业安全管理、客运站安全管理、车辆技术安全管理、重点营运车辆运行、超长客运安全管理等五个方面扎实开展安全隐患“清零”行动，排查整改隐患3 156个，整改率100%。制定道路运输安全监管权力清单和责任清单，建立“照单履职、尽职免责、失职追责、渎职严责”的工作机制。

深化驾驶员管理 记分管理办法严格落实。7 822名驾驶员被计分，其中，1 562名驾驶员被列入“道路运输行业重点监控名单”，164名驾驶员被列入“道路运输行业禁止进入名单”，并依法吊销从业资格证。培训教育创新落实，“四川运管安全云课堂”入选交通运输部安全创新典型案例，3万余名驾驶员参加学习。社会共治再添途径，以乘客体验型服务评价为主的“安全与服务”微信公众号实现县际以上客运班线和旅游包车全覆盖，有效投诉374条。

重点监管措施持续着力 坚持“六严禁”，全年查实违规违法行为车辆1 500余辆次，处理率100%。坚持联网联控，全省“两客一危”车辆入网率100%，上线率95.06%，车辆实时在线率列全国前三位。坚持第三方再加一把“锁”，正式运行环亚第三方监测平台，开展重点营运车辆动态监测工作。犍为县实施农村客运集中监控、攀枝花实施危货运输第三方统一监控，降低运行成本，提升监控效能。主动安全智能防控技术试点应用稳步推进，试点安装的197辆客运车辆安全运行成效初显。推广实施电子运单管理制度，电子运单异常率下降到5.5%。

2018年1月30日，路政工作人员在金子山路段驾驶多功能除雪车撒盐除雪　交通宣传中心 供图

增强应急保障能力 开展金沙江白格堰塞湖交通应急抢险工作。组织客车转移出灾区第一批受灾群众及建设工人。完成“西部地区道路运输应急保障演练”任务。

（厅运管局）

车辆维修管理 2018年，省交通运输厅推进车辆维修管理工作。完成道路普通货运车辆“两检合一”任务。厅运管局先后印发《关于贯彻实施道路货运车辆检验检测改革工作的通知》和《关于进一步落实道路货运车辆检验检测改革有关工作的通知》，明确改革内容、改革任务和时间节点，确保道路货运车辆检验检测改革工作落实。检验检测结果互认。对普通货运车辆排放检验、安全技术检验、综合性能检测中相同的项目进行合并，调整检测报告格式及内容，排放检验、安全技术检验项目不在综合性能检测报告中出现，从根本上杜绝重复检验，实行检验检测结果互认。对检验检测项目实现“一次上线、一次检验、一次收费”。实现省内异地检测。建成全省联网的综合性能检测系统，普通货运车辆可在全省范围内任意一家检测机构进行检验检测，检验检测结果在办理货车年审业务时，全省通用。并与交通运输部综合性能检测机构联网平台实现对接，为下一年实现全省道路普通货运车辆在全国通检奠定基础。公开全省190家“两检合一”汽车综合性能检测机构名单，并督促其签订《四川省贯彻落实道路货运车辆“两检合一”改革政策承诺书》，开展向车主“交钥匙工程”。

推进汽车维修电子健康档案系统建设 初步建成全省汽车维修电子健康档案系统。提前完成部省汽车维修电子健康档案系统平台对接，实现与全国汽车维修电子健康档案系统的互联互通，形成较为完善的系统数据采集上传机制。截至年底，汽车维修电子健康档案系统覆盖21个地（市）70%以上一、二类维修企业，维修企业通过“总对总”方案实现维修数据自动采集，累计采集维修记录数据183.9万辆次，为51万余辆汽车建立“健康档案”。初步发挥系统对透明维修市场、促进市场诚信发展的正向引导作用。同时，成都、绵阳、眉山、乐山、广元、自贡、泸州、达州、攀枝花、德阳等10个市拓展汽车维修电子健康档案系统应用引导汽车维修企业加入“阳光维修公众服务平台”。为车主提供维修预约、车主救援等服务，提升服务能力和质量。

推进道路运输领域中央环保督察反馈问题整改 厅运管局按照省交通运输厅环保整改工作部署，印发《四川省道路运输领域落实中央环境保护督察反馈意见整改实施方案》，明确道路运输行业环保整改目标及整改措施。重点加强营运“黄标车”全面淘汰和道路危险化学品运输车进入紫坪铺水库管理整改工作。截至年底，21个市（州）完成营运“黄标车”淘汰任务，全省剩余3 743辆营运“黄标车”全部退出道路运输市场。危险化学品运输车辆进入紫坪铺水库等限制通行区域管理工作全面规范。

加强汽车维修污染防治工作 加强质量信誉考核。厅运管局印发《关于修订四川省汽车维修企业质量信誉考核办法实施细则的通知》，特别增加环境保护方面的内容和分值，将无相应环保手续、非法处置危险废物、露天喷涂漆作业等违法违章行为作为机动车维修企业A级以上质量信誉等级的否决项，运用综合手段提升汽车维修行业环保工作。推进挥发性有机物治理。厅运管局印发《推进汽车维修行业挥发性有机物治理方案的通知》，督促各地有效治理汽车维修企业挥发性有机物，进行汽车维修企业喷烤漆房升级改造或更新，推广使用水性漆，喷烤漆作业废气排放达到环保要求，有条件地区建立区域性集中式钣喷中心，优化喷烤漆作业。建立和实施I/M制度。贯彻落实《关于建立实施机动车排放检验与维护（I/M）制度的通知》要求，督促各地对机动车排放检验机构检测不合格的车辆实施强制维修，经复检合格后方可上路行驶，严禁尾气排放不达标的车辆上路。加快机动车排污监控信息系统和汽车维修信息系统的联网工作，实现机动车尾气排放治理I站和M站闭环管理。截至年底，全省有693家汽车维修企业完成机动车排污监控信息系统和汽车维修信息系统的联网，开展尾气治理工作，2018年累计治理尾气不达标车辆84 435辆次。

加强道路运输车辆技术管理 指导各地贯彻实施交通运输行业标准《营运客车安全技术条件》（JT/T 1094）、《营运货车安全技术条件》（JT/T 1178）、《营运客车类型划分及等级评定》（JT/T 325），把好营运车辆技术准入关，督促道路运输企业使用安全达标车型，实现车辆本质安全。

（胡学英）

城市公交及出租汽车管理 2018年，省交通运输厅持续优化城市公交及出租汽车管理。加快开展公交都市创建工作。厅运管局对成都、自贡、泸州、眉山4个国家“十三五”期间第一批公交都市创建城市加强指导，督促4个城市立足当地实际，对标考核指标，加快推进创建工作。开展“公交出行宣传周”“绿色出行宣传月”活动倡导绿色出行，在成都、泸州两市组织开展“我的公交、我的城”重大主题宣传活动。组织起草《四川省城市公共交通发展水平考核评价办法（试行）》（征求意见稿），印发《四川省交通运输厅道路运输管理局关于进一步加强城市公交运营安全工作的通知》《四川省交通运输厅道路运输管理局关于进一步提升全省城市公交行业服务质量的通知》《四川省交通运输厅道路运输管理局关于报送城市公交车安全事故调查报行告的通知》等相关政策文件，督促各地强化城市公交运营安全工作，强化制度保障，解决突出的服务问题，提升服务保障能力，梳理公交车安全事故，降低公交车行车安全风险，为人民群众提供安全优质便捷的城市公共基本出行。组织全省行业管理部门和各地公交龙头企业开展全省城市公交综合业务培训，提升管理部门及企业管理人员的管理和服务水平。指导督促成都市做好地铁营运管理工作。厅运管局邀请国内行业知名专家对成都市地铁开展运营安全检查并督促其及时整改；迎接交通运输部城市轨道交通运营安全交叉检查后督促成都及时整改，就交叉检查组提出的成都市地铁运营问题整改情况向部报送《四川省交通运输厅关于报送成都市对部城市轨道交通运营安全交叉检查提出问题整改落实情况的报告》。指导成都市评审和开通地铁1号线三期和3号线二、三期，有轨电车蓉二号线首开段。推进全省出租汽车行业深化改革。厅运管局举办全省深化出租汽车行业改革综合培训，邀请国内先进地区专家交流经验，对全年的出租汽车深化改革工作进行安排布署。年内，全省有成都、绵阳、遂宁等15个市出台两类改革性文件。在全省范围内加快开展网约车许可工作。成都、绵阳等13个市开展网约出租汽车平台、驾驶员、车辆三项许可工作，资阳市开展平台、驾驶员许可工作，达州市开展平台许可工作。全省许可网约车平台146家，办理网约车运输证32 733个，网约车驾驶员证64 559个，对23家企业开展线上服务能力认定工作，其中对12家企业作出具备线上服务能力认定的结果。推进网约车规范管理。拟订《四川省交通运输厅、四川省公安厅转发交通运输部办公厅、公安部办公厅关于进一步加强网络预约出租汽车和私人小客车合乘安全管理的紧急通知的通知》《四川省交通运输厅、四川省互联网信息办公室、四川省通信管理局、四川省公安厅、中国人民银行成都分行、国家税务总局四川省税务局、四川省市场监督管理局关于转发〈中央网信办秘书局、工业和信息化部办公厅、公安部办公厅、中国人民银行办公厅、国家税务总局办公厅、国家市场监督管理总局办公厅关于加强网络预约出租汽车行业事中事后联合监管有关工作的通知〉的通知》，要求各地交通运输主管部门和公安机关等相关部门按照国家层级及地方政府相关工作要求，加强网络预约出租汽车行业事中事后联合监管有关工作，严格落实网约车平台安全生产和维稳主体责任及驾驶员背景核查等相关工作，加快推进网约车合规，保障乘客生命财产安全。强化出租汽车行业管理。维护出租汽车行业稳定，发挥省城市客运联系会议制度优势，2018年9月，组织召开省城市客运联席会议，研判全省出租汽车行业稳定形势，要求各市（州）落实工作责任、强化工作措施，做好行业稳定工作。重拳出击整治出租汽车行业乱象。结合中央扫黑除恶专项工作，对出租汽车行业乱象进行有针对性的梳理和整治。2018年10月，邀请成都、绵阳、遂宁、眉山等地出租汽车管理部门和相关执法部门召开治理出租汽车行业乱象研讨会议，分析乱象原因，研究有效的治理举措；督促各地全面认真梳理行业乱象，并重点督促自贡、达州两市整改出租汽车的乱象突出问题。规范开展出租汽车服务质量信誉考核工作。组织开展全省2017年度出租汽车服务质量信誉考核工作，并在局专家库抽取专家，分组对各地拟申请评定为AAA级的47家出租汽车企业进行评审，核定成都市汽车运输（集团）公司出租汽车分公司等34家AAA级出租汽车企业。

（杨　茹）

工程质量监督管理

GONGCHENG ZHILIANG JIANDU GUANLI

概　况　2018年，全省组建县级交通质监机构178个，比上年新增21个，建成率97.6%。全省20个市（州）3 112万元监督抽检经费纳入年度财政预算，机构、人员、经费得到保障。全省监督任务创历史新高，监督项目总里程3.5万公里，其中高速公路项目28个、2 387公里，国省干线公路项目192个、5 188公里，农村公路2.67万公里，地方铁路项目5个、350公里，水运项目5个。省、市两级开展监督检查1 800余次，出动监督人员7 000余人次。完成35个高速公路项目3 200公里竣（交）工验收任务，比上年增长330%。县乡道提升改造、通乡通村、渡改桥等农村公路项目全部纳入县级质监机构监督范围，农村公路基本实现全覆盖监督。“监督工作组+专家+第三方检测机构”的“三位一体”监督模式在高速公路和重点水运项目不断巩固和完善，国省干线和农村公路项目全面推广应用。“四好农村路”示范县创建过程中积累质量安全监管好的一系列做法和经验，并在全国、全省现场会上交流推广。环境保护纳入建设项目监督范畴，实现环保监督常态化，落实高质量发展的内在要求。在全国范围内率先将地方铁路项目纳入交通质监部门监督，探索综合交通质量安全监督工作机制。全省各级质监机构抽检交通建设项目各类指标61万余点，其中，公路原材料与产品质量合格率继续保持在97.5%以上，路基工程、路面工程、安全设施总体合格率分别为99.41%、97.79%、99.76%，比上年提升0.31%、0.59%、0.86%，路基工程、隧道工程、交安工程总体合格率超过全国平均水平。出台《关于加快推进公路水运品质工程建设实施意见》《关于在全省重点交通建设领域推行施工班组规范化管理的指导意见》，确定一批高速公路、国省干线公路、水运项目开展品质工程示范创建，犍为航电枢纽被交通运输部确定为水运工程施工标准化示范创建项目。以天府机场高速公路、仁沐新高速公路和川九路为代表的项目在施工标准化、智慧梁场建设、BIM技术应用、班组规范化管理等方面取得初步成效。加快 “四新技术”（新材料、新设备、新工艺、新技术）应用和研究，新开工高速公路项目全行推行桩基旋挖施工等11项“四新技术”，国省干线公路等其他交通重点项目有序推广。对施工工艺、质量控制、操作技术落后的技术工艺全面清理，制定和发布35项禁止、限制使用工艺清单，加速淘汰落后工艺，提升工程质量技术保障。2018年，发生安全生产事故3起，死亡7人，事故数比上年减少8起，下降72.7%，死亡人数比上年减少10人，下降58.8%，安全事故和死亡人数实现“双下降”。7个项目被评为省级平安工地示范项目，简蒲高速公路和南充港都京作业区被交通运输部评为公路水运建设平安工程。对全省在建28个高速项目和110个地方在建重点公路项目梳理排查，建立“两库一图”和“两清单、一卡、一册”（管控责任清单、管控措施清单，明白卡、安全风险册），查找治理隐患1 073个，对重大安全风险和重大危险源进行挂牌督办，遏制重特大安全事故发生。多个项目建立安全“VR体验馆”，运用BIM数字化技术建立“施工安全风险管控平台”，采用实时视频监控、智能门禁系统、人员实时定位系统等先进技术对高风险重点施工点进行监管，科技治安水平大幅提升。对53家监理企业和91家检测机构进行信用评价，在“全国公路建设市场信用信息管理系统”完成30家监理企业和2 500人次监理人员基础信息审核，分5批次完成63家检测机构换证复核，评价考核办法和结果全部实现网上公开查询。办理监理、检测企业资质服务128项，监理检测人员岗位登记2 531人次，监理资质新增甲、乙、丙级各1家，检测资质新增综合甲级3家、综合丙级2家，按时办结率和群众满意度100%。在地方铁路监督方面，引入“监督工作组+专家+第三方检测机构”监督模式，初步建立监督、建设、从业各方协作工作机制，开展地方铁路质量安全监督工作。在加大日常监督检查的同时，落实项目抽检经费，委托第三方机构负责质量监督检测工作，对承担的5个地方铁路项目进行全面监督检查、检测，检测、抽检23次，抽检点位44 535点，发现各类质量安全问题506个，发出整改通知单56份，实施整改闭合管理制度，问题全部督促整改到位。在全国范围先行先试，探索解决地方铁路监督职责落实、经费保障、公铁融合、履职尽责等问题，经验做法为构建省综合交通质量安全监督机制奠定基础。2018年11月，厅质监局受国家铁路局邀请，参加全国地方铁路监管工作交流座谈会，并作大会交流发言。

质量监督体系建设 截至2018年底，四川省组建178个县级质监机构，比上年新增21个县，建成率97.6%。各地持续加大监督经费投入，全省20个市（州）3 112万元监督抽检经费纳入年度财政预算，其中，8个市（州）大于100万元，甘孜738万元、广安370万元、凉山327万元，位列前三名。"监督工作组+专家+第三方检测机构"的"三位一体"监督模式在高速公路和重点水运项目不断巩固完善，在国省干线和农村公路项目推广应用。在全国范围内率先将地方铁路项目纳入交通质监部门监督，探索综合交通质量安全监督工作机制。

工程质量监督 2018年，全省监督任务创历史新高，监督项目总里程3.5万公里。其中，高速公路项目28个、2 387公里，国省干线公路项目192个、5 188公里，农村公路2.67万公里，地方铁路项目5个、350公里，水运项

2018年，厅质监局工程师检查内江绕城高速公路　　厅质监局 供图

目5个，县乡道提升改造、通乡通村、渡改桥等农村公路项目全部纳入县级质监机构监督范围。省、市两级开展监督检查1 800余次，出动监督人员7 000余人次。严格按照"双随机一公开"原则，对22个高速公路及重点水运建设项目17类主要原材料106项指标进行监督抽检，抽取原材料651组，合格率91.2%。全年各级质监机构抽检交通建设项目各类指标61万余点，其中，公路原材料与产品质量合格率继续保持在97.5%以上，路基工程、路面工程、安全设施总体合格率分别为99.41%、97.79%、99.76%，比上年提升0.31%、0.59%、0.86%，路基工程、隧道工程、交安工程总体合格率超过全国平均水平。整治质量安全隐患，省级监督检查近70个重点项目发现问题2 500多个，市级监督检查发现问题5 000多个，建立问题清单实行台账管理，落实专人负责，督促整改到位，对问题较多较重的项目采取约谈法人、停工整顿等措施，确保质量安全。

品质工程建设 2018年，省交通运输厅出台《关于加快推进公路水运品质工程建设实施意见》《关于在全省重点交通建设领域推行施工班组规范化管理的指导意见》，明确建成至少1~2个部级品质工程示范项目、10个以上省级品质工程示范项目，并创建一批国省干线品质工程示范项目或"四好农村路"全国及省级示范县。为落实品质工程建设，开展"两区三厂"施工安全标准化、交通建设领域施工班组规范化管理、公路水运工程钢筋保护层质量控制及专项实体抽检等专项行动。交通重点项目加快"四新技术"应用和研究，新开工高速公路项目全面推行桩基旋挖施工等11项"四新技术"，国省干线公路等其他交通重点项目有序推广。对施工工艺、质量控制、操作技术落后的技术工艺进行全面清理，制定和发布35项禁止、限制使用工艺清单，加速淘汰落后工艺，提升工程质量技术保障。以天府机场高速公路、仁沐新高速公路和川九路为代表的项目在施工标准化、智慧梁场建设、BIM技术应用、班组规范化管理等方面取得初步成效。

地方铁路质量安全监督 2018年，厅质监局引入"监督工作组+专家+第三方检测机构"的监督模式，初步建立监督、建设、从业各方协作工作机制，有序开展地方铁路质量安全监督工作，初步实现地方铁路质量安全监督工作平稳移交。落实地方铁路抽检费用300万元，通过直接监督和委托第三方监督相结合方式，对承担的5个地方铁路项目进行全面监督检查、检测，检测、抽检23次，抽检点位44 535点，发现各类质量安全问题506个，发出整改通知单56份，实施整改闭合管理制度，问题全部督促整改到位。在全国范围先行先试，探索解决地方铁路监督职责落实、经费保障、公铁融合、履职尽责等问题，积累的经验做法为构建省综合交通质量安全监督机制奠定了基础。2018年11月，厅质监局受国家铁路局邀请，参加全国地方铁路监管工作交流座谈会，并作大会交流发言。

竣（交）工质量验收 2018年，对通车的雅康、汶马、巴陕、绵西等高速公路项目提前介入组织交工验收质量检测工作，交验检测紧跟工程施工进度推进，及时发现问题并督促整改，有效解决项目时间紧未能预留交验时间等问题，确保全面完成通车目标任务。完成巴南广高速公路绿化工程、广巴高速公路机电工程、纳黔高速公路房建工程、都映高速公路绿化工程、宜泸高速公路绿化工程等单项工程交工验收检测意见审定工作。全年高速公路、国省干线公路项目交工验收95个，竣工验收106个，合格率持续保持100%。农村公路在加大质量监督力度和“四好农村路”创建带动下，交工验收合格达率99%、竣工验收合格率95%，项目质量水平显著提升。

安全风险防控 2018年，发生安全生产事故3起，死亡7人，事故数比上年减少8起，下降72.7%，死亡人数比上年减少10人，下降58.8%，安全事故和死亡人数实现“双下降”。对全省在建的28个高速项目和110个地方在建重点公路项目全面梳理排查，建立“两库一图”和“两清单、一卡、一册”，查找治理隐患1 073个，对

2018年，仁沐新高速公路运用BIM数字化技术建立“施工安全风险管控平台”。图为仁井试验段　　厅质监局 供图

重大安全风险和重大危险源进行挂牌督办，有效遏制重特大安全事故发生。天府机场高速公路等近10个项目建成安全“VR体验馆”，开展安全事故场景模拟体验培训，提升一线施工作业人员安全意识；以仁沐新高速公路为代表的多个项目运用BIM数字化技术建立“施工安全风险管控平台”，开展安全风险管控和安全监管；峨汉、攀大等高速公路项目采用实时视频监控、智能门禁系统、人员实时定位系统等先进技术对高风险重点施工点进行监管，科技治安加快推进，安全风险预控预警能力大幅提升。

平安工地建设 2018年，各参建单位推进施工现场安全文明和施工作业规范建设，加大“两区三厂”“班组规范化”等标准化建设力度，以仁沐新高速公路为载体，编写“两区三厂”建设指南得到交通运输部表彰。按照交通运输部《公路水运工程平安工地建设管理办法》，对23个高速公路、1个大型水运工程项目开展2018年度平安工地考核评价，24个项目考核结果均为合格。四川省推荐的简蒲高速公路项目和南充港都京作业区项目通过交通运输部考核，冠名2016—2017年度公路水运建设“平安工程”。

安全专项活动 2018年，厅质监局组织开展公路隧道、桥梁、深基坑、高边坡专项整治行动，安全生产大检查及地质灾害隐患再排查，电气火灾等专项活动。组织开展元旦春节期间、节后复工及“两会”期间、中秋及国庆期间等特殊时期安全生产专项检查。开展汛期安全专项工作，成立汛期安全生产专项督查组，执行汛期局领导带班，主班、备班、副班相结合的24小时值班制度，主汛期间高速公路、重点水运、地方铁路项目停工累计涉及185个标段。针对金沙江白格堰塞湖泄流对甘孜州、凉山州部分交通工程及在建项目造成的受灾影响，组织对灾区次生地质灾害安全隐患进行全面排查及实体检测，不断加强应急管理工作。2018年，省、市两级质监机构各类专项活动派出督查组600余个，聘请专家86人次，查找治理隐患1 073个。

环保监督检查 2018年，厅质监局研究制定环保检查要点，将环境保护纳入建设项目监督范畴，实现环保监督常态化，落实高质量发展的内在要求。环保监督检查按表进行，对项目环境保护的制度建设、人员配置、台账资料、施工工艺、驻地建设、场站建设以及施工现场等进行检查，做好环保督查检查记录，并就环保督查中发现的问题提出整改要求和建议，严格督促各参建单位及时整改回复，形成闭环。对24个项目开展40次综合督查，发现环保问题36个，全部督促整改完毕。

资质资信管理 2018年，厅质监局对53家监理企业和91家检测机构进行信用评价，在“全国公路建设市场信用信息管理系统”完成30家监理企业和2 500人次监理人员基础信息审核，分5批次完成63家检测机构换证复核，评价考核办法和结果全部实现网上公开查询。按照“两集中、两到位”和“最多跑一次”总体要求，严格“限时办结制”，全年办理监理、检测企业资质服务128项，监理检测人员岗位登记2 531人次，监理资质新增甲、乙、丙级各1家，检测资质新增综合甲级3家、综合丙级2家，按时办结率和群众满意度均为100%。

（本栏目供稿单位：厅质监局）

造价管理

ZAOJIA GUANLI

概　况　2018年，省交通运输厅加强交通造价行业监管和指导，强化全省重点交通建设项目造价管理，交通造价管理工作取得成效。造价管理体制机制建设方面，印发《四川省公路水运工程造价管理实施细则》，明确全省交通造价工作基本原则和总体要求；组织召开全省造价管理工作会议，下达各项工作考核目标，修订市（州）造价管理工作考核评价办法，提升制度建设、能力建设和行业管理水平。工程造价审查方面，创新造价审核工作措施，在咨询审查过程提前介入、过程指导，建立造价审核联系会议制度，提高审核效率和审核质量；完成项目造价审核104项，送审金额2 216亿元，审减15亿元；编制完成《2017年四川省公路建设工程造价状况分析报告》。造价定额管理方面，初步完成交通运输部新公路工程基本建设项目投资估算、概算、预算编制办法及配套定额人工费标准报告；配合部公路局完成《公路养护工程量清单及计量规范》调研及相关管理制度编制工作。工程造价监督管理方面，建立高速公路和国省干线公路造价信息台账，加强建设项目全过程造价监督管理；实行高速公路建设项目竣工验收决算文件备案制度，完成高速公路建设项目竣工验收决算文件备案工作31项。造价信息管理方面，发布四期《四川交通建设工程造价管理信息》，完成全省交通建设造价动态管理系统迁移升级并上线使用，完善全省交通建设工程造价咨询专家库。

交通建设造价管理制度建设　2018年，省交通运输厅印发《四川省公路水运工程造价管理实施细则》，明确四川省交通造价工作基本原则和总体要求，着力构建政府监管、建设单位全面负责的管理体系，落实参建单位各负其责的责任体系，完善省、市、县三级分级负责的监管体系，着重强化造价全过程管理，引导造价管理规范化、标准化和信息化。同时，省交通运输厅年初组织召开全省造价管理工作会议，下达各项工作考核目标，及时修订市（州）造价管理工作考核评价办法，年末组织开展全省21个市（州）交通运输局（委）造价管理工作调研总结，提升制度建设、能力建设和行业管理水平。各市（州）交通运输局（委）及造价站贯彻全省造价工作会议精神，加强造价管理能力建设，各市（州）造价站人员配备和工作经费均能得到保障。机构改革后，眉山保留独立造价机构，市造价站具体承担造价管理事务性工作，为市交通运输局提供行政管理决策参考，造价管理职责得到更好落实。广安站能力建设比上年明显提升，在市交通运输局支持下，重新核定机构编制，增加造价管理人员，保障工作经费。全省多数区（县）设置专职造价管理岗位，其中绵阳、泸州、德阳、广元、眉山、达州等所辖区（县）全部设立，泸州纳溪区单独设立造价站。内江、宜宾、雅安、巴中等所辖部分区（县）设立造价岗位及兼职人员。绵阳建立全市造价联系机制，各区（县）均有分管领导负责和造价工作经费保障。遂宁市交通运输局专门下发文件，明确区（县）设立专职造价岗位具体要求。德阳站每季度组织市、区（县）交通运输局相关负责人召开造价工作例会，及时研究部署造价管理工作。

工程造价审查　2018年，厅造价站完成项目造价审核104项，送审金额2 216亿元，审减15亿元，审减率0.68%；其中重大设计变更造价审核70项，送审金额53亿元，审减5.24亿元，审减率9.89%。在造价审核工作中，抓关键环节，创新造价审核工作措施，在咨询审查过程提前介入、过程指导，建立造价审核联系会议制度，实行多行业专家协同审核制度，重点落实设计、咨询、建设单位对造价确定，特别是工程数量确认的主体责任，总体完善造价指标分析体系，对提高审核效率和审核质量，完善重点交通建设项目基本建设程序，合理确定和有效控制工程投资有推动作用。组织开展2017年度全省公路工程造价分析，通过全面搜集梳理2017年审批的高速公路、普通公路项目造价情况，对桥隧比、材料价格、征地综合单价、资本金等影响因素深入分析，编制完成《2017年四川省公路建设工程造价状况分析报告》。

各市（州）造价站完成项目造价审核467项，送审金额1 390亿元，审减25.7亿元，审减率1.8%。市（州）造价审查项目覆盖面提升，对市（州）交通运输主管部门批复或初审设计文件项目审查率达100%。广元站立足科学控制工程造价，编制《广元市2018年度造价分析报告》；内江站把造价审核工作和设计方案结合起来，审核前到工地现场实地察看，并参与设计方案评审；遂宁站把造价咨询审查作为造价审核前置条件之一，提高造价文件编制质量；绵阳站建立专家审查制度，加大审查力度。

2018年，厅造价站工程师到绵九路开展造价监督检查　　厅造价站 供图

交通工程造价定额管理　2018年，厅造价站初步完成四川省执行交通运输部新公路工程基本建设项目投资估算、概算、预算编制办法及配套定额人工费标准报告。针对四川省使用广泛、较为成熟的施工工艺，适应后续高速公路扩建工程需要，委托造价咨询单位开展水磨钻机钻孔、柔性防护网和现浇轻质泡沫混凝土等三项公路工程补充定额查定工作。组织各建设项目开展补充计价依据测定，涉及T梁预应力智能张拉循环压浆及隧道机械开挖、液压镐挖掘机破碎石方、汶马高速公路高瓦斯隧道、巴陕高速公路米仓山隧道中部通风竖井、隧道RPC盖板及柔性防护网等补充计价依据。巴中站主动开展计价依据编制工作，会同巴达高速公路项目部开展米仓山隧道补充定额查定工作；绵阳站结合工程实际，搜集部分补充计价依据资料。厅造价站协助交通运输部公路局完成《公路养护工程量清单及计量规范》调研，配合部公路局、部路网中心等单位开展《高速公路运营养护预算编制办法》及配套定额、《农村公路养护预算编制办法及配套定额指标》《公路工程造价数据标准》等编制工作。

工程造价监督管理　2018年，厅造价站和市（州）造价站建立高速公路和国省干线公路造价信息台账，加强建设项目全过程造价监督管理。厅造价站组织对在建高速公路项目开展造价监督检查，对预算批复执行、造价台账管理、变更设计造价、价格调差等进行检查，提出整改要求，全年开展检查20余次。实行高速公路建设项目竣工验收决算文件备案制度，完成高速公路建设项目竣工验收决算文件备案工作31项，参与23个高速公路建设项目竣工验收，会同厅建管处对决算超概算多个项目实行严格把关。参与省交通运输厅对重点建设项目设计、咨询单位信用评价工作。各市（州）站认真开展造价监督检查工作，辖区内重点交通建设项目造价监督检查实现全覆盖。遂宁站加大项目造价监督检查力度，全年开展造价监督检查13次，提出书面检查通报13次。阿坝州将造价管理工作与建设管理工作有机结合，把造价工作贯穿到工程可行性研究报告、概算、预算、招标和决算全过程。

交通建设造价信息管理　2018年，厅造价站发布四期《四川交通建设工程造价管理信息》，为各市（州）概预算编制提供材价参考依据。完成四川省交通建设造价动态管理系统迁移和升级并上线使用，实现各市（州）材料价格信息在平台申报、汇总和分析，完善四川省交通建设工程造价咨询专家库，组织库内专家对每期材料价格信息进行评审。大部分市（州）按时发布本地区材料价格信息，制作地方材料料场分布图。绵阳、达州、德阳等市制定《交通建设工程材料价格信息管理办法》，绵阳、甘孜站向各区（县）下达材料调查专项经费。巴中市跨行业召开市级材料价格调查联系会，各行业及区域材料价格信息发布水平基本一致。

（本栏目供稿单位：厅造价站）

工程监理

GONGCHENG JIANLI

概　况　2018年，咨询监理公司深化改革，提升品质，转型发展取得成效。新签订合同金额3.1亿元，完成年度目标的106%，经营业绩实现三年翻一番的目标，自主生产能力提升至94%（2015年为70%）；实际到账2.57亿元，完成年度目标的107%，超额完成企业绩效考核目标。改革创新方面，推进公司制改制，完善领导机制，落实责任目标，完成方案报批和章程修订；推进分公司清理整顿，注销1家分公司，开展另外3家分公司财务核算；深化生产部门绩效考核机制，以“项目年”为主题，签订考核目标责任书，严格执行预算制度；完善制度建设，新出台6项管理制度和要求，完成财务系统升级改造。科研技术方面，选调道路、桥梁、隧道、地质、造价等专业副总工程师进入总工办，加强对项目现场指导和技术把关；参与咨询审查和检测的世界海拔最高的雀儿山特长隧道获2018“ITA年度工程大奖”，这是中国公路隧道首次获国际顶级大奖；首次获中国公路学会科学技术二等奖和四川省科技进步三等奖，承担监理的乐雅、遂西、达万等3个高速公路项目获天府杯金奖；投入200余万元配置设计专业软件，投入700余万元新建试验检测试验室，投入1 200余万元采购压剪机等专业试验检测设备。资质信用方面，成功申报特大桥和特长隧道勘察设计甲级资质，具备参与高速公路勘察设计的技术条件；通过工程咨询甲级资信评价；各项目信用考评反馈良好。人才培养方面，组织专业技术内部交流80余次，组织职工参加外部培训43次，邀请行业知名专家到公司授课16次，全年培训1 500人次；141名职工参加国家注册公路水运试验检测工程考试，43人通过考试，通过率30%（专业检测人员考试通过率38%）；引进教授级高工1人、高级工程师3人、工程师13人，研究生8人，新增注册各类专业人员25人，评定通过初中高各级专业技术人员31人。

监理业务　2018年，咨询监理公司签订监理合同20个，合同金额11 138.53万元，到账金额10 591.32万元，完成年度目标的102%。完成国道317线二古溪、雅康高速公路JL8（路面）、绵西高速公路（路基）、成安渝高速公路监理工作。监理的乐雅、遂西、达万等3个高速公路项目获天府杯金奖。

2018年，咨询监理公司监理的遂西高速公路获天府杯金奖　　咨询监理公司 供图

咨询业务　2018年，咨询监理公司签订咨询审查合同75个，合同金额4 014.23万元。到账金额4 464.49万元，完成年度目标的135%。全年完成咨询审查和评估工作154项次，业务遍布全省20个市（州）。完成德阳至都江堰高速公路施工图设计、叙永至威信高速公路施工图设计、乐山至西昌高速公路初步设计等3个项目的代厅咨询审查工作。完成国道93线成渝环线高速公路新增纳溪新城互通及收费站预可行性研究报告代省发展改革委

和厅联合评估工作。其中，乐山至西昌高速公路定位为成都通往西昌的第二通道，需克服雅西高速公路积雪冰冻影响行车安全问题，初步设计咨询审查在工程可行性研究报告推荐方案的基础上提出优化方案。

设计业务 2018年，咨询监理公司签订设计合同36个，合同金额10 086.84万元。到账金额4 093.01万元，完成年度目标的100%。设计业务量和利润显著增长，成为主营业务，主要为地方国省干线提档升级和“四好农村路”、扶贫公路建设项目，开拓西藏等边远地区市场及市政勘察设计领域。全年完成国道321线纳溪至泸县一级公路（隆昌界至渠坝段）改建工程初步设计、南充市西充县城经顺庆区至嘉陵区李渡镇快速通道初步设计、竹篙外绕线建设工程两阶段施工图设计、凉山州喜德县泸苏公路（泸沽镇—喜德县城段）升级改造项目喜德县城气象站改线段两阶段施工图设计。完成乐至县陈毅故居旅游大道建设工程两阶段施工图审查、武胜县“十三五”规划、前锋区交通运输综合规划。完成国道244线、国道347线、国道542线巴城过境公路工程可行性研究报告、省道104线草坝至姚桥段改建项目工程可行性研究报告、草坝青衣江大桥（茶地坎码头渡改桥项目）工程可行性研究报告、国道318线天全县紫石乡大仁烟至前碉桥头段大修工程一阶段施工图设计。

检测业务 2018年，咨询监理公司签订检测合同63个，合同金额5 660.47万元。到账金额6 119.89万元，完成年度目标的101%。完成达陕高速公路、宜水高速公路、遂资眉高速公路眉山段、西攀高速公路竣工验收检测工作。承担内江绕城、汶马、仁沐新、绵西、成乐扩容、巴万、绵茂等7个在建高速公路项目监理试验室及雅康高速公路JLS4监理试验室收尾项目。开展第三方检测业务，完成包括桥梁桩基检测、桥梁施工监控和成桥检测、隧道施工监测和超前地质预报、竣（交）工验收检测和政府质量监督检测等工作。承担6个第三方质量检测项目，开展4个技术状况评定和交工验收检测项目。完成13个高速公路竣工验收检测，3个养护和地方道路检测业务。完成厅质监局和甘孜州质监局组织的检测机构检测能力比对试验。对农村公路扶贫公路免费检测。参与检测的雀儿山特长隧道获2018“ITA年度工程大奖”。

2018年，咨询监理公司完成达陕高速公路竣工验收检测　　咨询监理公司 供图

招标技术服务业务 2018年，咨询监理公司签订招标技术服务合同34个，合同金额340.78万元。到账金额437.22万元，完成年度目标的125%。完成甘白路B标、E标，桃巴路16标、17标竣工资料编制、整理、组卷、装订、归档工作。为甘孜州、凉山州交投公司完成20余次文件评审服务工作。承接成南公司、汶马公司、遂广遂西公司、成渝公司等运营高速公路的招标技术服务工作。协助川高公司编制厅建管处下达的省交通系统电子招标施工、勘察设计、交安施工范本初稿。

（本栏目撰稿人：程　鸿）

路网监测与运行管理

LUWANG JIANCE YU YUNXING GUANLI

概　况 2018年，路网中心探索全省路网运行管理发展思路，推进省、市（州）两级路网运行管理体系建设；完成公路交调、阻断信息统筹管理、厅专业化值班、移动应急通信平台管理等职能职责落地，推进路网运行分析研判、出行信息服务工作开展。对全省所有交调站点开展在线率专项治理，制订《四川省公路交通情况统计调查管理办法》和《四川省公路交通情况统计工作考评细则》。参与厅应急工程（二期）建设，提出路网运行管理业务工作需求。开展针对汛期应急通信保障的部省联合应急演练和跨省应急通信保障演练，参与国道5线京昆高速公路瓦厂坪大桥等突发应急事件处置、白格堰塞湖地质灾害处置和宜宾兴文抗震救灾工作，绘制灾区绕行路线交通图。制订1个综合应急预案、5个专项应急预案和1个应急处置方案，建立起路网中心“1+5+1”应急预案体系架构。通过“四川路网”微信公众号、政务微博和新闻媒体等渠道发布出行服务类文章108篇，为公众合理出行提供信息。完成四川省公路网阻断信息报送系统和移动终端公路交通阻断信息报送系统建设，实现全省公路交通阻断信息统一归口上报。开展全省路网综合业务培训和公路交调、阻断信息等专项培训，开展与《四川日报》、“四川在线”网站、四川交通广播等媒体以及交管部门的合作，不断拓展服务领域和范围，扩大受众面和服务影响力。

路网运行监测 2018年，路网中心对全省所有交调站点开展在线率专项治理，运行站点在线率显著提升。召开全省公路交通情况统计调查工作暨业务培训会议，进一步规范和细化工作流程、明确工作任务、落实工作责任。制订《四川省公路交通情况统计调查管理办法》和《四川省公路交通情况统计工作考评细则》，推进全省公路交调工作规范化管理；编制全省交调统计季度、年度分析报告。参与交通运输部“2018年度国家公路网技术状况监测”在川路检、桥隧监测工作，协调厅直单位和各市州完成国道108线、国道210线、国道5线京昆高速公路、国道65线包茂高速公路和国道5515线张南高速公路共计2 085公里的路况监测，国道246线长江大桥、国道76线厦蓉高速公路濑溪河大桥和国道318线二郎山隧道监测。统筹做好全省公路交通基础设施安全大检查工作，基本建立隐患台账。参与厅应急工程（二期）建设，提出路网运行管理业务工作需求，促进路网运行监测信息化建设，进一步提升路网运行监测水平。

应急处置与通讯保障 2018年，路网中心针对厅应急通信平台建设组织开展10余次移动应急平台操作训练。开展针对汛期应急通信保障的部省联合应急演练和多次跨省应急通信保障演练，为有效应对突发事件积累实战经验。参与国道5线京昆高速公路瓦厂坪大桥等突发应急事件处置、白格堰塞湖地质灾害处置和宜宾兴文抗震救灾工作，绘制灾区绕行路线交通图。做好应急通讯保障和视频信息采集工作，完成应急现场与部、省应急指挥中心的视频连线，为中央电视台提供国道318线竹巴笼大桥抢通现场无人机航拍资料。建立健全厅专业

2018年7月5日，路网中心在汶川开展公路防汛保通应急通信保障部省联合应急演练　　路网中心 供图

化值班工作机制和信息台账管理制度，完成值班室基础实施改造和值班系统优化升级，建立应急会商系统，及时准确处置各类事件1.3万起，基本实现厅应急值班值守的规范化、专业化管理。建立路网中心应急预案体系。按照厅应急预案体系框架，完成路网中心部分编制,制订1个综合应急预案、5个专项应急预案和1个应急处置方案，建立起路网中心“1+5+1”应急预案体系架构。

出行信息服务 2018年，路网中心围绕全省公路网运行安全保畅工作开展元旦、春节、清明、“五一”国际劳动节、中秋、国庆等节假日和特殊时期全省路网运行分析研判，对节假日全省重要公路、易堵路段进行详细梳理和预警研判，编制分析研判报告，通过“四川路网”微信公众号、政务微博和新闻媒体等渠道对外发布，全年发布出行服务类文章108篇，为公众合理出行提供参考。开展“五一”出行服务公益活动，通过现场讲解、派发出行指南等形式宣传出行知识。牵头负责全省公路交通阻断信息报送工作，完成四川省公路网阻断信息报送系统和移动终端公路交通阻断信息报送系统建设，实现全省公路交通阻断信息统一归口上报。首创以

2018年4月27日，路网中心在在眉山东客站开展出行信息服务公益活动 路网中心 供图

数据库连接方式对对部、省公路网阻断信息报送系统进行无缝对接，报送阻断信息1.2万余条。加入中国公路出行信息服务联盟，开展与成员单位的合作交流，利用联盟成员新媒体资源和信息资源，促进全省公路出行服务工作的改进和提升。参与全国11个省市“十一”黄金周公路出行新媒体联合直播，对四川交通出行服务进行直播报道。参加部路网中心和中国交通广播联合举办《交通会客厅：共话春运路网》春运特别直播节目，发布春运权威路况研判信息。开展与《四川日报》、“四川在线”网站、四川交通广播等媒体以及交管部门的合作，不断拓展服务领域和范围，扩大受众面和服务影响力。

（本栏目供稿单位：路网中心）

大件公路管理

DAJIAN GONGLU GUANLI

概　况　2018年，大件处完成通过大件公路的超限运输审批1 622件（次），其中车货总重100吨～289吨225件（次），290吨～499吨13件（次），500吨以上3件（次）；完成涉路施工审查及监管6处；完成大件运输监护通行10次；完成非大件公路重点大件运输协调10件（次）。拟订出台《四川省大件公路及大件运输管理规定》，从建设、养护、路政、涉路施工和大件运输等方面，全面规范大件公路和大件运输管理，与《四川省非大件公路重点大件运输协调工作方案》《关于贯彻执行四川省大件公路设计技术指标规定的通知》配套形成大件公路及运输指导性文件，强化行业指导，进一步加强对大件公路沿线管理部门监督检查，明确建管养运各责任主体职责任务。草拟完善《四川省大件公路及大件运输管理规定》相关配套实施细则。

大件公路涉路施工监督检查　2018年，大件处由具体管理转向监督检查。由全线巡查调整为监督检查，路政巡查工作落实“属地管理”原则。监督检查主要内容为施工项目是否获得许可、是否按许可的事项及要求进行，按照《四川省大件公路设计技术指标规定》标准，全年监督检查11起申请涉路施工审查（批）的施工事项，监督检查的情况及时通报属地路政管理部门，督促其具体落实整改。

非大件公路重点大件运输保障　2018年，大件处完成省重点工程天明电厂大件运输协调保障工作。神华集团江油天明电厂100万千瓦发电项目是省重点工程，设备车货总重量600余吨，运输车组长近100米。运输路线

2018年，江油天明电厂重点大件运输 大件处 供图

全长493公里，其中大件公路270公里，高速公路172公里，县乡道路51公里。运输过程面临质量重、车组长、路况复杂等困难。加强同沿线交通运输局、高速公路公司、公路管养单位沟通对接，深入运输线路重要节点调研，通过科学论证、精心组织，完成三批次运输任务。

大件运输组织协调 2018年，大件处认真组织协调大件运输工作。①单体重量290吨以上的特大件运输组织协调。在每批次大件运输起运前3—5个工作日，向沿线交通运输局（委）等有关单位送达大件运输书面通知，督促其做好保障服务工作，全年发出运输通知书40份。在运输过程中，针对运输企业反映的问题，及时与有关单位沟通协调，保障大件运输安全顺畅通行。②加强调研，主动上门，及时了解大件运输计划。先后到大件运输企业调研，了解全年大件运输任务、形势和特点，征求大件运输管理意见和建议，以及需要交通运输部门协调解决的问题。③加强与沿线交通运输部门的沟通。根据大件运输任务，结合沿线各管辖路段大件运输通行能力、道路维修改造等实际情况，分别同沿线交通运输部门进行座谈，共同研究大件运输保障措施。

大件运输运行监护 2018年，大件处终止大件运输委托护送费收取，不再收取护送费、具体护送任务落实到地方路政管理机构，大件处有关职能具体调整为（代厅）监督检查。全年对车货总重290吨以上10件（次）的特殊大件运输进行运前现场核查，运输过程中对重点桥梁、重要路段进行监护通行。

（本栏目供稿单位：大件处）

政务管理

ZHENGWU GUANLI

概　况 2018年，省交通运输厅认真贯彻落实关于政务管理工作的会议和相关文件精神，进一步规范政务管理工作的内容、形式和程序，政务管理工作水平不断提高。全年主动公开政府信息20 570条，未发生关于政府信息公开提起行政诉讼的情况。发布微博3 012条，微信1 110条。完成各级政务信息目标任务，牵头抓好政务公开。全年累计编发网站信息9 190条，报送中共四川省委电子政务内网信息464条，填报省政府信息公开目录管理系统2 282条，处理回复网民来信1 047件。继续加强目标绩效管理，制定各市（州）目标管理和各处室、厅直单位绩效管理方案，实行市（州）交通运输部门的考核结果与资金项目安排挂钩，厅直单位和机关处室的考核结果与部门负责人评先评优挂钩，发挥目标绩效管理的激励导向作用。在省政府2017年度省直部门绩效考评中，省交通运输厅继续保持“优秀”等次。

（田耀楠）

政务信息 2018年，省交通运输厅主动公开政府信息20 570条。其中，概况信息类41条，占0.2%；计划总结信息类4条，占0.02%；规范性文件信息类3条，占0.01%；工作动态信息类2 088条，占10.15%；人事信息类6条，占0.03%；财政信息类2条，占0.01%；行政执法信息类42条，占0.2%；其他信息类18 384条，占89.37%。与群众密切相关的重点事项、公共资金使用和监督情况、政府机构和人事信息情况等均主动公开。办结依申请公开15件，包括信函邮寄申请、传真申请。内容主要涉及行政许可、土地征收类，均按规定办理答复。全年未发生关于政府信息公开提起行政诉讼的情况。全年发布微博3 012条，微信1 110条，其中，政务微博工作中，“四川省交通运输厅有效应对汛期期间全省陆路水路安全”入选西南地区政务微博十佳政务公开案例。省交通运输厅政务微博“四川交通”荣获“2018公路交通微博服务效果”排行榜第九名，是全省交通运输系统唯一入选的官方微博；厅政务微信“四川省交通运输厅”获“2018公路交通微信服务效果”排行榜第十名。

（田耀楠）

政务目标管理 2018年，省交通运输厅继续加强目标绩效管理。省交通运输厅按照省政府下达的绩效管理方案，进一步细化分解任务，把责任落实到处室、单位、负责人，中共四川省委、省政府下达的各项目标任务超额完成。在省政府2017年度省直部门绩效考评中，省交

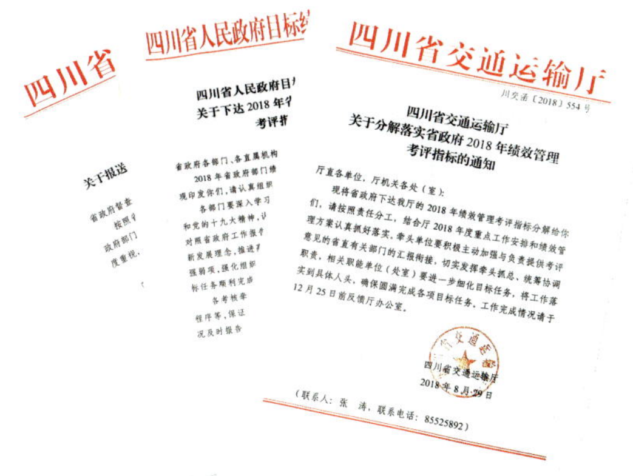

2018年，省交通运输厅认真贯彻落实省政府下达的绩效管理目标任务　陈超超 摄

通运输厅继续保持“优秀”等次。制定各市（州）目标管理和各处室、厅直单位绩效管理方案，实行市（州）交通运输部门的考核结果与资金项目安排挂钩，厅直单位和机关处室的考核结果与部门负责人评先评优挂钩，发挥目标绩效管理的激励导向作用。厅目标绩效管理工作领导小组对各市（州）交通运输局（委）、厅直各单位、厅机关各处室2017年度工作目标绩效完成情况进行综合考评，经2018年第18次厅党组会议审议通过，泸州市交通运输局、厅公路局、厅办公室等32个单位（部门）被评为2017年全省交通运输系统目标绩效管理先进单位，其余单位（部门）为合格单位。

（陈超超）

政务信息工作　2018年，省交通运输厅完成各级政务信息目标任务。收到各单位报送政务信息12 000条；全年向交通运输部、中共四川省委、省政府上报各类信息1 200条，被采用近200条，报送量和采用率均排名靠前。牵头抓好政务公开。全年累计编发网站信息9 190条，报送省委电子政务内网信息464条，填报省政府信息公开目录管理系统2 282条，处理回复网民来信1 047件，政务公开质量不断提高。年内，省交通运输厅获交通运输部“交通运输政务信息工作先进单位二等奖”称号，被中共四川省委办公厅评为“2018年度全省党委信息工作先进单位”。

（田耀楠）

体制改革　法治建设

TIZHI GAIGE　FAZHI JIANSHE

概　况　2018年，省交通运输厅加快推动《四川省道路旅客运输管理办法》的修订，对《四川省水路交通管理条例》《四川省公共汽车客运管理办法》等纳入省政府立法计划的调研类项目开展立法前期工作。将制订《四川省交通建设管理条例》、修订《四川省道路运输条例》等立法项目纳入省人大五年立法规划，制、修订完成《四川省交通运输统计工作管理办法（试行）》等10余项任务。《四川省航道条例》2018年5月31日经省第十三届人大常委会第四次会议通过，自2018年8月1日起施行。组建厅行政决策咨询与法律专家库，完善重大行政决策专家论证机制。继续推进交通运输行政执法综合管理信息系统项目建设和基层执法“三基三化”（详见《附录》）试点建设，初步实现对执法人员及证件的全过程信息化管理。开展“12·4”国家宪法日普法宣传活动和“法律七进”（详见《附录》）活动。

交通运输体制改革　2018年，省交通运输厅继续深化行业改革。坚持“清单制+责任制”管理，推动各项改革任务落地见效。牵头统筹督促相关单位抓好供给侧结构性改革、行政审批制度改革等10项改革任务落实。供给侧结构性改革中的基础设施加快补齐，成本降低取得明显实效，行政审批制度改革深入推进，投融资改革和事业单位改革取得积极进展。推进交通运输综合执法改革，借鉴江苏、广东等省综合执法改革经验，提出改革建议方案，探索综合执法改革推进策略。开展交通运输综合管理体制课题研究，进一步梳理综合交通管理部门内部运行、工作协调等机制。

交通运输法治建设 2018年，省交通运输厅继续推进交通运输法治建设，贯彻施行交通运输法律法规，严格依法行政，强化行政权力的制约和监督。组建厅行政决策咨询与法律专家库，完善重大行政决策专家论证机制。按照“五大行动”工作要求，持续深入开展执法形象提升行动，累计暗访督查17个市（州）和26个县（市、区），发现问题50余条，约谈15人次。组织9个考核组开展执法评议考核，检查市县交通运输主管部门42个、高速公路交通执法支队7个，抽查基层执法站所28个，抽考执法人员370名，评查执法案卷126件。继续推进交通运输行政执法综合管理信息系统项目建设和基层执法“三基三化”（详见《附录》）试点建设，不断夯实行业管理的基层基础。初步实现对执法人员及证件的全过程信息化管理，培训新进执法人员1 009人，新办执法证件821个，换发证件6 320个，年审证件13 586个。依法办理复议诉讼案件，受理案件11起，审结9起，未发生因当事人不满复议结果而提起诉讼的情况。强化对征求意见文稿的管理和回复工作，办理征求意见文稿280余件，重点对涉及行业相关工作或重大利益调整的意见稿进行研究并回复。

交通运输法规制度建设 2018年，省交通运输厅完善行业法规制度体系建设，统筹行业法规制度“立、改、废、释”，统筹推进交通运输重点领域法规制度建设。《四川省航道条例》2018年5月31日经省第十二届人大常委会第四次会议通过，自2018年8月1日起施行，为航道事业的健康发展提供法制保障。加快推动《四川省道路旅客运输管理办法》的修订。对《四川省水路交通管理条例》《四川省公共汽车客运管理办法》等纳入省政府立法计划的调研类项目开展立法前期工作，切实做好立法项目储备。谋划未来五年立法规划，着力打造以规划建设、公路管理、道路运输、航务海事四大板块为基础的地方交通运输法规体系，将制订《四川省交通建设管理条例》、修订《四川省道路运输条例》等立法项目纳入省人大五年立法规划。落实制度建设计划，督促相关单位强化行业重点领域制度建设，制订、修订完成《四川省交通运输统计工作管理办法（试行）》等10余项任务。加强对行政规范性文件的规范管理，制订厅规范性文件管理细则，对《四川省高速公路政府与社会资本合作项目实施办法》等15个规范性文件进行合法性审查，对20余个招标文件及合同提供法律意见。

行业信用体系建设 2018年，省交通运输厅加快构建以信用为核心的新型行业监管机制。督促推动省级交通运输信用信息平台和交通运输重点领域信用建设，实现全省50%以上交通运输信用信息的有效归集，率先在全国开展对高速公路投资人的信用评价管理，完成2017年度在建的35个高速公路项目和21个市（州）国省干线及重要经济干线公路项目的信用评价。强化信用标准制度建设，配合完成《四川省道路运输企业信用管理办法》等多部制度规范的制订，初步建立信用联合惩戒案例归集制度。利用《中国交通报》、中国交通新闻网、《四川交通》杂志、《四川交通快讯》手机平台、四川广播电视台交通频率等媒体宣传交通信用体系，营造信用交通良好氛围。

普法工作 2018年，省交通运输厅做好全省交通运输系统第七个五年法治宣传教育工作，营造良好的交通法治环境。制订长期普法规划、普法年度计划和普法责任清单，明确普法任务、具体措施和工作要求，将普法纳入部门重点工作计划。开展“12·4”国家宪法日普法宣传活动，弘扬宪法精神、树立宪法权威。开展“法律七进”活动，把普法内容列入党委（党组）中心组年度学习计划，把法治教育纳入公务员入职、晋职和业务培训内容，提高机关干部法律法规认识水平。落实“谁执法谁普法”的普法责任制。坚持以案释法，加强日常典型案例的收集、整理、研究和发布工作，建立典型案例库，完善对以案释法的分析研判、案例发布、信息通报等制度，编发以案释法普法读本。加强机关法治文化建设，在使用橱窗、公示栏、宣传栏等传统宣传方式的同时，积极运用电子显示屏、触摸屏等新型载体推广法治宣传教育内容。

交通法规进乡村　　厅法规处 供图

（本栏目供稿单位：厅法规处）

财务管理

CAIWU GUANLI

概　况　2018年，全省交通建设资金保障成效显著，全年落实到位部省补助交通建设资金405.87亿元。首次成功发行收费公路专项债券7.5亿元，四川交通投资基金第一期4.8亿元投资落地，融资方式实现新的突破。将政府债务系统内120亿元银行贷款全部置换为政府债券进行规范管理，存量债务风险妥善化解。推进绩效管理，预算管理水平不断提升。2018年预算执行率和执行进度居省级部门前列，在2017年度省级部门决算工作考核中获一等奖。配合省财政厅完成部门整体预算绩效评价，厅2017年整体预算绩效评价得分居省级部门前列。妥善处理历史遗留问题，加强国有资产流程管控，国有资产管理深入推进。全面完成厅公路设计院、厅交通设计院转企改制资产清查、资产评估和财务审计等相关工作。建设财务综合管理信息系统，提升财务管理信息化水平，逐步实现预算、核算、决算一体化管理。

2018年10月25日，厅财务处组织召开2018年第七次基金工作小组专题会
厅财务处 供图

建设资金保障　2018年，省交通运输厅全力做好融资工作。积极筹措年度交通建设资金。贯彻落实全省交通运输工作会议精神，深入部分市州和交通重点企业开展实地调研，形成《新形势下四川交通建设资金保障调研报告》，提出新形势下交通建设资金保障的思路和措施。落实部省补助交通建设资金405.87亿元，其中，部补助资金254.0亿元，省补助资金151.87亿元。跟踪部补助资金安排动态，转发预算文件，指导地方及时掌握部补助资金拨付情况，确保部补助资金及时到位。向省财政厅汇报交通建设项目资金需求，落实省级财政资金107.02亿元。向省财政厅反映一般债券需求，到位新增一般债券30.0亿元，占省级新增一般债券75%。向省财政厅争取银行贷款置换和到期债券借新还旧，节约2018年还本付息资金14.85亿元调整用于交通建设，盘活存量资金，最大限度筹集建设资金。拓宽资金渠道，融资方式实现新突破。推广运用专项债券，2018年全省首次成功发行收费公路专项债券7.5亿元用于地方收费公路项目建设，发行其他类专项债券0.2亿元用于农村公交项目建设。督促基金管理团队适应新形势下的政策变化，及时调整思路、对接项目，实现四川交通投资基金第一期投资落地，用于省道401线丹蒲快速路丹棱段建设工程及省道104线丹棱段改建工程项目。规范债务管理，妥善化解存量债务风险。贯彻落实国家风险防控相关精神，全面评估厅各项债务，在保证建设资金稳中有升的前提下，分类研究制订债务处置方案。与债权银行沟通，将120亿元银行贷款全部置换为政府债券进行规范管理。制订《四川省交通运输厅存量政府债务平滑方案》，通过债券借新还旧，平滑年度债务支出，减轻即期偿债压力。

预算管理　2018年，省交通运输厅按时完成2018年部门预算编制，预算执行率和执行进度居省级部门前列。完成2019年部门预算和2019—2021年支出规划编制工作，确保各单位重点支出和新增硬性支出，为厅机关和厅直单位有效运转提供有力资金保障。做好2017年部门决算编制，在2017年度省级部门决算工作考核中获一等奖。按时公开省交通运输厅2018年部门预算和2017年部门决算信息。开办“财务小讲堂”，每月为厅直单位分管财务的领导干部讲解预算管理工作的重点内容和最新政策规定。牵头配合省审计厅完成厅相关单位2017年度预算执行情况审计，要求对审计发现的问题及时整改。配合省财政厅完成部门整体预算绩效评价，厅2017年整体预算绩效评价得分88.76分，居省级部门前列。选取雅康高速公路项目开展2017年车购税重点项目绩效评价，提高车购税资金使用绩效。对部分市州部省补助交通建设资金进行重点检查，查找问题、督促整改，减少资金沉淀。完成全省2017年车购税资金、城市公交车成品油补贴和政府还贷二级公路取消收费后补助资金等中央转移支付资金绩效目标自评工作。

国有资产管理　2018年，省交通运输厅妥善解决2004年车购税和2008年燃油税费改革与国税部门资产划转遗留问题。完成厅属行政事业单位房屋土地等专项资产自查工作，督促相关单位彻底清理整改遗留问题，确保重大国有资产安全完整。持续开展厅历史遗留往来款清理催收工作。收回部分单位历史欠款315万元；对厅在四川金融租赁股份有限公司的2 771万元存款进行确权，切实维护厅债权。加强流程管控和国有资产监管规范有序。完成《2017年度全省交通行业政府资产报告和行政事业单位国有资产报告》。完成省交通科学研究所、监理处撤销清产核资以及资产划转工作。完成成都市交通稽查征费处等5家单位撤销资产处置相关工作，报废处置厅属单位固定资产3 249万元。

财务监管　2018年，省交通运输厅继续加强对厅属企业财务监督管理。印发《四川省交通运输厅关于进一步加强厅属企业财务管理的指导意见》。完成厅属企业2017年度企业财务决算会计报表审核汇总和2017年度年报审计工作。完成4家厅直属企业2017年度企业负责人经营业绩考核，签订2018年经营业绩责任书。切实推进人才建设，建立和完善相关制度。制订《四川省交通运输厅机关政府采购管理办法》《四川省交通运输厅机关合同管理办法》，完善《四川省交通运输厅机关内部控制手册》。组织开展厅直单位行政事业单位内部控制建设检查，以查促建，推动各单位进一步做好内部控制建设工作。举办厅直单位财务管理能力提升等业务培训，提升厅直单位财务人员专业技术水平。

（本栏目供稿单位：厅财务处）

人事教育管理

RENSHI JIAOYU GUANLI

概　况　2018年，省交通运输厅继续加强人事教育管理。加强领导干部思想政治建设及教育培训，年内举办2期处级干部读书班和1期领导干部能力提升班。加强干部教育培训，全年统筹组织实施各级各类培训项目80个。强化干部选任工作，厅党组认真贯彻落实新时代党的组织路线，坚持党管干部原则，年内任免处级干部73人次，其中提拔6人。严格干部监督管理，认真贯彻落实全面从严管党治吏部署，鲜明从严要求主基调，严格执行干部选任规定和“凡提四必”要求，坚决杜绝干部“带病提拔”，严肃选人用人纪律，与纪检部门配合联动，年内征求党风廉政建设意见315人次。强化领导干部个人有关事项报告“两项法规”宣传贯彻，充分运用组织人事部门提醒、函询、诫勉三类手段。有序推进机构改革。年内组织开展机构改革、承担行政职能事业单位改革、交通运输综合行政执法机构改革调研。做好人才引进和服务工作。认真贯彻执行中央和省委关于人才工作的部署要求，研究出台省交通运输厅党组《关于加强领导班子和干部队伍专业化建设的实施意见》，细化提出16条措施，明晰高素质专业化干部人才队伍建设路径。落实党委联系服务专家制度，开展“弘扬爱国奋斗精神、建功立业新时代”活动。依托新型交通智库建设、交通运输重大项目、科技攻关、优质示范院校创建、大师工作室打造等，助推人才培育成长。

领导干部思想政治建设及教育培训　2018年，省交通运输厅继续加强领导干部思想政治建设及教育培训，突出政治建设，营造风清气正良好政治生态。严格贯彻执行中共四川省委《关于坚决维护党中央集中统一领导的规定》，贯彻落实省委《关于彻底肃清周永康流毒影响持续净化四川政治生态的决定》。开好年度民主生活会，抓好查摆问题整改落实。制订印发厅党组《关于开展巡视发现问题专项整治工作方案》，针对“党建工作中弄虚作假现象”“选人用人问题”和“不担当不

2018年5月，省交通运输厅举办两期处级干部读书班。图为第一期5月2日开班式现场 李爽 摄

作为问题”等三个方面存在的问题制定落实整改措施，切实改到位、改彻底。年内举办2期处级干部读书班和1期领导干部能力提升班，对320余名处级干部开展全覆盖学习轮训，并选送13名干部参加上级调训。加强干部教育培训，全年统筹组织实施各级各类培训项目80个，培训6 000人次。

干部选任 2018年，省交通运输厅党组认真贯彻落实新时代党的组织路线，坚持党管干部原则，突出政治标准，鲜明政德导向、为民导向、担当导向、实干导向、廉洁导向、公认导向，注重从急难险重任务、重大项目推进、艰苦复杂环境和锐意改革创新“四个一线”培养选拔干部。2018年，省交通运输厅党组任免处级干部73人次，其中提拔6人。严格执行干部选任规定，把政治关作为第一关，强化对政治素质的深入考察，及时将干部履行安全生产、环境保护职责情况等纳入考察考核重要内容。厅党组全年选人用人“一报告两评议”各项满意度分值均达97分以上，新提拔处级领导干部专项测评满意度分值达98.67分。对14个有用人权的厅直单位的92名新提拔干部开展“一报告两评议”工作，不存在“不认同”率在10%以上的情况。

干部监督 2018年，省交通运输厅党组严格干部监督管理，认真贯彻落实全面从严管党治吏部署，鲜明从严要求主基调，以《党政领导干部选拔任用工作条例》为遵循，严格执行干部选任规定和“凡提四必”要求（即讨论决定前，对拟提拔或进一步使用人选的干部档案必审、个人有关事项报告必核、纪检监察机关意见必听、线索具体的信访举报必查），落实选人用人全程纪实制度，坚决杜绝干部“带病提拔”。把政治关作为第一关，强化对政治忠诚、政治定力、政治担当、政治能力、政治自律的深入考察，及时将干部履行安全生产、环境保护职责情况等纳入考察考核重要内容。贯彻执行中共四川省委《领导干部干预选人用人工作记录和责任追究实施办法》规定，严肃选人用人纪律。与纪检部门配合联动，年内征求党风廉政建设意见315人次。强化领导干部个人有关事项报告“两项法规”宣传贯彻，集中填报297人，查核41人，对漏报瞒报的给予严肃处理。充分运用组织人事部门提醒、函询、诫勉三类手段处理。对6家厅直单位开展选人用人专项检查，约谈存在问题的单位，督促举一反三整改落实。扎实开展领导干部在企业、社会团体兼职清理，开展监察对象个人因私出国（境）证照清理、违规发放工资津贴补贴、企业负责人薪酬改革情况等专项检查。

人事制度改革 2018年，省交通运输厅有序推进机构改革。年内组织开展机构改革、承担行政职能事业单位改革、交通运输综合行政执法机构改革调研。转企改制顺利推进，厅公路设计院、交通设计院完成转企改制，完成撤销监理处。10家全民所有制企业公司制改制工作顺利推进。省交科院登记设立。职务与职级并行制度稳步实施，继续开展厅机关及直属参公单位公务员职务与职级并行制度试点，全年完成调研员职级晋升285人次，配合中共四川省委组织部完成巡视员职级晋升10人。

人才引进和服务 2018年，省交通运输厅认真贯彻执行中央和中共四川省委关于人才工作的部署要求，研究出台省交通运输厅党组《关于加强领导班子和干部队伍专业化建设的实施意见》，细化提出16条措施，明晰高素质专业化干部人才队伍建设路径。落实党委联系服务专家制度，开展“弘扬爱国奋斗精神、建功立业新时代”活动。依托新型交通智库建设、交通运输重大项目、科技攻关、优质示范院校创建、大师工作室打造等，助推人才培育成长。新获批国务院政府特殊津贴人员2人、“省委直接掌握联系的高层次人才”1人、“四川省第十二批学术和技术带头人”1人、后备人选8人，12项成果获国家和省部级科技进步奖。交职学院、交职学校分别成功创建国家级、省级高技能人才培训基地，省级名师陈斌和牟廷敏、杨文浩大师工作室建设初见成效。厅公路设计院举办科技创新大会，省路面结构材料及养护工程实验室成功申报国家级博士后科研工作站。年内组织完成3次国家级资格考试，参考人员9 831人。完成全省交通工程技术中、高级职称评审工作，对1 400余名申报人员开展评审，402人获高级专业技术任职资格，437人获中级专业技术资格。

（本栏目撰稿人：龙运波）

外经外事

WAIJING WAISHI

概　况　2018年，省交通运输厅规范收费公路PPP项目前期实施程序，印发高速公路PPP项目实施方案、招标文件参考文本，修订高速公路BOT项目管理办法，强化政策引导，完善顶层设计。根据投资市场需求，配合形成梯次合理的招商储备项目库，夯实招商项目储备；加强项目推介与招商协调力度，鼓励民间资本参与基础设施补短板项目，持续优化营商环境，搭建高效招商引资平台；全年成功招商德阳中江至遂宁等7个高速公路项目，总里程721公里，总投资977亿元。率先在全国推行高速公路投资人信用评价管理，全年完成5次信用评价（年度评价1次，初次评价4次），涉及投资人53家（已投资企业33家，拟投资企业20家）；加强业务培训，在大连举办全省交通建设PPP项目投资模式和特许经营管理培训班，提升相关人员业务能力和专业水平。开展全省交通运输领域PPP项目招商引资调研，形成2个调研报告，重点考察省内PPP项目推进有力地区，详尽分析当前全省高速公路PPP模式存在问题，并提出下一步工作建议；紧跟国家和省PPP项目管理最新要求，开展盘活交通基础设施存量资产和高速公路PPP项目全生命周期绩效评价办法研究。按照世行、部委和省级相关部门对贷款项目管理要求，继续指导推进世行贷款芦山地震灾后恢复重建农村公路项目。修订出台《四川省交通运输厅因公临时出国（境）管理办法》；成功协办中老国际道路运输会谈，与老挝公共工程与运输部开展座谈交流；务实高效开展因公出访工作。全年省交通运输厅及厅直单位出访团组21个、出访人数105人、出访国家或地区22个，创历年之最；通过签订合作框架协议开展国际合作办学、承担设计咨询任务、开展国际会议学术交流，提升四川交通对外开放水平和国际影响力。

2018年，省交通运输厅厅长汪洋（左四）一行与瑞士PROSE公司签订战略合作协议

厅外经处 供图

高速公路项目招商引资　2018年，省交通运输厅推进交通投资体制改革，创新高速公路招商机制，成功招商德阳中江至遂宁等7个高速公路项目，总里程721公里，总投资977亿元，招商里程达年度目标任务600公里的1.2倍。

为做好高速公路BOT项目招商引资工作，省交通运输厅强化与市（州）纵向沟通和厅内横向会商机制，根据投资市场需求，形成梯次合理的招商储备项目库；加强项目推介力度，邀请潜在投资人参加项目招商对接会，针对项目建设方案、投资估算、经济技术指标、征地拆迁、优惠政策等问题征求潜在投资方意见；吸引民间资本参与补短板重点项目，在省委、省政府召开的全省民营经济大会上，以“真实、准确、有用”为原则，向民间资本、民营企业推荐15个、总投资2 441亿元的交通项目，保障民间资本平等参与项目投资；多次组织召开项目招商工作专题协调会，及时解决项目推进存在难点，确定关键环节时间节点，推动项目挂网招商；督促招商成功项目尽快完成投资协议签订、项目公司组建和特许权协议签订，为项目早日开工奠定基础；举办全省交通建设PPP项目投资模式和特许经营管理培训班，对行业从业人员进行PPP应用实践、特许经营信用管理等课程培训，提升全省高速公路PPP项目管理水平。

高速公路项目招商政策引导 2018年，省交通运输厅完善高速公路项目招商制度体系，强化高速公路招商引资顶层设计。印发《四川省交通运输厅关于收费公路政府与社会资本合作项目前期实施程序的通知》，规范收费公路PPP项目在项目识别、项目准备和社会资本方选择等项目前期各环节工作程序。出台《四川省高速公路政府和社会资本合作（PPP）项目社会资本方招标文件参考文本》（2018年版），会同省发展改革委、省财政厅出台《四川省高速公路PPP项目实施方案参考文本》（2018年版），将近年来国家和省级规范PPP项目实施规定落实到参考文本具体条款中，强化范本示范引导作用，为PPP项目实施提供规范指引。以省政府办公厅名义修订印发《四川省高速公路“建设—运营—移交”项目管理办法的通知》，根据国家宏观经济形势和金融货币政策，按照国家新出台相关管理办法，对BOT管理办法中部分内容修订，激发市场投资活力。省交通运输厅开展高速公路PPP项目全生命周期绩效评价与考核办法研究，将绩效考核结果与政府补贴、收费价格挂钩，提升财政资金效益和项目管理水平。

高速公路项目投资人信用评价 2018年，省交通运输厅率先在全国开展高速公路投资人信用评价管理，按照《四川省高速公路投资人信用管理办法（试行）》等有关规定，完成信用评价5次（年度评价1次，初次评价4次），涉及投资人53家（已投资企业33家，拟投资企业20家）。完成2017年度投资四川高速公路的33家投资人的年度信用评价，经市（州）交通运输局（委）初评、第三方机构审核、征求相关处室和厅直单位意见、分管厅领导审签、厅务会审定等程序后，确定25家参与年度评价投资人信用等级为AA级，4家为A级，4家为D级。完成20家拟投资企业初次信用评价，通过“信用中国”“信用交通”、国内主要相关法院网站等渠道收集企业有关信用信息，重点对不良纳税记录、不良银行信用记录、交通投资建设领域不良信用记录等进行筛选分析后，确定20家企业初次信用评价等级均为A级。4月，在《中国产经》发表题为《四川省出台高速公路投资人信用管理办法规范投资人行为》文章，引起社会广泛关注。

世行贷款项目管理 2018年，省交通运输厅加快推进世行贷款项目各项前期工作，严格执行世行、部委和省级相关部门对贷款项目管理要求，继续指导推进世行贷款“4·20”芦山地震灾后恢复重建农村公路项目。截至年底，世行贷款项目3个子项目（邛崃市道火路、天全县始新路、荥经县荥泸路）初步设计文件和施工图设计文件均通过审查审批，邛崃市道火路项目土建工程挂网招标。按照世行管理要求，省交通运输厅及各级项目办公室，通过第三方机构开展第二期征地移民安置监测、环境管理监测评价、经济社会影响及绩效后评估工作。

国际交流 2018年，省交通运输厅加大对企业海外融资支持力度，参加国际性评级机构穆迪评级座谈会，支持全省大型交通基础设施企业省交投集团开展国际评级工作；指导成都市交投集团利用香港金融平台进行跨境上市融资，拓展海外业务。修订出台《四川省交通运输厅因公临时出国（境）管理办法》，梳理工作流程和工作要求，确保厅及厅直单位因公出国（境）管理规范有序。全年厅及厅直单位出访团组21个，出访人数105人，出访国家或地区22个，创历年之最。通过签订合作框架协议、开展国际合作办学、承担设计咨询任务、开展国际会议学术交流，深化与“一带一路”沿线国家和地区政府机关、院校、企业的务实合作。搭建高层次国际开放平台，协办中老国际道路运输会谈，与老挝公共工程与运输部开展座谈交流；深度参与首届中国国际进口博览会、“中日大学展暨论坛 in CHINA 2018”“2018天府论坛”等大型活动；开展四川交通建设“走出去”发展战略研究，探明“一带一路”沿线65个国家交通建设发展现状与合作机遇。

2018年，省交通运输厅副厅长赵长利（右五）与俄罗斯联邦公路署座谈交流

厅外经处 供图

（本栏目供稿单位：厅外经处）

交通审计
JIAOTONG SHENJI

概　况　2018年，全省交通运输系统完成审计项目909个，审计总金额2 135 284.60万元。其中，建设项目审计319个、经济责任审计27个、预算执行及财务收支审计211个、内部控制审计49个、效益审计7个、信息系统审计4个、专项审计调查272个、其他类审计20个；提出审计建议626条，促进完善规章制度172条。截至年底，全省交通运输系统建立内部审计机构158个（其中专职机构17个），配备内部审计人员625人（其中专职32人），参加各类审计业务培训909人次。

2018年4月17日，厅审计处组织召开厅2018年内部审计培训会　　厅审计处 供图

领导干部经济责任审计　2018年，厅审计处按照《四川省交通运输厅厅属单位领导干部经济责任审计实施办法》要求，完成厅后勤中心、厅造价站、职业资格中心、兴蜀公司、省交通管理学校、厅公路局医院等6个单位6名领导干部的离任经济责任审计。重点审计领导干部任职期间贯彻执行党和国家有关方针政策和上级决策部署，以及促进部门发展、国家经济政策执行、重大经济决策、内部管理、遵守有关廉洁从政规定等方面的情况。对审计中发现的问题，归类分析，逐项提出整改建议，促进领导干部廉洁从政、依法履职。

自建基本建设和维修改造项目竣工决（结）算审计　2018年，厅审计处严格执行竣工决算审计制度，完成厅办公大楼露天停车场改造维修等8个自建维修项目竣工决（结）算审计，送审总金额6 927.20万元，审定金额6 635.01万元，审减292.19万元；完成省国家区域性物资储备中心工程等2个工程项目跟踪审计。对自建基本建设和维修改造项目管理过程中存在的问题提出整改建议，促进资金安全有效使用。

厅属单位预算执行及财务收支审计　2018年，厅审计处完成交通宣传中心、省公路职工疗养院、四川华腾公路试验检测有限责任公司、省大件运输公司4个单位2017年度预算执行及财务收支审计，完成省运业汽车站建设有限责任公司2016年1月至2018年10月财务收支专项审计。重点审计单位预算编制、预算收入和支出执行、固定资产管理、“三公”经费管理以及政府采购等情况。对审计中发现的问题，归类分析，逐项提出整改建议，要求有关单位切实抓好整改落实，有效加强单位内部管理，提高财政资金使用效益。

内部控制专项审计　2018年，厅审计处组织成立审计组，完成四川交职学院、高速公路交通执法第一支队、路网中心、应急物资储备中心4个单位的内部控制审计。重点审计各单位内部控制制度建立和执行情况，揭示管理薄弱环节和潜在风险，对审计发现的单位内部管理制度设计缺陷、内控管理执行中存在的问题，进行归类分析并逐项提出整改建议，督促单位增强风险防范意识和化解能力，健全和完善内部控制制度，形成科学规范的内部控制体系。

绩效审计 2018年，厅审计处试点开展绩效审计，完成厅运管局四川省道路客运微机联网售票系统、厅公路局普通国省干线公路项目质量抽检督查费、厅航务局水上交通安全监督管理专项经费、厅质监局公路水运工程质量重点抽查检测费4个专用项目绩效审计。对项目财政支出的经济性、效率性、效果性情况进行客观、合理、有效的评价和监督，促进提高财政资金使用效益。

后续跟踪审计 2018年，厅审计处完成领导干部经济责任审计、预算执行及财务收支审计、内部控制审计、绩效审计等18个项目的后续跟踪审计，逐一落实每一个单位每一项问题的整改。通过整改，促进各单位有效解决财务管理和经济运行中存在的突出问题，提高财政资金使用效益，促进项目规范管理，促进领导干部依法履行经济责任和单位规范高效运转。

配合外部审计 2018年，厅审计处发挥主管部门职能作用，牵头配合国家审计署驻成都特派员办事处完成省长尹力经济责任审计和领导干部自然资源离任（任中）审计、2018年第四季度贯彻落实国家重大政策措施情况跟踪审计，配合省审计厅完成兴蜀公司省道303线映卧路恢复重建工程竣工决算审计，协助厅相关部门配合省审计厅开展对省交通运输厅2017年度预算执行审计以及省直部门政务信息系统整合共享专项审计调查。

交通扶贫项目审计 2018年，厅审计处印发《四川省交通运输厅关于加强交通扶贫项目审计监督的通知》，指导各市（州）交通运输局（委）准确把握交通扶贫审计重点，开展交通扶贫审计工作。组织厅直属单位成立审计组完成对壤塘县、小金县、黑水县、色达县等4个交通运输部定点扶贫县部省补助交通扶贫建设资金专项审计。通过对项目资金的申请、拨付、管理、使用情况进行专项审计，规范扶贫资金管理、维护扶贫资金安全、提高扶贫资金绩效。

（本栏目供稿单位：厅审计处）

交通行政审批

JIAOTONG XINGZHENG SHENPI

概　况 2018年，省交通运输厅对全省交通运输领域行政权力事项进行梳理优化，取消和下放一批行政许可事项，取消2项省级行政许可事项和1项县级行政许可事项，分批下放14项省级管理事项至中国（四川）自由贸易试验区。全面推进“最多跑一次”改革在交通运输领域的落地落实工作。梳理形成《四川省交通运输厅2019年持续深化“最多跑一次”改革重点任务》，优化审批服务模式，提升审批服务效能。四川交通运输网上行政审批服务平台一期全面建成，省本级审批事项全部纳入网上办理，并与四川省一体化政务服务平台无缝对接，实现数据共享。启动四川省交通运输网上行政审批服务平台二期项目建设，加快实现省、市、县三级行政审批“一张网”全覆盖。联合省公安厅、省政府政务服务和公共资源交易服务中心建立全国首个公路超限运输许可联网协同办理工作机制，在全国率先试行“一站式”公路超限运输审批服务。继续提升交通运输窗口服务质量，树立交通良好形象，在2018年度省级部门窗口政务服务考核中排名第二。

行政审批制度改革 2018年，省交通运输厅持续深入推进全省交通运输行政审批制度改革，以方便企业和群众办事创业为导向，以放管并重、体制创新与方式创新相结合的原则，最大限度提高行政审批便捷性，进一步激活交通运输发展活力。规范优化交通运输行政权力清单。在2016年省政府公布行政权力事项的基础上，对全省交通运输领域行政权力事项进行深入梳理优化，全省交通运输领域共有行政权力事项382项，其中，行政许可事项57项、行政处罚事项255项、行政确认事项1项、行政强制事项25项、行政裁决事项1项、行政检查事项16项、其他行政权力事项27项。取消和下放一批行政许可事项。取消2项省级行政许可事项和1项县级行政许可事项，分批下放14项省级管理事项至中国（四川）自由贸易试验区。全面推进“最多跑一次”改革在交通运输领域的落地落实工作。省交通运输厅实施的省本级行政许可事项、其他行政权力事项和公共服务事项中有36个大项被纳入省政府公布的“最多跑一次”事项清单。确定“最多跑一次”改革重点任务。按照深化“最多跑一次”改革工作专题会的部署安排，结合中共四川省委办公厅《四川省深入推进审批服务便民化工作方案》要求和交通运输行业特点，梳理形成《四川省交通运输厅2019年持续深化“最多跑一次”改革重点任务》，从6个方面26项工作措施出发，不断优化审批服务模式，提升审批服务效能，形成四川省交通版“最多跑一次”改革品牌。推进“证照分离”改革。按照国务院《在全国推开“证照分离”改革的通知》精神，第一批106项涉企行政审批事项分别按照直接取消审批、审批改备案、实行告知承诺、优化准入服务四种方式实施“证照分离”改革，其中涉及交通运输领域的事项共12项。省交通运输厅印发《四川省交通运输厅关于贯彻落实全省道路运输“证照分离”改革的通知》和《四川省交通运输厅关于加强水路交通“证照分离”改革事项事中事后监管的通知》，落实改革举措，加强事中事后监管。进一步推进与工商、公安等部门信息系统对接，在更大范围、更深层次实现市场主体基础信息、相关信用信息、违法违规信息的归集共享，方便进行业务协调，为改革事项的具体实施提供高效便捷的信息化技术支撑，确保改革工作落地落实。

窗口建设管理 2018年，省交通运输厅继续提升交通运输窗口服务质量，树立交通良好形象，打造利企便民、规范高效、群众满意的一流政务窗口。提升服务意识，主动对接省重点项目大件运输承运企业，专题研究京东方公司大件运输许可并开设“绿色通道”，加快审批速度，并适当延长大件运输车辆通行证有效期，保证项目设备及时安装投产，获得企业高度肯定。加强交流学习。山西、山东、江苏、广东四省交通运输厅到省政府政务服务和公共资源交易服务中心交通窗口开展调研交流，互相学习先进做法和经验。交通运输部对厅大件运输联网审批表示肯定并进行宣传推广。全年交通政务窗口受理行政审批115 641件，其中网上申请111 680件，窗口申请3 961件，有效投诉为零，现场办结率、按时办结率、群众满意率均达100%。在2018年度省级部门窗口政务服务考核中排名第二。

“互联网＋行政审批”建设 2018年，四川省交通运输网上行政审批服务平台一期建成，省本级审批事项全部纳入网上办理，并与四川省一体化政务服务平台无缝对接，实现数据共享。网上行政审批服务平台一期运行以来，总体满意率90%以上，信息公开和数据查询服务平均响应时间小于3秒，方便快捷的网上办理模式得到企业和从业人员的一致好评。8月，省交通运输厅启动四川省交通运输网上行政审批服务平台二期项目建设，多次组织召开建设工作推进会，制订出台推进工作方案和项目实施方案，明确成都、南充、泸州、眉山、凉山为项目建设试点单位，完成前期调研，加快实现省、市、县三级行政审批“一张网”全覆盖。

公路超限运输管理 2018年，全省超限运输管理取得新进展。省交通运输厅从服务全省重装产业发展和促进物流降本增效出发，围绕“让信息多跑路、群众少跑腿”的利企便民理念，在公路超限运输“一号申请、一窗受理、一次出证、限时办理”的网上审批基础上，联合省公安厅、省政府政务服务和公共资源交易服务中心建立全国首个公路超限运输许可联网协同办理工作机制，印发《四川省公路超限运输许可联网协同办理工作方案》和《公路超限运输许可联网协同办理工作规范（试行）》，解决大件运输物流企业难题，打破原来“两头跑、两头办”的多次审批模式，在全国率先试行“一站式”公路超限运输审批服务，推出扫二维码即可通关的特色审批模式，解决全省公路超限运输申请难、审批难、监管难、共享难“四难”问题。跨省公路超限运输并联许可工作取得成效，编制完成《跨省大件运输并联许可用户手册》，为申请人提供服务指引，实现“一网受理，畅行全国”。调整优化大件运输审查程序，放宽对车货总重120吨以上200吨以下超限运输车辆的审批，缩短需要开展桥梁验算类大件运输审批时限。完善失信惩戒机制，对经核查确属违法的超限运输经营者纳入“黑名单”管理。

（本栏目供稿单位：厅审批处）

公路超限治理　　朱锦鸿 摄

交通公安

JIAOTONG GONGAN

概　况　2018年，全省交通运输系统树立总体国家安全观，以维护社会稳定保障人民群众安全为主线，抓住社会治安综合治理服务经济建设主题，聚焦风险防控，着眼补齐短板，推进交通运输行业扫黑除恶专项斗争，开展平安交通、法治交通建设，落实社会治安综合治理的各项措施，扎实开展反恐防范以及打击枪爆违法犯罪等工作，加强特定利益群体风险管控、妥善化解各类矛盾纠纷，推动基层基础建设，维护社会大局和行业和谐稳定。省交通运输厅被中共四川省委办公厅、省政府办公厅评为“全省维护社会稳定工作目标先进单位”、全省“扫黄打非”先进集体。

扫黑除恶专项斗争　2018年，厅公安处推进突出问题和行业乱点乱象治理，扫黑除恶专项斗争取得阶段性成果。摸排问题线索229条，涉及全省所有市（州），全部问题线索按照“一线双交”原则办理；组成7个督查组对21个市（州）26个县（区、市）和6条高速公路进行督导，检查发现71条问题线索，全部移交行业管理部门或属地主管部门限期核查整治；组织开展道路运输、公路水运建设和行业重点乱象3项专项整治，查处非法营运车辆1 528辆，专项治理中央督导组点名的“成都至甘孜非法营运严重、自贡市和达州市宣汉县出租车运营管理混乱”情况。将扫黑除恶专项斗争纳入省交通运输厅年度绩效考核和政风行风“五大行动”考评，约谈中央督导组反馈问题清单中点名的单位；建立厅机关和厅直属单位协调沟通、线索移交、信息报告和督查督办工作制度，建立与驻厅纪检监察组的线索核查移交及跟踪问责机制，建立与公安厅交警总队、机场公安局和公安厅刑侦局案件会商、线索移交及联合整治等工作机制，保持扫黑除恶专项斗争高压态势，优化发展环境。

2018年9月25日，省交通运输厅召开全省交通运输系统扫黑除恶专项斗争电视电话会议　交通宣传中心　供图

问题线索摸排　2018年，省交通运输厅多措并举加强线索摸排。突出重点抓摸排，紧盯举报线索集中、群众安全感和满意度较低的重点地区，道路运输和公路水路建设等重点领域，采用交叉暗访等方式，重点摸排“黑车”非法营运、违规招投标、恶意阻工、路政执法收取“保路费”等问题线索。深挖细查抓摸排，从群众诉求、信访积案等方面入手，开展深入细致排查，通过排查把问题摸清、摸全、摸透，找准乱象产生的根源，及时依法处理，限期加以解决。拓宽渠道抓摸排，利用厅官方网站、微博、微信，《四川交通》手机报等媒体平台和交通运输服务“12328”热线电话，全方位监测和分析梳理互联网交通舆情，专题培训值班值守人员和热线电话管理人员，明确线索接报流程，拓宽了解问题、搜集线索、掌握证据的渠道，确保群众举报和投诉畅通无阻。

问题线索管理　2018年，省交通运输厅强化问题线索管理。完善部门间协作配合，建立扫黑除恶专项斗争问题线索移送反馈机制。完善问题线索移送机制，加强与纪检部门和政法机关的沟通联系，完善问题线索双向移送制度，提级办理群众举报的公职人员违纪参与客运经营的线索案件，及时移交涉“保护伞”线索给纪委部门，有关市（州）“涉黑涉恶”势力组织从事“地下班线运输”线索问题给公安厅扫黑办核查。健全查办结果反馈机制，受理省扫黑办和公安机关移送的问题线索，及时反馈线索核查情况。建立问题线索办理机制，职能部门负责接待受理、梳理移交，各级扫黑办负责分办汇总、统计通报，纪检监察部门负责直查直办、督办复核，确保问题线索处置顺畅高效。建立问题线索处置台账，运用台账管理开展扫黑除恶专项斗争以来收集到的问题线索，及时转交属地交通运输主管部门或行业管理机构，每季度梳理汇总线索办理情况，确保登记不遗漏、处置不拖延、件件有着落。

乱点乱象整治 2018年，省交通运输厅坚持“有黑扫黑、有恶除恶、有乱治乱”，整治行业乱点乱象，持续净化交通运输环境。①开展道路运输专项整治行动，制订《四川省交通运输行业扫黑除恶专项整治行动方案》，会同公安机关，采取深入摸排线索、加强市场运行监测、信息快报快处和稳步推进客运市场改革等综合措施，对道路客货运输、出租汽车和驾驶培训等行业乱象突出的重点领域开展专项整治行动，坚决整治道路客货运输市场、出租汽车市场、货运车辆强行冲关现象，坚决打击强行垄断货物运输行为。②开展公路水运建设专项整治，制订《全省公路水运建设领域扫黑除恶专项斗争工作方案》，发出致全省公路水运建设项目和全省公路水运建设项目招投标活动从业人员关于开展扫黑除恶专项斗争的两封公开信，公布公路水运建设领域违法犯罪特征，坚决整治公路水运建设领域恶意竞标、强揽工程、恶意扰乱建设环境、暴力施工和招标投标违法犯罪行为。③开展重点行业乱象专项整治，针对中央督导组在反馈问题清单中点名的“成都至甘孜非法营运严重”情况，会同省公安厅组织协调成都、甘孜、雅安三地交通运输、公安部门制订专项整治方案，采取疏堵结合的方式开展集中整治。对自贡市和达州市宣汉县出租车运营和管理情况进行专题调研，督促指导自贡、达州交通运输主管部门结合扫黑除恶专项斗争开展定点整治。会同省公安厅交警总队、机场公安局和省公安厅刑侦局以整治道路运输非法营运和高速公路冲关逃费为突破口，合力开展打击交通运输领域“黑恶势力”违法犯罪行为专项行动。

监督执纪考核 2018年，省交通运输厅强化政治担当，严格监督执纪，全力履职尽责。①加强政风行风考评，将各地交通运输部门开展扫黑除恶专项斗争工作情况纳入厅政风行风“五大行动”考评，在9月考评中一票否决被中央督导组点名的单位。②实施目标绩效考核，印发《2018年市（州）交通运输局（委）和厅直有关部门（单位）扫黑除恶专项斗争目标任务及考评细则》，将扫黑除恶专项斗争纳入全省交通运输系统年度目标绩效考核。③严格纪委问责追责，配合公安机关和纪委监委对上级交办、群众反映强烈的“涉黑涉恶”重点案件，严格落实“两个一律”“一案三查”要求，与省纪委驻厅纪检监察组建立及时跟踪问责机制，对扫黑除恶专项斗争作风不扎实、成效不明显，特别是对“涉黑涉恶”势力形成软保护的单位或个人，严格按照有关规定追责问责。

涉稳风险隐患排查 2018年，省交通运输厅矛盾纠纷排查调处工作进一步规范化、制度化。开展防范化解重大稳定风险攻坚战，春节、“两会”、国庆等重点时段，组织开展4次矛盾纠纷摸排，掌握系统内重点群体和城市客运、道路货运、征地拆迁、环保整治、企业改制、欠薪欠债等重点领域的稳定动态。建立健全工作台账管理排查梳理内部矛盾纠纷，科学制定工作措施，推动开展矛盾纠纷化解和风险防范，维护交通运输行业和谐稳定。

矛盾纠纷稳控化解 2018年，省交通运输厅履行维稳责任，与中共四川省委维稳办、省公安厅、省信访局、省网信办等单位建立联席会议机制，牵头完成加强交通运输领域矛盾纠纷预防化解工作情况报告，及时督察省委改革办对完善矛盾纠纷多元化解机制专项改革方案落实情况，稳妥处置10余件到省交通运输厅信访问题，协助成都、遂宁、自贡、眉山等相关市（州）党委、政府导综合运用经济、行政等手段和教育、疏导等方式化解巡游出租车、网约车、道路货运等10余起可能引发较大规模聚集上访的群体性事件苗头隐患，会同有关部门督促指导凉山等有关市（州）和项目业主制订针对性矛盾纠纷调处方案，稳控化解省多元化解办通报汶马高速公路施工过程和泸黄高速公路改建等重大矛盾纠纷，督促有关交通建设项目业主及时支付凉山州农民工工资300余万元。

稳定风险管控 2018年，省交通运输厅结合“大学习、大讨论、大调研”，梳理交通运输系统面临的重大风险隐患，形成全省交通运输行业防范化解重大稳定风险调研报告。联合交通运输部规划研究院基于四川实证的开展交通运输行业危机治理能力研究，并将课题成果印发21个市（州）交通运输主管部门和厅直单位，指导各单位危机治理实践工作。建立健全舆情炒作风险评估制度，加强重点时段网络舆情的收集、分析、研判，制订舆情引导预案，按照立场鲜明、坦诚坦率、真实准确、快速透明原则，适时发布信息，及时回应客运市场、出租汽车、重大事故和交通扶贫等方面苗头性、敏感性、潜在性的舆情诉求。严格落实维稳信息工作报告制度，强化值班值守，确保维稳信息网络保持高度畅通、高效运转，牵头组成督导组赴凉山州等地参加省维稳办组织的“两会”期间、“八一”期间等维稳安保工作集中督导检查。

社会治安综合治理 2018年，省交通运输厅指导全省交通运输部门加强道路水路客运、城市轨道交通风险管控和物流领域安全风险防范。以落实道路客运实名制工作管理和《零担货物道路运输服务规范》为抓手，采取通报、指导等方式，使危险货物运输车辆电子运单异常率从20%下降到6.8%，督促指导道路运输企业严格落实实名托运、安全查验、信息登记制度，在全省启用四川省小件快运公共信息平台，改变客车附搭小件货物运输传统操作模式，提高信息化水平，实现信息可留存、责任可追查、流向可追溯，借助信息手段确保“三个100%”制度（100%先验视后封箱、100%实名寄递、100%通过X光机安检）落地落实。联合省“扫黄打非”办、公安、文化执法部门，开展五大专项整治行动，切断非法出版物流通渠道；组建代表队参加省禁毒委组织的查禁毒品专项拉练，道路运输关口查禁毒品成果得到省禁毒办肯定；配合公安机关、高速公路营运管理部门，重点开展高速公路沿线“三电”设施安全保护工作。结合交通运输行业特点，组织和参与流动人口服务管理、特殊人群服务管理、预防青少年违法犯罪、学校及周边治安综合治理等工作。

反恐防范 2018年，省交通运输厅持续深入推进行业涉恐隐患排查整治专项行动，重点加强网约车、汽车租赁、共享单车涉恐隐患排查，督导各地交通运输部门和重点防范目标营运单位严格落实责任，健全工作机制，完善工作流程，切实做好全国“两会”、改革开放40周年、上合组织峰会等敏感时期、重大活动交通运输反恐防范工作。按照“以点带面、整体推进、逐步完善”的工作思路，加快推进《四川省一、二级汽车客运站反恐防范工作规范》实施，在成都东站汽车站、南充汽车客运站、泸州客运中心站3个汽车客运站进行规范试点。加强行业反恐防范督导检查，建立完善行业反恐防范督导检查机制，不定期组成督查组对成都、广元、南充、巴中、泸州等地反恐防范工作进行督导检查。按照省反恐办印发的《反恐怖隐患整改工作方案》，督促有关单位指导一、二级长途客运站对国家和省反恐督导检查发现的实名制乘车制度落实、进站安检、视频监控存在漏洞，物防配备不到位等问题制订整改任务表，严格倒排工期，逐一整改到位。以新型科技技术运用和应急响应为中心，组织开展2018年全省交通运输系统反恐防范专题培训和应急演练，全省21个市（州）交通运输主管部门及行业管理部门、厅直属单位及部分重点道路运输企业共200多人参加培训和演练。

打击枪爆违法犯罪 2018年，省交通运输厅配合公安机关开展“缉枪治爆”“三打击一整治”等专项行动，挤压涉枪涉爆犯罪在交通运输行业的生存空间。完善枪爆物品运输管控工作领导机构和办事机构，明确责任部门和责任人员，将检查枪爆物品运输纳入道路运输专项整治重点内容，定期分析研判枪爆物品运输管控工作，根据情况变化及时调整和改进管控工作措施。

机关安全保卫 2018年，省交通运输厅机关安保人防、技防、物防能力全面升级。第一、二期消防设施设备升级改造全部完成，接入电脑自动化监测主动式报警，厅机关办公区摄像头和周界防护全部恢复，公共区域视频监控覆盖率90%以上，办公区安防实现全电脑化监控、自助响应、一键报警的自动化控制。以自动化监控设备为基础，进一步完善厅安保人员巡查、联动联控、应急快反和培训教育等制度，筛查阻挡可疑进入厅机关人员10余名，引导群访、集访群众12次，协助厅机关相关部门保障大型活动10次，维护厅机关良好办公秩序。以“建立健全消防工作职责、推进火灾隐患排查整治和大力开展消防安全教育培训”为主线，紧紧把握春、夏季消防安全检查、电气火灾综合治理、高层建筑物消防治理、今冬明春火灾防控等工作重点，制订印发有针对性的夏季消防检查和冬春火灾防控工作方案，组织开展消防安全隐患排查整治，组织开展防火灭火消防演练，成功化解火灾险情1次。年内，厅机关和厅直单位没有发生治安案件和消防安全事故。

禁毒工作 2018年，省交通运输厅继续推进新时代交通运输行业禁毒工作。落实《关于全民禁毒宣传教育工作的指导意见》，在“6·3”虎门销烟纪念日和“6·26”国际禁毒日等重要时间节点，利用交通运输基础设施和运输工具开展宣传教育活动，确保重要时间节点禁毒宣传面90%以上，营造积极向上的行业禁毒群防群治的良好氛围，保证交通运输行业干部职工队伍健康、干净。不断深化“5·14”堵源截流机制。作为省禁毒委成员单位，配合公安、安监等部门做好易制毒化学品运输监控工作，加强对利用公路、水路客货运输车辆、船舶在运输货物、托运行李中夹藏品的安全防范。督促零担货运企业依法建立货物受理环节的安全检查制度，规范业务操作流程，对重点时段、运往重点区域和特殊场所的货物依法加强安全检查，构建易制毒化学品、麻醉药品、精神药品和新精神活性物质运输环节监管防线，严厉打击通过客货运输车辆走私贩运毒品的行为。在禁毒部门指导下，一线安检人员结合安全生产工作开展查缉行动，及时截断毒品内流中转渠道。按照省禁毒委成员单位定点包片工作要求，组成督导组3次前往广元市参加省禁毒宣传活动，具体帮扶、督导禁毒工作。

公路水路安全联防 2018年，省交通运输厅将公路水路安全联防纳入社会综合治理总体规划，督促指导各地逐级签订年度公路水路安全联防工作目标管理责任书，按照考评标准组织抓好本地区公路水路安全联防和“四个平安”建设。集中开展隐患排查整治活动，深入公路水路沿线，开展全方位、多层面的调查摸排工作，摸排清楚公路水路沿线的突出安全隐患问题、重大矛盾纠纷等情况，对排查的安全隐患采取强措施及时进行整改，堵塞漏洞。落实责任部门和责任人，做好应急预案，依托矛盾纠纷大调解工作体系，化解公路水路矛盾纠纷，把问题解决在萌芽状态，确保不发生重大涉路群体性事件。开展专项打击整治活动，发挥领导小组办公室作用，与相关成员单位协作开展“治理三乱”“危险品监管”“重要桥隧守护”工作，督促企业按照《零担货物道路运输服务规范》要求，落实客户身份检查、物品检查、信息登记制度，建立安全风险辨识分级管控清单和隐患排查整治闭环管理体系，严厉打击威胁公路水路运输安全、破坏公路水路技术设施的违法犯罪活动。结合反恐防范、综治维稳工作和扫黑除恶专项斗争，围绕公路水路沿线自然概况、社情动态、突出治安问题开展专题调研，定期开展多种形式的宣传教育活动。

平安交通建设 2018年，省交通运输厅制订深化平安交通建设行动的具体落实方案，以开展路域环境综合治理、高速公路超限治理、公路安全生命防护工程和危桥改造为重点，开展安全生产大检查和巡路护路、地质巡查等活动，有效预警国道213线茂县石大关山体高位崩塌、马边山体崩塌、国道347线万源山体滑坡等突发地质灾害，推进平安公路建设。以落实长途客运站“三不进站、六不出站”（详见《附录》）和旅客实名制管理规定为重点，开展客运站安全生产状况评估。健全道路运输企业安全生产风险分级管控和隐患排查治理规范体系，推进平安车站建设。以危险货物码头整治为重点，严把水上交通准入关和技术关，派出62个专项检查组开展专项督导，对5起案件实施经济处罚17万元，撤销2家企业港口危险货物作业资格，督促港口企业依法依规建设经营，落实安全生产责任制和规章制度。严格按照《四川省内河高等级航道专项养护工程项目管理试行办法》，以打击航道非法行为为重点，对长江干线沿线的泸州、宜宾两市88座非法码头和嘉陵江、岷江、金沙江、沱江、渠江、涪江等全省主要通航河流非法码头进行整治，推进平安航道建设。

2018年春运期间，广元市昭化区地方海事处在渡口码头开展水上安全宣传
交通宣传中心 供图

“扫黄打非”工作 2018年，省交通运输厅以净化出版物市场和网络文化环境为主线，持续净化公路水路运输文化市场经营环境。开展“清源2018”“秋风2018”“固边2018”三大专项整治行动，实施高速公路服务区、候车候船场所净化工程，持续开展非法出版物清查。重点开展以成都为重点的物流货运专项整治，严堵各类非法出版物流入省内各地。组织开展联合执法检查，会同省“扫黄打非”办组成督导组对攀枝花、凉山两市（州）和雅西高速公路进行重点督查，省、市交通运输执法部门对成都市11家汽车客运站、10家货运站场进行抽查，配合文化、新闻出版、公安等部门强化公共场所管理，督促物流运输企业加大对客运站场等流动人口密集场所的监控，落实出版物收寄检视、实名收寄、过机安检等相关制度，堵截不法分子利用公路水路交通运输工具以及货物代理站点、储运场所、物流中心贩运（卖）非法出版物。采取以会代训方式，通过传达文件、教授方法对各级交通运输主管部门、管理人员、交通从业人员进行“扫黄打非”知识教育培训，强化日常监管，净化交通运输系统文化市场经营环境。

社会稳定风险评估 2018年，省交通运输厅落实《四川省交通运输厅社会稳定风险评估实施细则（试行）》，以重大事项决策、重要政策推行、重大项目建设和重大改革实施为重点，按照制定评估方案、准确识别风险、形成评估报告和落实维稳措施的程序，优化分类评估流程，着手建立社会稳定风险评估咨询单位备案库，研究出台社会稳定风险评估报告的具体编制办法，重点关注重大工程项目建设和重大政策出台可能带来的问题，确保评估工作科学务实、高效廉洁、以民为本，达到合法、合理、可行、可控的要求。

（本栏目供稿单位：厅公安处）

交通战备

JIAOTONG ZHANBEI

概　况　2018年，省交战办组织完成“十三五”国防交通基础设施建设规划中期评估调整工作，启动宜宾市内重点国防公路建设，完成凉山州内2条重点国防公路前期工作。会同省发展改革委、省财政厅，确定落实省内贯彻落实国防要求项目并安排资金。围绕队伍“组织落实、任务落实、装备落实、训练落实”总体要求，开展国家公路战略投送支援车队正规化建设，结合全省战备钢桥调配，开展远程投送实战演练。完成全省国防交通物资储备调拨工作，实现全省战备仓库布局。组织开展全省战备钢桥架设训练和全省战备钢桥架设技能竞赛，初步实现“有仓库就有钢桥、有钢桥就有队伍、有队伍就有能力”目标。启动有关预案编制工作，完成全省战备码头普查。应对金沙江堰塞湖应急抢险工作，紧急调运装配式公路钢桥横向支撑架、竖向支撑架，用于竹巴笼金沙江大桥抢通保通。组织厅高管局及相关市（州）交战办，完成各类军事交通保障任务。组织开展全省第二期《中华人民共和国国防交通法》宣传贯彻培训班，实现全省市、县两级交通战备系统学习培训全覆盖。开展全省交通战备系统“大学习、大讨论、大调研”活动。持续推进目标管理工作，继续对各市（州）、重点县（区）交通战备工作实施目标管理。加强交通战备宣传报道工作，印发《四川交通战备信息》11期。加强涉密载体管理和文电传递规范，未发生失泄密事件。联合省军区、省计划用电、节约用电和安全用电办公室，组织四川电信、长途通信传输局等单位，赴攀枝花、乐山、凉山等地，协调处理矛盾7起，实现全省一、二级干线零阻断。组织指导全省各级交战办开展军警民联合护线宣传活动和世界电信日宣传活动，发放《四川省通信设施保护规定》宣传资料20 000余份。

国防交通保障　2018年，省交战办聚焦备战打仗核心要求，依据军队改革后四川省交通战备使命任务和部队需求，组织编制有关预案，随时做好应对重大军事行动交通保障准备。着眼有效遂行各类保障任务，完成全省国防交通物资储备调拨工作，加强国防交通物资储备，形成科学合理的全省战备仓库布局。拓展民用运力动员征用能力，组织开展全省国防交通潜力数据统计更新，重点调查掌握大型平板车、集装箱车和运油车等特种车辆数量及分布情况，弄清全省重点国防交通保障力量分布和储备物资布局。提升交通战备信息化指挥水平，根据国家交战办部署，推进有关平台建设，研究战时动员方法路子。全面落实交通战备勘察制度，组织开展川藏公路南北两线及迂回道路战备勘察，分级分类统计各类交通保障目标，形成勘察报告。

国防交通基础设施建设　2018年，省交战办贯彻经济建设与国防建设融合发展要求，用好省交通建设贯彻国防要求协商制度，理顺工作机制，不断推动交通建设贯彻国防要求工作制度化、规范化。加强与省发展改革委、省财政厅的对接协调，确定2018年省本级交通基本建设贯彻国防要求项目并安排资金。加快推进国防公路重点项目建设，健全完善军地沟通机制，加强项目跟进督导协调，推进有关重点国防交通基础设施建设。完成有关国防公路建设项目并上报国家交战办和交通运输部。立足四川交通运输大发展，建立综合交通应急应战保障体系，跟踪掌握重点干线铁路规划建设情况，及时汇总军队贯彻国防要求意见，协调落实贯彻国防要求工作。组织完成全省战备码头普查工作，水路战备设施保障能力加强。

应急应战综合保障　2018年，省交战办坚持实施队伍科学整组，坚持需求牵引、问题导向，调结构、压规模、定任务、建制度，完成全省各级国防交通专业保障队伍整组更新。突出抓好重点队伍建设，按照队伍规范化建设要求，启动国家公路战略投送支援车队正规化建设工作。加强战备钢桥架设专业保障队伍建设，按照“有钢桥就有队伍、有队伍就有能力”要求，在全省组建和优化钢桥架设队伍。扎实开展队伍教育训练，贯

2018年11月1日，全省国防交通战备钢桥架设技能竞赛在成都举行。图为比赛现场
省交战办 供图

彻中共中央总书记习近平2018年开训动员训令要求，坚持实战实训、联战联训、按纲施训、从严治训。以《国防交通专业保障队伍训练与考核大纲》为依据，按照实战化要求，结合部队重大军事行动和交通应急抢险等工作，组织指导各级国防交通专业保障队伍开展实战训（演）练。加快推进全省战备钢桥架设专业保障队伍钢桥架设能力的生成、恢复和提升，组织开展全省战备钢桥架设骨干专业技能培训和钢桥架设队伍技能练兵比武竞赛。

军事行动交通保障 2018年，省交战办贯彻国家交战办加强公路运输投送军事交通保障要求，总结重特大军事交通保障经验，会同公安交警、交通执法等部门，进一步规范军事交通保障工作流程和方法，建立健全军事交通保障制度，探索建立适应军事行动新常态的军事交通保障新模式。突出重点任务保障，加强交通保障组织，以全军战略战役集训、战备拉动和跨区机动为重点，完成各类军事交通保障任务。加强川藏公路军事运输交通保障力度，全年进藏军事运输安全顺利。发挥国防交通专业保障队伍应急作用，主动承担政府重大应急中的交通保障任务，在金沙江堰塞湖应急抢险工作中，紧急调运装配式公路钢桥横向支撑架、竖向支撑架，用于竹巴笼金沙江大桥抢通保通。

2018年，国家公路战略投送支援车队第十一大队遂行国防物资运输任务 省交战办 供图

交战系统运行保障 2018年，省交战办在全省交通战备系统开展“大学习、大讨论、大调研”专题活动。加强《中华人民共和国国防交通法》宣传贯彻工作，以县级交战办为重点，组织开展国防交通法第2期专题培训班，实现省、市、县三级培训全覆盖。加强交通战备工作机制建设，梳理完善全省交通战备各项工作制度，依法理顺工作关系，在规划融合、项目建设、资金管理、物资储备等方面建章立制，逐步建立完善现代综合交通运输体系下的交通战备工作机制。加强目标管理工作，继续对各市（州）、重点县（区）交通战备工作实行目标管理。加强宣传报道和保密工作，在符合保密要求前提下，加强交通战备宣传报道工作，印发《四川交通战备信息》11期。健全保密工作制度，加强涉密载体保存保管和使用，全年未发生失泄密事件。

通信线路安全保护 2018年，省交战办持续开展《四川省通信线路保护规定》宣传贯彻工作，以国家一、二级通信干线为重点，结合全国“两会”和“5·17”世界电信日等重要时间节点，联合省军区、省计划用电、节约用电和安全用电办公室，组织四川电信、长途通信传输局等单位，赴攀枝花、乐山、凉山等地，协调处理矛盾7起，实现全省一、二级干线零阻断。组织指导全省各级交战办开展军警民联合护线宣传活动和世界电信日宣传活动，发放《四川省通信设施保护规定》宣传资料20 000余份。

（本栏目供稿单位：省交战办）

交通行政机关

JIAOTONG XINGZHENG JIGUAN

2019

四川交通年鉴

四川省交通运输厅

SICHUANSHENG JIAOTONG YUNSHUTING

综　述　1952年9月，四川省交通厅成立。1970年12月，四川省交通厅更名为四川省交通局。1980年5月，四川省交通局更名为四川省交通厅。2009年12月，四川省交通厅更名为四川省交通运输厅。

四川省交通运输厅职能职责：贯彻执行国家有关交通运输行业的方针、政策和法律、法规。组织拟订并监督实施公路、水路等行业规划、政策和标准，会同有关部门组织编制综合运输体系规划，参与拟订物流业发展战略和规划。拟订全省交通运输地方性法规、规章草案，负责本系统、本部门依法行政工作，落实行政执法责任制。指导公路、水路行业有关体制改革工作，承担全省高速公路统一管理的有关工作。承担道路、水路交通运输市场监管责任，组织制定道路、水路运输有关政策、技术标准和运营规范并监督实施，指导城乡客运管理工作，指导出租汽车行业管理工作，会同有关部门制定运输价格。承担水上交通安全监管责任。负责水上交通管制、运输船舶及相关水上设施检验、登记和防止污染、救助打捞、通信导航、危险品运输的监督管理工作，负责船员管理相关工作。指导水上交通安全事故、船舶及相关水上设施污染事故的应急处置，依法组织或参与事故调查处理工作。负责提出公路、水路固定资产投资规模和方向、省财政性资金安排建议，按照规定权限审批、核准国家、省规划内和年度计划规模内固定资产投资项目。会同有关部门拟订公路、水路有关规费政策并监督实施，提出有关财政、土地、价格等政策建议。指导交通运输行业审计工作。承担公路、水路建设市场监管责任。拟订公路、水路工程建设相关政策、制度、技术标准并监督实施，组织协调公路、水路有关重点工程建设和工程质量、安全生产监督管理工作。负责对交通行业和产业项目招标投标活动的监督执法。指导交通运输基础设施管理和维护，承担有关重要设施的管理和维护。按规定负责港口规划和港口岸线使用管理工作，指导交通运输行业特许经营管理，会同有关部门组织实施交通运输行业职业资格管理工作。指导公路、水路行业安全生产和应急管理工作。按规定组织协调国家及省重点物资和紧急客货运输，负责全省高速公路及重点干线路网运行监测和协调。组织协调地方交通战备工作，承担国防动员有关工作。制定交通运输科技政策并监督实施，组织重大科技开发。指导全省交通运输信息化建设，监测分析运行情况，开展相关统计工作，发布有关信息。指导公路、水路行业环境保护和节能减排工作。负责公路、水路有关涉外工作，开展对外经济技术交流与合作，指导全省交通运输行业招商引资和利用外资工作。承担省政府公布的有关行政审批事项。依照法律法规和有关规定，在职责范围内对交通运输行业领域的安全生产工作实施监督管理，履行安全生产行业监督管理职责。按照省政府安排部署，负责全省地方铁路建设质量安全行政监管工作。承办省政府交办的其他事项。

四川省交通运输厅内设机构19个，分别是办公室（精神文明建设办公室）、政策法规处、综合规划处、财务处、人事教育处、建设管理处、公路管理处、行政审批处、运输管理处（出租车行业指导办公室）、安全监督管理处（应急办公室）、审计处、科技和信息化处、外经外事处、公安处、离退休人员管理处、机关党委（机关纪委）、信访处、四川省交通战备办公室（四川省保护通信线路安全办公室）、厅机关后勤服务中心。

四川省交通运输厅直属单位31个，分别是四川省交通运输工会委员会、厅公路局、厅航务管理局、厅道路运输管理局、厅高速公路管理局（高速公路交通执法总队）、高速公路交通执法一至七支队、四川交通职业技术学院、四川省公路规划勘察设计研究院有限公司、四川省交通勘察规划设计院有限公司、四川省路网运行监测与应急处置中心、厅高速公路监控结算中心、厅工程质量监督局、四川省交通运输发展战略和规划科学研究院，厅交通建设工程造价管理站、四川公路工程咨询监理公司、四川省大件公路管理处、四川省交通宣传中心、厅交通史志总编室、厅信息中心、四川省交通运输职业资格中心、四川省公路交通应急装备物资储备中心、四川兴蜀公路建设发展有限责任公司、四川省交通管理学校，四川交通运输职业学校、四川省运业汽车站有限责任公司（2018年5月划归厅属企业管理）。

2018年，全省交通运输系统贯彻中央和中共四川省委省政府、交通运输部各项决策部署，坚持稳中求进工作总基调，践行新发展理念，统筹推进建设、管理、服务、改革等各项工作，完成各项目标任务，保持总体平稳、稳中有进发展态势，实现交通强省建设的良好开局。

服务中心大局，交通战略研究持续深化。推进“大学习、大讨论、大调研”活动，组织开展22个重大课题研究。围绕服务“一干多支、五区协同”区域发展新格局，研究编制五大经济区交通运输协同发展专项实施方案，把省委重大决策部署落实到具体项目。围绕支撑“四向拓展、全域开放”立体全面开放新态势，谋划进出川大通道建设，与周边省（区）达成西香、攀大、古蔺至金沙等省际通道接线协议，共同推进国际陆海贸易新通道建设。

抓投资稳增长，交通项目建设势头强劲。全年公路水路交通建设完成投资1 590亿元，再创历史新高。建成雅康、绵西等高速公路436公里，全省高速公路建成总里程7 238公里，实现所有市（州）政府所在地通高速公路。新开工成南扩容、德昌至会理等高速公路，全省高速公路建成和在建总里程突破1万公里。国省干线公路新（改）建2 112公里，实施养护工程1 713公里，基本实现市（州）至县通二级（三州三级）及以上公路。岷江龙溪口航电枢纽开工建设。岷江犍为航电枢纽、长江川境段航道整治等项目加快推进。嘉陵江航道川境段实现全江畅通，利泽枢纽初步设计取得批复。客运枢纽新开工8个，建成和在建36个，覆盖90%营运高铁站。建成3个物流园区，实现五大经济区大型货运枢纽全覆盖。加快项目前期工作，储备西昌至昭通高速公路等45个重大项目，总投资超过6 000亿元。

聚力脱贫攻坚，交通精准扶贫成效显著。启动新一轮甘推和凉推，藏区彝区交通面貌日新月异。新改建农村公路2.67万公里，新增53个乡镇、1 356个建制村通硬化路，基本实现乡乡通油路、村村通硬化路。年度计划摘帽的30个县、3 500个村实现交通高水平脱贫。77座溜索改桥全部建成，彻底结束“溜索时代”。建成渡改桥96座。新增通客车建制村3 427个、建制村通客车率88.8%。整治破损路面9 425公里，建成安全生命防护工程9 700公里。建成旅游路、资源路、产业路626公里。建成县、乡、村三级物流综合服务站181个，农村物流网络节点覆盖率达94.7%，创新高速公路“服务区+扶贫”等模式，助力农村群众致富奔康。牵头帮扶的沐川县被省委省政府表扬为摘帽工作先进县，金口河区、越西县脱贫进展良好。协助部做好小金、黑水、壤塘、色达定点帮扶工作，提前完成通乡通村两个“100%”。省交通运输厅连续两年被表扬为定点扶贫先进单位和全省脱贫攻坚“五个一”帮扶先进集体。

着力转型升级，运输服务保障提质增效。货运结构不断优化。成立甩挂运输联盟，扎实推进无车承运人试点，单车运输成本降低10%。成功入选国家多式联运示范工程3个。全年运输200吨以上特殊大件货物223件。累计完成公路货运量17.3亿吨、货物周转量1 813亿吨公里，比上年分别增长9.5%、8.1%；完成水路货物周转量270亿吨公里，比上年增长5.7%。客运服务提档升级。在16条市际县际班线开展定制客运试点。成都、眉山、泸州、自贡等4个国家级“公交都市”创建取得积极进展。2018年全国绿色出行宣传月暨公交出行宣传周启动仪式在成都举行。服务保障持续增强。普通国省干线公路路面使用性能指数达88.8。实现地级城市公交“一卡通”互联互通。新（改）建行业厕所474座，实现高速公路服务区和三级以上客运站全覆盖。推进扫黑除恶专项斗争，全面开展黑车、地下班线、驾培三大专项整治行动，全年打击黑车1.8万辆。成功创建全国百佳示范服务区5对、“五好”高速公路20条。

勇于攻坚克难，重点领域改革蹄疾步稳。管理体制机制改革深入推进。年内有序推进厅机构改革和交通运输综合行政执法改革。完成厅属两院转企改制，基本完成厅属全民所有制企业公司制改制工作。交通投融资改革深入推进。探索创新多元融资模式，成功招商中江至遂宁等高速公路项目7个、721公里，总投资977亿元。首次成功发行专项债券7.7亿元。四川交通投资基金第一期落地，撬动社会投资16.8亿元。行政审批制度改革深入推进。梳理规范省市县三级行政权力事项清单。推进证照分离改革。省本级90%行政审批事项实现“最多跑一次”，在省级部门窗口政务服务考核中排名跃升至第二位。降本增效深入推进。全面落实收费公路通行费优惠政策，全年减免80亿元。提前实现普通货车“两检合一”和省内异地检测，每年为全省道路货运经营者减负1亿元以上。在全国率先取消省界收费站，实现川渝间10条高速公路顺畅通行。

重规范强管理，行业治理能力显著提升。法治政府部门建设持续深化。《四川省航道条例》颁布实施。《四川省道路运输条例（修订）》等5个项目纳入省人大五年立法规划。完成2个部级37个省级“三基三化”试点建设。交通、公安部门公路“治超”联合执法实现常态化制度化规范化。行业管理更加规范。发布实施《高速公路服务区服务管理规范》等7项地方标准。制订出台高速公路PPP项目实施方案参考文本等20余项制度。完善重大行政决策专家论证机制，在全省率先组建部门行政决策咨询论证与法律专家库。信用体系建设深入推进。新出台《四川省道路运输企业信用管理办法》等5部信用标准规范。率先在全国开展对高速公路投资人信用评价管理。建成新版公路水运建设市场信用信息管理服务系统。

坚持创新转型，绿色智慧交通蓬勃发展。绿色交通发展取得实效。打好交通运输污染防治攻坚战，推进环保督察反馈7个问题整改，取缔长江干流非法码头82个。启动实施高速公路路域景观绿化品质提升行动。开展普通公路路域环境专项治理。智慧交通建设强力推进。完成全省交通运输网上审批服务平台建设，基本实现省市县三级行政审批“一网通办”。建成全国第一张省级高速公路光传输专用通信网（OTN），高速公路ETC用户突破390万户。科技创新能力明显提升。雀儿山隧道获国际隧道协会2018年度工程大奖。合江一桥获鲁班奖。2项成果获国家科技进步二等奖，10项成果获省部级科技进步奖。

狠抓平安交通，行业安全形势稳中向好。强化安全顶层设计，制发平安交通三年攻坚行动方案，推动安全重点工作责任落地落实。省、市、县三级进一步健全完善“条块结合、分级管理、属地负责”安全监管体制。开展平安交通三年攻坚行动，推进安全隐患集中排查治理、科技治安、监管规范化建设、“双超”治理等重点工作，全省交通运输安全生产形势稳定向好，事故起数和死亡人数实现双下降，其中，较大事故起数和死亡人数比上年分别下降50%和57.1%，没有发生重特大安全生产事故。

全面从严治党，凝聚力战斗力不断增强。坚持把政治建设摆在首位，牢固树立“四个意识”，坚定“四个自信”，自觉践行“两个维护”。推进“四好一强”领导班子创建、“五好党支部”建设等重点工作，省交通运输厅直机关党委被省直工委表彰为先进基层党组织。制订《厅党组贯彻落实中央八项规定精神和省委省政府十项规定的实施细则》，全面开展“作风建设年”活动，坚决防止“四风”反弹回潮。做好扶贫领域专项巡视巡察、省委巡视反馈问题整改和“回头看”各项工作，初次信访量持续明显下降。实行领导干部经济责任和重点风险告知制度，内部审计实现全覆盖。执纪监督问责力度持续加大，风清气正的政治生态不断巩固。坚持“好干部”标准，注重在“四个一线”培养和选任干部。深入实施人才强交战略，2018年入选“省学术和技术带头人”1人、后备8人，交职学院、交职学校分别成功创建国家级、省级高技能人才培训基地。开展传承弘扬“两路”精神十大重点工作。省交通运输厅政府网站获2018年度全省政府网站绩效评估第一名，厅政务新媒体被评为“十佳省直部门政务新媒体”。四川交通相关信息16次登上央视《新闻联播》、12次登上《人民日报》等中央主流媒体。《四川交通年鉴》蝉联全国年鉴编纂出版质量评比特等奖。

（陈超超）

厅办公室 2018年，厅办公室履行岗位职责，打造政治机关、学习机关、执行机关、协调机关、督查机关、服务机关，推动中央、省和厅党组各项决策部署落地落实，为全省交通运输高质量发展作出贡献。厅办公室被省政府办公厅、省人力资源社会保障厅表彰为“2016—2018年四川省政府系统办公室工作先进集体”。

建设“政治机关”，提高站位服务大局。强化理论武装。坚持以习近平新时代中国特色社会主义思想为指导，结合“两学一做”学习教育和“大学习大讨论大调研”活动，学习贯彻中共十九大、省第十一次党代会、省委十一届三次和四次全会、全国全省交通运输工作会议精神，用党的理论创新成果武装头脑、指导实践、推动工作。突出党性锤炼。坚持把思想政治工作融入办公室工作始终，引导办公室干部在思想上政治上行动上同以习近平同志为核心的党中央保持高度一致。严守纪律规矩。全体干部严明党的六大纪律，守住党纪党规底线，坚决贯彻执行党的路线、方针、政策，始终保证对党的绝对忠诚，自觉做到知规矩、懂规矩、守规矩，服从安排、顾全大局。抓执行落实。贯彻落实中央、省和厅党组各项决策部署，在急难险重工作或重特大活动中，始终坚持在第一线，做到文不过夜、事不过天、首办担责，以实际行动正文风、严会风、树新风。

建设“学习机关”，不断提升干部队伍战斗力。推动制度落实。严格落实厅办公室党员日常学习制度、党支部集体学习制度，全年集中学习24次，以微信群、QQ群推送学习资料200余条。提升能力本领。采取“会议+培训+交流”的方式在厅内举办培训班2期，在浙江举办全省交通运输系统办公室培训班。创新学习方式。编印《交通干部必读》47期。连续2年组织开展“读经典 荐好书”活动。加强廉洁教育，严格按照规定执行，从严从实管控。

建设“执行机关”，把牢参谋辅政的关键重点。提高责任分工实效。坚持“清单制+责任制”，把每一项任务落实到分管领导、部门（单位）、负责人，确保每个责任主体做到知责、担责、尽责、负责。健全限时办结、动态跟踪、重点工作月评月报等制度。提高以文辅政水平。全年起草领导讲话、工作汇报、调研报告等各类文稿120余篇，协助其他单位（处室）修改文稿100余篇。部分文稿在全国交通运输系统工作会议和全省性工作会议上作交流发言，重点工作总结、专题汇报等得到省委、省政府领导肯定性批示。提高参谋服务质量。全年向省委办公厅、省政府办公厅和交通运输部办公厅报送信息1 200余条，被采用近200条，报送量和采用率均排名靠前。厅办公室被省委办公厅评为“2018年度全省党委信息工作先进单位”。

建设“协调机关”，突出牵头抓总聚合力。牵头抓好统筹协调。围绕厅党组决策部署，协调整合各方形成合力、步调一致开展工作。制订厅党组工作规则、修订厅党组会议议事决策规则和厅务会议议事决策规则、主要领导批示件办理办法等制度，完善抓落实、促运行的工作制度和运行机制。牵头抓好新闻宣传。全年组织中央和省级主流媒体全年采写文字、图片、视频、新媒体等各类稿件3 000余条，其中，中央电视台《新闻联播》报道16次，《人民日报》报道12次，基本实现“天天有声音、周周有报道、月月见大报”。牵头抓好政务公开。全年累计编发网站信息9 190条，报送省委电子政务内网信息464条，填报省政府信息公开目录管理系统2 282条，处理回复网民来信1 047件。牵头抓好意识形态和精神文明。完成省委意识形态工作责任制专项督查组第13组反馈意见整改落实，把握意识形态工作的领导权和主导权。抓好传承弘扬“两路”精神十项重点工作，持续挖掘行业先进典型，厅公路设计院牟廷敏被交通运输部评为“2017年感动交通十大年度人物”。

建设“督查机关”，推动党组各项部署落实落地。加强目标绩效管理，省交通运输厅在省政府目标绩效管理年终考评中名列前茅。制订2018年各市州目标管理和各处室、厅直单位绩效管理方案，实行市（州）交通运输部门的考核结果与资金项目安排挂钩，厅直单位和机关处室的考核结果与部门负责人评先评优挂钩。突出督查重点。全年督办落实80件省（部）领导批示指示、150余件厅党组会议定事项、700余件厅领导批示指示。做好国务院第五次大督查到四川检查工作，相关工作被通报表扬。优化督查考核。制订四川省交通运输厅关于统筹规范到基层督查检查考核工作的通知，规范到基层督查检查考核等工作，在确保省委、省政府决策部署落实的同时，不给基层增加负担。精心办理建议提案。坚持把建议提案办理作为推动工作、狠抓落实的过程，全年承办人大建议和政协提案251件，其中人大建议162件、省政协提案89件，办件数量居省直部门前列，按时“办结率”、办理“满意率”均为100%。厅领导多次率队深入基层，调查研究基本情况，制订解决措施，推动建议、提案办理。

建设“服务机关”，当好高效有序运转的中枢。公文运转“零差错”。全年收文4 815件，发文1 142件，印制文件3 000余份，没有一件出现遗失、延误。保密管理“零泄密”。实行涉密文件专人、专柜、专卷管理，全年办理涉密文件1 401件，无一差错，没有发生失密泄密事件，没有人员因失密泄密被追责。档案管理“零遗漏”。加强档案管理人员培训，严格执行档案管理和查阅借阅规章制度，全年整理归档6 000余份文件，无遗失错漏。会议筹办“零过失”。实现省交通运输厅党组会议、厅务会议无纸化，完成交通运输部在四川召开会议活动、部省领导调研、重点项目集中开工动员活动等会议活动400余次。接待服务“零失误”。严格按照程序、标准开展公务活动，做好国家部委、各省（自治区、直辖市）交通运输系统到四川考察调研等接待任务。做好公务出行保障，全年派车650余次。

（陈超超）

厅法规处 2018年，厅法规处继续推进交通运输体制机制改革和行业制度建设。《四川省航道条例》2018年5月31日经省第十三届人大常委会第四次会议通过，自2018年8月1日起施行。加快推动《四川省道路旅客运输管理办法》的修订。对《四川省水路交通管理条例》《四川省公共汽车客运管理办法》等纳入省政府立法计划的调研类项目开展立法前期工作，切实做好立法项目储备。将制订《四川省交通建设管理条例》、修订《四川省道路运输条例》等立法项目纳入省人大五年立法规划。先后制、修订完成《四川省交通运输统计工作管理办法（试行）》等10余项任务。对《四川省高速公路政府与社会资本合作项目实施办法》等15个规范性文件进行合法性审查，对20余个招标文件及合同提供法律意见。牵头统筹督促相关单位抓好供给侧结构性改革、行政审批制度改革等10项改革任务落实。推进交通运输综合执法改革，借鉴江苏、广东等省综合执法改革经验，提出改革建议方案。开展交通运输综合管理体制课题研究，进一步梳理综合交通管理部门内部运行、工作协调等机制。组建厅行政决策咨询与法律专家库，完善重大行政决策专家论证机制。持续开展执法形象提升行动和执法评议考核，推进交通运输行政执法综合管理信息系统项目建设和基层执法“三基三化”试点建设，初步实现对执法人员及证件的全过程信息化管理。依法办理复议诉讼案件，未发生因当事人不满复议结果而提起诉讼的案件。开展“12·4”国家宪法日普法宣传活动和“法律七进”活动，依托中国政法大学举办全省交通运输法治政府部门建设处级干部培训班，提升全系统干部职工对法律法规的认识水平。加快构建以信用为核心的新型行业监管机制，督促推动省级交通运输信用信息平台和交通运输重点领域信用建设，实现全省50%以上交通运输信用信息的有效归集，率先在全国开展对高速公路投资人的信用评价管理。

（厅法规处）

厅规划处 2018年，厅规划处按照厅党组决策部署，坚持稳中求进工作总基调，坚持贯彻新发展理念，坚持高质量发展要求，扎实推进规划、前期、计划、扶贫、环保等各项工作。完成《省高网规划优化完善课题研究》；印发实施新一轮《甘孜藏族自治州2019—2020年公路建设推进方案》（第四轮“甘推”方案）、《凉山州2019—2020年公路水路交通建设推进方案》（第三轮“凉推”方案）；加快编制《四川交通强省发展战略纲要》和《五大经济区交通实施方案》；启动开展国家和省级公路国土空间控制规划编制工作。以高速公路项目为重点，推进项目前期工作，为项目开工建设奠定坚实基础。加强政策对接，争取中央资金支持，强化计划执行监督管理，为项目顺利推进提供有力保障。统筹推进脱贫攻坚、节能环保、交通统计等其他各项工作，完成年度目标任务。

（厅规划处）

厅财务处 2018年，厅财务处积极推广运用专项债券，全省首次成功发行专项债券7.7亿元用于交通建设项目。督促基金管理团队适应新形势下的政策变化，及时调整思路、对接项目，实现四川交通投资基金第一期投资落地，投资用于省道401线丹蒲快速路丹棱段建设工程及省道104线丹棱段改建工程项目。印发《2018年交通运输财务工作要点》，指导全省各市（州）加强交通建设筹融资管理，加强债务风险防范。评估各项债务，在保证建设资金稳中有升的前提下，分类研究制订债务处置方案。与债权银行沟通，将政府债务系统内银行贷款全部置换为政府债券进行规范管理。制订《四川省交通运输厅存量政府债务平滑方案》，通过债券借新还旧，平滑年度债务支出，减轻即期偿债压力。深入部分市州和交通重点企业开展实地调研，形成《新形势下四川交通建设资金保障调研报告》，提出新形势下交通建设资金保障的思路和措施。推进绩效管理，预算管理水平不断提升。2018年预算执行率和执行进度居省级部门前列，在2017年度省级部门决算工作考核中获一等奖。配合省财政厅完成部门整体预算绩效评价，厅2017年整体预算绩效评价得分居省级部门前列。印发《四川省交通运输厅关于进一步加强厅属企业财务管理的指导意见》，强化对厅属企业的财务监管。制订《省交通运输厅机关政府采购管理办法》《省交通运输厅机关合同管理办法》，完善《省交通运输厅机关内部控制手册》。组织开展厅直单位行政事业单位内部控制建设检查，推动各单位进一步做好内部控制建设工作。举办厅直单位财务管理能力提升等业务培训，提升厅属单位财务人员专业技术水平。全面完成厅公路设计院和厅交通设计院转企改制资产清查、资产评估和财务审计等相关工作，协调财政厅核定厅公路设计院和厅交通设计院的国家资本金，推动加快转企改制工作进程。参与修订完善厅公路设计院、厅交通设计院、监理公司的公司章程和会计政策。做好指导和协调工作，推动厅属全民所有制企业公司制改制工作进程。利用信息技术，促进财务管理提质增效。以政府会计制度改革为契机，依托厅内部业务办理系统，建设财务综合管理信息系统，提升财务管理信息化水平，逐步实现预算、执行、核算、决算一体化管理，促进厅机关和厅属行政事业单位进一步强化预算绩效管理，提升内部控制水平，提高综合财务管理能力。

（厅财务处）

厅人教处 2018年，厅人教处主要开展以下工作：突出政治建设，营造风清气正良好政治生态。坚持把党的政治建设摆在首位，在组织人事各项工作中树牢“四个意识”、坚定“四个自信”、做到“两个维护”。坚定执行中共四川省委《关于坚决维护党中央集中统一领导的规定》，贯彻落实省委《关于彻底肃清周永康流毒影响 持续净化四川政治生态的决定》。严格执行新形势下党内政治生活若干准则，严肃认真开好年度民主生活会，抓好查摆问题整改落实。以高度的政治自觉做好巡视“后半篇文章”，制订印发省交通运输厅党组《关于开展巡视发现问题专项整治工作方案》，针对“党建工作中弄虚作假现象”“选人用人问题”和“不担当不作为问题”等三个方面存在的问题制订落实整改措施，以改到位、改彻底的实际成效，体现组织工作营造良好政治生态的责任担当。创新理论武装，推动学懂弄通做实习近平新时代中国特色社会主义思想。带头在大学习中“学懂”、在大讨论中“弄通”、在大调研中“做实”，推动各级党员干部带头学、深入学，进一步增强用党的创新理论武装头脑、指导实践、推动工作的自觉性坚定性。推进“两学一做”学习教育常态化制度化，举办2期处级干部读书班和1期领导干部能力提升班，对320余名处级干部开展全覆盖学习轮训，并选送13名干部参加上级调训。加强干部教育培训，全年统筹组织实施各级各类培训项目80个，培训6 000人次。组织开展机构改革、承担行政职能事业单位改革、交通运输综合行政执法改革调研，为积极有序推进机构改革建言献策。鲜明用人导向，建设忠诚干净担当的高素质干部队伍。贯彻落实新时代党的组织路线，坚持党管干部原则，突出政治标准，鲜明政德导向、为民导向、担当导向、实干导向、廉洁导向、公认导向，结合交通运输实际，从急难险重任务、重大项目推进、艰苦复杂环境和锐意改革创新“四个一线”培养选拔干部。全年省交通运输厅党组任免处级干部73人次，其中提拔6人。完成调研员职级晋升285人次，配合中共四川省委组织部完成巡视员职级晋升10人。严格执行干部选任规定，把政治关作为第一关，强化对政治素质的深入考察，及时将干部履行安全生产、环境保护职责情况等纳入考察考核重要内容。贯彻执行中共四川省委《领导干部干预选人用人工作记录和责任追究实施办法》，落实选人用人全程纪实制度，坚决杜绝干部“带病提拔”。2018年，省交通运输厅党组选人用人“一报告两评议”各项满意度分值均达97分以上，新提拔处级领导干部专项测评满意度分值达98.67分。对14个有用人权的厅直单位92名新提拔干部开展“一报告两评议”工作，不存在“不认同”率在10%以上的情况。加强优秀年轻干部培养，及时向省委组织部推荐优秀年轻干部人选和新时代治蜀兴川执政骨干递进培养对象，启动省交通运输厅优秀年轻干部队伍推荐调研。强化政治历练和实践磨练，出台《关于进一步加强挂职干部人才选派管理工作的通知》，全年新选派61名年轻干部人才赴藏区彝区、地震灾区和脱贫攻坚一线挂职帮扶。紧扣事业发展，打造专业化交通运输人才队伍。贯彻执行中央和省委关于人才工作部署要求，省交通运输厅党组出台《关于加强领导班子和干部队伍专业化建设的实施意见》，细化提出16条措施，明晰高素质专业化干部人才队伍建设路径。落实党委联系服务专家制度，开展“弘扬爱国奋斗精神、建功立业新时代”活动。依托新型交通智库建设、交通运输重大项目、科技攻关、优质示范院校创建、大师工作室打造等，助推人才培育成长。年内新获批国务院政府特殊津贴人员2人、“省委直接掌握联系的高层次人才”1人、“四川省第十二批学术和技术带头人”1人、后备人选8人，12项成果获国家和省部级科技进步奖。四川交职学院、四川交通运输职业学校分别成功创建国家级、省级高技能人才培训基地，省级名师陈斌和牟廷敏、杨文浩大师工作室建设初见成效。厅公路设计院举办科技创新大会，省路面结构材料及养护工程实验室成功申报国家级博士后科研工作站。组织完成3次国家级资格考试，参考人员9 831人。完成全省交通工程技术中、高级职称评审工作，对1 400余名申报人员开展评审，402人获高级专业技术任职资格，437人获中级专业技术资格。坚持严管厚爱，统筹加强干部监督管理和激励担当作为。贯彻落实全面从严管党治吏安排部署，鲜明从严要求主基调。坚持“凡提四必”，与纪检部门配合联动，征求党风廉政建设意见315人次。强化领导干部个人有关事项报告“两项法规”宣贯，集中填报297人，查核41人，对漏报瞒报的给予严肃处理。运用组织人事部门提醒、函询、诫勉三类手段处理。对6家厅直单位开展选人用人专项检查，约谈存在问题的单位，督促举一反三整改落实。完成厅公路设计院、厅交通设计院转企改制，建立健全厅属国有企业经营业绩考核、企业负责人薪酬、工资总额管理等制度体系。推动厅属全民所有制企业公司制改制工作。开展领导干部在企业、社会团体兼职清理，开展监察对象个人因私出国（境）证照清理、违规发放工资津贴补贴、企业负责人薪酬改革情况等专项检查。坚持从严管理和关心激励并重，落实《进一步激励全省广大干部新时代新担当新作为的实施意见》，平稳有序推进公务员职务与职级并行试点，落实好带薪休假、健康体检等制度，激励广大干部满腔热情投身交通强省建设实践。

（龙运波）

厅建管处 2018年，厅建管处按照省交通运输厅统一部署，继续推进全省交通基础设施建设，加强建设管理工作。高速公路建设管理方面，加快推进续建项目，围绕年度目标细化分解任务，实现主动管理；严格项目计划管理，强化项目跟踪督导，建立高速公路建设推进月报告制度，实时梳理项目建设“进度清单”和“问题台账”；发挥省政府调度会议和交通建设联席会议机制作用，协调督促地方政府落实工作主体责任，及时解决各类要素保障问题；完成国道4218线康定榆林至新都桥等15个项目1 434公里高速公路勘察设计储备。品质工程建设方面，以高速公路和重点水运建设为重点，以标准化为核心，通过“品质工程+”协同推进绿色公路、交旅融合和智慧工地建设。招标投标管理方面，执行《四川省公路建设项目招标投标管理实施细则》，落实高速公路招投标活动事中事后监管；出台《关于进一步落实招标人主体责任强化招标投标制度执行的通知》，明确招标人规范招投标活动的主体责任；启动全流程电子招投标系统建设和电子招标文件范本编制。从业单位信用管理方面，完成2018年度信用评价工作，对全省520家企业完成评价工作，评定A级从业单位54家，AA级从业单位32家，C级从业单位2家，D级从业单位1家，B级从业单位431家。

（厅建管处）

厅公路处 2018年，厅公路处梳理工作任务，制订责任清单，逐条订措施，逐项抓落实，各项工作有序推进。

围绕强本固基，建立健全制度体系 ①研究制订高速公路车辆通行费定价管理办法。按照“效益合理、兼顾各方”的原则，厅公路管理处牵头研究适应新的发展和管理形势下的高速公路通行费定价机制，进一步优化审核、审批流程，并实行收费标准动态调整。完成定价测算报告编制，形成定价管理办法（征求意见稿），完成征求意见工作，并向分管省领导进行专题汇报。②研究制订全省公路桥隧养护管理和安全运行相关实施细则，形成征求意见稿。会同厅直相关单位，开展《四川省公路长大桥隧养护管理和安全运行实施细则》编制工作，加强和规范干线公路长大桥隧养护和运行管理，健全管理体系，防控安全风险。③研究制订高速公路改（扩）建项目施工保通方案编制指南。探索缓解高速公路改（扩）建实施过程中通行与施工的矛盾，组织编制《四川省高速公路改（扩）建项目施工保通方案编制指南》，指导项目相关参建单位科学编制施工保通方案，强化施工现场管理，从全省路网角度制订车辆通行组织方案，尽可能减少相互干扰。完成成乐高速公路、泸黄高速公路及成彭高速公路的现场调研，编制完成征求意见稿。④研究制订全省公路交通阻断信息报送实施细则。组织拟订《全省公路交通阻断信息报送实施细则》，确保公路交通阻断信息高质量、高时效的上报，杜绝瞒报、漏报、误报、迟报等现象。⑤研究制订全省公路养护市场领域信用体系建设。组织开展公路养护市场信用管理体系研究。在高速公路领域完成《四川省高速公路养护市场信用管理体系研究大纲》和《四川省高速公路养护市场信用体系建设管理办法》征求意见稿。

围绕提质增效，加强重点工作落地落实 ①川渝取消省界收费站试点工作快速推进。为加快推进取消高速公路省界收费站，厅公路管理处与重庆交通主管部门开展对接，主动向交通运输部汇报，基本确定运营规范，印发技术方案，5.8GHz标识站开展土建施工，CPC（高速公路复合通行卡）大部分完成采购招标，省界虚拟站建设同步实施。②“营改增”第三、四阶段工作稳步推进。编制实施《四川省收费公路通行费增值税发票开具工作第三、四阶段工作实施方案》，开展收费公路增值税发票开具工作，推进高速公路收费车道高清车牌识别系统和经营性一、二级收费公路收费车道技术改造。高速公路收费车道高清车牌识别系统建设全面完成；自贡省道305线隆雅路富顺至荣县项目实现通行费电子发票开具；阆中马啸溪大桥、国道212线西充至阆中界项目正推进改造；资中到威远公路资中段项目拟于年底停止收费。③降本增效工作措施成效明显。认真执行国家“绿色通道”，军、警等车辆免费通行、重大节假日小型客车免费通行政策；持续实施对正常装载货运车辆通行费优惠、水运港口集装箱车辆通行费优惠、ETC车辆优惠、政府统筹缴纳车辆通行费等政策。2018年1—10月，全省收费公路通行费收入194.72亿元，减免68.45亿元，为通行费收入的35.15%。全省于年初开通货车通行费非现金支付，所有通过全省收费站的ETC持卡用户均可刷卡通行。截至年底，货车ETC流量占货车总流量的12%，提高路网通行效率。

围绕补齐短板，加强专项工作扎实推进 ①系统开展国省道公路网命名编号调整工作。编制下发《四川省国省道公路网命名编号调整工作方案》，提出总体要求，界定调整范围和内容，明确重点工作，制订保障措施。组织厅直相关部门和技术支持单位完成总体设计审查工作，命名编号调整工作进入实施阶段。②推进公路隧道安全风险防控专项行动。根据交通运输部、公安部的统一部署，联合省公安厅部署开展为期一年的现役公路隧道安全风险防控专项行动，印发《四川省公路隧道安全风险防控专项行动实施方案》，拟通过专项行动，达到“三个确保”“三个到位”（确保洞口设施设置规范、防护有效；确保照明设施齐全、功能完备；确保洞内设施性能合规、运转正常。运营管理到位、交通秩序管控到位、隧道应急管理到位），并通过“四个注重”（注重设施改造、注重效能建设、注重宣传教育、注重科技创新）构建长效机制。结合前期隐患排查，对交通安全设施不符合新规范要求的早期通车隧道开展专项设计，完成提升改造539座。③全面完成国家公路网技术状况监测工作。牵头组织相关单位配合交通运输部桥隧监测和路况抽检工作，完成泸州市国道246线长江大桥、国道76线厦蓉高速公路濑溪河大桥、甘孜州国道318线二郎山隧道监测和普通国道108线，高速公路国道5线、国道5515线、国道65线等共1 250公里的路况抽查工作。

围绕优化服务，加强日常工作有序开展 ①开展收费公路项目审核审批。会同省发展改革委和省财政厅，开展丽攀高速公路、绵西等高速公路项目以及国道246线、国道353线泸县立石镇至江阳区江北镇段公路、四川江安第二过江通道公路桥梁工程等9个一级公路项目收费立项；开展雅康高速公路、巴陕高速公路等12个高速公路项目收费审核审批工作；完成全省第一个扩容改造高速公路项目成彭高速收费标准调整核定工作；研究梳理高速公路BOT项目收费期限确认事项；完成《2017年四川省收费公路统计公报》及其解读的发布工作。②协调高速公路穿（跨）越事宜。秉持“确保高速公路安全畅通运行，支持地方经济社会发展”原则，搭建对话平台，综合各方客观实际，规范穿（跨）越行为，促进相关项目实施。2018年1—10月，协调受理48件穿（跨）越申请。③道路缓堵保畅工作提升。按照“早安排、早部署”的原则，组织召开有关节假日公路出行服务工作会议，落实工作责任，明确工作重点，细化工作举措。针对春节、清明、“五一”、端午、中秋和国庆等节假日交通出行节点，发布路面施工、路段拥堵以及全路网道路转换等信息，服务公众出行，保障全省路网运行总体平稳。同时，完成“5・12”汶川特大地震10周年纪念活动期间专项公路交通保障任务、金沙江白格堰塞湖应急保障，加强对抢险救灾车辆免费通行工作组织，保障救援通道畅通。④持续推进政风行风建设。牵头负责推进出行服务改善行动相关工作，以目标为导向，坚持按月考核通报，通过召开片区工作会和专题会，专题调研、明察暗访等形式，查摆问题，推进整改，督促相关工作不断提升。⑤协调做好“互联网+政务服务”建设。依法依规对行政许可、行政处罚等行政事项逐一进行梳理确认，完善办事指南、优化审批流程，按省政府要求完成四川省一体化政务服务平台各项信息录入工作，做到“审批不见面、最多跑一次”。

（孙博文）

厅审批处 2018年，厅审批处持续深化行政审批制度改革，建立健全“清单制+责任制”工作制度，以《四川省交通运输厅行政权力事项清单》（2018年版）为基础，梳理规范《四川省交通运输厅公共服务事项清单》（2018年版）、《四川省交通运输厅“双随机一公开”抽查事项清单》和《四川省交通运输厅“最多跑一次”

事项清单（省级）》等11张工作清单。进一步优化交通运输行政审批程序，采取压缩审批办结时限、简化审批办理流程、减少审批申报材料等方式对全省28项交通运输行政许可事项进行梳理，提高审批效率和服务能力，降低市场运行成本，优化交通运输营商环境。正式启动四川省交通运输网上审批平台二期项目建设，加快实现省、市、县三级“一张网”全覆盖，打造利企便民，优质高效的行政审批服务。强化对市（州）交通运输局（委）政务服务窗口指导督导力度，5月，在眉山市组织召开全省交通政务窗口提质行动专题座谈会。指导督促全省21个市（州）、183个县（市、区）交通运输行政审批制度改革和“放管服”改革相关工作，举办三期全省交通运输系统推进“放管服”改革暨网上行政审批服务平台培训班，加强与省审改办和省政务服务中心的衔接，建立规范高效办理的运行机制，不断提高行政审批效能。

（厅审批处）

厅运输处 2018年，厅运输处继续抓好改进提升交通运输服务工作。推进建制村通客车和城乡交通运输一体化、行业促进物流业降本增效、四川自贸试验区建设行业任务、交通运输行业“厕所革命”和四川省交通运输物流信息公共平台建设研究等工作。完成全省道路水路春运工作组织任务，道路水路客运量完成1.05亿人次，日均客运量为262万人次，“情满旅途”活动得到交通运输部肯定。做好多式联运示范工程建设。协调、督促成都国际铁路港公司继续推进集装箱铁（路）公（路）水（路）多式联运示范工程项目建设，协调、督促成都铁路局集团公司等单位继续推进四川“空中+陆上”丝绸之路国际空铁公多式联运示范工程建设；指导企业申报全国第三批多式联运示范工程，民生物流牵头承担的中国西部汽车物流多式联运示范工程成功入选。推进“12328”电话系统完善，着力提升数据完整性、系统智能化和运行稳定性；组织开展全省“12328”培训班；指导各市（州）提升服务水平，落实统计分析制度、运行质量通报制度、重点监控名单和“黑名单”制度，南充获“2017—2018年度全国十佳服务中心”称号，全省4名工作一线人员获全国百佳工作者称号；推进“12328”电话大数据分析与应用，受到交通运输部领导肯定。在推进全省政风行风“五大行动”涉及有关工作、运输行业转型升级和信息化等方面发挥明显作用。牵头推动行业新（改）建厕所456座，完成《“厕所革命”三年行动方案》征求意见、标准制定、调查基础资料整理上报。审核汇总整理报送全省城市公交企业新增及调整名录。加快推进公交都市建设，完成眉山市公交都市创建实施方案批复工作，指导四个创建城市完成年度工作总结评估。交通运输部主办的2018年“我的公交我的城”重大主题宣传活动走进成都市、泸州市（全国仅10个城市入选）。组织开展2017年全省城市公交发展水平监测评价研究工作。协调督促乐山市犍为县、绵阳市涪城区城乡交通运输一体化示范县建设。参与中欧班列多式联运“一单制”探索，商务部组织的国际铁路运输运单物权化调研，四川物流发展纲要研究，川港澳合作周筹备，西部口岸物流发展研讨，以及交通运输服务业、物流等重大调研任务。参与运输结构调整调研，制订四川省推进运输结构调整三年行动计划方案。承担中国（四川）自由贸易试验区建设的日常协调工作，作为四川自贸试验区争创工作先进集体被省政府通报表扬。指导泸州市综合运输服务示范城市建设的日常协调和联络工作。做好与省非洲猪瘟防控指挥部办公室的日常联络协调。调查处理宜宾等出租汽车行业不稳定事件并及时回复省政府督查室。完成中共四川省委办公厅关于交通运输业降低物流成本的问题建议约稿。制订出台省级共享单车实施意见，办理人大政协提案建议回复11件。继续推进四川省交通运输物流公共信息平台建设。组织举办全省运输管理干部业务培训班。

（厅运输处）

厅安监处 2018年，厅安监处围绕全省交通运输安全监管主业主责，强思想、优作风、促安全，实现全省交通运输安全生产形势稳定向好。

加强统筹谋划 贯彻落实中共中央安全生产领域改革发展意见和部省的实施意见，多批次开展《四川省交通运输厅关于推进全省公路水路行业安全生产领域改革发展的实施意见》宣传贯彻培训，破解影响行业安全发展的体制机制等深层次难题。组织召开4次电视电话会，坚持季度安委会会议、重点领域安全生产形势分析会议、月度安全例会等制度，研究部署并着力解决行业安全工作突出问题。

完善责任体系 持续推动行业企业建立全员岗位安全生产责任制，落实企业主体责任。层层签订年度安全生产目标管理责任书，确保安全监管责任到位。

完善法规制度 推进行业安全生产监管执法，省交通运输厅制订印发《四川交通运输行业2018年安全生产监督检查（执法）工作计划》，结合行业阶段性特征，突出重点时段，科学安排监督检查（执法）内容。

完善双重预防机制 构建安全风险预防控制、事故隐患排查治理双重预防控制体系。强化风险管控。按季度分析交通运输安全生产形势。根据季节性特点，查找安全生产风险，剖析事故发生原因，总结安全生产规律，举一反三，制订有效政策和措施，超前预警预防。推进行业分领域制订安全生产风险管控标准和指南。全面实施安全风险辨识、评估与管控，实现安全风险管理清单化、痕迹化、闭环化。落实隐患排查。督促企业依法严格落实安全生产隐患排查治理主体责任，落实重大隐患治理情况“双报告”制度，实行自查、自改、自报闭环管理。督促行业管理部门依法落实监督管理责任，分类分级加强事故隐患管理，实现督查检查、挂牌督办及责任追究的闭合管理。组织开展两轮地质灾害和防汛安全隐患排查治理。从6月10日至9月30日，在全省交通运输行业开展两轮地质灾害和防汛安全隐患集中排查工作。突出水毁易发路段、地震灾区道路、地质灾害隐患路段、渡口码头防护设施及施工驻地和作业场所等重点区域，确保“全覆盖、无死角”。加强隐患排查督导检查。先后对德阳、广元、绵阳等8个2018年汛期受极端强降雨天气影响较大的地区防汛安全隐患排查工作进行督导，实地查看当地隐患排查治理情况，并提出针对性意见建议。

加强重点领域攻坚整治 开展平安交通专项整治。紧盯道路水路客货运、危险化学品运输等重点领域，查找存在的突出问题和薄弱环节。持续推进道路交通安全综合治理，全省高速公路基本实现违法超限1吨以上货车“零驶入”，未发生一起因货车超限超载导致的死亡事故，没有因超限超载新增一座危桥。国省干线公路平均超限率控制在3%以内。集中开展交通运输领域安全度汛专项整治。开展安全生产大检查工作。持续开展危险化学品安全综合治理。推动涉砂船舶、中小型船舶安全管理专项整治。

抓牢抓实检查督导 组织开展“两会”期间安全生产督查，成立15个督查组，对成都、绵阳等8个市（州）10家重点企业、27个重点场所讲行暗访暗查。组织开展汛期安全生产督查。厅安监处制订印发《2018年汛期交通运输安全生产督查工作方案》，细化检查表格，明确检查内容和标准，分厅领导督查、综合督查、专项督查、交叉检查四个层级，对各市（州）汛期安全应急工作开展情况进行明察暗访。

强化安全文化宣传警示教育 依托安全生产月，组织行业开展“6·16”安全宣传咨询日活动。使用微信公众号、手机报等电子媒介加强安全文化宣教。从6月1日至30日，在微信公众号、手机报设安全宣传专栏30期，日均阅读量达3万余次。组织开展全应急教育培训，举办安全与应急培训班，组织行业管理部门、各市（州）分管负责人和业务骨干约400人参训，进一步强化安全生产红线意识提高应急指挥和处置能力。

强化应急管理 加强基础建设。推进四川交通运行监测与应急指挥系统二期工程（应急二期），进一步建设覆盖省、市、县三级的交通运输运行监测与应急指挥平台。完善预案体系。修订完善《2018年重点危险区域地震应急预案》。完成2018年省级抗震救灾综合演练交通保障任务。组织开展交通运输综合预案编制工作。强化应急值守。厅安监处制订《四川省交通运输厅专业化值守工作规则》，实施专业化值班，统筹应急值班、日常政务值班、节假日值班等工作。强化应急处置。快速反应、积极应对，协调做好G5京昆高速公路1 989公里处瓦厂坪路段地质灾害应急处置工作。成功应对雅安石棉“4·3”地震，组织开展道路抢通保通、公路灾损排查等工作。指导开展国道347线万源段、国道542线平昌段、国道108线广元北段二级专用公路等国省干线应急抢通保通。汛期指导处置塌方量千立方米以上道路阻断54条、119处。指导各地应对“跑船走锚”险情25起，涉及失控船舶37艘。协调做好金沙江白格堰塞湖两次交通应急抢险工作。

（陈　博）

厅审计处 2018年，全省交通运输系统完成审计项目909个，审计总金额2 135 284.60万元。其中，建设项目审计319个、经济责任审计27个、预算执行及财务收支审计211个、内部控制审计49个、效益审计7个、信息系统审计4个、专项审计调查272个、其他类审计20个；提出审计建议626条，促进完善规章制度172条。截至2018年底，全省交通运输系统建立内部审计机构158个（其中专职机构17个），配备内部审计人员625人（其中专职32人），参加各类审计业务培训909人次。厅审计处围绕全省交通运输工作目标任务，不断完善审计制度、拓展审计领域、提高审计质量。切实开展项目审计。完成厅后勤中心、厅造价站、职业资格中心、兴蜀公司、省交通管理学校、厅公路局医院等6个单位6名领导干部的离任经济责任审计；完成厅办公大楼露天停车场改造维修等8个自建修项目竣工决（结）算审计；完成宣传中心、省公路职工疗养院、四川华腾公路试验检测有限责任公司、省大件运输公司等4个单位2017年度预算执行及财务收支审计；完成省运业汽车站建设有限责任公司2016年1月至2018年10月财务收支专项审计；完成交职学院、高速公路交通执法第一支队、路网中心、应急物资储备中心等4个单位的内部控制审计；完成厅运管局四川省道路客运微机联网售票系统、厅公路局普通国省干线公路项目质量抽检督查费、厅航务局水上交通安全监督管理专项经费、厅质监局公路水运工程质量重点抽查检测费等4个专用项目绩效审计；完成省国家区域性物资储备中心工程等2个工程项目跟踪审计；完成领导干部经济责任审计、预算执行及财务收支审计、内部控制审计、绩效审计等18个项目的后续跟踪审计；组织直属单位成立审计组完成对壤塘县、小金县、黑水县、色达县等4个交通运输部定点扶贫县部省补助交通扶贫建设资金专项审计。配合外部审计。牵头配合国家审计署驻成都特派员办事处完成省长尹力经济责任审计和领导干部自然资源离任（任中）审计、2018年第四季度贯彻落实国家重大政策措施情况跟踪审计，配合省审计厅完成兴蜀公司省道303线映卧路恢复重建工程竣工决算审计，协助厅相关部门配合省审计厅开展对省交通运输厅2017年度预算执行审计以及省直部门政务信息系统整合共享专项审计调查。制订、修订相关管理办法，健全完善内审制度体系，促进各项工作规范化。制订印发《四川省交通运输厅审计约谈办法》《四川省交通运输厅关于加强交通扶贫项目审计监督的通知》《四川省交通运输厅转发关于进一步完善政府投资建设项目审计工作意见的通知》。修订印发《四川省交通运输厅厅属单位领导干部经济责任审计实施办法》《四川省交通运输厅领导干部经济责任审计工作联席会议议事规则》《四川省交通运输厅自建项目内部审计管理办法》。取消厅审计中介机构库并废止《省交通运输厅委托社会中介组织、聘请外部专业人员参与审计工作管理暂行办法（试行）》《四川省交通运输厅内部审计中介机构备选库管理办法》《四川省交通运输厅委托社会中介机构审计服务质量考评办法（试行）》3项相关管理办法。全年指导厅直各单位组织实施各类审计项目120个。对厅直单位2017年9月以来内部审计工作情况开展检查，对取得的成绩和存在的主要问题在厅直单位范围内进行通报。厅审计处组织厅直单位内部审计分管领导和审计人员62人在西南财经大学开展为期一周的审计专项培训。

（厅审计处）

厅科信处　2018年，厅科信处继续推进各项工作有序开展。加强科技项目管理。按照《关于进一步完善省级财政科研项目资金管理等政策的实施意见》要求，完成年度厅本级17项科技项目立项工作和续研科技项目集中清理工作，督促项目承担单位按期保质开展科研工作。拓宽科技成果来源渠道。支持和促进企业创新主体地位建设，鼓励企业自筹经费，根据生产建设需求加大科研投入力度。在科技立项、成果转化、奖项申报等方面，建立健全相应制度，消除政策障碍，激发企业活力，确保企业效益最大化，有效缓解行业科技经费短缺矛盾，增加科技成果来源范围。支持企业自筹经费立项22项，吸引社会资源投入行业科研经费6 000余万元。支持行业研发中心建设。利用“公路建设与养护技术、材料及装备”“建筑信息模型（BIM）技术应用”两个行业研发中心，吸引行业科研生产建设单位加入，深化“产学研”（指生产企业、高等院校和科研机构之间的合作）协同创新平台建设，鼓励和支持企业联合高校和科研院所开展科技攻关，共同创建科技创新平台和成果应用平台，为研发中心多出成果奠定前期基础。做好行业科技服务工作。向交通运输部推荐上报科技项目8项，向省科技主管部门推荐上报科技项目7项。组织科技成果申报，参与国家和部省奖项评选，2018年度获部省级以上奖励12项，其中“超500米跨径钢管混凝土拱桥关键技术”“大跨度缆索承重桥梁抗风关键技术与工程应用”两项成果获国家科技进步二等奖，另获部省级科技进步一等奖1项、二等奖4项、三等奖5项，是近十年来获奖项目最多的一年。完善行业标准化体系建设。《普通公路养护管理规范化实施指南》《ACMP温拌改性沥青应用技术》等8项交通运输行业地方标准由省质监局和省市场监督管理局正式发布，获批新立项地方标准4项。截至2018年底，发布地方标准26项，位居全国省级交通运输部门前列。推进质量监督工作，牵头组织开展2018年部省联动产品质量监督抽查工作并完成报告上报。

统筹加强行业信息化建设管理。组织完成《四川省交通运输信息化“十三五”发展规划》中期评估报告和调整建议方案编制。制订印发《四川省2018年度智慧交通项目实施方案》，推进项目建设，并定期通报项目进度情况，加强对项目建设的跟踪督导。牵头开展“四川省交通运输信息化建设从业单位信用评价管理”课题调研工作，并完成课题研究报告编制，在此基础上拟订《四川省交通运输信息化建设从业单位信用评价管理办法（试行）》，加强对交通运输信息化建设从业单位的信用管理，引导四川省交通运输信息化建设市场健康有序发展。承担厅信息化建设管理推进工作办公室日常工作，组织完成对四川省交通运行监测与应急指挥系统、四川省交通运输网上行政审批服务平台（二期）等6个项目招标文件的技术初审；组织完成对交通运输物流公共信息平台、川九路智慧交通工程（一期）等7个项目设计文件的技术初审；组织完成对四川省国家公路网交通情况调查数据采集与服务系统工程（二期）、四川省交通旅游服务大数据应用试点工程2个项目可行性研究报告的技术初审。组织完成对四川省交通运输统计分析监测和投资计划管理信息系统试点工程等3个项目的竣工预验收。按照省政府办公厅2018年全省政府信息化建设工作安排，制订印发《四川省交通运输厅2018年政务信息系统整合共享工作重点任务》，推动政务信息系统清理整合。完成29项数据资源目录梳理并接入省级政务信息资源共享平台，数据挂接率100%。完成部级交通运输信息资源共享平台四川省数据资源目录发布。配合省审计厅完成2018年政务信息系统整合共享审计工作。制订印发《关于落实党委（党组)网络安全工作责任制的办法》，明确和落实网络安全责任，全年未发生网络安全责任事故。牵头负责的四川省交通运行监测与应急指挥系统（二期）开工建设并完成主体工程建设；牵头负责的部试点示范项目交通旅游服务大数据应用试点工程完成工程可行性研究报告编制，并通过省发展改革委评估。

（厅科信处）

厅外经处　2018年，厅外经处围绕投融资体制改革、创新高速公路招商机制、对外交流合作等方面，推进各项工作。一是以完善制度为基础，出台招商新政策。规范收费公路PPP项目前期实施程序，印发高速公路PPP项目实施方案、招标文件参考文本，修订高速公路BOT项目管理办法，强化政策引导，完善顶层设计。二是以项目招商为根本，积聚招商新优势。根据投资市场需求，配合形成梯次合理的招商储备项目库，夯实招商项目储备；加强项目推介与招商协调力度，鼓励民间资本参与基础设施补短板项目，持续优化营商环境，搭建高效招商引资平台。全年成功招商德阳中江至遂宁等7个高速公路项目，总里程721公里，总投资977亿元。三是以行业管理为核心，实现招商新突破。率先在全国推行高速公路投资人信用评价管理，全年完成5次信用评价（年度评价1次，初次评价4次），涉及投资人53家（已投资企业33家，拟投资企业20家）。加强业务培训，9月，在大连举办全省交通建设PPP项目投资模式和特许经营管理培训班，提升相关人员业务能力和专业水平。四是以服务创新为驱动，激发市场新活力。开展全省交通运输领域PPP项目招商引资调研，形成2个调研报告，重点考察省内PPP项目推进有力地区，详尽分析当前全省高速公路PPP模式存在问题，并提出下一步工作建议。紧跟国家和省PPP项目管理最新要求，开展盘活交通基础设施存量资产和高速公路PPP项目全生命周期绩效评价办法研究。五是严格执行上级要求，加快推进世行贷款项目。按照世行、部委和省级相关部门对贷款项目管理要求，继续指导推进世行贷款芦山地震灾后恢复重建农村公路项目。六是搭建国际交流平台，规范组织因公出访。修订出台《四川省交通运输厅因公临时出国（境）管理办法》；成功协办中老国际道路运输会谈，与老挝公共工程与运输部开展座谈交流；务实高效开展因公出访工作。全年省交通运输厅及厅直单位出访团组21个、出访人数105人、出访国家或地区22个，创历年之最；通过签订合作框架协议、开展国际合作办学、承担设计咨询任务、开展国际会议学术交流，提升四川交通对外开放水平和国际影响力。

（厅外经处）

厅公安处 2018年，厅公安处以防风险、补短板、破难题为着力点,在化解矛盾、解决问题、消除隐患上下功夫，综治维稳、扫黑除恶、反恐防范、平安建设等工作有新进展，确保全省交通运输行业的和谐稳定。完善矛盾纠纷排查调处机制，把握排查调处工作主动权，通过层层梳理，掌握矛盾纠纷特点和规律，确保矛盾纠纷提前发现，尽早化解，及时解决。坚决推进扫黑除恶专项斗争，严厉打击“黑车”非法营运、运输市场垄断、强揽工程、欺行霸市、违规招投标、恶意干扰建设施工等“涉黑涉恶”违法犯罪行为，深挖藏在幕后充当“保护伞”的违纪违法线索和涉案人员，坚决整治人民群众反映强烈的行业乱象问题，不断增强人民群众的获得感、幸福感、安全感。重点排查整治人员密集场所、公共交通工具和寄递物流等新业态存在的安全隐患，持续组织开展小件快运、零担货物运输和易燃易爆等危险品安全隐患排查整治，推进打击枪爆违法犯罪专项行动，从源头上防范用寄递物流和零担货物渠道实施违法犯罪活动，严防发生重大公共安全事故。完善应急预案，加强实战演练，持续推进行业涉恐隐患排查整治专项行动，强化反恐防范标准建设，加快推进《四川省一、二级汽车客运站反恐防范工作规范》实施，落实道路客运实名制工作管理和《零担货物道路运输规范》，提高整体防范水平和能力，做好预防和处置各类暴力恐怖事件和突发事件的准备。积极和省“扫黄打非”办、禁毒办、“三电”（安全用电，节约用电，计划用电）办对接，突出做好三个专项整治，加强运输市场监管，强化公共交通场所管理，推动交通运输市场健康有序发展，利用各种媒介加强对禁毒工作的常态化宣传，针对性开展从业人员和安检人员教育培训，参加海、陆、空邮一体化堵源截流工作，协助公安部门侦破毒品违法犯罪案件，道路运输关口查禁毒品成果被省禁毒办肯定，“扫黄打非”、禁毒、“三电”设施安全保护等工作不断深化。厅机关技术安全防范能力全面升级，人力防范能力有效提升，物理防范能力持续加强，应急处置成效显著。

（厅公安处）

厅信访处 2018年，厅信访处办理信访总量比上年上升13.07%，其中办理纸质来信下降2%，办理“省委书记信箱”“省长信箱”和“人民网留言”等网上信访量上升29.05%，接待处理群众来访上升19.30%，集体来访和重复来访分别下降24.39%和23.36%。厅机关信访渠道更加畅通、信访结构更趋合理、信访秩序持续向好，全省交通运输行业信访形势总体平稳。

厅信访处深入推进“网上信访”建设，规范线上线下办理制度，完善“受理投诉、便民查询、主动反馈、监督管理”的网上办理机制，交通运输系统信访稳定保障能力得到加强。完成厅运管局、厅高管局信访信息系统接入工作，有效延伸网上系统运用。完成厅直单位信访考核评分工作，强化考核结果运用，压紧压实属地责任。引导来访人员依法逐级走访，促进信访秩序持续改善。建立健全信访协调机制，加大信访督导督办力度，提高初信初访办理质量，加强重点信访群体稳控，有效减少越级访、重复访发生。深入开展矛盾纠纷排查化解工作，针对城市出租车改革、公路客货运输和交通运输建设管理等重点领域开展信访摸排调研，协调相关部门及时回应群众关切，提前做好风险防范工作。坚持依法分类处理信访诉求，建立健全厅领导接访包案常态化机制，全年厅领导接访6批次13人次，推动突出信访问题化解。开展“大学习、大讨论、大调研”活动，深入重点信访单位，督促落实信访责任，协调解决信访群众实际困难。办理中央第四巡视组转办的信访事项16件，受到省信访局充分肯定。做好全国“两会”“上海合作组织”青岛峰会等重要时段的信访工作，对城市出租车司机、货运司机等信访重点人员加强疏导，落实属地责任，切实维护交通运输行业和谐稳定局面。加强信访干部培训，举办全省交通运输系统信访干部培训班，进一步提升信访干部业务素质。推进“人民满意窗口”建设，按新标准更新完善信访接待室设施设备和宣传标牌，健全完善接访制度，规范群众来访接待行为，坚持文明热情接待、依法依规办事，提升信访接待办理质量，维护人民群众利益。开展“阳光信访”“责任信访”和“法治信访”建设，有效提升信访工作公信力和群众满意度，信访事项及时受理率、按期办结率、群众满意率分别达到100%、99%、100%，被省信访局评定为“人民满意窗口”。

（厅信访处）

厅离退休处 2018年，厅离退休处继续推进年度工作，优质高效完成各项任务。

增添正能量活动 安排老同志代表20余人次参加省重要会议。召开离退休党总支会议4次并形成会议纪要下发各党支部，5个退休党支部开展30余次组织生活，每月编印1期《四川省交通运输厅离退休党总支学习动态》，设置知识园地、支部动态和厅直动态等栏目。退休五支部书记秦继远作为老党员代表参加厅2017年度新发展党员集体入党宣誓仪式并发言。分层面组织老同志观看4部优秀影视剧作品。退休厅级干部及离退休党支部书记、委员调研考察沐川交通运输建设及扶贫攻坚情况，厅级党支部召开交通扶贫调研考察情况专题座谈会。开展以“不忘初心 牢记使命”为主题的第五届“品味书香 思想常新”老党员读书交流系列活动，向老同志推荐《习近平讲故事》，配套制作漫画版PPT，老同志通过导读、讲故事的方式人人参与。开展定期小型读书分享会，老同志担任会长自主管理，配套建立“有言有味”微信群。举办 “我运动 我健康 我快乐”老年运动会，全厅老同志及工作人员150余人参加。举办离退休党总支 “党在我心中”大型主题党日活动，总支部书记讲党课、观看智慧养老视频、集中阅读《习近平讲故事》，重温入党誓词。结合中共四川省委老干部局“我为脱贫攻坚出份力”活动，除圆满完成厅统一安排的扶贫任务外，持续关注并于端午节前慰问厅离退休党总支与中海国际公司在芦山地震后长期帮扶的宝兴9户贫困户。制订《四川省交通运输厅离退休党总支关于开展“党员积分制管理”试点实施方案》，提交离退休总支会商议通过后从9月开始试行。推选优秀作品参加省老干部活动中心、四川省级机关老年书画协会主办的“砥砺前行 辉煌新篇”纪念改革开放40周年书画、摄影作品展。常规活动中挖掘新意，大型春游活动安排趣味游园、党的十九大知识和新党章知识抽签答题，三八妇女节活动穿插香包制作环节，老年大学书画班开展外出采风活动。

做好离退休干部服务管理工作 上报离休人员“地方生活补助”财政申请。落实代管改制企业离休干部一次性特殊困难补助。落实建国初期参加革命工作的部分退休干部的医疗照顾政策，完成以上人员2019年困难补助、门诊医疗照顾、生活不能自理特困补助经费的财政预算申报工作。完成新退休人员的社保过渡期“中人”预发待遇申领。做好2018年调整退休人员基本养老金的政策解释工作。发放2018年厅机关离退休党支部书记、委员工作补贴，检查督办全厅离退休干部党组织书记工作补贴落实工作。妥善处理去世老同志的善后事宜。分层面开展走访慰问。春节前夕,厅领导走访慰问离退休老同志代表，召开离退休老同志情况通报会。重大节日为离退休人员发放慰问品，到家中慰问离休干部并送上慰问金。分别会同厅机关党委、机关工会、后勤中心等部门慰问生活困难老党员、老职工和离退休复退军人。全年及时慰问生病住院离退休老同志。厅医务室撤销后接管相关工作，保证机关离休干部零报医疗费、护理费及退休伤残军人医疗费足额兑现。协助厅后勤中心完成退休人员医保参保信息核查、离退休人员体检及流感疫苗注射工作。两次邀请浆洗街社区医院医生在厅老干部活动中心为老同志宣讲签约家庭医生相关政策并现场签约。省人民医院托管厅公路局医院后，多次赴成都分院对接离休干部医疗服务保障工作，妥善处理老同志反映的问题。为14位离休干部办理公费医疗证换补证。为13位厅级干部办理特约医疗证。全年向卫生和健康委员会办理15人次离休干部零报医疗费共30 920.23元。为1位担任正厅级职务15年以上的退休干部申请享受医疗照顾。组织离休及退休厅级干部17人赴峨眉疗养院参加省委老干部局安排的疗养。向离休干部做好就医新规解释工作并发放就医指南。编印《温馨手册（省医保政策简要说明）》发放给离退休人员和在职厅领导。向中共四川省委老干部局为14位退休干部申请生活特殊困难帮扶资金14.6万元。

指导协调直属单位离退休人员工作 年初召开厅直单位离退休工作会。参加厅公路设计院、交通设计院转企改制工作推进会，商讨关于监理处退休人员安置问题，提出工作建议；同时指导厅公路设计院离退休人员企事业养老金待遇计算比较工作。做好物资储备中心停发遗属生活困难补助老同志上访工作。指导厅直单位和代管改制企业办理生活长期完全不能自理离休干部提高护理费事宜。全年解答厅直单位政策咨询类问题20余次。

（厅离退休处）

厅机关党委 2018年，厅机关党委各项工作取得新成效。

推动党建责任落实 组织召开党组织书记述职测评大会，对30名厅直单位党组织书记和19名厅机关党支部书记履行党建责任制情况进行述职测评。开展对30个厅直单位和19个厅机关处室党建、四好活动、党风廉政建设和学习宣传贯彻党的十九大精神的集中考核，传导从严治党压力和责任。组织召开党建工作会，对2018年党建工作全面安排部署。印发《2018年党建工作要点》，明确24项重点任务。组织13名厅直机关党委委员深入30个厅直单位和15个厅机关党支部进行专题组织生活会督导。

加强党的思想政治建设 牵头制订《学习宣传贯彻习近平总书记来川视察重要讲话精神工作方案》，学习习近平总书记来川视察重要讲话精神和中央、省委全会精神。开展“大学习、大讨论、大调研”活动，厅党组在省委“大学习、大讨论、大调研”推进会上交流发言。全面部署推动厅直系统深入学习党的十九届二中、三中全会精神，全国“两会”精神，省委十一届二次、三次全会精神，牵头制订厅党组《学习宣传省委十一届三次全会精神方案》。协助厅领导班子推进“四好一强”领导班子创建，制订《厅“四好一强”领导班子创建活动计划》，开展创建活动。做好2017年度厅党组中心组的总结自评和迎检工作，厅党组被省直工委评为“2017年度党组中心组学习先进单位”。研究制订《2018年度厅党组中心组理论学习计划》，组织召开中心组学习会17次。持续办好“四季悦读”“四季讲坛”“四季悦读俱乐部”微信公众号，建成开通“四季书屋”，参加北京市直机关工委组织的“书香中国”研讨会，在省委宣传部、省直工委“全民阅读进机关”活动交流大会上作经验交流。组织开展思想政治工作创新案例征集活动，推荐2个单位创新案例报省直工委。开展庆祝改革开放40周年理论研讨论文征集活动。开展“送党章、学党章”活动，组织厅直系统各级党组织观看《厉害了，我的国》，参观“5·12”汶川特大地震灾区发展振兴成就展，发放《理论热点面对面》《新时代面对面》《中华人民共和国宪法》《习近平新时代中国特色社会主义思想三十讲》等学习书籍。

加强党的组织建设 建立换届清单，对3个厅直单位党组织发出换届提醒通知，指导完成厅航务局、运管局、高管局等17个单位的换届工作。批准省交科院成立党支部。完成2017年“三分类三升级”后进党支部整改台账和总结，组织开展2018年度基层党组织“三分类三升级”工作。强化支部建设，编印《支部学习》22期，发至厅直系统394个支部。创办“党建小闹钟”，制作完成11期，及时督促基层党组织落实党建各项工作。组织厅直系统党支部开展“不忘初心、牢记使命”主题党日活动。开展“五好党支部”创建活动，8个党支部被省直工委评为2017年度“五好党支部”，8名支部书记被评为“五好党支部”书记。完成2017年度厅直系统党费、党员爱心互助金上缴、下拨及相关公示工作。举办2017年度新发展的200名党员集体入党宣誓仪式，完成8名预备及转正党员入党资料整理。举办党务干部培训班、入党积极分子培训班各1期。举办厅直系统党员轮训班3期，600人次参加培训。统筹推动党员积分制管理工作，制订印发厅党组《“党员积分制管理”试点工作指导方案》，抓好贯彻落实。组织各厅直单位开展党建基础工作交叉检查，对共性问题开展系统整改，对个性问题向涉及单位“开清单”“发点球”，务求落到实处、见到实效。做好困难党员、老干部、老党员走访慰问和社区“双报到”、失独家庭户结对帮扶工作。截至2018年底，厅机关和厅直单位有25个党委，19个总支，394个支部，4 763名党员。

加强党的作风建设和党风廉政建设 牵头制订《厅党组贯彻落实中央八项规定和省委省政府十项规定的实施细则》，深化作风建设，整治形式主义、官僚主义，纠正“四风”问题。组织召开党风廉政建设工作会，层层签订责任书，印发《2018年党风廉政建设工作要点》和《党风廉政建设和反腐败工作主要任务分工表》，细化26项重点任务分工。组织61名2017年新提拔任用副处级以上干部赴省法纪教育基地开展警示教育。组织开展“以案释纪明纪 严守纪律规矩”主题警示教育月活动，覆盖厅直系统434个基层党组织。组织开展“不忘初心写忠诚”——微记录，新时代机关纪检干部展示活动，获组织奖。牵头制订厅党组《学习宣贯<中国共产党纪律处分条例>工作方案》，并抓好落实。进一步落实“三转”要求，制定《关于进一步规范纪检组织监督招标管理工作的通知》，建立厅机关招标监督员库。严格廉洁把关，及时出具科级及以下党员干部廉洁意见208份，配合厅人事教育处开展干部任前考察。严肃监督执纪，配合驻厅纪检组开展对县处级党员干部违规违纪的查处，审理厅公路局兴鑫公司曹军违纪案件并作出党纪处分决定。查办信访案件过得硬，2018年收到信访和问题线索9条，通过自办与交办的方式，分别作出处理，其中直接核查2起。

推进政风行风工作 组织召开全省交通系统政风行风建设推进会。修订印发2018年“五大行动”方案，完善46条共性措施。完善2018年“五大行动”市、县两级考核标准，改进分级考核方式。调整政风行风建设领导小组成员。组织召开12次月度工作例会，通报工作进展情况，研究部署阶段性工作。统筹推动“五大行动”交叉调研，深入基层，了解实情。组织开展市（州）间、高速公路营运管理公司间交叉检查和“五大行动”交叉暗访，发现问题，督导整改，推动落实。建立信息直报制度，选取成都、绵阳等10个市（州）交通运输局（委）作为信息直报点，确定信息员，开行直通车。

建立暗访抽查制度，“五大行动”牵头部门对每月各市（州）上报县（市、区）分数进行暗访抽查，对虚报谎报、弄虚作假的，公开曝光，从严处理。对21个市（州）、183个县（市、区）交通运输部门和64条高速公路实施“五大行动”情况，按月进行百分制考核排名，按月进行全省通报，累计通报19期。按月梳理上一个月各地各部门考核排名异动情况，月度例会上进行通报。按季度通报各市（州）、县（市、区）党政“一把手”指示批示。扩大通报范围，对每月排前10名和后10名的市（州）、县（市、区）、高速公路公司，在厅网站等平台和四川交通快讯上通报，接受群众监督。

继续抓好定点扶贫和驻村帮扶工作 统筹建立省级部门对口帮扶沐川县、金口河区联席会议制度，形成省级帮扶部门共同帮扶定点扶贫县（区）、厅直单位和厅机关处室帮扶贫困村、党员干部帮扶贫困户的三级帮扶体系。先后印发《定点帮扶金口河区工作方案》《2018年帮扶越西县工作方案》《定点帮扶沐川县工作方案》，提出62项帮扶措施，涵盖交通基础设施建设、派驻扶贫干部、产业扶持、教育扶持、党建扶贫等方面。牵头组织沐川县16个帮扶工作组、金口河区11个帮扶工作组，制订2018年对沐川县16个贫困村、对金口河区11个贫困村的帮扶方案。组织召开多次省级单位对口帮扶金口河区联席会议。组织30个厅直单位、19个机关处室赴金口河区集中对接帮扶工作。建立工作月报制度，建立帮扶工作台账，按时报送《定点帮扶工作月报表》和《干部驻村工作月报表》，创办《交通扶贫动态》并编印12期，发放《习近平扶贫论述摘编》等学习书籍。牵头组织省、市、县三级督导组完成对金口河区、沐川县2018年第一轮脱贫攻坚全覆盖督导，发现75个具体问题并督促整改。牵头完成对仁寿县、甘洛县脱贫攻坚暗访工作。牵头组织完成对德格县2018年第二轮脱贫攻坚全覆盖督导，发现5类9项具体问题，提出意见建议并督促整改。沐川县被省委省政府评为摘帽工作先进县，金口河区2017年脱贫成效考核综合评价为“好”，交通建设扶贫专项获评8个“优秀”扶贫专项之一，省交通运输厅定点扶贫工作年度考核结果为“好”。

激发统战群团工作活力 举办迎新春拔河比赛、“三八妇女节”活动、端午节包粽子比赛，激发广大干部职工工作激情和活力。组织参加省直工委全民健身活动。组织3名无党派人士参加省直工委培训，推荐1名四川省妇女第十三次代表大会代表。厅信息中心信息科被省妇联评为“三八红旗集体”。开展2018年“向幸福出发——寻找最美家庭”活动。举办“我的青春我的梦”主题征文、摄影活动。做好“智慧团建”系统组织树建立阶段工作。开展共青团“新时代、新青年、新形象、新作为”主题教育实践活动，研究制订厅实施方案。组织厅直系统团干部参加“青年文明号”创建和精神文明建设研讨班。

（厅机关党委）

驻厅纪检监察组 2018年，驻厅纪检监察组始终坚持围绕中心、服务大局，在落实从严管党治党要求和规范交通运输业务上，与厅党组达成共识、形成合力。“两个责任”同频共振、相互促进，推动全面从严治党在厅直系统纵深发展。聚焦监督执纪问责主业，切实履行监督责任，派驻工作从监督一个单位、一批处级干部，到推动一个系统在纪律、作风、管理等方面全面提升。探索履行派驻机构监督职责的有效方式，协助厅党组先后开展厅直单位首轮巡察、交通扶贫专项巡察，做到深度参与，推动纪检监察工作发现问题、调查问题、追究责任、解决问题规范业务、宣传教育规范干部职工思想行为“一体化”运行。运用“厅直系统纪检微信工作群”“全省交通运输系统纪检微信工作群”“纪检微平台”“四川交通手机快讯”等载体和平台，将纪检监察工作效应释放到省、市、县三级交通系统全体干部职工。坚持清单化工作理念，对标中共四川省纪委的要求，梳理驻厅纪检监察组工作，对党风廉政建设意见出具、执纪审查工作流程制度和文书模板进行规范，出台《驻厅纪检监察组监督执纪监察工作务实手册》，提升工作规范化、标准化水平。

（周　磊）

省交战办 2018年，省交战办组织完成“十三五”国防交通基础设施建设规划中期评估调整工作，启动宜宾市内重点国防公路建设，完成凉山州内2条重点国防公路前期工作。会同省发展改革委、省财政厅，确定落实省内贯彻落实国防要求项目并安排资金。围绕队伍“组织落实、任务落实、装备落实、训练落实”总体要求，开展国家公路战略投送支援车队正规化建设，结合全省战备钢桥调配，开展远程投送实战演练。完成全省国防交通物资储备调拨工作，实现全省战备仓库布局。组织开展全省战备钢桥架设训练和全省战备钢桥架设技能竞赛，初步实现“有仓库就有钢桥、有钢桥就有队伍、有队伍就有能力”目标。启动有关预案编制工作，完成全省战备码头普查。应对金沙江堰塞湖应急抢险工作，紧急调运装配式公路钢桥横向支撑架、竖向支撑架，用于竹巴笼金沙江大桥抢通保通。组织厅高管局及相关市（州）交战办，完成各类军事交通保障任务。组织开展全省第二期《中华人民共和国国防交通法》宣传贯彻培训班，实现全省市、县两级交通战备系统学习培训全覆盖。开展全省交通战备系统“大学习、大讨论、大调研”活动。持续推进目标管理工作，继续对各市（州）、重点县（区）交通战备工作实施目标管理。加强交通战备宣传报道工作，印发《四川交通战备信息》11期。加强涉密载体管理和文电传递规范，未发生失泄密事件。联合省军区、省计划用电、节约用电和安全用电办公室，组织四川电信、长途通信传输局等单位，赴攀枝花、乐山、凉山等地，协调处理矛盾7起，实现全省一、二级干线零阻断。组织指导全省各级交战办开展军警民联合护线宣传活动和世界电信日宣传活动，发放《四川省通信设施保护规定》宣传资料20 000余份。

（省交战办）

厅公路局 1952年9月，川西行署交通厅养护处更名为四川省交通厅养护处，负责全省公路养护工作。1954年10月，经省政府批准成立四川省交通厅公路局。1958年1月，改制为厅内局，1962年6月恢复为厅直属局。1971年改制为四川省交通局公路管理处，1980年12月恢复为四川省交通厅公路局。1985年11月核定为县级事业单位，由省交通厅授权，主管全省公路规划、公路新、改建和国道、省道、县道、乡道公路养护管理工作。1988年，将国道、省道及各养护总段成建制下放市（地、州）管理，厅公路局职能转变为对全省公路养护管理实行宏观调控的行业管理。1996年12月获批局领导正职根据干部本人条件可按副厅级干部配备，局领导副职可按正处级干部配备。2000年6月，厅公路局与厅高速公路管理局撤并，组建四川省交通厅公路局，对中层干部实行竞争上岗，一般干部实行双向选择的人事制度改革。受交通厅委托，主要负责全省公路建设、养护、收费和路政稽查的行业管理。2005年获批机关事业编制156名，内设机构为：办公室、政策法规处、公路规划处、财务处、养护管理处、工程管理处、路政管理处、收费管理处、人事处、离退休人员工作处、科技教育处、监察审计处（与纪检组合署办公）、信息处、后勤管理处和机关党委。2006年3月获批增设农村公路建设管理处，所需人员局内部调剂解决。2009年4月省人事厅批准参照公务员法管理。2009年12月更名为四川省交通运输厅公路局。

2018年，全省公路交通系统完成各项目标任务，实现“两个突破、五个提升”。

两个突破 ①公路建设投资取得突破。全年完成投资806.3亿元，为年度目标124%，首次突破800亿元大关，连续6年占全省交通运输完成投资50%以上，其中，国省干线471.9亿元，农村公路274.6亿元，其他专项工程59.8亿元。新（改）建国省干线公路2 113公里，为年度目标105.6%。新（改）建农村公路2.67万公里，为年度目标133.5%。建成安保工程9 700公里，实施渡改公路桥64座。②交通扶贫取得重大突破。全年新增50个乡（镇）1 356个建制村通硬化路，分别占全国总数62%、30%，全省乡镇和建制村通硬化路率分别达99.93%、99.95%，基本实现“乡乡通油路、村村通硬化路”，30个脱贫摘帽县全部实现乡镇和建制村通硬化路，3 500个退出贫困村实现100%通硬化路。完成77座溜索改桥建设任务，结束“溜索时代”；整治通乡通村破损路面9 425公里，完成村道危桥整治和新建桥梁74座，建成撤并建制村通硬化路1 831公里、旅游路资源路产业路805公里。

五个提升 ①“四好农村路”示范创建水平提升。实施“五大工程”，启动“六个一工程”，开展病危桥整治三年攻坚行动，持续推进农村公路+乡村旅游、农业产业等融合发展，“四好农村路”建设再掀新高潮。彭山区、蒲江县、名山区等14个县成功创建第二批“四好农村路”省级示范县，犍为县、金堂县、南部县等3个县成功创建全国示范县，全省示范县总数28个、全国示范县6个，居全国第一位；在全国“四好农村路”建设督导考评中，得分居全国第三位、西部第一位；连续两年在全国现场会作经验交流发言。创建173个示范乡镇、1 452个示范村、10 158公里示范路，省评示范县、市县评示范乡镇、示范村、示范路的格局基本形成。②品质工程建设质量提升。推进“两区三厂”标准化建设，推进首件工程认可制，鼓励应用“四新技术”。“交通+旅游”融合发展成效初显。甘孜州国道318线康定至雅江段和阿坝州九黄机场至红原机场等2个“交通+旅游”融合发展示范项目基本建成；国道318线雅江县城至竹巴笼段等10个试点项目和14个红色旅游公路项目加快推进。川九路新示范工程3月底实现开工，打造“安全畅通、绿色生态、智慧协同、融合发展”新示范、新标杆工程。③现代养护体系养护管理水平提升。将预防性养护工程纳入省级补助范围，提高大中修工程补助标准。完成养护工程1 703公里，其中，预防性养护工程390公里，国省干线公路路面使用性能指数（PQI）达88.8。全年建成机养中心22个、养护站79个、服务设施37个、公共厕所60个、固定超限检测站17个。推进养护巡查信息化和桥梁健康监测系统建设，实现省、市、县三级养护工程管理台账和病危桥隧基础数据库动态信息管理，甘孜州、内江市、阿坝州、达州市通川区等地养护管理信息化系统建设初见成效。开展路域环境综合整治，国道318线康定至巴塘、国道227线稻城至亚丁、国道350线巴朗山至小金以及国道108线、国道213线、国道317线、国道318线等重要旅游干线路域环境整治取得效果。④公路行业治理能力提升。“放管服”改革深入推进，普通公路省本级行政审批事项全部纳入政务中心集中办理，实现全程网办和“最多跑一次”。大件运输许可申请办理“一站式”服务平台运行，在全国率先实现与公安“三指”联网办理，全年办结大件运输许可14万件，办结率100%。路政和收费管理不断规范。推进“治超”信息化建设，遂宁市、平昌县、仪陇县等地启动不停车检测非现场执法试点，组织开展全省路政“三基三化”（详见《附录》）试点成果观摩。科技和教育培训不断加强，培训基层各类人员1 000余人次。制定《普通公路养护管理规范化实施指南》等2个地方标准。安全和应急管理不断强化。坚持主动防灾避险，科学高效应对万源山体滑坡，西昌、兴文地震，阿坝、青川、朝天、平武等特大水毁，以及金沙江白格堰塞湖自然灾害，公路抢通保通取得重大胜利，尤其在金沙江白格堰塞湖抢险工作中，克服“高原高寒高空高强度”等困难，不畏艰险，敢打敢拼，昼夜奋战，3天抢通受损农村公路，8天8夜抢通巴塘至竹巴笼段受损公路，提前18天实现竹巴笼钢桥合龙，交通运输部专门致信慰问表扬。成功举办普通公路隧道联合应急演练，开展安全生产十大专项行动，全年普通公路未发生重大安全责任事故，行业安全形势持续稳定向好。⑤党建管理水平巩固提升。持续推进“两学一做”，学习教育常态化制度化，开展“大学习、大讨论、大调研”活动。推进交通扶贫领域腐败和作风问题专项治理，做好中央、省委巡视以及厅首轮巡察反馈问题整改，加大内部审计和执纪监督问责力度，形成惩贪治腐高压态势。坚持“好干部”标准，突出在急难险重任务、重大项目推进、艰苦复杂环境和锐意改革创新“四个一线”选人用人导向，加强培养和选任干部。传承发扬“两路精神”，干部职工始终冲在抢险救灾、脱贫攻坚和公路建设养护管理最前线，涌现出一批先进典型。新闻宣传、信访维稳、后勤保障、老干部等工作不断加强，为行业发展提供有力保障。

（郝苑苑）

厅航务局 厅航务局（同时挂四川省地方海事局、四川省船舶检验局，实行“三块牌子、一套机构”）是省交通运输厅领导参照《公务员法》管理的事业单位。主要职能是负责贯彻落实国家和省有关水路交通的方针、政策、法律、法规和规章，研究制订相关实施办法，并组织实施；负责编制全省水路交通行业中长期发展规划、年度计划，并组织实施；负责全省水路交通运政和水路运输市场、水运服务市场、港口装卸市场的管理，协调重要物资、紧急物资水路运输；负责全省水运安全管理和水路交通安全执法监督，事故调查处理和水上救助打捞、船舶防止水域污染工作；负责航道、港口的规划、建设、养护、岸线使用和水路交通航道管理。会同有关部门协调处理水资源综合利用中的有关事宜；负责组织船舶、水上设施的设计、建造，船用产品技术核验和造船企业生产技术的认可发证以及水运科技的推广应用，水运行业计量、质量、技术标准，船舶通信导航的管理；负责船舶港务费和船舶检验费等水路交通规费征收的行业指导；负责船舶登记，船员培训、考试和发证管理工作；负责水运行业精神文明建设和航运职工队伍教育培训；承办省交通运输厅交办的其他事项。

2018年，全省航务海事系统既定的87项目标任务和13项急难险重工作全面完成。这一年，对行业发展具有里程碑意义的《四川省航道条例》经省人大常委会颁布实施；争取部省对行业的支持实现历史最大化，达到21.1亿元；嘉陵江“船来闸开”成为常态，川境段实现全江畅通；泸州、宜宾、乐山三港启动整合；安全监管实现由规范化向标准化提升，水上交通安全形势总体稳定。

补齐短板 ①“大学习、大讨论、大调研”深入开展。紧扣水运高质量发展，聚焦行业发展短板，开展重点课题研究19个，科学系统谋划四川水运未来发展举措。四川省港口整合思路等重点课题研究成果被省政府和省交通运输厅党组采纳并实施。②规划引领作用更加凸显。全省港口岸线普查启动，为非法码头整治和港口岸线保护奠定基础。加快全省内河水运中长期发展规划、水路交通信息化中长期发展规划编制，完成“十三五”水运规划中期评估调整，4个项目调整纳入部省规划。渠江航运发展规划及规划环评、岷江成都至乐山段航运发展规划环评编制完成待审。与云南省签署《推进金沙江航运共同发展合作备忘录》，金沙江下游航运发展规划和规划环评编制工作启动。③重点项目前期工作积极推进。在生态优先的前提下，5个重点项目前期工作加快推进。长江羊石盘至上白沙段航道整治项目工程可行性报告完成待审批，生态专题取得预审意见，项目环评即将上报审批。岷江老木孔枢纽、龙溪口至宜宾段航道整治工程可行性报告获省发展改革委批复。渠江风洞子航电枢纽、沱江自贡段航道等级提升工程可行性批复前置要件均仅差土地预审一项未取得。此外，嘉陵江利泽航运枢纽项目初步设计取得川渝两省（市）交通部门批复。④续建项目达到时序进度。落实《2018年续建重点水运项目推进实施方案》，建立项目推进进度清单，加强重点项目跟踪督导，8个续建项目质量、安全等“五大”管理总体受控。2018年，全省水路交通完成投资56.98亿元。

运输发展 ①多式联运发展成效明显。融入南向通道，泸州港、宜宾港首次开通至广州、广西钦州港铁水联运班列。拓展东向通道，“天天直航快班（升船机）”和“水水中转航班” 持续优化加密，新开通班轮航线2条，达到10条，每周发班30余班。对接西向通道，“蓉欧+泸州港”班列首发，蓉欧快铁第一条铁水联运线路开通。泸州港、宜宾港在昆明、攀枝花等地建立无水港，与遵义、毕节、六盘水等地签订合作协议，宜宾港进港铁路开工建设。全省铁水联运箱量达3.5万标箱，比上年增长25%。②通航建筑物运行顺畅。建立嘉陵江船闸联合调度机制，嘉陵江亭子口以下船闸实现联合运行，过闸船舶累计1 600艘次。亭子口升船机进入调试阶段。与云南建立协调机制，强化监管与服务，推动完成向家坝升船机试通航，升船机试运行正常，过闸船舶累计491艘次。③运力结构调整不断加快。开展长江上游标准船型研究，研究推广适合嘉陵江、岷江等主要江河航行的标准船型及主尺度系列9型。完成个体客船公司化经营，442艘个体客船加入公司化经营。截至年底，全省省际运输船舶441艘，千吨级船舶304艘，平均吨位3 070吨，增加80吨，过三峡船闸船舶标准化率88%。全省省际水运企业79家，万吨以上水运企业31家。三级Ⅳ类以上船舶生产企业58家，船舶工业健康发展。④运输服务更加高效。泸州港、宜宾港获批国家临时开放口岸，泸州获批港口型国家物流枢纽承载城市，泸州航运物流交易所完成筹建，“启运港退税+无水港”模式在泸州港先行先试。用好三峡过闸（升船机）绿色通道，全省121艘重点急运物资船舶优先过闸得到保障。推进多式联运“一单制”，制订《全省水路集装箱运输组织优化工程实施方案》。下放自贸区省级审批权限7项，支持自贸区建设发展。加强大件运输组织协调，保障126批次、3万吨大件顺利通过岷江运输。2018年，全省完成港口货运量6 862万吨、货物吞吐量5 685万吨，货物周转量270亿吨公里，比上年增长5.7%。

安全监管　①安全基础更加人性化。从人民群众水路出行需求出发，推进渡改人行桥建设，全省新开工建设渡改人行桥66座，建成33座，超额完成目标任务。截至年底，渡口改桥（2016—2020年）建设推进方案中的人行桥建设计划项目提前2年全部下达，全省撤销渡口184个，渡口减少至1 143个。试点实施船舶图纸集中专家审查，完成8型公益性渡船后评估并重新优化，启动第三代客渡船标准船型研发。提高旅游船主要技术指标，建立海事、船检、运政联合审批制度，严把客船准入关。强化船员集中安全教育培训，全省采用“自建+租赁”计算机考场模式，船员考试全部实现无纸化，8家船员培训机构通过部局审核，1.3万名船员安全意识进一步提高。②监管责任进一步体系化。新制定《水上交通安全预警响应处置程序》、修订完善《水上交通安全管理约谈制度》等4个制度。以流域为单元，在全省6条主要江河建立水上交通安全监管与应急救援联防联动机制，预警响应和突发事件处置流程更加规范有效。贯彻推进安全生产领域改革实施意见，省政府安委会7号文精神在全省落地落实，地方政府和涉水部门职责进一步理清。落实行业监管责任，开展中小型船舶、涉砂船等3个专项整治。组织开展沱江跨区巡航执法，省市联合应急演练2次，省市县三级组织演练13次。③监管过程逐步实现标准化。落实水上交通风险防控指导意见，建立完善动态调整和重大风险源联防联控机制，明确全省风险源辨识和分级标准，全省风险源、隐患、监管救助力量分布“两库一图”进一步完善。总结经验，对监管内容再量化，监管流程再规范，推广水上交通安全监管标准化工作指南。全行业组织检查组1.3万个，检查船舶3.7万艘次，渡口码头8 000余个次，巡航里程17.2万公里（含车、艇），发现并整改隐患780起。④监管手段加快科技化。推进水上交通安全监测巡航救助一体化建设，落实省级补助资金1.7亿元，24%市级水上交通安全监管系统和县级监管中心启动建设，省级航务海事平台进入最后开发阶段。2018年，完成甘孜堰塞湖抢险救援保障，成功应对嘉陵江、涪江、沱江特大汛情，处置水上交通突发事件37起，救助128人次。全省发生水上交通事故4起、死亡5人。

绿色水运　①内河非法码头整治全面启动。强化督查督导，完成长江干线88座非法码头整治，生态复绿37.83万平方米，恢复生态岸线12.25公里。建立常态化监管机制，杜绝长江干线非法码头死灰复燃。制订全省主要通航河流非法码头整治工作方案，并纳入河长制年度重点工作，明确整治工作要求和时间节点。截至年底，各地均启动整治工作并完成摸底核查。②分门别类推进船舶污染防治。开展全省船舶摸底调查，建立船舶污染源台账，为“规范新建船舶、治理在用船舶、淘汰老旧船舶”奠定基础。加强船舶检验，严格审查船舶图纸107套，把好船舶设计源头关。大力推广新能源船型，2套新能源船舶设计图纸即将应用。开展船舶污染防治回头看，强化船舶污染防治动态管控。泸州、宜宾等10个市（州）印发并实施船舶污染物接收、转运、处置监管联单制度及联合监管制度，攀枝花、绵阳等9个市（州）完成防治船舶及其有关作业活动污染水域环境应急能力建设规划编制。③港口污染得到有效防治。乐山、内江、自贡等13个市（州）完成港口与船舶污染物接收、转运和处置建设方案编制并由市政府印发，其余6个市（州）正抓紧推进。开展危险货物港口企业专项整治，全省从事危险货物经营的港口企业减少至6家。推动靠港船舶使用岸电，联合省能源局、国家电网公司建立合作保障机制，泸州港、南充港、宜宾港15个泊位建成岸电系统15套。2018年，全省未发生港口和船舶污染事故，环保督查反馈2个问题的8项整改措施全部落实，“回头看”期间未收到新的问题反馈。

行业管理　①法治建设取得重大突破。全力推动《四川省航道条例》出台，在全省组织“宣传周”等系列活动进行宣贯，为加强航道管理提供重要制度保障。《四川省水路交通管理条例（修订）》完成调研论证，《四川省水上交通安全管理条例》完成立法后评估。对11个市州进行水路交通行政执法评议考核，执法行为进一步规范。②“放管服”改革深入推进。规范行政权力清单和行政审批事项，省本级行政权力全部纳入省政府一体化平台。推进“证照分离”改革，以优化服务、落实供给侧结构性改革措施等方式，主动服务行业市场主体。省本级事项100%实现“最多跑一次”，全省行政审批事项按时和提前办结率均达100%。③惠民工程有效落实。贯彻落实调整后的农村水路客运燃油补贴政策，发放燃油补贴5 647万元，保障水路客运稳定。加快推进水路交通“厕所革命”，建成水路客运码头厕所25个，超额完成目标。开展行业扫黑除恶，重点整治水运建设、运输市场、河道采砂、监督执法等方面乱象，提升行业形象。加大精准扶贫力度，全行业选派扶贫干部78人，落实帮扶资金150余万元，帮助527人脱贫致富。④精神文明建设丰富多彩。全省水上应急救援技能比武成功举办，144名队员参赛展示风采。弘扬社会主义核心价值观，全省4名个人、2个集体获交通运输部表彰。《中国水运史》《中国水运建设实录》四川部分编纂按交通运输部时序积极推进。《中国交通报》、四川电视台等主流媒体专题宣传报道行业发展动态30余次，刊发各类新闻100余篇次。

（厅航务局）

厅运管局 厅运管局前身为四川省汽车运输公司，1985年4月1日改制为正处级行政事业单位，更名为四川省交通运输厅公路运输管理局，隶属省交通运输厅。2011年5月6日机构调整，更名为四川省交通运输厅道路运输管理局，同时撤销四川省高速公路运输管理处，将其编制和职能并入省交通运输厅道路运输管理局。厅运管局为参照《公务员法》管理的事业单位，事业编制96名，内设14个处室：党委办公室、局办公室、政策法规处、人事科教处、财务与规划统计处、客运管理处、货运管理处、车辆维修处、安全稽查处、驾驶员培训管理处、科技信息处、监察审计处、后勤管理处、公交与出租汽车管理处。有在编在职人员86名（干部80人、工勤人员6人）。直属企业3个：省运业汽车站建设有限责任公司、省蜀运实业有限责任公司和省公路运输服务中心，受厅委托代管四川省大件运输公司。主要职能职责：负责制订全省道路运输行业发展规划并组织实施；指导全省道路运输行业优化结构、协调发展，维护道路运输行业秩序；负责全省道路旅客运输、货物运输、机动车维修、道路运输站（场）、机动车驾驶培训、城市公交、出租汽车、城市地铁及轨道交通运营的行业管理及监督；负责全省道路运输安全的源头管理工作；负责道路运输行业统计，组织实施交通战备、抢险救灾等重点物资的紧急运输；负责道路运输管理队伍建设，并对下级道路运输管理机构的执法活动进行监督。

2018年，全省拓展农村客运发展模式。新增通客车建制村3 427个，超额完成交通运输部下达目标任务的128%，全省建制村通客车率88.8%。建成县乡村三级物流综合服务站181个，农村货运配送线路发展至400余条，服务网点发展至3 000余个，农村物流网络节点覆盖率（通邮率）94.71%。发展重点领域改革。梳理全省道路运输行政权力事项155项，建立“清单制+责任制”。省级许可事项全部实现网上办理，市、县级许可事项80%实现“最多跑一次”。省政务服务窗口全年受理行政审批1 642件，现场办结率、按时办结率、群众满意率实现“三个100%”。推进出租汽车改革。“合规化”工作取得突破，实现与公安部门共享出租汽车驾驶员背景信息，颁发网约车平台公司经营许可证153个、网约车驾驶员证68 121张、网约车运输证36 677张。15个市（州）出台深化出租汽车行业改革实施意见和网约车管理实施细则。推进维修驾培改革。全省725家驾培机构全部实现“计时培训、计时收费、先培训后付费”培训服务模式，内江、宜宾、攀枝花等地驾校学员选择新服务模式比例超过5%。启用四川省驾驶培训监管服务平台，教练车计时终端安装率达90%，广元、内江、攀枝花等地计时培训系统运行成效明显。提升基础设施障能力。全年完成道路运输场站建设投资35亿元。成都天府新区新津公路货物集散中心等3个物流园区主体完工，实现全省五大经济区均建成有大型货运枢纽（物流园区）。新开工建设8个客运枢纽“全覆盖”工程，建成和在建项目36个，覆盖90%的营运高铁站。新（改）建汽车客运站厕所322个，实现三级以上汽车客运站全覆盖。提升货运保障能力。全年完成公路货运量17.3亿吨、货物周转量1 813亿吨公里，较同期分别增长9.5%、8.1%。成立以网络节点为支撑、以业务合作为纽带的区域甩挂运输联盟，11家无车承运人试点企业的单车运输成本降低10%，龙泉驿中国西部汽车物流多式联运示范项目入选国家第三批多式联运示范工程项目，提前完成全省206辆不合规车辆运输车的淘汰退出目标。推进智慧绿色交通。全省道路运输综合管理信息平台启动建设，客运站联网售票网站和App功能优化升级，224个三级以上车站实现联网售票，二级及以上客运站省内联网售票率90%。成都、泸州入选全国绿色货运配送示范工程创建城市。全省营运“黄标车”全部淘汰退出营运市场，汽车检测与维护（I/M）制度全面实施。城市公交新增和更新新能源车比重超25%。行业安全形势总体稳定。全年发生道路运输行车事故195起、死亡229人，分别上升1.56%和下降3.78%。“两客一危”车辆（详见《附录》）未发生较大以上事故。坚持“六严禁”（详见《附录》），全年查实违规违法行为1 500余车辆次，处理率100%。坚持联网联控，全省“两客一危”车辆入网率100%，上线率95.06%，车辆实时在线率列全国前三位。主动安全智能防控技术试点应用稳步推进，试点安装的197台客运车辆安全运行成效初显。推广实施电子运单管理制度，电子运单异常率下降到5.5%。深化驾驶员管理。记分管理办法严格落实，7 822名驾驶员被计分，其中，1 562名驾驶员被列入“道路运输行业重点监控名单”，164名驾驶员被列入“道路运输行业禁止进入名单”并依法吊销从业资格证。培训教育创新落实，

"四川运管安全云课堂"入选交通运输部安全创新典型案例，3万余名驾驶员参加学习。增强应急保障能力。开展金沙江白格堰塞湖交通应急抢险工作，组织客车转移出灾区第一批受灾群众及建设工人。完成"西部地区道路运输应急保障演练"任务。扫黑除恶专项斗争初见成效。加快推进涉黑涉恶及乱象问题线索治理，高压态势铁腕整治"黑车"、地下班线、驾培市场十大乱象，全年查处"黑车"1.7万辆，取缔地下班线23条，整治驾培市场乱象1 000余起，移交司法机关追究刑责2起，移交纪检监察部门问责系统内干部职工16人。行业反恐防范能力不断加强。实现跨省、跨市客运班线（农村客运班线除外）汽车客运站售、检票实名制管理，在成都东站汽车客运站等5个汽车客运站开展《客运站反恐怖防范工作规范（试行）》试点工作，落实寄递物流"三个100%"制度。

（蒋智力）

厅高管局 2011年5月，厅高管局挂牌成立，受省交通运输厅委托承担全省高速公路养护、运营服务的监督管理和联网收费管理、安全监控、应急处置等工作。厅高管局与厅高速公路交通执法总队实行"一套机构、两块牌子"，受省交通运输厅委托管理7个高速公路交通执法支队和高速公路监控结算中心。厅高速公路交通执法总队和7个高速公路交通执法支队受省交通运输厅委托承担全省高速公路路政、运政和收费稽查工作。

2018年，厅高管局（厅高速执法总队）机关核定编制58名，其中领导职数4名（1正3副），总工程师1名；内设机构领导职数21名（8正13副）；内设综合办公室、政策法规处（安全监督处）、运行管理处（应急办公室）、建设养护处、收费财务处、服务监管处、人事教育处、监察审计处8个处室。机关在编人员42人，研究生学历18人，大学学历23人，大专及以下学历1人。7个执法支队批准设立106个执法大队，核定编制1 314名。每个执法支队领导职数1正3副，7个执法支队核定领导职数28名；执法支队机关内设办公室、执法科、财务科、服务监督科、安全监督科、人事教育科、监察审计科（纪委办公室）7个科室，各科室领导职数按1正1副配备，共98名；每个执法大队核定领导职数1正2副，共318名。在编执法人员1 292名，协助执法人员191名。

监控结算中心承担全省高速公路联网收费管理，与科研所、智能公司实行"统一党政领导、统一设置内设机构、统一管理人员、统一工作安排调度"，内设办公室、系统运行处、技术维护处、信息情报处、财务处、后勤物业处6个处室。监控结算中心核定编制35名，其中，领导职数3名（1正2副），在编人员29人。科研所核定编制66名，其中，领导职数4名，在编人员32人。智能公司现有人员（川高直属企业）73名。

2018年，省交通运输厅高管局（厅高速执法总队）以"五好"高速公路建设为抓手，推进智慧高速公路建设，打造高速公路服务品牌，提升行业治理能力。信息化建设方面，编制完成《四川省高速公路信息化建设顶层设计》和《四川省高速公路信息化数据标准体系设计》；灾备中心建设"开局战"、路网视频系统"集成战"、移动支付系统"升级战"、行业管理系统"整合战"、出行信息系统"突破战"顺利推进；ETC升级拓展持续深化，ETC专用车道数1300余条，服务网点2 758个，用户突破390万户。提升服务品质方面，创建11条"五好"高速公路，"五好"高速公路总数达20条；完成30对服务区人性化设施提升，改善9对服务区水源供给，4对服务区节假日应急保障得到加强；服务质量评价不断完善，全省高速公路服务质量满意度稳步提升；实施服务区文明服务创建，评定星级服务区23对，复审21对，推动服务区服务质量管理规范上升为地方标准；推进全省高速公路景观绿化改造提升，3条试点线路加快实施；完成都汶高速公路紫坪铺水库环境风险问题以及成德绵、达渝、乐宜等高速公路噪声污染问题整改工作；完成成都绕城高速公路、雅西高速公路泥巴山隧道等路面大中修1412车道·公里，处置三类桥隧44座。创新管理方面，完善高速公路行业管理模式，"一路四方"联动工作机制实现已通高速公路21个市（州）134个县（市、区）全覆盖，深化"放管服"改革，实现超限运输审批"两集中、两到位"和网上办理，超限运输、涉路及养护施工审批集中统一办理，完善"一路一大队"执法管理模式，推动广元、巴中、达州、遂宁等片区执法集中办公试点；推广"三基三化"建设试点经验，推进基层执法大队规范化建设，推进高速公路交通执法信息化建设，加快高速公路行业监管和交通执法一体化系统建设，创新开展高速公路"服务区+扶贫"工作，建成夹江天福服务区扶贫产品展销示范点，取消川渝10处省界收费站；开展"大学习、大讨论、大调研"活动，形成4篇调研报告。交通执法方面，编制执法文书范本、内部管理制度手册，修订完善一系列配套管理办法；稳步终止20～30座客运车辆和正常装载合法运输车辆7～8折优惠政策；做好高速公路交通执法工作，强化高速公路建筑控制区、桥下空间等巡查监管力度；做好行政处罚、行政许可信用信息"双公示"工作；组织开展"路政宣传月""交通信用宣传月"等宣传活动。安全管理方面，不断健全安全生产责任体系，推进安全生产诚信体系建设；组织开展高速公路不合规车辆治理工作，推动入口"治超"管控数据联网，基本实现高速公路违法超限货车"零驶入"，全年未发生因超限导致的道路交通安全事故；完成663座隧道洞口安全性能提升工作，排查整治安全隐患3 000余处；开展高速公路安全大会战、交通执法大会战和交通安全宣传大会战，完成663座高速公路隧道出入口提升改造工作及汛期和地质灾害期间安全排查工作。队伍建设方面，以贯彻落实习近平新时代中国特色社会主义思想和习近平总书记来川视察重要讲话精神为主线，推进“两学一做”学习教育常态化制度化，开展“四好一强”领导班子和“五好”党支部创建工作；依托“互联网+党建”，创新开展天天微党课194期，实现1 266名党员全覆盖、常态化；共产党员服务车实现全省主要高速公路全覆盖，解决2004年车购税费改革后遗留的成南征费中心等全省8处交通与税务部门之间资产划转问题，清核成都、眉山、阿坝稽征处资产、账务等遗留问题；稳步清退协助执法人员850名；在中央、省级主流媒体宣传报道重点工作成效20余次，发行《四川高速》杂志4期。

（厅高管局）

厅质监局 厅公路工程质量监督站成立于1988年5月，挂靠厅公路局开展工作。1990年10月，成立厅公路工程质量监督站，为县级事业单位；2003年10月，原属厅航务局内设的水运工程质监站并入厅质监站，同时更名为厅公路水运质量监督站；2009年12月，经省人事厅批准改为参照公务员管理单位；2010年7月，更名为厅公路水运质量监督站。2012年8月，更名为厅工程质量监督局。2016年12月，由省交通运输厅负责，厅质监局具体实施全省地方铁路建设质量安全行政监管工作。2017年5月，增加厅质监局“承担全省地方铁路建设质量和安全生产监督管理的事务性工作”职责。厅质监局核定编制53名，其中，领导职数4名（1正3副）。局内设党委（纪委）办公室、综合办公室、质量监督科、安全监督科、工程技术科、资质管理科6个科室。

2018年，全省组建县级交通质监机构178个，比上年新增21个，建成率97.6%。全省20个市（州）3 112万元监督抽检经费纳入年度财政预算，机构、人员、经费得到保障。全省监督任务创历史新高，监督项目总里程3.5万公里，其中高速公路项目28个、2 387公里，国省干线公路项目192个、5 188公里，农村公路2.67万公里，地方铁路项目5个、350公里，水运项目5个。省、市两级开展监督检查1 800余次，出动监督人员7 000余人次。完成35个高速公路项目3 200公里竣（交）工验收任务，比上年增长330%。县乡道提升改造、通乡通村、渡改桥等农村公路项目全部纳入县级质监机构监督范围，农村公路基本实现全覆盖监督。“监督工作组+专家+第三方检测机构”的“三位一体”监督模式在高速公路和重点水运项目不断巩固和完善，国省干线和农村公路项目全面推广应用。“四好农村路”示范县创建过程中积累质量安全监管好的一系列做法和经验，并在全国、全省现场会上交流推广。环境保护纳入建设项目监督范畴，实现环保监督常态化，落实高质量发展的内在要求。在全国范围内率先将地方铁路项目纳入交通质监部门监督，探索综合交通质量安全监督工作机制。全省各级质监机构抽检交通建设项目各类指标61万余点，其中，公路原材料与产品质量合格率继续保持在97.5%以上，路基工程、路面工程、安全设施总体合格率分别为99.41%、97.79%、99.76%，比上年提升0.31%、0.59%、0.86%，路基工程、隧道工程、交安工程总体合格率超过全国平均水平。出台《关于加快推进公路水运品质工程建设实施意见》《关于在全省重点交通建设领域推行施工班组规范化管理的指导意见》，确定一批高速公路、国省干线公路、水运项目开展品质工程示范创建，犍为航电枢纽被交通运输部确定为水运工程施工标准化示范创建项目。以天府机场高速公路、仁沐新高速公路和川九路为代表的项目在施工标准化、智慧梁场建设、BIM技术应用、班组规范化管理等方面取得初步成效。加快“四新技术”（新材料、新设备、新工艺、新技术）应用和研究，新开工高速公路项目全面推行桩基旋挖施工等11项“四新技术”，国省干线公路等其他交通重点项目有序推广。对施工工艺、质量控制、操作技术落后的技术工艺全面清理，制定和发布35项禁止、限制使用工艺清单，加速淘汰落后工艺，提升工程质量技术保障。2018年，发生安全生产事故3起，死亡7人，事故数比上年减少8起，下降72.7%，死亡人数比上年减少10人，下降58.8%，安全事故起数和死亡人数实现“双下降”。7个项目被评为省级平安工地示范项目，简蒲高速公路和南充港都京作业区被交通运输部评为公路水运建设平安工程。对全省在建28个高速项目和110个地方在建重点公路项目梳理排查，建立“两库一图”和“两清单、一卡、一册”（管控责任清单、管控措施清单，明白卡、安全风险册），查找治理隐患1 073个，对重大安全风险和重大危险源进行挂牌督办，遏制重特大安全事故发生。多个项目建立安全“VR体验馆”，运用BIM数字化技术建立“施工安全风险管控平台”，采用实时视频监控、智能门禁系统、人员实时定位系统等先进技术对高风险重点施工点进行监管，科技治安水平大幅提升。对53家监理企业和91家检测机构进行信用评价，在“全国公路建设市场信用信息管理系统”完成30家监理企业和2 500人次监理人员基础信息审核，分5批次完成63家检测机构换证复核，评价考核办法和结果全部实现网上公开查询。办理监理、检测企业资质服务128项，监理检测人员岗位登记2 531人次，监理资质新增甲、乙、丙级各1家，检测资质新增综合甲级3家、综合丙级2家，按时办结率和群众满意度100%。在地方铁路监督方面，引入“监督工作组+专家+第三方检测机构”监督模式，初步建立监督、建设、从业各方协作工作机制，开展地方铁路质量安全监督工作。在加大日常监督检查的同时，落实项目抽检经费，委托第三方机构负责质量监督检测工作，对承担的5个地方铁路项目进行全面监督检查、检测，检测、抽检23次，抽检点位44 535点，发现各类质量安全问题506个，发出整改通知单56份，实施整改闭合管理制度，问题全部督促整改到位。在全国范围先行先试，探索解决地方铁路监督职责落实、经费保障、公铁融合、履职尽责等问题，经验做法为构建省综合交通质量安全监督机制奠定基础。2018年11月，厅质监局受国家铁路局邀请，参加全国地方铁路监管工作交流座谈会，并作大会交流发言。

（厅质监局）

纪检工作
JIJIAN GONGZUO

纪律审查 2018年，驻厅纪检监察组持续加强纪律审查力度。全年调查核实或参与、指导厅直单位纪委调查核实问题线索72条，立案审查7人，给予党纪、政纪处分7人，诫勉谈话、组织调整和批评教育103人，收缴违纪所得120.59万元，挽回经济损失52.8万元。

巡　察 2018年，驻厅纪检监察组协助厅党组开展巡察工作，坚持以问题为导向，首轮巡察和交通扶贫专项巡察查找问题195个，提出整改措施214条，发现问题线索18条。督促对巡察反馈问题整改，对6个被巡察单位的整改报告、25个单位的自查自纠报告进行审核，逐一梳理整改完成情况，班子成员提交履责清单。推动解决问题从“割韭菜”到“挖韭菜”，从根源上解决问题36个，避免问题年年发现、年年整改、年年再现。拓展巡察成果，坚持解决问题不能就问题说问题，把每一个问题做到对整个厅直系统产生规范效应的层面。梳理并通报首轮巡察51个共性问题，6个被巡察单位针对问题举一反三，未被巡察的25个单位对照共性问题清单自查自纠。针对巡察发现的厅属企业贯彻执行中央“八项规定”精神方面的问题，驻厅纪检监察组开展专项调研，对收集的19个问题进行政策性解答，进一步强化规矩意识和纪律意识。

纪检工作队伍建设 2018年，驻厅纪检监察组组织40名新晋纪委书记、纪检委员参加中央纪委中国纪检监察学院北戴河校区派驻机构纪检监察业务培训班。选派厅直系统7名纪检人员到纪检组进行实战轮训，提升“公文写作、组织协调、执纪审查”三项工作能力。选派系统50名纪检干部赴中国政法大学参加证据收集专题培训，着重提升执纪审查能力。开展市（州）和县（市、区）交通部门纪检组长培训座谈会，沟通讲解厅党组的做法，市（州）“比照做、参照做、选几样做”，全省交通运输系统从严治党合力逐步形成。

课题研究 2018年，按照中共四川省纪委书记王雁飞调研省交通运输厅时作出的“争取成为一个标杆，成为一个模式”的指示和要求，驻厅纪检监察组系统梳理近

2018年5月22日，驻厅纪检监察组调研甘孜州交通建设及党风廉政建设情况　驻厅纪检监察组 供图

年工作，开展“派驻监督之交通厅模式”研究。围绕“执纪监察室和派驻监督协同配合，纪检组主体责任、主体资格的相对性，纪检组监督责任与厅党组主体责任协同配合，派驻机构‘派’的权威和‘驻’的优势有机结合”等12个问题开展专题研讨，理清思路，提出对策措施。会同西南交通大学廉政研究中心，系统总结2016年以来驻厅纪检监察组主要做法、特色经验和工作成效，收集资料112份，1 360页，60万字，召开8次座谈会，举行研讨会，开展个案剖析研究和工作跟踪调研，深入德阳、广安、遂宁等市（州）深度挖掘，从理论高度、战略角度进行分析、研判，酝酿形成派驻监督做法结题报告，为深化纪委派驻机构改革、提升派驻监督实效探索新路。组成3个调研组，先后赴内江市、巴中市、甘孜州开展“如何营造交通运输系统风清气正良好政治生态、交通运输领域扶贫腐败和作风问题”课题研究，形成《加强党风廉政建设、营造交通运输系统风清气正良好政治生态研究》调研报告。

纪检工作宣传平台建设 2018年，驻厅纪检监察组利用“厅直系统纪检微信工作群”“全省交通运输系统纪检微信工作群”“纪检微平台”“四川交通手机快讯”等载体和平台，将省交通运输厅纪检监察工作效应释放到省、市、县三级交通系统全体干部职工。“纪检微平台”实现全省21个市（州）、183个县（市、区）交通运输部门全覆盖。“点滴纪检”创刊号《成风化俗之交通变化：蜀道在延伸，纪检在行动》覆盖近千万人次，点击量超80万人次。

（本栏目撰稿人：周　磊）

机关党建

JIGUAN DANGJIAN

推进全面从严治党 2018年，省交通运输厅推进全面从严治党。

学习党的十九大精神和习近平总书记来川视察重要讲话精神。印发《学习宣传贯彻习近平总书记来川视察重要讲话精神工作方案》，确定7方面41条贯彻落实措施。厅党组先后2次组织专题学习，厅直系统通过中心组学习、“三会一课”“走基层”专题宣讲、专题培训班等多种形式，深化学习。利用厅官方网站、厅微信公众号、《四川交通杂志》、手机快讯等媒体平台，先后开设“在习近平新时代中国特色社会主义思想指引下——新时代新气象新作为”“厅深入学习贯彻习近平总书记来川视察重要讲话精神”等三个专题专栏，持续开展宣传报道。

学习省委十一届三次全会精神，推进“大学习、大讨论、大调研”活动。制订厅党组《“大学习、大讨论、大调研”活动方案》《厅党组学习宣传省委十一届三次全会精神方案》《厅贯彻落实省委十一届三次全会重要部署交通运输任务分解落实方案》等，推进专题学习讨论、专家讲坛、干部轮训等工作，活动期间，厅机关及所属各单位开展大学习活动1 084次，9 773人次参与；大讨论762场，6 799人次参与。围绕省委省政府重大决策部署，印发《厅党组贯彻落实习近平总书记对四川工作重要指示精神交通重点课题调研方案》，聚焦打通对外开放大通道等重点难点问题，提出22个重大课题。《加快综合交通运输大通道建设 完善现代交通基础设施网络研究》省级调研课题，调研成果得到省领导高度肯定。厅直系统开展调研课题164个。厅党组分别在省委“三大”活动第二阶段推进会和“三大”活动总结座谈会上作书面交流。

推进“四好一强”领导班子创建，研究制定《厅“四好一强”领导班子创建活动计划》，全面开展创建活动。以中心组学习为龙头强化思想武装，推行中心组成员轮流主讲和专家授课等多种形式，抓好专题学习，厅党组被省直工委评为2017年度“党组中心组学习先进单位”。开展厅领导班子民主生活会，针对六个方面17个问题，提出19条整改措施，推动整改落实。推动全系统434个基层党组织开好民主生活会和专题组织生活会，13名厅直机关党委委员深入30个厅直单位和15个厅机关党支部开展督导，实现全覆盖。

切实履行抓党建工作责任制。召开2018年度党建工作会，对厅直系统党建工作全面安排部署。印发《2018年党建工作要点》，明确24项重点任务。组织召开党风廉政建设工作会议、制定党风廉政建设责任分工表，分解落实7类26项任务。召开党建工作会议，对厅直单位党组织书记进行集体约谈。组织召开2017年度党组织书记述职测评大会，对49名厅直系统党组织书记进行述职测评。研究制订《“四好一强”领导班子创建活动、落实党建工作责任制和党风廉政建设责任制考核办法》，开展对厅直单位和厅机关处室党建、四好活动、党风廉政建设和学习宣传贯彻党的十九大精神的集中考核，推动从严治党落地落实。

2018年，厅直系统200名党员举行集体入党宣誓仪式　　厅机关党委 供图

落实意识形态责任制。根据省委办意识形态工作第13督察组专项督查反馈，落实意识形态工作责任制，多次对意识形态工作作出安排部署，强化意识形态管理，加强行业媒体等舆论阵地建设和管理，完善《〈四川交通〉杂志保密审查制度》《〈四川交通〉内部刊型资料编辑出版流程》以及《四川交通广播节目工作流程》等相关制度。

不断夯实党的基层组织。强化组织建设，建立换届清单，对3个厅直单位党组织发出换届提醒通知，指导完成换届工作。做好“两院一公司”转企改制和省交科院党委成立的指导督促工作。加强支部建设，组织开展2018年度基层党组织“三分类三升级”工作，推进4个后进支部整改提升工作。创新学习形式，编印《支部学习》22期，印发至厅直系统394个支部。创办“党建小闹钟”，及时督促基层党组织落实党建各项工作。组织厅直系统党支部开展“不忘初心、牢记使命”主题党日活动。开展“五好党支部”创建活动，厅直系统8个党支部被省直工委表彰为2017年度“五好党支部”。严格党员发展，科学制定党员发展计划，2018年度发展党员200名，举办2017年度新发展的200名党员集体入党宣誓仪式。统筹推动党员积分制管理工作，制订印发厅党组《“党员积分制管理”试点工作指导方案》，组织各厅直单位开展党建基础工作交叉检查，将党员积分制管理、“五好党支部创建”等作为重点内容，推动工作落实。推进党员干部全覆盖培训。举办党务干部培训班、入党积极分子培训班各1期；举办厅直系统党员轮训班3期，600人次参加培训。开展“走基层”活动，做好困难党员、老党员、老干部走访慰问、社区双报到工作和党员爱心互助金的收缴和申报等工作。2018年，厅直机关党委被省直工委表彰为“先进党组织”。

推进机关文化建设。推进全民阅读，助推文化交通建设。每季度编印“四季悦读”推荐书目发放厅直系统全体党员，每季度举办“四季讲坛”，每周推送“四季悦读俱乐部”微信公众号，建成开通24小时全自助“四季书屋”，受邀参加北京市直机关工委组织的“书香中国”研讨会，在省直工委举办的机关导读志愿者培训班上作经验交流。省委常委、宣传部部长甘霖在省全民阅读指导委员会《书香天府·全民阅读简报》第二期《打造阅读品牌　建设书香交通》上批示：“交通厅把推动阅读作为机关文化建设的重要内容和抓手，抓得好，经验可贵，可予推广。”

激发群团统战活力。开展民主党派和无党派人士统计摸底工作，组织3名无党派人士参加省直工委培训，推荐1名四川省妇女第十三次代表大会代表。举办迎新春拔河比赛、“三八”妇女节活动、端午节包粽子比赛。印发厅直系统全民健身活动方案，推进各类体育活

2018年11月24日，省交通运输厅机关团委和乐山团市委共同举办金口河儿童“走出大山看世界”扶智励志行活动。图为活动现场　　厅机关团委 供图

动开展。厅信息中心信息科被省妇联评为“三八红旗集体”，厅直单位5个家庭获“最美家庭”提名奖。开展共青团“新时代、新青年、新形象、新作为”主题教育实践活动，举办“我的青春·我的梦”主题征文，金口河儿童“走出大山看世界”扶智励志行活动等。

党风廉政建设和反腐败工作 2018年，省交通运输厅落实党风廉政建设责任。组织召开党风廉政建设工作会，层层签订责任书，印发《2018年党风廉政建设工作要点》和《党风廉政建设和反腐败工作主要任务分工表》，细化26项重点任务分工。

持续加强党的作风建设。制订印发《厅党组贯彻落实中央八项规定和省委省政府十项规定的实施细则》，深化作风建设，整治形式主义、官僚主义，深化纠正“四风”问题。组织开展“以案释纪明纪 严守纪律规矩”主题警示教育月活动，覆盖厅直系统434个基层党组织。制定厅党组《学习宣贯〈中国共产党纪律处分条例〉工作方案》，并抓好落实。进一步落实“三转”要求，制订《关于进一步规范纪检组织监督招标管理工作的通知》，建立厅机关招标监督员库。严格廉洁把关，及时出具科级及以下党员干部廉洁意见208份。

切实抓好巡视巡察整改。研究制订《厅党组贯彻中央第四巡视组巡视四川省反馈意见对照检查整改方案》，坚持问题导向，坚持举一反三，认真对照自查，梳理出4类15个问题，进行任务分工，积极整改。制订《关于开展巡视发现问题专项整治工作方案》，对“党建工作中弄虚作假现象”“选人用人问题”和“不担当不作为问题”开展专项整治。配合做好省委第五巡视组对厅党组扶贫领域专项巡视工作和省委办意识形态工作第13督察组专项督查迎检及整改工作。

政风行风建设 2018年，省交通运输厅召开全省交通系统政风行风建设推进会，总结2017年工作，部署2018年工作。修订印发2018年版“五大行动”方案，完善46条共性措施。调整政风行风建设领导小组成员，强化领导，监督落实。组织召开12次月度工作例会，通报工作进展情况，研究部署阶段性工作。统筹推动“五大行动”交叉调研和交叉检查暗访，发现问题，督导整改，推动落实。

交通定点扶贫和驻村帮扶 2018年，省交通运输厅直属机关党委履行牵头职责，健全工作体系，统筹建立省级部门对口帮扶沐川县、金口河区联席会议制度，形成省级帮扶部门共同帮扶定点扶贫县（区）、厅直单位和厅机关处室帮扶贫困村、党员干部帮扶贫困户的三级帮扶体系。强化工作部署，先后印发《定点帮扶金口河区工作方案》《2018年帮扶越西县工作方案》《定点帮扶沐川县工作方案》，提出62项帮扶措施。牵头组织沐川县16个帮扶工作组、金口河区11个帮扶工作组制订2018年对沐川县16个贫困村、对金口河区11个贫困村的帮扶方案。积极推动各项工作落实，组织召开多次省级单位对口帮扶金口河区联席会议。组织30个厅直单位、19个机关处室赴金口河区集中对接帮扶工作。建立工作月报制度，建立帮扶工作台账，按时报送《定点帮扶工作月报表》和《干部驻村工作月报表》，创办《交通扶贫动态》并编印12期，发放《习近平扶贫论述摘编》等学习书籍。牵头组织省、市、县三级督导组完成对金口河区、沐川县2018年第一轮脱贫攻坚全覆盖督导，发现75个具体问题并督促整改。牵头完成对仁寿县、甘洛县脱贫攻坚暗访工作。牵头组织完成对德格县2018年第二轮脱贫攻坚全覆盖督导，发现5类9项具体问题，提出意见建议并督促整改。沐川县被省委省政府评为摘帽工作先进县，金口河区2017年脱贫成效考核综合评价为“好”，交通建设扶贫专项获评8个“优秀”扶贫专项之一，省交通运输厅定点扶贫工作年度考核结果为“好”。

（本栏目供稿单位：厅机关党委）

专 文

脱贫攻坚的交通实践

——沐川县交通发展规划思考

沐川县交通运输局 凌维东

脱贫攻坚开展以来，沐川县委县政府坚持“要致富，先修路”理念，始终把交通摆在优先发展突出位置，通过一轮又一轮交通大会战，特别是犍沐快速公路投运和仁沐高速公路建设，全县落后的交通状况得到根本性改变，交通服务能力显著提升。截至2018年底，全县公路通车里程4 429公里，拥有客运企业5家，客运车辆131辆，年客运量351万人次，货运企业

21家，货运车辆428辆，年货运量450万吨；有水运企业2家，船只16艘。交通条件的改善，带来一系列可喜变化。一是区位条件改变。高速、快速公路投运，使沐川真正融入乐山一小时、成都两小时、重庆三小时经济圈，搭上大中城市发展快车，受到的辐射带动作用更多。二是“毛细血管”四通八达。全县拥有农村公路4 241.41公里，其中硬化路3 423.11公里，泥结碎石路818.3公里，实现100%农经社道通硬化路，农村交通基础设施条件全面改善。三是生产方式发生变革。通组公路和产业路不断连线成网，使群众告别“晴天一身灰，雨天一身泥”的劳作方式，也带动种养业由分散向集中、由零星向集聚、由粗放向集约转变，形成以竹浆纸业一体化为代表的支柱产业，以茶叶、竹笋、猕猴桃、魔芋、乌蒙沐歌等为代表的特色产业；产品销售方式实现改变，村村建立电子商务店，实现线上线下销售，拓展销售市场，据农业部门统计，全年特色农产品线上销售额达2亿多元。

沐川发展的基础在交通，要素在集聚，关键在教育。作为基础产业，交通运输在长足发展的同时，还存在着一些明显短板。一是“重建轻养、重管轻运、以建代养”的问题还没有得到根本改变，全社会形成爱路护路、树立公路全寿命周期理念的氛围还需大力营造。二是产业路、资源路发展不足，断头路较多，形成成线成环的公路网还需努力。三是运输方式单一，运输业还不发达，政府承担的运输“成本”居高不下，超限超载等损害破坏公路和桥梁的违法行为屡禁不止，成为顽疾。这些短板，需要在发展中逐步加以解决。

沐川县未来的交通运输发展，要以认真贯彻落实《交通强国建设纲要》和县委县政府《关于加快交通建设促进高质量发展的实施意见》为统领，抓住规划引领这个关键，围绕“做好一篇文章、实现二个目标、突出三个重点”发力做好交通规划工作，为促进全县乡村振兴和经济社会高质量发展提供坚实的交通支撑。

（一）做好水陆联运一篇文章

岷江航电龙溪口枢纽建设，为全县开发利用沐溪河水利资源，打破传统单一的公路运输提供千载难逢的机遇，对未来发展空间、发展布局、发展产业带来重大机遇。众所周知，水运在现有运输方式中，运营成本、维护成本、运输成本最低，据厅交通设计院测算，水运成本仅为公路运输成本的三分之一。根据反复调研论证，龙溪口枢纽建设，将在沐溪河形成一段天然航道，其中沐川县境内8.5公里，犍为县境内6公路，经省航务部门和设计单位多次现场勘察，初步选定在炭库乡友谊村4组（小地名罗家坝）建设码头和港区，打通沐川县通江达海通道。该思路受到省市重视和支持。10月25日，沐溪河航道由7级升3级的论证研究通过省专家组评审。全县将按照公水联营模式，统筹沐川港、沐宜快速、临港工业园区规划，加快码头及港区工程可行性研究报告和勘察设计，确保在2023年龙溪河枢纽下闸蓄水前完成建设工作，为沐川经济腾飞插上新的翅膀，打造新的经济增长极。

（二）咬定二个目标不放松

县委、县政府《加快交通建设促进高质量发展的实施意见》提出“统筹‘三个循环’和所有乡镇半小时进入高（快）速的交通发展目标”，要求围绕高速、快速、干线公路布局，结合公路、水路、物流规律，科学研究制订全县交通发展规划。

构建“三个循环”交通体系，要求立足当前，着眼长远，认清短板，全力补齐。打通外循环方面，以县城为中心，北向有仁沐高速公路、五沐快速和国道213线三条大通道，南向有仁沐高速公路和国道213线二条大通道，西向有沐马高速公路、乐西高速公路和国道348线三条大通道，东向到目前为止既无高速公路快速公路，也无国道。东向对外大通道存在严重短板，需要加快沐宜快速，沐溪河水路建设予以补短。在畅通内循环方面，一方面是全县有海云、武圣、富和、炭库等4个乡（镇）未通油路，与国家提出的乡乡通油路有差距；另一方面虽然从县城到乡（镇）政府所在地已全面畅通，但有部分乡（镇）之间、场镇之间没有实现直接互联互通，如大楠与炭库、炭库与箭板、海云与茨竹、茨竹与舟坝等场镇。在完善微循环方面，村与村、组与组之间存在大量断头路，实现纵横交织的公路网任重道远。通过脱贫攻坚和实施交通大会战，全县广大农村群众出行的生活性道路基本解决，但资源路、产业路需求仍十分旺盛，要根据产业类型、特性、管护要求，合理编制产业路、资源路建设的专项规划，采取宜砼则砼、宜土则土方式，有序开展建设。对道路使用率高、产业管养要求高、年年有收获的产业项目，适宜建设成硬化路；对中长期林业发展项目，原则上修建泥结碎石路，满足栽植和采伐运输即可；对产旅融合发展项目，应提高公路建设等级，采用彩色或黑色沥混路面，为广大游客提供舒适安逸的通行条件和环境。

实现所有乡（镇）半小时内进入高（快）速公路，结合高（快）速公路布局，认真分析现有道路通行状况和能力，加以改造提升或重新布线。从全县高（快）速公路实际规划布局来看，底堡、箭板、杨村、海云4个乡（镇）半小时内进入高（快）速公路有一定困难，需要早谋划，早启动。

（三）始终突出三项重点工作

1．始终围绕“两个服务”做好规划工作

交通部门要主动增强并牢固树立服务乡村振兴、服务高质量发展意识，始终围绕“两个服务”思考、谋划、开展全县交通规划工作。从沐川县实际情况看，要提高交通服务乡村振兴和高质量发展能力，必须坚决贯彻落实县委县政府“要改革交通项目计划安排方式，树立公路围着产业建、产业围着公路转的发展思路，加大对以业主开发农村特色产业为主的资源路、园区路支持力度，园区规模越大，支持力度越大，切实为做大

做强农村特色产业提供交通支撑”要求，高度重视、优先开展特色产业园区道路规划、实施，为产业兴旺打下坚实交通基础。要贯彻落实县委县政府“突出交通+旅游、交通+特色产业、交通+电子商务深度融合发展”要求，按照点线结合、连线成环、一路一产业、一路一特色思路，统筹交通发展规划与文旅、特色产业、乡村振兴等相关规划的顺畅衔接，将交通规划重心、重点显现出来，与文旅、经信、农业、林业、发展改革委等部门密切对接，开放开展交通规划编制，充分吸纳和接收全县国民经济和社会发展规划及相关专业规划成果，使交通规划与之更深度融合，解决好交通服务全县经济社会发展的最后一公里问题。

2. 始终围绕科技创新做好规划工作

一是抓好智慧交通建设。推动大数据、互联网、人工智能、区块链、超级计算等新技术与交通行业深度融合，充分整合利用应急指挥、天网、雪亮工程、交警电子抓拍、科技“治超”等平台资源，推动加速与交通基础设施网、运输服务网融合发展，建立起先进的交通信息基础设施，加强区域综合交通网络协调运营与服务技术、城市综合交通协同管控技术、航运安全管控与应急救援技术推广运用，使交通发展充满科技“味”。二是抓好交通集约节约发展。加强老旧设施更新利用，推广施工材料、废旧材料再生和综合利用，提高资源再利用和循环利用水平，坚决走出“以建代养”怪圈；优化交通能源结构，推进新能源、清洁能源应用，促进公路货运节能减排，推动城市公共交通工具和城市物流配送车辆全部实现电动化、新能源化和清洁化，统筹油、路、车治理，有效防治公路运输大气污染，形成绿色低碳运输。三是抓好交通安全生产体系建设。完善安全责任体系，强化企业主体责任，明确部门监管职责；完善预防控制体系，有效防控系统性风险，建立交通装备、工程第三方认证制度；完善网络安全保障体系，增强科技兴安能力，加强交通基础设施安全保护；完善支撑保障体系，加强安全设施建设建立自然灾害交通防治体系，提高交通防灾抗灾能力；加强交通安全综合治理，切实提高交通安全水平。

3. 始终围绕示范到引领做好规划工作

一是深化“四好农村路”示范规划。习近平总书记对“四好农村路”建设做出一系列批示指示，《交通强国建设纲要》也作出明确部署。沐川县作为生态主体功能区和山区农业县，建设好“四好农村路”对服务乡村振兴，服务高质量发展显得更加重要。“四好农村路”建设不单纯是就农村公路“建管养运”而言，而是要给广大农村带去人气和财气，是乡村振兴的“先行官”和基础支撑，交通部门要自觉树立高质量发展理念，由追求速度规模向更加注重质量效益转变，由各种交通方式相对独立发展向更加注重一体化融合发展转变，由依靠传统要素推动向更加注重创新推动转变，构建安全、便捷、绿色、经济的现代化综合交通体系，建设人民满意交通。二是抓好交通引领示范规划。紧密结合沐川产业实际，以“产业园区化，园区公园化”为引导，突出“交通+产业+旅游”规划，充分利用现有和拟培育项目，使交通与之深度融合，如牛栏山茶旅公园、龙门大峡谷公园、李家山地质公园、解结湖湿地公园、五马坪森林公园、舟坝库区休闲公园、竹海·了情岩康养公园、生态文明展示园、桃源山居·醉氧天街公园等规划建设，集中有限资金，一处一处打造，驰而不息，久久为功，示范引领全县现代特色农业和全域旅游业优质快速发展。

工会工作

GONGHUI GONGZUO

概　况　2018年，省交通工会主要开展以下工作。努力向上看齐，始终维护核心。深入学习习近平新时代中国特色社会主义思想和党的十九大精神，弘扬劳模精神、劳动精神和“两路”精神，激励广大职工争做新时代的奋斗者，践行社会主义核心价值观。努力向前发力，致力服务中心。开展“大学习、大讨论、大调研”活动，主动服务交通强省建设重大发展战略，继续实施职工技能提升工程。努力向内尽心，坚持凝聚人心。不断加强产业工会自身建设，切实维护好职工合法权益；继续开展春送岗位、夏送清凉、秋送助学、冬送温暖

"四季送"活动；不断丰富职工文化体育活动；开展普惠性服务和对口帮扶点精准扶贫工作。

职工之家 2018年，省交通工会指导省交科院、成渝公司天乙多联投资发展有限公司、雅康公司等5个单位建立工会组织，配齐配强工会专（兼）职干部；指导四川交职学院工会等17个基层工会完成换届改选工作；指导川西公司工会等20个基层工会完成职工之家、职工小家建家工作，补助厅高管局（厅高速执法总队）工会、阿坝州公路局工会、遂广遂西公司工会等13个基层工会职工小家和职工书屋工作经费63万元。推动物流运输行业建立工会组织，加快推进货运司机入会工作。按照属地管理原则，会同厅运管局指导相关基层工会开展货运司机入会工作，在百佳服务区试点推进高速公路服务区货运司机职工之家创建工作。开展"掌上职工书屋"建设活动，赠送81个单位电子阅读卡6 000张。

劳动竞赛 2018年，交通工会组织符合条件的单位参加"2018年中国技能大赛——第十届全国交通运输行业职业技能大赛"。其中，省交通运输厅获城市轨道交通列车司机大赛职业组团体第一名、筑路工大赛职业组团体奖第五名和城市轨道交通行车值班员大赛（职业组）优秀组织奖；四川交职学院和四川交通技师学院分获筑路工大赛学生组团体奖第四名和第十名；成都华川公路建设集团有限公司晏启红获筑路工大赛职业组挖掘机工种一等奖；交职学院李兴国获筑路工大赛学生组一等奖；四川成都地铁运营有限公司袁浩和李天琪获城市轨道交通列车四机大赛职业组三等奖。袁浩和李天琪被授予"全国交通技术能手"称号（晏启红已获得"全国交通技术能手"称号）。省总工会、省人力资源社会保障厅和省交通运输厅共同主办的"四川技能大赛——2018年四川省交通运输行业筑养路机械操作工职业技能竞赛暨第十届全国交通运输行业职业技能竞赛四川赛区预赛"评选出挖掘机项目和装载机项目单项奖各10名，9个市（州）代表队获得团体奖。省交通工会组织全省交通运输系统87个单位、2 196个班组、4.3万名职工参加全国"安康杯"竞赛，提升了交通运输行业安全生产水平。

慰问帮扶 2018年元旦、春节期间，省交通工会深入营运公司、艰苦边远地区慰问劳模和一线职工，先后慰问5名全国劳模、39名部省级劳模、35个集体、20名厅下派干部和28名一线困难职工，送去价值62.5万元慰问品，并下拨46.5万元至基层工会。省交通运输系统各级工会继续开展"送温暖"活动，走访企业83家，慰问一线职工6 395名，慰问困难家庭1 194户，其中，困难职工835户，困难党员职工218户，困难农民工46户，残疾职工95户。继续开展"送清凉"活动，慰问雅康高速公路、汶马高速公路、绵九高速公路和岷江犍为航电枢组等重点工程建设工地，各条高速公路收费站及执法大队，普通国省干道管养段、站、道班以及航道港口共590个点、25 871人。"金秋助学"活动资助120名困难职工（农民工）子女就读大、中、小学。完善惠民帮扶体系、健全帮扶网络、建立并完善困难职工档案，全省交通运输系统所有困难职工全部进入帮扶系统；推动基层工会完善会员实名制信息和办理会员普惠性服务卡，录入近4万名会员信息，并全部办理普惠性服务卡。会同四川交职学院、厅人教处和厅公安处实地调研乐山市金口河区共安彝族乡新村村基本情况，研究制订落实具体帮扶措施，聘请法律顾问为当地农户免费讲解相关法律知识2次，慰问对口帮扶贫困户3次。

2018年春运期间，省交通工会慰问坚守岗位的高速公路交通执法第七支队干部职工
省交通工会 供图

维护职工合法权益 2018年，省交通工会坚持全心全意为职工服务的宗旨，切实做好维权服务工作。发挥省交通运输职工法律咨询服务中心作用，无偿提供法律援助100余人次，举办法律知识讲座3次，编写发放2期《法律援助工作宣传手册》4 000册。宣传普及女职工权益保护法律法规知识，开展女职工"维权活动月"活动，不断增强女职工知法、守法、用法的自觉性，帮助女职工掌握依法维权方法，为女职工运用法律武器保护自身合法权益保驾护航。

（本栏目供稿单位：省交通工会）

交通科技教育文化

JIAOTONG KEJI JIAOYU WENHUA

2019

四川交通年鉴

综　述　2018年，省交通运输厅高度重视交通科技教育文化事业持续发展，各项工作不断取得新成效。①交通科技发展成果丰硕。雀儿山隧道获国际隧道协会2018年度工程大奖。合江长江一桥获鲁班奖。“超500米跨径钢管混凝土拱桥关键技术”等2项成果获国家科技进步二等奖。《钢管混凝土桥梁的抗震性能与防灾技术研究》等10项成果获省部级科技进步奖。四川省承担的《恶劣地质条件长大山区隧道施工安全风险防控与示范》等部级项目完成验收，《软围岩隧道机械掘进设计理论研究及装备研发》等5项科技项目获批纳入交通运输部重点科技项目清单；《重大工程受损生态系统修复技术构建与示范》获批立项为省重大科技计划项目。支持和促进企业科技创新的主体地位，2018年度支持企业自筹经费立项近30项，投入科研经费总额超过6 000万元。交通基础设施智能化管理能力大幅提升。全省59条高速公路1.1万路高清视频实现联网监控。高速公路ETC系统和服务网络不断完善，用户数突破390万。多方联动取消川渝高速公路10处省界收费站实现自由流通行。客运站联网售票网站和App功能优化升级，224个三级以上车站实现联网售票，全年网上售票数达2 000万张。覆盖全省的交通运行监测与应急指挥系统加快推进，省级建设任务完成主体工程建设。建成公路水运工程质量安全监督管理系统。②交通教育事业蓬勃发展。四川交职学院持续深化教育教学改革，优质高职院校建设顺利推进，现代学徒制试点通过教育部验收，创新发展行动计划28个项目，已有10个项目通过验收和认定。教学工作诊断与改进第一阶段工作顺利收官，在全省、交通行指委诊改交流会议上发言。出台《四川交通职业技术学院高层次人才引进与培养管理办法》，引进博士3名，培养教授2名，评选出9名专业带头人、13名骨干教师。建成省级大师（名师）工作室2个，非遗大师工作室4个，院级大师工作室1个。服务“技能川军”培养搭起新平台，学院被正式认定为国家级高技能人才培训基地。紧密围绕国家战略需求，服务“一带一路”南向通道建设，招收来自老挝、柬埔寨、泰国、马来西亚等6个国家的留学生237人，留学生总数达255人。对口帮扶白玉县、通江县、金口河区、沐川县等4县4村44户贫困户，贫困人口退出率达97%。③交通文化建设成效凸显。积极争取央媒、主动对接省媒、盘活用好内宣，抓住重要节点，多角度、全方位报道四川交通运输，为促进四川交通运输高质量发展提供强劲精神动力，营造良好舆论氛围。全年组织中央和省级主流媒体采写文字、图片、视频、新媒体等各类稿件3 000余条。其中《新闻联播》报道16次、《人民日报》报道12次，较好实现“天天有声音、周周有报道、月月见大报”的预定目标。成立由省交通运输厅党组书记、厅长汪洋任组长的传承弘扬“两路”精神工作领导小组，明确工作措施，细化落实责任，从政策支持、人员调配、工作保障等方面，对传承弘扬“两路”精神进行系统部署，年内加快推进。全国第二轮修志试点志书、省志分志等加快推进，部编两大类项目进展顺利。《四川交通年鉴》2017卷获“四川省第十八次地方志优秀成果”年鉴类一等奖第一名，2018卷获“第六届全国年鉴编纂出版质量”综合奖特等奖和框架设计、条目编写、装帧设计、检索编校与出版实效4个单项特等奖。

（陈超超）

交通科技

JIAOTONG KEJI

概　况　2018年，省交通运输厅依托“公路建设与养护技术、材料及装备”“建筑信息模型（BIM）技术应用”两个行业研发中心，吸引行业科研生产建设单位加入，鼓励和支持企业联合高校和科研院所开展科技攻关，共同创建科技创新平台和成果应用平台。向交通运输部推荐上报科技项目8项，向省科技主管部门推荐上报科技项目7项。组织科技成果申报，参与国家和部省奖项评选，2018年度获部省级以上奖励12项，其中“超500米跨径钢管混凝土拱桥关键技术”“大跨度缆索承重桥梁抗风关键技术与工程应用”两项成果获国家科技进步二等奖。《普通公路养护管理规范化实施指南》《ACMP温拌改性沥青应用技术》等7项交通运输行业地方标准由省质监局正式发布，《山地（齿轨）轨道交通技术规范》由省市场监督管理局正式发布，获批新立项地方标准4项。按照省政府统一部署，完成国务院质量工作考核任务，并开展对达州市人民政府和巴中市人民政府年度质量工作考核。由厅科信处牵头，厅公路设计院、厅交通设计院、交通宣传中心等单位共同策划完成的长篇科技报道《创新驱动 科技引领 交通超级工程的四川实践》在《中国交通报》刊登。

“超500米跨径钢管混凝土拱桥关键技术”获国家科技进步二等奖 该项目由厅公路设计院、广西路桥集团、广西大学等单位研发。经过20余年的研究和实践，通过理论分析、试验研究和实桥验证攻克超大跨径钢管混凝土拱桥关键结构设计、高精度施工技术及装备、钢管混凝土灌注工艺及新材料制备等难题，形成了超500米跨径钢管混凝土拱桥关键技术。该项技术已应用于世界首座跨径突破500米的钢管混凝土拱桥——合江长江一桥的建设，并向700米跨径做进一步拓展应用。运用该项技术建造的大跨径钢管混凝土拱桥，其刚度是同规模斜拉桥和悬索桥的几倍至十几倍，造价可减少1/3左右，在公路、铁路桥梁等领域均有重要推广应用价值，对于世界大跨径拱桥技术发展也起到重要推动作用。该项目获2018年度国家科技进步二等奖。

运用超500米跨径钢管混凝土拱桥关键技术修建的成渝环线合江至纳溪高速公路合江长江一桥
厅科信处 供图

“大跨度缆索承重桥梁抗风关键技术与工程应用”获国家科技进步二等奖 该项目由厅公路设计院、西南交通大学等单位研发。项目组历时20年，针对大跨桥梁风致振动特性开展系统研究，自行研制世界最大桥梁边界层风洞，创新一系列风洞试验技术，建立一系列新的桥梁风荷载数学模型，发展了桥梁风振分析理论。提出大跨桥梁气动外形优化准则以及一系列风振的气动控制措施，显著改善大跨度桥梁的抗风性能。研究成果为大跨度桥梁抗风性能评价提供试验平台、理论支撑和技术支撑。项目成果成功应用于数十项重大桥梁工程中，其中包括世界跨度排名前10位悬索桥中的5座和世界跨度排名前10位斜拉桥中的4座，以及欧美、非洲、东南亚等地多座大跨度桥梁。代表性工程有苏通长江大桥、香港昂船洲大桥、港珠澳大桥、川藏高速公路大渡河特大桥以及美国Gerald Desmond Bridge Replacement、挪威Halogaland Bridge等具有世界影响的桥梁，累计经济效益达2.82亿元。该项目获2018年度国家科技进步二等奖。

“川西强震艰险山区高速交通路基抗震及安全保障关键技术”获省科技进步二等奖 该项目由厅公路设计院、西南交通大学、中铁十九局集团等单位研发。经过10年研究与实践，开发具有史料保存价值的多功能路基震害查询数据库，突破传统方法无法同时考虑地震动三要素进行路基稳定性分析的瓶颈，建立了岩土地震工程时频分析理论和路基支挡结构性能控制抗震设计架构，提出基于位移控制的支挡结构抗震设计方法。项目成果对雅康高速公路、汶马高速公路等进藏高速交通的建设起到重要推动作用，项目研究获国家发明专利2项、实用新型6项、软件著作权5项，出版专著5部，发表论文90篇。该项目获2018年度省科技进步二等奖。

川西强震艰险山区高速交通路基抗震及安全保障关键技术应用于广甘高速公路建设
厅科信处 供图

“强震后山区公路地质灾害演变规律及防灾减灾成套技术”获省科技进步二等奖 该项目由省交通运输厅公路设计院、中国科学院、香港科技大学等单位研发。以“5·12”汶川特大地震极重灾区多条高山峡谷段公路重建为依托，通过近10年持续跟踪观测及研究，揭示强震后山区公路沿线地质灾害活动特征及演变规律，制作地质灾害预测和风险评估模型，提出震后高山峡谷区公路分阶段建设原则，形成系统的强震山区公路防灾减灾关键技术。项目研究获专利12项，发表论文88篇，出版专著5部。就该项研究成果在重要国际会议作报告25次。项目成果应用于四川1 000余公里高速公路和国省干道公路恢复重建，提高公路抗灾能力，节约投资8.6亿元，社会经济效益显著，推广应用前景广阔。该项目获2018年度省科技进步二等奖。

“高性能清水混凝土制备开发与桥梁工程应用”获省科技进步三等奖 该项目由厅公路设计院、四川交职学院、西华大学等单位研发。通过试验研究和工程实践，发明桥梁清水混凝土专用减水剂，开发配合比优化设计方法与匀质性控制技术，提出脱模剂与模板匹配技术及其涂刷工艺，明确质量控制目标。研究成果创新性、适用性强，已应用于成仁高速公路10公里高架桥、成都市二环路28公里高架桥、遂广遂西高速公路26公里桥梁工程、武汉市雄楚大道高架桥，同时，在宁夏中卫黄河大桥、重庆江綦高速公路桥梁、甘肃兰永高速公路桥梁等工程中得到推广应用。项目解决了清水混凝土构件表面色差、分层、气孔、鱼鳞等技术难题，提高了混凝土桥梁的安全性、耐久性与观赏性，总计节省投资近4亿元，经济社会效益显著。项目研究获国家发明专利2项、省级工法1项，发表学术论文10余篇，制订地方标准与指南2部。该项目获2018年度省科技进步三等奖。

“灾害环境下都汶公路建设与修复关键技术研究与应用”获中国公路学会科学技术奖二等奖 该项目由成都理工大学、四川都汶公路有限责任公司、厅公路设计院等单位联合研发。针对高风险地质灾害、强地震、高地应力等灾害环境下都汶公路建设与修复的关键技术难题，采用现场调查、现场探测、物理模拟、理论分析、光纤光栅监测等方法，在地震次生地质灾害、隧道震裂岩体与软岩大变形，路基、桥梁、隧道震害与抗震设计等方面取得重大突破。项目成果应用于都汶高速公路、汶马高速公路、广甘高速公路、雅西高速公路、贵州贵新高速公路和长洲三线四线船闸监测等工程，效果良好。该项目获2018年度中国公路学会科学技术奖二等奖。

“独塔双索面公轨合建混合梁斜拉桥关键技术”获中国公路学会科学技术奖三等奖 该项目由四川路桥集团、泸州市人民政府投资建设工程管理第一中心、林同棪国际工程咨询（中国）有限公司、同济大学等单位联合研发。在大跨度宽幅变曲率顶推施工，开发成套施工技术，形成施工工法；在异形钢混组合桥塔设计中研发分离式钢混组合索塔锚固区结构，丰富索塔锚固结构形式，获国家发明专利1项；在异形钢混组合桥塔上塔柱钢结构施工中，研发自行式塔冠吊机用于该项目桥塔钢锚箱安装，获国家发明专利1项、实用新型专利4项，发表论文9篇，为同类型桥梁建设提供了新经验。该项目荣获2018年度中国公路学会科学技术奖三等奖。

运用独塔双索面公轨合建混合梁斜拉桥关键技术修建的泸州沱江四桥　　厅科信处 供图

8项地方标准发布 2018年，省交通运输厅不断推进交通运输行业各领域标准化工作并取得实效。7月23日，《普通公路养护管理规范化实施指南》《ACMP温拌改性沥青应用技术》等6项交通运输行业地方标准由省质监局正式发布，于2018年8月1日起实施。此次发布的行业地方标准涉及工程管理、施工技术、公路养护和新型材料等领域，分别是由厅公路局主编的《普通公路养护管理规范化实施指南》《ACMP温拌改性沥青应用技术》、厅公路设计院主编的《钢管混凝土梁桥技术规程》《钢管混凝土桥梁焊接节点疲劳技术规程》、厅交通设计院主编的《公路硅藻土改性沥青混合料应用技术指南》和厅质监局主编的《沥青同步碎石封层技术指南》。10月25日，厅高管局主编的《高速公路服务区服务管理规范》由省质监局正式发布，于2018年11月1日起实施，对于规范和指导高速公路服务区经营管理单位和从业人员、提升行业服务水平具有重要意义。12月21日，四川省轨道交通投资有限公司等单位主编的《山地（齿轨）轨道交通技术规范》由省市场监督管理局正式发布，于2019年1月1日起实施，用于指导全省山区轨道交通建设。

《中国交通报》刊登《创新驱动 科技引领 交通超级工程的四川实践》 2018年1月17日，厅科信处组织厅公路设计院、厅交通设计院、交通宣传中心等单位共同策划完成的长篇科技报道——《创新驱动 科技引领 交通超级工程的四川实践》在《中国交通报》头版头条刊登。文章深入浅出，用生动的事例介绍四川交通人开拓创新、积极探索山区公路总体设计的新理念和新方法，自主研发出多种新工艺、新材料和创新性的施工方法，填补行业空白，展现四川交通的科技实力。

（本栏目供稿单位：厅科信处）

交通教育

JIAOTONG JIAOYU

概　况　2018年，四川交职学院深化教育教学综合改革，开展职业教育高质量发展攻坚战，各项工作均取得新成绩。优质高职院校建设开局良好，重点项目推进顺利，短板项目明显改善。教育教学改革取得新成绩。创新发展行动计划建设任务按期完成，首批国家现代学徒制试点通过教育部验收，教学工作诊断与改进完成第一轮试点工作，思想政治工作抓实抓牢，职业技能竞赛成效显著，学生培养质量稳步提升，招生就业工作高质量完成，产教融合校企合作走在职业院校前列。加强人才队伍建设，高层次人才引进培养有新突破，“双师型”教师比例上升至86%。成立的“牟廷敏大师工作室”“陈斌‘双师型’名师工作室”“杨文浩汽车维修工技能大师工作室”在省内外产生较大影响，在学院师资力量提升、学生培养、科教研和技术服务等方面发挥重要作用。国际交流合作取得新发展，学院积极服务国家“一带一路”战略，拓宽留学生招生渠道，留学生总人数居全省高职院校第一位。推进智慧校园建设。完成校园网络升级改造、弱电管网改造（二期）和智慧教室试点建设，数字校园基础环境建设工程获成都市发展改革委核准立项，智能化课程资源建设中心完成招标。

教育教学　2018年，四川交职学院持续深化教育教学改革。创新发展行动计划建设按期结束，承担的28个项目和24项任务均高质量完成，按要求完成绩效评估报告并上报教育主管部门。首批国家现代学徒制试点通过教育部验收。经过3年建设，汽车运用与维修技术专业探索出具有自身特色的人才培养模式，软件技术专业形成“五岗渐进”的现代学徒制人才成长路径。按照省教育厅的要求，四川交职学院教学工作诊断与改进完成第一轮试点。

产教融合　2018年，四川交职学院深化产教融合，工作体系日趋完善。制订《四川交通职业技术学院产教融合项目管理办法》，新增合作企业59家。探索校企合作办学，与中恒天集团签订《校企共建“中恒天汽车制造学院”合作协议书》。在全省职业院校深化产教融合校企合作现场推进会上，四川交职学院作为全省唯一高职院校代表进行交流发言。校企共建生产性实训基地54个，合作企业为学院提供兼职教师213人，捐赠价值339万元设备，合作开发课程89门、教材77种，订单培养学生2 089人，接受顶岗实习学生2 633人，接受应届毕业生1 818人，逐渐与学院形成育人共同体。科技开发与技术服务成绩突出，成立四川交通运输研究院，申报的各类科研项目获批立项69项，申请的专利获得授权41项。获得国家级教学成果二等奖2项、四川省第八届高等教育教学成果奖5项、四川省社会科学优秀成果奖1项和四川省教育厅哲学社会科学科研成果奖1项。成功申报国家级高技能人才培训基地。开展各项继续教育，服务2万余人次。承办首届四川省国防交通战备钢桥架设技能竞赛。

国际合作 2018年，四川交职学院积极拓宽“一带一路”南向通道沿线国家留学生招生渠道，9个教学系17个专业共招收来自6个国家的留学生237名，留学生总数255名，居全省高职院校第一位。与美国阿肯色大学史密斯堡分校合作办学项目获省教育厅和省发展改革委批准。选派师生到国（境）外开展学习交流56人次，对外籍人员开展中国文化和汉语培训365人次。3月14日，柬埔寨工业技术学院、茶胶省技术学院等5所柬埔寨高校到交职学院进行访问，就开展长期合作项目与学院达成意向并签订合作备忘录。

2018年3月14日，四川交职学院与柬埔寨高校合作研讨会在成都召开 周 凯 摄

队伍建设 2018年，四川交职学院以高层次人才队伍建设为引领，队伍质量稳步提高。修订完善《四川交通职业技术学院高层次人才引进与培养管理办法》，引进高层次人才7名。大师（名师）工作室建设成效凸显。成功申报“陈斌‘双师型’名师工作室”和“杨文浩汽车维修工技能大师工作室”。各工作室共组织校内外教师开展研修200多人次，获教学成果奖3项、省部级科学技术奖5项，编撰省级工法及技术标准5项，获专利4项。承办全国交通运输类职业院校大师工作室建设工作交流会并作交流发言。“双师型”教师队伍建设取得实效。成功申报省级职业教师培养培训基地（“双师型”教师培养培训基地）4个，全年有41名教师参加顶岗锻炼，“双师型”教师比例达86%。成立教职工发展与服务中心，教育部“院校教师在线学习中心”网络平台投入使用。全年组织教职工参加各类培训600余人次。学院教师获得省级以上教学能力大赛奖项11项。

人才培养 2018年，四川交职学院四级梯级技能竞赛体系初步搭建，建立形成基础能力、综合能力、创新能力阶进性技能竞赛项目库。学生参加各类技能竞赛获国家级奖励46个，省级奖项127个，5名选手在4个项目中进入第45届世界技能大赛国家集训队。1人获2018年中国技能大赛——第十届全国交通运输行业职业技能大赛筑路工大赛学生组一等奖。素质教育体系逐渐完善，开展素质教育课程集体备课。实施学生职业素养与职业发展规划和学生成长“百千万”工程，组织学生参加素质类竞赛获得国家级奖项6个，省级奖项104个。创新创业教育全面实施。将创新创业课程纳入人才培养方案，建成“5111”课程体系（5门选修课、1门必修课、1门培训课和1门实践课）。加强创新创业指导教师业务培训，搭建创新创业实践平台，助力项目孵化，创业孵化项目产值达400万元。指导学生参加“大学生互联网+创新创业大赛”等各类比赛，获国家级奖项3个，省级奖项8个。

招生就业 2018年，四川交职学院三年高职录取新生5 223名，报到新生4 743名（其中，单招录取普通考生2 143名，报到2 097人；单招录取“9+3”学生226人，报到195人）。继续与西华大学、西南科技大学联办“高端技术技能型”本科班，投放招生计划80名，实际录取新生80名。继续与签订中高职衔接合作协议的34所重点中职学校保持联系与合作。走访中铁十六局集团有限公司、中交第三公路工程局有限公司、省交投集团、四川路桥集团等企业469家。举办毕业生双选会240余场，其中大中型双选会40余场，2018届毕业生4 219人，就业率97.32%。

精准扶贫 2018年，四川交职学院认真分析扶贫对象需求，针对各扶贫地区的特点和需求先后编制完成7个扶贫年度工作计划和42个扶贫项目计划，帮助定点扶贫县完成脱贫攻坚年度任务。做好对口帮扶下派干部协调工作。以对口帮扶村及结对帮扶贫困户为“点”，选派4名驻村干部，学院32个部门组成12个团队对4村44户贫困户进行点对点帮扶。加大扶贫资金投入力度，严格执行《四川交通职业技术学院专项扶贫资金管理办法》，通过督导机制推进精准扶贫取得成效。立足行业加强教育帮扶，全年完成交通系统干部培训10期809人次，完成技能培训5期87人次。组建4个团队提供县级交通规划、机械化养护中心设计、精准扶贫异地扶贫搬迁整村规划设计等技术服务；完成公路工程监理和公路工程设计技术援助项目2个，组建4支思想政治团队深入贫困村进行政策宣讲4次；举办科技扶贫夏令营1期。与甘孜州白玉县共同建成白玉检测中心。

（本栏目供稿单位：四川交职学院）

文明行业创建

WENMING HANGYE CHUANGJIAN

概　况　2018年，四川省交通运输行业精神文明建设坚持以习近平新时代中国特色社会主义思想为指导，开展思想政治教育、核心价值践行、行业文明创建等活动。一是将思想政治教育放在精神文明建设的首位，强调与时俱进，坚持常抓不懈。学习习近平新时代中国特色社会主义思想和党的十九大精神，学习习近平总书记对交通运输工作系列重要指示，学习习近平新时代中国特色社会主义思想四川篇，作为四川交通运输工作的根本遵循。坚持用党的创新理论武装头脑、指导行业，增强“四个意识”，引导干部职工自觉维护习近平总书记党中央的核心、全党的核心地位，维护党中央权威和集中统一领导。结合“不忘初心，牢记使命”主题教育，开展“新时代、新作为”群众性宣讲活动，推动各个阶段思想政治教育重大主题进机关、进企业、进基层，使思想政治教育工作真正落地落实，见到实效。二是传承弘扬“一不怕苦、二不怕死，顽强拼搏、甘当路石，军民一家、民族团结”的“两路”精神。厅党组专门成立传承弘扬“两路”精神工作领导小组，先后三次召开专题会议，对传承弘扬“两路”精神进行系统部署，制定工作方案，按图施工，严格打表，确保各项工作时间不断档、任务不拖延。召开传承弘扬“两路”精神修筑川藏公路亲历者、见证者及遗亲属代表座谈会，通过重温“两路”故事、回顾行业历史、组织志愿活动、基层宣讲、网上巡展等方式，学习宣传“两路”精神和新时代交通精神。把传承弘扬“两路”精神落实到交通重大项目建设、脱贫攻坚及“四好农村路”建设等工作中，用“两路”精神提振士气、凝聚力量。三是践行社会主义核心价值观，把“社会主义核心价值观主题实践教育月”活动作为四川交通运输行业“爱岗敬业 明礼诚信”社会主义核心价值观主题实践的重要载体，形成声势。鼓励四川交通运输行业干部职工积极参与，主动出谋划策，体现新时代推进交通强国建设和推动治蜀兴川再上新台阶的新气象、新作为。用好行业传统媒体和新兴媒体，在客运场站、港口码头、高速公路服务区等重点区域公益宣传平台，展播公益广告，引导群众参与“讲文明树新风”“文明交通绿色出行”“安全出行你我他”等活动。四是加强行业先进典型培树，深化行业文明创建，营造实干兴邦氛围和崇德向善风气。一方面，坚持面向基层、聚焦一线，持续挖掘行业先进典型，提炼四川交通精神。厅公路设计院牟廷敏于4月被交通运输部评为“2017年感动交通十大年度人物”。另一方面，发挥精神文明建设对推动行业发展和提高服务水平的引领保障作用，把申创文明单位作为系统工程持续推进。2018年，全省交通运输系统开展2016—2017年度全国交通运输行业精神文明建设先进集体、先进个人推荐评选活动，成功推出全国交通运输行业文明单位5家、文明示范窗口5家、文明示范标兵5人、精神文明建设先进工作者2人；同时，完成2014—2015年度全国交通运输行业先进集体复核工作。

交通运输新闻宣传　2018年，四川交通新闻宣传工作取得新成效。一是扭住关键，凝聚各方宣传合力。围绕交通运输中心工作，制订年度交通宣传“菜单”，明确宣传主题、宣传点位及时间节点，并适时更新，让各级主流媒体能够全面及时地掌握交通宣传计划。协调中央媒体重点关注，在“走出去”到人民日报社四川分社、中央电视台驻四川记者站对接工作的同时，把新华社四川分社、人民日报数字四川等媒体“请进来”开展工作会谈。举办2018年行业新闻宣传与网络舆情管理专题培训班，组织行业有关单位（部门）宣传思想工作负责人参训，通过专题授课、案例教学、互动交流等形式，增强行业宣传思想工作者在开展意识形态工作特别是新闻舆论工作方面的实践能力，努力提升行业宣传思想工作总体水平。二是围绕中心，开展新闻宣传报道。围绕交通运输中心工作，组织中央和省级主流媒体采写文字、图片、视频、新媒体等各类稿件3 000余条。其中，中央电视台《新闻联播》报道16次，《人民日报》报道12次，实现“天天有声音、周周有报道、月月见大报”的预定目标。聚焦交通重大项目建设，围绕巴陕、绵西、雅康等高速公路建设与泸定大渡河大桥、赤水河特大桥等超级工程，开展现场直播10次。围绕交通运输支撑脱贫攻坚，持续加强对全省“四好农村路”建设、结束溜索时代的对外报道，小金县农村公路建设持续被《人民日报》连载一周，溜索改桥被中央电视台《焦点访谈》《面对面》《东方时空》深入挖掘报道，擦亮交通脱贫四川品牌。在国道318线金沙江竹巴笼战备钢桥架设、宜宾“12・16”地震抢通保通等重大突发事件中，第一时间联络组织媒体采写新闻报道，引导海内外舆论。围绕推进媒体融合创新，在“两微一端”推动弘扬“两路”精神、绿色智能交通、“政风行风五大行动”、“厕所革命”等主题报道，浏览量500多万人次。三是积极对接，做好新闻发布和在线访谈。根据部省2018年新闻发布会相关工作安排，完成交通运输部年度、例行新闻发布会和中共四川省委十一届三次、四次全会新闻发布会的交通新闻发布，为社会各界、群众阐释答疑。组织协调厅有关单位（部门），上线省政府网站向社会各界和广大群众解读《四川省航道条例》核心要点和内容，促进条例有效实施。

省政府网站《在线访谈》解读《四川省航道条例》 2018年8月30日上午，省交通运输厅党组成员、总工程师陈乐生带队上线省政府网站《在线访谈》栏目，就贯彻实施《四川省航道条例》（以下简称《条例》）与网友在线交流。访谈期间，陈乐生解读《条例》出台背景、主要内容，重点介绍《条例》对航道管

2018年8月30日，省交通运输厅党组成员、总工程师陈乐生（左）带队上线省政府网站《在线访谈》栏目，就贯彻实施《四川省航道条例》与网友交流　　厅文明办 供图

养职责划分、建设养护资金筹集、航道规划、流域综合协调和蓄放水调度管理联动机制、通航建筑物运行维护、法律责任等方面的新制度、新规定。同时，针对网友提出的船闸通航、航道内非法采砂等问题进行解答。

（本栏目撰稿人：曾　元）

智慧交通

ZHIHUI JIAOTONG

概　况 2018年，省交通运输厅坚持创新转型，智慧交通建设强力推进。完成四川省交通运输网上行政审批服务平台一期建设，省本级审批事项全部纳入网上办理，并与四川省一体化政务服务平台无缝对接，实现数据共享。四川省交通运行监测与应急指挥系统上线运行，交通云整合平台投入使用。建成全国第一张省级高速公路光传输专用通信网（OTN）。所有高速公路收费站车道完成高清车牌识别改造，ETC用户数达到390万。客运站联网售票网站和App功能优化升级，全省224个三级以上车站实现联网售票。21个市（州）的32个客运站完成电子客票试点，其中成都新南门车站、成都北门汽车站、成都东客站、凉山西昌客运站等部分车站开展基于人脸识别的电子客票应用试点。全省多个城市实现交通“一卡通”，发行“一卡通”卡140余万张。联合省公安厅和省政府政务服务公共资源交易服务中心，在全国率先试点“一站式”公路超限运输审批服务，实现公路超限运输许可联网协同办理，推出扫二维码即可通关的特色审批模式。围绕政务办公与服务的公文系统、投资计划统计系统、“12328”系统、“四川交通出行”网站等建成投运，内部相关业务系统初步整合完成；物流公共信息服务平台加快推进招标工作，全省交通运输综合行政执法管理信息系统完成初步设计，交通旅游服

务大数据应用试点工程、安全监督管理与建设项目监管系统等开展前期工作。10月，在成都举办全省交通运输系统智慧交通发展培训班，对智慧交通发展、交通运输信息化建设、大数据应用、网络安全等方面内容进行集中培训。建成“信用交通·四川”网站，并实现与交通运输部“信用交通”网站对接，对行政许可、行政处罚“双公示”信息进行网上采集和公示。建成在建高速公路项目工程质量问题清单库，通过信息化手段搜集各在建项目及参建单位违法违规行为，自动梳理、汇总问题清单，实现与信用管理系统有效联动。

（厅史志总编室）

信息化建设从业单位管理 2018年，厅科信处会同省交科院等单位成立《四川省交通运输信息化建设从业单位信用评价管理》课题调研组。5月下旬至6月初，课题组分为4个小组深入各市（州）以现场调研、座谈与书面调研相结合的方式，在全省范围内进一步了解省交通运输信息化建设开展情况和从业单位工作情况以及存在问题，收集各级交通运输部门对《信息化信用评价管理办法》的意见建议，并于7月完成课题研究报告编制，在此基础上起草《四川省交通运输信息化建设从业单位信用评价管理办法（试行）》，加强对四川省交通运输信息化建设从业单位的管理。

（厅科信处）

基础设施智能化 2018年，全省59条高速公路1.1万路高清视频实现联网监控，其中路段高清监控视频突破4 280路。高速公路ETC系统和服务网络不断完善，全省ETC车道1 345条，覆盖527个收费站。多方联动，取消川渝高速公路10处省界收费站。高速公路行业推进路产管护、机电运维管理、运营管理的信息化建设及应用。建成普通国省干线公路路况监测预警系统，泸州市实现对全市27座重要桥梁（隧道）全天候监测。内江市、达州市等地普通公路养护管理信息化系统投入试运行。

（厅科信处）

生产组织智能化 2018年，内江客运中心站、雅安综合客运枢纽站开展智慧综合客运枢纽信息系统试点建设。全省29万辆道路运输车辆安装卫星定位装置，比上年增长21%，2.3万辆客运车辆安装使用车载视频监控系统，比上年增长28%。全省“两客一危”（详见《附录》）车辆入网率100%、上线率95.06%，车辆实时在线率列全国前三位。

（厅科信处）

运输服务智能化 2018年，客运站联网售票网站和App功能优化升级，全省224个三级以上车站实现联网售票，二级及以上客运站省内联网售票率达90%，全年网上售票数达2 000万张，比上年增长43%。21个市（州）32个客运站完成电子客票试点，其中成都新南门车站、成都北门汽车站、成都东客站、凉山西昌客运站等部分车站开展基于人脸识别的电子客票应用试点。全省多个城市实现交通“一卡通”，发行“一卡通”卡140余万张。成都、自贡、泸州、眉山启动智能公交系统示范试点工程建设。建成全省汽车维修电子健康档案管理系统，覆盖“两客一危”重点营运车辆，实现与全国汽车维修电子健康档案系统相连。

成都北门汽车站电子客票系统　　厅科信处 供图

（厅科信处）

决策监管智能化 2018年，省交通运输厅完成四川省交通运输网上行政审批服务平台一期建设，省本级审批事项全部纳入网上办理，并与四川省一体化政务服务平台无缝对接，实现数据共享。大件运输实现网上跨省并联许可、跨部门协同办理，2018年网上受理申请14万件，占比97%，比上年增长61%。“12328”交通运输服务监督电话全年话务量25万件，比上年增长4%，投诉举报量下降14%。建成公路水运工程质量安全监督管理系统。省交通运行监测与应急指挥系统省级建设项目和广元、乐山、巴中、泸州等市级建设项目开工。

（厅科信处）

《四川日报》“点赞”四川省首推公路超限运输联网办理 2018年5月16日，《四川日报》在第15版刊出《扫二维码通关——四川省首推公路超限运输联网办理》一文，报道和介绍省交通运输厅为进一步贯彻落实全国交通运输系统“放管服”改革要求，着力解决大件运输物流企业难题，一改过去“两头跑、两头办”的多次审批形式，联合省公安厅、省政府政务服务和公共资源交易服务中心，在全国率先试点“一站式”公路超限运输审批服务，实现公路超限运输许可联网协同办理，推出扫二维码即可通关的特色审批模式。

（厅科信处）

全省高速公路联网收费与管理 2018年，全省高速公路联网收费系统新开通1个路段、24个收费站、281条车道，实现全省7 238公里路网，5 018条车道全覆盖，比上年增长5.93%，ETC车道占27.04%。路网总车流量超6.9亿辆，比上年增长7.8%，其中ETC车流量超2.5亿辆，增长105.1%。监控结算中心全年累计处理全省联网收费软件、通信系统、国干网光缆线路等故障1万余次，保障了全国联网收费系统四川省中心系统和路段收费系统平稳运行。四川省交通运行监测与应急指挥系统上线运行，在成雅高速等5条高速公路开展视频图像实时检测分析，精确检测路段拥堵、停车、逆行等情况，准确率超85%。

截至2018年底，全省ETC用户数达390万，比上年增长26.3%。ETC客户服务网点由2017年的2 533个增加至2018年的2 789个，比上年增长7%。ETC专用车道1 345条，覆盖527个收费站，覆盖率95.8%，全路网日均ETC车流量70余万辆。处理咨询和投诉等7 557起，比上年下降65.3%。ETC全年降耗1 576万升，减少污染物排放2 861吨。

监控结算中心参与交通运输部技术方案研究和验证测试，做好全省高速公路联网收费系统升级改造及路网技术支撑。建成调试138个5.8GHz标识站点，新建10个省界虚拟收费站，取消10个川渝省界收费站，提升了车辆跨省通行效率。高速公路专用通信网改造项目完成建设进入试运行，为路网高清视频传输、收费数据上传提供了通信保障。按期完成省级移动支付平台建设，与现有清分结算系统和第三方支付系统（微信、支付宝、银联等）进行数据交互对接，实现移动支付数据流、资金流由交通行业统一管理和监管，保证联网收费系统数据、资金和用户信息安全。制订全省移动支付运营方案，招标选定移动支付主结算银行，初步构建全省移动支付运行框架，为移动支付在全省高速公路快速推广打下基础。2018年，全省48个收费站213条车道开通微信、支付宝、银联聚合扫码支付，8个收费站31条车道开通试点停车无感支付。全年提供通行费和流量查询119.5万次，完成重大节假日路网运行趋势分析及路网车流量分析报告134次。配合完成专项查询2 286批次，开展扫黑除恶线索摸排工作，筛查车辆3.6万辆，收集报送线索131起。

通过增设“12122”外包坐席和ETC客户专席，优化语音导航菜单，提升服务热线整体接通率和服务水平，全年漏话率14.6%，比上年下降19.2%，来电接通率显著上升。同时，拓宽“四川交通在线”网站、“四川高速公路ETC”微信公众号等信息发布渠道。全年受理各类话务98万件，比上年增加18万件。通过网站、微信公众号等发布路况信息2.9万条，短信平台发布交通阻断信息1.6万条，250余万人次接收。

（监控结算中心）

信息化项目建设 2018年，省交通运输厅开展多项交通信息化建设项目。加强全省交通运输政务信息化建设，基本建成“一平台、两门户、四系统、八支撑”的信息化系统框架。省交通运输厅作为全省唯一行业云建设单位，按期完成省级政务云交通云整合平台建设任务，并纳入省级政务云统一监管，截至年底，有33个系统迁移上云。交通综合业务系统办公门户网站（内部综合政务门户网站及内部App）框架基本搭建完成并进行相关系统对接，具备部分初步功能；交通互联网政务服务门户网站（外部综合服务门户网站）完成整合开发工作，开展应用宣传。建成统一权限管理平台、统一通信调度平台、统一视频联网监控管理平台、统一综合展示服务平台、统一安全防护平台和统一标准服务管理平台，为各类业务系统提供一体化、平台化应用支撑服务。公文系统、投资计划统计系统、“12328”系统等建成投运，内部相关业务系统初步整合完成；物流公共信息服务平台加快推进招标工作，全省交通运输综合行政执法管理信息系统完成初步设计，交通旅游服务大数据应用试点工程、安全监督管理与建设项目监管系统等开展前期工作。四川省交通建设和运输市场信用管理系统实现行业内信用信息的网上采集、审核、评价及公示，四川省公路水路建设市场信用信息管理系统覆盖勘察设计、施工、试验检测、监理、咨询、设备供应商等6 387家单位，四川省道路运输市场信用信息管理系统和四川省水路运输市场信用信息管理系统覆盖客运、大型物件运输、危险货物运输、驾培、维修、出租车、渡口码头、客运船等约8万家运输企业。建成“信用交通·四川”网站，并实现与交通运输部“信用交通”网站对接，对行政许可、行政处罚“双公示”信息进行网上采集和公示。建成在建高速公路项目工程质量问题清单库，通过信息化手段搜集各在建项目及参建单位违法违规行为，自动梳理、汇总问题清单，实现与信用管理系统有效联动。完成公路网交通情况调查数据采集与服务系统一期工程建设，建成干线公路323个全自动连续式交调站点，建成高速公路75个全自动连续式交调站点，覆盖国道5线京昆高速等16条国家级高速公路，提升路网交通流量实时监测水平。

相关链接

“一平台、两门户、四系统、八支撑”信息化系统框架：“一平台”指省级政务云交通云整合平台；“两门户”指交通综合业务系统办公门户网站和交通互联网政务服务门户网站；“四系统”指以政务办公与服务、行业管理与决策、运行监测与应急、信息资源共享与开放为核心构建的四大类应用系统；“八支撑”指通过统一规划、统一设计，建成统一权限管理平台、统一云GIS服务平台、统一通信调度平台、统一视频联网监控管理平台、统一综合展示服务平台、统一数据交换共享服务平台、统一安全防护平台、统一标准服务管理平台等8个一体化信息系统支撑保障平台。

（厅信息中心）

网站建设管理 2018年，省交通运输厅加强网站建设管理。厅政府网站在全省政府网站绩效评估中位列承担行政权力事项较多的省直部门（单位）第一名，自全省开展政府网站绩效评估以来，厅已经第九次获该荣誉。在2018年交通运输部政府网站政务公开与共建工作考评情况中，厅综合考评得分在上下半年分别排名全国第七和第八名。厅政府网站全年编发信息9 190条，填报交通运输部子站信息2 296条，报送中共四川省委电子政务内网信息464条，填报省政府信息公开目录管理系统2 282条，均列同级单位前列。开展在线访谈13期，意见征集和网上调查7期，处理回复网友来信1 047件。做好新媒体的日常运维、宣传推广等工作。厅政务微博发布信息3 012条，政务微信发布信息1 110条，回复微博、微信网友留言358条。厅政务新媒体被评为“微政四川2018年度十佳省直部门政务新媒体”。厅政务微博“四川交通”获“2018公路交通微博服务效果”排行榜第九名，是全省交通运输系统唯一入选的官方微博；“内容与技术相结合‘创意世界杯’”案例获2018新浪四川“微政道”影响力政务微博最佳内容创意奖；“四川省交通运输厅有效应对汛期期间全省陆路水路安全”案例入选“西南地区政务微博十佳政务公开案例”。厅政务微信“四川省交通运输厅”获“2018公路交通微信服务效果”排行榜第十名；厅官方微信公众号获“2018年全国交通运输行业十佳政务微信公众号”称号。

（厅信息中心）

2018年11月30日，“微政四川——2018政务新媒体”年会在成都召开。厅政务新媒体被评为“微政四川2018年度十佳省直部门政务新媒体” 周志彬 摄

网络舆情监测 2018年，省交通运输厅强化网络舆情监测的规范性和时效性，提前安排、科学研判，做好专项舆情监测和分析工作，有效应对处置网络舆情事件。完成2017年网络舆情监测和“厅长信箱”来信的搜集、整理和报送，编发《网络舆情参阅》249期、《网络舆情专报》75期、《网络舆情摘报》48期、《网络舆情摘报办理情况》11期。

（厅信息中心）

信息化服务保障 2018年，厅信息中心保障各类会议381次，实现零差错、零事故。参与保障交通运输部西部地区道路运输应急演练、路网中心汶川应急演练等项目，确保演练期间相关系统和设备正常运行。完成厅机关计算机终端保密自查；完成四川省电子政务内网建设并配合省政府通过分包测评。完成厅机关及厅信息中心软件正版化清理整改和制度完善，配合国家联合督查组完成软件正版化检查考核。完成《四川省交通运输厅网络安全管理制度》的编制。网络信息安全监测服务项目、态势感知监测服务项目和四川省公路水路交通应急指挥及抢险救助保障系统（一期）工程进入实施阶段，提高了网络信息安全事件监测及处置能力。做好年度网络安全宣传周宣传工作，做好厅门户网站及业务应用系统的安全服务工作，未发生信息安全事件。厅数据中心运行维护服务工作更加规范，在机房现场运维值守、应用系统日常维护和桌面终端维护等方面加强对运行维护团队的监管力度，确保厅应用系统和全省交通运输电子政务内外网的安全稳定运行。运行维护团队赴路网中心开展2次应急设备使用培训和1次应急平台使用培训。

（厅信息中心）

交通宣传
JIAOTONG XUANCHUAN

概　况　2018年，交通宣传中心发挥新兴媒体和传统媒体融合发展的优势，整合资源，创新求变，加快构建融为一体、合而为一的全媒体传播格局。通过手机快讯、网络、微信公众号、报纸、杂志、声像、电台、出版书籍等多种手段，打造新媒体、传统媒体、主流媒体子平台等三大矩阵，打造“中央厨房”式的融媒体中心，实现对信息资源的高效整合和深度开发，做到一次采集、多种生成、多方传播，提升交通宣传的融合传播力。传递有关全省交通运输事业的重大决策和重要工作等内容，彰显基层典型经验和行业探索与实践，培育四川交通文化；继续打造央媒四川交通子平台并充分发挥优势，对外辐射四川交通正能量，树立四川交通新形象。

《四川交通》杂志转型发展　2018年，交通宣传中心推进《四川交通》杂志继续向权威性、专业性服务行业转型发展。开辟《在习近平新时代中国特色社会主义思想指引下——新时代新气象新作为》《深入学习贯彻习近平总书记来川视察重要讲话精神》等专栏，宣传贯彻中共中央和中共四川省委重要精神，为实现四川交通高质量发展营造良好的舆论氛围。同时，对改革开放40年四川交通成就进行专题报道，加大对“四好农村路”和交通扶贫的宣传力度，形成宣传合力，展现四川交通运输取得的显著成果。

四川交通对外融合宣传　2018年，交通宣传中心紧扣全省重大交通项目，及时策划采写稿件。《交通超级工程的四川实践》《你好，大桥！再见，溜索》《川桂共同推进南向开放通道建设》等多篇稿件均在《中国交通报》头版头条刊登，全年《中国交通报》用稿120篇，其中一版近50篇，头版头条（含报眼）7篇。同时，加大《中国交通报》的《四川交通》专刊宣传力度。刊期由每季度一期（4个版面每期）缩短为每月一期（4个版面每期），提高宣传频率。创新交通广播节目设置，在四川人民广播电台交通频率（FM101.7）午间档节目中，新设《四川交通故事荟》板块，通过讲述交通小故事，用听众喜闻乐见的方式，说交通人、交通史、交通事，展现四川交通运输行业风采，收听率居全省电台第一位。利用四川交通广播微信公众号宣传四川交通，加强政策解读和传播与群众相关的交通资讯。全年四川交通广播微信《四川交通》栏目刊登新闻约240条，部分新闻点击量超10万次。继续将中国交通新闻网四川频道打造成地方交通运输行业网络新闻宣传的主阵地、主渠道。提升中国交通新闻网四川频道宣传力度，形成“手机报+杂志+其他”的稿件来源模式。继续加大今日头条、网易新闻和凤凰一点资讯移动平台宣传力度。编辑刊登符合大众阅读习惯的稿件，2018年正值“5·12”汶川特大地震十周年之际，推出《回看“5·12”汶川特大地震十年交通之路》系列报道6篇，展现成都、绵阳、德阳、广元、阿坝、雅安等“5·12”极重灾区十年来的交通变化。

影像视频摄制　2018年，由厅办公室牵头，交通宣传中心组织拍摄制作原创音乐微电影《天路入云端》在“中国交通·辉煌40年”全国交通运输行业微视频大赛中，从150部优秀作品中脱颖而出，获得大赛唯一特等奖。推选作品《四川藏区交通公益片》获首届交通运输公益广告大赛视频作品铜奖，《蜀水逐梦》获第六届全国交通运输优秀新闻作品微视频类三等奖，《小亭大爱》获第六届全国交通运输优秀新闻作品专题片类一等奖。

交通重点项目宣传　2018年，交通宣传中心与厅办公室组织社会媒体记者对四川交通重点项目进行多次集中采访：1月，中央媒体对小金县“四好农村路”进行集中采访活动；春运前夕，省内主流媒体对2018年春运集中宣传报道，为2018年春运工作的推进营造良好的舆论环境。6月，完成交通运输部主办、中国交通报社承办的“小康路 交通情”主题采访活动；8—10月，完成央视对巴陕高速公路米仓山隧道、川黔大通道——赤水河大桥先导索过江、金阳溜索改桥、雅康高速公路泸定大渡河大桥具备通车能力的直播，并组织省级主流媒体对这些重大节点进行宣传报道；9月，协助完成交通运输部“我的公交我的城”重大主题宣传活动。全年央视播出四川交通相关新闻36条，四川电视台播出12条。年内，交通宣传中心加强现实题材创作：策划编辑出版见证四川交通砥砺奋进五年的大型长篇纪实报道作品《大道兴川》；在四川交通广播电视台交通频率（FM101.7）《四川交通交通故事荟》栏目中精选100多个交通故事，集结成书，出版发行6 000册，以纸媒的方式再传播。

《四川交通手机快讯》调整优化 2018年，交通宣传中心围绕四川交通运输行业中心工作，调整优化《四川交通手机快讯》。栏目设置聚焦交通重点项目，反映基层一线动态，宣传四川交通新发展，行业影响力持续增强。先后设置《大学习、大讨论、大调研》《学习贯彻中共四川省委十一届三次全会精神 全面加快交通高质量发展》《全力以赴打赢防汛减灾安全度汛硬仗》《扫黑除恶交通在行动》等专栏，发起《2017年感动交通十大年度人物评选》投票关注，制作发送《2018年全省交通运输工作会》专刊。

（本栏目供稿单位：交通宣传中心）

中国交通报
CHINA TRANSPORT NEWS

你好，大桥！再见，溜索

2018年国家重大海上溢油应急处置实兵演习成功举行

10月起船舶进入长三角核心港区实施限硫措施

县统筹乡管理村监督
安徽护路治路力度加码

河南聚力提升“四好农村路”质量安全水平

今日看点
天眼照亮精准扶贫路
共筑脱贫路 同圆小康梦

甘肃成立铁路投资建设集团

“我的公交我的城”重大主题宣传活动走进嘉兴
嘉兴公交 激活红色基因 引领绿色出行

重庆交通逐一分解任务推进“三年行动计划”

2018年，《中国交通报》头版头条刊登《你好，大桥！再见，溜索》
交通宣传中心 供图

交通史志年鉴
JIAOTONG SHIZHI NIANJIAN

概　况 2018年，厅史志总编室继续开展《四川交通志》《四川交通志·公路志》等4部全国第二轮修志试点志书编纂，其中《四川交通志·稽查征费志》出版；完成《四川省志·交通志》终评意见相关资料的补充完善；组织开展《中国高速公路建设实录·四川卷》等4类项目编纂，《四川高速公路建设实录》出版；完成《中国水运史（1949—2015）》《中国水运工程建设实录（1978—2015）》初稿撰写；编辑出版《四川交通年鉴》2018卷，实现年鉴在线编纂并完成网络版年鉴纲目设计；完成《中国交通年鉴》《四川年鉴》《四川农村年鉴》2018卷和《中国交通运输改革开放40年（地方卷）》《四川改革开放40年大事记》“四川交通运输”图文组稿、撰稿、校对等；完成《蜀道申报世界遗产系列课题研究》并结题。此外，牵头开展机关文化建设，完成项目招投标；牵头负责省交通运输厅传承弘扬“两路”精神年度10项重点工作中的3项，完成川藏公路资料和文物状况的摸底调查，召开有川藏公路建设者、见证者和亲属代表参加的传承弘扬“两路”精神座谈会；配合厅机关党委办好“四季悦读”，负责每季《四季书目》资料补充、稿件校对及“四季悦读俱乐部”微信公众号日常打理维护。

年内，《四川交通年鉴》2017卷获“四川省第十八次地方志优秀成果”年鉴类一等奖第一名，2018卷获“第六届全国年鉴编纂出版质量”综合奖特等奖和框架设计、条目编写、装帧设计、检索编校与出版时效4个单项特等奖；黄丽、王谦撰写的《全国地方专业年鉴发展报告》获“四川省第十八次地方志优秀成果”论文类一等奖。

（益　人）

《四川高速公路建设实录》出版　2018年11月，省交通运输厅编著的《四川高速公路建设实录》由人民交通出版社股份有限公司出版。该书是《中国高速公路建设实录》系列丛书之四川卷，是“十三五”国家重点图书出版规划项目。全书设概述、高速公路规划、高速公路投融资、高速公路建设、高速公路行政监管及营运管理、抗击重大自然灾害、高速公路科技、高速公路文化等8个章节，以及高速公路大事记、四川公路交通统计表、高速公路运营管理选录、高速公路法律法规选编等4个附录，全面系统总结四川省高速公路发展成就，详细记述高速公路建设过程中的管理经验、科技创新、文化建设及项目建设实情，具有较高的史料价值，可供交通运输行业相关人员、社会读者查阅参考。

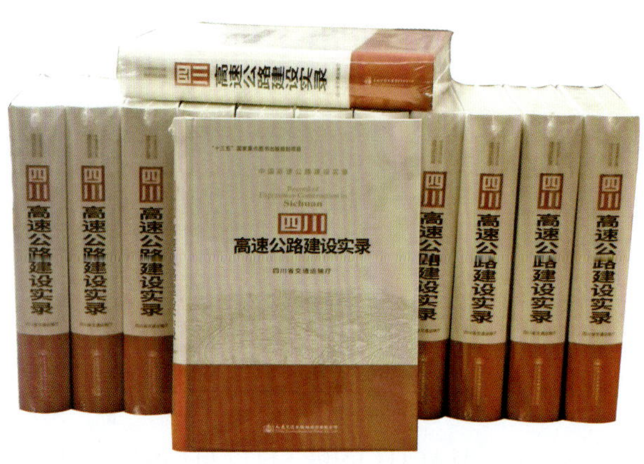

2018年，《四川高速公路建设实录》由人民交通出版社股份有限公司出版　厅史志总编室 供图

（岑　松）

《四川交通志·稽查征费志》出版　2018年2月，省交通运输厅组织编纂的《四川交通志·稽查征费志》由四川科学技术出版社出版。该书是全国第二轮修志5部试点志书之一，也是四川稽查征费行业的首部志书。采用述、记、志、图、表、录等形式，以志为主，设《征管机构》《规费征收与行政执法》两篇，各篇之下按章、节、目横排事项，以时间顺序纵述史实。志首设概述和大事记，分别为全志之纲和经；志尾设附录。全书图文并茂，系统反映1926—2011年四川稽征历史，如实记录四川征管机构沿革、征管机构管理、规费征收、征费管理、行政执法等内容。

2018年，《四川交通志·稽查征费志》由四川科学技术出版社出版　厅史志总编室 供图

（王　谦）

《四川交通年鉴》获国省大奖　2018年12月14日—20日，由中国出版工作者协会主办、年鉴工作委员会承办的第六届全国年鉴编纂出版质量评比在合肥举办。厅史志总编室编纂的《四川交通年鉴》2018卷荣膺“全国年鉴编纂出版质量”综合奖特等奖，并获框架设计、条目编写、装帧设计、检索编校与出版时效4个单项特等奖。中国出版工作者协会举办的全国年鉴编纂出版质量评比所列奖项是全国年鉴界最高奖，每5年或4年举办1次。《四川交通年鉴》作为风格化的地方专业年鉴，具有信息资料丰富实用、地方行业特色鲜明、装帧设计美观大方、阅读检索方便快捷等特点，综合评比高分获奖。至此，《四川交通年鉴》4次蝉联由中国出版工作者协会颁发的“全国年鉴编纂出版质量奖”综合奖特等奖。

同年12月，由四川省地方志工作办公室、四川省地方志学会组织开展的第十八次地方志优秀成果（年鉴类）评审结果揭晓。《四川交通年鉴》2017卷获“四川省第十八次地方志优秀成果”年鉴类一等奖第一名。

（益　人　王　谦）

“四川交通年鉴在线编纂系统”试运行　2018年，“四川交通年鉴在线编纂系统”投入试运行。该系统根据《四川交通年鉴》体例、编纂框架和编纂模式来配置工作流程，实现供稿单位稿件在线提交、编辑在线审核、工作数据适时统计等功能，具有流转快捷、方便查询、规范图片尺寸等优点，有效满足年鉴组稿、编校等业务需求，推动史志年鉴采编工作的全流程线上管理。该系统是史志总编室为适应“互联网+”发展趋势、不断提升史志年鉴服务效能而搭建的线上采编系统，也是网络年鉴试点工作的前期成果。

（蒋君兰）

市州交通

SHIZHOU JIAOTONG

2019

四川交通年鉴

成都市交通

CHENGDU SHI JIAOTONG

2018年成都市交通运输能力概况

公路交通运输			
通车里程	总里程（公里）		27 731.367
	其中	高速公路	958.679
		一级公路	1 551.829
		二级公路	2 203.059
		三级公路	2 468.999
		四级公路	19 889.832
		等外公路	658.969
公路密度	按国土面积计算：每百平方公里 193.45 公里		
	按人口计算：每万人 19.32 公里		
通达里程	通公路的乡镇 318 个，占乡镇 100%		
	通公路的村 3 635 个，占村 100%		
客运站	总　数（个）		61
	其中	一级站	12
		二级站	18
		三级站	15
		四级及以下站	16
营运车辆	总　数（辆）		201 957
	其　中	客车 9 652 辆 244 729 座	
		货车 192 305 辆 1 287 109 吨	
公路运量	客　运	客运量（万人次）	9 433.5
		旅客周转量（万人公里）	885 490
	货　运	货运量（万吨）	28 207.2
		货物周转量（万吨公里）	2 840 229
内河航运运输			
通航里程	总里程（公里）		316.45
	其中	三级航道	
		四级航道	
		五级航道	130公里（规划）
		六级航道	60公里（规划）
		七级航道	
港口（码头）	总　数（个）		34个
	吞吐量	旅客吞吐量（万人次）	44.38
		货物吞吐量（万吨）	
水路运量	客　运	客运量（万人次）	40.01
		旅客周转量（万人公里）	229.51
	货　运	货运量（万吨）	15.6
		货物周转量（万吨公里）	78
营运船舶	总　数（艘）192		
	其　中	客船 161 艘 2 718 座	
		货船 31 艘 6 761 吨	
城市公交运输			
营运车辆	15 903 辆		
公交线路	997 条		
公交站	12 222 个		
运　量	16.194 6 亿人次		

注：上表城市公交运输数据范围为“11+2”区：高新区、锦江区、青羊区、金牛区、武侯区、成华区、天府新区、龙泉驿区、青白江区、新都区、温江区、双流区、郫都区。车辆数包含公交集团停驶待报废车。

交通运输概况　2018年，成都交通运输系统坚持稳中求进工作总基调，围绕建设“全面体现新发展理念的国家中心城市”主线和“全面落实年”主题，推进综合交通枢纽能级提升，航空、铁路、高速公路、市域快速路等枢纽建设多点突破，农村公路加速提档升级，交通运输产业链不断完善，绿色低碳交通体系加快构建，区域交通运输互联互通立体推进，“放管服”改革持续推进，行业发展环境持续向好。2018年完成交通建设投资380亿元，超过计划投资（350亿元）的8.6%，比上年增长25%。

航空枢纽建设　2018年，成都市继续加快“一市两场”（双流国际机场、天府国际机场）和通用航空机场建设。强力推进天府国际机场一期工程机场主体工程中，全场地基处理和土石方回填、飞行区堆载预压基本完成，航站楼桩基工程、土方工程均完成90%。完成双流国际机场扩能改造主体工程施工，项目主要包括规划建设52个停机坪及相关跑滑系统，扩建T2航站楼等内容；截至年底，设计旅客吞吐能力提升至每年6 000万人次。金堂通用航空机场进入全面建设阶段，场平工程完成原地面强夯，跑道完成施工图设计，航站楼重新设计招标和施工图设计工作有序开展。

铁路枢纽建设 2018年，成蒲铁路、川藏铁路朝阳湖至雅安段建成通车，成都站扩能改造和成兰铁路、成贵铁路、成自高铁天府机场段加快建设，成自高铁（不含天府机场段）前期报批工作加快推进，达成线成都北至城厢增建二线工程于12月开工建设。截至年底，形成由成都枢纽环线、北环线，以及宝成铁路、成昆铁路、成绵乐客专北段（西成高铁）、成绵乐客专南段、遂成铁路、成渝铁路、成渝客专、成灌（彭）铁路、成蒲（雅）铁路组成的“2环9射”铁路网络；成都境内铁路总里程874公里，线网密度每百平方公里6.1公里，其中高快速铁路415公里，“148”高铁交通圈加速形成。

2018年3月，成雅铁路建设场景　　崇州市交通运输局 供图

相关链接

“148”高铁交通圈：成都与全国高铁节点城市的互联互通，构建成都至重庆1小时，至武汉、西安、贵阳、昆明4小时，至京津冀、长三角、珠三角经济区8小时的高铁交通圈。

高速公路枢纽建设 2018年，成都市高速公路项目完工1个、在建6个、拟开工4个。完工项目为四川省首个“四改八”高速公路——成彭高速公路扩容改造工程，项目增强成彭高速公路与金丰高架、绕城高速公路的快速交通转换能力，拉近彭州市与中心城区的时空距离。在建项目中，天府国际机场高速公路、成都经济区环线高速公路蒲江至都江堰段、成宜高速公路、成资渝高速公路全面开工建设；成都经济区环线高速公路德阳至简阳段由德阳市牵头，完成征地拆迁，路基土石方和桥梁工程加快推进；国道0511线都江堰至德阳段征地拆迁完成30%，成都段全面开工建设。拟开工项目中，成乐高速公路扩容、成南高速公路扩容、成绵高速公路扩容、天邛高速公路等项目前期工作加快进行。截至年底，全市高速公路通车里程959公里，形成由绕城高速公路、第二绕城高速公路、成乐高速公路（成都经双流机场至新津）、成雅高速公路、邛名高速公路、成灌高速公路、成彭高速公路—成什绵高速公路、成绵高速公路、成德南高速公路、成南高速公路、成安渝高速公路、成渝高速公路、成自泸高速公路组成的“2绕11射”高速公路网络。

市域快速路建设 2018年，成都市加快推进市域快速路网规划建设。成资、成龙简、金简仁、天新邛、天新大、蒲名快速路实现开工建设，完成投资26亿元；创新投融资模式，在淮州新城试点“城市综合运营”投融资模式；争取省交通运输厅支持，拟将五环路、成龙简、成简、蒲名等快速路调整纳入国道规划，开展用地预审。

农村公路建设 2018年，成都市加快农村公路提档升级，推动农村公路建设与特色小镇、产业园区、林盘院落和乡村旅游融合发展。新（改）建农村公路200公里，建成农村公路安全防护工程687公里，完成农村公

彭州市“四好农村路”　　彭州市交通运输局 供图

蒲江县蒲朝路　　蒲江县交通运输局 供图

路病害桥梁改造项目286座，全市县乡公路路面使用性能指数均值83。提升客货运输服务水平，新增通客车建制村165个，建制村通客车比例96.4%，县、乡、村三级快递网点覆盖率分别达100%、85%和53.3%。创新公路养护管理机制，试点农村公路管理养护派驻制度，由县级公路管理机构选派专业技术人员赴乡（镇）工作，破解基层公路养护技术力量缺乏问题。推进“四好农村路”建设，编制并以成都市政府名义出台《成都市加快推进“四好农村路”建设工作方案》，形成“政府主导、部门负责、群众参与、综合治理”的“四好农村路”建设工作格局，年内，金堂县成功创建全国“四好农村路”建设示范县，蒲江县成功创建全省“四好农村路”建设示范县。在全省“四好农村路”建设督导考评中，成都市列全省第一位。

天府国际机场建设　2018年，天府国际机场主体工程继续推进，交通设施、迁改工程、能源通信保障、安置小区四大类配套设施建设同步推进，全年完成主体工程及配套设施建设投资265.74亿元。机场主体工程中，全场地基处理和土石方回填、飞行区堆载预压基本完成；航站楼桩基工程、土方工程均完成90%；全部完成成自铁路代建桩基工程、土方工程；地铁代建桩基、土方工程完成90%以上。各民航专业工程中，空管工程终端管制中心、空管业务用房等均进入土方开挖及基础施工阶段；国航、川航、东航基地工程开工建设。配套设施建设中，建成草池平桥、芦葭建安、石板凳先锋三个首批安置小区；货运大道南段、机场南线西段形成双向四车道通车能力。金简仁快速路一期、金简黄快速路一期、空港大道二期、金简黄北延段及成资快速路（简阳新建段）等机场配套道路完成施工招标。

成都火车站扩能改造　成都火车站扩能改造工程包括8万平方米站房、1.9万平方米行包房、10台18线站场以及连接成都站至成都东站的引入线13.86公里，概算总投资83.5亿元。2013年12月进场施工，截至2018年底，完成北站房主体结构和屋面钢结构、行包房施工，高架桥和引入线施工加快；开工累计完成投资50.8亿元，预计2023年改造完成。

成蒲铁路正线通车　该项目为新建双线Ⅰ级铁路，设计时速200公里。自成都西站引出，经双流、温江、崇州、大邑、邛崃至蒲江，全长99公里，途经成都市郫县、金牛区、青羊区、武侯区、高新区、温江区、双流区、崇州市、大邑县、邛崃市、蒲江县11个区（市）县，设成都西、温江、羊马、崇州、大邑、邛崃、西来、蒲江、朝阳湖9座车站，预留双流北、王泗2座车站，总投资157亿元。项目于2013年9月开工，2018年12月28日，正线建成通车。

建设中的天府国际机场　　天府国际机场建设指挥部 供图

达成线成都北至城厢增建二线工程开工　成都北站至城厢段为达成线成都枢纽中的组成部分，既有为单线，该次增建二线区间线路自城厢站引出，并行于既有线左侧，接入成都北编组场下行到达场，新铺线路12公里，新建生产房屋300平方米，概算总投资4.2亿元。2018年12月，项目进场施工，征地拆迁及土建工程建设加快推进，预计2020年建成通车。

川藏铁路朝阳湖至雅安段建成投用 该项目为新建双线Ⅰ级铁路，设计时速200公里。起自蒲江县境内成蒲铁路朝阳湖站，经名山至雅安，线路长42公里，成都市境内约6公里。项目总投资42亿元，成都段约6亿元。项目于2014年12月6日开工建设，2018年12月28日建成投用。

2018年12月28日，川藏铁路成都至雅安段投入运营。成雅铁路开通后，崇州、大邑、邛崃、蒲江、雅安等川西多个市县将进入动车时代，融入全国高铁网 崇州市交通运输局 供图

成自高铁开工 该项目为新建双线高速铁路，由成都东站到天府站经资阳、内江至自贡东站。成都东至天府站段设计时速250公里，天府站至自贡东站段设计时速350公里。项目下穿天府机场，机场段线路长7.84公里，概算总投资34.48亿元，为配合天府机场建设工期，机场段单独立项审批并于2017年开工，2018年隧道工程加快推进。其余路段正线长176公里，估算总投资360亿元。项目主体工程预计2019年开工。

成彭高速公路扩容 该项目是四川首条“四改八”高速公路，起于金丰高架桥，止于成彭高速公路与成绵复线高速公路互通立交桥匝道起点，2016年10月开工，全长21.32公里，总投资20.36亿元。项目主线由原来的双向四车道改造为双向八车道，同时将成彭高速公路原成都站前移至成都绕城高速公路内环以内，撤除绕城高速公路大丰互通立交4个匝道收费站，实现与绕城高速公路无障碍互通，增强成彭高速公路与金丰高架、绕城高速公路的快速交通转换能力。项目于2018年7月12日建成，从成彭高速公路成都主线站进入成彭高速公路至彭州市只需15分钟。

天府国际机场高速公路 该项目主线起于绕城高速公路，穿越龙泉山，跨第二绕城高速公路，止于成都经济区环线高速公路，接成资渝高速公路。主线按双向八车道高速公路技术标准设计，全长56.3公里；天府支线按双向六车道高速公路技术标准设计，全长10.7公里；机场高速公路南线按双向六车道高速公路技术标准设计，全长18.9公里；起点连接线按双向八车道城市道路技术标准设计，全长2.9公里；项目全线合计88.8公里，总投资估算180.1亿元。截至2018年底，项目征地拆迁完成交地80%，项目总投资完成50%。计划2020年建成通车。

成都经济区环线高速公路 成都经济区环线高速公路是《四川省高速公路网规划》中的重点项目，属于成都三绕高速公路，主线起于蒲江境内成雅高速公路，沿顺时针方向环行，途经蒲江、邛崃、大邑、崇州、都江

2018年9月30日，成都三绕高速公路蒲江至都江堰段尖峰顶隧道右线顺利贯通，为蒲江至都江堰高速公路首个贯通的隧道 成都市交委 供图

堰、彭州、什邡、绵竹、德阳旌阳区、中江、金堂、简阳、仁寿、彭山，闭合于起点，串联起整个成都经济区。项目全长459公里，设计时速120公里，总投资591.9亿元。项目分为简蒲段、蒲都段、德都段、德简段，其中，简蒲段2017年底建成。

成都经济区环线高速公路蒲江至都江堰段：项目主线起于蒲江境内成雅高速公路，经蒲江、邛崃、大邑、崇州、都江堰，止于都汶高速公路，主线长101公里，成都第二绕高速公路至成都第三绕高速公路连接线长16公里，总投资175亿元。双向六车道，设计时速120公里。项目由中铁建投资建设。截至2018年底，项目征地拆迁完成交地90%以上，项目总投资完成55%。计划2020年建成。

国道0511线德阳至都江堰段（成都经济区环线高速公路德阳至都江堰段）：项目起于都汶高速公路，经都江堰、彭州、什邡、绵竹、德阳旌阳区，止于成绵高速公路，全长110公里，总投资160亿元，主线起点都汶高速公路共线段双向八车道，成灌高速公路至止点段双向六车道，主线设计时速120公里。其中，成都境内49公里，投资80亿元。由德阳市牵头，成都市配合，按PPP模式实施，中国铁建股份有限公司投资建设。截至2018年底，项目征地拆迁完成50%，总投资完成40%，计划2021年建成。

成都经济区环线高速公路德阳至简阳段：项目起于成绵高速公路，经旌阳区、中江、金堂、简阳，止于成安渝高速公路，全长105公里，总投资136亿元，双向六车道，设计时速120公里。其中，成都境内37公里，投资48亿元。项目由德阳市牵头，成都市配合，中铁建投资建设。截至2018年底，项目征地拆迁工作全部完成，项目投资完成70%，计划2019年基本建成。

成宜高速公路 项目起于成都经济区环线高速公路，顺接天府国际机场高速公路南线，经简阳、眉山、内江、自贡、宜宾，止于乐宜高速公路，全长157公里（成都境内9公里），估算总投资230亿元。由宜宾市牵头，成都、眉山、内江、自贡4市配合。截至2018年底，项目征地拆迁工作完成30%，总投资完成30%。

成资渝高速公路 项目起于成都经济区环线高速公路，经简阳、资阳、乐至、安岳接潼南，全长110公里（成都境内7公里），估算总投资131亿元。项目由资阳市牵头、成都市配合，川高公司（牵头方）、中铁工（成员方）投资建设。截至2018年底，项目征地拆迁工作基本完成，项目总投资完成35%。

高速公路前期工作 2018年，成都市有序推进高速公路前期工作。

成南高速公路扩容工程，项目自绕城高速公路螺蛳坝互通附近，经石板滩接成南高速公路新建23公里入城段，至南充段214公里加宽改造，总投资183亿元。项目由成都市牵头，遂宁市、南充市配合实施。至年底，确定项目投资人，完成项目入城段核准工作，初步设计文件获省交通运输厅审批。计划2019年开工建设，2022年建成。

三环路川藏立交至青龙场接成乐高速公路新建41公里（成都境内37公里），青龙场至乐山市接乐宜高速公路88公里原路加宽，夹江县至峨眉山市接乐雅高速公路新建10公里，总投资205亿元。成乐高速公路扩容工程项目由成都市牵头，眉山、乐山市配合，由省交投集团任项目业主。至年底，项目已核准，前置要件除环境影响评价报告外，均全部取得批复。

成绵高速公路扩容工程，项目起于绵阳市游仙区魏城镇，经中江县、金堂县、青白江区与成都第二绕城高速公路交叉，沿成金青快速通道连续高架至成都绕城高速公路。路线全长127公里，估算投资333.16亿元。设计时速120公里，双向八车道技术标准。至年底，完成项目工程可行性研究报告编制，省政府同意招商授权。计划2019年开工，2022年建成。

天邛高速公路，项目起于拟建成乐高速公路文山互通，经新津县、邛崃市，止于邛名高速公路孔明互通。采用双向六车道技术标准，设计时速120公里。至年底，完成工程可行性研究报告编制和审查等前期工作。计划2019年开工，2022年建成。

客货运场站建设 2018年，成都市新开工建设邛崃客运枢纽站（成蒲铁路配套）、淮口南站综合交通枢纽站（遂成铁路配套），加快建设崇州市新城客运站（成蒲铁路配套），全年完成客运枢纽建设投资4 840万元；完成金沙公交枢纽综合体、七里公交场站、永康公交场站建设，有序推进华新公交场站综合体、娇子停保基地、粉坊堰、国际商贸城、东站（二期）项目建设，公交场站建设完成投资2.2亿元；新津公路货运集散中心（二期）建成并开展前期挂牌工作。

口岸与物流建设 2018年，成都市口岸与物流建设有序开展。航空及铁路货运发展水平不断提升，双流国际机场货邮吞吐量66.5万吨，居全国第五位、中西部第一位；成都国际铁路港实现集装箱吞吐量72.7万标箱（比上年增长18%），国际班列年度开行2 619列（比上年增长158.8%，综合重载率77.4%），连续3年年度开行量居全国第一位。启动临港产业生态圈建设，成都市口岸与物流办编制印发《成都市临港现代物流产业生态圈建设工作指引（2018—2020）》，物流集中发展区全年完成固定资产投资68亿元，13个项目建成投运，6个项目加快建设，25个项目开工建设，新建成标准化仓储设施77.5万平方米。新引进德邦西南总部、京东物流区域总部、远洋国际冷链&电商产业园、中国智能骨干网青白江核心节点等23个项目，重大项目引领带动示范效应逐步显现。立体口岸服务体系继续优化，天府新区成都片区保税物流中心（B型）、成都高新西园综合保税区相继开建；国际贸易“单一窗口”标准版推广应用成效明显，实现货物申报、舱单申报、运输工具申报、税费支付等8大功能18项子功能，报关覆盖率100%；实施口岸提效降费，2018年整体通关时间比2017年压缩60%。供应链枢纽城市建设加快推进，获批国家供应链创新与应用试点城市，市口岸与物流办联合市经信委、市商务委等部门联合出台《成都市关于推进现代供应链创新应用的实施方案》，认定两批次28个供应链体系建设试点项目，完成首批次13个试点项目中期评估。

交通信息化建设　2018年，成都交通信息化建设稳步推进。加快推进成都市交通运输协调中心（TOCC）建设；建成网络预约出租车监管平台，并开展数据接入测试；建成成都智慧交通管控及辅助决策系统（一期）（共享单车监管平台），完成企业数据接入，完成车辆秩序管理、企业运营监管、统计决策分析以及数据接入检测管理等功能模块设计，并结合实际监管需求进一步优化系统功能；建成成都市新能源汽车及充电设施监测监管平台，开展数据大规模接入，数据接入速度和数据接入量居全国前列；完成中心城区巡游出租车车载设施设备4G技术升级改造。建成成都市道路交通运行监测平台（一期），平台具备道路运行实时监测、跟踪评估、辅助决策、管理增效、出行引导等功能，全面涵盖绕城高速公路内区域各级城市路网体系运行状况，可实现路段行程速度、行程时间及行程时间比等实时计算，准确度达90%以上，整体水平达到国内一流。推进智能交通系统二期建设，初步形成以综合集成管理与指挥调度系统为核心，相关子系统为骨架的智能交通信息系统框架。其中，红星路项目完成建设进入验收阶段；电子警察一期升级改造、凤凰山、老川藏、元华路、中环路、地铁7号线、智慧交通管控及辅助决策系统等项目配合道路主体工程进度基本完成工程建设，投入试运行。推进公共交通移动支付应用，3月上线天府通App，截至年底，实现天府通App扫码乘车服务，支持市民乘坐成都地铁、成都主城区公交、资阳市公交。

公路养护管理　2018年，成都市进一步加强公路养护及管理。农村公路方面，对覆盖全市22个区（市）县514条线路、4 515公里农村公路进行路面使用性能指数检测，抽检公路PQI（路面使用性能指数）平均值为83.1，达到良等路水平；对农村公路桥梁养护实施市场化、专业化管理，基本完成全市534座农村公路病害桥梁改造整治工作。国省干线公路方面，完成国道108线邛名路蒲江段、邛崃段和国道317线绕坝路大修工程，完成龙泉驿国道318线下边坡沉降段、金堂省道101线上边坡隐患整治工程，完成龙泉驿国道318线、金堂省道101线水毁应急恢复工程，完成桥隧定期检查92座，按计划启动实施中修、预防性养护工程。年内国省干线公路PQI（路面使用性能指数）值达91.3。

2018年12月，龙泉驿区交通局在全市率先引入道路检测机器人参与公路养护工作。机器人可自动对指定道路实行全自动路面检测，为预防性养护措施提供数据

龙泉驿区交通运输局 供图

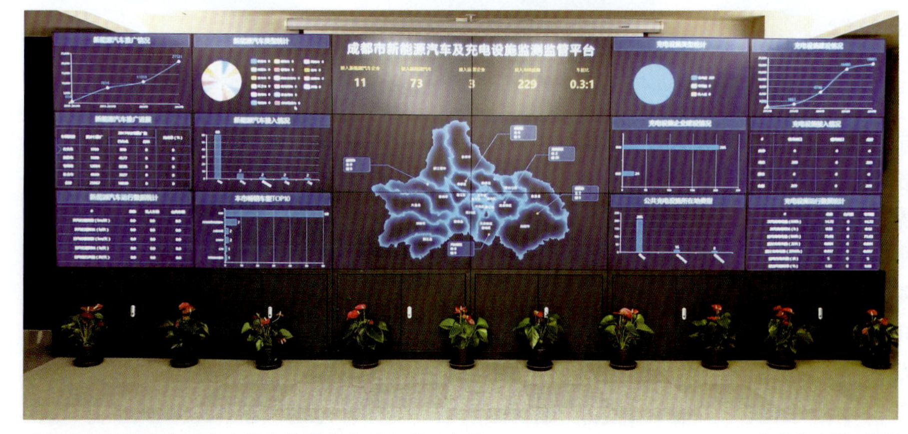

成都市新能源汽车及充电设施监测监管平台展示大屏　　成都市交委 供图

质量造价管理　2018年，

成都市对25个在建交通项目进行质量监督，其中高速公路项目7个，建设里程290公里；国省干线及地方重点项目18个，建设里程130公里，监督覆盖率100%。全年开展质量安全综合检查21次，专项检查、巡查及暗访90余次，发出整改意见和通知书90余份；对16个交通建设项目进行交工质量检测，质量合格率100%；对12个交通建设项目进行竣工质量鉴定；对7个在建高速公路开展扬尘治理监督检查70余次，下达整改文件30余份；对7个交通建设项目进行造价审查，送审总金额18.98亿元，审减金额1.21亿元，审减率6.00%。

安全管理 2018年，成都市交通运输行业（含成都市营运车辆在外地发生事故）发生事故59起、死亡69人、受伤26人，事故起数、死亡人数比上年分别下降7.81%、6.67%，受伤人数持平。未发生重特大事故，未发生火灾死亡事故，水上交通事故、汽车维修、轨道交通事故为零。

综合交通运输 2018年，成都开通航线335条，其中国内航线203条，国际（地区）航线114条，经停国内转国际航线18条，成都国际（地区）航线数量列中国内地第四位、中西部第一位，为中国中西部地区唯一航线网络覆盖全球五大洲的城市。双流国际机场旅客吞吐量5 295.1万人次，货邮吞吐量66.5万吨，成都成为内地第四个、中西部首个机场年旅客吞吐量跻身全球“5 000万级机场俱乐部”的城市。成都局成都车站发送旅客7 640.5万人次，货物发送量663.0万吨；完成春运、十一“黄金周”、成都国际马拉松赛、糖酒会、国际汽车展、西部博览会、国家网络安全宣传周、全国“双创周”等重大展会、赛事和节庆的运输保障任务。

道路客货运输 2018年，成都市试点道路客运定制服务，推动道路客运企业创新发展；推动城区道路货运车辆轻型化、节能化，发展重型货车和集装箱牵引车辆，推广多式联运、甩挂运输等现代运输组织方式，培育甩挂运输企业2家。实现货运车辆安全技术检验、综合性能检测“两检合一”，达到“一次上线、一次检测、一次收费”。全市道路运输完成客运量9 433.5万人次、旅客周转量885 490万人公里；完成货运量28 207.2万吨、货物周转量2 840 229万吨公里；完成总周转量2 928 778万吨公里；新增建制村通客车165个，农村客运通村率96.4%。

交通运输产业 2018年，成都市积极发展交通运输产业。推动轨道产业链升级。抢抓川藏铁路建设机遇，推动成都动车组四级五级检修基地尽快动工，推动高铁货运动车、场站及配套设备、信息系统等集成创新研发及生产制造在成都落地，争取将川藏铁路科技创新中心建设成为国家轨道交通重点实验室、国家重大科研平台。强化龙头企业招引。推动滴滴公司将西南区域公司和全球安全技术研发中心落户成都，推动“独角兽”企业神马专车公司将公司总部迁入成都天府新区。培育壮大交通新经济企业。支持科技含量较高的本土交通新经济企业发展，培育“瞪羚企业”和“独角兽”企业。

铁路公交化运营 2018年，成都市铁路公交化运营

2018年12月29日，成灌（彭）铁路在全国范围内首次投运CRH6A-A动车组。此次首发的CRH6A-A公交化动车组为4编组、时速200公里，具有运量大、起停快、快速乘降等特点，更适合市域铁路“小编组、高频次”的公交化运营要求 成都市交委 供图

运行在成灌（彭）铁路的CRH6A-A动车组 田相和 摄

有序推进。市域铁路公交化改造项目建议书获批。11月，中国铁路总公司与省人民政府联合批复《成都市域铁路公交化运营改造工程项目建议书》，同意对成都既有铁路进行公交化改造，同时新建铁路联络线、动车运用所及购置动车组，满足市域公交化列车开行要求，以大幅提升成都铁路运输服务范围和服务质量，增加城市轨道交通有效供给。加密开行既有线路列车。年内，成德、成绵、成资间公交化列车加密开行，日发送动车分别达到40对、38对、16对，平均发车间隔分别缩短至24分钟、26分钟、50分钟，成德、成绵高峰期发车间隔缩短至12分钟；成蒲铁路、川藏铁路朝阳湖至雅安段12月开通即同步实现公交化运营。加快构建成都平原经济区铁路公交化运行格局。9月，成都平原经济区（成都、德阳、绵阳、眉山、乐山、资阳、遂宁、雅安）8市政府与中国铁路成都局集团有限公司共同签署《关于推进铁路公交化运营合作框架协议》，成都平原经济区“1+7”铁路公交化运行格局加快形成。

相关链接

“1环+7射”铁路公交化运行格局：1环是成都市铁路环线，7射是放射性干线。具体由成都枢纽环线、成绵乐客专北段（西成高铁）、成绵乐客专南段、遂成铁路、成渝客专、成自客专、成蒲（雅）铁路、成灌（彭）铁路组成，共计850公里，其中成都市域560公里。

地铁运营　2018年，成都地铁1号线三期、3号线二期三期及有轨电车蓉2号线首开段开通试运营，线网里程240公里，车站171座，换乘站14座。年底，成都地铁日均客流量360万乘次；9月21日，成都地铁线网单日客运量首次达411.15万乘次，成为继北京、上海、广州、深圳以后，国内第5个实现单日客运量突破400万乘次的城市。至年底，成都轨道交通占公共交通出行分担比率提升至40%，列车准点率99.99%，运行图兑现率100%，高峰时段列车最小发车间隔2分10秒，运营服务指标均优于国家标准。

地铁1号线三期开通运营　2018年3月18日，成都地铁1号线三期正式开通试运营。1号线三期为成都地铁首条“Y”字型运营线路，有北段、南段、支线段三段延伸线路，全长17公里，设车站13座。其中，北段从升仙湖站向北延伸至韦家碾站，支线段从广都站沿梓州大道至五根松站，南段从四河站沿天府大道至科学城站，配车26列，与1号线既有线一致采用6B编组，最高运行时速80公里。1号线三期开通后，1号线全长41.01公里，全线车站数量将增至35座。1号线三期实现中心城区和天府新区核心区的快速连接。

地铁3号线二期三期开通运营　2018年12月26日，成都地铁3号线二、三期工程开通试运营。3号线二期为一期南延线，从太平园站沿武侯大道、藏卫路向南延伸至双流西站，线路全长17.25公里，设11座车站；3号线三期为一期北延线，从军区总医院站沿川陕路、蓉都大道、新都大道延伸至成都医学院站，线路全长12.30公里，其中高架及过渡段长5.54公里，设9座车站。3号线二、三期开通后，3号线将成为成都地铁线路最长（约50公里）、车站最多（37座）的运营线路，并将实现主城区与双流区、新都区的快速连接，提高中心城区轨道交通疏解能力，加强与铁路等其他交通枢纽的衔接，对城市空间优化，构建网络化、多中心、生态型的城市发展新格局发挥重要作用。

2018年12月26日，成都地铁3号线二、三期工程开通试运营。图为地铁3号线双流西站

成都轨道集团 供图

城市公共交通运输　2018年，成都以“公交都市”创建为抓手，提升公交发展水平和推进公交多元化差异化服务。完善常规公交线网。全年新开及优化公交线路126条，重点加强三环至绕城高速公路区域公交线网覆盖、公交末端微循环，特别是配合地铁1号线三期和3号线二、三期以及有轨电车蓉2号线开通运营，加强与地铁接驳和衔接。推进完善快速公交线路网络，向北开通运营凤凰山快速公交，向南开通运营K11快速公交，提升公交运营效率。开展公交多元化服务。开通运行“熊

猫直通线”和“文博观光线”旅游巴士，丰富旅游服务供给方式；中心城区五城区（含高新区）开行14条连接商圈与主要客运走廊、住宅区的夜间巴士线路，夜间22:00—01:00运营线路比例达到总线路的32%，接近国内一线城市水平；探索“互联网+公交”出行，新开21条网络定制公交线路。推行公交精细化运营管理，全年对35条公交线路实施按需延时服务，开行高峰快线19条，对66条线路实施时刻表运行模式。积极推进中心城区公交协同发展，中心城区“6+1”区域继续推进公交信息化建设、加密班次、增加线网覆盖，提升公交综合服务水平，缩小与中心城区五城区（含高新区）公交服务水平的差距。至年底，中心城区（11+2）公交日均客流量460万人次，公共交通（公交＋地铁）机动化出行分担率42%。

有轨电车蓉2号线首段开通运营　2018年12月26日，有轨电车蓉2号线首开段开通试运营。有轨电车蓉2号线是成都市区首条从市中心延伸至近郊区县的地面轨道交通线路，连接高新西区和郫都区两个区域。蓉2号线首开段起于合信路站，止于晨光站，线路总长13.7公里，共12座车站，通过38个路口，线路由电子科大沿线经时代天街、华为、富士康、菁蓉小镇等到达郫都区。

2018年12月26日，有轨电车蓉2号线首段开通试运营。有轨电车蓉2号线是成都市区首条从市中心延伸至近郊区县的地面轨道交通线路，连接高新西区和郫都区两个区域

成都轨道集团 供图

出租汽车网约车管理　2018年，成都市有巡游出租汽车15 093辆，经营企业105家，从业人员近4万人。其中，五城区巡游出租汽车总量14 824辆，在营车辆10 982辆，经营企业46家，从业驾驶员2万余人，日均载客37万车次，日均运送乘客60万人次。年内，取得成都网约车经营许可证的平台公司有“滴滴”“神州”“首汽”等43家，全市网约车日均上线营运车辆数约9万辆，日均完成订单量约100万单次，日均运送乘客160万人次。年内，成都市推进网约车规范管理。启动网约车监管平台建设，并于6月底通过专家组验收；开展车辆运输证和驾驶员从业资格证办理，全年办理“网络预约出租汽车运输证”32 477册，安排网约车驾驶员从业资格考试47期，考试人数40 771人次，发放“网络预约出租汽车从业资格证”33 579本。稳妥推进巡游车转型升级。启动五城区出租汽车车载设施设备升级改造工作，全年升级改造车辆10 561辆；推进“11+2”区域巡游车区域融合工作，3月启动五城区和双流区、天府新区出租汽车营运区域“融合互通”试点工作，跨区计费投诉明显下降。提升出租汽车服务质量。开展五城区出租汽车专项整治活动，全年查处客运出租汽车违法违规案993件，吊销从业资格证件50人，公开集中报废处置近年来查扣的仿冒出租车426辆。

2018年1月11日，“文明出租车 美丽新成都”优秀出租车驾驶员评选启动仪式现场

成都市交委 供图

共享单车管理　2018年，成都市加强共享单车管理。加强共享单车服务管理，成都市交委、市城管委、市公安局联合出台《成都市共享单车运营管理服务规范》《成

2018年11月21日，成都建成全国首个地下单车智能存车库。车库分地面及地下两部分，地上部分为存车亭，占地面积约6平方米；地下部分为直径8米，深9.6米圆筒式钢筋混凝土结构，可存放224辆共享单车 何昱霖 摄

都市共享单车服务质量信誉考核办法》，建成共享单车监管平台，建立共享单车服务质量考核机制。探索单车停放新形式，建成全国首个共享单车智能存车库，试运行以来，智能存车库每天存取单车次数约为400次，运行状态稳定。加强城区破损单车清理。9月起，成都市交委、市城管委、市公安局三部门联合开展停放秩序整治，截至12月，清退城区30万辆破损共享单车。至年底，成都在营共享单车企业共6家，全市共享单车投放总量约155万辆。

交通运输执法 2018年，成都重点开展五城区巡游出租车服务质量提升、网约出租车整治等专项行动，会同公安机关开展仿冒出租车专项整治、成都至甘孜州非法营运专项整治等联合整治，加强对“两客一危”（详见《附录》）、7座以上面包车、“营转非”客车等重点车辆监管，出动执法人员49 058人次、执法车辆10 606辆次，检查各类运输车辆119 934辆次，巡查公路364 168公里，移交涉黑涉恶线索41条。查处各类道路运输违法违规案7 193件，其中危险化学品运输违法案167件、班线客运车辆违法案392件、旅游车辆违法案220件、教练车辆违法案124件、巡游出租车违规案5 221件、网约出租车违规经营案310件、出租车超出核准区域营运案11件、仿冒出租车违法营运案123件、非法营运案625件。处理损坏公路及其设施案496件、违法建筑案3件、擅自占用公路及其用地案137件，公路清障排障935处。

推进“放管服”改革 2018年，成都市推进“放管服”改革，持续优化营商环境。加快推进网上审批，实现道路危险货物运输许可、公路超限运输许可等行政许可事项网上受理、网上审核，“网上办”事项占比71.91%。落实“最多跑一次”改革，通过“网上办理+在线打印牌照、窗口办理+快递取件、网上办理+窗口核验并取件”等形式，实现97.75%以上审批服务事项办理“最多跑一次”或“审批不见面”。压缩审批时间。通过流程再造、精简环节、严控时限等举措，在全省率先实现客运班线许可、危险货物运输许可等13项许可事项审批时间由法定20个工作日压缩至10个工作日，全部89个审批服务事项承诺时限压缩至法定时限的39.5%。出台实施取消道路客运经营许可证明年度换发、取消危险货物运输审批事项区县初审环节、改进道路运输经营许可证换证程序等4项改革措施。开展窗口提质行动，持续提升政务窗口服务效能和服务水平。年内，成都市交通运输政务窗口提质行动考核得分在全省21个市（州）交通运输部门中均位居前两名。开展交通企业大走访活动，分7个小组对18家重点交通运输企业逐一走访，协调解决企业反映的诉求和困难25个。

推广绿色低碳出行 2018年，成都承办由交通运输部、公安部、国家机关事务管理局和中华全国总工会举办的2018年绿色出行宣传月和公交出行宣传周启动仪式；推广应用新能源汽车，新增更换新能源公交车2 559辆，新增纯电动新能源网约车超过3 000辆，鼓励支持分时租赁企业采用“成都造”新能源车辆，分时租赁新能源车辆5 976辆，占车辆总量68%。

智慧共享停车管理 2018年，成都市加强智慧停车、共享停车管理。加快智慧停车标准制定。完成“5+1”区域停车泊位数据普查工作；牵头编制完成《成都市智慧停车信息系统建设规范》《成都市停车场（库）运营管理服务规范》《成都市共享停车服务规范》等3个成都市智慧停车标准。标准发布后，可有效规范和促进成都市机动车停车场信息化建设和共享停车服务。推进智慧停车信息平台建设。成立成都交投智慧停车科技有限公司，对成都智慧停车服务平台进行升级，并通过接入“天府市民云”的方式，实现城市级智慧停车信息平台功能。至年底，成都智慧停车信息平台接入近1 000个停车场约10万个泊位，初步具备城市级智慧停车平台功能。

政务新媒体宣传 2018年，成都市交委新浪微博“@成都交通运输”有粉丝66万余人，发布信息7 728条，处理投诉、咨询和建议2 047件，互动169万次，在《人民日报》发布的上半年政务指数微博影响力报告中名列全国交通局微博第1名、全国交通运输行业微博第9名；在2018新浪四川“微政道”影响力政务微博年会上，“@成都交通运输”获“最佳互动服务奖”。在“微政四川——2018政务新媒体年会”发布的“四川交通系统政务新媒体影响力排行榜”中，“@成都交通运输”名列榜单第1名。

（本栏目供稿单位：成都市交委）

自贡市交通

ZIGONG SHI JIAOTONG

2018年自贡市交通运输能力概况

公路交通运输			
通车里程	总里程（公里）		6 551.532
	其中	高速公路	235
		一级公路	128.619
		二级公路	177.279
		三级公路	317.121
		四级公路	5 287.389
		等外公路	406.124
公路密度	按国土面积计算：每百平方公里 149.54 公里		
	按人口计算：每万人 22.44 公里		
通达里程	通公路的乡镇 96 个，占乡镇 100%		
	通公路的村 1 140 个，占村 100%		
客运站	总　数（个）		77
	其中	一级站	1
		二级站	7
		三级站	
		四级及以下站	69
营运车辆	总　数（辆）		18 677
	其　中	客车 1 319 辆 33 770 座	
		货车 17 358 辆 140 419 吨	
公路运量	客　运	客运量（万人次）	3 642.45
		旅客周转量（万人公里）	119 559.816
	货　运	货运量（万吨）	5 771.923
		货物周转量（万吨公里）	666 081.942
内河航运运输			
通航里程	总里程（公里）		497.54
	其中	三级航道	
		四级航道	
		五级航道	12
		六级航道	110.15
		七级航道	375.39
港口（码头）	总　数（个）		86
	吞吐量	旅客吞吐量（万人次）	47.5
		货物吞吐量（万吨）	126
水路运量	客　运	客运量（万人次）	47.5
		旅客周转量（万人公里）	427
	货　运	货运量（万吨）	126
		货物周转量（万吨公里）	1 971
营运船舶	总　数（艘）104		
	其　中	客船 50 艘 2 228 座	
		货船 54 艘 7 069 吨	
城市公交运输			
营运车辆	1 015辆		
公交线路	149 条		
公交站	1 254 个		
运　量	1.946 67亿人次		

交通运输概况　2018年，自贡市推进交通基础设施建设，发展现代交通运输业，为全市经济社会持续健康快速发展作出重要贡献。交通规划不断完善。围绕全力构建“一干多支、五区协同”区域发展新格局，打造四川南向重要开放门户，对接全省“四向八廊”综合交通运输大通道建设规划，乐自犍高速公路纳入省高速公路网调整规划，沱江航道等级提升工程纳入交通运输部“十三五”规划。建设投资势头强劲。全年交通固定资产投资67.5亿元，国道247线改建工程、成宜高速公路等重大项目提速推进。服务水平有效提升。新（改）建农村公路664公里，通客车建制村1 038个，建制村通客车率97%；圆满完成春运、灯会等运输任务，公路运输总周转量增幅列全省第2名；全国公交都市创建扎实推进，公交线网不断优化，推行外地70岁以上老年人免费乘车优惠政策，推广应用掌上公交App、支付宝扫码乘车。行业改革深入推进。出租汽车行业新老业态融合发展，网约车公司从无到有，行业治理新机制逐步建立，91%行政审批事项实现“最多跑一次”。行业管理扎实有效。安全监管持续用力，安全生产形势总体平稳；环境保护切实加强，道路扬尘、汽修污染等突出问题有效控制；扫黑除恶纵深推进，市场秩序有效好转；建设管理不断规范，交通工程质量总体可控。

重点公路水运建设 2018年，省道309线舒坪工业园至牛佛港公路、省道305线（隆雅路）荣县至竹园段公路改建、省道436线东湖至富世公路等项目有序推进。乐自犍高速公路、内自快速通道和自隆快速通道等项目规划研究工作有序推进，内南高速公路前期工作加快推进。沱江自贡至泸州航道（自贡段）等级提升工程纳入交通运输部“十三五”规划。5月，牛佛沱江二桥工程通过交工验收。牛佛沱江二桥是拟实施省道309线改线工程横跨沱江的重要桥梁，也是推动自贡临港经济开发区及沱江自贡牛佛港建设、实现“公铁水”联运的枢纽性工程。项目概算总投资1.85亿元，2015年5月开工建设，2017年12月完工。项目全长765.8米，起于沱江左岸金牛大道，自东向西跨越沱江，在右岸接星光村，止于工业大道，采用双向四车道一级公路技术标准建设，设计时速60公里，桥梁宽30米，沥青混凝土路面。7月，富顺沱江赵化大桥建成通车。项目位于富顺县赵化镇与万寿镇之间，大桥及其连接线全长1 229米，其中桥梁部分长669米，采用双向四车道一级公路技术标准建设，设计时速60公里，桥梁宽20.5米，沥青混凝土路面，项目总投资12 362万元，于2016年1月开工建设。开工建设省道213线沿滩段改建工程，建成4.9公里施工便道，投资3.4亿元。成宜高速公路自贡段完成路基工程45%，投资26.6亿元。省道309线乐自高速公路贡井区连接线路基工程85%，累计投资3.5亿元。成自泸高速公路富顺连接线扩宽改造完成路面工程40%，累计完成投资1.32亿元。成自泸赤高速公路大安互通主体工程完工，连接线路面工程完成40%，累计投资8亿元。9月，国道247线自贡境改建一期工程（飞龙峡旅游快速通道）路基工程全线贯通。该项目起于自流井区舒坪镇磨刀岭村（自隆高速公路舒坪连接线），止于宜宾玉家村，全长13.07公里。采用双向四车道一级公路建设标准，路基宽22.5米，估算投资约6亿元，累计投资4.5亿元。自贡至泸州港公路获收费许可、概算调整等批复，完成勘测定界工作，启动沿滩食品工业园区试验段施工。北环快速通道项目完成PPP实施方案调整工作。

农村公路建设 2018年，自贡市新（改）建农村公路664公里。沿滩区成功创建省级“四好农村路”示范县，建成“四好农村路”示范路100公里；推动富顺县

2018年，自贡市沿滩区成功创建省级“四好农村路”示范县。图为沿滩区九洪乡农村公路
自贡市交通运输局 供图

苗仙湖片区、自流井区尖山风景区、沿滩区20公里新农村示范长廊等3个“农村公路+乡村旅游”融合发展示范项目建设。

公路水路运输 2018年，自贡市公路客运量3 642.45万人次、旅客周转量119 559.816万人公里；货运量5 771.923万吨、货物周转量666 081.942万吨公里，货物周转量比上年增长9.56%。城市公共交通客运总量19 466.7万人次。水路客运量47.5万人次、旅客周转量427万人公里，货运量126万吨、货物周转量1 971万吨公里。圆满完成春运、国庆等重点时段运输保障任务，安全运送道路水路旅客940.34万人次。续建自贡市高铁综合客运枢纽站、自贡南铁路物地流基和大山铺铁路物流园区铁路专用线园区货运站，年度投资3.85亿元。

城市公共交通 2018年，自贡市扎实推进国家级公交都市创建，新增公交线路4条，优化调整公交线路30条，改（扩）建港湾式公交站5个，投放纯电动新能源高级公交车60辆，新增外地70岁以上老年人刷卡免费乘公交，实现支付宝扫码乘车。

公路养护管理 2018年，自贡市整治县乡道病（危）桥4座，建设省补机养中心3个，完成国道348线等干线公路大中修44公里，持续强化小修作业，国省干线公路路面使用性能指数89.5，公路状况极大改善，服务水平进一步提升。深化路域环境治理，开展渣运车联合执法检查40余次，清扫路面31 210.8万平方米。严格执行超

限治理规定和卸载标准，切实保障路桥安全。

道路运输服务 2018，自贡市推动预约、定制、响应式等个性化客运服务，开通自贡至绵阳、宜宾的校园直通车，开展自贡至内江定制客运试点，开行景区直通车和乡村一日游班车，实现“交通+旅游”运游一体化。实施农村客运线路公交化改造2条，7个三级以上汽车客运站实现电话订票、网络购票、联网售票。推进货运龙头骨干企业培育工程，开通至成都、广州城际货运专线，三辰实业有限公司自主开发建成川南地区第一个公共物流信息平台，实现多式联运的信息交换。全市15家危险货物运输企业全部启用电子运单系统，使用率100%。

交通建设管理 2018年，自贡市持续加强交通建设管理。开展重点交通项目信用评价工作，推进市场主体诚信机制，开展“信用交通宣传月”和“诚信建设万里行”主题宣传活动，制定交通运输领域诚信缺失突出问题专项治理方案和交通运输领域“红黑名单”制度，将4名记20分从业人员列入“省道路运输从业人员禁止进入名单”，将112名记15分从业人员列入“省道路运输从业人员重点监控名单”。对全市交通重点在建工程开展全面质量监督检查，监督覆盖率100%，有效保证工程质量。完成农村公路设计审批、开工许可和竣工验收等行政许可事项下放工作。

交通行业改革 2018年，自贡市推进出租汽车行业改革。配置发放四城区1 096个出租汽车经营权证书，有序推进网约车新政落地实施，规范四城区巡游出租汽车经营模式，出台《自贡市出租汽车服务质量信誉考核实施细则（试行）》，实现网约车与传统出租汽车加快融合发展。推进行政审批制度改革，推进交通运输行业“证照分离”改革工作，机动车驾驶员培训业务许可证等7项优化准入服务事项采取公开、公示办理，全年办理交通运输行政审批服务事项25 275件，交通运输行政审批事项91%实现“最多跑一次”，按时办结率、承诺办结率、现场办结率和群众评议率、评议满意率均为100%。推进客运船舶公司化经营改革，全年新成立7家水上客运企业，拥有31艘船舶，个体客运退出水运市场，客运船舶公司化经营格局全面形成。有序推进交通运输综合执法改革，组织到眉山与攀枝花学习改革经验，做好机构改革相关工作。

汪洋调研自贡交通基础设施建设 2018年4月10日，中共四川省交通运输厅党组书记、厅长汪洋调研自贡市交通运输工作。汪洋到国道247线自贡境改建项目现场、自流井区农村公路伍富路、大安区三多寨镇八甲村川南城际铁路自贡制梁场开展调研。汪洋强调，交通建设要有超前意识，坚持路网结合、提升道路质量、服务城市发展，为地方经济社会发展提供有力支撑；要切实加快农村公路建设进度，把实现好、维护好、发展好人民的根本利益作为交通运输工作的出发点和落脚点，努力改善农村的交通条件；交通质量监管部门要加强对项目建设的质量监管，研究更加有效的监管机制，更加精准地发现问题，确保工程质量，早日让自贡融入全国高铁网络“主动脉”。

绿色交通 2018年，自贡市坚决打好交通运输污染防治攻坚战，持续开展道路扬尘治理和机动车维修行业污染防治专项整治行动，加强沱江自贡段等通航水域船舶码头污染防治，完成126个汽车维修行业喷烤漆房升级改造任务，安装营运客货机动运输船舶污油桶202个，安装油水分离器241个，全面完成中央环保督查5项牵头整改任务和高速公路噪声扰民信访件办理工作。建成全市首个新能源汽车充电示范站，新能源汽车推广力度持续加大。

平安交通 2018年，自贡市出动执法人员26 918人次，检查车辆（船舶）28 748辆（艘）。开展道路客运行业打非治违，查处非法营运车辆545辆。持续开展水上交通、交通建筑施工、危险化学品运输等8个专项整治和安全生产大检查，出动检查组126个，检查人员21 168人次，检查经营单位983户（次）。加强应急救援体系建设，举办水上应急抢险、危化品运输泄漏燃爆、公路抢通保通、城市公交燃烧爆炸、水上水下施工作业、反恐防范等突发事件实战演练21次，参与人员2 500余人，成功应对“5·22”“6·27”“7·13”等6次洪峰。全市全年经营性道路运输发生交通事故6起，死亡6人，事故起数、死亡人数与上年持平。水上交通、交通建设、公路养护和交通运输行业其他领域未发生安全事故。全市交通运输安全生产形势持续稳定，全年受理信访诉求356件，办结351件，办结率98.59%，满意率99.43%。开展交通运输系统扫黑除恶专项斗争，整治行业乱象。

行业精神文明建设 2018年，自贡市交通运输系统践行社会主义核心价值观，以“三创联动”为契机，组织开展“25小时”志愿服务、盐都文明好司机评选等活动，开展2018年道德讲堂活动；开展全局全覆盖志愿服务注册，注册率100%，开展“十万志愿者环境卫生整治大行动”等志愿服务活动13次；持续做好公交站台、出租车、客运站等区域公益广告对标创建；四川省汽车运输自贡集团有限公司驾驶员郑子良获“交通运输部2016—2017年度全国交通运输行业文明职工标兵”称号。

（本栏目供稿单位：自贡市交通运输局）

攀枝花市交通

PANZHIHUA SHI JIAOTONG

2018年攀枝花市交通运输能力概况

公路交通运输			
通车里程	总里程（公里）		4 811.836
通车里程	其中	高速公路	195
通车里程	其中	一级公路	43.624
通车里程	其中	二级公路	286.283
通车里程	其中	三级公路	173.345
通车里程	其中	四级公路	3 230.654
通车里程	其中	等外公路	882.93
公路密度	按国土面积计算：每百平方公里 63.268 公里		
公路密度	按人口计算：每万人 49.236 公里		
通达里程	通公路的乡镇 44 个，占乡镇 100 %		
通达里程	通公路的村 351 个，占村 100 %		
客运站	总　数（个）		107
客运站	其中	一级站	1
客运站	其中	二级站	
客运站	其中	三级站	1
客运站	其中	四级及以下站	105
营运车辆	总　数（辆）		17 096
营运车辆	其　中	客车 791 辆 15 753 座	
营运车辆	其　中	货车 16 305 辆 126 047 吨	
公路运量	客　运	客运量（万人次）	2 078.99
公路运量	客　运	旅客周转量（万人公里）	59 718.27
公路运量	货　运	货运量（万吨）	622 081.54
公路运量	货　运	货物周转量（万吨公里）	628 053.37
内河航运运输			
通航里程	总里程（公里）		368.4
通航里程	其中	三级航道	
通航里程	其中	四级航道	
通航里程	其中	五级航道	222.4
通航里程	其中	六级航道	30.5
通航里程	其中	七级航道	115.5
港口（码头）	总　数（个）		46
港口（码头）	吞吐量	旅客吞吐量（万人次）	37.58
港口（码头）	吞吐量	货物吞吐量（万吨）	19.8
水路运量	客　运	客运量（万人次）	37.58
水路运量	客　运	旅客周转量（万人公里）	1 315.3
水路运量	货　运	货运量（万吨）	19.8
水路运量	货　运	货物周转量（万吨公里）	1 308.9
营运船舶	总　数（艘）96		
营运船舶	其　中	客船 91 艘 916 座	
营运船舶	其　中	货船 5 艘 1 491 吨	
城市公交运输			
营运车辆	680 辆		
公交线路	47 条		
公交站	774 个		
运　量	1.085 亿人次		

交通运输概况　2018年，攀枝花市打造四川南向开放门户和进出川门户型综合交通枢纽，全年总投资15.53亿元。攀大高速公路投资12亿元，累计完成75%形象进度；攀宜高速公路提前启动施工图编制；攀盐高速公路和绕城东段高速公路提交项目工程可行性报告送审稿。新增至南京、西安2条直飞航线，航空旅客年吞吐量38.5万人次，增长41%以上，增幅居全省市州支线机场首位；机场迁建前期工作纳入《中国民用航空发展第十三个五年规划》。三堆子大桥新建工程累计投资1.45亿元。完成渡金线灾害治理和渡口立交1号桥维修加固等工程，省道214线甸沙关至丙谷段等大修工程加快实施。全市新（改）建农村公路235公里，投资2.67亿元；15个贫困村通村硬化路达标验收；出台《关于推进“四好农村路”建设工作的意见》，完成“四好农村路”全覆盖督导考评工作；新增通客车建制村48个，创新发展“响应式”“预约式”等定制客运服务，盐边县自筹92万元投入盐边北部农村客运发展。优化公交线路12条，开通定制公交、免费微循环公交，提高公交线网覆盖率；新增便民充值点18个，实现微信扫码、金融IC卡刷卡、无人售票分段计价乘车。创新定制客运、旅游直通车、旅游专线等服务模式，新增30辆营运客车，开行客运旅游包车1 000余班次，服务健康养老产业发展。加强出租车管理，市区投放新出租汽车为目标总数99.3%。

出台网约车实施细则。推动乌东德、金沙库区航运发展前期工作；制订二滩库区客运购票限时发船工作方案。加快完善农村物流服务网络，出台《攀枝花市降低物流成本工作实施方案》；建成11个农村物流节点，末端物流网络进一步完善。

（夏林秀）

高速公路建设 2018年，攀大高速公路投资12亿元，累计完成75%形象进度。攀宜高速公路提前启动施工图编制。攀盐高速公路和绕城东段高速公路提交项目工程可行性报告送审稿。1月10日，攀枝花市与凉山州就攀盐高速公路建设相关问题对接。3月13日，攀枝花市与厅交通设计院就攀盐高速公路工程可行性路线走向方案对接，厅交通设计院牵头开展攀盐高速公路及绕城东段高速公路工程可行性报告编制，于12月提交工程可行性报告送审稿。4月24日，在成都市召开国道4216线宁南至攀枝花高速公路初步设计文件预审查会；6月10日，初步设计报告报交通运输部审批；10月16日，交通运输部相关专家到攀枝花市现场调研。10月26日，在成都市召开川滇交通重点项目建设会商推进会，四川省交通运输厅与云南省交通运输厅专题研究两省交通运输互联互通事宜，并签订攀大高速公路省界接线协议。

（胡桂生）

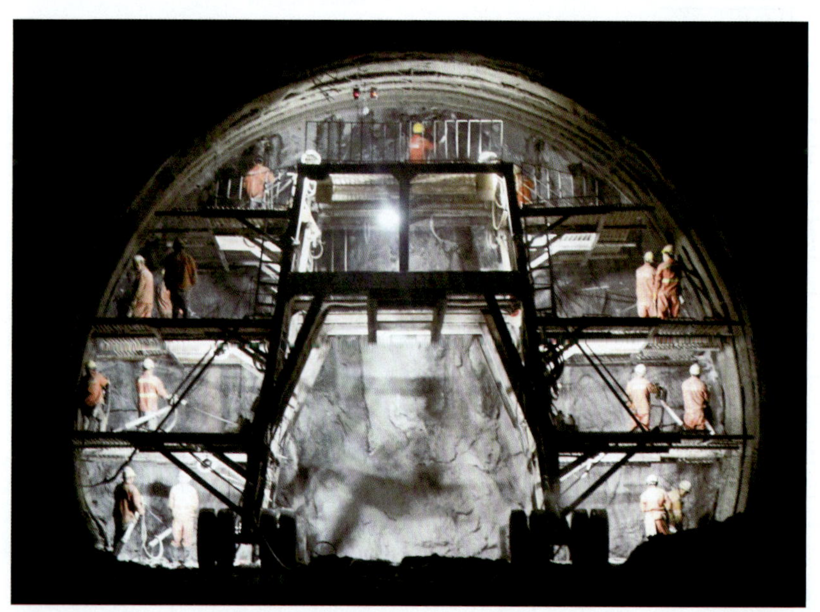

2018年11月11日，攀大高速公路TJ7分部宝鼎2号隧道开挖3 000米。图为掌子面开挖现场
韩勇 摄

民航建设 2018年，攀枝花市交通运输系统开展航线拓展、机场迁建、机场停机坪扩建、盲降系统更新改造等工作。攀枝花至南京直飞航线于7月6日开通，攀枝花至西安直飞航线于8月11日开通。持续对机场迁建开展必要性论证和气象分析，争取将机场迁建纳入《中国民用航空发展第十三个五年规划》中期调整，7月30日，攀枝花市副市长邓斌带队在北京参加民用运输机场建设“十三五”规划中期调整迁建机场评估会。与会专家经研究讨论，初步同意将攀枝花机场迁建项目纳入国家民航“十三五”规划中期调整前期工作类。国家民航局和国家发展改革委结合专家意见，按照审慎原则，综合经济社会发展、轻重缓急程度考虑迁建项目。推进保安营机场盲降系统更新改造、停机坪扩建和航油供油设施改（扩）建工作，保安营机场停机坪扩建获省发展改革委和西南民航局批复，盲降系统更新改造项目于12月获批复；航油油库资产移交和供油设施改（扩）建工作稳步推进，计划2019年建成投入使用。

（胡桂生）

国省干线建设 2018年，攀枝花市实施国省干线大中修项目6个，推进6个养护站点建设，完成新庄大桥、龙洞大桥、倮果大桥、荷花池大桥等8座桥梁特殊检查工作；完成第二批普通国省干线公路养护工程和养护能力建设计划、普通国省干线公路养护工程项目库、公路安全生命防护工程、危桥改造项目建议等计划申报工作，梳理编制2019—2020年公路预防性养护和大中修工程项目库；完成省道214线K72+600处上边坡地质灾害处治工程、渡金线阿基鲁桥到倮果桥大修工程和省道310线雅江桥至倮果桥段路面病害处治工程；省道214线K0—K45+746段大修工程完成工程总量52%。省道310线K186+732—K197+982段大修工程完成工程总量52%。完成省道214线渡口立交一号桥维修加固主体工程；倮果大桥维修加固项目、马家田桥应急抢险工程交（竣）工；完成观音岩电站大件运输桥梁加固项目审计工作；省道214线总发至平地段水毁恢复工程、炳清线等15个养护专项工程完成结算审核；省道214线大田至平地段和省道216线冷水箐至同德段恢复重建工程项目完成结算初审工作。全年开展公路日常养护巡查56次，农村公路日常养护检查12次，“四好农村路”创建工作督导、指导6次，下发整改通知书9份，督导养护单位按照养护技术标准、规范及时处置影响行车安全的公路病害，及时督导路面灌缝、预防性养护等工作。对国道108线、省道310线、省道214线、炳清线、机场路、渡金线等干线公路标志标牌进行清理更换，施划公路标线；新增单立柱交通标志142套、悬臂式标志牌73套，修复6套、拆除107套。装铝合金百里桩158个，拆除158个，新安装中央隔离栏2 076米、突起路标1 234个、道钉式百米桩130个，增设砼防撞墙10余米，新增波形防护栏618米。完成国道353线（原省道310线）红雅段交通标线专项整治工程、省道310线会理盐边交界处至红格段、省道310线雅江桥至渡口桥北段、省道214线丙谷至新县城路口段、省道214线新县城路口至雅江桥段、省道214线总发高速路口至路歇桥段、省道214线路歇桥至仁和沟桥段道路中线、分道线、人行横道线及震荡标线项目，累计完成公路普通标线17 900平方米，震荡标线1 900平方米。

（封正伟）

2018年10月，完善实施功能的炳三区公交站　　张朝军 摄

农村公路建设　2018年，攀枝花市新（改）建农村公路157.3公里，投资1.97亿元，分别为省交通运输厅下达投资目标和建设里程目标任务185%和104.9%，其中县乡道部分投资0.64亿元，建成53.2公里。村道部分投资1.33亿元，建成104.1公里。规划内其他专项工程完成投资857.8万元，为省交通运输厅下达投资目标107.2%。争取车购税农村公路建设补助资金和省补资金8 134万元；对全市2 328个村民小组开展通组路采集工作。推进“四好农村路”建设工作，将“四好农村路”建设工作任务纳入市政府对各县（区）政府目标考核，推动出台《攀枝花市人民政府办公室关于推进“四好农村路”建设工作的意见》和《攀枝花市农村工作领导小组办公室关于攀枝花市创建四好农村路示范乡镇评定办法的通知》，开展“四好农村路”示范县、示范乡（镇）、示范村创建工作。组织相关部门、科（室）对各县（区）“四好农村路”建设工作进行全覆盖督导考评。筹备召开全市“四好农村路”建设工作动员会，传达全省“四好农村路”建设乐山现场会会议精神，做好对示范县创建重点培育县（区）指导工作。定期对县（区）进行农村公路惠民行动考核，将农村公路规划政策、补助政策，质量监督等信息通过部门网站、村委会及公路建设现场进行公示，发动群众参与农村公路建设，提高社会监督力度，完成通组路需求采集工作。

（曹　洪）

城乡客运　2018年，攀枝花市3个客运站实现联网售票，“两客”车辆入网率100%、上线率95%以上；加速农村客运发展，全市新增通客车建制村48个，创新发展“响应式”“预约式”等定制客运服务，新设置农村客运招呼站牌81个，方便“小散远”地区群众出行；攀枝花市交通运输局拟出台《攀枝花市农村客运健康发展的实施意见（征求意见稿）》。助力康养旅游出行，创新定制客运、旅游直通车、旅游专线等服务模式，新增30辆营运客车，开行客运旅游包车1 000余班次，开通旅游专线，方便景点游客出行。优化公交线路，全年新增及优化公交线路12条，开通定制公交、免费微循环公交，进一步提高公交线网覆盖率。新增便民充值点18个，与9家银行合作开展“云闪付1分钱乘坐公交车”活动，实现微信扫码、金融IC卡刷卡、无人售票分段计价乘车，不断满足群众出行需求。加强出租车管理，市区投放新出租汽车1 408辆，达目标总数99.3%，启动出租汽车运价调整工作。拟出台网约车实施细则，满足群众多样化出行需求。

（赵　耀　汪红燕）

交通精准扶贫　2018年，攀枝花交通运输系统扶贫专项工程各项工程进展顺利，投资13.5亿元，为年度投资目标8.9亿元的151.7%。其中，攀大高速公路投资12亿元，为年度投资目标148.1%；全市农村公路交通扶贫专项建成114.3公里，投资0.71亿元，分别为年度投资目标190.5%和236.7%；6个2018年计划脱贫摘帽贫困村通村公路路面整治建设项目全部完成，累计投资0.18亿元；全市国省干线水毁修复工程累计投资0.79亿元，为年度目标158%。11月5日，完成15个贫困村通村硬化路市级验收工作，15个贫困村通村硬化路全覆盖；开展交通扶贫领域专项检查工作，制订《关于开展交通扶贫领域作风建设专项治理工作的通知》并于7月对各责任县（区）进行专项检查，对扶贫领域问题进行通报，督促各县（区）制定整改措施积极整改；继续巩固定点扶贫村盐边县红果乡大槽村脱贫成果，帮助该村完成2处通村公路过水路面改桥工程。持续对全村48户脱贫户进行产业指导。针对大槽村核桃丰产滞销情况，倡议全系统干部职工自愿购买核桃1万余千克，缓解该村核桃滞销问题。

（曹　洪）

货运建设　2018年，攀枝花市促进道路货运降本增效。推进货运健康发展，按照《四川省促进道路货运行业健康稳定发展实施方案（2017—2020年）》，完成取消外商投资道路运输业货运行政审批事项。推进货运车辆年检年审依法合并，3个综合性能检测与安全性能检测站实现“一次上线、一次检测、两张报告”，其余2个与公安部门沟通衔接中。深化车辆运输车治理，完成31辆不合规车辆运输车淘汰目标。加快完善农村物流服务网络，发展农村综合物流节点，会同邮政部门共同探索“交邮共建”融合发展模式，将邮政网点拓展成为物流综合服务站点，建成11个乡（镇）农村物流节点，提升农村物流服务水平。强化电子运单运用管理，危险货物运输电子运单异常率下降至1.76%，比上年下降4.24%，低于省级异常率5%指标。危险货物运输车辆电子运单企业覆盖率100%，单车月平均运单数12.58单，居全省前列。落实寄递物流“三个100%”，督促寄递物流企业严格落实“三个100%”，全年开展寄递行业督促检查寄递物流网点177次，联合邮政、公安等部门开展联合执法11次，检查寄递物流网点187个，客运站小件快运7次。

（赵　耀）

航运建设　2018年，攀枝花市推进航运发展。3月下旬将二滩库区部分港口、码头设施及二滩港务公司整体移交盐边县发展集团。加大巡航巡查力度，开展隐患排查，严厉打击各类水上交通违法违规行为。持续推行学生免费乘船措施，学生乘船严格执行“五定”（定船舶、定船员、定乘员、定航线、定时间）“一戴”（穿戴救生衣）乘船制度，解决学生乘船难、管理难问题。深化“救生衣行动”常态化管理，严格执行“六不发航”等规定。筹措资金2.4万元，对金沙江金江、庄上渡口和二滩库区安全警示标志牌进行统一更换安装，安装标识牌18块。推动水上交通巡航救助一体化建设，向厅航务局上报2018、2019年巡航救助一体化建设项目省级补助资金建设计划及相关资料，按要求推进项目建设前期工作。市级水上应急救助站选址、工程可行性研究报告、项目立项等工作全部完成，地方配套资金225万元落实到位，待省补资金落实到位后展开建设工作。西区金沙江水上应急救助点完成项目规划选址、用地、环评、项目可行性研究批复等手续。仁和区金沙江水上应急救助站项目进入选址阶段。对全市185名持有“内河船舶船员适任证书”的船员进行集中教育培训，对未参加培训和考核不合格船员采取强制措施限制任职；组织开展船员基本安全考试一期47人参考，进一步提高船员安全意识和操作技能。强化应急救援能力建设，购置储物架6个，对应急救援设备、物资进行分类整理、存放，确保在紧急情况下能够迅速出动，提升应急救援效率。组织水上应急救援队开展模拟汛期险情应急冲锋舟实操训练，强化应急救援队伍业务素质，提高水上应急救援能力。联合盐边、米易县海事处和水运企业开展船舶失火、人员落水、水域污染等科目水上交通应急演练，增强突发事件应急响应和处置能力。完成2018攀枝花“盛泰杯”国际皮划艇马拉松赛期间水上交通管制、护航赛道安全维护和水上应急救援保障任务。

（王　强）

行业法治建设　2018年，攀枝花市交通运输局法治建设稳步推进，依法治理水平不断提升。开展交通运输大讲堂集中学法活动。结合行业实际，开展工程建设领域招标投标等相关法律法规知识及实务操作培训，提升交通运输干部依法治理水平。推进依法行政工作，落实党政主要负责人履行推进法治建设第一责任人责任，加强执法监督，不断强化执法证件、执法资格、持证执法人员管理，全面推行行政执法全过程记录、重大执法决定法治审核、行政执法公示，杜绝“持证不执法”“无证执法”等现象。开展超限专项治理，与公安、城管、住建等部门联合执法，强化“治超”工作。全年投入执法人员27 000余人次，超限检测站检测载货车辆近100万辆次，卸（转）载货物15 000余吨，对28起冲逃岗违法行为和294起违法超限运输行为实施行政处罚，罚款322.6万元。全年开展打击非法营运专项整治活动290次，检查车辆2 518辆次，处理非法营运举报43起，处罚非法营运案件41起。针对市中心医院附近非法营运突出现象，开通医疗爱心车，为外地患者提供医院至市客运中心免费往返摆渡服务。开展出租汽车违规行为专项整治，采取“定点查、流动查、暗中查、重点查”方式对出租汽车拼车、拒载、不打表等不规范经营行为进行严管重罚。精简审批事项，推行政务服务“马上办、网上办、就近办、一次办”，窗口“最多跑一次”项目比例94%。36项交通行政审批事项和公共服务项目实现审批事项“一窗受理”。通过微信等方式18项全程网办项目，为总数50%。采取邮政特快专递收、寄证照，让办事群众少进门、少跑路、少折腾。

（夏林秀）

交通环保防治　2018年，攀枝花市环保防治坚决有力。强化抛洒治理，开展道路运输扬尘污染防控专项行动，着重查处货运车辆抛洒污染。开展专项整治行动200余次，开展联合执法150余次，检查车辆11 131辆次，处罚抛洒污染案件167件。走访、座谈600余家货运源头企业宣讲环保工作要求，向从业人员发放货运车辆超限治理工作服务手册2 000余份，向个体经营户发送短信25 000余条，调动从业人员参与环保工作积极性。强化货运车辆清洗保洁，在全市东南西北四个方向设置货运车辆进城冲洗点，累计冲洗货运车辆56 548辆次。在倮果桥北、攀钢四号门岗处设置联合执法点，重点对货车车身卫生再检查，累计检查货运车辆3 380辆次，劝返冲洗车辆159辆次，责令现场整改55辆次，移交公安交警处罚16辆次，抄送抄告各县（区）政府56辆次。强化公路施工扬尘治理，落实建筑施工“六个100%”（施工工地周边100%围挡、物料堆放100%覆盖、出入车辆100%冲洗、施工现场地面100%硬化、拆迁工地100%湿法作业、渣土车辆100%密闭运输）要求，加大三堆子大桥、攀大高速公路等公路施工扬尘治理。三堆子大桥项目增配雾炮机6台、洒水车2台及时洒水降尘，对进出施工车辆进行冲洗，并对裸土全面覆盖。攀大高速公路项目投入洒水车22台，在隧道内每隔100米安装喷淋系统，并在拌合站安装脉冲式除尘装置，工地裸土实现全覆盖，努力降低施工扬尘。强化绿色出行，加强公交车辆尾气治理，完成35辆公交车尾气净化装置安装。2016年以来，投入资金8 045万元购置新能源公交车辆125辆（其中纯电动车辆80辆、LNG气电混合动力车辆45辆，其中2018年更新新能源车80辆）。新能源公交车总量为145辆，为公交车总数21.5%。

（夏林秀）

平安交通 2018年，攀枝花市“平安交通”加快建设。不断完善安全生产控制制度、奖惩制度、考核制度、责任追究制度，年初与县（区）交通运输局、局属各单位签订安全生产目标责任书，层层压紧压实责任。强化重点领域监管。进一步强化对水上交通、道路运输、公路管养、交通建设“四大领域”安全监管，对重大隐患实行挂牌督办，做到“五到位”（认识到位、管理到位、检查到位、整改到位、学习到位）。不断完善全系统突发事件应急总体预案，切实提高应急管理水平。开展冲锋舟实战操作训练、防汛演练、消防演练等30次应急演练，提升应急处置能力。强化特大桥梁、码头、客运站场、公共交通等重点要害部位反恐怖防范。“6·21”事故以后，开展安全生产大排查，组织开展安全生产检查417次，检查企事业单位984家次，排查整治隐患419处。强化公路和道路运输专项整治，开展国省干线公路专项整治，重新施划红雅段标线，增设道口警示标识，完成省道216线三处地质灾害临时处置并制定应急预案。开展道路运输领域专项整治，检查运输企业1 005户次，现场整改各类问题450个，下发整改通知书60份，全部完成整改。督促货运源头企业加装计量设备，会同市级相关部门督促207家道路货运源头企业全部安装计量设备，从源头上进行超限治理。

2018年11月1日，攀枝花市地方海事局组织开展水上交通应急演练　王强 摄

（夏林秀）

行业精神文明建设 2018年，攀枝花市印发《致两代表一委员的一封信》900余份，每月向“两代表一委员”（党代表、人大代表、政协委员）发送交通重点工作、行业动态和便民服务等信息，全年累计发送6 000余条，争取“两代表一委员”对交通运输工作的理解支持。深化政风行风“五大行动”，组成8个巡查组开展政风行风工作巡查，对发现问题明确时限、督促整改，印发督察通报16期。利用报纸、电视台、广播、手机短信、门户网站、“攀枝花交通”微信、微博等媒体开展对外宣传工作，全年在门户网站、微信、微博和短信等方式发布信息8 000余条，被中共攀枝花市委、市政府和市内各媒体刊载报道300余条次，被省政府和省交通运输厅采用500余条。宣传行业运输服务品牌，“爱心送考”出租车队、汽车客运站温馨“小红帽”、助力春运“暖冬行动”“城市公交服务精品线创建”“礼让斑马线”等交通运输服务品牌深入人心。推进全国文明城市创建工作。推动全市交通运输系统创建全国文明城市三年规划实施，落实全系统创建全国文明城市24项目标任务。评选出“十佳公交驾乘人员”和“十佳出租车驾驶员”，挖掘出一批交通行业先进和典型，树立运输行业从业人员良好形象。

（夏林秀）

泸州市交通

LUZHOU SHI JIAOTONG

2018年泸州市交通运输能力概况

公路交通运输			
通车里程	总里程（公里）		14 614.469
	其中	高速公路	455.4
		一级公路	135.308
		二级公路	814.315
		三级公路	260.5
		四级公路	10 790.666
		等外公路	2 158.28
公路密度	按国土面积计算：每百平方公里 119.5 公里		
	按人口计算：每万人 33.85 公里		
通达里程	通公路的乡镇 129 个，占乡镇 100 %		
	通公路的村 1 342 个，占村 100%		
客运站	总　数（个）		30
	其中	一级站	2
		二级站	6
		三级站	3
		四级及以下站	19
营运车辆	总　数（辆）		24 976
	其　中	客车 2 454 辆 82 068 座	
		货车 22 522 辆　189 232 吨	
公路运量	客　运	客运量（万人次）	6 201.442
		旅客周转量（万人公里）	353 549.35
	货　运	货运量（万吨）	10 229.109
		货物周转量（万吨公里）	1 528 217.277
内河航运运输			
通航里程	总里程（公里）		926.54
	其中	三级航道	136
		四级航道	
		五级航道	49
		六级航道	43.5
		七级航道	111.6
港口（码头）	总　数（个）		16
	吞吐量	旅客吞吐量（万人次）	
		货物吞吐量（万吨）	1 424.11
水路运量	客　运	客运量（万人次）	4.27
		旅客周转量（万人公里）	28.3
	货　运	货运量（万吨）	1 808.11
		货物周转量（万吨公里）	2 017 100
营运船舶	总　数（艘）264		
	其中	客船 9 艘 332 座	
		货船 255 艘 67.29 万净载重吨	
城市公交运输			
营运车辆	1 908 辆		
公交线路	269 条		
公交站	1 810 个		
运　量	85万人次/天		

交通运输概况　2018年，泸州市高速公路建成项目4个，通车里程455公里，总投资337.97亿元，建成“一环六射一横”（“一环”即厦蓉高速公路、宜泸渝高速公路、成自泸赤高速公路在泸州规划区以外相交形成的三角形环线，“六射”即从泸州发射通向周边省市的六条射线，“一横”即宜宾至叙永至古蔺至习水高速公路）高速公路网，实现高速公路县县通。客运铁路集中攻坚“三路一总站”（川南城际铁路、渝昆高铁、泸遵高铁和泸州城北高铁枢纽站），总投资242亿元；货运铁路集中攻坚“三路一改造”（叙毕铁路、叙大铁路、古蔺大村经仁怀至遵义铁路，构建高铁枢纽，构建内联外通、多式联运现代铁路集疏运网络），总投资157亿元。在建及规划铁路总里程约450公里。全年客运场站建设投资30 984万元，建成叙永川泸西外客运站、城西客运站及叙永县兴隆乡客运站；川滇黔公铁联运物流集散中心实现主体工程完工；建成城西客运站、云龙机场客运枢纽，实现公路客运、城市客运与航空客运零距离换乘，推进和润粮油泸州物流项目、川滇黔现代公路物流港等城市集疏运项目，打通货运“最后一公里”。泸州市入选全国绿色货运配送示范工程创建城市，是四川

建设中的合江长江大桥 泸州市交通运输局 供图

唯一入选地级市。

高速公路建设 2018年，泸州市高速公路建成项目4个，通车里程455公里，其中国道76线厦蓉高速公路220公里、国道93线成渝环线高速公路92公里、国道4215线蓉遵高速公路78公里、省道80线古宜高速公路65公里，总投资337.97亿元，建成高速公路网，实现高速公路县县通。建成由国道76线厦蓉高速公路、国道93线成渝环线高速公路、国道4215线蓉遵高速公路组成的泸州绕城高速公路环线，里程93公里（其中厦蓉高速公路34公里、蓉遵高速公路33公里、成渝环线高速公路26公里）。省道80线叙古高速公路古习段控制性工程太平渡隧道贯通，赤水河特大桥主缆安装全部完成。国道8515线泸荣高速公路路基工程完成94%，桥梁工程完成86%，隧道工程完成62%。省道37线叙威高速公路路基工程完成36%，桥梁工程完成21%，隧道工程完成11%。省道33线泸永高速公路工程可行性修改方案报省交通运输厅，获项目选址意见书和社会稳定报告批复。成贵高速公路泸州至古蔺县城段开展方案研究，古蔺县城至川黔界段工程可行性报告于2018年11月评审。渝赤叙高速公路开展方案研究。古仁高速公路开展方案研究。

2018年8月12日，叙古高速公路赤水河特大桥两岸主墩索塔正式连为一体 泸州市交通运输局 供图

国省干线改造 2018年，泸州市国省干线公路路面使用性能指数89.7。国道246线、国道353线泸州段（泸县立石镇至江阳区江北镇）加快推进；国道546线纳溪至赤水段（川黔界）公路改建工程开工建设；省道438线兴隆乡巴毛田至贵州界段改建工程加快推进；省道438线泸县至白米互通段改造工程开工建设；国道321线纳溪至渠坝段、泸县至嘉明段，国道246线纳溪至大渡口段，省道438线泸县得胜至兆雅至神仙桥至合江县神臂城（合牛路）段，省道213线海潮至胡市段升级改造项目前期工作加快推进；自贡至泸州港公路前期工作加快推进。

铁路建设 2018年，泸州市有普速货运铁路185公里。川南城际铁路内自泸段累计完成投资77亿元，为总投资182亿元的42%；泸州段“西进东出”方案获批，征地拆迁完成，2018年投资10.9亿元，累计投资26亿元，力争2020年底建成。渝昆高铁泸州段全线可行性研究方案稳定，中国铁路总公司启动报批程序。涉及泸州市用地预审、节能、规划选址等完成，同步启动初步设计及施工图编制工作，预计2019年开工建设。蓉遵高铁泸州至遵义段完成预可行性研究报告编制及专家评估；泸州、遵义两市政府签订《蓉遵高速铁路泸州至遵义段项目合作框架协议》，争取两省共商启动项目前期工作。城北高铁枢纽站红线内征地拆迁全面完成，中国铁路总公司启动站房规模调整与路改高架变更签报流程；设计单位基本完成站房初步设计与站场“路改桥”变更设计并进行初步审查；站场周边市政配套设施启动委托设计招标工作。叙永至大村铁路主体工程完工，进入竣工验收准备阶段。隆黄铁路叙毕段累计投资8.8亿元，计划2022年建成投运。泸州、遵义两市政府签订泸遵货运铁路大村至遵义段项目合作框架协议，泸州段由叙大铁路公司牵头启动预可行性研究报告等前期工作。川铁集团公司正式委托启动隆黄铁路隆叙段扩能改造前期工作，预可行性研究方案基本完成。

2018年12月3日，泸州市召开加快川南城际铁路内自泸段建设协调工作推进会

泸州市交通运输局 供图

城市公交 2018年11月，泸州市公交线路269条，公交车1 908辆，其中主城区公交线路168条（公交公司142条、龙马20条、纳溪6条），公交车1 504辆（公交公司1 242辆、龙马179辆、纳溪83辆），公交客运量平均每天58万人次，公交出行分担率32.3%。8月，泸州市被交通运输部确定为“十三五”期间第一批公交都市创建城市。按中共泸州市委、市政府“一城一交”和“国有公司注资控股城市公交”发展战略，市交投集团整体收购泸县城市公交有序推进。新推广应用新能源公交车混动191辆，纯电732辆。新设置公交专用道27.2公里，形成36公里一环路闭环式公交专用道。在全省率先开通全国交通“一卡通”，发卡13.5万张。“掌上公交”查询服务覆盖主城区所有公交线路，手机用户63万人次，日查询量18万人次。省交通运输厅批复同意《泸州市公交都市创建工作实施方案》。中共泸州市委、市政府在基础设施建设、公交资源整合、公交线网优化、公交优先设施、智能交通系统等多方面开展大量工作，公交客流量在国内普遍下降的趋势下逆势增长3.37%，如期完成34项年度指标，完成率91.2%。

客运站建设 2018年，泸州市客运场站建设投资30 984万元，建成叙永川泸西外客运站、城西客运站及叙永县兴隆乡客运站。川滇黔公铁联运物流集散中心主体工程完工，新建村级招呼站257个（合江县133个、叙永县41个、古蔺县83个），城区5个公交站增设“排队上下车”硬件设施。截至2018年底，全市五级及以上客运站30个，其中三级客运站3个、二级客运站6个、一级客运站2个。加快推进城北高铁枢纽站、泸县枢纽站、纳溪客运中心站前期工作。

城乡客运 2018年，泸州市加快推进城乡客运一体化建设，按照车辆通达村委会标准，江阳区、龙马潭区128个建制村通公交，纳溪区、泸县295个中心村通公交，合江县、叙永县、古蔺县749个中心村通客运，解决群众出行“最后一公里”。全市农村客运车辆1 244辆、农村客运班线447条，平均日发5 654班次，年客运量2 912.6万人次，旅客周转量93 569.7万人公里，全市127个乡（镇）、1 338个建制村客车通达率分别为100%、98.28%。

道路运输 2018年，泸州市道路运输企业2 175户，客车、货车、出租车、公交车、教练车30 930辆，其中客运车辆2 624辆、公交车1 908辆、出租汽车2 051辆、货运车辆22 522辆、教练车1 825辆。主城区城市公交出行分担率32.5%、出租汽车出行分担率14.8%。全市公路客运量6 201.442万人，旅客周转量353 549.35万人公里；公路货运量10 229.109万吨，货物周转量1 528 217.277万吨公里，公路运输总周转量比上年增长9.22%，增幅排名全省第1位。泸州至九支、泸州至合江两条县际客运班线试点“双线运行”，全市12家超长客运企业226辆超长客运车辆实行接驳运输，凌晨2点至5点不再停车休息，提高客运班线运输效率。开通泸州至隆昌高铁客运班线，8辆车、每天18个班次，实现公路客运与高铁无缝对接。坚持城市公交优先发展，国家公交都市申报成功。深化出租汽车行业改革，推行出租汽车经营权无偿使用和期限制；完善出租汽车经营权、审批权权限下放到区县；推进网约车有序发展，1家网络预约出租汽车平台公司在泸州落户。持续推广应用新能源纯电动汽车，全市累计推广应用新能源城市客运车辆958辆，居全省第2位、川南第1位。

水路运输 2018年，泸州市水运企业42家，水路运输服务企业7家，港口经营人15家，经营性运输船舶302艘，72.6万载重吨。水路运输货运量1 808.11万吨，货物周转量201.71亿吨公里，为全省74.67%，增幅排名全省第三位。货物吞吐量1 421.11万吨，集装箱吞吐量57.07万标箱，比上年增长3.72%。铁水联运35 152标箱，比上年增长97.79%。2018年泸州市被确定为四川唯一的港口型国家物流枢纽承载城市，泸州港成功获批启运港退税政策试点、进口肉类指定查验场建设、临时开放口岸功能。

现代物流 2018年，泸州市开通泸州至重庆、成都、贵阳、赤水货运班线。叙永县引进东南德物流公司，6条配送线路覆盖县内24个乡（镇），建设上百个镇、村两级配送服务网点，实现农产品直销进城，工业品直销到户。全市51所驾校采用“计时培训、按学时收费、先培训后付费”服务模式，覆盖率100%。12家检测机构完成设备和系统升级改造，48户承接营运车辆二级维护维修企业全部安装使用信息化管理系统。建成重点支撑项目6个，建成城西客运站、云龙机场客运枢纽，实现公路客运、城市客运与航空客运零距离换乘，加快推进和润粮油泸州物流项目、川滇黔现代公路物流港等城市集疏运项目，进一步打通货运“最后一公里”。建成长江公共物流信息平台，完善国际贸易单一窗口，推动口岸通关一体化，拓展“智慧+交通”运输融合，建成“智慧城市”桥隧系统一期项目，加快推进交通运行监测及应急指挥系统。发展网络预约出租汽车企业12户，网约车533辆，试点开行泸州—重庆机场、泸州—马蹄等定制客运班线。6月，泸州市入选全国绿色货运配送示范工程创建城市，是四川唯一入选地级市。示范工程创建时间为两年（2018年7月—2020年6月）。泸州市政府印发《泸州市人民政府办公室关于创建全国城市绿色货运配送示范工程的实施意见》，组建工作机构，明确工作任务和目标，以“绿色、高效、智能、创新”为主题，开展“完善基础设施建设、制定便利通行政策、发展新清能源车辆、创新配送组织模式、培育优秀市场主体”六项重点任务，促进物流降本增效，实现物流节能减排。

2018年6月6日，中共四川省委书记彭清华到泸州港调研　　泸州市交通运输局 供图

路政管理 2018年，泸州市路政固定检测车辆677 255辆次，查获超限307辆次，卸载297辆次，处罚307辆次，卸（转）载超限货物5 838.84吨，固定超限检测站车辆超限率控制在3%以内。流动“治超”检查车辆99 893辆次，查获超限1 314辆次，卸载1 279辆次，处罚1 314辆次，卸载超限货物9 640.24吨。国省干线公路车辆超限运输率控制在3%以下，结案率和处罚正确率均为100%，进一步巩固道路交通安全综合治理成果，创造安全畅通交通环境。

公路养护 2018年，泸州市通过全国路况检测，普通国省干线公路路面使用性能指数89.7。全年开展路况巡查80余次，处置道路隐患60余处，处理各类涉路投诉80余起。清理边沟170万米，清扫路肩200万平方米，挖补坑凼2.5万平方米，投入日常养护资金1 000余万元。投入资金300万元对国省干线公路51座桥梁、2座隧道进行定期检查，6座桥梁进行特殊检查；投入资金500余万元，完成7座养护站及厕所修缮改造；投入资金1 563万元，完成1处安全隐患工程整治、6座桥梁应急维修。全市完成新（改）建农村公路1 101.48公里，为市下达目标任务1 000公里的110.15%。完成县乡道改善提升工程102.3公里，窄路基加宽303.1公里，撤并建制村通村硬化路515.5公里，危（病）桥整治9座，生命防护工程227.06公里。市交通运输局（市农建办）被省政府评为“李冰杯”农田水利基本建设考核先进集体。组织开展全市筑养路机械操作工职业技能竞赛，选拔优秀选手代表泸州市参加全省比赛，获团体二等奖和装载机项目个人三等奖。参加全省应急钢桥架设技能竞赛获二等奖。

水运建设 2018年，泸州市加快推进泸州港多用途码头二期续建工程及石龙岩码头等基础设施建设。石龙岩码头完成码头项目征地、清表及平场工作，力争2019年开工建设。配合长江航道局推进长江航道安全整治，羊石盘至上白沙段取得农业部长江办鱼评批复和省生态环境厅生态专项批复，开展环评专项编制报批。联合自贡市开展自贡至泸州段沱江航道升级工程。泸州市政府将市港口物流发展领导小组办公室改设在市交通运输局，泸州市交通运输局牵头组建“五定”外贸集装箱升船机快班船航运公司，开行泸州直达上海、武汉快班船，泸州港至上海水运时间由18天缩短至12天。开通“蓉欧+泸州港班列”铁水联运班列；开行泸州—黄埔—香港外贸铁海联运班列、泸州—昆明铁水联运班列、泸州经广州至香港铁海联运班列。与广西省钦州市、防城港市签订南向通道战略合作协议，开通“泸州—钦州”铁海联运班列。

渡改桥建设 2018年，泸州市加快推进全省试点示范工程渡改桥攻坚，实现大规模开工建设。渡改桥一期项目工程（即长江以外的31座桥梁）陆续开工，二期工程列入财政公益性项目建设。截至年底，泸州49个渡改桥建设项目建成18座，开工建设20座，加快前期工作11座。

智慧交通 2018年，泸州市城市公交发行“一卡通”卡23万余张，实现网上充值、手机NFC支付、金融IC卡支付等功能。泸州客运中心站投资25万元建成电子客票系统，8家三级以上客运站实现联网售票。组织加入全省接驳运输联盟，158辆长途客运班线实行接驳运输。全市2 463辆旅游客车、包车客车、四类以上班线客车入网率100%，821辆危险货物运输车辆入网率100%。全市二级以上汽车客运站均安装固定视频监控系统并接入运管、安监部门监管平台。全市12家汽车综合性能检测机构全部安装完成信息化系统并投入使用。四川省交通运行监测与应急指挥系统（二期）泸州部分建设，预算总金额3 020.45万元，其中省级投资1 079.17万元、市级投资1 746.59万元（含区县级投资60.83万元）、企业投资194.69万元，业主单位为泸州交投集团。应急指挥大厅及机房主体工程全部完成，接入市运管、航务、公路等监测监管系统，处于调试阶段，国省干线公路完成摄像机立杆及光缆铺设96个（共113个），可变情报板基础浇筑7个，累计投资2 000余万元。建成泸州桥隧群健康监测系统二期，覆盖市内国省干线公路27座桥梁和2座隧道，实现全天候动态监测桥梁和隧道运行情况。以《公路桥梁无线传感网监测系统标准》为名称，申报交通运输部行业标准，2018年12月获批复。系统以基于无线传感网的大型桥梁结构监测系统建设和关键技术研究为项目名称，经交通运输部专家评审，获得交通部公路学会一等奖。项目建成试运行，投资3 235.45万元。市运管局投入119.7万元将监控中心液晶大屏升级改造为DLP大屏幕系统；投入113.35万元对区县运管机构监管平台、客运企业、危险品运输企业、社会化平台和12个客运站等73个监控平台固定视频进行升级改造，增强视频信号传输安全性、流畅性、稳定性和清晰度；对全市道路运输安全生产事故预防信息系统进行改造升级，为道路运输安全生产提供更清晰、更稳定、更流畅的图像视频信号保障，进一步预防道路运输安全生产事故，完成2 694辆客运车辆升级改造工作（其中超长线客车290辆、高速客车490辆、旅游客车122辆、农村客运1 792辆）。

平安交通 2018年，泸州市深入开展平安交通专项整治，行业安全监管规范化建设、企业安全生产标准化建设全面落实，安全生产源头管理不断强化，安全风险防控和隐患排查双重预防机制基本建立，“四个一律”落实到位，从严查处违法违规行为。全年查处客车驾驶员违反“六严禁”107起，其中75起停运7天处理、32起停运1个月处理；销毁脱管船舶34艘，依法取缔非法码头4座。国省干线公路安防设施和沿线地质灾害隐患防治工作有序开展，有效遏制超限超载、侵占损坏公路和公路附属设施等行为。修复损毁波形护栏7 382米，查处超限车辆1 621辆次，卸载货物15 479.08吨，处理损坏公路设施256起。平安工地安全生产主体责任和监理单位监督责任全面落实，“三查”（查人员精神状况、查人员使用安全防护用具、查作业场所安全措施是否完备）工作认真执行，施工方案与实施“两张皮”现象基本杜绝。监督检查覆盖率100%，问题有效整改率100%。加强交通战备项目建设和应急演练，完成军事交通保障、通信设施安全保护等工作，深化交通运输危机管理研究，保障行业和谐稳定发展。道路运输实现较大以上事故“零发生”，安全生产形势平稳可控；泸州三峡升船机标准船型开发项目完成建设，四川省巡航救助一体化泸州轻型近程无人机系统项目完成招投标工作，安全基础建设能力有效提升，水上交通连续6年零事故、零死亡。

绿色交通 2018年，泸州市完成沿江非法码头整治和复绿，启动沱江干流非法码头整治工作。清理取缔长江干流泸州段餐饮趸船岸线利用项目，14艘餐饮趸船全部搬迁至船厂进行拆除。市政府编制完成《泸州港港口和船舶污染物接收转运及处置设施建设方案》，推动编制船舶作业水污染防治应急能力建设规划。按照长江、沱江、龙溪河等“一河一策”管护方案，严格落实“河长制”任务，龙溪河水质持续好转，水环境显著改善。5月，泸州市与交通运输部、省交通运输厅、宜宾市召开合力共建长江黄金水道四川段“2+2”座谈会，建立合力共建长江水道四川段合作机制，合力打造长江四川段生态航道，联合举办长江泸州水域船舶溢油联合应急演习。

（本栏目供稿单位：泸州市交通运输局）

德阳市交通

DEYANG SHI JIAOTONG

2018年德阳市交通运输能力概况

公路交通运输			
通车里程	总里程（公里）		8 345.177
	其中	高速公路	205.5
		一级公路	450.28
		二级公路	607.314
		三级公路	722.901
		四级公路	5 874.986
		等外公路	484.196
公路密度	按国土面积计算：每百平方公里 139.5 公里		
	按人口计算：每万人 21.5 公里		
通达里程	通公路的乡镇 125 个，占乡镇 100 %		
	通公路的村 1 440 个，占村 100%		
客运站	总　数（个）		201
	其中	一级站	4
		二级站	6
		三级站	6
		四级及以下站	185
营运车辆	总　数（辆）		26 618
	其　中	客车 1 491 辆 43 775 座	
		货车 25 127 辆 223 543 吨	
公路运量	客　运	客运量（万人次）	3 484
		旅客周转量（万人公里）	231 148
	货　运	货运量（万吨）	10 273
		货物周转量（万吨公里）	657 353
内河航运运输			
通航里程	总里程（公里）		
	其中	三级航道	
		四级航道	
		五级航道	
		六级航道	
		七级航道	
港口（码头）	总　数（个）		
	吞吐量	旅客吞吐量（万人次）	
		货物吞吐量（万吨）	
水路运量	客　运	客运量（万人次）	13.15
		旅客周转量（万人公里）	
	货　运	货运量（万吨）	
		货物周转量（万吨公里）	
营运船舶	总　数（艘）		
	其　中	客船　艘　座	
		货船　艘　吨	
城市公交运输			
营运车辆	856 辆		
公交线路	75 条		
公交站	2 077 个		
运　量	1.23 亿人次		

交通运输概况　2018年，德阳市交通运输系统着力构建综合智能交通体系，全力打造成都平原经济圈通勤最佳城市。公路运输总周转量增速8.28%。全市国省干线公路路面使用性能指数达90.5。

发展思路更加清晰。逐步完善以“7高8快9轨”成德同城综合交通体系、“一横三环五纵”高速公路体系、“三环多轴”市域一体化综合交通体系、“三环三轴”轨道交通体系四大路网体系为支撑，以成德同城率先突破为重点的总体工作思路，全力打通“大通道”、畅通“内循环”、办人民满意交通。“7高8快9轨”成德同城综合交通体系初具形态，全面融入成都轨道网、城市干道网、公铁空枢纽网，打造成德“半小时经济圈”。畅通路网接点，市域内交通干线与8条高速公路加快无缝连接、快速转运，融入京昆、沪蓉等全国高速公路骨干网络。市域干线公路体系更加完善。推进设施互联互通，构建“三环多轴”市域一体化综合交通体系，德罗、德什、德绵（竹）、德中城市干道等加快推进，基本建成市县“半小时通勤圈”。着眼畅通铁路快速大通道，构建“三环三轴”轨道交通体系，启动轨道交通线网规划和对接成都地铁的市域铁路项目前期研究，并争取纳入《成都平原城市群轨道交通规划》。开通德阳至重庆、贵阳、广州高铁，畅通西成客专、宝成铁路、遂成铁路、成兰铁路综合运输大通道。

重点工作成效明显。成德同城化标志性工程天府大道北延线全力推进，完成4个子项目核准，主线初设、部分施工图设计、概算财评编制完成。成都第三绕城高速公路德简段建设顺利推进，德都段全面开工建设；成德绵高速公路扩容工程项目挂网招商。德阳中江至遂宁高速公路完成项目招商，确定中铁建集团股份有限公司为投资人并签订投资人协议。加速德绵城市“双主轴”之一德绵大道（德罗干道及其北延线）形成；成德绵大道（省道108线成德大道北延线）前期工作启动。进入藏区的重要通道绵茂公路全面复工，建设进度加快推进，确保2020年通车。加快研究德阳至天府国际机场快速通道、德阳至绵阳机场快速通道规划建设工作；绵中大道按照双向六车道标准启动规划建设。启动成都经金堂至德阳、对接地铁3号线至德阳等重点轨道交通项目前期研究，加快融入成都平原轨道交通一体化建设。德阳绵阳共同向成都铁路局争取将绵阳城际二线铁路和成都经金堂、中江至三台城际铁路纳入《成都平原城市群轨道交通规划》。启动“四好农村路”全域示范县创建工作，提升普通国省干线和农村公路建管养运水平。

广汉三水友谊村宜家河坝主干道　　德阳市交通运输局 供图

“满意交通”得到提升。持续深化动车公交化运营，成德动车日均开行80余列，实现20分钟一趟次的公交化目标；实现地铁对高铁单向信任安检，还将探索推进成德动车与地铁安检互认、同台换乘。加强城区公交快速通道体系建设，优化调整市区“四纵一横”公共交通体系。成功开行泰山路、庐山路等快速公交，市区汽车南北站实现30分钟左右到达。完善公交服务平台查询功能和移动支付功能，实现支付宝二维码扫码上车和银联云闪付及二维码扫码上车；年内全市更换和新增300辆纯电动新能源公交车。开通德阳到罗江、广汉到青白江、广汉到成都地铁3号线城际公交。城际列车、成兰铁路公铁接驳汽车客运配套枢纽站完成投资1.80亿元。客运站“厕所革命”项目竣工13个。与双流机场达成城市航站楼建设框架方案，力争2019年建成投运。建立交通运行监测和应急指挥系统，提升行业管理信息化水平。建设融合多种出行方式的信息服务平台和终端应用，不断提升道路通行和客运出行信息服务水平。开展互联网+行政审批服务工作，实现“最多跑一次”达100%，“全程网办”达71%，在“一体化”平台上办理行政审批事项1 839件，回答群众电话咨询、网上咨询1 000余次，受理市“12345”平台转来的投诉、咨询等167件，按时办结率98.1%。推行公路路政移动执法办案，办理行政处罚案件124件。全年交通案件查处率及结案率均为100%，无行政投诉、行政复议案件发生。制定《质量监督抽检经费专项资金管理办法》《交通建设工程造价管理工作考评办法》，推进质量安全监督及造价监管“程序化、规范化、标准化”建设。2018年直接监督公路工程在建项目20个，开展质量安全检查68次，开展造价监督检查11次。国道108线罗江段大中修工程成功试点沥青路面就地热再生技术，作为绿色公路示范工程在全省推广。全年争取各类养护工程省级补助9 061万元，实施普通国省道大中修工程项目3项，里程34.9公里，预防性养护工程4项，里程60.2公里。完成新建普通国省干线厕所2座，新（改）建客运站厕所13座。“7·11”特大暴雨洪灾，出动车辆438辆次，巡查人员1 330人次，应急抢险分队1 770余人次，工程机械设备1 551台班，投入资金5 260余万元，确保德阳市普通公路安全通行。2017—2018年养护管理综合考核列全省第三位，获省农田水利基本建设交通项目二等奖。全系统安全生产形势总体平稳，未发生水上交通、公路桥梁安全事故；未发生较大及以上道路运输安全和在建工程施工建设安全责任事故。

相关链接

“7高8快9轨”：“7高”指成都二绕高速公路、成都三绕高速公路、成绵高速公路复线、成绵高速公路、成绵高速公路扩容通道、成巴高速公路、成南高速公路。“8快”指成德大道、天府大道北延线、国道108线、旌江干线、德阳至天府国际机场快通（庐山南路延长线）、成新彭什快通、龙泉山旅游公路、中金简快速。“9轨”指成绵乐城际铁路、成兰铁路、宝成铁路、达成铁路（遂成铁路），成都经广汉至德阳市域铁路、成彭快铁北延线（成彭什绵）、成都环线城际铁路（金堂至德阳段）、成都经金堂至中江城际铁路、成都经青白江至德阳市域铁路。

“一横三环五纵”高速公路体系：一横，遂德阿高速公路（规划）；三环，成都第二绕城高速公路、成都第三绕城高速公路（在建）、德阳绕城高速公路（规划）；“五纵”，成绵高速公路、成绵高速公路复线、成绵高速公路扩容线（规划）、成巴高速公路、成南高速公路。

“三环多轴”普通干线公路体系：“三环”，德阳一环路、二环路、三环路；“多轴”，德阳东、南、西、北连接各县区城市组团的多条快速通道。

“三环三轴”轨道交通体系：“三环”，成德环即成都—彭州—什邡—德阳—金堂—成都环线铁路，德绵环即德阳—绵竹—安县—绵阳—三台—中江—德阳环线铁路，成德绵环即成都—彭州—什邡—绵竹—安县—绵阳—三台—中江—金堂—成都环线铁路。三轴，成绵乐城际铁路（西成客专）、宝成铁路、成兰铁路（在建）三条贯通德阳干线铁路主轴。

交通固定资产投资 2018年，德阳市交通固定资产完成总投资69.12亿元，为年度投资计划59.93亿元的115.33%。其中，高速公路完成投资36.28亿元，为全年计划34.2亿元的106.08%；普通国省干线公路完成投资26.6亿元，为全年计划22.1亿元的121%；农村公路完成投资1.72亿元，为全年计划0.8亿元的215%；内河水运完成投资0.09亿元，为全年计划0.09亿元的100%；站点建设完成投资1.8亿元，为全年计划1.7亿元的105.9%；养护及其他专项工程完成投资2.63亿元，为全年计划1.04亿元的252.9%。

成都经济区环线高速公路德阳至简阳段 该项目即成都第三绕城高速公路东段，属BOT项目。起于德阳市旌阳区境内京昆高速公路（与德都高速公路顺接），经中江县、成都市金堂县，止于简阳市境内渝蓉高速公路（顺接简蒲高速公路），全长105.56公里（其中德阳

2018年7月31日，德阳至简阳段何家湾大桥桥面施工场景
德阳市交通运输局 供图

境内主线长68.2公里）。设计采用双向六车道高速公路技术标准，设计时速120公里。项目概算总投资131.5亿元，建设期3年，运营期29年11个月。至2018年底，开工累计完成投资87.23亿元，占总投资计划131.5亿元的66.34%。

成都经济区环线高速公路德阳至都江堰段 该项目即成都第三绕城高速公路北段，属BOT+政府补助

2018年10月26日，德阳至都江堰段土溪河大桥施工场景
德阳市交通运输局 供图

项目。线路呈东西走向，经德阳市旌阳区、绵竹市、什邡市，成都彭州市和都江堰市。项目全长109.592公里（其中德阳境内主线长42.05公里，绵竹支线长17.87公里），概算投资155.39亿元（其中德阳段75.82亿元）。项目于2018年4月28日正式开工建设，建设期3年，运营管理29年11个月。至年底，完成投资48.44亿元，占总投资计划的31.18%。

成德绵高速公路扩容 该项目由省政府授权绵阳市政府牵头推进，成都、德阳配合。项目起于绵阳游仙区魏城镇附近（预留对接规划国道5线京昆高速公路广元至绵阳段扩容复线方案），经石板、观太、白庙至永明后，经玉皇镇、黄鹿镇、永太镇子金跨越凯江，路线在新中镇以南与在建成都经济区环线高速公路交叉（占用成都经济区环线高速公路新中互通，赔建）相接，经和新至连山镇附近后采用高架桥形式，德阳至成都止点段全线高架（仅天府北湖服务区互通综合体设置段为路基），先后跨越绵远河、石亭江、青白江与成都第二绕城高速公路交叉，沿成青金快速通道继续高架至止点与成都绕城高速公路交叉，接成都市二环三环城市干道，路线全长127.66公里（其中绵阳41.387公里；德阳市56.80公里：中江县29.0公里、旌阳区12.62公里、广汉市15.18公里；成都市29.49公里）。德阳境投资147亿元。

至2018年底，成都龙潭立交至德阳连山镇采用高架方案基本确定，德阳境内线路走向基本稳定。该项目由省交通运输厅委托厅公路设计院开展工程可行性研究报告编制，工程可行性研究报告于6月11日通过省发展改革委、省交通运输厅联合评审。工程可行性研究报告核准前置要件中规划选址、社会稳定评价已批复，用地预审有序进行。为加快进度，经报省政府同意，拟在立项批复后即实施BOT招商招标。12月10日，国道5线招标文件挂网招商，初步设计单位招标确定，初步设计工作加快推进。

德遂高速公路 该项目路线起于德阳市中江县玉兴镇，采用枢纽互通式立交与成都经济区环线高速公路相接，经过德阳市中江县境内玉兴镇、龙台镇、永安镇、柏树乡和通山乡，进入绵阳市三台县官桥镇，遂宁市射洪县陈古镇、万林乡、沱牌镇，路线全长83.53公里。中江县境内路线长32.85公里，在中江县内设置玉兴枢纽互通，在永安镇设置永安互通，连接线800米；在通山乡设置通山互通，连接线为2.5公里；工程可行性研究阶段其连接线技术标准均为三级公路，路基宽为8.5米。该项目由省交通运输厅委托遂宁市政府牵头，至2018年底，完成招商工作，确定中铁建集团股份有限公司为投资人并签订投资人协议。初步设计研究工作加快推进中，计划2019年开工建设。

国道42线成都至南充高速公路扩容 成南高速公路扩容工程在德阳市域范围内经过中江县冯店镇、太安镇、仓山镇，全线主要采用原线扩建方式建设，并同步改造中江县冯店镇、仓山镇落地互通。项目全长240.34公里（德阳市境内全长29公里），设计时速100公里、双向八车道、路基宽41米，总投资估算380.3亿元（德阳境内投资估算29亿元），项目计划建设工期3年。至2018年底，项目完成中江县境内的用地预审、节能评价、规划选址、社会稳定风险评估等工程可行性要件专题工作。厅公路设计院完成工程可行性研究报告编制，并通过省交通运输厅行业审查，报省发展改革委待批复。该项目物有所值评价、财政承受能力论证、实施方案三项报告（简称“两报告一方案”）按省相关要求完成评审及修编工作，需报成都、德阳、遂宁、南充四市政府进行审定。德阳市政府同意委托由成都市交通运输局牵头，提请成都市PPP评审中心统筹开展项目“两报告一方案”评审工作。

天府大道北延线 天府大道北延线由石亭江大桥（含德阳二环路枢纽互通）、广汉段、广汉段市政配套工程和国道108线连接线（向阳段）共四个项目组成。项目纳入省政府批复的《德阳市市域城镇体系规划和德阳市城市总体规划（2016—2030）》。主线起于成都市新都区与德阳市行政区域分界处半边堰，止于德阳市旌阳区西二环路与天虹西路交叉口，路线全长29.5公里；连接线起于广汉市向阳镇国道108线成都大道路口，止于天府大道北延线，路线全长4.7公里。项目总长34.2公里，总投资133.5亿元。至2018年底，取得项目核准批复（备案）；完成主线初步设计和部分施工图设计，并完成概算财评，同时取得主线初步设计和部分施工图设计批复；完成主线专题要件报告，部分要件获得主管部门批复；上跨方案部分获相关产权部门审查通过。向上报征广汉段建设用地指标167.38公顷，该段项目征地报件省国土资源厅已会审通过，以省政府名义转报国务院审批工作有序进行。12月3日，成都、德阳两市共同举行天府大道北延线项目开工仪式。同时，招商及征拆工作加快推进。

德阳经金堂至天府国际机场快速通道 该项目起于德阳市庐山南路与南湖路交叉口，经德阳经开区，广汉市连山镇、松林镇，止于金堂县官仓镇，顺接成都市金堂县金堂大道后接金简仁快速通道至天府国际机场。路线全长约100公里，拟建里程14.44公里（德阳12.23公里、金堂2.21公里），估算总投资23.14亿元（其中德阳境估算投资19.96亿元，金堂境估算投资3.18亿元），拟按双向八车道加四辅道一级公路建设。由广汉市牵头完成工程可行性研究报告初步方案，因该项目中7.3公里为成德绵高速公路扩容德阳互通连接线，为更好地与成德绵高速公路扩容项目衔接，该项目工程可行性研究报告方案还在进一步优化完善中。

成德大道德罗项目示范段 项目位于成德交通走廊北延线，全长22.34公里，其中主线长18.44公里，起于德阳市庐山路与鸭绿江路交叉，沿规划庐山路北延段向北延伸，经成都第三绕城高速公路、成绵乐高铁、宝成铁路后折向东北，止于罗江规划环城路，采用一级公路标准同时兼具城市主干路功能，主路设计时速80公里，双向六车道加两辅道；白马关景区连接线长1.69公里，起于主线与国道108线交叉，过广济桥后向东下穿成绵高速公路、接白马关景区规划游客集散中心，采用城市主干路标准同时兼具集散公路功能，设计时速40公里；罗江县城连接线长2.2公里，起于主线与罗江县规划环城路交叉口，向东延伸依次上跨成绵高速公路、宝成铁路，顺接罗江县升平路与万安北路交叉口，采用城市主干路标准同时兼具集散公路功能，设计时速40公里。该项目估算总投资33.8亿元。至2018年底，项目完成投建一体招商工作，确定实施单位。设计地勘单位于2018年6月进场，全线施工图设计工作加快进行。

什德中快通德中项目示范段 该项目是德阳主城区至中江县城最快捷的公路干线通道，也是德阳联系东西部区域的主要通道，是德阳市“五纵五横”干线公路网的横向骨架，未来将成为德阳与成都之间重要的出行通道，成为环绕成都，串联德阳市、中江县，延伸至遂宁的重要干线公路。项目起于德阳市金沙江东路，经和新镇、隆兴镇，止于中江县二环路中广路路口与二环路交叉，双向六车道加两辅道，路线主线全长23.9公里，总投资估算为46.15亿元。至2018年底，项目完成投建一体招商工作，确定实施单位。设计地勘单位于2018年6月进场，全线施工图设计工作加快进行。

德茂路德绵项目示范段 该项目全长4.6公里，起于长江西路与二环路交叉处，向西至秋月路口，并在秋月路口新建立体式互通，路基断面宽度90米（包含两侧各18米绿化带），双向八车道，总投资8.29亿元。至2018年底，完成项目初步设计工作，取得土地预审批复、项目主线立项核准批复、项目配套段立项备案。初设审批、财政评审、招商工作有序开展。

绵茂公路绵竹段 绵竹至茂县公路绵竹段路线全长47.57公里，连接线4公里，有结构物43座桥梁4.899公里，17座隧道33.327公里（含篮家岩隧道平行导洞），桥隧比73.64%。项目于2009年8月开工，计划于2020年12月完工，项目投资概算25.603 2亿元。香港援建段主线20公里、连接线4公里完工通过竣工验收并被评定为工程质量优良。

黑滩至篮家岩隧道27.57公里，隧道13座（含平导）开挖支护14.89公里，累计完成占总量24.88公里的59.85%；路基土石方工程累计完成90%，桥梁19座。至2018年底，累计完成投资16.125 4亿元，占概算投资25.603 2亿元的62.98%。桥梁下部或上部结构施工有序进行。

德罗干道北延线 该项目路线起于成德大道德罗项目示范段终点，路线向北，沿垒水河西岸布设，距离垒水河西岸约100米，在三渔水库大坝南侧约300米处跨越垒水河，随后路线折向东北，跨越秀水河，在大井村处与国道108线重合，利用国道108线位向北，于蒋家坝偏向东，利用福山路线位向北，穿越经开区，于罗家湾接回国道108线，局部老路线位优化，至罗江绵阳交界处接国道108线绵阳段改线起点，全长14.674公里，总投资18.38亿元。至2018年底，项目取得项目核准批复，完成初步设计及评审和征地线放样工作，用地预审报告报送至德阳市国土局罗江分局，环评、水保、使用林地可行性报告编制等前期工作有序开展。

农村公路建设 2018年，德阳市农村公路完成投资1.72亿元，完成里程281.7公里。其中，县乡道改善提升完成投资0.927 6亿元，完成里程114.6公里；窄路基路面公路改造车购税项目完成投资0.089 4亿元，完成里程32.4公里；撤并建制村项目完成投资0.193 4亿元，完成里程26.7公里；畅返不畅项目完成投资0.177 8亿元，完成里程108公里；其他工程项目（生命防护工程、危桥整治等）完成投资0.329 7亿元，完成里程379公里。

交通扶贫基础工程 2018年，德阳市计划实施交通扶贫基础工程项目51个，完成51个；完成新（改）建农村公路155公里，完成率100%。计划投入6 057.24万元，实际完成14 197.4万元。其中，中央资金1 339.6万元、省级资金5 063万元、市县资金1 766.55万元、社会资金1 816.73万元、银行贷款4 211.52万元。

“交通+扶贫”带动绵竹市月季大道串联沿山5个乡（镇） 德阳市交通运输局 供图

公路养护 2018年，德阳市继续开展公路绿化、美化、净化“三化工程”，治理直管国省干线公路环境。探索公路绿色养护的新技术，在国道108线绵阳德阳交界处至罗江县宝成铁路分离式立交大修工程中引入就地热再生技术，这是德阳市首次将该技术用于公路养护，也是全省就地热再生技术推广试点。全年实施完成省补国省干线公路养护工程95.1公里；完成普通国省干线公路新建公共厕所2座；推进公路服务区和机养中心建设，国道108线罗江白家堰服务区主体完工，罗江、什邡机养中心开工建设。全年路面小修工程完成路面维修7 600平方米，补划标线2.7万平方米，清理边沟147.672

公里；绿化修剪补植39.49万平方米、14 949株，行道树刷白95 332株，有效提升路容路貌；推进日常养护机械设备配置升级，全市新配备洒水车、清扫车各1台，普通国省道基本实现机械化清扫和养护。全市国省干线公路路面使用性能指数达90.5，超额完成省交通运输厅下达的路面使用性能指数达到88的目标值，全部达到优等路标准。

为保证桥梁安全运行，组织全市开展安全隐患排查，建立台账，同时委托桥梁专业检测机构对国道108线等6座桥梁进行定期检查，评定技术状况，对存在问题进行及时整改。

渡改桥工程 2018年，德阳市有渡改人行索桥项目2座。元兴小学渡口改人行桥项目：桥长317米，桥宽2米，计划总投资620万元，招标价175.51万元。该项目6月开工建设，年内完工，完成总投资620万元。玉兴渡口改人行桥项目：桥长185米，桥宽2米，计划总投资278万元，招标价220.629 9万元。该项目8月开工建设，年内完工，完成总投资278万元。

汽车场站建设 2018年，德阳市汽车站场建设计划投资1.7亿元，实际完成投资1.795 6亿元，为总投资1.7亿元的106%。道路客运枢纽全覆盖工程建设顺利推进。广汉市城际列车客运站建设项目进场施工，完成投资4 010万元；罗江区“城际列车客运站”建站用地得到落实，完成全部前期准备工作，进入施工图设计，完成投资4 050万元；什邡成兰铁路客运枢纽站完成前期准备工作，完成投资4 020万元；绵竹市成兰铁路客运枢纽站前期准备工作有序开展，完成投资4 010万元。年内，13个项目客运站“厕所革命”项目全部完工，完成投资265.98万元。4个乡（镇）站改建项目全部完工，完成投资600万元。

客货运输 2018年，德阳市客货运输市场保持稳定，旅客周转量231 148万人公里，货物周转量657 353万吨里，公路运输总周转量680 467万吨公里，增速8.28%，高于全省0.78个百分点。继续扎实推进客运“村村通”工程，全市1 426个建制村开通1 416个，未开通客运建制村10个，农村客运乡（镇）通达率100%，村社通达率99.3%。全市44家危货企业，1 029辆危货车辆，电子运单管理系统对企业实现100%全覆盖，车辆平均使用率99%。12月29日，德（阳）罗（江）、广（汉）青（白江）城际公交同时开通，市域融合取得实质性进展，成都德阳同城化也更加贴近两地群众生活。

出租汽车及网约车管理 2018年，德阳市完成2017年度德阳市出租汽车企业质量信誉考核工作。全市28家申报企业终评出AA级企业16家，AAA级企业12家；出租汽车行业改革进一步深化。1月2日，给德阳市德诚出租汽车股份有限公司颁发“巡游出租汽车经营行政许可”，原分散在8家公司中的120辆私顶出租汽车，实现“两权归一”（出租汽车经营权和车辆所有权）的公司化经营。网络预约出租汽车逐步规范。7月16日，给重庆万顺网络预约出租汽车德阳分公司和深圳呼我行网络预约出租汽车德阳分公司，颁发“网络预约出租汽车经营行政许可”。9月11日，组织首次“网络预约出租汽车驾驶员证”考试。至年底，发放“网络预约出租汽车运输证”67本，“网络预约出租汽车驾驶员证”2 471本。推广清洁能源汽车运用，全市1 441辆出租汽车全部采用油气双燃料。连续第六年开展“爱心送考”大型公益活动，全市959辆出租汽车自愿报名参加，免费接送考生和家长6 253人次，提供点对点接送服务110趟次。同时，组织驾驶员开展“创建全国文明城市，争做德阳好司机”评选活动。

驾驶员培训管理 2018年，德阳市驾驶员培训工作推进“计时培训，按学时收费，先培训后付费”培训服务模式。全市42所驾校提前完成“先培后付”培训模式，覆盖率100%。完成驾培机构基础信息录入及教练车计时设备安装工作，7月1日，在全市启动四川省驾驶培训监管服务平台全面试运行工作。完成对四川工匠驾驶培训有限责任公司驾校的验收工作。与公安交警和车管所联合对驾培行业乱象进行集中整治。检查各类车辆20余辆次，对5辆违规车进行处罚，市运管处对1辆黑教练车进行调查处理。12月中旬，规范行业秩序促进行业发展座谈会召开，理性分析制约驾培行业进一步发展的问题，探索发展思路。

至年底，德阳市驾驶员从业资格考试新增报名人数6 554人，参考人数6 532人，考核合格5 579人，出租汽车和网络预约出租汽车驾驶员从业资格证考试工作顺利推进。参加出租汽车驾驶员考试人数579人，合格制证389个，新增网络预约出租汽车驾驶员从业资格证报名3 157人，参加考试2 470人，合格制证1 434人。全年对60名扣分驾驶员在管理系统进行了处理，注销从业资格证83个，撤销16个背景信息审查不通过的从业资格证，吊销2个累计计分达到20分的从业资格证。

车辆技术和维修管理 2018年，德阳市做好道路运输领域环保后续整改工作；加快推进维修企业I/M制度建设进程，在广汉市建设完成2个“M”站试点工作后；推进货运车辆检验检测改革工作，全市13家检测机构完成“两检合一”；实现货车车主“交钥匙工程”，货运车辆“两检合一、一次上线、一次检测、一次收费”；督促维修行业落实环境污染防治工作，对中央环保督查、省级环保督查和自查发现问题进行限期整改，并做好佐证资料的收集整理；开展机动车维修企业质量信誉考核工作，全市313家一、二类维修企业参加质量信誉考核工作，对评定不合格的业户，下达限期停业整改通知，督促其对存在问题进行限期整改，对整改后仍不合格的企业，根据相关规定进行处理。完成道路运输车辆年度审验和复核工作。完成28家客运企业、4家旅游客运公司、44家危货运输企业和15家出租企业2 450辆各类车的审验和复核工作。

相关链接

I/M制度：指在用机动车应当按照国家和四川省的有关规定，由机动车排放检验机构（I站）定期对其进行排放检验，检验不合格的应当到具有相应资质的机动车排放污染治理维修企业（M站）维修，最终达到改善机动车污染排放状况的制度。建立和实施I/M制度，是加强机动车排放污染治理、改善大气环境空气质量的有效方式，是保障人民群众身体健康的重要举措。

安全与市场监管 2018年，结合“安全生产大检查”“道路运输平安年”，德阳市开展道路交通安全专项整治活动，加大安全隐患排查力度。全年派出检查组62个，暗访组160余个，出动检查人员520余人次，检查运输企业70余家次，暗访市内班线客运车辆320余趟次，暗访超长客运班线2趟次（德阳至潮州），排查出一般安全隐患65起；为规范行业秩序，开展扫黑除恶“打非治违”专项活动。全年出动执法人员4 100余人次，执法车辆1 100余辆次，重点针对春运、十一“黄金周”等运输高峰和重要时段，在客运站周边、重点客运线路、人口稠密区等非法违法车辆集中地开展整治。至年底，查处各类非法违法案件19件，处罚金67 700元。同时，落实运政投诉和信访受理制度，及时处理回复投诉建议；接处“96515”“12328”及上级部门信访转办件等1 700余件，有效回复率达100%。

城市公交 2018年，德阳市城市公交企业7家（其中国有企业2家，集体企业5家），有从业人员1 320人。开行线路75条，运行车辆856辆（其中纯天然气清洁能源车407辆，气电混合新能源车51辆，纯电动新能源车辆396辆）。全市万人公交车拥有量为0.39标台，平均公交出行分担率为20.29%，遍布城乡的公交站点38个，全年营运里程达4 084.5万公里，公交客流量达7 987.1万人次。每天计划发车6 989余班，日均行驶里程10.93万公里，日均客运量33.83万人次。全市大部分城市公交实行学生优惠乘车，残疾人、伤残军人、70岁以上老年人免费乘车等社会义务。

年内，主城区调整公交线路4条：18路由西部国际调整到市药监局、19路由立达机电调整延伸到沱江东路口、7路、7B路调整延伸到天元车管所。优化线路5条：6路、14路、22路、23路、27路由全双班优化为单双搭配，增加线路车辆满足百姓出现需求。

根据城市客流出行发生变化，经过客流调查摸底，主城区对部分线路（1路、3路、6路、7路、7B路、14路、28路）多年不变的首班车发车时间进行调整，将首班车发车时间6:30分调整到6:10分，满足百姓搭乘高铁需求。

2018年12月29日，德阳至罗江城际公交专线启动仪式在德阳市汽车客运北站举行 德阳市交通运输局 供图

主城区新开公交线路2条：3月26日开通29路（快线）城北公交总站至汽车南站，由庐山路南北贯通；11月8日开通泰山路（快线）城北公交总站至汽车南站，由泰山路南北贯通。

首条跨区城际公交线路开通：为更好地体现成德同城化，12月29日开通广汉至青白江的城际公交线路。

水路运输管理 2018年，德阳全市境内有渡运的水库4座（继光水库、元兴水库、双河口水库、玉兴水库），涉及渡运的乡（镇）4个，渡口9个，客渡船舶9艘。有乡（镇）管船站5个（兴隆、玉兴、双龙、高店、元兴），有水库管理机构4个（继光水库、双河口水库、响滩子水库、元兴水库管理站）。全市水上客渡船舶计9艘（均为公益性客渡船，其中非机动船4艘），171个客位，总动力96千瓦，总吨89吨，总载重吨55吨；快艇6艘，36个客位，总动力180千瓦，总吨6吨，总载重吨3吨。至年底，渡运量为13.15万人。

年内，德阳市有船检人员3人（均取得注册验船师资格证书），定期检验1次，完成船舶检验9艘、89吨。年度检验1次，完成船舶检验9艘、89吨。

（本栏目供稿单位：德阳市交通运输局）

绵阳市交通

MIANYANG SHI JIAOTONG

2018年绵阳市交通运输能力概况

公路交通运输			
通车里程	总里程（公里）		20 146.047
	其中	高速公路	412.274
		一级公路	445.291
		二级公路	889.199
		三级公路	1 097.179
		四级公路	14 405.949
		等外公路	2 896.155
公路密度	按国土面积计算：每百平方公里 99.50 公里		
	按人口计算：每万人 36.95 公里		
通达里程	通公路的乡镇 278 个，占乡镇 100 %		
	通公路的村 3 302 个，占村 100%		
客运站	总　数（个）		3 247
	其中	一级站	5
		二级站	8
		三级站	1
		四级及以下站	3 233（含五级和简易站和招呼站）
营运车辆	总　数（辆）		22 582
	其　中	客车 2 812 辆 64 019 座	
		货车 19 770 辆 167 238 吨	
公路运量	客　运	客运量（万人次）	3 594.217
		旅客周转量（万人公里）	228 547.103
	货　运	货运量（万吨）	7 520.737
		货物周转量（万吨公里）	842 132.846
内河航运运输			
通航里程	总里程（公里）		645.79
	其中	三级航道	
		四级航道	
		五级航道	
		六级航道	26.05
		七级航道	60.12
港口（码头）	总　数（个）		1
	吞吐量	旅客吞吐量（万人次）	14.748 3
		货物吞吐量（万吨）	
水路运量	客　运	客运量（万人次）	14.748 3
		旅客周转量（万人公里）	169.600 2
	货　运	货运量（万吨）	
		货物周转量（万吨公里）	
营运船舶	总　数（艘）55		
	其　中	客船 55 艘 1 344 座	
		货船　　艘　　吨	
城市公交运输			
营运车辆	公交 1 679 辆，出租 3 260		
公交线路	194 条		
公交站	2 246 个		
运　量	公交运量 28.860 31亿人次，出租运量1.302 05亿人次		

公路建设概况　2018年，绵阳市实施高速公路项目6个，完工1个、在建2个、开展前期工作3个。全市高速公路通车里程412.27公里，建成和在建总里程620公里。全年实施新（改）建干线公路项目19个、总里程502公里，其中完工项目4个、88公里，在建项目9个、247公里，6个项目开展前期工作。全年实施国省干线大中修工程项目11个、132公里，其中完工项目7个、70公里，在建项目2个、34公里，开展前期工作2个。全年实施农村公路项目74个，其中完工项目56个、在建7个、开展前期工作11个。

绵西高速公路建成通车试运行　2018年12月29日，绵阳至西充高速公路并入四川高速公路网通车试运营。绵西高速公路全长125公里，路线起于绵阳市三台县永明镇，止于南充市顺庆区同仁乡，跨越绵阳市、南充市的两区三县（绵阳市游仙区、三台县、盐亭县；南充市顺庆区、西充县）。项目采用双向四车道高速公路标准建设，设计时速80公里，路基宽24.5米；其中与广南高速公路共线部分路基宽26米，设计时速100公里。项目沿线设置大桥130座、隧道19座，桥隧比29.5%；设置互通式立交13处，其中永明、江家湾、占山、龟石坝4个枢纽互通分别连接绵阳绕城高速公路、绵遂高速公路、成巴高速公路、遂西高速公路、广南高速公路；设置服务区2处、管理分中心1处、收费站9处。2015年10月开工建设，项目概算投资101.6亿元。绵西高速公路联通绵阳和南充，是绵阳交通建设攻坚大会战启动后实施的第一批重大项目，也是绵阳交通建设攻坚大会战启动后建成通车的第一条高速公路。项目建成通车后，绵阳到南充的高速公路里程从160公里缩短至125公里，增强川东北经济区和成都平原经济区经济联系，带动沿线经济社会发展，有效服务全省“一干多支、五区协同”区域发展新格局。

绵西高速公路全线最长的梓江大桥　蒲滔 摄

九绵高速公路　九寨沟至绵阳高速公路项目全长241公里，绵阳境内全长187公里，起于九寨沟交界白马隧道，经平武、北川桂溪、江油，止于游仙区东林乡，双向四车道高速公路，路基宽25.5米。截至2018年底，基本完成平武、游仙、江油段征地拆迁；完成路基工程35%、桥梁桩基54%、隧道工程20%；控制性工程白马隧道掘进8 064米，占全长的31%，其中绵阳段掘进2 138米，占绵阳段全长的16%。

广平高速公路　广元至平武高速公路项目全长90公里，绵阳境内全长20公里，起于青川界白杨坪隧道，止于母家山互通（平武枢纽）接九绵高速公路，双向四车道高速公路，路基宽24.5米。截至2018年底，启动征地拆迁工作，深化施工图设计，完成路基土石方7%，桥梁工程3%，隧道工程完成3%，控制性工程涪江大桥有序推进。

中遂高速公路　中江至遂宁高速公路项目全长84公里，绵阳境内全长24公里，起于中江县玉兴镇，经三台县观桥、景福，止于射洪县回马，双向四车道，路基宽25.5米。截至2018年底，完成BOT投资人招商工作，中国铁建中标。

成绵高速公路扩容　国道5线成绵高速公路扩容项目全长127.7公里，绵阳境内长41公里，起于成都绕城高速公路，经新都、青白江、金堂、广汉、中江、涪城、三台，止于游仙区魏城镇，双向八车道，路基宽41米。2018年，工程可行性研究报告、规划选址方案等获批复，绵阳等五市政府于12月10日联合发布BOT投资人招标公告。

绵苍巴高速公路　绵（阳）苍（溪）巴（中）高速公路项目全长101.9公里，绵阳境内长41公里，起于绵阳市魏城镇，经梓潼县、剑阁县、苍溪县，止于苍溪国道75线兰海高速公路广南段相接，对接拟建的苍溪至巴中高速公路，双向四车道，路基宽25.5米。2018年，工程可行性研究报告、规划选址方案等获批复，绵阳等五市政府于12月10日联合发布BOT投资人招标公告。

国省干线公路建设　2018年，省道416线绵阳至中江路、国道247线平武灾毁恢复工程、省道415线江油至平

绵中公路改造提升工程杨家镇路段　绵阳报社 供图

武界、省道301线平武至青川界4个项目建成通车；省道205线绕城改线二三期工程、省道418线花荄至睢水快速通道、省道209线江油雁门至枫顺等9个项目加快建设；省道306线盐亭县两河至共和段等6个项目开展前期工作。国道108线绵阳至梓潼路中修、省道205线平武鬼门关至木座乡大修等7个项目按期完工；省道302线梓潼县五星村至西安村大修进行路面施工，省道302线任家坪至禹里段大修工程抓紧实施，省道105线北川黄江大桥至邓家大桥大修工程、省道302线梓潼县七曲村至西坝村预防性养护开展施工图设计。

农村公路助推脱贫攻坚 2018年，绵阳市建成县乡道487公里、村道1 228公里；完工渡改公路桥3座，在建4座，北川楼房坪溜索改桥顺利完工，解决沿线2万多名群众出行难题。

坚持把农村公路建设作为脱贫攻坚“头等大事”来抓，农村路网服务脱贫攻坚能力明显提升。实施通乡通畅、通村通畅工程，加快建设产业路、扶贫路，加快推进村道加宽等专项工程实施，不断优化老百姓出行“最后一公里”，全市9个县市区全部提前实现乡（镇）和建制村通硬化路“两个100%”目标，520个省定贫困村通硬化路率全部达100%，贫困地区农民群众“出行难”问题得到有效解决。群众出行和农产品外运更加便捷，

平武县南坝镇冒水头村农村公路　　蒲滔 摄

“农家乐”“乡村游”迅速兴起、壮大，农村公路成为脱贫攻坚的重要助推器。

“四好农村路”建设 2018年6月，绵阳市印发《绵阳市加快推进“四好农村路”建设的实施方案》，明确“四好农村路”建设总体目标、重点任务、保障措施，并逐项细化具体要求。构建县、乡、村三级示范格局，即市政府推荐创建省级示范县、评比市级示范乡（镇）、县（市、区）评比县级示范村、示范路，力争到2020年，全市创建省级示范县4个以上，市级示范乡（镇）32个以上、县级示范村330个以上。至年底，培育创建首批市级示范乡（镇）13个，待市政府审定后授牌。市政府出台对示范创建的财政激励措施，计划投入1 000万元以上，对国家、省级示范县分别奖励300万元、200万元，市级示范乡（镇）奖励20万元。

北川唐家山堰塞湖跨湖大桥完工 2018年9月1日，北川唐家山堰塞湖跨湖大桥完工。标志着北川9个

2018年9月1日，唐家山堰塞湖跨湖大桥完工　　绵阳电视台 供图

溜索改桥项目全部完工，北川彻底告别索桥时代，解决了10余个乡（镇）、10万余名群众出行难的问题。该桥2016年3月开工建设；2017年10月17日完成大桥主拱合龙，12月24日完成拱内混凝土顶升两项关键性难点工程；2018年5月11日完成桥面梁板架设主体工程，8月6日完成特大桥桥面铺装，9月1日项目完工。该桥联通堰塞湖两岸，将楼房坪与北川新县城的路程由原来的3小时缩短至最快30分钟，加快当地20多种农副产品的运输，直接带动北川曲山、漩坪、白坭3万余名群众的经济发展。

交通建设质量造价管理 2018年，绵阳市继续开展交通建设质量造价管理。组织各项交通建设质量检查152次，其中综合检查6次、专项检查13次、日常检查133次，发出书面整改通知55份和现场整改意见书51份，抽检总数26 976点（组），抽检总体合格率92.87%。对在建重点公路水运项目开展质量安全检查68次，覆盖9个县（市、区），检查发现安全隐患163处，发出问题整改通知书20份。对国道108线剑阁界至梓潼大庙山段大修工程、九环东线省道205线北川桂溪至江油（江油段）提升改造工程、省道101线永新镇至盐亭两河界段大修工程等17个项目，组织开展交竣工验收质量鉴定（检测）。全年造价送审项目46个，截至年底完成审核41个，送审金额586 423.96万元，审减13 347.82万元，审减率2.28%，在审项目5个，送审金额38 745.87万元。

公路管理养护 2018年，绵阳市交通系统推进5个机养中心及16个养护站建设，实施国省干线路基维修400平方米，路面处置7万平方米，波形护栏恢复1 700米，标志恢复130处，挡墙及路肩墙修复1 500立方米；全市国省干线公路路面使用性能指数为87.2。对干河子大桥等9座三四类危桥进行整治并销号，对天生大桥等4座三类桥梁进行定检，实施8座危（病）桥整治工程，整治完成13处隧道入口段安全隐患整治工程。出台国省干线及市直管县道地质灾害工程市级财政配套政策，启动170处地质灾害隐患点预防处置；至年底，采取日常养护方式防治完成一般风险地质灾害69处，33处较大风险地质灾害点纳入有关工程项目同步治理完成，其余68处分三批次工程治理，首批22处完工4处、在建6处。

开展路域环境整治。对公路沿线“抛洒滴漏”、沙石污染公路、公路用地内设置非交通标志等行为开展4次集中整治，出动宣传车20余辆次、执法人员130 余人次，发放宣传资料1 500余份，查处污染公路车辆54辆，整治加水洗车点乱排水7处，涉路施工环境污染问题2处，清理打场晒粮570余平方米，拆除公路两侧未经审批设置非公路交通标志标牌246块，单立柱广告牌8座，查纠污染公路车辆760余辆次，查处违法、违章车辆50余辆次。

公路运输概况 至2018年底，绵阳市公路客运量3 594.217万人次，比上年下降15.79 %；货运量7 520.737万吨，比上年增长14.39%；旅客周转量228 547.103万人公里，比上年下降6.55%；货物周转量周842 132.846万吨公里，比上年增长9.12%；客货运输周转量加权增加值8.64%。全年，新建乡（镇）客运站1个；以贫困县村级招呼站（牌）为重点，建成村级招呼站（牌）168个，新增建制村通客车137个；全市乡（镇）客运班车通达率99.63%，建制村通达率95.64%。“厕所革命”新（改）建15个汽车客运站，续建完成渡改人行桥1座。

推广应用新能源和清洁能源车辆。年内，全市CNG营运客车1 410辆，LNG客车辆21辆，新能源网约车6辆，占全市营运客车总量的43%。公交车1 874辆（城区1 449辆），其中清洁环保能源1 553辆、新能源269辆。全市新增公交车64辆，其中气电式混合动力64辆，占新增比例100%。

科博会交通运输保障 2018年第六届中国(绵阳)科技城国际科技博览会（简称“科博会”）期间，绵阳市交通运输局保障会议交通运输需求，投入各类车辆计1 519辆（其中公交车280辆、出租车1 100辆、大巴车60辆、考斯特中巴车20辆、小车51辆、执法车8辆），交通服务工作人员2 200人（其中驾驶员1 730人、现场调度人员30人、道路运输执法人员120人，服务保障人员320人），发车12 500余趟次，运送来宾、群众32万余人次。分别从城区东南西北五个方向新开5条公交专线，调整2路、18路、41路、72路、805路5条公交线路途经会展中心；市公交公司和九龙公司投入公交车280辆（含包车），发班9 000余趟次，接送参观群众28万余人次。设置免费摆渡公交线路4条，投入免费摆渡车20辆，科博会期间滚动发车350余趟次，接送摆渡乘客4 500余人次。市出租车协会组织30名服务保障人员，统一调派城区出租汽车1 100辆循环发车1 500余趟次，接送乘客6 000余人次。

道路客运转型升级 2018年，绵阳市交通运输局出台《关于加强客运班车运行管理促进道路客运转型升级的通知》，支持班线客运剩余运力依法转为包车客运，调控全市客运车辆数量，逐步与市场需求相对匹配。至年底，依法转为包车客运的班线剩余运力39辆。规范发展通勤包车，对专门从事通勤客运的包车运力投放适度放宽，促进传统客运企业转变思维，激发活力。总结前期绵（阳）江（油）、绵（阳）盐（亭）两条县际班线定制客运试点经营经验，出台《绵阳市道路客运定制服务工作方案（试行）》，继续推广定制客运服务，逐步扩大到全市范围，通过5座至14座型换14座以上大车，提高实载率，由“点到点”转变为“门到门”服务等措施，逐步实现传统道路客运行业转型升级发展。

道路货运管理 2018年，绵阳市进一步规范道路货运管理。因质量信誉考核不合格和隐患整改不到位注销绵阳市骏逸危化品运输有限责任公司、雅化集团三台化工有限公司危货运输企业资格。开展危货运输专项整治，危险货物运输电子运单异常率显著下降，由年初的18.42%下降到年底的0.83%。托依快递及商务物流平台建立全市三级农村物流体系，设立综合服务站点。推进东亨信息科技股份有限公司无车承运试点工作，协调解决其纳税过程中进出项抵扣问题，交通运输部确定该公司2017年度无车承运试点工作考核结果为合格等次。推进营业性货车安全技术检验和综合性能检测依法合并，减少重复检测、重复收费。全市11家综检机构从2018年5月下旬开始，合并道路货运车辆安全技术检验和综合性能检测中涉及安全的检验检测项目，实现“一次上线、一次检测、一次收费”。

水路运输概况 截至2018年底，绵阳市水路通航里程645.79公里，通航河流7条（涪江、梓江、凯江、湔江、弥江、安昌江、涸河）；按海事统计口径有各类登记船舶398艘、13 511总吨，其中客渡船122艘；有渡口43处；有船乡（镇）59个；船员958人。全市未发生水上交通安全责任事故，连续16年无水上交通安全责任事故。

水路运输综合管理 2018年，绵阳市严格水路运输准入制度，强化水路运输企业事中事后监管，推进水路安全监督检查，继续开展船舶检验工作，多方位强化水路运输综合管理。

严格水路运输准入审批。按照《国内水路运输条例》和《国内水路运输管理规定》等法律法规开展水路运输管理工作。严格水路运输准入审批工作，2018年依规新增3艘水路运输客船，计74客位。

水路运输企业事中事后监管。在全市范围核查取得水路运输经营资格的企业及所属营业性运输船舶，全年核查水路运输企业7户、营业性运输船舶51艘、756总吨、1 180客位、2 522.1千瓦，所查企业、船舶全部通过核查。按照交通运输部《水路运输市场信用信息管理办法（试行）》要求，将全市水路运输企业和客运船舶录入信息库。维护水路运输市场秩序，实行抽查监督、社会监督、媒体监督，全年未发现水路运输违法违规经营行为。

水路安全监督检查。全市出动安全检查组685个次，派出检查人员3 289人次，检查企业215个次，检查船舶19 860艘次，排查出隐患36起，整改36起，实施行政处罚7起，罚款10.88万元。

船舶检验。检验船舶142艘次，其中，年度检验船舶122艘，附加船舶检验20艘；对检验合格的130艘船舶，签发检验证书。

路政执法 2018年，绵阳市投入路政执法员27 464人次，检测车辆345 260辆，办理路政案件12 133件，拆除道路两侧违章建筑36处，处理占用公路及其留地346起，查处并恢复损坏公路及其设施220起，公路清障排障2 268起。

继续开展公路超限超载治理。制订超限检测站远程监控管理办法，建立超限检测站远程视频监控系统，建立数据传输电路4条，互联网专线4条。截至年底，超限检测站远程视频监控系统在平武林家坝治超站、三台长坪治超站、江油厚坝治超站正式运行。与公安联合“治超”检测货运车辆345 260辆，查处超限车辆2 575辆，卸载货物16 336吨，路面超限超载率控制在0.75%。

运政执法 2018年，绵阳市出动运政执法人员73 000人次，出动执法车辆6 108辆次，检查客运班车5 591辆次，检查出租汽车33 732辆次，检查货运源头企业857次，检查道路运输站场1 151次，检查维修企业1 902次，检查机动车驾驶培训机构452次。全市查处非法营运1 018辆，查处违规客运班线车（含客运包车、旅游车）110辆，查处违规货运车325辆，查处违规出租汽车633辆，查处违规道路运输企业27家。1—3月、9—12月两次集中开展城区打击“黑车”、违规网约车专项行动，查处“黑车”776辆、违规网约车352辆，对违规网约车平台公司处罚2次。

道路运输市场经营秩序专项整治 2018年2月1日至3月12日，绵阳市开展道路运输经营秩序专项整治行动，全市出动运政执法人员8 600余人次，上户、上路检查企业3 500余户、检查营运车辆21 300余辆次，其中开展超长客运专项检查80余次，检查超长客运车辆280余辆；查处违规经营行为客运车辆35辆、违规超长客运经营行为13起、违规经营出租车35辆，现场纠正各类违规行为1 000余起。

打击非法营运专项整治 2018年，绵阳市集中力量整治火车站、机场、客运站等重点区域及市内客运线路的非法经营行为，出动执法人员29 778人次，检查车辆28 515辆次，查扣非法营运车辆776辆，查处火车站喊客揽客228起。配合公安刑侦部门严厉打击长期有组织从事非法营运的团伙，加强市县联动，不定期与各县（市、区）道路运输管理机构合力对市内各客运线路的经营秩序进行集中整治，重点查处客运班线、网约车、“黑车”非法经营行为。11月15日、11月26日、12月13日，市级运政部门3次联合盐亭县开展打击团伙性非法营运的专项行动，查扣涉嫌团伙性非法营运车辆21辆。

城市公共交通建设管理 2018年，绵阳市多措并举加强城市公共交通建设管理。

优化城市公交线路。全年营运里程5 524万公里，日发班6 056班次，公交运输客流2.4亿人次，免费服务特殊群体3 000万人次。城区新增公交线路6条，优化40路、806路、29路等线路9条，线路总数116条、里程2 712公里。配合市政道路施工，采取绕行、折返等方式对87条线路运行路线进行调整。统一城区公交线路冬夏季首末班时间，结合客流数据延长高峰线路营运时间。

拓宽公交服务渠道。在开通200余条厂矿、企事业单位定制公交线路的基础上，开通周末学生专线、乡村旅游专线，满足市民差异化出行需求。建立客户信息库，对接用车需求量较大的客户，制订有针对性的定制方案，拓展定制业务市场。至年底，定制线路258条，日均服务2.5万人次。

增添公交设施，增加公交运力。新购146辆新能源公交车正式投入运行，新能源车辆达176辆。建成魏城公交枢纽站，新建圣水、永兴两处充电站、10组充电桩，合作建设CNG加气站1座。新建、迁建、改建公交候车亭11座，新添、更换候车亭座椅15个、线路导向图500余幅；完成城区线路站牌信息规范设置，区乡站牌改造全面启动，临园干道智能公交候车亭升级加快推进。

公交综合信息服务平台管理。年内，公交公众微信号发布出行信息540条，掌上公交（手机App）日查询和访问量达10万人次。电子站牌运行良好，日均故障率下降至1%以内，车载多媒体系统维护纳入统一管理，市民获取出行信息更加便捷。完成车、站、场及机关单位全域网络改造，数据中心机房综合布线规整及UPS自动投切发电机投入使用，信息化基础工程更加完善。ERP系统投入试运行，营运、安全、服务、物资、维修、OA办公等9大模块上线应用，经营生产实现一体化管理，信息化水平大幅提升。

完善公交"全支付"系统功能。完成分段计费试运行，正式在47条区乡梯级票价线路上线运行，"全支付"系统全面覆盖116条营运线路。绵阳成为全国首个公交"全支付"系统在一票制和阶梯票价公交线路实现全覆盖的城市。全年交易总量6 738万笔，非现金支付比例接近50%。

出租汽车及网约车管理 2018年，绵阳市开展出租汽车经营行为专项整治，继续推进出租汽车行业改革及网约车管理。

年内，对火车站、南郊机场出租汽车经营行为进行日常定点检查，对城区出租汽车经营行为进行日常巡查。8月起，开展为期3个月的出租汽车经营行为专项整治，通过加强宣传教育、延长执法人员值守时间、改造火车站出租车上下客通道、增添监控设备、依法严管重罚等措施，治理城区出租汽车经营行为中存在的顽疾，重点纠正火车站、南郊机场出租汽车长期存在的乱象，全年全市查处违规出租车600余起。

继续深化出租汽车行业改革。依法依规对"滴滴出行"平台发放网络预约出租汽车经营许可，将"滴滴"纳入合法化、规范化管理范围。自2017年起至2018年底，先后许可"呼我出行、帮邦行、万顺叫车、滴滴出行"4家网约车平台公司，发放网约车运输证1 206个，发放网约车驾驶员证10 213个，基本实现网约车与传统出租汽车的差异化、错位服务。有序推进新增660辆巡游出租汽车运力投放工作。

"12328"交通运输服务监督电话 2018年，绵阳市"12328"交通运输服务监督电话系统转接人工量24 245件，形成工单23 339件，比上年上升58.80%，日均接听话务量63件，其中投诉举报5 619件，信息咨询17 081件，意见建议639件。受理中心人工接通率93.94%，10秒接通率98%，平均等待时长4.94秒，信息咨询类即时答复率99.87%，及时答复满意率83.86%，限时办结率97.25%，抽查回访率52.88%，回访满意率97.83%。

交通应急救援及应急演练 2018年，绵阳市补充完善道路保通、运输保障等应急队伍近600人，储备挖掘机、装载机等抢通保通机械140余台（套）、应急客（货）车辆300辆、应急救援船舶12艘。年内汛期，出动抢险人员28 967人次，投入机械设备7 658台班，先后抢通988条断道道路。

组织开展应急救援演练，不断提升应急救援综合能力。

5月18日，国省干线公路（隧道）突发事件（交通战备）综合应急演练在平武县白马藏族乡举行。演练模拟两个事故：一辆由九寨沟驶向平武方向的小型货车在黄土梁隧道检修道发生撞击，造成车体严重受损、燃油泄漏、出现冒烟起火征象，一人受轻伤被困隧道内；因连续天气升温，冰雪融化，导致山体松散，省道205线黄土梁段出现塌方，致使交通中断。该次演练进一步增强各部门间的协同作战能力，为隧道火灾事故的快速处置积累宝贵经验，为事故深度分析工作提供有效数据。

7月5日，2018年道路运输突发事件应急演练在三台县城北汽车客运站举行。演练共设置"汽车客运站暴恐突发事件响应"与"汛期客运站旅客疏运事件三级响应"2个科目，实战演练检验道路运输行业突发事件的应急处置能力，预防和减少道路运输突发事件危害。

2018年5月18日，国省干线公路（隧道）突发事件（交通战备）综合应急演练中公路抢通保通场景 绵阳市交通运输局 供图

7月，在三台县组织开展"水上交通应急演练"，演练设置船舶失火、船舶失控救援、船舶乘客落水自救互救与搜救、船舶溢油污染水域快速处置等多个科目。演练提高全市航务海事系统及有船乡镇对水上交通应急救援的快速反应、处置和综合协调能力，提升水上交通从业人员的自救互救能力，增强群众的水上交通安全意识。

（本栏目供稿单位：绵阳市交通运输局）

广元市交通

GUANGYUAN SHI JIAOTONG

2018年广元市交通运输能力概况

公路交通运输			
通车里程	总里程（公里）		19 971
	其中	高速公路	392
		一级公路	104
		二级公路	948
		三级公路	335
		四级公路	14 131
		等外公路	4 061
公路密度	按国土面积计算：每百平方公里 122 公里		
	按人口计算：每万人 65 公里		
通达里程	通公路的乡镇 234 个，占乡镇 100 %		
	通公路的村 2 499 个，占村 100 %		
客运站	总　数（个）		172
	其中	一级站	2
		二级站	6
		三级站	7
		四级及以下站	157
营运车辆	总　数（辆）		14 933
	其　中	客车 1 515 辆 33 839 座	
		货车 13 418　辆 98 255 吨	
公路运量	客　运	客运量（万人次）	1 561
		旅客周转量（万人公里）	99 350
	货　运	货运量（万吨）	5 618
		货物周转量（万吨公里）	778 442
内河航运运输			
通航里程	总里程（公里）		568.6
	其中	三级航道	192
		四级航道	
		五级航道	84.5
		六级航道	90
		七级航道	202.1
港口（码头）	总　数（个）		
	吞吐量	旅客吞吐量（万人次）	51.5
		货物吞吐量（万吨）	711
水路运量	客　运	客运量（万人次）	51.5
		旅客周转量（万人公里）	735
	货　运	货运量（万吨）	711
		货物周转量（万吨公里）	2 062.9
营运船舶	总　数（艘）200		
	其中	客船 25 艘 1 083 座	
		货船 175 艘 8 178 吨	
城市公交运输			
营运车辆	572 辆		
公交线路	101 条		
公交站	1 383个		
运　量	0.663亿人次		

交通建设概况　2018年，广元市交通基础设施建设取得进展。广平高速公路全线开工建设，绵阳至苍溪、苍溪至巴中高速公路项目前期工作基本完成，招商工作全面展开，国道5线京昆高速公路广元至绵阳段扩容项目前期工作取得重大突破和成果。

国道108线严家湾隧道建成通车，省道205线上石盘至摆宴坝段主体工程完工，国道212线南山隧道、广元港进港公路南马山隧道、旺苍至陕西宁强公路、苍溪县肖家坝大桥、韩家山隧道等项目加快建设，国道542线广元至巴中界段公路、省道411线苍溪至旺苍一级公路、龙潭至射箭公路等项目前期工作顺利推进。

广元港张家坝作业区加快建设，完成前沿桩基建设和陆域回填。嘉陵江航运配套工程完成亭子口枢纽以下航道整治，嘉陵江上石盘航电枢纽二期工程加快推进。开工建设川北水上应急救援基地，建成水上安全监测综合信息系统工程和水上交通体验馆。

建成青川县客运枢纽站，开工建设苍溪县庙垭火车站客运站，开展剑阁县西成高铁客运枢纽站前期工作；建成乡（镇）客运站4个，通客车的建制村招呼站（牌）基本全覆盖。

新（改）建农村公路2 640公里，其中县乡公路240公里、村道完善工程2 400公里，建成渡改公路桥4

座、渡改人行桥9座。

交通投融资 2018年，广元市启动实施“脱贫奔康交通三年大会战”，开启“交通强市”建设。全年交通基础设施建设完成固定资产投资87.45亿元，比上年增长13.1%，其中市本级完成投资27.58亿元，全市交通固定资产投资实现重大突破。储备项目总投资855亿元，比上年增长30.5%。签约亿元以上项目3个，完成招商引资24.45亿元。争取各类补助上级资金28.38亿元，比上年增长26.7%。

国道108线严家湾隧道通车 2018年4月28日，国道108线严家湾隧道建成通车。该项目是国道108线瓷窑铺至沙溪坝公路改建工程的重要节点之一，是广元市采用PPP模式建设并首个投入使用的交通项目，由广元市交通投资集团有限公司建设管理。国道108线严家湾隧道设计时速60公里，总投资1.78亿元，2016年初开工建设。该项目的建成通车，有效缓解广元东坝、万源片区前往上西火车站通行压力，提升广元市城区道路路网整体通行能力，也标志着国道108线瓷窑铺至宝轮段顺利贯通。随着宝轮下穿隧道、赤化至沙溪坝段6月底建成通车，国道108线瓷窑铺至沙溪坝公路改建工程全面建成，全市第一条跨县区一级公路53公里全面建成通车。

2018年4月28日，国道108线严家湾隧道建成通车　　罗 松 摄

广元港进港公路南马山隧道开工 2018年6月21日，广元港进港公路南马山隧道出口端正式开工，标志着广元港进港公路昭化至朝阳段工程进入全面施工阶段。南马山隧道设计为单向隧道，设计时速60公里，建筑限界为宽10米、高5米、全长2 405米，是广元港进港公路昭化至朝阳段的控制性工程。

广元陵宝二线宝轮延伸段开工 2018年12月25日，广元陵宝二线宝轮延伸段开工建设。该工程是广元市三江新区重大基础设施项目，总投资4.59亿元，起于利州区宝轮镇白龙江大桥南端头，止于国道108改线，全长1.69公里，路基宽30米，双向六车道，设计时速50公里，路面结构为沥青混凝土路面。该工程建成后，与国道108线、国道212线和陵江至宝轮公路等主干线组成骨架路网系统，北连绕城高速公路、南连绵广高速公路、西连兰海高速公路，形成快速交通转换，改善三江新区交通环境。

公路管养 2018年，广元市改造基层公路养护站5个，新（改）建公路厕所22个。完成国省干线公路大中修工程101.9公里，国省干线路面使用性能指数90.3。完成危（病）桥整治6座，加快整治3座。开展货运车辆超限治理，全年检测货车17.8万辆次，查处超限车辆2 477辆次，卸载货物1.3万吨，货车超限率控制在3%以内。加大公路乱堆、乱占等违法行为查处力度，查处各类路政案件858起，各类路政案件查处率和办结率95%以上，全市普通公路安全畅通。

道路运输管理 2018年，广元市强化道路运输管理。全市完成公路客货运周转量69.85亿吨公里，比上年增长8.4%，增幅超全省平均水平0.9个百分点，排名全省第6位。启动二类以上市际客运班线定制客运试点，2条市际班线、2条县际班线开通定制客运服务。推行高铁+道路客运融合发展，开通广元境内各高铁站直达市内外主要旅游景区的旅游客运线路14条，覆盖全市5个国家AAAA级及以上旅游景区和42个乡村旅游景点。推进道路货运物流业发展，出台《关于扶持支持道路货运物流业发展的指导性意见》《广元市货运物流（快递）企业退城入园实施方案》，全市新增货运企业13家（其中危货运输企业4家）、货运车辆838辆（其中危货运输车辆32辆）。推进城市公交优先发展，全市新增公交线路2条，调整线路6条，新增公交车11辆（其中新能源公交车10辆），新开行产业园区、校区等特色公交线路12条，开通定制公交线路2条。深化出租汽车行业改革，新修订《广元市出租汽车客运管理暂行办法》，全市新增出租车运力5辆，补充出租汽车运力134辆，6家网约车平台公司入驻广元市。推进驾培行业改革，启用机动车驾驶培训监管服务平台，完成市县两级平台账号分配，全市16所驾校全部安装新计时系统，620辆教练车安装计时终端设备。

水路运输管理 2018年，广元市强化水路运输市场管理和运输保障服务，全年完成水路旅客周转量731万人公里，货物周转量2 062万吨公里。开展全市公益性渡口运行和渡改桥建设情况大调研，完成4家水运企业、27家个体户及158艘营运船舶的年度核查，顺利通过交通运输部海事局船舶检验机构资质复核验收及省船舶检验局船舶图纸资料核查。

交通脱贫攻坚 2018年，广元市交通运输局坚持抓重点、补短板、强弱项，加快农村交通基础设施建设，推进交通脱贫攻坚。完成全市232个退出贫困村通村硬化路建设，实施农村公路安防工程2 984公里，新增通客车建制村133个，全市建制村通客车率91.64%。定点帮扶村脱贫攻坚工作扎实推进，增添扶贫村“第一书记”驻村帮扶力量，高质量完成对扶贫村的领导调研、项目寻找、产业扶贫，由广元市交通运输局出资帮扶的剑阁县羊岭镇太平大桥加固维修工程开工建设，4个定点帮扶村顺利实现脱贫并得到有效巩固。广元市交通运输局被中共广元市委、市政府表扬为“脱贫攻坚先进集体”，被利州区委、区政府表扬为“脱贫攻坚驻村帮扶先进单位”。

启动“脱贫奔康交通三年大会战” 2018年4月10日，广元市“脱贫奔康交通三年大会战”动员大会暨2018年全市交通运输工作电视电话会议召开。会议要求全市各级、各部门加强组织领导，做实前期工作，强化要素保障，加强队伍建设，从严督导考核，以“马上办”的作风和“钉钉子”的精神，一项项盯牢，一步步推进，确保广元市“脱贫奔康交通三年大会战”各项工作部署落实落地。会议强调，广元市要立足全省交通运输发展大局，高起点谋划、高标准研究布局交通强市建设，推动广元交通运输大发展、大跨越，努力在建设交通强省新征程中先行示范，走在前列。

广元市“脱贫奔康交通三年大会战”总体目标：2018—2020年，全市公路水路建设确保完成投资300亿元，力争完成投资360亿元。到2020年，全市公路总里程达2.2万公里，高速公路通车和在建里程突破570公里，普通国省公路二级及以上公路比例达50%，实现所有建制村通硬化路并建有招呼站，全市内河Ⅳ级及以上航道里程达到260公里，内河水运实现通江达海目标。

实施农村公路改善提升工程。改善提升农村公路3 008公里，新建、维修桥梁68座，全面撤销江河渡口中的一类、二类渡口和车渡，建成覆盖广泛、通村畅乡、安全便捷的农村公路网络，解决群众“出行难”“过河难”问题，助推脱贫攻坚和乡村振兴发展。

实施断头连网路。实施旅游公路、快速通道、连接线和农村公路断头路664公里，加快曾家山旅游环线、旺苍县旅游北环线等20个项目前期工作，打通广元与周边市州之间、县区之间、县区与乡（镇）之间，乡（镇）与乡（镇）之间、乡（镇）与村之间、村与村之间的断头路，实现各级公路互联互通。

完善公路主骨架通道网络。建设高速公路项目4个398公里，基本建成“一环、二横、五线”的高速公路网；实施国省公路项目22个654公里，基本建成“三环、五横、七射线”的国省干线公路网；建成水运项目8个，实现嘉陵江市城区铁桥以下至南充段全线通航。

推进建管养运协调发展。以“四好农村路”创建工作为抓手，推进公路管养体制改革，大力实施公路养护工程，推进运输站场建设和智慧交通建设。

“四好农村路”建设 2018年，广元市交通运输局围绕“建好、管好、护好、运营好”目标，推进“四好农村路”建设，以示范路创建带动全市农村公路建、管、养、运水平全面提升。在剑阁县成功创建“四好农村路”省级示范县的经验上，苍溪县成功创建为全省第二批“四好农村路”示范县，利州区申报创建“四好农村路”示范县（区）。

苍溪县“四好农村路” 罗松 摄

中欧班列广元组货基地揭牌 2018年8月1日，中欧班列广元组货基地揭牌仪式在广元交通物流港上西园区举行，中欧班列广元组货基地首发集卡正式出园。中欧班列广元首发欧洲产品是由广元市苍溪艾利特电子科技有限公司生产提供的电篱网激发器2 000套，货物总价值

142.8万元人民币（约21万美元），通过中欧班列运往德国纽伦堡，班列从成都青白江城厢站出发，经过新疆阿拉山口出境、途经哈萨克斯坦、俄罗斯、白俄罗斯、波兰等国家，到达目的地德国纽伦堡，班列运行里程10 546公里，班列运行时间18天，运行时间为海运的1/3，运行成本为空运的1/6。

首艘高吨位高性能车（客）渡船开航 2018年1月1日，广元市首艘高吨位高性能车（客）渡船——川苍溪车客渡0001开航仪式在嘉陵江鸳溪车渡口举行。该船舶是广元市吨位最大、性能最好的车（客）渡船。船舶总长30米、型宽7.6米、型深2.4米，船舶总吨位257吨，满载排水量228吨，主机功率180千瓦，总造价268.5万元，采用双机双向驾驶，性能良好，设计先进。该船舶通航解决了嘉陵江亭子口水利枢纽工程库区两岸移民出行难问题。

嘉陵江亭子口升船机实船过机试航成功 2018年12月18日，嘉陵江亭子口升船机完成首次实船过机试航试验。该升船机位于广元市苍溪县嘉陵江亭子口水利枢纽右岸，最大提升高度85.4米，船厢有效水域116×12×2.5米（长×宽×水深），通航净空8米，船厢结构、设备及厢内水体总重约6 250吨。升船机规模为2×500吨级，是目前国内具备运行条件的最大的钢丝绳卷扬全平衡垂直提升式升船机。其承船厢可同时容纳两条500吨级船舶通航，也是目前世界最大的钢丝绳卷扬全平衡垂直提升式升船机承船厢结构。

2018年12月18日，嘉陵江亭子口升船机成功进行过机试航实船试验 广元市交通运输局 供图

绿色智慧交通 2018年，广元市推进交通运输绿色低碳发展，持续更新淘汰老旧车（船），推广节能环保型车（船）。全年新增新能源公交车10辆，建成纯电动公交示范线3条，淘汰老旧船舶55艘，新增LNG客船3艘。全市有新能源公交车73辆、CNG公交车402辆、新燃料和油改气教练车706辆、CNG和LNG客运班车151辆、纯电动营运汽车1辆，全市公务船舶岸电使用全覆盖。推进智慧交通建设，全市二级以上客运站全面实现联网售票，市城区公交“一卡通”系统建成投入使用；建成苍溪县和青川县交通运输应急指挥二期工程、市本级水上安全监测指挥中心和县区监控中心，加快建设汽车客运站电子客票推广应用工程。

交通安全生产管理 2018年，广元市交通运输部门在公路、水路、道路运输等领域开展安全生产“百日攻坚”行动和安全隐患大排查大整治，继续完善安全隐患“一图”（电子分布图）“一表”（隐患排查表）“一卡”（岗位风险明白卡）“一册”（企业安全风险册）“两库”（安全风险数据库和事故隐患数据库）“两清单”（安全风险管控措施清单和安全风险管控责任清单）。全年召开专题部署会议5次，组织开展安全生产专项检查15次，排查交通运输行业安全隐患105项，其中排查整治道路交通安全隐患68项、水上交通安全隐患3项、公路水运建设工程安全隐患34项，整改率达100%，全年未发生重大及以上安全生产事故，交通运输安全形势持续向好。年内，广元市运管局被交通运输部、公安部、应急管理部联合表彰为全国“道路运输平安年”活动成绩突出市级单位。

强化交通应急管理，完成“应急二期”外场监控点位和情报板定位，完成川北水上应急救援队更名和水上救援专业设备购置，利用MAS短信平台全年发布预警信息286次，服务用户16万余名；全年开展专项应急演练2次，参加综合演练2次，在广元举办全省国防交通战备钢桥架设应急演练。

交通运输行政执法 2018年，广元市交通运输局狠抓交通运输执法队伍建设，强化交通运输执法监督，组织各县区交通运输部门开展执法轮训、培训500余人次。开展交通运输基层执法站所“三基三化”建设，完成全市各级道路运政执法办案系统升级改造。清理行政权力事项和责任清单，保留行政审批（行政许可）29项。组织开展省交通运输厅行政审批平台搭建工作，完成全省一体化政务服务平台、全国交通运输系统执法基础平台、全省行政复议（行政应诉）案件统计分析平台等日常维护和数据填报工作，实现行政审批、行政处罚、行政强制等在网运行。

物流公共信息平台项目竣工验收 2018年9月18日，广元市物流公共信息平台项目通过专家组评审验收。广元市物流公共信息平台含5个子平台，即：综合物流信息平台（企业官网、微信公众号）、供应链管理信息平台（运输管理系统）、物联网应用基础平台（仓储管理系统）、电子数据交换平台（第四方物流平台）、基础支撑平台（机房、无线覆盖、停车场系统、信息发布工程、IT设备及园区“一卡通”系统）。该平台的建成，使广元交通物流港上西园区成为集办公、信息化服务、停车、仓储、集装箱、甩挂运输、零担配送、三产配套服务等功能为一体，囊括三大物流平台（运输管理平台、第四方物流信息平台和仓储管理平台）的现代化物流港，有效改善广元进出川货物中转、集散、联运发展滞后现状，支撑、保障工业园区发展，提高城市货物流动效率。

旅运结合开启“快进慢游”模式 2018年，广元市交通运管部门主动抢抓高铁时代发展机遇，创新旅游客运接续接驳方式，开启旅运结合的“快进慢游”模式，“车票+门票”快速中转。建成南河汽车客运站等2个市级游客集散中心，加快建设剑门关、七盘关2个县级游客集散中心，配套设置景区售票点。开通西成高铁广元境内高铁站直达周边主要旅游景区的旅游客车线路14条，覆盖市内5个国家AAAA级及以上旅游景区和42个乡村旅游景点。方便游客购买车票的同时购买景点门票，实现快速中转。同时，根据旅游时间节点，不定期推行凭车票享受景点门票优惠。全年新增景区游客约10万人次，人均车程缩短2小时。“车门+家门”无缝换乘。开通西成高铁广元站至4个县（区）及25个乡（镇）客运班车，新增和调整公交线路11条。推行电话或网络预约、定制客运包车等运输方式接驳，道路客运由被动错峰发展转向主动迎合互补，方便旅客无缝快速换乘。“线上+线下”旅运融合。依托“神马出行”和携程网等平台，拓展售票、咨询等业务。深化与市内外旅行社、景区合作，开通市内精品线旅游专线4条、省内直达景区班线10条、过境旅游班线2条。“落地+自驾”多元选择。依托客运站网络和汽车租赁网点，推进“落地自驾、异地还车”网络建设，加快完善高铁承接系统，打造市内西成高铁、兰渝铁路各站点和广元机场至主要旅游景区的自驾游模式。全市有23家汽车租赁企业，投放旅游专用车辆240余辆、自驾游车辆290余辆，基本覆盖全市各高铁站和主要汽车客运站。

启用全国公共交通“一卡通”IC卡 2018年7月1日，广元市城区正式启用全国公共交通“一卡通”IC卡（利州通）。本次发行的全国公共交通“一卡通”IC卡（利州通）含4类卡种，即利州通（普通卡）、利州通（学生卡）、利州通（老年优惠卡、敬老卡）和利州通（拥军、优抚、爱心卡）。市民持该卡可在全国乘坐有“交通联合”标记的公共交通工具（包括公交、客运、地铁、轻轨、出租车、自行车），并享受当地公共交通“一卡通”乘车优惠政策。

巡游出租汽车客运管理办法出台 2018年7月10日，广元市人民政府办公室印发《广元市巡游出租汽车客运管理办法》（以下简称《管理办法》），原《广元市出租汽车客运管理暂行办法》废止。该《管理办法》是根据国家、省深化出租汽车行业改革精神，促进新老业态融合发展，将“出租汽车”修改为“巡游出租汽车”，明确巡游出租汽车与网络预约出租汽车经营服务的区别。增加鼓励巡游出租汽车优先使用新能源车辆、应用科技手段建立巡游出租汽车企业和驾驶员考核评价系统和信用体系等内容。规定巡游出租汽车可采用电信、互联网等电召运营服务和符合金融标准的非现金支付方式。规范申请从事巡游出租汽车经营的车辆技术条件、企业管理人员和驾驶人员具备的条件，以及新增和处置到期巡游出租汽车经营权方式、依据和程序。

《广元市机动车维修行业价格行为规则》出台 2018年11月1日，《广元市机动车维修行业价格行为规则》（以下简称《规则》）出台实施。该《规则》共十五条，规定机动车维修服务的定价形式、定价原则、明码标价具体内容和标价方式，明确机动车维修经营者应当将其执行的机动车维修工时单价和工时定额报所在地县区道路运输管理机构备案等。该《规则》的出台，进一步规范全市机动车维修服务价格行为和机动车维修市场秩序，有效保护机动车维修各方当事人的合法权益。

广元市实现交通与公安信息资源共享 2018年11月15日，广元市交通运输局与市公安局共同签订《信息资源共享合作协议》。该协议的签订是广元市智慧交通和平安交通建设过程中的重要事项。双方本着“平等、协作、共享、双赢”的原则，充分发挥各自优势，结合各自需求，共同研究和推进信息化建设。同时，在路网运行监测、营运车辆、从业人员的资质和信用管理等方面的进行长期合作，实现优势互补和资源整合，为加快推进数字广元和平安广元建设奠定坚实基础。

（本栏目供稿单位：广元市交通运输局）

遂宁市交通

SUINING SHI JIAOTONG

2018年遂宁市交通运输能力概况

公路交通运输			
通车里程	总里程（公里）		8 941.619
通车里程	其中	高速公路	361.119
通车里程	其中	一级公路	114.311
通车里程	其中	二级公路	246.308
通车里程	其中	三级公路	525.975
通车里程	其中	四级公路	6 863.992
通车里程	其中	等外公路	829.914
公路密度	按国土面积计算：每百平方公里 165.685 公里		
公路密度	按人口计算：每万人 23.608 公里		
通达里程	通公路的乡镇 105 个，占乡镇 100 %		
通达里程	通公路的村 2 107 个，占村 100 %		
客运站	总数（个）		23
客运站	其中	一级站	3
客运站	其中	二级站	3
客运站	其中	三级站	1
客运站	其中	四级及以下站	16
营运车辆	总数（辆）		16 026
营运车辆	其中	客车 1 406 辆 29 167 座	
营运车辆	其中	货车 14 620 辆 79 844 吨	
公路运量	客运	客运量（万人次）	2 303.00
公路运量	客运	旅客周转量（万人公里）	126 430.75
公路运量	货运	货运量（万吨）	4 668.71
公路运量	货运	货物周转量（万吨公里）	561 262.16
内河航运运输			
通航里程	总里程（公里）		453.05
通航里程	其中	三级航道	
通航里程	其中	四级航道	
通航里程	其中	五级航道	260.05
通航里程	其中	六级航道	193
通航里程	其中	七级航道	
港口（码头）	总数（个）		45（含41个渡运码头）
港口（码头）	吞吐量	旅客吞吐量（万人次）	30.82
港口（码头）	吞吐量	货物吞吐量（万吨）	84.68
水路运量	客运	客运量（万人次）	30.82
水路运量	客运	旅客周转量（万人公里）	275.49
水路运量	货运	货运量（万吨）	84.68
水路运量	货运	货物周转量（万吨公里）	519.98
营运船舶	总数（艘）		944
营运船舶	其中	客船 25 艘 817 座	
营运船舶	其中	货船 919 艘 57 371 吨	
城市公交运输			
营运车辆			437 辆
公交线路			44 条
公交站			717个
运量			1.089 4亿人次

注：公交站数量为公交站台及招呼站，无公交首末站。

交通运输概况 2018年，遂宁市围绕构建成渝经济区综合交通枢纽目标和高质量发展要求，实施“枢纽提升行动”，强基础、兴产业、优服务，公路水路建设投资43.4亿元，为全市下达目标任务114.2%，比上年增长19.2%，全市交通运输经济保持稳中有增、稳中向好发展态势。

交通基础设施建设 2018年，遂宁市成南高速公路扩容开工建设，中环线东南西半环、遂宁至大英快捷通道、遂宁至蓬溪吉祥快捷通道、省道401线大英段建成通车，通善大桥新建项目南半幅贯通，红江、田家渡等7个渡改桥项目启动建设。国道350线遂宁至大英过境改线公路获立项批复，该项目是普通国道网规划60条东西横线之一，全长51.8公里，概算总投资17.57亿元，起于河东新区苟桥村，与国道318线连接，止于大英县与中江县交界处（胜利桥）。实施国省干线公路养护工程53公里，全市普通国省干线公路路面使用性能指数93.2，居全省第2位。涪江复航加快推进，通港大道开工建设，核心工程遂宁港和三星船闸项目专项报告编制及水工模型试验完成。完善农村路网，开工农村路网项目100个以上，完成农村公路改善提升工程178公里、村道

2018年10月，中环线玉龙路立交成形　　遂宁市交通运输局 供图

窄路加宽改造62.9公里、农村公路破损路面整治474.5公里；投入资金700万元，按每公里原则至少3个错车道标准，对省定脱贫摘帽村通村硬化路增设错车道873个，制订《村道窄路面会车难问题整改实施方案》。借力全省推进村内通组路建设契机，扎实开展通村民小组路采集入库工作，采集里程12 594公里，其中射洪县3 560.3公里，安居区3 956.4公里，大英县1 739.8公里，蓬溪县2 317.8公里，船山区1 019.7公里，全部上报入库。渡改公路桥工程纳入全市民生大事建设项目考核，截至年底，建成2座（马家渡改桥、乌木桩渡改桥），开工7座（通泉渡改桥、田家渡渡改桥、红江渡改桥、马老壳渡改桥、青提渡改桥、香山渡改桥、黄连沱渡改桥），通泉街渡改桥南半幅贯通。

“四好农村路”建设　2018年，遂宁市出台《关于推进全市“四好农村路”建设的通知》《关于全面推行农村公路路长制的实施意见》，提出确保每年至少创建1个省级“四好农村路”示范县（区），到2020年打造全域示范目标，明确对成功创建“四好农村路”示范县（区）给予1 000万元以奖代补专项资金。分批推动省级示范县创建，船山区成功创建第二批省级“四好农村路”示范县，蓬溪县纳入“四好农村路”示范县重点培育。遂宁市出台《关于全面推行农村公路路长制的实施意见》，推行“五步工作法”，构建“四级联动”管理体系，形成横向到边、纵向到底、齐抓共管格局；结合交通建设专项扶贫工作和“四好农村路”示范县创建，遂宁市在省交通运输厅组织的2018年“四好农村路”建设和交通扶贫督导交叉考评中排位靠前。

农环线建设　2018年，遂宁市坚持“交通+产业+新村+旅游+扶贫”五位一体融合发展，船山、安居、射洪、蓬溪、大英五区协同联动发展，着力农村公路建管养运协调发展、农村农业发展、幸福美丽新村建设、乡村旅游发展、脱贫攻坚“五个示范”，规划建设现代农业产业一体化大环线，以农环线串联5个市级现代农业园区，辐射带动18个县级农业园区、10个乡村振兴示范村和众多乡（镇）特色园区，全市323个贫困村村村入园，8.6万户贫困户户户入社。农环线主线173.3公里，建成160.1公里，除田家渡及两边连接线外，其余段落均建成通车。为增强农环线服务功能，协调争取1 760万元用于农环线配套设施建设，设置具有遂宁特色农村公路标识标志、“零公里”标记，建成农环线综合驿站4个、简易驿站22个，提供停车、休憩、入厕、电商物流、农产品展示展销、观景、摄影等服务，制作农环线标识标牌175个，形成独特农环线地域文化标志。

城市客运　2018年，遂宁市按照“疏堵并举”思路，治理行业顽疾，查处出租汽车违规经营行为419件，记分处理从业人员167名，停车学习283辆次。推进巡游出租车运价结构调整，建立遂宁市城区春节期间临时上浮运价机制，遏制春运涨价乱象，春节7天出租车投诉量较2017年同期下降57.7%。举办遂宁市城区出租车行业首届运动会，开展“团运共建襄发展·志愿服务促规范”暨巡游出租汽车行业“百日百车挑战零投诉”活动，先后4个单日出现服务“零投诉”。按照“包容创新”思路，推进网约车发展，办理网约车运输证1 000余个，网约车驾驶员从业资格证4 000余个，全省规范巡游车管理、网约车发展现场会在遂宁召开，滴滴公司将遂宁作为合规工作样板城市在全国推广。全面清理网约车经营乱象，督促网约车平台落实主体责任，“滴滴出行”封禁司机265人、清理不达标车辆5 285辆，联合公安部门对出租车（含网约车）驾驶员落实背景审查工作，清理并吊销背景审查不合格驾驶员67人。

春运工作　2018年春运期间，遂宁市运送旅客2 426.44万人次，比上年增长6.91%。其中客运车辆1 649辆，累计发班153 253趟次，加班2 306趟次，输送旅客195.63万人次，比上年减少7.33%；城市公交382辆，发班超15万趟次，运送旅客1 520万人次，比上年增长4.1%；出租汽车1 201辆，输送旅客超518万人次，比上年减少0.4%；船舶2 023艘次，输送旅客92.81万人次，比上年增长18.3%。储备应急运力45辆，借调外市州、外省支援运力82辆。春运期间，启用省际加班800张、市际加班3 000张，及时疏运旅客9.6万人次。做好空、铁、公接驳运输工作，开行机场直达客运班车400余班次，增发52班次，运送航空出行旅客1.07万人次。

运输服务管理 2018年，遂宁市射洪县首批80个建制村开通农村响应式客运。全省率先开通射洪至绵阳城际专线，开通遂宁至安居、大英、射洪预约定制客运县际专线，开通遂宁市城区至船山区十里荷画、蓬溪红海、天福万象、射洪螺湖水世界等景区旅游班线8条，开通环观音湖公交旅游专线、射洪螺湖库区旅游航线。推进道路运输转型升级经验在全省交流，全市水陆客货运总周转量比上年增长8.49%，位居全省第6位。健全整治非法营运长效机制，成立整治非法营运工作领导小组，组建公安、交通联合执法队伍，建立整治非法营运工作考评制度，将整治非法营运纳入各县（区）、园区和各职能部门年度目标考核。遂宁市城区查扣涉嫌非法营运车897辆，上缴罚款705万元。

交通精准脱贫 2018年，遂宁市新（改）建农村公路226.8公里，整治破损路面475公里，村道窄路加宽改造62.9公里，建成安全生命防护工程181.6公里，整治危（病）桥3座，新增错车道873个，新增通客车建制村56个，年度计划90个退出贫困村通村硬化路全部达标。遂宁市交通运输局为通仙乡登荣村、高山村2个贫困村研究制订道路规划方案，为文井镇赵先村、香山镇桃花河村等18个贫困村补助资金268万元，选派1名同志赴凉山州开展脱贫攻坚帮扶工作，组织四川正通工程试验检测有限公司开展农村公路质量安全检测帮扶，与中铁四局田家渡大桥项目党工委开展以“共建强品质，合力慧民生”为主题结对共建活动，构建政企联动、优势互补、共建共享基层党建扶贫工作格局。统筹安排专项资金1 760万元用于农环线配套设施建设，农环线功能不断完善，建成综合驿站4个，简易驿站22个，标识标牌175个，成为交旅融合、乡村振兴样板路。交通运输系统帮扶村通过市级考核，选派4名工作人员参与一线帮扶，赴广安市开展农村公路质量检测技术帮扶，交通项目获四川省2018年度农田水利基本建设绩效考核第2名，市交通运输局获2018年四川省农田水利基本建设“李冰杯”竞赛先进集体称号。强化行业扶贫，组织开展“扶贫济困送温暖·彰显行业正能量”走进蓬溪主题活动，交通驾培行业三年累计捐款100万元用于贫困家庭、贫困学子等特殊群众帮扶，建立“五老”关爱活动室10个，免费驾培特困青年150名，结业108名，超额完成三年“两个一百”既定目标。

绿色智慧交通 2018年，遂宁市攻坚交通运输污染防治行动，抓好中央和省级环保督察反馈意见整改，牵头办理环保督察信访件4件，淘汰营运“黄标车”488辆，关停不达标喷漆企业29家，清退岸线1.43万米、岸线生态复绿110 467平方米、取缔非法码头74个。推广新能源汽车，新增纯电动公交车60辆，农村客运清洁能源车辆占81%。交通信息化投资2 291万元，交通运行监测与应急指挥系统（二期）工程挂网招标，上线运行公路工程施工电子招标投标系统、安全生产督查系统、公交智能调度系统、出租汽车网约系统和“遂宁出行”公众系统，推广运用“四新技术”，推进智慧工地建设，交通“一卡通”实现全国互联互通。

交通安全生产 2018年，遂宁市开展平安交通三年攻坚行动，常态化开展安全隐患大排查大整治，全市交通运输安全生产形势稳中向好，道路运输源头管理零责任，水路运输、交通建设领域零责任、零事故、零死亡。与厅航务局联合开展大型非自航船舶失控救助处置应急演练，建成海巡艇2艘，增配大型气垫救援艇1艘，防洪桩30余个，视频监控5个，成功应对“6·27”“7·11”特大洪水灾害，黑水浩大桥灾后恢复重建工程开工建设。坚持依法化解矛盾纠纷，落实信访维稳责任，开展扫黑除恶专项斗争，交通运输发展环境改善，市交通运输局获2018年全市社会治安综合治理工作、维稳工作、矛盾纠纷多元化解工作、扫黑除恶专项斗争先进单位称号。

工程质量监管 2018年，遂宁市坚持“监督组+专家+第三方检测单位”三位一体检查模式常态化，对全市15个在建交通公路项目开展质量安全综合检查、专项检查和巡查50余次，发出监督检查意见和现场整改通知30余份。大英至遂宁快速通道开发区段、蓬溪至遂宁快捷通道蓬溪段、大英至遂宁快速通道大英段（一期）3个项目完成交（竣）工验收质量检测工作，实现监督覆盖率100%，问题整改率100%，交（竣）工验收一次性通过率100%。

交通行业软实力 2018年，遂宁市深化“枢纽大提升服务大转型·助力绿色经济强市”主题活动，市交通运输局（公路局）获全国交通运输行业职业技能竞赛四川赛区团体三等奖，市公路局陈家贤获遂宁市“首席职工”称号，市质监处被四川省总工会授予“四川省模范职工小家”称号，内遂高速公路收费员陈静文获“最美中国路姐”称号。开展全国文明城市创建，市交通运输局获第五届全国文明城市工作先进集体一等奖。开展组团宣传，《遂宁日报》刊发遂宁交通专版16次，交通旅游广播每天播报交通信息18次，遂宁新闻零距离、今日资讯、阳光政务热线等媒体录制播放交通类节目、信息216条次。遂宁市交通运输微信公众号推送原创信息1 500条以上，推文平均阅读量8 000以上，被评为“遂宁市2018年度优秀政务新媒体”。

（本栏目供稿单位：遂宁市交通运输局）

内江市交通

NEIJIANG SHI JIAOTONG

2018年内江市交通运输能力概况

公路交通运输			
通车里程	总里程（公里）		12 665.447
	其中	高速公路	306.127
		一级公路	126.443
		二级公路	441.944
		三级公路	383.2
		四级公路	9 041.081
		等外公路	2 366.652
公路密度	按国土面积计算：每百平方公里 234.559 公里		
	按人口计算：每万人 30.16 公里		
通达里程	通公路的乡镇 107 个，占乡镇 100 %		
	通公路的村 1 609 个，占村 100%		
客运站	总　数（个）		130
	其中	一级站	3
		二级站	5
		三级站	3
		四级及以下站	119
营运车辆	总　数（辆）		16 111
	其　中	客车 1 815 辆　48 596 座	
		货车14 296 辆　120 982 吨	
公路运量	客　运	客运量（万人次）	8 657
		旅客周转量（万人公里）	406 637
	货　运	货运量（万吨）	4 282
		货物周转量（万吨公里）	423 367
内河航运运输			
通航里程	总里程（公里）		726.76
	其中	三级航道	
		四级航道	
		五级航道	
		六级航道	
		七级航道	154
港口（码头）	总　数（个）		87
	吞吐量	旅客吞吐量（万人次）	157.31
		货物吞吐量（万吨）	253.66
水路运量	客　运	客运量（万人次）	157.31
		旅客周转量（万人公里）	1 054.97
	货　运	货运量（万吨）	253.66
		货物周转量（万吨公里）	1 060.14
营运船舶	总　数（艘）　246		
	其中	客船 114 艘 3 482 座	
		货船 132 艘 5 996 吨	
城市公交运输			
营运车辆	888 辆		
公交线路	113 条		
公交站	877 个		
运　量	1.4 亿人次		

注：通车里程与2017年不一致，是由于新（改）建农村公路，县道升级后的省道县位规划等形成的。通航总里程726.76公里中除154公里为七级航道外，其余均为七级以下航道。

交通建设概况　2018年，内江市交通运输工作取得阶段性成效。一是全市交通基础设施建设稳步推进。全市交通基础设施建设投资31.2亿元，比上年增长19.54%。其中市级交通项目投资15.26亿元，农村公路等其他项目投资15.94亿元。加大与财政、融资平台、金融机构对接，多渠道筹集交通建设资金。全市财政预算交通发展资金4.04亿元，地方政府债券资金5.94亿元，全市交通建设融资17.94亿元，取消政府性还贷二级公路债务中央补助资金17.29亿元。内江市过境高速公路协调保障有力，征地拆迁和路基建设基本完成，沱江特大桥实现合龙，椑木东互通连接线、高桥互通连接线、花园滩大桥连接线道路绿化景观工程按计划推进。新建沱江大桥和内江沱江大桥左转匝道桥完成加宽改造工程，并开放通车。银山渡改公路桥开工建设。成宜高速公路、黄荆坝大桥及连接线全力推进。内江综合客运中心站完工。国道321线养护工程持续推进，其中隆昌泸州界至隆昌市三道桥中修工程基本完成，资中县鱼溪镇至内江资阳界预防性养护工程组织施工单位比选，危（病）桥整治完成19座，养护市场化试点工作效果良好。完成高楼停车区改建工程，新（改）建国省干线公路厕所7座，内江市沱江桐梓坝大桥北引桥独柱墩桥梁加固工程完工，整治地质灾害隐患35处，实施安全生命防护工程587.63公里，国省干线公路绿化25.5公里，完成国道321线内江城区段内江监狱门口减速带、红绿灯、公交站台等设施建设，推进国道命名编号调整后标志标牌修改调整。以打通农村"断头路"和窄路基加宽为重点，推进农村公路改善提升和互联互通。全市新（改）建农村公路1 033公里。提升交通工程质量管理水平，强化过程监督，明确项目实施中各个环节工作目标和重点，从各个环节加强对质量全过程监管，确保交通建设项目质量可控。

交通发展规划 2018年，内江市争取到国有林场林区通林下经济点公路项目、县乡道安保工程项目、村道加宽项目、危桥改造项目等4类项目，预计2.3亿元均纳入省级项目库，其中国有林场林区通林下经济点公路项目规模居全省第三位。新增7 296公里通组公路（其中未通硬化路里程6 015公里）纳入省交通运输厅统计，为下一步争取资金做好准备。项目规划取得突破。新增入网高速公路里程约200公里，位居全省前列。启动成渝、内宜高速公路内江城区段置换工作。成渝高速公路扩容改造纳入中共四川省委十一届三次全会决定。资（中）威（远）路快速通道完成工程可行性研究报告编制，取得社会稳定批复和选址意见书，开展勘察设计。东（兴）泸（州）路、资（中）荣（昌）路、内（江）威（远）路、资（中）东（兴）路快速通道完成工程可行性研究报告编制，基本完成各项专题报告编制。内南高速公路完成工程可行性编制。市中区水心坝大桥确定项目规划方案。通过"走出去"主动对接成都、重庆大足、荣昌、泸州、资阳、自贡等交通运输部门，建立协调发展联系机制，达成一大批交通基础设施共同规划建设共识。其中有共同研究内江至成都快速通道、荣昌经内江至天府国际机场高速公路、内江至自贡城际快速通道、沱江（内自段）沿江快速通道；共同推进成宜高速公路、自隆高速公路连接线、内南高速公路、内威荣快速通道、相连省道提升改造，相邻镇（乡、村）"断头路"互联互通；共同开通相邻乡（镇）农村客运，做好路线规划和运力准备；共同探讨交通基础设施国土空间规划。为内江实施"四向拓展"、构建对外开放运输大通道提供基础支撑。

农村公路 2018年，内江市全力创建省级"四好农村路"示范县（区），聚焦突出问题，完善政策机制，加大建设、管理、养护、运营四个方面工作力度。内江市政府建立以市长为组长的工作领导小组，出台实施意见和示范乡（镇）评定办法等政策性文件。首次落实每年2 000万元财政专项补助资金用于补助村道项目建设，会同市财政部门印发专项补助资金管理办法和专项补助项目考评办法。纳入全市12个单项目标考核内容之一，从市级层面规范建立"四好农村路"建设长效发展机制，确保"四好农村路"建设持续发展。市中区完成交通建设投资1.41亿元，投资6 480万元完成白方路等5条县乡道改造54.1公里；投资1 839万元，新（改）建贫困村公路30.26公里；投资3 300万元，新（改）建产业路、旅游路65.86公里；投资1 792万元，完成窄路基加宽41公里；投资720万元，新建路侧护栏20公里。东兴区政府出台《关于推进"四好农村路"建设的实施意见》《内江市东兴区"四好农村路"建设实施方案》《内江市东兴区"四好农村路"建设工作考核办法》《内江市东兴区创建"四好农村路"示范乡镇、示范村评定办法》等一系列文件政策。明确全区农村公路县、乡、村三级公路建设、管理和养护责任体系，完善农村公路工作机制；明确农村公路建、管、养、运公共财政保障体制；

内（江）隆（昌）路隆昌市陈东村段 内江市交通运输局 供图

明确示范乡（镇）、示范村和示范路目标任务；明确区级示范乡（镇）、示范村评定方式；明确督查、考核和奖惩机制。对新（改）建县乡道按部、省建设标准全部实现高等级路面铺装，保证安保、管养和客运设施三同步。实现区有路政员、乡（镇）有监管员、村有护路员三级路产路权保护队伍。健全护路乡规民约，按要求完善安保设施。顺河镇被市政府认定为"四好农村路"示范镇。内江市建立"交通+旅游""交通+产业"发展模式，规划全市9个"路旅融合"发展示范项目，把旅游路、产业路、扶贫路建设与乡村旅游、自然生态、现代农业、乡村文化、特色小镇等新兴业态融合发展，打造"交通+旅游""交通+产业"共融模式。建成一批"交通+旅游""交通+产业"公路项目，有效助推乡村振兴。

城市客运 2018年，内江市城市客运加速发展。出台《关于优先发展城市公共交通的实施意见》，建立城市公交补贴机制。编制《内江市城市公共交通发展专项规划》《内江市城市公共交通站点布局规划》，继续创建城市公交精品线。内江公交综合枢纽中心基本建成，总投资1.1亿元。先后投入3 700余万元购入新能源纯电动公交车58辆。新建成公交智能云调度4.0系统。市公交集团营运131.4万班次，完成计划96.4%；营运车辆行驶里程2 987.2万公里，日均出勤车辆550辆；定制班车产值400万元，比上年增长22.7%；实行科学发班后燃材料消耗3 668.9万元，减少308.1万元，比上年减少9.2%。事故次数比上年减少739次，比上年减少35%，经济损失减少98万元，比上年减少5%，伤人数减少154人，比上年减少29%，死亡人数减少8人，比上年减少57%。根据城市建设发展及客运市场需求，新增运营线路7条，恢复暂停线路、延伸线路3条。全年公交客运发生好人好事1 337起，比上年增长8.9%，有责服务投诉率下降6.5%。按规定发放9家网络预约出租汽车经营许可证。颁发网约车从业资格证166个。新投放218辆巡游出租汽车。由国有企业参与出租汽车行业经营，以国企带动民企规范发展。春节期间出租车严格打表经营，运政人员一律不休假，设卡巡查，严管重罚，最多一次罚款5 000元。率先在全省制定出台春节期间运价标准，执行中未发生上访事件，乘客投诉大幅下降。运用科技手段强化监督，成立城区出租汽车企业平台监控中心，对出租汽车实施24小时监控。鼓励和规范发展共享单车，城区投放共享单车2.4万辆。

交通民生 2018年，内江市交通运输局坚持将“四好农村路”建设与交通脱贫攻坚工程和民生工程结合推进，努力解决农村群众出行问题。“四好农村路”建设取得实效。内江市政府建立由市长任组长的工作领导小组，出台《关于推进“四好农村路”建设的实施意见》《内江市创建“四好农村路”示范乡镇评定办法》等政策性文件。将“四好农村路”建设纳入全市12个单项目标考核内容之一。内江市政府印发工作方案和创建示范乡（镇）评定实施细则。落实从2019年起每年不低于2 000万元的财政专项补助资金用于补助村道项目建设。在市中区召开全市“四好农村路”建设现场会，落实县（市、区）工作责任，明确时间进度。开展示范乡（镇）、示范村创建，对创建成功的示范县和乡（镇）由市财政分别给予1 000万元、60万元项目补助奖励。市中区、隆昌市积极创建2018年“四好农村路”省级示范县。推进交通民生工程和“行有所便”行动，完成农村公路民生项目388公里；建成渡改桥1座，开工渡改桥3座；实现符合条件通客车建制村1 516个，通达率90.2%；新建各类厕所5座，提升改造9个；国省干线公路路面使用性能指数89.4。聚焦2018年计划退出的88个贫困村，投入资金2.21亿元，88个贫困村全部实现通硬化路并通过市级验收。强化联系村帮扶，在“扶贫日”积极捐款，动员全行业捐款超25万元。行业对口帮扶扎实有效，2018年，全行业对口帮扶15个贫困村有10个经验收脱贫，剩余5个计划2019年脱贫。

内江市市中区尚腾新村村道　　内江市交通运输局 供图

交通脱贫攻坚 2018年，内江市交通运输局完成易地扶贫搬迁基础设施建设规划、设计工作，14个村民聚居点和15个村级活动室完工，45公里道路建设工程稳步推进。投资3 897.08万元建成交通扶贫专项任务95.38公里，其中，投资660万元建成县乡道6.2公里，投资3 237.08万元建成村道89.18公里。派出“第一书记”（椑南河口村、平坦利子村、平坦独石村、苏家桐麻湾村）和驻村干部（椑南河口村、平坦利子村），根据各村情况和实际需要给予相应人财物力支持。

交通运输管理 2018年，内江市坚持把客运转型升级、服务优质高效作为主攻方向，提高供给质量，推进运输服务高品质发展。完成春运等关键时段重点物资和旅客运输任务，全市公路运输总周转量增长8.38%，名列全省第六位。公路运输完成客运量8 657万人次，旅客周转量406 637万人公里，完成货运量4 282万吨，货运周转量423 367万吨公里。水路运输完成客运量157.31万人次，旅客周转量1 054.97万人公里；货运量253.66万吨，货运周转量1 060.14万吨公里。春运期间，开展“情满旅途”活动，疏运旅客3 753万人次，比上年增长

1.03%。加强客运包车管理，按规定审核省际、市际包车牌11 785张。推进城乡客运一体化发展。在东兴区试点工作基础上逐步推广，市中区制订城乡公交一体化实施方案。内江城区汽车客运站搬迁（整合）加快推进，多次召开座谈会征求意见和建议。全市8个二级以上汽车站实现客运联网售票。专项治理不断深化。借力扫黑除恶持续开展打击“黑车”非法营运，查扣713辆各类非法营运车辆。开展规范巡游出租汽车经营行为专项整治行动，纠正出租汽车违规行为6 000余起，查处违法行为318起。开展第六届“爱心送考”社会公益活动，免费定时定点接送考生1.7万名。完成中国（四川）电子商务发展峰会期间城市公共交通客运秩序专项整治。完成市道路运输协会、维修协会与行政机关脱钩。危货维修不断规范。加强道路危险货运电子运单管理，10家企业254辆危货运输车电子运单使用率100%。开展清理整顿和规范机动车维修市场，整顿二类以上维修企业170余家。

交通运输重点领域改革 2018年，内江市交通运输“放管服”改革纵深推进。推进取消、下放行政审批事项，降低市场准入门槛。加强和创新事中事后监管，为公平营商创造良好市场环境。开展“最多跑一次”“减证便民”专项行动，梳理编制行政许可办事指南及审查工作细则。清理和整合规范各类中介服务，推行行政审批“审批不见面、最多跑一次”事项63项，占比86.3%。实行权力清单、责任清单、负面清单管理。编制、公示市级交通部门权力清单、责任清单281项，探索推行道路运输“负面清单”管理模式。深化商事制度改革，履行落实“双公示”（行政许可、行政处罚等信用信息作出决定后上网公示）及“五证合一、一照一码”（营业执照、组织机构代码证、税务登记证、社会保险登记证和统计登记证五证合一）制度。推行道路运输“证照分离”改革，加强水路交通“证照分离”改革事项事中事后监管。运输行业改革持续深入。加强道路运输从业资格管理，严格从业资格培训、考试，培训营业性道路运输从业人员5 393人。推进出租汽车驾驶员从业资格考试改革，启用新题库，实现“两考合一”。推进驾培机构采用“计时培训、按时收费、先培训后付费”模式，全市23所驾培机构全覆盖。全市启用四川省驾培监管服务平台，安装计时终端1 073台，安装率90.86%。水路客运个体经营客船向公司化经营转型完成，全市客运船舶均按要求实现公司化经营。完成内江汽车综合性能检测站改制，11家重点公路建设单位完成从业信用评价。围绕旅客运输、货物运输、运输站场与维修、驾驶员培训等重点领域，开展道路运输企业质量信誉考核。开展“信用交通”宣传活动，强化“黑名单”管理，对216名道路营运驾驶员进行管理记分和社会公示，全年有92名驾驶员记满15分被列入“道路运输行业重点监控名单”，3人记满20分被列入“四川省道路运输行业禁止进入名单”。推进国省干线公路养护市场化，在国道321线40公里道路开展公路维护保养（保洁）试点。

道路养护管理 2018年，内江市交通运输系统组织开展公路“五清”专项行动，成立“五清行动”百日攻坚领导小组，责任落实到人，分工科学合理。持续做好省道、县道及通乡道路日常养护工作，集中专项清理水沟、路肩、边坡垃圾、淤泥、杂草等堆积物，做好道路小修保养、安保工程等工作。每月暗访通报各县（市、区）公路路域环境，县、乡、村公路环境水平显著提升。开展内江市过境高速公路非交通标志标牌专项治理，分清治理责任，建立治理台账。组织开展国道321线城区段环境综合整治，营造“畅、安、洁、绿、美”城区公路通行环境。推进违法建设治理，通过动员自拆、配合属地政府强拆、分类处置等方式，国道321线、省道206线和其他责任区拆除146处、分类处置227处。

交通行政执法 2018年，内江市交通运输系统开展交通运输系统依法行政评议考核，完成法治政府建设和“七五”普法“中期”督查，推行“双随机一公开”（在监管过程中随机抽取检查对象，随机选派执法检查人员，抽查情况及查处结果及时向社会公开）监管，开展“执法人员名录库”和“市场主体名录库”动态调整，强化抽查结果运用，获“双随机一公开”先进集体称号。全系统年度依法行政具体行政行为正确率100%。市、县两级办理行政许可类案件9 658件，行政处罚类案件827件，行政强制类案件457件，评查行政执法案卷730余件，行权平台案件录入2.27万件。受理行政复议1件、行政应诉案件1件，无行政执法违法案件发生。严格行政执法人员资格管理，全系统328名执法人员完成证件年审换证。严格落实执法车辆规范使用和管理，依法申办执法车示警灯证28台。市路政支队直属一大队完成“三基三化”建设试点任务，受省交通运输厅通报表扬。“12328”交通运输服务监督电话受理各类业务9 947件，均按要求回复，电话抽查回访满意率95.46%。扫黑除恶专项斗争全面推进。强化组织领导和责任落实，通过悬挂标语横幅、LED滚动播放、发放宣传单和宣传手册等方式进行宣传发动。摸排“涉黑涉恶涉乱”线索8条。向市扫黑办移交工程建设领域线索1件，会同公安、交警严打“车托”带车、冲闯公路“治超”站点、损坏相关设施设备等行为，震慑和减少恶意超限行为。

应急保障 2018年，内江市交通运输系统按照中共内江市委、市政府统一部署，海事部门启动防汛预警Ⅱ级响应，加强安全巡查、隐患排查和应急处置工作，排查船只400余艘，加固处理船只100余艘，全市无船舶断缆走锚、搁浅、失控漂流，组织水上力量对上游漂来具有威胁性的大型漂浮物、失控船只、油罐、铁质水箱、树木等进行拦截打捞。公路、路政部门对全市国省干线及管养路段进行巡查、排查，24小时昼夜值守危桥险路、地质灾害隐患点和城区大型桥梁，及时发现隐患并采取临时管控措施。运管部门强化跨市（州）客运班线、旅游包车监管，对汛情严峻和具有重大风险隐患的市（州）客运班线实行停班停运。全市交通运输系统、全行业成功应对特大暴雨和洪峰险情，保护人民群众生命财产安全。

交通战备　2018年，内江市交通运输局推进交通运行监测与应急指挥系统（二期）工程建设，稳步提升信息化水平。开展《中华人民共和国国防交通法》宣传、学习、调研，强化依法行政理念，9月15日第18个全国国防教育日期间，围绕“传承红色基因，汇聚强军力量”主题，组织开展交通运输融合主体宣传活动。按照省、市交战办要求，做好国防交通项目工作，2018年威（远）双（河）路三期工程完成主体工程建设，并启动连（界）威（远）路三期工程建设。对确定贯彻国防要求项目，参与立项审查，会同军队、政府有关部门督促设计、施工、监理等单位，加大贯彻国防要求力度。对交通运输分队和保交护路分队进行5天基础训练、7天专业训练，提高民兵军事知识和技能。组织开展适度规模应急演练，进一步丰富和完善应急应战预案。结合生产、岗位训练或完成应急运输任务需要，参加市、县相关部门组织的民兵训练及防灾救灾综合应急演练。成立50人保交护路分队，聘请两名专业技术人员为教官，建立保交护路分队民兵连临时党支部。完成交通潜力数据采集更新，提高交通潜力数据精准化、实时化水平。逐步实现由保护通信线路安全到保护通信设施安全工作职责转变，结合“5·17”电信日，与通信单位一起组织开展“护线”宣传活动，宣传《四川省保护通信设施规定》。整合军、警、民护线力量，2018年破获盗窃破坏通信线路设备违法犯罪活动案件3起，抓获犯罪嫌疑人2人，挽回经济损失30余万元，较好完成保护通信线路安全工作。

绿色交通　2018年，内江市交通运输局督促落实中央环保督察“回头看”交办的信访投诉案件。强化环境污染防治措施，制定行业环境污染防治“三大战役”及绿色交通发展分工方案。实施建设工程扬尘治理，建立公路水路施工项目、公路沿线砂石料厂、抛洒滴漏环境污染整治台账，细化施工现场扬尘管控措施。加大新能源汽车推广应用力度，提高新能源汽车比重，全市新增新能源公交车185辆。加强维修企业环境污染防治，制订《内江市汽车修理行业挥发性有机物治理工作实施方案》《内江市机动车维修企业“散乱污”整治工作实施方案》。推进客货运输“黄标车”淘汰，全市8辆营运客货运输“黄标车”全部淘汰退出运输市场。加强港口和船舶水污染防控，出台《内江市船舶污染物接收、转运、处置监管联单制度和联合监管制度》《船舶污染物接收、转运及处置设施建设方案》，推进隆昌河—古宇庙水库“河（库）长制”，完成“四张清单”（行政审批事项目录清单、行政权力清单、政府责任清单、市场准入负面清单）编制。

平安交通　2018年，内江市交通运输局以开展“安全生产大检查”平安交通“汛期、危化品、道路运输、建筑施工专项整治”等活动为抓手，看紧看牢“中国四川电商峰会”、春运、国庆、汛期、“两会”等重要时点，进一步强化责任落实、监督检查、专项治理、隐患排查整改和应急处置，全市交通运输系统、全行业未发生较大以上安全生产事故，全行业安全生产形势持续保持稳定。强化非洲猪瘟防控，对生猪运输车辆逢车必检。

智慧交通　2018年，内江市交通运输系统推进“互联网+政务服务”，推行交通大数据应用共享。开展政务一体化平台（2.0版）上线运行工作，实现“互联网+路政大件运输”全网通办。新建成公交智能云调度4.0系统。整合完善交通出行服务信息系统建设，为社会公众提供准确、及时的交通出行信息服务67条。启用“12328”交通运输服务监督电话新系统。交通运行监测与应急指挥系统二期工程完成施工招标。市直管国省干线公路养护信息化系统完成建设。

内江市新建成的公交智能调度中心　　内江市交通运输局 供图

（本栏目供稿单位：内江市交通运输局）

乐山市交通

LESHAN SHI JIAOTONG

2018年乐山市交通运输能力概况

公路交通运输			
通车里程	总里程（公里）		12 160.726
	其中	高速公路	258
		一级公路	278.813
		二级公路	703.18
		三级公路	530.756
		四级公路	9 892.277
		等外公路	497.7
公路密度	按国土面积计算：每百平方公里 92.8 公里		
	按人口计算：每万人 人33.83 公里		
通达里程	通公路的乡镇 211 个，占乡镇 100 %		
	通公路的村 2 042 个，占村 100%		
客运站	总　数（个）		993
	其中	一级站	3
		二级站	11
		三级站	3
		四级及以下站	976
营运车辆	总　数（辆）		22 090
	其　中	客车 2 057 辆 55 167 座	
		货车 20 033 辆 271 003 吨	
公路运量	客　运	客运量（万人次）	3 468.783
		旅客周转量（万人公里）	149 930.615
	货　运	货运量（万吨）	14 499.596
		货物周转量（万吨公里）	1 284 454.235
内河航运运输			
通航里程	总里程（公里）		334.05
	其中	三级航道	
		四级航道	88.5
		五级航道	32.3
		六级航道	36.3
		七级航道	176.95
港口（码头）	总　数（个）		1
	吞吐量	旅客吞吐量（万人次）	2.74
		货物吞吐量（万吨）	250.14
水路运量	客　运	客运量（万人次）	240.06
		旅客周转量（万人公里）	1 369.22
	货　运	货运量（万吨）	244.91
		货物周转量（万吨公里）	55 597.45
营运船舶	总　数（艘）　256		
	其　中	客船 99 艘 4 386 座	
		货船 157 艘 8.2 万吨	
城市公交运输			
营运车辆	1 032 辆		
公交线路	153 条		
公交站	2 260 个		
运　量	1.46 亿人次		

注：航道总里程包括等外航道

交通建设概况　2018年，乐山市交委紧扣“产业发展年”主题，抽调精兵强将“挂图作战”、合力攻坚。“十纵八横三环线”网络交通体系建设、交通脱贫攻坚、交通运输行业管理等工作顺利推进。从2016年开始持续推进“交通三年攻坚大会战”，交通建设投资累计621亿元，为“十二五”期间交通建设投资总额142.8%，建成投运11个交通重大项目，新开工12个交通重大项目。成贵铁路乐山段进入联调联试和动车上线试验阶段。乐峨大道通车，乐北城市群快速公路“半小时交通圈”加速形成。五犍沐快速公路犍为至沐川段年底建成，沐川县率先进入全市地方公路“一小时交通圈”。峨美路峨边县城至黑竹沟段建成投用，推动峨边县脱贫摘帽和全域旅游发展，助力美姑县脱贫奔小康。连乐铁路、成昆铁路扩能工程峨米段推进路基、桥涵、隧道工程施工。岷江港航电，犍为枢纽主体工程整体铺开；龙溪口枢纽开工；老木孔枢纽攻坚规划环评；岷江航道整治项目一期工程可行性报告取得省交通运输厅行业审查意见，报省发展改革委待批复；东风岩枢纽推进前期工作。仁沐新高速公路仁井试验段、乐自高速公路乐山城区连接线建成通车；仁沐新高速公路井沐马段（含马边支线）和峨汉高速公路路基、桥梁、隧道工程施工抓紧推进；成乐高速公路扩容、乐西高速公路马边至昭觉段完工，乐西高速公路乐山至马边段计划2019年开工建设。犍为绕城公路2018年初全线贯通；乐夹大道夹江段、乐峨大道年内建成。省道215线大件过境公路工程、省道103线青神至五通桥段公路工程、成乐高速公路扩容项目、乐西高速公路马边至昭觉段四个项目签约总金额188亿元。新（改）建农村公路2 000余公里，投资20亿元；实现211个乡（镇）和2 042个建制村100%通水泥（油）路，犍为县被命名为“四好农村路”全国示范县，峨眉山市、沐川县被命名为“四好农村路”省级示范县；承办全省“四好农村路”建设现场会，乐山经验、犍为做法获全省推广。乐山市交投集团营业收入58 600万元，归属母公司净利润8 600万元。全年实际完成融资任务16.7亿元，其中实际落地融资4.45亿元，取得融资授信12.25亿元。

2018年12月4日，高铁动检车即将出发到成贵铁路进行动检　　周荣东 摄

交通发展规划　2018年，乐山市开展新一轮“交通三年攻坚大会战”，推进交通基础设施“四向拓展”，协同打造“绵阳—德阳—成都—眉山—乐山—宜宾”南北综合交通中轴线和经济中轴线，加速实现“成都—眉山—乐山”交通一体化，打造成都平原经济区南向开放交通“桥头堡”，加快建设四川综合交通次枢纽。到2021年，以铁路、高速公路、航电、机场等枢纽项目建设为核心，推进干线公路提档升级，加快“四好农村路”、公路服务设施、运输站场、智慧交通建设，铁路运营里程410公里，高速公路通车里程470公里，规划交通建设投资800亿元。实施以“两港四梯级、五铁十高速”为重点的重大交通项目。“两港”即建成航空港，推进乐山港建设。“四梯级”即建成犍为航电枢纽，加快老木孔、东风岩、龙溪口航电枢纽建设。“五铁”即建成连乐铁路，加快成昆铁路扩能工程峨米段建设，开工乐山动车运用所和乐山站扩容改造，加快雅眉乐自城际铁路前期工作，争取规划建设成乐西昆高铁、乐宜货运铁路。“十高速”即建成仁沐新高速公路井沐马段、峨汉高速公路、成乐高速公路扩容，加快建设乐西高速公路，开工天府新区至乐山高速公路、乐山经安岳至重庆高速公路，争取启动屏马峨高速公路、蒲江至夹江高速公路、峨眉至荥经高速公路、乐至经资中经自贡至犍为高速公路等项目前期工作。提升干线公路路网等级和结构，加快建设高品质普通干线公路网，对接成都三大经济干线全面开工，加速实现“成都—眉山—乐山”交通一体化；建成省道215线大件过境公路工程（夹江甘江至市中区安谷段）、省道308线改线工程、省道103线青神至五通桥段公路工程等项目，实现中心城区过境交通和城市交通协调发展，建成乐山至金口河示范路、省道309线峨美路、峨轸路等项目，助力脱贫攻坚，支撑旅游兴市。推进农村公路综合管理服务设施和体系建设，提升农村公路管理和服务水平，所有县（市、区）达到省级“四好农村路”示范县标准，打造绿色生态美丽乡村公路，通过“以路代桥”“以坝代桥”“渡改桥”等方式，撤销37个江河渡口，保障群众出行安全，助推乡村振兴。到2021年，新（改）建农村公路3 000公里、实施安保工程1 000公里，新建林区产业路2 000公里。

铁路建设　2018年，成贵铁路乐山段完成投资9.52亿元，11月28日，成贵铁路四川段乐山至兴文段开展联调联试，乐山段正线全长79公里，设乐山、犍为2个车站。成昆铁路复线峨眉至米易段（成昆铁路扩能改造工程）是在既有成昆铁路基础上新建或增建二线的铁路线，全线分为成都至峨眉段（已建成）、峨眉至米易段、米易至攀枝花段、永仁至广通段、广通至昆明段

（已建成）进行改造。成昆铁路复线计划2022年前全面完工。2018年项目完成投资19.41亿元，开展路基、桥梁、隧道施工。连乐铁路起于内江市连界站，途经眉山市，止于乐山市燕岗站，乐山境内84.1公里，乐山段总投资49.6亿元，2018年完成投资3.41亿元，计划2020年建成通车。雅眉乐自铁路抓紧开展前期工作。

乐山机场建设 2018年8月27日—29日，乐山市机场试验段建设通过专家评审和竣工验收。9月7日，用地预审按475.2万平方米（民航占地20.4万平方米）取得国家自然资源部复函。11月14日—16日，国家民航局在乐山召开乐山机场可行性研究报告评估会并原则通过，正式进入国家层面审批阶段。

城市公共交通 2018年，乐山市新开行2条城际公交线路（即中心城区途经苏沙路至沙湾区304路，投放12辆公交车运行；中心城区途经生态大道至沙湾区309路，投放13辆公交车运行）。在推行定制“菜农公交”专线、“旅游公交”“直达公交”等特色公交服务基础上，5月推出“学生号”公交专线，调整15条公交线路、总计260班次，重点保障10所学校学生上学和放学高峰时段公交车乘车难问题。中心城区公交车485辆（含80辆小公交），公交准点率达80%，比上年提高1.9%。年末，为保障市民出行方便，中心城区新投放纯电动新能源公交车30辆。2018年，乐山市加强出租汽车管理，建设完成出租汽车智能信息化平台。由市政府落实专项经费860余万元，建设完成“乐山中心城区出租汽车智能化系统”项目，项目分为智能化平台和车载终端设备，全面实现对巡游出租汽车精准计程计时、驾驶从业人员人脸识别刷卡上岗、乘客一键式服务评价、车载高清摄像远程实时监控以及电召服务、日常考核、营收分析等功能，满足银联、微信、支付宝等付费，全面提升公众服务和行业监管能力。乐山市交委修订完善并印发《乐山市中心城区巡游出租汽车客运服务规范》，建立健全长效管理机制，规范巡游出租汽车客运经营行为，不断提升服务质量。开展巡游出租汽车服务质量专项整治工作。针对中心城区巡游出租汽车拒载、违规拼车、车容车貌不整洁和驾驶从业人员语言举止不文明、服务态度差等社会反映强烈、严重影响乐山旅游城市形象的主要问题，开展为期8个月巡游出租汽车客运服务质量专项整治工作，重点整顿驾驶从业人员行为规范和服务质量，进一步提升行业服务水平和形象。2018年记录出租车司机见义勇为、拾金不昧1 635人次，接受市民失物查找求助5 837人次，成功为2 276人找回遗失财物，累计金额30余万元。完善网约预约出租车经营，乐山市交委出台《乐山市网络预约出租汽车经营服务管理实施细则（试行）》《关于印发〈乐山市网络预约出租汽车驾驶员从业资格考试及发证工作流程（试行）〉和〈乐山市《网络预约出租汽车运输证》发放流程（试行）〉的通知》等文件，对网约车行业经营者、车辆和驾驶员依法实行许可管理，与传统巡游出租汽车错位经营、融合发展，构建多样化、差异性出行服务体系。全市许可网络预约出租汽车平台（分）公司21家，其中中心城区许可网络预约出租汽车平台（分）公司16家，办理网约车运输证155本。未出现巡游出租汽车和网约出租汽车之间不稳定事件。规范巡游（网络预约）出租汽车考试，2018年4月至12月组织考试38场次，参考人员4 600余人，2 292人通过考试并取得“网络预约出租汽车驾驶员证”。对原持有出租汽车从业资格证驾驶员，办理换发“巡游出租汽车驾驶员”和“网络预约出租汽车驾驶员证”3 563本，遗失补办、变更“巡游出租汽车驾驶员”和“网络预约出租汽车驾驶员证”119本。

水陆运输 2018年，乐山市公路旅客运输量3 468.783万人次，旅客周转量149 930.615万人公里；货物运输量14 499.596万吨，货运周转量1 284 454.235万吨公里。全市水路客运量240.06万人次，旅客周转量1 369.22万人公里；货物运输量244.91万吨，货物周转量55 597.45万吨公里。乐山境内铁路货运量361.42万吨，全年旅客累计发送量495.1万人次。

公路养护 2018年，乐山市普通国省道路面使用性能

五犍沐快速公路犍为清溪服务区 刘可棣 摄

指数93.1，2017—2018年度综合考核排名全省第二位，有效服务经济社会发展和人民群众安全便捷出行。探索实施“3+X”路长制（全称“路长责任制”，以“全路实名”“全长有责”“路格集合”为原则，以县、乡、村加自治力量，对交通标志标线设施等交通语言，实行网格化、实名制管理，及时发现解决交通标志标线设置以及交通信号故障灯问题，并针对相关路段拥堵的成因等进行分析、提出缓堵建议等），推动农村公路常态化管养全覆盖。投入2.1亿元，完成犍为清溪至马边红牌坊“交通+”项目综合整治。沿线公路安全隐患基本消除，路况达优等水平，村容村貌基本达到社会主义新农村标准。建成2个服务区、3个停车区、2个观景台，变“普通公路”为“旅游走廊”，促进农村公路与脱贫攻坚、产业振兴、全域旅游等融合发展。绘制全市普通公路地灾隐患电子地图，724处隐患点动态监测、分类施策，一般隐患销号管理、重大隐患挂牌督办。累计投入资金 3.1亿元，整治完成641处，实施工程处治83处。在2018年极端恶劣天气情况下，国省干线灾损发生率比上年下降20%。马边“5·5”公路地灾避险经验获中共四川省委书记彭清华肯定。

航务（海事）工作 2018年，乐山市航务（海事）局有序推进航务、海事、船检工作。水上交通安全责任事故继续保持为零。严格落实《地方党政领导干部安全生产责任制规定》等要求，层层压实责任。针对重点防控安全生产隐患和风险源开展专项整治。开展春运、旅博会和汛期等重点时段安全督查，完成外事接待、一级保卫水上安保任务9次。开展水上应急救援工作，创新开展水上交通专项应急预案桌面推演，实战开展船艇技能展示、游客落水救援等水上交通应急救援联合演练项目。组织市航务（海事）局8名应急救援队队员携带冲锋舟2艘、橡皮艇1艘及相关救援物资，昼夜兼程45小时，驰援甘孜州国道318线竹巴笼金沙江大桥应急抢通。开展渡运175次，运送637人次、应急物资7 500千克，完成大桥抢通期间水上交通应急保障运输保障任务，获四川省地方海事局通报表扬。水运基础设施建设进一步完善。建成岷江大件航道专项养护工程6个，投资1 500万元。小凉山地区渡索改桥建设完工，投资1 320万元。建成海事应急抢险救助艇等支持保障设施，投资560万元。“河长制”工作有序开展。建立联席会议机制、情况通报机制和问题线索移送机制，各成员单位在日常管理过程中发现问题及时移送市纪委监委督办、查处。市级河长巡河12次，组织召开河长制工作会议12次，拆除违规设置入河排污口12个，罚款5万元。通过“清河、护岸、净水、保水”四项行动，出境断面水质污染物氨氮含量每升0.265毫克，较2017年底下降61.7%，达到Ⅲ类水质标准；高锰酸盐含量每升7.2毫克，比2017年底下降1.37%，稳定达到Ⅳ类水质标准；总磷含量每升0.441毫克，比2017年底下降34.18%，水质明显提升。行业服务水平有效提升。水路运输客、渡运量402.5万人次，货运量224.98万吨，大件吊装运输117批次、2.91万吨，无一起安全事故和旅客投诉。规范市内河航运市场经营秩序和安全生产秩序，客运个体全公司化，完成97家、136艘船、5 316客位数、3 045总吨、4 447.29千瓦、665.84吨用油量农村水路客运燃油补贴。梳理17项行政审批事项，办理行政许可事项745项，船舶检验237艘次。开展水路交通扫黑除恶专项斗争工作，向上级相关部门移交涉嫌涉恶涉黑问题线索1条。撤销渡口29个，渡口由76个减少到47个。

现代物流 2018年，乐山市配合相关部门，加快推进沿森物流园区项目建设。天御·新农新城物流项目是犍为县开展全国“四好农村路”和“城乡交通运输一体化”示范县重点项目。该项目于2017年1月开工建设，计划投资4亿元，建成一期批发生鲜农产品交易市场与川西南茶城并通过相关部门验收；二期仓储（含冷链仓储）与物流园区开工建设，累计完成项目建设投资1.5亿元。乐山前程运输有限公司、乐山市五通桥区林志运输有限公司、犍为新南兴乔丰运输有限公司、乐山市旭弘生物流有限责任公司、马边昌达运输有限公司、峨眉山市武阳物流有限公司、峨眉山市亨通物流有限公司7家（年初计划培育4家）物流企业纳入规模以上服务业统计。

安全生产管理 2018年，乐山市公路养护、水上船舶、道路运输、在建工程未发生安全生产责任事故，全市交通运输安全生产形势持续稳定可控。结合交通运输行业实际，市交委及委属单位加强安全宣传培训工作，开展安全专题培训累计培训人数2 640人次。在市政府组织的安全生产月咨询日（6月16日）活动中展出主题宣传展板。全市交通累计派出公路、运政、海事宣传人员2 690余人次，开展交通安全宣传70场次，悬挂横幅680余幅，发放宣传资料68 650余份，摆放宣传图板12场次，受教育5.5万人次。开展各类安全研判会25次，市交委带队进行安全督察8次，对市（县、区）重点交通建设工程，运输企业，车站、渡口、码头全覆盖督查。接受国务院、省、市有关领导对乐山市交通运输安全生产工作督查18次，印发安全工作简报55期。深入重点领域开展安全隐患排查整治，公路地质灾害、农村客运、超长客运、旅游包车、维修企业、危化品运输、重要航道等领域取得明显成效，抓好安全生产大检查和“平安交通百日行动”工作。修订完善应急预案，组织抢险分队25支，开展应急演练15次，参演人员1 200人次，出动工程机械和车辆350辆次、船舶130艘次。

（本栏目供稿单位：乐山市交委）

南充市交通

NANCHONG SHI JIAOTONG

2018年南充市交通运输能力概况

公路交通运输			
通车里程	总里程（公里）		22 689.934
	其中	高速公路	543.47
		一级公路	203.127
		二级公路	1 141.358
		三级公路	413.679
		四级公路	19 360.072
		等外公路	1 028.228
公路密度	按国土面积计算：每百平方公里 181.81 公里		
	按人口计算：每万人 29.86 公里		
通达里程	通公路的乡镇 410 个，占乡镇 100 %		
	通公路的村 5 339 个，占村 100 %		
客运站	总　数（个）		198
	其中	一级站	4
		二级站	10
		三级站	5
		四级及以下站	179
营运车辆	总　数（辆）		38 624
	其　中	客车 2 838 辆 75 463 座	
		货车 35 786 辆 367 473 吨	
公路运量	客　运	客运量（万人次）	4 963.269
		旅客周转量（万人公里）	305 223.685
	货　运	货运量（万吨）	8 703.797
		货物周转量（万吨公里）	1 110 073.496
内河航运运输			
通航里程	总里程（公里）		1 729.8
	其中	三级航道	
		四级航道	301.3
		五级航道	
		六级航道	
		七级航道	1 428.5
港口（码头）	总　数（个）		1
	吞吐量	旅客吞吐量（万人次）	29.916
		货物吞吐量（万吨）	586.66
水路运量	客　运	客运量（万人次）	713.4
		旅客周转量（万人公里）	6 312
	货　运	货运量（万吨）	1 611.8
		货物周转量（万吨公里）	41 011
营运船舶	总　数（艘）　1 098		
	其　中	客船 243 艘 9 652 座	
		货船 855 艘 139 695 吨	
城市公交运输			
营运车辆	788 辆		
公交线路	48 条		
公交站	900 个		
运　量	1.266亿人次		

交通运输概况　2018年，南充市交通运输系统围绕中共南充市委“155发展战略”，以“南推方案”项目建设为抓手，实施交通枢纽板块“2018年行动方案”，将国家次级交通枢纽建设具体化、项目化、工程化。南充市交通运输局编制出台《南充市实施“155发展战略”交通枢纽板块重大工程项目2018年行动方案》；围绕建成投运一批、加快推进一批、开工建设一批、前期准备一批“四个一批”着力，全年完成投资135.95亿元，实施高速公路、国省干线、农村公路、内河水运、运输站场、公路养护设施等重点项目129个。南部县成功创建全国“四好农村路”示范县，市“12328”交通运输服务中心成功创建“全国十佳”标兵；交通投资、“五大行动”、行政执法、客货运周转量等多项指标稳居全省第一方阵。

高速公路建设　截至2018年，南充市建成国道42线沪蓉（成南、南广）、国道75线兰海（南渝、广南）、省高速网环线省道56线绕城、省道2线成巴（成德南、巴南）、国道5515线张南（南大梁）、省道17线遂西、国道85线银昆（巴南广）、省道32线绵西等高速公路8条543公里，居全省第二位，实现县县通高速公路。成南高速公路扩容、营达高速公路建设加快推进。南潼、南充第二绕城高速公路、阆仪营高速公路即将开工建设，其中南潼高速公路项目被核准，阆营高速公路、南充第二绕城高速公路用地预审通过会审，其余要件全部获得批复。规划建设绵南达、德南、营平万高速公路。

“南推”项目顺利推进 截至2018年底，“南推”方案“6+20+N”项目中，实际项目总数为213个（原为225个，经省交通运输厅同意缓建或调减项目12个）。其中完工项目139个，占项目总数65.3%；在建项目45个，占项目总数21.1%；即将开工项目17个，占项目总数8%；累计完成投资292.4亿元，为三年规划期350亿元投资目标83.5%。6个高速公路项目完工1个（绵西高速公路）、在建1个（营达高速公路）、待开工4个（南潼高速公路、南充过境高速公路东北段、阆营高速公路、成南高速公路扩容）。30个国省干线项目（含10个储备项目）：完工9个、在建16个、待开工5个。9个农村公路项目：完工6个、在建3个。39个渡改公路桥项目：完工22个、在建10个、待开工2个、缓建1个、调减4个。29个渡改人行桥项目：完工19个、在建5个、待开工3个、调减2个。40个运输场站项目：完工33个、在建2个、待开工2个、缓建1个、调减2个。69个公路养护设施项目：完工46个、在建9个、待开工13个、调减1个。3个内河水运项目全部完工。

绵西高速公路连接线建设场景 南充市交通运输局 供图

相关链接

“南推”方案：为支持南充交通建设发展，2016年3月18日，省政府办公厅印发《南充市2016—2018年公路水路交通建设推进方案》（简称“南推”方案）。方案明确了实施期限：2016—2018年；实施目标：总投资350亿元，以“6+20+N”个项目建设为重点，打造综合交通枢纽，全力构建畅通高效安全的现代综合交通运输体系。

南绵高速公路通车 2018年12月28日，南绵高速公路建成通车。南充至绵阳高速公路起于绵阳市三台县永明镇，对接绵阳南环高速公路，经盐亭县进入南充市西充境内，止于南充市顺庆区同仁乡龟石坝村，与国道75线广南高速公路“Y”型交叉。全线设置互通立交12座，其中于三台县永明镇设置永明枢纽互通1座和中太、塔山、三元3座单喇叭互通式立交；盐亭县设置两河、玉龙、金鸡3座单喇叭互通式立交及于花溪沟设置的盐亭南枢纽互通1座；西充县设置双凤、西充南（红豆沟）2座单喇叭互通式立交及占山、龟石坝枢纽互通2座，桥隧比30.19%。

营达高速公路建设 营山至达州高速公路起于南充市营山县境内的巴广渝高速公路新店互通，途经营山新店镇、涌泉镇、老林镇、渠县涌兴镇、达县管村镇、金垭镇，止于包茂高速公路石板互通。项目总投资概算101.7亿元（其中营山段32.37亿元），路线全长92.53公里（其中营山段30.89公里），设计时速80公里，按双向四车道高速公路标准修建，路基宽24.5米。项目建成后，将填补南充、达州两地直达高速公路空白，畅通南充东向发展通道，推动南充融渝发展；加强南充与“珠三角”“长三角”联系，为南充市建成全省综合交通副中心提供有力支撑。截至2018年12月31日，营达高速公路南充段完成投资21.5亿元，路基工程完成90%，涵洞工程完成97%，隧道工程完成70.5%，交叉工程完成55%，防护工程完成51%。

国省干道整治 2018年，南充市推进国省道路提档升级。国道245线仪陇新政至马鞍段、省道305线南部定水至升钟段等17条干线公路项目建设全部达到目标进度，其中7个项目超进度。南充市普通国省干线建设项目24个、计划投资28.67亿元，实际实施项目24个、完成投资30.25亿元，完成省交通运输厅下达年度目标105.5%。完善公路养护考核制度，形成市、县、乡三级考核体系，推进公路养护管理科技化、精细化、日常化。全年完成超限检测站建设3个、养护管理站建设17座、服务区建设2个，实施大中修及预防性养护工程95.88公里，路面使用性能指数达90.1，位居全省前列。

交通民生工程 2018年，南充市交通民生工程建设完成投资33.06亿元，全年新建农村公路2 678公里，完成渡改桥17座。聚力交通行业扶贫，提前完成2019年退出的73个贫困村通村硬化路建设，阆中、营山两县（市）所有建制村和市定496个退出贫困村全部实现村道路硬化。推进“城乡公交一体化”改革，顺庆区成功打造“全域公交”示范片，完成22个乡（镇）街道、117个建制村通公交车任务，城乡公交改革试点取得突破。实施“互联网+交通运输”，实行公路客运跨省、跨市道路实名制管理信息化，实现旅游客车、包车、三类以上班线客车上线率100%。不断提升“12328”电话中心服务水平，全年回复咨询2万余次，按时办结率99.28%，及时答复率94.93%，群众满意率96.12%。贯彻落实习近平总书记对“四好农村路”建设重要指示精神，加大行业指导力度，以点带面，全面推进，成功将南部县创建为全国“四好农村路”示范县，将嘉陵区创建为全省“四好农村路”示范县。

港口码头和桥梁建设 2018年，南充港都京作业区一期工程完成冷链仓库变配电设备安装、天然气管道影响区域的绿化、临时进港道路施工等工程。推动都京港作业区物流中心和航运配套二期建设，完成川东北海事基地选址等前期工作。都京港嘉陵江大桥主桥工程具备通车条件，附属工程及成桥荷载试验加快推进。延伸线工程规划选址意见书、土地预审获批，工程可行性研究报告编制完成。

运输市场管理 2018年，南充市研究出台《南充市网络预约出租汽车经营许可工作规范》等3个规范性文件，促进网约车与巡游车融合发展。开展扫黑除恶专项斗争，排查深挖交通运输领域涉黑涉恶线索25条，打击非法营运团伙1个，拘留团伙头目2人，做到“有黑扫黑、无黑除恶、无恶治乱”。开展打击非法营运、出租汽车不打表、拒载、甩客、拼车及公交车不进站停靠、服务质量差等行为的专项整治，出动执法人员1.2万人次，出动执法车辆5 000余辆次，查扣非法营运车辆1 985辆次。

交通运输安全管理 2018年，按照安全管理“一岗双责”（详见《附录》）要求，南充市交通运输局牢固树立交通运输“安全第一、生命至上”理念，坚持防范未然、抓早抓小、抓常抓长；常态化检查水陆运输企业、汽修企业、场站码头373个，查处整改隐患56处，整改率100%；全面完成45家客运企业安全生产风险管控和20家运输企业安全生产评估工作。全市水陆交通运输未发生较大安全事故和交通建设施工安全事故。

安溪潮村农村公路 南充市交通运输局 供图

交通环境保护 2018年，南充市不断巩固环保督察专项治理成果，持续打好交通运输环境污染防治攻坚战。加强对国省干线公路抛洒、扬尘、噪音治理管控，强化高速公路、港口、航道在建项目和交通穿越饮用水源保护区等领域的环境治理措施。推进汽修企业、汽车4S店VOCs（volatile organic compounds挥发性有机物）治理管控，完成全市汽车维修企业转移废机油800吨、固废225吨。全年累计投放清洁能源、新能源营运车辆455辆。

（本栏目供稿单位：南充市交通运输局）

宜宾市交通

YIBIN SHI JIAOTONG

2018年宜宾市交通运输能力概况

公路交通运输			
通车里程	总里程（公里）		19 360
	其中	高速公路	282
		一级公路	33
		二级公路	844
		三级公路	354
		四级公路	16 817
		等外公路	1 030
公路密度	按国土面积计算：每百平方公里 145.74 公里		
	按人口计算：每万人 34.82 公里		
通达里程	通公路的乡镇 185 个，占乡镇 100 %		
	通公路的村 2 839 个，占村 100 %		
客运站	总　数（个）		59
	其中	一级站	3
		二级站	9
		三级站	1
		四级及以下站	46
营运车辆	总　数（辆）		23 501
	其　中	客车 2 114 辆 55 406 座	
		货车 21 387 辆 168 280 吨	
公路运量	客　运	客运量（万人次）	3 801
		旅客周转量（万人公里）	171 065
	货　运	货运量（万吨）	5 833
		货物周转量（万吨公里）	616 880
内河航运运输			
通航里程	总里程（公里）		963
	其中	三级航道	100
		四级航道	76
		五级航道	126
		六级航道	
		七级航道	219
港口（码头）	总　数（个）		4
	吞吐量	旅客吞吐量（万人次）	79
		货物吞吐量（万吨）	1 389.2
水路运量	客　运	客运量（万人次）	108.91
		旅客周转量（万人公里）	1 681
	货　运	货运量（万吨）	624.07
		货物周转量（万吨公里）	524 573
营运船舶	总　数（艘）　281		
	其　中	客船 89　艘 3 364　座	
		货船 192 艘 213 069 吨	
城市公交运输			
营运车辆	795 辆		
公交线路	40 条		
公交站	800 个		
运　量	1.46亿人次		

交通运输概况　2018年，宜宾市交通基础设施建设完成投资155亿元，为年度目标（150亿元）103.3%。其中公路、水运建设投资89.9亿元，为目标任务89亿元的101.01%；机场建设投资10.4亿元，为目标任务10.37亿元的100.2%；市政交通投资32.2亿元，为目标任务28亿元的115%。

高速公路建设　2018年，成宜高速公路、仁沐新高速公路建设全面快速推进，宜宾城市过境高速公路西段、宜彝高速公路（四川境段）复工建设，宜威高速公路（四川境段）通过PPP方式确定项目投资人，于12月12日签订投资协议，用地预审通过自然资源部审查。国道4216线新金高速公路、宜新高速公路，完成工程可行性研究报告及规划选址、环境影响评价等各类前期要件，开展项目招商；南溪至富顺至内江高速公路，开展项目工程可行性研究。

国省干线公路　2018年，宜宾至高县庆符快速通道高县境内段、兴文至纳黔高速公路江门互通连接线二期工程、南溪仙源长江大桥建成。宜叙高速公路竹海连接线全面加快推进，宜叙高速公路僰王山互通立交至兴文石海一级公路筹措项目资金，开展征地拆迁工作。宜宾经

2018年，高县庆符快速通道高县境内段建成通车 宜宾市交通运输局 供图

南溪至泸州快速通道江安段，通过PPP方式确定项目投资人，开展征地拆迁及路基工程施工，南溪段加快开展项目前期工作。国道353线柏溪至喜捷段公路、省道246线玉和至观斗公路、普和金沙江大桥、江安长江二桥等重点项目加快实施，泥溪岷江大桥、锦屏至龙华公路开工。

农村公路 2018年，宜宾市投资20.8亿元，新（改）建农村公路1 986公里，为目标任务1 767公里112%。其中县乡道改善提升380公里、村道窄路面加宽改造557公里、扶贫路343公里、产业路320公里、旅游路66.5公里、乡村振兴路110.2公里、6.5米以上产业路和旅游路131.7公里、五粮液专用粮基地道路77.6公里。高县获全省第二批“四好农村路”省级示范县称号，全市累计获“四好农村路”国家级示范县1个（江安县）、省级示范县2个（江安县、高县）。

宜宾市江安县怡乐蔬果基地公路 宜宾市交通运输局 供图

客货运输 2018年，宜宾市营业性客、货运车辆完成总周转量633 987万吨公里，比上年增长8.8%，增长排名全省第四名。其中营业性客车客运量3 801万人，比上年下降13.5%，旅客周转量171 065万人公里，比上年下降18%；营业性货车货运量5 833万吨，比上年上涨1.67%，货物周转量616 880万吨公里，比上年上涨9.8%。完成高铁配套客运枢纽站场建设任务5个，客运站“厕所革命”任务14个。完成市际二类客运班线试点申报、各区县选择适合线路申报市内定制客运试点和全部三级以上客运站实现联网售票工作工作。完成年度春运、国庆等节假日期间运输组织工作。完成中小学生社会实践活动、应急演练、“建城2200年”、少数民族艺术节等政府指令性运输组织任务。继续开展甩挂运输试点工作，五粮液集团安吉物流公司甩挂运输试点，项目投入资金13 400余万元，2018年3月通过部、省专家组评审验收；指导推进宜宾市优配物流信息服务有限公司作为全省13家无车承运人试点企业之一开展业务，借以推动全市物流运营方式和管理模式创新发展。开展道路危货运输专项治理行动。汲取宜宾恒达科技有限公司“7·12”重大爆炸事故教训，7月对全市道路危货运输企业进行安全生产全面排查整治。印发《关于进一步做好非洲猪瘟疫情联防联控工作的通知》，加强宣传和道路运输环节监管，对各货运业户逐个进行电话宣传和要求，印发非洲猪瘟挂图、运输车辆非洲猪瘟防控知识明白书等宣传资料。

城市公共交通 2018年，宜宾市新增开行公交快线K01路，优化调整4路、7路、12路、17路、36路等线路。做好公益宣传工作，陆续发布以中共十九大、创建文明城市、茶叶年会、早茶节、国家安全日、“社会主义核心价值观”、禁毒、扫黑除恶、机器人大赛等为主题的公益宣传标语，完成高考公交、大学城学生报到等各项指令性运输任务。做好智能轨道开行前期工作，拟订《宜宾市智能轨道快运系统管理办法（试行）》。组织出租车“爱心送考”公益活动，在高考考试期间，组织送考出租车452辆，运送考生687人次。推进宜宾市网约车发展和出租汽车运价改革等出租车行业深化改革工作，起草中心城区出租车运价改革工作方案，同宜宾市发展改革委、会计师事务所进行对接，启动中心城区出租车成本监审工作。

水运建设 2018年，宜宾港志城作业区3个1 000吨级散货泊位完成主体工程建设。协调长江航道局、省交通运输厅加快开展长江航道重庆至宜宾段浅滩整治前期工作，提升宜宾市长江航道等级水平。

建设中的宜宾港散货泊位 宜宾市交通运输局 供图

运输服务管理 2018年，宜宾市加快高铁配套客运场站建设，建成屏山高铁站、泥溪高铁站，建成赵场客运中心站、长宁高铁站主体工程并进入装修阶段，兴文高铁站完成站房桩基工程。18个客运站厕所完成改造，新增258个建制村通客车，新增525个招呼站牌。新购284辆新能源公交车（纯电动），配套建设临港充电站、李庄充电站、大地坡充电站，充电桩42个，充电枪91把，优化调整5条公交线路，开行公交快线K01路。五粮液安吉物流、宜宾欣联物流企业获部级甩挂运输试点项目并开通运行。实施扫黑除恶“打非治违”专项行动，全年查获案件992起，非法营运683起（其中中心城区查获案件684起，非法营运460起）。全市营业性客货运车辆总周转量633 987万吨公里，比上年增长8.8%，超过全省平均增长1.3%，增长排名全省第四名。2018年3月1日，启用驾培监管服务平台，督促驾校落实培训主体责任，平台运行整体情况在全省每月考核中位于前三名。推进驾培机构服务模式改革，实现驾校服务模式改革覆盖率100%，驾校计时培训系统安装率100%，驾校接入全省驾培监管平台率100%。4月启动全市驾培行业经营秩序专项整治，7月启动全市驾培行业安全生产“大排查、大整治、大督导”工作，列出30个排查整改项目，指导和督促驾校开展排查整治。

交通行政执法 2018年，宜宾市强化执法队伍建设。组织200余人法治骨干专项培训和36人新进执法人员办证培训。开展依法行政评议考核、“三基三化”建设试点以及交通运输执法竞赛活动。完善权力清单和责任清单，落实交通运输政务窗口“全天候服务”。在全省183个区县中，叙州区、南溪区、兴文县、高县4个县交通运输“五大行动”全年综合排名位居全省前列，宜宾市交通运输局综合排名进入全省一流方阵。

交通安全生产 2018年，宜宾市发生道路运输行车安全一般事故10起，11人死亡。事故次数比上年下降25%，死亡人数下降23%，均未发生源头管理上的安全生产事故。水上发生安全事故6起，其中触礁事故2起、搁浅事故4起，无人员死亡。开展全市道路运输安全生产隐患大排查、大整治活动。全市累计完成2 300余辆客运车辆、1 754辆公交出租车辆和390余辆危险货物运输车辆安全技术状况排查工作，排查出一般安全隐患829起，各区县排查出一般安全隐患420余起，落实整改820起，整改率98%，其中翠屏区专项督查169起，整改率100%。截至年底，“大排查、大整治、大督导”未发现严重影响安全生产重大安全隐患。成功处置“两高速”（宜宾城市过境高速公路西段和宜宾至彝良高速公路项目）遗留问题和“4大群体”（原在建施工群体、原未进场施工群体、原甲供材料商群体、原项目农民工及原项目公司员工群体）、出租车群体等不稳定事件。全年受理人民网网民留言6件、“12345”市民热线104件、“市长与网民”34件（含市长签批件17件）、厅信息中心留言8 件，信访局、省交通运输厅信访接转件27件。有效诉求办结、回复率100%，息诉息访率90%以上。

绿色交通 2018年，宜宾市印发《打好环境污染防治三大战役大力发展绿色交通的推进方案》，全部淘汰“黄标车”，178户汽车维修企业安装光氧催化或活性炭环保柜废气处理设施，整治非法修车场所6处，24个非法码头全部取缔复绿。检查“抛冒滴漏”车辆386辆次，处罚59宗，罚款27 850元。中央省级环保督察“回头看”信访举报涉及的6件核查及调查案件均按要求办结。

（本栏目撰稿人：胥思伟）

达州市交通

DAZHOU SHI JIAOTONG

2018年达州市交通运输能力概况

公路交通运输			
通车里程	总里程（公里）		19 566.76
	其中	高速公路	417
		一级公路	39.542
		二级公路	1 039.423
		三级公路	395.251
		四级公路	15 804.478
		等外公路	1 871.066
公路密度	按国土面积计算：每百平方公里 115.444 公里		
	按人口计算：每万人 28.511 公里		
通达里程	通公路的乡镇 312 个，占乡镇 100 %		
	通公路的村 2 810 个，占村 100%		
客运站	总　数（个）		226
	其中	一级站	3
		二级站	6
		三级站	3
		四级及以下站	214
营运车辆	总　数（辆）		26 979
	其　中	客车 2 233 辆 63 532 座	
		货车 24 746 辆 226 452 吨	
公路运量	客　运	客运量（万人次）	4 484.21
		旅客周转量（万人公里）	267 286
	货　运	货运量（万吨）	11 985.36
		货物周转量（万吨公里）	1 442 170
内河航运运输			
通航里程	总里程（公里）		866
	其中	三级航道	
		四级航道	152
		五级航道	
		六级航道	
		七级航道	216
港口（码头）	总　数（个）		240
	吞吐量	旅客吞吐量（万人次）	20.8
		货物吞吐量（万吨）	155
水路运量	客　运	客运量（万人次）	203.41
		旅客周转量（万人公里）	2 153.04
	货　运	货运量（万吨）	288.88
		货物周转量（万吨公里）	10 259.31
营运船舶	总　数（艘）622		
	其　中	客船 208 艘 7 783 座	
		货船 414 艘 50 770 吨	
城市公交运输			
营运车辆	766 辆		
公交线路	83 条		
公交站	625 个		
运　量	1.5亿人次		

注：1.港口码头统计为港口1个，渡口、客运码头239个；
　　2.航道总里程数据包含等外航道498公里。

交通运输概况　2018年，达州市“四川东出北上综合交通枢纽”建设定位列入《中共四川省委关于全面推动高质量发展的决定》。在出台中国西部重要综合交通枢纽实施方案的基础上，达州市研究“东出北上综合交通枢纽”建设路径。铁路达州枢纽总图规划、高铁达州南站方案研究、达州市综合交通运输体系发展等规划编制工作启动；成南达万高铁、西达渝高铁，绕城高速公路西段、镇达广高速公路，开梁、城宣大邻、通宣开高速公路，达渠、宣南快速通道，国道210线达州市过境段三期工程等项目前期工作有序推进。

营达、巴万高速公路，机场大道、机场迁建、机场航站楼扩改建工程和达开、达宣快速通道等一批骨干工程加快建设，环城路二期实现试通车目标。完成国省干线改造159.2公里，建成县乡道514.44公里，改造村道1 869.2公里，完成渡改桥13座2 066米，改造危桥6座362米，实施安保工程47.97公里。莲花湖、肖公庙公交首末站和七河路公交枢纽站加快建设，公交智能调度系统和150辆新能源公交车投入使用；3个县级客运站、15个乡（镇）客运站和50个村级招呼站加快建设。

抓好“四好农村路”运输服务。开展道路客运定制服务试点，全市通客车建制村2 548个，通村率91.23%。新（改）建12个汽车客运站厕所设施及配套设备，实现三级以上汽车客运站“厕所革命”全覆盖。进一步强化农村公路、渡改桥、小码头等建设项目质量监管，7个县（市、区）均建立县级公路（水运）工程质量监督机构。完成快递服务业务1 377.8万件，比上年增长25.89%。村邮站完工200个，全市村邮站总数增至420个。“一市一品”农特产品进城示范项目成效明显，2018年收寄“达州青脆李”，增加寄递收入超1 000万元。

新开贵阳—达州—郑州航线，达州通航城市13个，2018年实现航班起降5 768架次，完成旅客吞吐量51.35万人次，比上年分别增长23.38%、20.97%，航班量增幅超过全国支线机场平均水平2%。

交通发展规划 2018年，达州市完成《中国西部重要综合交通枢纽建设实施方案》《四川东向开放大通道》《五向综合交通运输大通道》等交通规划编制，开展《铁路达州枢纽总图规划》《高铁达州南站方案研究》《达州市构建东出北上综合交通枢纽战略研究》编制，完成成南达万高铁工程可行性研究报告编制。

《达州市建设四川东出北上综合交通枢纽总体规划》立足川渝陕，加快融入全国全省整体开发开放格局，着力提升与周边城市（群）互联互通水平，加快推进高速铁路网、高速公路网、国省干线网和域内快速通道网建设，加快新机场建设并拓展更多国内航线，加快水上通道建设，打通与长江黄金水道联接，全面形成外联内畅、高效便捷、互联互通的铁公水空综合交通运输网络，构建“五向综合运输大通道”全方位开放新局面。力争到2025年，基本建成“互联互通、安全高效、绿色智慧”立体综合交通大通道，努力实现四川东出北上综合交通枢纽目标。铁路方面，规划建设“二高十线”区域铁路枢纽网，实现县县通铁路，打造西进东出、北上南下“十字型”高铁枢纽，全面融入国家“八纵八横”高速铁路网。公路方面，围绕已规划的“一环三纵六横二支”高速公路和“八快速十八干线”区域公路枢纽网，加大各在建项目推进力度，按建成“两个定位”细化后的年度目标进行逐项落实。水运方面，规划建设“一干两支”航道网。加快推进渠江风洞子航运工程前期工作，力争2019年完成招商并开工建设。民航方面，全力推进达州机场迁建工程建设，力争2020年年底具备通航条件，开通国内航线16条；有序推进万源、宣汉、渠县通用机场前期工作，提升川东北航空枢纽地位。

交通投融资 2018年，达州市完成交通基础设施建设投资94.32亿元，为年度目标任务85.54亿元的110.26%。全年推介招商引资280亿元，完成国道210线达州市过境段三期工程、渠县火车站改造及快速通道PPP项目、国道318线绕城快速通道工程PPP项目、通川区脱贫攻坚农村公路改建工程（一期）招商工作，引进资金33.66亿元。

交通基础设施建设 2018年，达州市高速公路建设完成投资37.28亿元，其中巴万高速公路完成投资22.23亿元，营达高速公路完成投资15.05亿元，达州市绕城高速公路西段前期工作有序推进。机场大道项目路线全长12.32公里，按双向八车道城市主干道设计，主线设计时速60公里，采用沥青混凝土路面，主线设置桥梁10座4 964.5米，其中特大桥3座，立交3处；项目概算静态总投资29.54亿元，其中建安费20.58亿元；2018年完成投资4.78亿元。达开快速通道全长51.03公里，采用一级公路技术标准建设，双向六车道，2018年完成投资0.51亿元。达宣快速通道路线全长20.889公里，采用双向六车道一级公路技术标准，2018年完成投资1.33亿元。

达州环城路二期工程试通车 达州市环城路二期工程全长15.856公里，建设标准为一级公路，路线主要经过通川区东岳镇、双龙镇、莲花湖管委会、西外镇、复兴镇和经开区斌郎乡等乡（镇）。项目采用政府和社会资本合作（PPP）模式进行投资建设，总投资12.49亿元，合同工期为720天；社会资本方为中建国际投资（中国）有限公司，施工总承包商为中国建筑股份有限公司。项目于2018年12月底完成主体工程，实现试通车目标。

巴山大峡谷快速通道提前通车 巴山大峡谷快速

巴山大峡谷景区内环线十八道拐 达州市交通运输局 供图

通道起于包茂高速公路新增新华互通出口，沿中河北岸布线，经新华镇、石铁镇，横穿宣汉北部山区，过樊哙镇，直达渡口乡巴山大峡谷景区入口，全长34.48公里。按二级公路标准建设，设计时速60公里，路基宽10米，双向二车道，合同工期30个月。道路设计充分考虑旅游因素，尽量减少路基填挖高度，尽量不破坏原有生态环境，道路两侧采用乔灌木搭配绿化，并适度增加景区元素和民俗特色。道路建成后，半小时即可直达景区。该项目于2017年3月正式动工，2019年1月3日基本完工。

智慧交通 2018年，达州市交通运输局推进“互联网+交通”战略。四川省交通运行监测与应急指挥系统（二期）工程达州项目平台建设有序推进；推动公交调度、掌上App等智能化出行设施设备建设，中心城区60个电子站牌建成投用。全市16家危货企业685辆车进入电子运单系统，签发电子运单69 050次，使用率100%。

客货运市场整治 2018年，达州市启动客运秩序专项整治行动，由市交通运输部门牵头，会同省高速交通执法部门，省、市交警部门建立联勤联动打击整治非法客运长效机制。全年查处非法营运车辆1 009辆次，查处违章违规行为365起，交通运输服务监督电话“12328”受理查处有效投诉227起，结案率100%。强化超限超载治理，全年检测载货车辆10.6万辆次、卸货7 600余吨。

城市公交 2018年，达州市新采购投入营运新能源公交车辆150辆，办理全国交通“一卡通”43万张。肖公庙公交首末站完成竣工验收，莲花湖公交首末站主体工程完工。年内优化中心城区公交线路5条、新增线路5条，中心城区公交线路37条，总长度445.5公里，公交车484辆，日均客流量24万人次，市民出行分担率20.2%。

网约车管理 2018年，达州市稳步推进出租车改革和网约车发展。《达州市网络预约出租汽车经营服务管理实施细则》于5月1日起施行，规范网约车服务发展。11月，深圳万顺叫车云信息技术有限公司达州分公司获达州市首张网络预约出租汽车经营许可证，同步启动网约车驾驶员证办理工作。

河运管理 2018年，达州市新成立航运公司7个。强化证书证照审验和船舶环保节能减排工作，全市核查营运船舶622艘（其中货船414艘），客渡船137艘。开展明月江“河长制”工作，落实“水十条”，责令整改涉河问题55处，整改销号49处，完成65处非法码头初步摸底核查工作。

交通精准扶贫 2018年，达州交通扶贫成效显著，整体摘帽的达川区、开江县、渠县、大竹县四县（区）实现乡（镇）通水泥（油）路100%，建制村通硬化路100%，全市计划脱贫319个贫困村通村硬化路实现100%畅通。精准帮扶万源市庙垭乡名扬村硬化村道6.1公里，危房改造305户、人居环境打造381户，建垃圾池10个。

公路养护 2018年，达州市突出国省干线、县乡道路和桥隧管养，强化养护工作日常巡查、季度检查，排查公路里程1.3万公里，排查隐患近200处，完成整治170余处，整治危桥24座、危隧3道，开展预防性养护50公里，完成大中修69.8公里，建成养护站14个、养护中心1个。全市国省干线公路路面使用性能指数为87.9，超省政府下达目标2.9。

路政执法 2018年，达州市加强公路治污、治控、“治超”日常管理，突出科技“治超”站点网络信息建设和监督管控，全年检查载货车辆106 428辆次，实施超限车辆卸载1 104辆次，卸载货物7 681.78吨。全年清除路障2 568处，撤除违章建筑34处，查处损害公路及其设施115处，有效维护路产路权。

交通安全生产 2018年，达州市交通运输局严格安全生产管理，全市交通运输安全生产形势稳中向好。坚持压紧压实安全生产主体责任，推进行业安全生产体系建设，完善风险分级管控和隐患排查治理机制，开展安全生产大检查、消防安全隐患大排查大整治、平安交通百日行动、危货运输综合治理、持续防范化解重大风险、地质灾害和防汛安全隐患排查整治等专项活动，强化行业安全日常监管，全年未发生较大及以上安全生产责任事故。

交通环境保护 2018年，达州市交通运输局扎实开展环境保护工作。督促16家危货运输企业制订完善环境污染事故应急预案，全市61辆危货运输专用车辆安装油气回收装置，418辆营运“黄标车”全部清理注销完毕。整改船舶800艘，配备生活污水处理器64台、油水分离器698台。完成《达州市船舶港口码头污染物接收转运处置方案》编制并通过专家组评审。围绕管辖区域内公路路面日常保洁、行道树冲洗、边沟清理、货运车辆抛洒漏滴及省、市环境保护督察组反馈问题等重点方面，加强日常督查力度和养护清扫保洁。加大对城区重点水域清漂治理，严格汽车维修、汽车美容、快递物流行业管理。按时办结中央第五生态环境保护督察组交办群众信访举报案件6件。

（本栏目供稿单位：达州市交通运输局）

广安市交通

GUANG'AN SHI JIAOTONG

2018年广安市交通运输能力概况

公路交通运输			
通车里程	总里程（公里）		13 867.984
	其中	高速公路	360
		一级公路	162.451
		二级公路	483.539
		三级公路	404.651
		四级公路	11 902.244
		等外公路	555.099
公路密度	按国土面积计算：每百平方公里 218.6 公里		
	按人口计算：每万人 29.5 公里		
通达里程	通公路的乡镇 182 个，占乡镇 100 %		
	通公路的村 2 987 个，占村 100%		
客运站	总　数（个）		55
	其中	一级站	1
		二级站	5
		三级站	2
		四级及以下站	47
营运车辆	总　数（辆）		10 030
	其　中	客车 1 184 辆 32 628 座	
		货车 8 846 辆 78 611.738 吨	
公路运量	客　运	客运量（万人次）	4 603.809
		旅客周转量（万人公里）	94 478.264
	货　运	货运量（万吨）	3 832.399
		货物周转量（万吨公里）	304 936.703
内河航运运输			
通航里程	总里程（公里）		458.71
	其中	三级航道	70.9
		四级航道	119.8
		五级航道	19
		六级航道	
		七级航道	249.01
港口（码头）	总　数（个）		52.5
	吞吐量	旅客吞吐量（万人次）	381.5
		货物吞吐量（万吨）	74.1
水路运量	客　运	客运量（万人次）	590.8
		旅客周转量（万人公里）	775.5
	货　运	货运量（万吨）	40 668.6
		货物周转量（万吨公里）	
营运船舶	总　数（艘）　285		
	其　中	客船 50　艘 2 390 座	
		货船 235 艘 51 993 吨	
城市公交运输			
营运车辆	457 辆		
公交线路	60 条		
公交站	1051 个		
运　量	61.788 5亿人次		

注：客运站“四级及以下站”统计，不含双向港湾站及农村招呼站。

交通运输概况　2018年，广安市交通运输系统围绕服务“川渝合作示范城市”“嘉陵江流域国家生态文明先行示范区”“川东北一体化发展”建设总体目标，全年完成公路、水运交通建设投资57.34亿元，为省定目标的133.9%，为市定目标的104.3%；围绕中央和省政策投向，争取到位交通专项补助资金6.82亿元。继2017年岳池县成功创建首批“四好农村路”省级示范县并获示范补助资金1 000万元后；2018年邻水县被省人民政府认定为第二批“四好农村路”省级示范县，获示范补助资金1 000万元。抢抓收费公路债券发放机遇，会同广安市财政局将前锋货运站至枣山操场坝公路成功纳入省级收费公路专项债券发行范围，争取到位债券资金1.8亿元。

加快推进省市重点交通项目工程建设，构建川东渝北区域综合交通枢纽。广安市过境高速公路东环线及渝广高速公路支线前锋互通至重庆段建设，全长81.38公里，广安境内段长69.65公里，项目概算投资70.2亿元，至年底，完成总工程量的26.5%。省道406线邻水县境内段项目，全长12.7公里，按二级公路标准建设，路基宽12米，项目总投资2.41亿元，建安费1.76亿元；至年底，路基路面施工建设加快推进。

全市交通运输服务水平不断提升，行业安全生产平

稳有序，狠抓风险分级管控，修订印发各类应急预案16

2018年1月8日，华蓥市明月镇滨江旅游公路建成通车 邱长凤 吴德权 摄

个，全年未发生较大及以上生产安全事故，安全稳定形势平稳向好。

交通基础设施建设 2018年，广安市过境高速公路东环线及渝广高速公路支线前锋互通至重庆段开工并加快建设，悦来互通至前锋互通段启动征地拆迁工作；火山桥（夏家渡改公路桥）、省道203线公路广安区境内段第一期工程建成通车，恒升至肖溪第二期工程开工建设；官盛渠江大桥桥面砼铺装工程加快推进；港前大道公路水稳层铺设工作有序推进，主体即将完工；清溪口渠江特大桥高、低主塔完成封顶，预计2019年5月通车；省道202线公路邻水县丰禾至秤砣段改建工程、省道208线公路岳池县白庙至石鼓段改建工程、省道208线公路邻水县高滩至九龙段改建工程等项目路基施工加快推进，广安大龙渠江大桥桩基施工有序开展；罗渡渠江大桥开工建设。

国道350线（小平大道）广安环城公路官盛渠江大桥主拱圈顺利合龙 吴德权 摄

省道203线广安区境内段一期通车 省道203线广安区至恒升镇快速通道第一期及连接线建设工程，全长31.9公里，双向四车道，路面宽17米，路基宽40米，全线按二级公路标准建设，设计时速60公里，总投资6.6亿元；项目2016年4月26日开工，2018年4月26日竣工通车。该条公路建成后成为连接渠县和广安的快捷大通道，惠及协兴、大龙、苏溪、大安、石笋、恒升、龙台7个乡（镇）近20余万名群众。

省道202线邻水丰禾至秤砣段改建工程 省道202线邻水县丰禾至秤砣段改建工程，项目起于护邻乡朱家坝（邻水大竹交界处），经护邻乡、兴仁镇，在K14+080位置下穿邻垫高速公路，再经石滓镇、丰禾镇，止于御临乡陈家垭口（邻水重庆界）。路线起于K0+000处，止于K60+907.557处，扣除短链1 324.188米以及与省道208共线段2.29公里，路线全长57.294公里。项目2017年10月开工，截至2018年底，完成总工程量的48.3%。

省道208线岳池白庙至石鼓段改建工程 省道208线岳池县境内段升级改造工程全长73.144公里。其中，白庙镇至石鼓乡路段升级改造工程，分为4个标段，路线起于石鼓乡与南充市嘉陵区交界处，途径石鼓乡、镇裕镇、坪滩镇、龙孔镇、白庙镇，止于白庙镇与广（门）高（坪）公路交界处，全长28.9公里，合同金额1.07亿元。白庙镇至石鼓乡路段升级改造工程2017年开工建设，截至2018年底，完成总工程量的67%。

省道208线邻水高滩至九龙段改建工程 省道208线邻水县境内段，路线起点位于高滩镇场镇北侧国道210线公路与在建的高滩镇工业大道交叉口处；经高滩镇、子中乡、御临镇、九龙镇，止点位于邻水县九龙镇境内；在桂花坪川渝界附近与重庆市国道204线公路相接，全长30.223公里，按二级公路标准建设，路基全线宽16米，设计时速60公里，项目概算投资11.13亿元。项目2017年开工建设，至2018年底，完成总工程量的46.1%。

省道406线华蓥境内段新（改）建工程 省道406线公路华蓥市境内段新（改）建工程建设，路线起于华蓥市观音溪镇李子垭村邻水县界，经田坝子村，沿庆（华）观（音溪）路，绕高兴场镇，接高（兴）伏（龙）路，止于高兴镇花庙嘴村岳池县界。路线全长39.9公里，设计时速40公里，越岭线段设计时速30公里，全线路基宽8.5米，项目总投资5.25亿元。项目2017年开工建设，至2018年底，完成总工程量的63%。

港前大道公路工程 港前大道公路工程属广安市前锋货运站至枣山操场坝干线公路工程，由小平大道和港前大道整合而成，是全省重点交通工程项目。全长52.921公里，采用一级公路标准建设，设计时速60公里，双向四车道，沥青混凝土路面，路基宽23米，预算总投资26.19亿元。除已建成的小平大道枣山至彭家段和港前大道广安经济技术开发区境内段、前锋货运站段等16.789公里外，待建段长36.132公里（含大龙渠江特大桥、前锋自行建设路段3.32公里），预算投资20.03亿元（其中前锋区段投资7.36亿元、广安经济技术开发区及华蓥市境内段投资7.54亿元、广安区境内段投资5.13亿元），预计总工期27个月；2016年开工建设，至2018年底，完成总工程量的78.3%。

大龙渠江大桥工程 广安大龙渠江大桥，位于广安市前锋货运站至枣山操场坝干线公路工程小平大道第5合同段（大龙大桥）。通过公开招标，确定中国建筑第六工程局有限公司为施工单位建设，该合同段全长1.844公里，其中渠江大龙大桥桥长940米，引道部分长904米，项目总投资1.8亿元；项目于2017年3月16日进场开工，至2018年底，桩基施工有序推进。

罗渡渠江大桥工程 省道208线广安罗渡渠江大桥项目，起于渠江北岸国道85线银川至昆明高速公路巴广渝段罗渡连接线，经荆家院子、罗渡场镇，在富流滩电站大坝下游约730米处跨渠江，止于渠江南岸岳池县罗渡镇瓦窑沟村，与省道208线顺接。路线全长3.749公里。其中，大桥全长745延米、宽20米，兼顾城市交通和人行需求，设计汽车荷载等级为公路Ⅰ级，洪水频率1/100，通航等级Ⅲ级，抗震设防烈度Ⅵ度，采用（105+170+90）米预应力混凝土连续刚构+（65+120+120+65）米预应力混凝土连续刚构及连续梁；两端引道长3.004公里，设计时速60公里，路基宽8.5米，采用二级公路技术标准建设。项目总投资2.57亿元，由广安交通投资建设集团有限责任公司建设，于2016年12月21日开工，至2018年底，完成总工程量的16.9%。

清溪口渠江大桥工程 广安清溪口渠江大桥工程建设，由广安交通投资建设开发集团有限责任公司组织实施，投资建设单位为中国建筑股份有限公司与中建六局联合体建设，道路部分于2017年5月全面建成通车。至2018年底，控制性工程清溪口渠江特大桥高、低塔塔柱封顶，主梁施工完成98.6%，边跨现浇段支架塔完成99%，引桥完成100%；完成总工程量的98.3%。

武胜县中心嘉陵江大桥开工 武胜县中心嘉陵江大桥工程项目，位于桐子壕电站大坝下游1.2公里处，左岸位于旧县乡长伸沟村，右岸位于中心镇秀观村，为渡改公路桥，建设成一级公路桥梁；桥梁全长1 138米，桥宽23米，双向四车道，为连续刚结构大桥，其中引道长0.47公里；项目总投资3.56亿元，2018年12月30日开工。

客货运输场站建设 2018年1月8日，邻水汽车客运中心建成投入使用；岳池、武胜万善综合客运枢纽站主体完工，预计2019年春运前建成投入使用；华蓥南枢纽站、前锋汽车客运站建设加快推进；8个集客货运输、农村物流、邮政快递等功能于一体的“农村综合运输服务中心”在建。

交通脱贫攻坚 2018年，广安市以“四好农村路”为抓手，实施乡村振兴、脱贫攻坚战略，累计投入资金13.3亿元，改造县乡道187.5公里，新（改）建通村硬化路850公里，建成旅游路、产业路84公里，完成公路安防工程345公里，建成农村公路桥梁5座、渡改桥2座，在建桥梁7座，在建渡改公路桥8座。实现100%乡（镇）通油（水泥）路、100%建制村通硬化路、具备条件的建制村94%通客运目标。加大贫困地区交通基础设施投入力度，全面完成脱贫攻坚交通任务目标，2018年助推武胜县、岳池县、邻水县成功实现整体脱贫摘帽。

岳池县白庙镇瞿家店村建成投入使用的“交通＋旅游＋产业”农村公路　　吴德权 摄

客货运输服务　2018年，广安市客货运输服务网络不断完善，探索开通邻水至重庆学校、医院、商圈等地的“邻渝”定制客运专线；中心城区新增官盛新区公交线路1条，优化公交线路3条；新增（改造）农村客运线路11条；新增纯电动公交车51辆、出租汽车228辆，占比保持在全省前列；支持广安承平港务有限公司发展，推动川东北公水物流服务联盟发展壮大。全市二级以上汽车客运站100%实现联网售票，实现中心城区公交卡全国“一卡通”。

交通运输执法　2018年，广安市交通运输行业强化执法管理工作，将全市451名交通执法人员信息录入系统进行动态管理，清理注销41名不符合执法资格条件的人员。抽查全市交通运输执法案卷40余份，检查执法站所10个，全年无行政诉讼案件发生。扫黑除恶专项斗争推进有力，摸排上报非法驾驶培训点等行业乱象线索36条，制订出台扫黑除恶专项斗争1+9方案体系，完成133个非法驾驶培训点专项整治。

交通信息化建设　2018年，广安市三级以上汽车客运站全部实现联网售票，自助购票、实名制购票系统建成投入使用；市际班车购票全部实行实名制，二级以上汽车客运站实现WiFi全覆盖；危货车辆、旅游包车、三类以上班线客车全面联网联控，入网率和上线率均100%；危货电子运单系统全部部署，营运客车和危货技术电子档案加紧建设；城市公共交通“一卡通”系统建成投入使用，稳步引导华蓥、武胜、岳池、邻水等地公交公司接入城市公交“一卡通”系统，推动市县两域公交加入全国“一卡通”，实现“一卡通”用、互联互通。“12328”交通运输服务监督电话完成数据接口改造升级，系统运行平稳。交通运行监测与应急指挥系统第二期工程完成初步设计，取得省交通运输厅批复，机构编制、机房大厅、财评招投标等工作加快推进。

交通“12328”服务监督　2018年，广安市“12328”交通运输服务监督中心受理业务7 779件，其中：投诉举报类业务2 156件，占业务总量的27.7%；信息咨询类业务5 529件，占业务总量的71.1%；意见建议类业务94件，占业务总量的1.2%。全年业务总量及投诉举报类、信息咨询类、意见建议类环比分别增长-1.79%、2.41%、1.57%、3.19%；电话系统人工接通率83.43%（低于指标值90%），信息咨询类及时答复率99.11%，抽查回访满意率97.99%，及时答复满意率80.7%（低于指标值90%），数据及时报送率97.58%，限时办结率95.36%。

交通生态环境保护治理　2018年，广安市开展污染防治攻坚行动，先后整治汽车维修企业10家次、非法码头1个、在建及大中修项目5个，淘汰黄标车761辆。高效完成中央环境保护督察组移交问题整改，按照建清单、定专人、定责任、定时限的要求，涉及广安护安砂石码头和广安富安驾驶培训学校的2个信访举报问题全部解决，6项反馈问题全部整改完毕或达到进度要求。对中央环境保护督察“回头看”期间移交的大龙渠江大桥和国道42线广邻高速公路华蓥山隧道口污染信访问题，均按时按质完成整改。探索创新在干线公路及农村公路建设过程回收沥青混凝土路面旧料超5万吨，通过碎石化再生技术对10.4万吨混凝土路面旧料实现100%再利用。

（本栏目供稿单位：广安市交通运输局）

巴中市交通

BAZHONG SHI JIAOTONG

2018年巴中市交通运输能力概况

公路交通运输			
通车里程	总里程（公里）		17 176.608
	其中	高速公路	334.5
		一级公路	49.181
		二级公路	722.473
		三级公路	341.029
		四级公路	15 643.627
		等外公路	85.798
公路密度	按国土面积计算：每百平方公里 137.017 公里		
	按人口计算：每万人 45.663 公里		
通达里程	通公路的乡镇 187 个，占乡镇 100 %		
	通公路的村 222 个，占村 100 %		
客运站	总　数（个）		217
	其中	一级站	2
		二级站	7
		三级站	9
		四级及以下站	199
营运车辆	总　数（辆）		20 606
	其　中	客车 3 162 辆 38 835 座	
		货车 17 444 辆 107 153 吨	
公路运量	客　运	客运量（万人次）	2 317.78
		旅客周转量（万人公里）	171 586.86
	货　运	货运量（万吨）	3 863.26
		货物周转量（万吨公里）	474 178
内河航运运输			
通航里程	总里程（公里）		194.16
	其中	三级航道	
		四级航道	
		五级航道	
		六级航道	
		七级航道	194.16
港口（码头）	总　数（个）		
	吞吐量	旅客吞吐量（万人次）	98.305 2
		货物吞吐量（万吨）	
水路运量	客　运	客运量（万人次）	98.305 2
		旅客周转量（万人公里）	434.205 6
	货　运	货运量（万吨）	
		货物周转量（万吨公里）	
营运船舶	总　数（艘）		
	其　中	客船 93 艘 2 628 座	
		货船　艘　吨	
城市公交运输			
营运车辆	229 辆		
公交线路	15 条		
公交站	416 个		
运　量	0.48亿人次		

交通运输概况　2018年，巴中市交通运输系统继续开展第三轮交通大会战，推动市域路网“加密、联网、升级”，协调推进建管养运一体发展。

项目提速增效　完成交通建设投资128亿元，比上年增长8.5%。巴陕高速公路11月22日全线建成通车，国道85线银昆高速公路巴中段全部贯通，实现南下重庆、北上西安快捷通达。巴万高速公路清江至高明段隧道全部贯通。23个普通国省干线等级改造项目建成里程158公里，省道101线江陵庵至邱家镇段等项目相继竣工，巴城南环线建成通车在即。县乡道改造完成272公里，村道窄路基加宽工程完成350公里，建成建制村联网路1 474公里、村内通组路4 237公里，建成渡改公路桥4座、渡改人行桥8座、独立桥梁5座。南江客运中心站、光雾山旅游车站主体工程竣工。新（改）建15个乡（镇）客运站、1 227个村级招呼站（牌），乡（镇）客运站覆盖率100%，村级招呼站（牌）覆盖率90%。

项目前期工作　苍巴高速公路工程可行性研究报告通过审查并挂网招商。镇广高速公路南段完成相关前置要件批复，北段完成工程可行性研究报告修编。国道245线初步设计方案获批，北环线东段完成新一轮招商，米仓大道获项目选址意见书，工程可行性研究报告通过审查待批，试验段开工建设。省道303线平昌江口至青云等7个项目281.8公里完成前期工作，储备普通国省干线公路项目18个674公里。恩阳客运中心站启动招商前期准备，通江中心客运站等3个县级客运站前期选址工作展开，巴中城北客运站完成初设方案及论证报告。

项目成效明显 南江经苍溪至盐亭、通江经宣汉至开州高速公路纳入省高网调规；巴万高速公路入选财政部“第四批政府和社会资本合作示范项目”；镇广高速公路调整为“十三五”开工项目；19 800公里村内通组路进入全省电子信息采集库，规模居全省第二位。争取到位交通项目中央、省补助资金21.09亿元，比上年增长55%。争取政府还贷二级公路取消收费后中央补助资金21.25亿元。

项目品质提升 工程造价审减率0.38%，重点工程监督覆盖率100%，原材料及工程实体抽检率100%，合格率比上年增长4.1%。

《巴中市“交通+旅游”融合发展实施方案（2018—2020年）》出台，推动交通与旅游融合发展。

平昌农村公路 郭 亮 摄

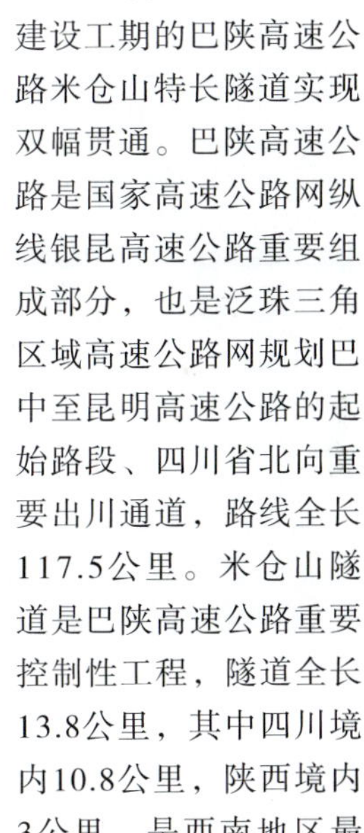

平昌县被国家三部委命名为“四好农村路”全国示范县，央视《焦点访谈》栏目对平昌“四好农村路”作详细报道；恩阳区被认定为全省第二批“四好农村路”示范县；市政府在全省“四好农村路”建设现场会上作交流发言。巴陕高速公路米仓山隧道贯通和全线建成通车的新闻，相继被中央电视台《新闻联播》《新闻30分》《新闻直播间》等栏目宣传报道。市交通项目获全省2018年度农田水利基本建设绩效考核第二名。

优化行政审批项目36项，受理审批申请4 206件，群众满意率和按时办结率100%。受理“12328”（“12345”）电话12 451件，信息咨询类即时答复率99.5%，限时办结率96.7%，回访满意率99.3%。受理来信来访136件，办结率100%。

（李艳梅）

交通建设筹融资 2018年，巴中市探索交通建设筹融资机制。苍巴高速公路获准采取BOT模式建设，并获省政府资金补助。运用PPP模式实施普通国省干线新（改）建项目11个，总投资80亿元，累计完成投资55亿元。区（县）整合土地增减挂钩、土地经营权置换收益、易地扶贫搬迁贷款等各类涉农资金17.91亿元、通过银行贷款1.74亿元、发动受益村民捐资1.76亿元用于村组路建设。开展“三大”活动，调研报告《贫困地区建设“四好农村路”的思考》作为优质调研报告被推荐到省委，报告探索出农村公路建设六大筹融资模式，特别是明确新一轮农村路网规划原则，从源头上节省农村公路建设成本。

（李艳梅）

巴陕高速公路米仓山特长隧道贯通 2018年8月9日10时，历时55个月建设工期的巴陕高速公路米仓山特长隧道实现双幅贯通。巴陕高速公路是国家高速公路网纵线银昆高速公路重要组成部分，也是泛珠三角区域高速公路网规划巴中至昆明高速公路的起始路段、四川省北向重要出川通道，路线全长117.5公里。米仓山隧道是巴陕高速公路重要控制性工程，隧道全长13.8公里，其中四川境内10.8公里，陕西境内3公里，是西南地区最长、国内第二长公路隧道。该隧道穿越高山硬岩石区域，隧道埋深大，地应力集中，有超过10公里范围的花岗闪长岩，岩石坚硬，高地应力特征明显，岩爆频发，施工难度极大，安全风险极高。自2014年1月入场施工以来，建设者克服高地应力、高地温和高浓度有害气体等多种难题，创下国内公路隧道史上独头掘进最长、中部通风竖井最深、通风联络规模最大的工程奇迹。

（郭 亮 李艳梅）

巴中至南充（南部）高速公路通过竣工验收 2018年7月23日—25日，由省公安厅交警总队，省交通运输厅办公室、厅建管处、厅公路处、厅审计处、厅质监局、厅造价站以及巴中市、南充市交通运输局及其质监机构和相关专家组成的竣工验收委员会对巴中至南充（南部）高速公路开展竣工验收工作。竣工验收委员会成员分为内业组和外业组，对项目建设程序、合同履行、工程进度、安全环保、廉政建设以及工程质量缺陷处治等内容进行逐一检查，并按照《公路工程竣（交）工验收办法实施细则》要求，对项目法人建设管理工作以及工程质量进行综合评价，确定工程质量等级，形成《项目竣工验收鉴定书》。经评定，巴中至南充（南部）高速公路项目通过竣工验收，综合评分94.01，公路质量等级优良。

（赵 升）

巴陕高速公路全线通车 2018年11月22日10时，巴陕高速公路第二期工程关坝至汉中段通车，至此，巴陕高速公路全线通车，四川又一条北向出川大通道正式形成。巴陕高速公路是国家高速公路网纵线银昆高速公路重要组成部分，也是泛珠三角区域高速公路网规划巴中至昆明高速公路的起始路段。一期工程巴中东兴场至南江北段全长76公里，2009年12月开工，2014年1月通车。二期工程南江北至汉中段全长41.5公里，桥隧比86.5%，重要控制性工程有13 800米长特长隧道——米仓山隧道和1 173米长特大桥——石桥河桥。巴陕高速公路全线通车后，巴中至汉中车程由3.5小时缩短到1小时。

2018年11月，巴陕高速公路全线通车 郭 亮 摄

（郭 亮 李艳梅）

省道304线通江县城至春在段通车 2018年5月20日，省道304线通洗路改建工程通江县城至春在段通车。该项目起于通江县城南门大桥附近，经九根渡、广纳镇、黄梁垭口、三溪乡，止于通江与平昌县交接处（洗脚溪），全长35.442公里。全线采用二级公路标准建设，设计时速40公里。其中，县城至春在段全长约5公里，路面宽8.5米，采用二级公路标准建设，该段于2017年7月开工建设。

（陈 勇）

巴中市境内指定高速公路管辖权移交 2018年6月1日凌晨，按照省公安厅交通警察总队安排部署，巴中境内指定管辖的4条高速公路移交四川省高速公路二支队管理。在巴中境内高速公路上所发生的道路交通事故处理、道路交通违法查处等，原由市公安局交警支队管辖职能内的案（事）件，统一由四川省高速公路二支队处理。移交的4条高速公路分别是：国道85线银昆高速公路巴陕段，国道85线银昆高速公路巴广渝段，国道5012线恩广高速公路巴达段，省道2线成巴高速公路巴南段。根据实地调研和道路勘察，就具体管辖路段分界进行确认后，高速公路二支队新组建4支高速公路大队。新组建的高速公路二支队八大队管辖成巴高速公路巴南段，管辖里程116公里；九大队管辖国道5012线恩广高速公路部分路段，管辖里程78.3公里；十大队管辖国道85线银昆高速公路巴陕段，该路段部分路段还在建设中；十一大队管辖国道85线银昆高速公路巴中至南充营山新店路段，管辖里程105.6公里。

（巴中市交通运输局）

恩阳机场快速通道三叉沟大桥T梁架设工程完成 2018年3月16日，巴中恩阳机场快速通道三叉沟大桥T梁架设工程完成。三叉沟大桥是恩阳机场快速通道重要节点工程，总投资5 290万元，上跨三叉沟，最大桥高76米，全长373米，桥宽30米，采用9×40米预应力砼简支T梁108片。T梁架设完成后，进入桥面铺装及桥梁附属工程施工阶段。12月底，恩阳机场快速通道全线完工，具备通车能力。

（张海川）

恩阳区创建第二批省级“四好农村路”示范县 2018年10月29日—30日，省政府在乐山市召开全省“四好农村路”建设现场会，会上对包括巴中市恩阳区在内的第二批14个省级“四好农村路”示范县授牌。近年来，巴中市恩阳区完善交通路网，大胆创新，将全区2 400多公里公路全部纳入“路长制”管理，着力构建精细化、常态化、制度化公路管理模式，以“路长制”推动实现“路长治”，推进农村公路建设，不断改善群众出行条件，成功创建全省“四好农村路”示范县，为全市脱贫攻坚和乡村振兴提供交通保障。

（王彦卓）

交通民生工程 2018年，巴中市实施民生工程渡改人行桥项目8座，总投资2 106万元。截至11月31日，8座渡改人行桥建设任务全面完成。为解决贫困山区沿河两岸群众出行难、过河难等问题，巴中市交通运输局全程跟踪、严格建设程序，严把质量关口，各县（区）航务海事处落实专人负责，做到提前谋划加快实施，抓住国家、省、市扶贫开发政策机遇，对接相关部门，制订建设方案，推进项目实施进度，确保建设任务完成。

（陈 宇）

公路养护 2018年，巴中市新（改）建完成公路养护站9个，新建成公路服务区、停车区8处。完成国道244线南江东榆至袁家坝路段中修、国道542线平昌县城段大修，普通国省干线公路桥隧养护通过省级抽检，路面使用性能指数91.9，位居全省第四位，保持优等路水平。农村公路全面推行“四级三员”（即县有路政员、乡镇有监管员、村有护路员的“三员”联动执法监管体系和总路长、县、乡、村四级路长管理体系）养护模式，村组路采取群众分段承包、优先安排贫困户养护、试点市场化养护等方式，实现“有路必养”。完成17个车站、2个养护站、1个超限站厕所新（改）建任务。

探索公路管护机制创新。通江县和恩阳区探索建立农村公路管护“路长制”，由区县、乡（镇）党政领导担任辖区农村公路路长，构建起政府牵头、部门联动、社会参与的公路管护网络。利用科技手段“治超”，在平昌县、通江县开展非现场执法试点，完成设备安装调试。

（李艳梅）

城乡客运 2018年，巴中市交通运输部门出台《巴中市城市公共汽电车客运企业质量信誉考核办法》，完成巴城公交车到期经营权处置，开行巴城至恩阳公交线路2条，优化巴城至兴文经济开发区公交线路2条，基本形成“一城三区”公交一体发展格局。巴城新投放200辆巡游车，新培育3家网约车公司、700余辆车。实施农村客运“村村通”工程，推行“响应式”服务，全市新增通客车建制村323个，村通客车率93%。完成2018年春运任务，保持“三无”好成绩。完成公路运输总周转量446 632.5万吨公里，比上年增长8.4%，居全省前列。协调整合邮政、供销等资源，发展农村货运班线13条，“多站合一”的农村物流节点网络逐步形成。城市公共交通出行分担率33.3%。

（李艳梅）

公路安保 2018年，巴中市建成县乡道安保设施633公里、村道公路安保设施322公里，公路安全防护能力增强。加快路网运行监控监测中心建设，启动国道公路视频监控点及执法车（船）载视频终端建设工作，建成43个国道公路视频监控点，完成20套车载视频终端、2套船载视频终端设备安装。实现“两客一危”重点车辆动态监控，监控入网率100%、上线率95%以上。

（李艳梅）

“打非治违”专项治理 2018年，巴中市开展“打非治违”扫黑除恶专项斗争，铁腕治理城乡运输乱象，查处道路、水运违法违规行为2 172起。与公安等部门协调联动，持续整治巴城非法营运，查扣“黑车”1 187辆次、报废77辆，行政拘留“黑车”经营者6人，移交非法营运案件679件，强制执行19件。开展巴中市主城区公共交通服务质量提升行动，城市客运形象提升。取消维修企业经营许可，由审批制改为备案制。整合货运车辆检验与检测，全市6家综合性能监测机构实现“两检合一”。在巴城打击非法营运实践中，交通、公安、法院协调联动，常态打击非法营运，市政府明令公职人员禁乘“黑车”，并出台“黑车”有奖举报办法，巩固巴中市主城区打击非法营运成果，根治“黑车”顽疾。

（李艳梅）

路政管理 2018年，巴中市以路政管理“示范路”创建为突破口，推进依法治路，查处损坏公路及设施419件、堆码占用公路50处、公路违规接道4处，拆除违法设置非公路广告标牌4 492处、违章建筑17处，建成“畅安舒美”示范路5条120公里。以固定“治超”站为依托，强化路面执法，检测货运车辆248 862辆次，查处超限运输车辆1 625辆次，卸载（转运）货物6 469吨，超限率控制在1%以内。

（李艳梅）

交通运输安全监管 2018年，巴中市交通运输行业安全监管持续强化。巴中市交通运输局印发年度安全生产任务分工方案，签订安全目标管理责任书，开展“道路运输安全隐患专项整治”、平安工地、“安全生产大检查”“平安交通百日行动”等专项活动，打击非法违法行为1 008起，整治违章529起；排查一般隐患和薄弱环节1 381起，整治1 368起。开展交通运输行业扫黑除恶专项斗争，排查线索10条、移交2条，查办案件57件。推进“河长制”工作，督促整改问题10个，小通江河水生态环境有效改善。全年道路运输、水上运输、公路养护、公路水运施工建设、城市客运、交通所属企业安全亡人责任事故为零，未发生较大及以上事故和源头管理责任事故，全市交通运输安全生产形势稳定。

（李艳梅）

雅安市交通

YAAN SHI JIAOTONG

2018年雅安市交通运输能力概况

公路交通运输			
通车里程	总里程（公里）		6 701.855
	其中	高速公路	340
		一级公路	34.469
		二级公路	586.705
		三级公路	374.125
		四级公路	5 011.592
		等外公路	354.964
公路密度	按国土面积计算：每百平方公里 44.67 公里		
	按人口计算：每万人 43.58 公里		
通达里程	通公路的乡镇 138 个，占乡镇 100 %		
	通公路的村 1 005 个，占村 100 %		
客运站	总　数（个）		109
	其中	一级站	2
		二级站	3
		三级站	5
		四级及以下站	99
营运车辆	总　数（辆）		20 323
	其　中	客车 1 210 辆 20 897 座	
		货车 19 113 辆 152 433 吨	
公路运量	客　运	客运量（万人次）	1 771.9
		旅客周转量（万人公里）	64 991
	货　运	货运量（万吨）	5 651.5
		货物周转量（万吨公里）	749 925
内河航运运输			
通航里程	总里程（公里）		351
	其中	三级航道	
		四级航道	
		五级航道	
		六级航道	
		七级航道	351
港口（码头）	总　数（个）		
	吞吐量	旅客吞吐量（万人次）	
		货物吞吐量（万吨）	
水路运量	客　运	客运量（万人次）	13.04
		旅客周转量（万人公里）	78.24
	货　运	货运量（万吨）	
		货物周转量（万吨公里）	
营运船舶	总　数（艘）		8
	其　中	客船 8 艘 352 座	
		货船　艘　　吨	
城市公交运输			
营运车辆	297 辆		
公交线路	36 条		
公交站	432 个		
运　量	亿人次		

注：空白为未统计项。

交通固定资产投资　2018年，雅安市交通基础设施建设完成投资60.53亿元，为年初计划的100.9%。其中，高速公路完成投资38.13亿元，为计划投资的112%；国省干线提档升级项目完成投资18.3亿元，占计划投资的80.6%；农村公路完成投资3.1亿元，为计划投资的110.7%；站点建设、国省干线大中修等专项工程完成投资1亿元，为计划投资的100%。雅康高速公路完成投资26亿元，峨汉高速公路完成投资11.23亿元。

交通基础设施建设　2018年，雅安市通车里程6 701公里，其中，高速公路340公里，国道5条630公里，省道10条609公里，农村公路4 803公里，专用公路319公里。公路密度每百平方公里44.67公里、每万人43.58公里。二级及以上公路里程961公里，占比14.3%，全省排名第二位；其中国省干线中二级及以上公路里程944公里，占比59.8%。雅安市境内建成成雅、雅西、雅乐、邛名、雅康5条高速公路计340公里，全省排名第七位，占比5%。在建峨汉高速公路，里程35公里；完成泸石高速公路投资人招商等前期工作。推进天雅高速公路（天府新区至邛崃至雅安）前期工作，加快列入省高速公路网规划。

雅康高速公路试通车 雅康高速公路是通往甘孜藏区的首条高速公路，项目起于雅安市雨城区草坝镇，接乐雅高速公路，在对岩与成雅、雅西枢纽互通，西经天全，穿越二郎山，跨泸定大渡河，止于康定市城东，路线全长135公里（雅安段89公里，甘孜段46公里），双向四车道，设计时速80公里，路基宽24.5米，项目概算总投资230亿元，批复工期五年。2018年12月31日8时30分，雅康高速公路全线建成并试通车运营。

雅康高速公路对岩枢纽互通　　雅安市交通运输局 供图

成雅快速通道（雅安段）建设 成雅快速通道（雅安段）起于名山与蒲江交界处观音阁，顺接成雅快速通道蒲江段规划线路，沿成雅工业园区规划道路至解放乡上跨成雅高速公路，经红星、车岭、名山货运站至永兴北下穿成康铁路，沿雅安物流园西侧至草坝设桥跨越青衣江，经南郊至对岩接原国道108线。路线全长60.374公里，设计路段长50.138公里（不含雅安市南外环线），技术等级为一级公路，路基宽分别为18.5米和28米，设计时速分别为60和80公里，估算总投资34.691亿元，其中建安投资约22亿元，建设工期2.5年。项目于2017年11月开工建设，截至2018年底，完成投资14.5亿元，控制性工程水津关青衣江特大桥主桥桩基完成水下工程施工，3座隧道全部开工建设，其中陈家湾隧道中导洞贯通，侧墙底板浇筑完成。预计2020年10月建成通车。

名山茶产业走廊道路改造完工 2018年8月，名山茶产业走廊道路改造工程完工。项目路线起于百丈镇天宫村既有村道与高速公路连接线相接处，沿既有村道至解放乡银木村，经月亮湖接解放乡瓦子村高速公路天桥处既有组道，展新线经白果坝至瓦子村村道，绕瓦子村场镇后继续沿既有村道前进至终点国道318线解放路口，路线全长9公里。项目优化茶旅融合精品线路设计，完善健身休闲旅游精品环线。

国省干线建设 2018年，雅安市国省干线完成投资18.3亿元。省重点项目成雅快速通道路基工程完成61%，完成控制性工程水津关特大桥水下工程部分，控制性工程隧道开工建设，全年完成投资11亿元；多营青衣江大桥路基及桥梁下部工程85%，完成投资0.7亿元；推进省道105线雅安至上里至邛崃界段提档升级改造、省道217线石棉至甘洛段改建工程等年内开工；雨名快

2018年，多营青衣江大桥效果图　　雅安市交通运输局 供图

速通道开工建设；推进省道431线名山百丈经雨城上里至芦山县城段新建项目、国道318线名山及雅安城区过境段新建项目、国道108线石棉县城过境段新建工程、国道549线石棉境内路段改（扩）建等前期工作。

雨名快速通道开工 成雅高速公路金鸡关互通及服务区项目（雨名快速通道）起于雨城区雅州大道与爱国路平交口，利用原路至金鸡关隧道口，将金鸡关隧道进行开挖以明线方式通行，于清泉寺隧道口附近上跨成雅高速公路，经罗家山、原山墅北侧、丁家坝至龙奠桥，与国道318线平交并止于名山区城西火烧桥，在交叉口处设服务区。路线全长5.876公里，其中新建里程3.976公里，改建原路0.535公里，利用原路1.365公里，设计时速60公里，路基宽36米，一级公路技术标准。估算总投资12.9亿元，其中建安投资8亿元。项目于2018年12月开工建设，工期2.5年。

国省干线大中修 2018年，雅安市完成国省干道大中修工程100公里，路面病害维修处治183公里，危桥拆除重建1座，在建桥2座，完成总投资1.954 6亿元。完工项目：国道108线汉源县萝卜岗隧道出口至石棉县丰乐乡大冲桥头段11公里中修工程，国道318线天全县紫石乡大仁烟至前碉桥头段13公里大修工程，国道318线天全县两路乡龙胆溪桥头至二郎山隧道口段3公里大修工程，国道108线石棉县栗子坪乡孟获村至石棉冕宁交界段8公里大修工程，国道108线石棉县马富隧道至银厂沟段15公里中修工程，国道108线石棉县新棉镇向阳村至栗子坪乡孟获村段50公里大修工程；国道108线荥经县道塘桥危桥拆除重建，国道108线接受交通运输部路况监测183公里路面病害维修处治。

农村道路建设 2018年，雅安市争取农村公路计划项目补助资金1.038 8亿元，新（改）建农村公路275公里，建成生命安防工程285公里，完成危桥改造8座，完成投资5.7亿元。推进交通扶贫，以省定退出的111个贫困村为重点，投资4亿元，完成新（改）建、整治贫困村组公路建设246公里，省定退出的111个贫困村均达退出验收标准，实现所有建制村通硬化路。加大对口联系村脱贫帮扶，建立常态机关干部联系帮户机制，制订"一户一策"脱贫计划。雅安市交通运输局结对联系贫困户23户，2018年联系的贫困村贫困户未出现返贫现象。2018年民生工程新（改）建农村公路241公里，农田水利基本建设农村公路完成357.8公里，完成投资4.4亿元。名山区被省政府认定为第二批"四好农村路"示范县。基本形成"乡村振兴、助民增收"的农村路网。

客运站点建设 2018年，雅安市推进道路客运枢纽工程建设，雅安发展投资有限责任公司投资0.5亿元，完成雅安东站综合客运枢纽站建设。推进乡（镇）客运站建设，完成石棉县新民农村客运站、永和农村客运站建设。推进村级招呼站（牌）建设工作，实现通客车建制村招呼站（牌）全覆盖。完成全市8个汽车客运站"厕所革命"项目建设，实现三级以上客运站"厕所革命"全覆盖。

路政管理 2018年，雅安市公路路政管理部门按照巡查制度制定每月巡查计划，开展公路巡查。加大节假日和汛期公路巡查密度，及时查处公路乱象，确保公路安全畅通。全市公路巡查率90%，发生各种侵占、损坏公路路产和公路设施案件875起，查处858起，查处率98%，清障排障3 351起。市政务服务中心交通窗口受理办结大件运输申请8 218件，其中，通过四川省交通运输网上行政审批服务平台受理办结跨市（州）大件运输申请7 015件，现场受理办结市内跨县（区）大件运输申请1 203件。申请监护通行大件运输车辆194辆次，其中，申请自行监护通行142辆次，申请路政机构实施监护通行52辆次。全市路面"治超"投入执法人员21 922人次，检

新建成的雅安汽车客运站 雅安市交通运输局 供图

测货运车辆368 754辆，查处超限车辆2 000辆；卸载超限车辆1 528辆，卸载货物26 345吨；发出抄告422次，超限车辆比例0.6%。

道路运输行业概况 2018年，雅安市有道路旅客运输业户31户，其中8户从事班车客运和包车客运，23户从事出租、公交企业。道路货物运输业户8 480户，其中，普通货运8 084户（含个体7 734户），货运专用运输98户（含罐式运输、冷藏运输、集装箱），危险货物运输企业6户；驾驶培训学校25所，教练车523辆，教练员568人，维修企业979家。有客运站109个，其中，一级客运站2个，二级客运站3个，三级客运站5个，农村客运站99个。全市开通客运线路169条，其中，跨省客运线路2条，跨市（州）客运线路68条，跨县客运线路19条，县内线路（农村客运）80条。有客运车辆2 033辆，其中，班线客运1 210辆（含农村客运889辆），出租汽车526辆，公交车297辆。营运货车20 897辆。农村客运通乡（镇）136个，通达率97.84%，通建制村867个，通达率86.61%；道路运输从业人员35 291人。

全年完成客运量1 771.9万人，旅客周转量64 991万人公里；货运量5 651.5万吨，货物周转量749 925万吨公里；客运量、旅客周转量比上年分别下降13.3%、16.98%，货运量、货物周转量比上年分别增长3.99%、8.17%。

城乡客运 2018年，雅安市完成公交车票价调整工作。收回5路公交车经营权交由蜀通公司经营，扩大"交通一卡通"使用范围，全年"交通一卡通"发卡量23 300张，实现互联互通线路11条。委托西南交通大学对现行公交线路进行优化，重新编制《雅安市城市公共交通发展规划（2018—2025）》，至2025年末，雅安市公交线网线路总数17条，线网总里程191.88公里，平均线路长度11.29公里，总里程181.05公里，公交车辆477标台，万人拥有率增至8.52标台，平均换乘系数降低至1.28。完成65个建制村客运通村任务，其中，雨城区12个，名山区2个、荥经县9个，汉源县12个，石棉县10个，天全县4个，芦山县6个，宝兴县10个。安排客运企业初步确定"定制客运"试点线路，制定二类以上市际客运班线定制客运试点方案。

货运物流 2018年，雅安市完善农村物流服务网络，全市六县两区分别建立县、乡、村三级物流综合服务站。华峰物流公司开展无车承运人试点工作。深化车辆运输车治理，注销不合规车辆，完成不合规车辆运输车淘汰退出的目标。全市道路危险货物运输电子运单异常率低于5%。推广反恐防范工作，全市5个二级以上客运站开展《四川省一、二级汽车客运站反恐怖防范工作规范（试行）》推广工作。在客车附搭小件快运中落实寄递物流"三个100%"制度。

水路建设管理 2018年，雅安市完成船舶营运检验、建造检验、初次检验、审图等合法审验工作；参与雅安熊猫灯会协调筹备和值班值守，完成雅安熊猫灯会水上交通应急保障；雨城区搭沟漩渡口、茶地坎渡口提档升级为二类渡口，为雅安市争取渡改桥项目做前期铺垫。完成一期内河三类船员适任考试，雅安市持证船员集中安全教育培训考试，水路运输客运企业资质年度审验，客渡船舶年审，汉源县船员培训点的设置；完成对名山区"百丈关漂流"河道安全评审，对漂流安全员进行漂流安全知识考试；完成"熊猫绿岛女娲广场工程（女娲雕塑）"航道通航条件影响评价报告和通航安全论证报告的专家审查。

工程质量监管 2018年，雅安市强化公路工程质量监督，对全市范围内的高速公路、国省干线新（改）建工程进行全覆盖质量安全监督，重点监督工程项目12个，其中，高速公路项目2个，国道项目3个，省道项目2个，地方重点经济干线项目5个。全年全市道路建设项目未发生较大以上安全生产事故，在建工程未发生重大质量事故。

绿色交通 2018年，雅安市推广应用公交新能源，鼓励各公交企业淘汰老旧高耗能公交车，更新12辆纯电动新能源公交车，超额完成目标任务。配合公安、环保等部门淘汰319辆营运"黄标车"，完成"黄标车"退出道路运输市场任务。做好中央环保督查后续整改工作，加强维修企业污染防治。强化大气污染防治工作，督促维修企业实施喷烤漆房升级改造，严禁露天喷涂作业，开展油性漆改水性漆试点工作，全市从事喷烤漆作业维修企业124家，其中，8家加装光氧设备，5家试点使用水性漆，其他企业达环保部门要求。

驾驶培训 2018年，雅安市机动车驾驶培训机构培训初学学员19 499人，新办从业资格证1 796个，换发从业资格证3108个，从业资格证转籍252个。全市机动车驾驶员培训机构在场地、设备、设施中投入资金200多万元，教练车523辆，教练员568人。开展从业人员素质提升工程，全市道路运输驾驶员继续教育注册学员增加23 586人，结业18 862人。25所机动车驾驶员培训机构，全部安装计时培训系统，推行"计时收费、先培后付"模式，覆盖率100%。全市523辆教练车全部安装计时车载终端设备，安装率100%。200名违章营运驾驶员被记分，其中，记15分并被列入重点监控名单的违章营运驾驶员121名，记20分及以上并被列入禁止进入名单的3人。

（本栏目供稿单位：雅安市交通运输局）

眉山市交通

MEISHAN SHI JIAOTONG

2018年眉山市交通运输能力概况

公路交通运输			
通车里程	总里程（公里）		8 080.5
	其中	高速公路	401.6
		一级公路	276
		二级公路	390
		三级公路	377.2
		四级公路	5 214.7
		等外公路	1 421
公路密度	按国土面积计算：每百平方公里 112.4 公里		
	按人口计算：每万人23.42 公里		
通达里程	通公路的乡镇 128 个，占乡镇 100 %		
	通公路的村 1 186 个，占村 100 %		
客运站	总　数（个）		147
	其中	一级站	1
		二级站	6
		三级站	2
		四级及以下站	138
营运车辆	总　数（辆）		30 173
	其　中	客车 1 604 辆 36 869 座	
		货车 28 569 辆 210 499 吨	
公路运量	客　运	客运量（万人次）	3 236
		旅客周转量（万人公里）	127 382
	货　运	货运量（万吨）	9 081
		货物周转量（万吨公里）	652 635
内河航运运输			
通航里程	总里程（公里）		280
	其中	三级航道	
		四级航道	
		五级航道	
		六级航道	78.7
		七级航道	11.02
港口（码头）	总　数（个）		34
	吞吐量	旅客吞吐量（万人次）	98
		货物吞吐量（万吨）	
水路运量	客　运	客运量（万人次）	26
		旅客周转量（万人公里）	260
	货　运	货运量（万吨）	
		货物周转量（万吨公里）	
营运船舶	总　数（艘）177		
	其　中	客船 128 艘 3 052 座	
		货船 49 艘 2 648 吨	
城市公交运输			
营运车辆	633 辆		
公交线路	59 条		
公交站	763 个		
运　量	0.751 6亿人次		

交通运输概况　2018年，眉山市综合交通建设投资完成148亿元，创历史新高。全年新开工高速公路1条56公里（成都至宜宾高速公路仁寿段），一级公路3条113.94公里（红星路南延线、工业大道东坡区南段、丹棱至蒲江快速通道），二级公路1条23公里（丹棱至名山路），航电项目1个（汤坝航电）；续建高速公路1条58.48公里（成都至乐山高速公路扩容改造），一级公路7条154.5公里（环天府新区快速通道、岷东大道永寿至青神界段、工业大道彭山段、太和大道、洪雅至峨眉山旅游快速通道、岷东大道东坡界至青神县城段、岷东大道九龙山隧道二期工程），二级公路1条23.7公里（国道351线富加至资阳段），独立桥梁2座（东坡区岷江一桥改造、青神县岷江二桥）；建成通车一级公路2条15.5公里（天府仁寿大道松林至城区段、工业大道东坡区界至谢家段）。

年内，眉山市交通运输局指导各区（县）完成《建制村联网路和村内通组路发展规划》编制。按照厅公路局采集通村民小组道路电子地图信息工作部署和一个村民小组只合理选择一条优选路线采集原则，组织县（区）对全市所有村民小组进行路线电子地图信息采集，并上报厅公路局。

2018年9月28日10时，简蒲高速公路眉山东坡互通立交开通 古良驹 摄

眉山市市域铁路网规划 2018年，眉山市交通运输局编制的《眉山市市域铁路线网规划研究报告》纳入省发展改革委《成都平原城市群轨道交通规划》。规划包括成眉市域铁路S5线和成眉市域铁路S14线两个项目。成眉市域铁路S5线（含仁寿支线）全长87.1公里，其中成都境内长21.8公里、眉山境内长65.3公里，项目总投资128亿元，其中成都境内40亿元、眉山境内88亿元。成眉市域铁路S14线起于成都地铁5号线永安站，经彭山城区止于东坡城区，全长47.4公里，眉山境内37.8公里。

连汪燕铁路仁寿段建设 连汪燕铁路是国家铁路网的组成部分，全长93.4公里（含连界站接轨2.371公里）。其中仁寿段长30公里，总投资18.5亿元，占地101.17公顷，途经仁寿县识经镇、汪洋镇、天峨镇、涂家乡、四公镇、松峰乡等6个乡（镇）22个建制村，是仁寿县重点交通"5322"重要格局的第一条铁路，也是仁寿县向西南发展、向西南出境的重点基础设施项目。国家II级单线铁路，设计时速120公里，限制坡度6‰，最小曲线半径一般为1 200米，困难条件下800米。仁寿境内设天峨、尖山（预留）、汪洋3个车站。项目由仁寿县负责投资建设，中铁二院工程集团有限责任公司设计，北京铁城建设监理有限责任公司监理，四川省铁路建设有限公司施工。2015年10月开工建设，2018年，道路路基、桥涵和隧道工程建设加快推进，完成投资4.11亿元，累计完成投资12.19亿元。

成乐高速公路扩容建设工程 国道0512线成都至乐山高速公路扩容工程，位于成都市、眉山市和乐山市境内，是连接成都双流机场与三市的重要快速通道，分为主线和乐山城区过境复线两部分，总长141.286公里，总投资估算231亿元，新（扩）建段为双向八车道，路基宽分别为42米和41米，设计时速100公里，沥青混凝土路面。项目主线划分为成都三环路川藏立交至彭山青龙场段新建复线和青龙场至乐山段原路加宽两段，主线起点位于成都市三环路川藏立交，止于乐山张徐坝互通，在张徐坝互通顺接乐宜高速公路并与乐雅高速公路形成十字交叉，里程129.926公里。乐山城区过境复线起于棉竹北枢纽互通跨青衣江大桥西侧桥台，顺接乐自高速公路乐山城区连接线，止于冷山枢纽互通，与乐雅高速公路十字交叉，顺接乐雅高速公路峨眉连接线，里程11.36公里。其中眉山市境内长60公里，估算投资60亿元。2016年9月，为探索提高通车高速公路扩容改造建设质量和建设期间施工保通经验，成乐高速公路青龙场至眉山试验段经省发展改革委批准立项；试验段长28公里，沿主线加宽改造（"四改八"），采用PPP模式，项目业主为成渝公司；12月30日试验段开工建设，由厅公路设计院设计，中公交通监理咨询河南有限公司监理。四川交投建设工程股份有限公司施工。2017年5月16日，全段工程可行性研究报告经省发展改革委核准批复；2018年5月11日，初步设计经交通运输部批复。施工设计总承包中标单位为四川交投建设工程股份有限公司和厅公路设计院。

2018年，成乐高速公路扩容工程眉山试验段施工现场 古良驹 摄

2018年，试验段加快推进，完成投资13.2亿元，累计完成投资23.2亿元。

成宜高速公路建设 成都至宜宾高速公路起于成都经济区环线高速公路，对接成都天府国际机场高速公路南线，经成都、眉山、内江、自贡、宜宾，止于乐宜高速公路中峰寺，是成都至宜宾最快捷的通道，也是通往云南的南向重要高速公路大通道，路线全长157公里，全线采用双向六车道高速标准建设，设计时速120公里，路基宽34.5米，沥青混凝土路面。其中眉山（仁寿）境内长56公里，投资估算80亿元。2016年12月，成都、眉山、内江、自贡、宜宾五市政府与四川省铁路产业投资集团有限责任公司签订《成都至宜宾高速公路合作共建投资协议》。2017年3月，工程可行性报告经省发展改革委批复；11月，仁寿县政府启动征地拆迁工作；12月施工单位进场开展驻地建设。2018年6月全线开工，至年底完成投资17.2亿元。

大峨眉国际旅游西环线建设 眉山大峨眉国际旅游西环线起于国道351线（原省道106线洪雅延伸线），经洪雅洪川、止戈、东岳、花溪、柳江、高庙镇，止于与峨眉山市与洪雅县交界处零公里，全长64.2公里（主线56公里，4条连接线8.2公里），一级公路技术标准，双向四车道，沥青混凝土路面，总投资41.3亿元。全线划分为两段设计，起点至柳江段32.15公里，设计时速80公里，路幅宽21.5米；柳江至终点段23.8公里，设计时速60公里，路幅宽20米。项目由厅公路设计院和中铁二院工程集团有限公司设计。2013年8月开工建设止戈五龙祠至柳江段22.3公里，其中核工业西南建设集团有限公司承建五龙祠至东岳连接线段8.7公里，四川瑞通工程建设有限公司承建东岳连接线至柳江段13.6公里，成都久久公路工程监理有限公司监理，2016年9月建成通车。2016年8月开工建设西环线洪雅城区段3.4公里，由中国五冶集团有限公司中标承建，四川省众信建设工程监理有限公司监理。2016年8月开工建设柳江至零公里段22公里，由中铁十六局集团有限公司中标承建，四川省亚通公路工程监理所监理，路基、桥涵、隧道工程施工有序开展。2018年，完成城区C1段、止戈至柳江段、柳江连接线、止戈连接线，柳江至终点段、起点段、东岳连接线加快进行，完成投资8亿元，累计完成投资30.8亿元。

国道351线工业大道至夹江界开工 眉山工业大道南段起于国道351线，连接工业大道至彭山界段，途经白马镇、象耳镇、修文镇、崇仁镇，止于夹江县界，全长21公里，沥青混凝土路面，一级公路，总投资13.7亿元，由东坡区负责投资建设。其中工业大道国道351线至眉山环城公路南环线段长4.5公里，路基宽30米，双向六车道；工业大道眉山环城公路南环线至夹江界段长16.5公里，路基宽23米，双向四车道。2018年8月开工建设，由厅交通设计院设计，四川亚通公路监理所监理，黑龙江省龙建路桥第四工程有限公司和江西省宏发路桥建筑工程有限公司施工，完成投资6亿元。

国道351线富加至资阳段建设 国道315线富加至资阳段，起于仁寿县富加镇，与县道富顺路（富加—禾加公路）相交，止于仁寿县与资阳市交界处分水村（甘古井）衔接省道106线，道路全长23.9公里，总投资5.77亿元，一级公路标准，设计时速60公里，路基宽12米，沥青混凝土路面，汽车荷载公路Ⅱ级，仁寿县负责投资建设。2017年9月开工建设，由中国中铁二院工程集团有限责任公司设计，河北德鑫工程监理咨询有限公司监理，浙江八咏公路工程有限公司施工。2018年开展路基施工，完成北斗、玉龙段绕场镇部分，实施北斗大桥、人民大桥桥梁上部结构施工，方家沟大桥下部结构施工，完成投资2.1亿元，累计完成投资5.07亿元。

太和大道建设 眉山太和大道起于东坡区东坡大道与科工园三路交叉处，经简蒲高速公路眉山互通，止于彭山区彭祖大道南段与凤鸣大道交叉口，全长9.663公里，一级城市主干道，路幅宽80米，双向八车道，设计时速60公里，沥青混凝土路面，预算总投资16亿元，设计工程量为路基挖填方220万立方米、涵洞13道、桥梁1座107米，路面42万平方米，同步建设地下综合管廊、绿化亮化工程。项目划分为2个土建标段，1个地下综合管廊标段9.04公里（东坡区城市规划区7.24公里，彭山区1.8公里），1个绿化亮化标段。业主为眉山市恒信交通投资建设有限公司，由中国市政工程西南设计研究总院有限公司设计，四川精正建设管理咨询有限公司、成都衡泰工程管理有限责任公司等单位监理。2016年8月开工建设土建一标段2.5公里，重庆建工第一市政工程有限责任公司中标承建，2018年9月建成通车。2016年10月开工建设土建二标段7.2公里，陕西建工第六建设集团有限公司中标承建，实施路面工程施工。2017年5月开工建设综合管廊标段，四川欧鹏建筑工程公司中标承建，实施管廊施工。2018年11月开工建设绿化标段，博大环境有限公司中标承建，完成彭山段推坡造型，开展东坡段推坡造型工作；至年底完成投资3.45亿元，累计完成投资10.16亿元。

环天府新区快速通道建设 眉山环天府新区快速通道（国道245线至国道213线连接线），起于彭山区青龙镇工业大道，经仁寿视高镇、文宫镇，止于仁寿县观寺镇接三岔湖旅游环线，全长48.65公里，采用PPP建设模式，一级公路技术标准，设计时速80公里，沥青混凝土路面，估算总投资55.86亿元。其中青龙（起点）至视高段25.86公里，路基宽38.5～57米，双向六车道，配套市政设施；视高至三岔湖段（终点）22.79公里，路基宽25.5米，双向四车道。按照统一规划、统一标准，属地管理、分步实施原则，由彭山区和仁寿县负责投资建设。项目由上海市政工程设计研究总院（集团）有限公司设计，上海浦桥工程建设有限公司和成都市蓉咨建设监理有限公司监理，上海建工集团股份有限公司施工。2017年9月开工建设仁寿县境内隧道工程试验段，2018年1月开工建设彭山区境内桥梁试验段，至年底完成投资13.82亿元，累计完成投资22.19亿元。

2018年，环天府新区青龙顺河大桥建设场景 殷勇 摄

天府仁寿大道松林至城区段完工 眉山天府仁寿大道松林至城区段，起于天府仁寿大道一期工程与成黑快速通道路口，止于仁寿县城规划区，全长19.48公里，途经仁寿县清水、黑龙滩、大化、珠嘉、文林等4个乡（镇）。一级公路技术标准，同步完善部分城市配套功能，设计时速80公里，双向八车道，路幅宽80米，沥青混凝土路面。项目采取分期分段实施，由成都市交通规划勘察设计院、中国华西工程设计建设有限公司、中国市政工程西南设计研究总院有限公司等单位设计，四川交投建设工程股份有限公司、仁寿蜀南投资管理有限公司、中交第一公路工程局有限公司、四川发展土地资产运营管理有限公司、中国华西企业股份有限公司等单位投资建设，北京中交安通工程技术咨询有限公司、河南同济路桥工程技术有限公司、四川正信工程监理咨询有限公司、四川康立项目管理有限责任公司等单位监理。2015年12月，开工建设天府仁寿大道松林至城区段，2017年11月完成路基、桥涵施工，2018年12月完工，完成投资7亿元。累计完成投资19.95亿元。

洪雅至瓦屋山旅游快速通道建设 眉山洪雅至瓦屋山旅游快速通道，起于洪雅县柳江镇郭山村，接大峨眉国际旅游西环线二标段2K30+360桩号处，经王关、双溪村、瓦屋山镇、沙湾村，止于瓦屋山国家森林公园，全长37.543公里，总投资19.55亿元，沥青混凝土路面，二级公路技术标准，采用PPP建设模式。其中袁坪至瓦屋山镇段21.523公里，路基宽12米，设计时速60公里，投资10.74亿元；瓦屋山场镇至金花桥段15.72公里，K0+000—K8+000（瓦屋山镇至富坪段）路基宽12米，设计时速60公里，K8+000—K15+720（富坪至终点段）路基宽8.5米，设计时速40公里，投资8.81亿元。2017年12月5日开工建设，袁坪至瓦屋山段由江西省交通设计研究院有限责任公司设计，四川省天府兴通建设工程项目管理有限公司监理，四川公路桥梁建设集团有限公司施工，路基、桥涵工程施工加快进行。2018年完成投资0.6亿元，累计完成投资3.2亿元。

工业大道东坡区至谢家段通车 眉山工业大道路线，起于东坡区与乐山市夹江县交界处，顺接省道428线（原省道103线），经东坡区、彭山区，止于彭山新津界接成都大件外绕线，路线全长61.9公里，一级公路技术标准，设计时速80公里，双向六车道，路幅宽30米，沥青混凝土路面。按照统一规划、统一标准，属地管理、分步实施原则，由东坡区和彭山区负责投资建设。项目由中交远洲交通科技集团有限公司、中交第二公路勘察设计研究院有限公司、安徽省交通规划设计研究总院股份有限公司等单位设计，四川省亚通公路工程监理所、河北德鑫工程监理咨询有限公司等单位监理，四川蜀通股份有限公司、重庆市涪陵路桥工程有限公司、四川志德公路工程有限责任公司、江西省宏发路桥建筑工程有限责任公司等单位建设（施工）。2013年开工建设彭山石化园区段4.8公里，2015年底开工建设东坡区国道351线（原省道106线）至彭山界段13.7公里，同年，彭山石化园区段建成通车，取得省政府一级公路收费立项批复。2016年10月开工建设彭山谢家至青龙段9.3公里， 2017年2月开工建设东坡界至谢家段5公里，6月东坡区国道351线（原省道106线）至彭山界段建成通车，2018年2月东坡界至谢家段建成通车。2018年完成投资5亿元，累计完成投资30.77亿元。

岷东大道永寿至青神县城段建设 眉山岷东大道

永寿至青神县城段，起于东坡区永寿镇，止于青神县城，顺接剑南岷东大道东坡段，路线全长17公里，一级公路技术标准，设计时速80公里，双向六车道，路幅宽30米，沥青混凝土路面。按照统一规划、统一标准，属地管理、分步实施原则，由东坡区和青神县负责投资建设。2017年4月开工建设，由中国华西工程设计建设有限公司设计，四川兴华建设咨询监理有限公司、河南同济路桥工程技术有限公司监理，江西省四通路桥建设集团有限公司和长沙路桥集团施工。2018年实施路基、桥涵工程，完成投资1亿元，累计完成投资7亿元。

红星路南延线开工 红星路南延线途径高家、观寺、中岗、向家、龙桥、鸭池、城堰、北斗、中农、河口、禾加、禄加、宝飞、双堡、识经、天峨等16个乡镇，道路全长77公里，总投资63亿元，由仁寿县负责投资建设。主线按照一级公路标准建设，设计时速80公里；支线按照二级公路标准建设，设计时速60公里。2018年5月开工建设，由中国华西工程设计建设有限公司设计，成都市久久公路工程监理有限公司、河北德鑫工程监理咨询有限公司等监理，江西省宏发路桥建设有限公司、蓝海建设集团有限公司等施工；年内进行路基、桥涵工程施工，完成投资17.5亿元。

丹蒲快速路开工 省道401线丹蒲快速路是丹棱县向北融入成都，对接成新蒲快速通道的交通主动脉，丹棱段全长14.9公里，总投资11亿元，采用PPP模式建设。按一级公路标准改（扩）建，路基宽24.5米，双向四车道，配套建设10米绿化带，3米绿道，2个驿站， 1个特色农产品售卖长廊。2018年3月开工建设，由中国华西工程设计建设有限公司设计，新疆昆仑工程监理有限责任公司监理，贵州建工集团有限公司施工，完成投资2.5亿元。

岷江一桥（新桥）改造工程桥梁引道半幅通车 眉山岷江一桥（新桥）改造工程桥梁引道，起于老城区二环东路，终点与泡菜园区物流主通道立交，止于水天花月景区大门附近，全长1 800米，其中桥长1 175.5米，桥梁宽34米，道路宽54米，一级公路技术标准，双向六车道，设计时速60公里，桥型采用双孔通航连续刚构桥，结合城市总体规划采用外观装饰方案建设，估算总投资3.4亿元。2016年10月开工建设，由东坡区负责投资建设，厅公路设计院设计，四川省亚通公路工程监理所监理，陕西建工机械施工集团有限公司施工。2017年开展河道内上部结构施工和两岸下部结构施工，2018年10月实现半幅通车，完成投资1亿元，累计完成投资2.3亿元。

2018年10月19日，眉山岷江一桥（新桥）实现半幅通车 古良驹 摄

青神岷江二桥建设 眉山青神县岷江二桥新建工程路线全长1 295米（引道366.5米，桥梁928.5米），宽30.5米，桥梁主桥为80+140+80米预应力砼连续梁桥，主梁为变高度箱形梁，下部结构桥墩采用空心墩，一级公路标准，设计行车时速60公里。2017年10月开工建设，由厅公路设计院设计，四川合石工程咨询监理有限公司监理，国诚集团有限公司建设。2018年进行下部结构、预制梁施工，完成投资1亿元，累计完成投资2.8亿元。

丹名路开工 省道104线丹名路是丹棱县对接雅安市名山区的要道，丹棱段全长23.1公里，按二级公路标准改（扩）建，总投资6亿元，采用PPP模式建设。县城至幸福古村段路基宽15米，双向四车道，其余路段路基宽10米，双向二车道。县城至梅湾湖景区配套建设10米绿化带，3米绿道，2个观景平台。2018年3月开工建设，由中国华西工程设计建设有限公司设计，新疆昆仑工程监理有限责任公司监理，贵州建工集团有限公司施工，完成投资2.3亿元。

成眉交通同城化发展 2018年，眉山市交通运输局多次与成都市交通运输局等相关部门进行工作对接，制订《成眉交通同城化发展工作方案》，成立成眉交通同城化发展领导小组，下设办公室和6个专项工作组机构（交通规划同城专项工作组、高速公路建设同城专项工作组、普通公路建设同城专项工作组、运输同城化专项工作组、水路同城化专项工作组、交通信息管理同城化专项工作组），明确各专项工作组责任分工和同城化发展工作机制。加速推进成眉交通同城化发展，成眉市域铁路S5线（含仁寿支线）、省道14线被纳入省发展改革委《成都平原城市群轨道交通规划》；抓紧开展成眉市域铁路S5线前期工作，加强同成都市对接，共同研究建设、投资、运营模式，力争早日具备开工技术条件。对接成都的“两横五纵”高速公路网和“一横九纵”快速公路网。加快推进成乐高速公路扩容改造、成宜高速公路、红星路南延线、丹蒲快速通道等项目建设和眉山绕城东环高速公路、站华路南延线、滨江大道青龙段、锦江大道等项目前期工作。推动成眉动车公交化运营，配合成都市和中国铁路成都局集团开展相关工作，力争逐步增加经停眉山东站的列车班次。开创全省跨市公交先例。10月20日，天府新区视高至成都兴隆湖T50城市公交线路开通运营。推出成眉两市公交“一卡通”，加快研究制定相关实施方案。注重与成都平原经济区其他城市的同城化一体化发展，同德阳、资阳交通主管部门就交通同城化发展，同雅安、乐山等交通主管部门就交通一体化发展进行多次工作对接，为加深加强交通合作达成相关共识。

眉山视高—成都兴隆湖城市公交开通 2018年10月20日，全省第一条跨市城市公交线路——眉山天府新区视高至成都天府新区兴隆湖城市公交T50线路开通仪式在眉山天府新区视高公交站举行。T50首末站分别为眉山天府新区视高公交站和成都天府新区兴隆湖天汉路公交站，线路全长19公里，沿途设置站点8个（三号桥站、天府大道视高路口站、天府大道黄堰村站、天府大道南四段七色画廊站、天府大道籍太路口站、天府大道鸿湘寺站、天府大道茶林村站、地铁科学城站），投放16辆12米纯电动公交车，平均6～8分钟一班，单边运行时间42分钟，票价每人次2元。

汤坝航电枢纽工程建设 岷江汤坝航电枢纽工程位于眉山市东坡区境内，是岷江中游8级航电规划自上而下开发的第2个梯级。2009年获省发展改革委、省交通运输厅、省水利厅批准建设。2017年5月纳入《四川省公路水路交通运输“十三五”发展规划》《四川省“十三五”内河水运发展规划》《成都至乐山段航运发展规划》《四川省高等级航道达标升级2016—2020年专项工程方案》，是四川省“十三五”期间开工的重点项目。由眉山岷江水电开发有限公司开发，以通航为主，发电为辅，兼顾防洪、灌溉、供水、流域综合开发，按照四级航道标准设计，坝址位于眉山市主城区岷江一桥下游1.7公里处，水库正常蓄水位414.80米，电站装机容量6.9万千瓦，年均发电量2.83亿千瓦时，船闸按Ⅳ级航道通行2×500吨级船队进行设计，渠化航道14公里，工程概算总投资21.06亿元。2017年2月20日取得移民安置规划大纲批复，9月29日取得移民安置规划报告批复，5月9日取得水资源论证报告和取水申请批复，11月20日取得初步设计批复，12月11日取得项目环评批复，项目35项前期专题报告全部完成并取得批复。由四川省水利水电勘测设计研究院、厅交通设计院设计，四川省水利电力工程局、四川一沙兴蓉建设工程有限公司施工，四川大桥水电咨询监理有限责任公司、成都交大工程建设集团有限公司监理。2017年12月12日开工建设，开展“一枯”围堰施工，完成右岸4公里防洪堤施工，闸坝石方开挖3万立方米，砂卵石开挖4.5万立方米，自来水管道改建，河道疏浚等工程。2018年实施右岸一期闸坝基础开挖，完成9.4公里库区防洪堤改建，左右岸见雷桥引桥砂卵石填筑8.9万立方米，“一枯”围堰砂卵石填筑6.5万立方米，“一枯”枢纽闸坝、厂房开挖14.7万立方米，混凝土浇筑3.95万立方米，锚杆施工6 255米，生态闸、冲砂闸帷幕灌浆1 450米和接地预埋施工、监测设施预埋，完成投资6.03亿元，累计投资9.63亿元。

虎渡溪航电枢纽工程开工 岷江虎渡溪航电工程位于眉山市青神县南城镇，是岷江中游8级航电规划自上而下开发的第6个梯级，工程以发电、航运为主，并兼顾土地综合开发，属三等中型工程。正常蓄水位391米高程，航道等级Ⅳ级，单级单线船闸，设计吨位2×500吨；电站为河床式，总装机容量6.3万千瓦，坝长512.67米，年均发电量2.47亿千瓦小时，泄水闸采用开敞式，17孔，最大泄流每秒18 400立方米。初设概算总投资14.25亿元。2015年开展项目前期手续审批。2016年6月28日经省发展改革委审查批准建设，由青神金弘能源投资开发有限公司开发投资，四川省水利水电勘察设计研究院和湖南省水利水电勘察设计研究总院设计，广东水电二局股份有限公司施工。2018年1月开工建设，征占土地17.24公顷，完成《土地预收储协议书》签订。截至2018年底，取得项目前期初设阶段所有批文和首批施工图设计，完成投资1.11亿元。

“四好农村路”示范路建设 2018年，眉山市完成“四好农村路”示范路建设466公里，六区（县）保有“四好农村路”示范路均超过100公里。彭山区按照《眉山市人民政府关于推进“四好农村路”建设的实施意见》，推进落实《“四好农村路”实施方案》，4月通过“四好农村路”省级示范县考核，10月省政府授牌彭山区“四好农村路”示范县，获1 000万元奖励资金用于农村公路建设。

公路水路运输 2018年，眉山市完成公路客运量3 236

万人次、旅客周转量127 382万人公里；货运量9 081万吨、货物周转量652 635万吨公里，客货运输总周转量665 373.149万吨公里，比上年增长8.4%，全省排名第6位。城市公共交通运营里程2 210万公里，客运总量4 177万人次，水路客运量26万人次，完成春运、国庆等重点时段运输和节会运输保障任务，保障运输车辆352辆次，安全运送道路旅客13 200人次。继续推进客运“村村通”工程，全年1 179个建制村开通1 179个，农村客通乡（镇）通达率91.43%，村社通达率100%，全年24家危货企业、1 409辆危货车辆，电子运单管理系统对企业实现全覆盖，车辆平均使用率80%。

“打非治违”专项行动 2018年，眉山市交通运输局结合扫黑除恶专项斗争，在全市运政执法机构开展“打非治违”专项行动，持续规范道路运输市场经营秩序。全年出动执法人员20 888人次，检查车辆38 750辆次，查处违法违规车辆1 472辆次，其中非法营运247辆次、营运车辆违规经营1 225起。全市对营运车辆驾驶员从业资格证进行记分859人次，14人被列入“禁止进入黑名单”退出运输市场。全市运政执法机构利用各种营运车辆、驾驶员监管平台，加强 “两客一危”车辆和12吨以上重型货车动态监管，“两客一危”车辆GPS安装率和在线率100%，12吨以上重型货车GPS安装率和在线率95%以上。对运输企业开展“双随机”执法检查352家次，检查率100%。召开危险品运输安全专题工作会5次，组织危险品运输企业法人或安全负责人进行安全警示教育、培训、学习20次，对存在违规行为的3家危化品运输企业负责人进行约谈。紧扣稳定工作强执法，及时化解道路运输领域不稳定因素，对道路运输领域涉黑涉恶和行业乱象方面的线索进行调查处理。召开眉仁线班车车主稳定工作专题会4次，推动客运定制服务试点工作，从源头上化解眉仁线长期存在的信访问题。化解中心城区出租车不稳定问题，对引发稳定问题4家网约车公司进行针对性个别约谈，对出现驾驶员上访5家巡游出租车公司进行集体约谈，引导出租公司对承包合同进行合理化修改调整，依法对眉山市宝鑫出租汽车公司未取得经营许可擅自经营出租车的违法行为进行立案处罚，理顺出租车市场经营秩序。9月15日，启动为期6个月的眉山中心城区巡游出租汽车经营秩序专项整治，出动执法人员1 320人次，开展巡游出租汽车检查232次，检查巡游出租汽车6 500辆次，查处56名违法违规出租车驾驶员，出租车举报投诉数量下降40%以上。

公路“治超” 2018年，眉山市注重“治超”工作源头监管，将水务、国土部门批准的砂石料场全部纳入区（县）政府公布的重点货运源头单位，落实砂石行业主管部门在“治超”工作中行业监管责任，落实运政部门牵头驻点或巡查监管的工作机制，查处超限装载的砂石料场8家。坚持对违法超限运输联合惩戒，实施“一超四罚”，对违法超限运输车辆驾驶员从业资格证进行记分760人次，9人被列入“禁止进入黑名单”，退出运输市场，同时抄告违法超限运输车辆驾驶员3 471人次，对违法超限运输车辆超10%以上的货运公司停业整顿。查处非法改拼装车辆300余辆，对查处非法改拼装车辆一律现场切割栏板整改到位，并倒查实施非法改拼装的维修企业。规范超限检测站运行秩序，全市12个超限检测站实行24小时工作制，实行交警、路政联合执法“一站式”查处工作机制。全年检测货车1 812 492辆次，查处超限车辆4 336辆次，卸载超限货物53 667吨，超限率控制在0.3%以内，超额完成省定超限率控制在3%以内的目标任务。加大流动“治超”力度，依托固定超限检测站与交警联合，采取不定期流动巡查，重点打击无牌无照、无证驾驶、冲关绕行、短途驳载等严重扰乱超限检测站检测秩序的超限运输违法行为，流动巡查立案查处严重超限车辆3 043辆次。2018年，眉山市交通运输行政执法支队被厅公路局评为全省4个规范“治超”先进单位之一，市交通运输局被省政府表彰为先进集体。

交通信息化建设 2018年，眉山市实施“互联网+交通”战略，推进“智慧交通”建设，四川省交通运行监测与交通应急指挥系统项目二期工程启动，眉山市作为该项目第三批次建设市（州），项目总投资2 122.73万元，其中，省级财政投资799.08万元，市、区（县）地方财政投资1 048.62万元。地方投资按市、区（县）财政分级自筹，市本级财政投资472.42万元，试点县（洪雅县）投资408.16万元，非试点区、县（东坡区、彭山区、仁寿县、青神县、丹棱县）投资108.04万元，企业投资295.03万元。项目充分整合、利用现有各类监测设备设施与数据共享基础上，建成交通运输运行监测体系，建设完善交通运输应急管理体系，两大系统建成后供省、市（州）、区（县）三级交通运输管理部门分级应用。

公路养护管理 2018年，眉山市加强公路养护管理。全年定期检查国省干线公路桥隧20座，完成普通国省干线公路大修和预防性养护工程56.652公里，启动全市普通公路桥梁健康监测系统建设，完成小修保养投资8 501.95万元，年度路面性能使用指数89。农村公路实际构建市、县、乡、村四级养护管理体系，建立“以奖代补”考核奖惩机制，推动管养工作日常化、科学化和规范化，全市县乡公路路况水平良好。完成涉及6个区（县）乡道56.2公里、村道51.5公里的安全生命防护工程建设，提高农村公路安保能力，完成农村公路病害桥梁改造整治2座。

（本栏目撰稿人：魏　平）

资阳市交通

ZIYANG SHI JIAOTONG

2018年资阳市交通运输能力概况

公路交通运输			
通车里程	总里程（公里）		12 346.999
	其中	高速公路	278.5
		一级公路	19.767
		二级公路	333.943
		三级公路	229.997
		四级公路	10 844.012
		等外公路	640.78
公路密度	按国土面积计算：每百平方公里 213 公里		
	按人口计算：每万人 32 公里		
通达里程	通公路的乡镇 116 个，占乡镇 100 %		
	通公路的村 1 982 个，占村 100 %		
客运站	总　数（个）		9
	其中	一级站	1
		二级站	5
		三级站	1
		四级及以下站	2
营运车辆	总　数（辆）		9 367
	其　中	客车 1 149 辆 28 725 座	
		货车 8 218 辆 41 090 吨	
公路运量	客　运	客运量（万人次）	2 653
		旅客周转量（万人公里）	118 469
	货　运	货运量（万吨）	4 406
		货物周转量（万吨公里）	388 922
内河航运运输			
通航里程	总里程（公里）		74
	其中	三级航道	
		四级航道	
		五级航道	
		六级航道	
		七级航道	74
港口（码头）	总　数（个）		1
	吞吐量	旅客吞吐量（万人次）	26
		货物吞吐量（万吨）	239
水路运量	客　运	客运量（万人次）	52
		旅客周转量（万人公里）	49.09
	货　运	货运量（万吨）	239
		货物周转量（万吨公里）	1 496
营运船舶	总　数（艘）		
	其中	客船　艘　　座	
		货船 100 艘 9 559 吨	
城市公交运输			
营运车辆	242 辆		
公交线路	19 条		
公交站	411 个		
运　量	5.83亿人次		

注：2018年，资阳市撤销客船改渡船，只有渡客数量，无客船数量。

交通运输概况　2018年，资阳市交通运输系统坚持“转型才能更好发展，后发也要高点起步”发展理念，推进成渝空铁陆立体综合交通枢纽建设。全年完成投资70.1亿元，为上年度122%，脱贫攻坚交通建设任务全面完成，国省干线公路路面使用性能指数保持全省前列，党风政风行风满意度大幅提升，交通战备、质量监督、造价管理、防邪禁毒、机要保密、老干部、共青团、工会等完成工作目标。资阳市交通运输局被省政府表彰为道路安全综合治理工作先进集体，被省交通运输厅评为安全生产目标管理优秀单位、“12328”电话先进集体，被中共资阳市委评为2017年绩效管理工作先进单位。

高速公路建设　2018年，成资渝高速公路项目完成投资40亿元，项目路基工程完成工程总量70%，桥梁桩基完成工程总量73%，桥梁墩柱完成工程总量40%，涵洞完成工程总量56%，启动站场建设，完成上级下达的投资及形象进度目标。

快速通道建设　2018年，资阳市快速通道建设完成投资20.94亿元。成资大道投资15.33亿元，简阳界至国道321线段启动建设，国道321线至董家坝段前期工作基本完成，进行便道施工和土石方开挖。陈毅故居旅游快速通道完成投资3.61亿元，为年度投资计划120.33%。安岳县卧佛镇至石羊镇快速通道完成投资2亿元，一期工程（卧佛路段）工程全面启动，二期工程（贾石路段）办理土地指标手续相关资料。

地方公路建设 2018年，资阳市国省干线大中修工程开工29公里，建成6公里，完成预防性养护工程8公里，建成公路养护管理站4个，完成“厕所革命”公共厕所10个。完成国省干线公路绿化541公里，县乡道绿化723公里，建设重要节点绿化26处。国省干线公路路面使用性能指数90，达到优良等级。

资阳市城市公交“天府通·成资通”卡首发暨新能源公交车投运启动仪式

资阳市交通运输局 供图

农村公路建设 2018年，资阳市建成农村公路296.6公里，完成投资2.7亿元。改造县乡道105公里，村社道301.54公里，建成农村公路改善提升工程130公里，村道窄路加宽工程91公里，“畅返不畅”专项整治93.2公里，农村公路危（病）桥整治完成9座，建成贫困村通村通组硬化路233.6公里。印发《关于推进“四好农村路”建设的实施意见》《资阳市“四好农村路”建设工作考核评定细则》，修订、完善农村公路协调发展6项制度，各县（区）按计划推进各项建设任务，雁江区申报省级“四好农村路”示范县验收。开展专项督查7次，印发通知3份，组织学习、培训2次，资阳市政府分管领导召集专题会议，推动“四好农村路”建设工作。

城市公共交通 2018年，资阳市与成都市联合印发《成资同城化发展实施方案》，明确推进公共服务同城化，通过成都天府通卡实现成资公交、地铁等领域跨城“一卡通”，出台互通互享成资两地公共交通出行优惠政策，促进跨地区资源共享，让市民出行更加便利。11月8日，成都天府通公司和资阳市城市公共交通有限责任公司正式签订合作协议。12月20日，资阳城区所有公交车完成车载终端设备安装。资阳城区开行5条公交精品线路，36辆新能源公交车正式投运。建成公交智能调度和视频监控系统平台，公交普通卡资费八折、学生卡五折、1小时内免费换乘1次等刷卡优惠政策落地落实。公交出行分担率明显提高，投诉率比上年下降55%。强化对出租车从业人员教育培训，城区出租全部换装新型计价设备；开展“打非治违”，联合实施城区交通秩序综合整治，

资阳市乡村公路“入户到家”路网

资阳市交通运输局 供图

全年处罚违法违规出租汽车532辆次；形成深化改革推进出租汽车行业健康发展实施意见，资阳市政府出台《资阳市网络预约出租汽车经营服务管理实施细则（试行）》，4家网约平台在资阳城区取得经营许可。

交通脱贫攻坚 2018年，资阳市争取村道窄路加宽、农村公路危桥改造等专项工程省补助资金1 700万元，为农村公路建设提供资金保障。选派5名干部开展驻村工作，70名党员干部与101户贫困户结成帮扶对子，投入资金43万元帮助联系村开展阵地建设、村道建设、产业结构调整等。资阳市级交通系统联系的6个帮扶村，5个村实现脱贫，1个村通过市级脱贫验收。

交通安全生产 2018年，资阳市紧盯"两客一危"安全监管，重点治理超速超员、疲劳驾驶、危险驾驶以及农村客运乱象等违法违规行为，全年未发生重特大交通行业安全事故，未发生旅客滞留车站现象，较好实现"安全、优质、有序、和谐"运输目标。开展春节等重要节日和汛期等重点时段安全生产综合督查，全年排查一般隐患1 868个、完成整治1 749个，排查重大隐患10个、已整治7个。

公路运输管理 2018年，资阳市公路运输总周转量4 406万吨公里，增速8.6%，居全省第六位。邮政业务总量累计6.3亿元，增速24.2%。重点营运车辆实现联网联控系统全覆盖，全市6个二级以上客运站全使用实名制管理信息系统。结合成安渝高速公路通行条件，优化域内至成都、重庆方向客运车辆运输组织。开展建制村通客车和农村三级物流建设工作，全市建制村通车率81%。把好包车客运审核关，办理旅游包车4 536趟次。许可3家危险货物运输企业，督导危险货物运输企业规范使用电子运单，全市63辆危险货物车辆填写电子运单2 393单，单车平均运单数42单，车辆覆盖率85.96%。规范寄递物流经营行为，资阳城区出动执法车辆150辆次，执法人员350余人次，巡查寄递网点60余家、客运站3家、客运企业2家、货运企业47家，检查客运车辆100余辆次，货运车辆150辆次。

水路运输管理 2018年，资阳市水路运输总周转量1 496万吨公里，增速20.1%。按要求开展"中小型船舶安全管理专项整治""水上交通运输安全生产专项整治行动""水上交通运输领域安全度汛专项整治""安全生产大检查""平安交通百日行动""水上交通运输消防安全大检查"等专项活动，全市航务海事机构出动检查组409个次，执法人员1 308人次，出动执法车368辆次，执法艇34艘次，检查船舶478艘次，整改安全隐患23项，发送安全警示短信3 000余条。全市开展船员培训4次、乡（镇）船舶安全业务培训1次，发放安全宣传资料2 000余份、安全宣传画册95张，制作安全宣传展板10个、安全宣传横标200条，播放安全宣传视频资料等教育片2场，传递安全警示短信2 000余条，培训船员、签单员、船管员385人次，全市全年水上交通继续安全平稳发展。

2018年7月6日，资阳市交通运输局举办"便民交通·为您而变"系列主题活动启动仪式
资阳市交通运输局 供图

路政管理 2018年，资阳市依托超限检测站持续开展"双超"联合治理行动，推进联合执法常态化。全年检查车辆47 847辆，查处卸载超限车辆855辆，卸载重量2.9万吨，完成货运车辆超限率3%以下目标任务。开展涉路违法行为专项整治，强化货运车辆装载管理，规范涉路施工管理，及时清理枯老病死行道树，发动群众参与公路保护，营造"畅、安、洁、绿、美"公路路域环境。全市全年查处损害公路及设施35处，侵占公路及公路用地案件10起，清障排障504处。

（本栏目供稿单位：资阳市交通运输局）

阿坝藏族羌族自治州交通

ABA ZANGZU QIANGZU ZIZHIZHOU JIAOTONG

2018年阿坝州交通运输能力概况

公路交通运输			
通车里程	总里程（公里）		13 421.071
	其中	高速公路	50.922
		一级公路	6.469
		二级公路	1 657.648
		三级公路	565.736
		四级公路	10 753.739
		等外公路	386.563
公路密度	按国土面积计算：每百平方公里 15.194 公里		
	按人口计算：每万人 145.881 公里		
通达里程	通公路的乡镇 225 个，占乡镇 100 %		
	通公路的村 1 355 个，占村 100 %		
客运站	总 数（个）		190
	其中	一级站	
		二级站	10
		三级站	8
		四级及以下站	172
营运车辆	总 数（辆）		19 964
	其 中	客车 3 486 辆 342 165 座	
		货车 12 165 辆 15 319 吨	
公路运量	客 运	客运量（万人次）	918.978
		旅客周转量（万人公里）	130 903.309
	货 运	货运量（万吨）	1 850.12
		货物周转量（万吨公里）	454 523.036
内河航运运输			
通航里程	总里程（公里）		27.08
	其中	三级航道	
		四级航道	
		五级航道	
		六级航道	
		七级航道	
港口（码头）	总 数（个）		20
	吞吐量	旅客吞吐量（万人次）	0.5
		货物吞吐量（万吨）	
水路运量	客 运	客运量（万人次）	
		旅客周转量（万人公里）	
	货 运	货运量（万吨）	
		货物周转量（万吨公里）	
营运船舶	总 数（艘）5		
	其中	客船 5 艘 40 座	
		货船 艘 吨	
城市公交运输			
营运车辆	158 辆		
公交线路	68 条		
公交站	1 033个		
运 量	0.021 7亿人次		

注：1.公路通达里程统计中，通公路的乡（镇）225个包含乡（镇）级别的农林场，通公路的村1 355个包含村级别的农林场。
2.该州航道未评级。

交通运输概况 2018年，阿坝州交通建设完成投资136.07亿元，超年度交通投资任务14.57亿元。其中，铁路建设完成投资18亿元，为目标任务的100%。公路建设完成投资118.07亿元（高速公路69.89亿元，国省干线改造30.88亿元，国省道大中修11.66亿元，农村公路5.5亿元，客运站点0.14亿元），为目标任务的114%，超目标任务14.57亿元。12月底，成兰铁路（阿坝段）5座隧道全部开工，开工特大桥、大桥、中桥22座，开工框架桥3座、框架（盖板）涵8座、路基土石方6段，累计完成投资132.15亿元。都江堰至四姑娘山轨道交通扶贫项目基本完成立项前期要件。至年底，汶马高速公路完成投资58.74亿元，实现分段建成105公里目标；九绵高速公路阿坝段完成投资11.15亿元。完成通村硬化路4 568.67公里。“8·8”九寨沟地震灾后重建项目5个，国道544线川九路、漳大路、包座路和九寨沟县8条受损村道开工，马家乡道重建完工。汽车客运站“厕所革命”项目年度目标17个，其中新建3个、改建14个，除小金县因地质灾害无法实施以外，其余完成项目建设。

开展安全隐患排查，排查公路、桥梁、隧道、运输隐患213处，建立安全隐患清单和台账，并在规定时限

内全部整改完毕。抓好节假日和汛期安全监管工作，全年未发生道路、水上运输安全事故。实现三级及以上客

阿坝县车站　　阿坝县交通局 供图

运站全部纳入道路客运联网售票系统，2018年，各汽车站通过联网售票系统售票99 606张。推动城市公共交通“一卡通”互联互通系统升级改造以及相关机具提升改造，全州13县公交车均实现“一卡通”。推进驾驶员培训行业制度改革。推进“绿色交通”发展实际，制订交通建设环保检查工作方案，巩固环保督察反馈问题整改成果。

国省干线公路建设　2018年12月28日，国道213线映秀至汶川段公路特大泥石流灾后恢复重建项目建成通车，该项目2015年8月开建，历经3年多建成。国道545线绵竹至茂县公路、省道452线阿坝县至壤塘县公路、省道217线若尔盖唐克至花湖段等3个建设项目于12月底完工。2018年3月，国道545线绵竹至茂县公路蓝家岩隧道阿坝州境内隧道开挖、主洞仰拱及回填全面完成，并向绵竹方向掘进300米。2018年3月，国道345线迭部川甘界至若尔盖麦溪至甘肃玛曲公路改建工程、国道544线川主寺至九寨沟恢复重建工程等14个项目相继开工建设。重点储备国道347线茂县两河口至红原壤口段管理提升改建工程、国道350线小金至丹巴公路升级改造工程等8个项目，计划2019年开工建设。全年实施大中修624公里，完成445.929公里，剩余177.228公里完成水泥稳定层、沥青混凝土下面层铺筑等主体内容。

农村公路建设　2018年，阿坝州研究制订《2018—2020年交通定点扶贫专项行动方案》和三年项目库，部省计划3年总投资7.8亿元，建设项目89个。208个退出贫困村通村硬化路全面完成。新（改）建农村公路改善提升工程61.167公里；村道窄路加宽改造完成107.2公里，完成目标107%；旅游路、资源路、产业路完成15.6公里；农村公路病危桥整治4座，完工3座，在建1座（阿坝黑桥）；农村公路安防工程 42.939公里。

客货运输　2018年，阿坝州完成公路运输客运量918.978万人次，旅客周转量130 903.309万人公里；完成公路货运量1 850.12万吨，货物周转量454 523.036万吨公里。客运量和旅客周转量比上年分别下降24.61% 和24.12% ，货运量比上年增长5.25%，货物周转量比上年下降1.75% 。客货运总周转量467 613.366 9万吨公里，比上年增长0.79%。

公路养护　2018年，阿坝州完成养护工作目标任务，国省干线公路路面使用性能指数84.2，完成省补机养中心建设3个，养护管理站建设16个，完成国省干线大中修445.929公里。超限治理投入“治超”执法人员16 300人次，出动执法车辆34车次。检测车辆377 890辆。查处超限车辆2 163辆，卸载转运车辆1 809辆，卸载转运货物9 486.88吨，抄告100辆，超限率2%。完成计划新增红原壤口Ⅱ类超限检测站1个，全年无路政执法投诉举报案件。“打非治违”专项整治出动执法人员6 662人次，出动执法车辆1 913辆次，检查旅游车辆21 079辆次，查获涉嫌非法营运车辆202辆，涉嫌异地经营车辆12辆，超范围经营车辆6辆，现场安全警告282辆次。

交通法治建设　2018年，阿坝州交通运输局开展交通普法工作。根据“七五”普法规划制订分年普法计划，开展中期自查、半年和年终总结；12月4日，参加宪法知识宣传活动；进行“七五”普法2018年度法律知识考试，参考率、合格率100%。组织干部职工参加州环境保护知识竞赛，组织8名新进执法人员参加省交通运输厅统一考核。

“两检合一”改革　2018年，阿坝州交通运输部门合并道路货运车辆安全技术检验和综合性能检测中涉及安全的检验检测项目，实现“一次上线、一次检测、一次收费”。开展车辆异地年审、驾驶员异地考核，取消货运部分许可、异地维修、异地检测工作并建立相应工作机制。

扫黑除恶专项工作　2018年，阿坝州交通运输部门成立扫黑除恶专项领导小组，制订工作方案和协调、线索核查移送工作机制，排查10个建设项目、13个县（市）客货运输市场、9条国省干线，发现线索8起，并及时移交办结。在机关、车站、公路养护站以及交通建设项目工地张贴、悬挂标语100余幅，在有电子显示屏的车站和出租车上对扫黑除恶工作进行滚动宣传、依托“打非治违”工作向营运驾驶员发放宣传资料3 500余份，短信宣传200余条，在QQ工作群、微信群转发宣传报道文章14篇次，局机关报送专题工作信息12条，本系统报送专项工作信息80余期，图片和宣传资料93份。

（本栏目撰稿人：王廷强）

甘孜藏族自治州交通

GANZI ZANGZU ZIZHIZHOU JIAOTONG

2018年甘孜州交通运输能力概况

公路交通运输			
通车里程	总里程（公里）		
	其中	高速公路	
		一级公路	
		二级公路	605.181
		三级公路	2 883.512
		四级公路	30 092.9
		等外公路	1 249.595
公路密度	按国土面积计算：每百平方公里 22.8 公里		
	按人口计算：每万人 299 公里		
通达里程	通公路的乡镇 325 个，占乡镇 100 %		
	通公路的村 2 734 个，占村 100 %		
客运站	总　数（个）		1 312
	其中	一级站	
		二级站	2
		三级站	20
		四级及以下站	1 290
营运车辆	总　数（辆）		6 225
	其　中	客车 1 601 辆 38 864 座	
		货车 4 624 辆 51 475 吨	
公路运量	客　运	客运量（万人次）	768.542
		旅客周转量（万人公里）	144 765.097
	货　运	货运量（万吨）	933.814
		货物周转量（万吨公里）	206 948.061
内河航运运输			
通航里程	总里程（公里）		
	其中	三级航道	
		四级航道	
		五级航道	
		六级航道	
		七级航道	
港口（码头）	总　数（个）		2
	吞吐量	旅客吞吐量（万人次）	
		货物吞吐量（万吨）	
水路运量	客　运	客运量（万人次）	
		旅客周转量（万人公里）	
	货　运	货运量（万吨）	
		货物周转量（万吨公里）	
营运船舶	总　数（艘）　5		
	其中	客船 5 艘 164 座	
		货船　艘　　吨	
城市公交运输			
营运车辆	182 辆		
公交线路	63 条		
公交站	582 个		
运　量	516 万人次		

注：公路交通运输中，通车总里程、高速公路、一级公路数据暂未统计。

交通运输建设概况　2018年，甘孜州继续实施交通先行战略，开展交通建设大会战，完成第三轮“甘推”（即甘孜州交通运输建设推进方案）目标，提前启动第四轮“甘推”方案。全州交通建设完成投资133.2亿元，完成年度目标任务的119.46%，实现连续6年投资超100亿元。争取上级交通建设资金100.2亿元，其中农村公路69亿元。

“高速+”全面启动。国道4218线雅安至康定高速公路建成试通车，结束甘孜藏区无高速公路的历史，迈入“高速+”发展时代。国道4218线雅安至叶城高速公路康定过境段有序推进。泸定至石棉高速公路进入社会投资人招标阶段，国道4218线康定榆林至新都桥高速前期工作加快推进。国道4217线马尔康至德格、康定新都桥至炉霍、马尔康至康定等高速公路启动前期工作。

“交通+旅游”融合项目平稳推进，形成《甘孜州旅游交通基础设施发展规划》初稿并开展修编工作。国道318线康定至雅江段、国道318线雅江县城至竹巴笼段、国道317线东俄洛经炉霍至德格段、国道227线理塘至稻城亚丁段等“交通+旅游”示范项目平稳推进。

中共甘孜州委州政府评选1个州级交通先行战略先进县，一次性奖励资金500万元，激励各县市加快推进农村公路建设。石渠、德格等县创新建设模式，采取打捆总承包方式引进大型国有企业建设农村公路，有效破解建设任务重、技术管理弱等难题，保证工程质量和进度。

甘孜农村客运站点　　甘孜州交通运输局 供图

加快推进客运站点建设。县级客运站累计完成投资4 100万元，完成目标任务1 900万元的215.8%；乡（镇）客运站累计完成投资357万元，完成目标任务100万元的357%。

物流行业发展初见成效。按照“多站合一、资源共享”模式，加快推进县、乡、村三级物流网络建设。以秦歌物流公司、吉康物流公司、中通快递为代表的物流体系逐步形成，康定、泸定、九龙、丹巴等四县农村物流乡（镇）通达率90%，村级物流通达率60%。

俄牙同乡通乡路　　甘孜州交通运输局 供图

客货运输持续增长。2018年完成客运量768.542万人次，旅客周转量144 765.097万人公里；完成货运量933.814万吨、货物周转量206 948.061万吨公里，城市公交、出租车分别完成客运量735.9万人次、651.57万人次。同时，积极推进“厕所革命”，新（改）建汽车客运站厕所21座，覆盖全州三级及以上汽车客运站。

《甘孜藏族自治州2019—2020年交通建设推进方案》正式获批　2018年4月11日，规划总投资214亿元的《甘孜藏族自治州2019—2020年交通建设推进方案》获批。高速公路项目投资51.3亿元，建成雅康高速公路，加快康定过境段高速公路建设，力争开工建设泸定至石棉高速公路，推进康定至新都桥高速公路项目前期和川藏高速公路通道方案研究。国省干线项目投资128亿元，规划实施20个项目、1 567公里，力争建成1 079公里，其中，加快建设项目9个337公里，开工建设项目11个1 230公里，加快前期项目8个956公里。“四好农村路”项目投资30.5亿元，新（改）建农村公路3 817公里，其中，通村硬化路2 547公里、旅游路资源路产业路470公里、通乡油路整治800公里。客运站点项目：投资0.6亿元，建设县级及以上汽车客运站场3个、村级招呼站（牌）636个。公路管养项目投资3.6亿元，建成州级公路养护和应急保通中心1个、县级公路

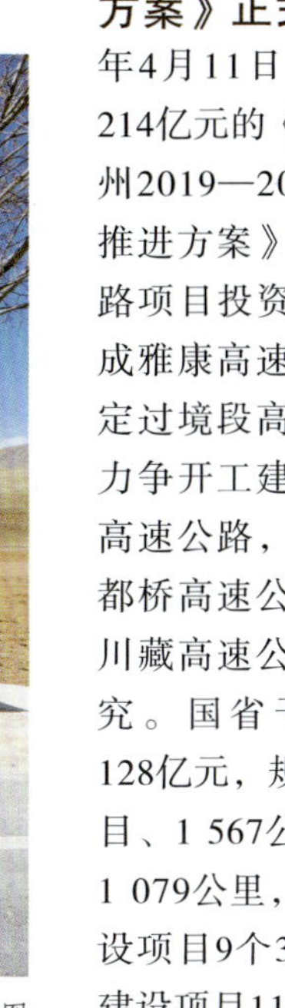
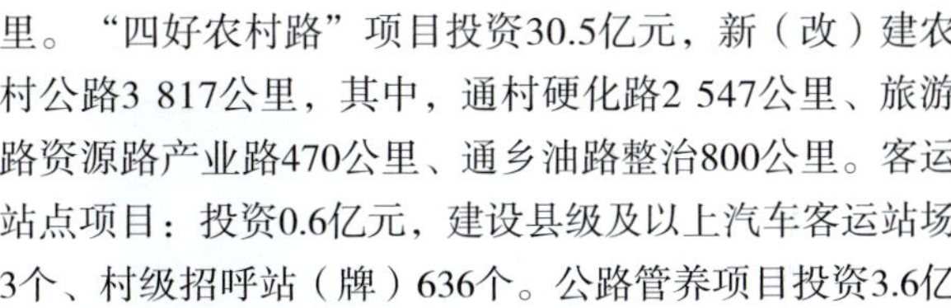

养护和应急保通中心18个，新（改）建或维修养护站45个。

拟建交通建设项目前期工作 2018年，甘孜州加快推进第四轮“甘推”方案14个项目前期工作，其中12个项目获工程可行性研究批复。国道318线康定过境段等11个项目获工程可行性研究批复，国道215线石渠洛须至德格柯洛洞、国道15线白玉县城至巴塘县城两个项目工程可行性研究报告报省发展改革委待批复，国道549线九龙县城至稻城县城段开展工程可行性研究及所需要件编制。

加快推进项目储备。立足川西北生态示范区定位，以构建川西北区域性交通综合枢纽为目标，抢抓省厅调整高速公路网规划机遇，提出“两纵两横，三联两支线”的高速公路规划，覆盖全州18个县（市）,与周边地区高速路网有效衔接。全力助推全域旅游发展，通过争取将690.62公里国省干线项目纳入省交通运输厅印发的《川西北生态示范区交通协同发展实施方案（2018—2020）》。全面启动第四轮“甘推”方案16个项目前期工作，国道318线康定过境段等13个项目获得工程可行性研究批复。

交通续建项目推进 2018年，甘孜州推进雅康高速公路等18个续建项目建设，累计完成路面工程554公里，完成目标任务536.7公里的103%。其中，雅康高速公路（泸康段）全线贯通，12月31日通车试运行；国道215线苏洼龙电站复建段、国道215线斯闸至二龙桥段（隧道除外）、省道434线榆磨路、省道454线色达县城至泥朵（川青界）段、省道455线色达亚龙至甘孜县锣锅梁子段、国道549线/省道460线稻城桑堆至乡城然乌改建公路（隧道、桥梁及引道除外）、两河口电站还建公路、国道227线稻城亚丁至凉山州木里界段等8个项目基本完成主体工程；康定至新都桥高速公路康定过境段、国道215线巴塘竹巴笼至得荣二龙桥（苏洼龙至斯闸段）等9个项目加快推进。

雅康高速公路泸定大渡河大桥　　甘孜州交通运输局 供图

雅康高速公路泸定大渡河大桥钢桁梁架设完成 2018年2月6日，雅康高速公路泸定大渡河大桥钢桁梁架设完成。全桥长1 411米，主桥长1 100米，采用钢混叠合桥道系，全桥合同造价超12亿元，属雅康高速公路全线“一桥一隧”重点控制性工程之一，被誉为“川藏第一桥”。2017年6月24日大桥两根主缆的374股索股（单根187股）全部牵引完成，特大桥上部构造承重体系成型。经充分准备，2017年9月26日进行钢桁梁吊装。全桥共划分节段57片钢桁梁，其中单节段最大重量为200.5吨，最轻的节段重量也为146吨，全部钢桁梁使用60万余颗高强度螺栓，钢桁梁合龙长度为1 100米，2018年2月6日合龙完成吊装。泸定大渡河大桥钢桁梁吊装已成功申报国家实用新型发明专利10项，为大桥建成贯通奠定坚实基础。

国省道建设 2018年，国道549线雅安石棉界至甘孜九龙段、国道215线石渠满真（青海界）至洛须、省道459线巴塘县城经波密至理塘章纳界段、省道457线石渠至洛须段、省道458线白玉县经赠科至甘孜机场段等5个项目开工建设。省道460线理塘县城至章纳（巴塘界）段、国道318线康定市过境段开展招标工作。国道215石渠洛须至德格柯洛洞段、国道215线白玉县城至巴塘县城段2个项目开展勘察设计工作。

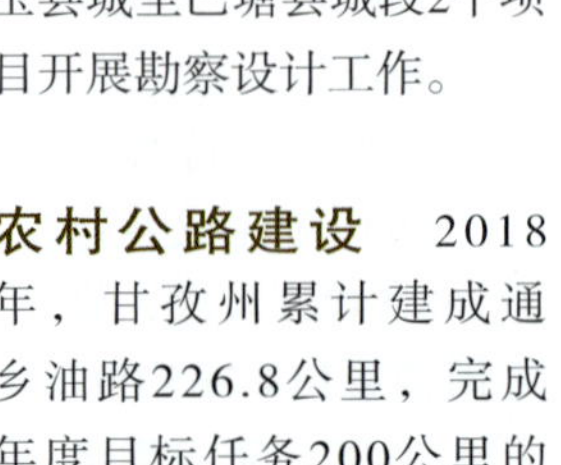

农村公路建设 2018年，甘孜州累计建成通乡油路226.8公里，完成年度目标任务200公里的113.4%；累计建成通村硬化路6 100公里，完成年度目标任务6 000公里的101.6%，基本实现“2个100%”目标。2018年全州5个脱贫摘帽县（市）和463个脱贫退出村全面完成交通扶贫建设任务；甘孜县成为全省民族地区唯一省级“四好农村路”示范县。

康定、泸定、丹巴、九龙、乡城、稻城等6个县（市）率先实现深度贫困县通乡通村“2个100%”，基本实现具备条件农村公路安保和客运设施全覆盖。省交通运输厅通过以奖代补形式，给予以上六县每县1 000万元奖励。甘孜县坚持党政主导，强化全民参与，突出资金保障，受到省交通运输厅表彰并给予1 000万元奖金。

甘孜州通村公路　　甘孜州交通运输局 供图

金沙江堰塞湖灾情处理　2018年11月3日，金沙江白格堰塞湖原址垮塌再次形成堰塞湖。灾情发生后，全州交通、公路部门积极应对，第一时间启动应急预案，全力抓好应急抢险工作。协调储备应急车辆404辆，累计安全转移受灾群众4 500余人次，出动抢险人员380余人次、挖掘机21台次、装载机29台次参与应急抢险；累计出动巡查车辆464辆次、巡查人员1 431人次，全力保障灾区道路通畅；通过28小时连续奋战，全面打通则巴村到堰塞湖坝顶道路并将机具送达坝顶，较完成任务的命令提前8小时；做好堰塞湖下游桥梁保护，尽可能保证桥梁安全；提前抢通国道318线巴塘县城至竹巴笼段等受灾严重道路，完成金沙江竹巴笼钢架桥架设任务，同时分6个小组推进灾后恢复重建工作。

汛期安全生产交叉检查　2018年8月28日—31日，省交通运输厅汛期安全生产交叉检查组一行6人检查甘孜州汛期安全生产工作。检查组一行先后到甘孜州泸定县雅康高速泸定大渡河大桥、C15标四川路桥公司项目部、县客运站、民生客运有限公司、大坝超限检测站、康定翔瑞客运有限公司 、宏顺运业有限责任公司，省道434线榆磨路，稻城县亚丁运业公司等，重点围绕汛期安全措施、隐患排查治理、应急救援准备、物资储备、应急演练、安全教育培训、值班值守等工作开展情况，详细了解农村客运发展状况，查阅运输企业、客运站安全例检、出站登记、车辆动态监控、安全教育培训等相关资料，对超限检测站“双超”治理工作进行检查、指导。

白玉县金沙江山体滑坡灾害抢险　2018年10月11日，西藏自治区江达县波罗乡境内发生山体滑坡，造成金沙江断流并形成堰塞湖，严重威胁甘孜州白玉县等沿江一带人民群众生命财产安全。灾害发生后，甘孜州交通运输局启动应急预案，备战山体滑坡灾害抢险工作，及时联系白玉、巴塘、得荣等县交通运输局，在当地党委政府统一领导下全力以赴开展抢险工作。各县交通运输部门统筹调度客运车辆，紧急疏散受威胁群众。截至11日17时，巴塘县通过公交、农村客运车辆转移金沙江拉哇电站建设民工及群众1 000余人，其中乡村客运、城市公交转移600余人。

城市公交服务　2018年，康定推行城市公交“一卡通”，发卡量1万余张，丹巴、九龙、德格等县新增开通城市公交，全州13个县（市）开通城市公交。新增城乡客运班线7条，新增（更新）客运车辆7辆。得荣、白玉等县成立出租车公司，开行出租车。积极发展网约车，深圳万科叫车云信息技术有限公司在甘孜州注册分公司，四川运泽正方科技有限责任公司“易来客运平台”与新川藏运业公司达成合作协议，四川麦巴出行科技有限公司等网约车平台积极筹建。优先发展新能源公共交通，新增新能源公交17辆，出租车22辆。

行政审批改革　2018年，甘孜州推行交通审批服务“马上办、一次办”，保留和新增行政审批项目59项，受理行政审批13 668件，办结率100%。加快推进交通运行监测与应急指挥系统二期建设前期工作。推进驾培机构“计时培训、计时收费、先培训后付费”培训服务模式改革，实现100%覆盖，全年办理从业资格证815人，继续教育1 934人。积极推进淘汰营运黄标车工作，全州235辆营运黄标车全部退出营运市场。及时落实整改中央、省环保督查反馈问题，扎实推动行业绿色发展。

（本栏目供稿单位：甘孜州交通运输局）

凉山彝族自治州交通

LIANGSHAN YIZU ZIZHIZHOU JIAOTONG

2018年凉山州交通运输能力概况

公路交通运输			
通车里程	总里程（公里）		27 601.031
	其中	高速公路	228
		一级公路	46.005
		二级公路	901.502
		三级公路	1 482.228
		四级公路	22 039.062
		等外公路	2 904.234
公路密度	按国土面积计算：每百平方公里 45.748 公里		
	按人口计算：每万人 54.751 公里		
通达里程	612 个乡镇已通畅610个，通畅率99.7 %		
	3 747个建制村已通畅3 740个，通畅率99.8 %		
客运站	总　数（个）		1 869
	其中	一级站	2
		二级站	13
		三级站	14
		四级及以下站	1 840
营运车辆	总　数（辆）		39 608
	其　中	客车 344 辆 52 944 座	
		货车 39 264 辆 222 681 吨	
公路运量	客　运	客运量（万人次）	8 232.9
		旅客周转量（万人公里）	422 742
	货　运	货运量（万吨）	16 130.6
		货物周转量（万吨公里）	1 832 765.7
内河航运运输			
通航里程	总里程（公里）		860.91
	其中	四级航道	
		五级航道	156.05
		六级航道	164.83
		七级航道	77.44
		等外级航道	462.59
港口（码头）	总　数（个）		2
	吞吐量	旅客吞吐量（万人次）	83
		货物吞吐量（万吨）	35
水路运量	客　运	客运量（万人次）	125.736 2
		旅客周转量（万人公里）	1 919.303 3
	货　运	货运量（万吨）	49.8
		货物周转量（万吨公里）	3 486
营运船舶	总　数（艘）339		
	其　中	客船 305 艘 4 117 座	
		货船 34 艘 1 222 吨	
城市公交运输			
营运车辆	886 辆		
公交线路	187 条		
公交站	326 个		
运　量	1.716亿人次		

交通运输概况　2018年，凉山州完成交通建设投资80.914亿元（其中高速公路27.2亿元、国省干线17.51亿元、农村公路33.02亿元、运输站场2.082亿元、库区便民码头0.031 3亿元、大中修0.858 2亿元、桥隧检修0.168 6亿元、检测站点0.043 9亿元）。金沙江溪洛渡至水富航道建设（四川段）前期工作加快推进，雅砻江电子航道图通过验收，成为全省内河首个实际应用的电子江图。全州库区重点便民码头（渡口）建设工程完成工程可行性研究编制。

2018年，凉山州围绕加快构建综合交通运输体系，开展四川南向门户区域性综合交通枢纽建设战略研究，制订以西昌为中心，昭觉、会理、盐源、越西4县为副中心的“一主四副”内部交通枢纽规划，提出优化成都—攀西—云南—东盟走廊、打通攀西—贵州—北部湾（粤港澳）出海走廊、开通攀西—重庆—长三角沿江走廊、构建攀西—西藏—南亚走廊、开辟藏羌彝开放走廊的“五大通道”战略思路，为加快综合交通建设明确目标。谋划2019—2021年交通建设，省政府批复实施《凉山州2019—2020年公路水路交通建设推进方案》（简称第三轮“凉推”），《凉山州加快综合交通建设三年攻坚行动实施意见》完成撰稿并待州政府审定。

第二轮“凉推”推进情况 《大小凉山地区2016—2018年公路水路交通建设推进方案》（简称第二轮“凉推”）是继《凉山州2013—2015年公路水路交通建设推进方案》（简称第一轮“凉推”）之后又一个专项支持凉山交通建设的方案。2016年3月18日，省政府办公厅正式印发第二轮“凉推”，主要覆盖乐山、凉山两市（州）大小凉山地区，其中，涉及凉山州规划期投资为403.1亿元，规划6条高速公路、38个国省干线项目、8 100公里农村公路和部分客运站、内河水运等其他项目。2016年5月30日，凉山州启动第二轮“凉推”。截至2018年底，第二轮“凉推”取得阶段性成效。

高速公路：国道5线京昆高速公路泸沽至黄联关段扩容改造工程即将实现双向六车道通行（互通除外），乐山至汉源高速公路（甘洛段）加快建设，宜宾新市至攀枝花沿金沙江高速公路即将重新启动，西昌至昭通高速公路即将启动社会资本方招标工作，乐山至西昌高速公路控制性工程具备开工条件，西昌至香格里拉高速公路开展工程可行性研究报告编制。国省干线公路：16个“加快建设项目”完工13个，在建3个；12个“力争开工项目”开工8个，即将开工4个；10个“加快前期项目”获得工程可行性研究批复7个，加紧前期工作3个；累计建成国省干线公路1 188.7公里。农村公路：新（改）建农村公路1.3万公里，其中，县乡道改造完成2 513公里，新（改）建村道10 449公里；溜索改桥完成7座2 073延米；新增100个乡通油路、1 911个建制村通硬化路。运输站场：建成县级及以上客运场站5个、乡（镇）客运站129个、村级招呼站牌1 638个。内河水运：推进金沙江航运发展，金沙江向家坝库区航道整治由厅航务局牵头开展前期工作，溪洛渡库区金沙口、塘房坝2个作业区基本完工，溪洛渡枢纽翻坝转运系统、攀西地区水上应急救援基地项目前期工作加紧推进。公路管养设施：建成超限检测站4个、养护和应急保通中心6个、养护管理站20个。智慧交通与信息化：凉山州交通运行监测与应急指挥系统（二期）工程招投标即将开展，水上交通安全监管系统加紧建设。

国道353线大雷路汶水镇狮子坪段 凉山州交通运输局 供图

第三轮“凉推”规划 2018年11月19日，省政府办公厅正式印发《凉山州2019—2020年公路水路交通建设推进方案》（简称第三轮“凉推”），明确2019年至2020年，凉山将围绕“初步构建四川区域性交通枢纽，路网整体服务保障能力显著提高”目标，重点实施“6+20”干线公路项目，加快高速公路、国省干线公路、农村公路、运输站场、内河水运等建设，新（改）建公路3 200公里。高速公路“四向拓展”大通道加快形成，将建成和在建高速公路里程突破900公里，除越西、普格、木里等3个县外，其余14个县（市）均有建成或在建高速公路覆盖。国省干线公路实现提档升级，全州普通国道三级及以上公路比例85%，普通省道三级及以上公路比例40%。所有县均有两个及以上三级及以上对外出口公路，县与县之间全部实现三级及以上公路连通，区域互联互通能力进一步增强。农村公路网络加速完善，在实现乡乡通油路、村村通硬化路“2个100%”兜底任务基础上，加快旅游路产业路资源路等建设，推动农村公路进一步向城镇新区、产业园区、旅游景区、农村社区等农村重要节点延伸。汽车客运站场三级体系初步形成，农牧民出行更加便捷。实现所有县建有功能较为完善的县级客运站，通铁路的县均建有1个综合客运枢纽站，所有乡（镇）和具备条件的建制村通客车。提升水上交通安全监管能力。初步构建区域巡航救助一体化管理体系，水路出行安全保障能力进一步增强。

高速公路建设 2018年，凉山州国道5线京昆高速公路泸黄段基本实现双向通行（互通除外），峨汉高速公路甘洛段加快建设，乐西高速公路具备开工条件，德会高速公路举行开工动员，宜攀高速公路转段工作加快推进，西昭、西宁、西香等高速公路项目前期工作顺利推进，禄会、盐攀、乐云等高速公路项目各项工作有序推进。

国省干线公路建设 2018年，凉山州新建成普通国省干线路基216公里、路面184公里，国道348线美姑大桥至瓛黔觉、国道245线甘洛乌斯河至甘洛县城段、国道245线越西中所至昭觉马家院（越西段）、国道353线大岩洞至雷波县城段、国道356线凉山州金阳县城至通阳大桥段、国道227线李子坪至棉桠、国道227线桃巴至

2018年8月8日，建成后的国道348线西昌至盐源公路盐源段
凉山州交通运输局 供图

李子坪、省道219线德盐路德昌县德州镇至米易界等项目建成通车，省道218线小相岭隧道贯通，国道245线甘洛乌斯河至甘洛县城段、国道245线西昌川兴至昭觉县城段、布拖县城至三湾河路B合同段等项目完成交工验收。

农村公路建设 2018年，凉山州交通精准扶贫新（改）建农村公路3 819.4公里（其中县乡道改造714.7公里、通村硬化路3 085.4公里、旅游路资源路和产业路19.3公里），完成农村公路“畅返不畅”整治568公里、农村公路桥梁15座975米、农村公路安保工程207公里。新增32个乡（镇）、441个建制村通硬化路，年度计划退出的500个贫困村实现硬化路全覆盖。全州612个乡（镇）实现610个通硬化路，3 747个建制村有3 740个通硬化路、剩余7个在建。金阳、布拖两座溜索改桥建成，凉山告别“溜索时代”。

昭通至西昌高速公路 2018年6月8日，《G7611线昭通（川滇界）至西昌段高速公路项目申请报告》评估会在成都举行。该段高速公路是国家高速公路网规划都匀至香格里拉高速公路重要组成路段。项目全长168.17公里，拟采用“BOT+政府补助”模式建设，预计2023年底建成通车。建成后将在昭觉县与乐西高速公路、在金阳县与宜攀高速公路衔接，并与西段西香高速公路、东段都匀至昭通高速公路共同组成都香高速公路大通道。

省道218线小相岭隧道主洞贯通 2018年4月12日，省道218线小相岭隧道项目主洞安全贯通，标志着小相岭隧道工程建设取得关键性成效。项目按二级公路标准设计，设计时速 60公里，分为行车主洞+应急平行导洞，主洞全长3 432米，平行导洞全长3 389米，项目总投资3.48亿元，2016年4月28日开工，建设合同工期36个月，为凉山州在建国省干线公路最长隧道。施工过程中，参建各方努力克服突泥涌水、围岩大变形、断层破碎带、高应力岩爆等施工难题。项目建成通车后，将有效避让原中冕公路小山路段地势陡峭、地质稳定性差、滑坡和雪灾及冰冻等自然灾害路段，缩短西昌至喜德县、越西县公路里程9.2公里。

2018年4月12日，凉山州在建最长的国省干线公路隧道——小相岭隧道主洞安全贯通 凉山州交通运输局 供图

金沙江金东大桥建成通车 2018年5月12日，历经5年艰苦施工，连接云南昆明东川区和凉山州会东县的金东大桥建成通车。大桥全长914.1米，桥面距江面高148米，主桥采用跨度达730米的悬索桥型，由73节重达60吨的钢桁梁拼装组接而成，为金沙江上跨度最大悬索桥。该桥是在亚热带季风区和高烈度地震带建设的大跨度悬索桥，能承受十级大风、九级地震。通车后，将极大地改善川滇两地交通状况，成都至昆明距离缩短100公里，东川区到会东县通行时间缩短一半。

凉山州结束“溜索时代” 2018年9月1日，凉山州7个溜索改桥项目中最后一个——金阳县对坪镇一村溜索改桥项目实现主体工程完工并具备通车条件，至此，

建成后的布拖冯家坪村溜索改桥 凉山州交通运输局 供图

凉山州结束"溜索时代"。另外6个项目中，布拖冯家坪金沙江溜索改桥项目7月10日贯通并具备通车条件；冕宁县雅砻江上和爱乡拉姑萨、青纳乡青丝塘、健美乡华坪村、新兴乡耳子厂、新兴乡姑鲁沟等5个溜索改桥项目2017年底前全部建成。桥梁取代溜索，改变整个村落生活出行方式，改善当地人民群众生产生活条件，为加快贫困地区群众脱贫致富提供坚实保障。

第九届川滇黔市（州）合作与发展峰会综合交通区域合作座谈会 2018年12月16日，第九届川滇黔市（州）合作与发展峰会综合交通区域合作座谈会在西昌召开。四川省凉山州、泸州市、攀枝花市、宜宾市，云南省楚雄州、昆明市、曲靖市、丽江市、昭通市、大理州，贵州省毕节市、六盘水市、遵义市、黔西南州等川滇黔14市（州）交通运输、发展改革等部门负责人参加座谈会。与会代表围绕"加强基础设施互联互通，携手构建综合交通网络"主题，就如何进一步加强沟通合作进行探讨交流。与会者一致认为，要从战略和全局的高度，充分认识建设区域综合交通网络的必要性，要以互联互通为目标，纵深推进14市（州）交通运输各领域合作共享，建立常态化制度化交流机制和管理服务协同机制，协作开创14市（州）交通发展共建共赢局面。会议签署川滇黔14市（州）综合交通区域建设与发展合作协议，明确14市（州）在区域交通建设发展合作中的目标、原则、内容和机制。会议号召川滇黔14市（州）共同打造区域性综合交通枢纽，努力把该区域建设成为中国西部地区新的经济增长核心。

2018年12月16日，第九届川滇黔市（州）合作与发展峰会综合交通区域合作座谈会在西昌召开。图为与会代表合影 凉山州交通运输局 供图

全省船舶检验工作会议 2018年11月29日—30日，全省船舶检验工作会议在西昌召开，会议总结2018年全省船检工作开展情况，安排部署2019年船检工作思路与重点工作任务。厅航务局副局长赵旭东、各市（州）船检部门分管领导以及船检工作负责人参加会议。各参会代表就船检工作中遇到的问题和经验做法，以及在当前环保形势下如何加强船舶污染防治、加快新能源船型推广展开交流讨论。参会人员实地考察邛海新能源旅游客船和邛海游船公司船舶管理工作。会议深化各市（州）船检部门交流与合作，进一步推进全省船舶新能源、新技术的发展与应用。

德会高速公路 2018年12月25日，德会高速开工动员会在会理县举行。德昌至会理高速公路是西攀高速和宜攀高速公路之间的重要联络线，也是会理、会东和西昌市"2小时经济圈"的交通大动脉。项目总投资估算120.65亿元，是建设连通重点区域高速公路网络、推进南向交通基础设施建设的有力支撑。项目实施将进一步改善区域交通条件，促进沿线优势资源开发，带动群众脱贫奔康，支撑凉山南向门户区域性综合交通枢纽建设，助力凉山高质量打赢脱贫攻坚战。

《凉山州公路水运工程试验检测管理办法》发布 2018年11月9日，州交通运输局印发《凉山州公路水运工程试验检测管理办法（试行）》。该办法对检测机构监督管理、工地试验室监督管理、试验检测活动、专项抽检费用管理、监督检查等方面作规定，目的在于进一步加强全州公路水运工程试验检测管理工作，规范在全州从事公路水运工程试验检测活动的检测机构及其派出机构的检测行为，有利于全州各级交通主管部门及质监机构对公路水运检测机构的统一监管。

公路养护 2018年，凉山州持续加强国省干线公路管理养护，完成66公里大中修工程和13公里预防性养护工程，完成13个养护管理站、3个服务区、4个养护与应急保障中心建设，完成冕宁县境内杠河桥、红卫桥重建工程施工任务，完成国道348线经久转运站至金河段隧道（磨盘山、煤炭沟）病害整治工程。全州国省干线公路路面使用性能指数89.3。

路政管理 2018年，凉山州交通运输部门强化"三基三化"建设，加强路政巡查，强化路产路权维护，深化交警、路政联合执法联动机制，开展超载超限治理、公路建筑控制区清理整治、路域环境专项整治工作，全州

建成后的国道245线越西中所至昭觉马家院段改建工程（越西县境段）

凉山州交通运输局 供图

路政投入执法人员17 160人次、执法车4 870辆次，巡查里程148 874.3公里，检查车辆56 334辆，其中超限车辆1 200辆、卸载1 200辆、卸载4 500吨，清理排查、登记造册建筑1887处，查处损坏公路及附属设施路政案件19起，清障排障1 357处，综合查处率100%，公路安全保障持续加强，公路通行环境持续改善。

运输服务管理 2018年，凉山州交通运输部门进一步加强道路运输服务管理。不断完善交通运输服务设施，全年完成2个县级客运站、17个乡（镇）客运站和103个村级招呼站建设，新增266个建制村通客车，建制村通客车率62.5%。完成22个客运站厕所建设，实现三级以上客运站厕所工程全覆盖。不断优化运输结构，完成公路货运量16 130.6万吨、货物周转量1 832 765.7万吨公里，完成水路货运量49.8万吨、货物周转量3 486万吨公里。实施公交优先发展战略，累计发放“一卡通”13万张。不断提升监管能力水平，持续开展“两客一危”集中治理，全州2 131辆客运班线和旅游客运车辆全部安装3G视频GPS，524辆危险货物运输车辆全部安装3G卫星定位系统，实现电子运单管理；综合运用记分管理、道路运输行业禁止进入名单等监管举措，139名道路营运驾驶员被列入重点监管名单。

安全监管 2018年，凉山州强化交通运输安全生产红线意识，落实安全生产“一岗双责”和“两个主体责任”，制定安全生产责任清单，强化“平安交通”建设，坚持防治结合，统筹推进扫黑除恶、交通运输安全宣传、“打非治违”系列行动，强化公路水路交通运输安全大检查和隐患大整治，查处并整改隐患206处，出动执法人员5 100余人次，查处各类交通运输违法行为6 300余起，整治行业乱象，有效净化全州交通运输市场。加强交通运输应急管理能力建设，应对“10·31”地震灾害、雅安非法客运交通事故善后处置。提升国防交通专业保障能力，获全省战备钢桥架设技能大比武第一名。依法开展信访维稳，全年没有发生重大群体性事件。全年未发生因源头管理不力造成的重大交通安全事故。

工程质量监管 2018年，凉山州交通运输部门持续强化交通项目质量监管。全年受理国省干线质监项目80个，组织开展质量检查90次，下发整改意见及通知41份，实现农村公路在建项目监管全覆盖。持续开展交通运输参建企业信用评价，将2家国省干线参建企业列入“黑名单”并禁止进入凉山交通建设市场。对全州交通建设项目实施严格、及时、动态的质量安全监管，全州交通工程质量处于可控状态。

智慧交通 2018年，交通运行监测与应急指挥系统（二期）工程进入财评和招标代理比选阶段，重点水域水上交通安全监管系统挂网招标。完成汽车电子档案系统建设，实现营运客车和危险品运输车辆全覆盖。加快实施电子客票推广工程，全州三级以上客运站实现联网售票。受理“12328”服务监督热线电话5 600次，比上年增长20%，服务监督各项指标排名进入全省第一方阵。

绿色交通 2018年，凉山州开展交通运输污染防治攻坚战，落实环保督察、“河长制”等各项任务要求，牵头完成《尼日河“一河一策”管理保护方案》编制。配合全国第二次污染源普查，落实机动车排气污染监测制度，加大新能源汽车推广力度，城市公交新增和更新车辆中新能源车占比36%。

交通运输体制改革 2018年，凉山州交通运输局完成事业单位分类改革调查摸底，草拟州交通运输系统事业单位分类改革方案、交通运输综合执法改革初步方案，成立凉山州公路建设服务中心和凉山州交通运输应急指挥中心，撤销筑路工程队、州公路局桥工队、干休所等3个单位。县（市）路政大队管理权限下放至县（市）工作有效推进。探索公路“路长制”管理机制并草拟实施方案。持续推进出租汽车行业改革，研究草拟《网约车管理细则》《出租汽车行业改革实施意见》。继续深化“放管服”改革，“最多跑一次”“互联网+”等服务改革有序推进，推进交通运输网上行政审批，实现所有行政权力纳入全省一体化政务服务平台运行，基本实现州县行政审批“一网通办”。

（本栏目供稿单位：凉山州交通运输局）

荣誉榜

RONGYU BANG

2019

四川交通年鉴

先进名录
XIANJIN MINGLU

2018年交通运输部 中华全国总工会表彰的“2017年感动交通十大年度人物”

（四川交通部门）

牟廷敏　四川省交通运输厅公路规划勘察设计研究院总工程师

（厅史志总编室）

2018年交通运输部授予的“全国交通技术能手”称号

（四川交通部门）

袁　浩　成都地铁运营有限公司

李天琪　成都地铁运营有限公司

（省交通工会）

2018年中华全国总工会表彰的 2018年“全国工人先锋号”先进集体

（四川交通部门）

都江堰市城市公共交通有限责任公司4路行车队

四川南充汽车运输（集团）有限公司蓝光高速客运公司驾驶员先锋班

四川公路桥梁建设集团有限公司雅康高速公路C15合同段项目经理部

四川省交通运输厅公路规划勘察设计研究院隧道与地下工程分院

（厅史志总编室）

2018年交通运输部表彰的
2016—2017年度全国交通运输行业精神文明建设先进集体、先进个人

（四川交通部门）

文明单位

泸州市航务管理局

绵阳市交通运输局道路运输管理处

四川省交通运输厅高速公路交通执法第七支队

四川省交通运输厅工程质量监督局

四川藏区高速公路有限责任公司

文明示范窗口

巴中市平昌县公路路政管理大队

巴中市平昌县地方海事处

成都地铁运营有限公司春熙路中心站

四川省交通运输厅高速公路交通执法第二支队五大队

成自泸高速公路自贡收费站

文明单位职工标兵

费秀华（女）广元市朝天区公路养护段段长

向泉明　四川省交通运输厅公路局工程处主任科员

郑子良　四川省汽车运输自贡集团有限公司驾驶员

郑　平（女）四川省交通运输厅高速公路交通执法第四支队九大队党支部书记、大队长

张晓华（女）凉山州公路工程质量监督分站副站长

先进工作者

杨钱梅（女）四川省交通运输厅航务管理局办公室副主任

曾　元　四川省交通运输厅办公室（文明办）干部

（厅航务局）

2018年交通运输部　人力资源社会保障部
中华全国总工会 共青团中央表彰的2018年中国技能大赛
——第十届全国交通运输行业职业技能大赛优胜单位和个人

（四川交通部门）

城市轨道交通列车司机大赛职业组团体奖

第一名：四川省交通运输厅

城市轨道交通列车司机大赛职业组个人奖

三等奖：袁　浩　成都地铁运营有限公司

李天琪　成都地铁运营有限公司

城市轨道交通行车值班员大赛优秀组织奖（职业组）

四川省交通运输厅

筑路工大赛职业组团体奖

第五名：四川省交通运输厅

筑路工大赛学生组团体奖

第四名：四川交通职业技术学院

第十名：四川交通技师学院

筑路工大赛职业组个人奖

挖掘机工种一等奖：

晏启红　成都华川公路建设集团有限公司

筑路工大赛学生组个人奖

一等奖：李兴国　四川交通职业技术学院

（省交通工会）

2018年全国“安康杯”竞赛组委会表彰的2018年度全国“安康杯”竞赛安全文化宣传工作先进示范单位、先进单位和先进个人

（四川交通部门）

先进示范单位

四川交通运输工会

先进单位

南充市公路管理局

四川营达高速公路有限公司

四川省交通运输厅交通勘察设计研究院

四川川西高速公路有限责任公司

先进个人

蒋卫东　南充市公路管理局工会

廖　阳　四川绵九高速公路有限责任公司

袁小乔　四川省交通运输厅交通勘察设计研究院

张　泉　四川川西高速公路有限责任公司

陈光华　四川交通运输工会

（省交通工会）

2018年全国“安康杯”竞赛组委会表彰的全国职工劳动安全卫生防护与自救逃生知识普及竞赛活动最佳组织单位、优秀组织单位和优秀个人

（四川交通部门）

最佳组织单位

四川绵九高速公路有限责任公司

优秀组织单位

四川成南高速公路有限责任公司

德阳市交通工会委员会

成都华川公路建设集团有限公司营达高速公路施工总承包项目经理部

四川岷江港航电开发有限责任公司工会委员会

广安市公路管理处工会

优秀个人

杨映坤　四川绵九高速公路有限责任公司

石　梅　四川川西高速公路有限责任公司

（省交通工会）

2018年四川省总工会授予的2018年四川省五一劳动奖章

（交通部门）

方　文　四川交通职业技术学院汽车工程系副主任

其美多吉（藏族）中国邮政集团公司四川省甘孜县分公司邮运驾驶组组长

王军章　四川路桥机械化施工分公司内蒙苏乌G338TJ-1合同段项目经理

（省交通工会）

2018年四川省总工会表彰的2018年“四川省工人先锋号”先进集体

（交通部门）

成都天府新区公共交通有限公司704车队509线路

四川港航·中交四航局都京港嘉陵江大桥项目部

四川雅康高速公路有限责任公司泸定代表处

四川达陕高速公路有限责任公司万源管理处四川收费站

（省交通工会）

优秀专家

YOUXIU ZHUANJIA

2018年度享受国务院政府特殊津贴人员名单

（四川交通部门）

林国进　四川省交通运输厅公路规划勘察设计研究院隧道与地下工程分院院长

范碧琨（女）四川省交通运输厅公路规划勘察设计研究院桥梁勘察设计分院正高级工程师

2018年度中共四川省委直接掌握联系的高层次人才名单

（交通部门）

牟廷敏　四川省交通运输厅公路规划勘察设计研究院总工程师

2018年度四川省第十二批学术和技术带头人名单

（交通部门）

程　强　四川省交通运输厅公路规划勘察设计研究院副总工程师兼岩土工程一分院总工程师

2018年度四川省第十二批学术和技术带头人后备人选名单

（交通部门）

梁　健　四川省交通运输厅公路规划勘察设计研究院桥梁勘察设计分院副总工程师

李泳伸　四川省交通运输厅公路规划勘察设计研究院隧道与地下工程分院副总工程师

杨雪莲（女）四川省交通运输厅公路规划勘察设计研究院岩土工程一分院副总工程师

郑旭峰　四川省交通运输厅公路规划勘察设计研究院桥梁勘察设计分院副总工程师

喻　翔　四川省交通运输厅公路规划勘察设计研究院科技信息管理部正高级工程师

刘晓帆（女）四川省交通运输厅交通勘察设计研究院交通规划研究分院高级工程师

（本栏目供稿单位：厅人教处）

人物选介

RENWU XUANJIE

其美多吉

中国邮政集团公司四川省甘孜县分公司邮运驾驶组组长

“邮政，在我心目中就是一座连通康巴藏区与外界的桥梁，为了藏区老百姓的需求，无论条件多么艰苦，始终有一批邮政人在这里坚守。”29年来，邮运驾驶员其美多吉从未忘记“人民邮政为人民”的初心。1989年起，其美多吉就开始从事康定至德格长途邮运驾驶工作。这条邮路以康定为起点，沿途翻越折多山、橡皮山、松林口、罗锅梁子和海拔6 168米的雀儿山后，抵达川藏邮路四川段终点站——德格县，平均海拔3 500米，全程往返1 208公里。在雀儿山隧道通车以前，每次邮车运输都要翻越被称为“鬼门关”的雀儿山，多年来，其美多吉以高度负责的工作态度和精益求精的驾驶技术在高海拔的雪线邮路上圆满完成每一次邮运任务，累计6 000多次往返，行驶里程140多万公里。其美多吉的同事易晓勇说：“最佩服的还是多吉的车技，搭班跑邮路20多年了，我们从没有出过一次交通事故，还多次帮助路上的社会车辆渡过难关。”

2012年7月，在途经国道318线雅安市天全县的新沟时，其美多吉遭遇一群歹徒围堵劫车，身中17刀，用鲜血和生命守护了邮运物资的安全。为了重返邮路，他在康复训练过程中经受了常人难以想象的痛苦，终于在一年后重新开上邮车，回归车队的那一天，同事们为他献上哈达，他却转身把哈达系上了邮车。他用青春与忠诚诠释了坚韧不拔、顽强拼搏的雪线邮路精神，也为“老西藏精神”和“两路”精神在新时代做出了生动的注解。

三十忠诚风与雪，万里邮路云和月。多少年来，无论白天黑夜，不管雨雪风霜，其美多吉始终坚守在这条雪线邮路上，默默践行着“人民邮政为人民”的誓言，守护着藏区通信的畅通，在平凡的岗位上做出了不平凡的业绩，被当地群众称为“雪线邮路的幸福使者”。2018年，康定至德格邮路被交通运输部命名为“其美多吉雪线邮路”，其美多吉先后被评选为全国邮政系统先进个人、“2016年感动交通十大年度人物”和“感动中国2018年度人物”，获得全国五一劳动奖章和改革开放四十年“特别致敬”荣誉称号，被称为“时代楷模”。谈到所获荣誉时，他说：“在我记忆中，印象最深的是‘感动交通年度人物’这个奖项，这不仅仅是对我个人的肯定，更是对一代又一代雪线邮路人的肯定。为了藏区老百姓的需求，无论条件多么艰苦，始终有一批邮政人在这里坚守。接过奖杯，我更懂得了什么是‘人民邮政为人民’。”

杨朝富

四川兴蜀公路建设发展有限责任公司高级工程师

习近平总书记曾在关于农村公路发展的报告上专门作出批示："特别是在一些贫困地区，改一条溜索、修一段公路就能给群众打开一扇脱贫致富的大门。"溜索改桥是党中央、国务院高度重视的民生工程，在全省奋力推进溜索改桥工程中涌现出许多优秀的交通建设者，四川兴蜀公路建设发展有限责任公司高级工程师杨朝富就是其中之一。他曾参与映卧路、汶马路、理亚路、亚赤路等高海拔公路及高速公路建设，2015年，根据省交通运输厅及凉山州人民政府的安排，兴蜀公司承担凉山州布拖、金阳境的两座跨金沙江溜索改桥项目的建设管理任务，他担任两个项目的指挥长。项目远离城镇，交通不便，建设条件差，协调难度和建设难度极大，杨朝富多次赶赴现场进行考察，几易桥位，几改桥型，最终确定方案。由于地跨四川和云南两省多地，征地拆迁、材料运输、临时驻地和施工场地建设方面难度很大，他历时近两个月往返于两省多县协调，行程几千公里，终于在2016年1月初完成前期协调，项目正式开工。

布拖桥项目所在地位于金沙江干热河谷，每年10月至次年5月常有6级以上阵性大风，风力最高达11级，风季时间较长，对钢结构、梁板的吊装及其他高空作业有很大影响，杨朝富指挥工人在施工区域安装风力检测仪器进行风场研究，得出大风基本都是在中午1点以后出现的规律，遂安排吊装工作在上午完成。在凌晨4、5点就开始做钢结构吊装的准备，天一亮就开始吊装，抢在大风来临前完成空中焊接作业。在劲性骨架合龙工程中，虽然杨朝富已经带领工人进行了精细分析，但他还是因为担心极端天气产生不利影响而在高空凛冽的大风中等待了很长时间，终于在温度适宜时完成瞬时合龙，在打入冲钉的那一刻，他才大大松了一口气。项目指挥部还与西南交通大学检测中心合作，对大桥的主拱应力、扣索索力、主拱线形进行监控，建立24小时施工监控动态应力预警体系，对异常工况及时提出预警报告。2017年，布拖桥项目指挥部被评为"全国交通基础建设劳动竞赛优胜班组"，兴蜀公司被评为"2016—2017年度安康杯"优胜单位，布拖施工项目经理部被评为优胜班组。

杨朝富一年在工地的时间基本在280天以上，很少陪伴在家人身边，心中常含愧疚，但并不后悔，他说："当桥梁建成，看见两岸的老百姓不再等船及溜索过江，从桥上安全来往两岸，看见他们脸上的笑容，我心甚慰！我心甚豪！"

李丕俊

巴中市交通运输局副调研员 驻通江县瓦市镇鹿鸣村"第一书记"

鹿鸣村距通江县35公里，居住着9个村民小组，共有305户1 065人，是一个典型的贫困山村。2015年6月，巴中市交通运输局副处级调研员李丕俊担任鹿鸣村的"第一书记"。驻村三年多来，他扎根基层抓党建、强基础、建新居、发展产业，终于实现了他的心愿：带领全村贫困群众脱贫致富。

村民富不富，关键看党支部，建设好党支部，是从根本上改变一个村贫困面貌的治本之策。李丕俊牢牢抓住党建工作这个关键，并确立了抓班子、理路子、谋发展的工作思路。他给村干部们上党课，开展讲党性、谋发展的大讨论，让大家学习掌握新时代党建工作的要点和任务；带领村党员干部外出参观学习，增加大家的见识；通过实施"三会一课"制度，开展优秀共产党员评选活动。三年来，李丕俊与村干部们一道战酷暑、斗严寒，为鹿鸣村完成7.02公里的硬化路升级改造，对全村电网进行改造，完成"宽带下乡"、2座水库的整治、人畜饮水户户通工程和3 000米灌溉水渠修复工程，完成危房改造和贫困户贷款工作，新建3公里产业路和3.6公里联网路。新建两个新村聚居点，让26户贫困群众和32户村民搬进新房，成立7家专业合作社，全域发展100公顷优质黑桃产业，建起33.5公顷产业园，15户村民成为养殖大户，发展林下经济134公顷，还开发了田园农庄和电子商务等20多项新兴产业。村里的发展环境有了翻天覆地的变化，吸引着许多在外工作的村民回乡创业，在村种养殖专业合作社的帮扶下，一边发展种植业一边借助互联网平台对优质无公害农产品进行销售。西南大学毕业的村民景红放弃大城市白领工作回乡搞起红灯笼辣椒种植，并为村民提供管理技术服务，让大家获得最大收益。"现在，老百姓在村里回引致富带头人引领下，发展种养殖业势头越来越高，同时要求加入合作社的村民越来越多，我们将继续从争取项目、技术和资金上助力村民，不断创造发展条件满足群众需求。"李丕俊高兴地说。经过多年努力，现在的鹿鸣村面貌焕然一新，李丕俊不仅赢得全村干部群众的认可，也被评为巴中市2015年优秀"第一书记"。

范碧琨

四川省交通运输厅公路规划勘察设计研究院桥梁勘察设计分院正高级工程师

从事桥梁技术开发与设计工作25年来，省交通运输厅公路设计院桥梁勘察设计分院正高级工程师范碧琨，在钢-混凝土组合拱桥、钢管混凝土拱桥和桥梁高性能混凝土材料等领域成就突出，是名副其实的新时代的“四川工匠”。她对工程品质不懈追求，以严谨的态度和高度的责任感精心设计每一道桥梁，对每一个设计参数、每一道计算工序和每一次桥梁组装都严格要求，并且不简单重复已有经验或套用通用图，而是大胆创新、勇于突破。她先后带领团队设计完成了世界第一座全钢-混凝土组合结构拱桥——主跨300米的广东佛山东平大桥和世界第一跨径钢管混凝土拱桥——主跨530米的合江至纳溪高速公路合江长江一桥。结合中承式拱桥桥面整体要求，为攻克混凝土桥面板过重、钢桥面板耐久性差、叠合桥面板纵横湿接缝薄弱等缺点，范碧琨开发了钢-混凝土桥面板。该结构减小了恒载，提高了主体结构的跨越能力，同时，耐久性、免维修周期及整体受力性能较纯钢桥面板大大提高，且施工简便。首次运用该技术建造的佛山东平大桥已使用10余年，经多次检查，未发现任何病害，尚未进行一次维修。钢-混凝土组合桥面板技术已应用于汶马高速公路克枯特大桥、成都市三环草金立交等多座桥梁的建设中。而合江长江一桥的建成更是标志着中国钢管混凝土拱桥建设达到了更高的技术水平。

通过对工程实践经验和研究成果的总结，范碧琨制订了《机制砂桥梁高性能混凝土技术规程》等地方规程和指南，参与编制的地方标准《钢-混凝土组合桥面板技术规程》和《桥面铺装整平层复合强化技术规程》为提高桥面铺装的耐久性探索出了新的方法和思路，得到业界广泛认同。她执着于技术的开发与设计，甘于为建造人民群众满意的高品质桥梁奉献毕生心血才智，先后获得四川省“三八”红旗手称号、首届全国勘察设计最美女设计师称号；获选第十一批四川省学术和技术带头人后备人选；获得茅以升科学技术奖——桥梁青年奖。2018年1月，被授予首届“四川工匠”称号，也是获此荣誉的唯一一位交通运输系统代表。因贡献突出成为享受2018年度国务院政府特殊津贴专家。

刘远和

资阳市雁江区地方海事处高级工

1981年，刘远和从父亲手上接过接力棒，来到雁江区地方海事处工作，一干就是37年，从水手到船长，从学员到师傅，从海事一线到退居监控中心，他亲历过沱江的每一次抗洪，走遍了沱江的每一片险滩，对辖区87公里水域的所有航段、位置和水下情况都一清二楚，被同事们称为“活地图”。大家说，水上开船需要导航图，但是对刘远和来说，最好的导航图就在他心里。根据规定，海事人员要取得海事行政执法证，至少需要专科文凭，而他只有高中毕业文凭，已年过40岁的他又开始拾起书本自学英语和法律，书页翻得卷起了毛边，笔记也划了一道又一道，终于在2005年取得中央广播电视大学法律专科文凭，并取得海事行政执法证。2014年，刘远和又取得四川省船员适任考试评估员（三类驾驶）资格，这位“技术能手”成了资阳市地方海事局培训船员的专业“师傅”，负责给船员集中培训船舶驾驶、避碰规则、航道引航等科目。

2018年7月12日凌晨3时许，每秒流量近8 000立方米的洪峰抵达沱江资阳城区段，已被调往监控中心工作的刘远和半夜临危受命，与同事罗少明、李德康立马奔赴野人滩拦截上游漂来的5艘失控抽沙船。4时，一艘已经整体翻转的失控船只被洪水裹挟着来到野人滩，离下游成渝高铁跨沱江大桥桥墩不足50米，情况十分危急！刘远和驾驶海巡艇连续3次从侧面撞向失控船只，终于让船半翻过来，顺着水流从桥墩中间通过，大桥得以避险。刚喘口气，一艘七八米长的失控船只又漂到了眼前，三人坚持火速驾驶海巡艇撞向失控船只，还未将船只控制住，后面3艘捆绑在一起的连排船舶又横冲直撞地顺流袭来了。连续撞击下，连排船舶改变了航向并开始解体，一艘落单，另外两艘从桥墩间通过了大桥。刘远和和罗少明调转船头，继续处置落单失控船只，李德康驾快艇跟踪联排船只的去向。最后，刘远和终于将失控船只成功控制住。7月13日上午，洪峰过境后，三人才上岸休息，此时，他们已连续50余个小时未合眼。8月，刘远和、罗少明和李德康作为四川抗洪抢险先进集体，以敬业奉献类先进人物（集体）荣登“中国好人榜”。

（本栏目供稿单位：厅史志总编室）

附录
FU LU

调研报告

DIAOYAN BAOGAO

完善招商制度体系　强化特许经营管理 助力交通运输投融资体制改革持续深化

厅外经处

省交通运输厅以完善制度、项目招商、行业管理、服务创新等为着力点，深入推进投融资体制改革，深化供给侧结构性改革，进一步提高招商引资质量和水平，交通投资保持高位运行。

（一）基本情况

总体情况。“十一五”完成招商1 804公里，“十二五”完成1 536公里，“十三五”前两年分别完成711公里和924公里。截至2018年底，四川省高速公路已招商成功50个项目，总里程5 110公里，吸引社会投资5 603亿元。其中，新建项目48个，总里程4 727公里，总投资5 068亿元；改（扩）建项目2个，总里程383公里，总投资535亿元；建成通车26个、2 652公里，总投资2 087亿元。以建制度、优环境、重服务为指导原则，投资人招商工作呈现井喷态势。

社会资本类型。截至年底，全省高速公路特许经营项目共计引进企业33家。其中，央企5家，包括中电建、中铁建、中国中铁等；地方国企19家，包括省交投集团、省铁投集团等；民企9家，包括波司登、广东龙光等。

（二）工作面临的困难

一是PPP概念不同部门定义不同　按照国务院办公厅《在公共服务领域推广政府和社会资本合作模式指导意见的通知》的定义是采取竞争性方式，平等协商订立合同，政府依据公共服务绩效评价结果向社会资本支付相应对价。按照交通运输部办公厅《关于印发〈收费公路政府和社会资本合作操作指南〉的通知》定义，收费公路PPP项目，是指社会资本方按照市场化原则出资，独资或与政府指定机构共同成立项目公司，通过特许经营等方式，参与收费公路投资、建设、运营和维护。政府通过授予特许经营权、合理定价、财政补贴等事先约定的收益规则，使社会资本方获得合理回报，实现防范并化解政府性债务风险，激发市场活力，增加公路基础设施有效供给等目标。

二是PPP操作程序严重泛化　国家发展改革委《关于印发〈传统基础设施领域实施政府和社会资本合作项目工作导则〉的通知》明确，为提高工作效率，对于一般性政府投资项目，各地可在可行性研究报告中包括PPP项目实施专章，内容可以适当简化，不再单独编写PPP项目实施方案。财政部门政府和社会资本合作模式操作指南的通知，要求必须编制实施方案。

三是PPP投资人选择方式不一致　按照《在公共服务领域推广政府和社会资本合作模式指导意见的通知》，在能源、交通运输、水利、环境保护、市政工程等特定领域需要实施特许经营的，按《基础设施和公用事业特许经营管理办法》执行，因此采购方式上应采用招投标法及实施条例。按照财政部《关于印发〈政府和社会资本合作项目政府采购管理办法〉的通知》要求，依据《中华人民共和国政府采购法》和有关法律、行政法规、部门规章，项目采购信息和合同信息应通过省级及以上政府采购信息平台，及时向社会公布。

四是与财政部门确定的资格审查方式存在冲突 根据招标投标法和交通运输部《经营性公路建设项目投资人招标投标管理规定》等相关规定，高速公路招标可采用资格预审或资格后审的方式。鉴于高速公路行业具有投资额大、专业性强、合作期长的特点，具备相应实力的社会资本相对固定；加之省交通运输厅按照交通运输部规定已出台《四川省高速公路投资人信用管理办法（试行）》，对所有拟投标的社会资本均完成信用评价审核，采用资格预审和资格后审方式均能保证项目在充分竞争的情况下公平择优的选择到具有相应管理经验、专业能力、融资实力以及信用状况良好的投资人，因此，从缩短项目前期工作时间，加强对投资人资格条件审核和监管等因素考虑，全省高速公路投资人招标一直采用资格后审的方式，但这与《政府和社会资本合作项目政府采购管理办法》中关于"PPP项目采购应当实行资格预审"的规定不一致，目前省财政厅明确未开标项目均需采用资格预审方式。

五是前期程序周期较长 PPP项目招商前期工作共有15个环节，市（州）政府是项目推动的责任主体，其中需要地方政府和相关部门审查的，包括市（州）审查实施方案、招标文件、PPP合同和财政部门入库核验项目等4个环节。同时，项目中标后一般应在3个月内完成投资协议签订、项目公司注册、PPP项目合同签订，但在实际操作中，因地方政府与投资人双方利益诉求不同，常在征地拆迁、赔付资金到位进度等方面存在分歧，导致PPP合同迟迟无法签订，影响项目顺利开工落地。

六是宏观政策出台对投资人招商影响较大 2017年下半年以来，财政部、央行等中央各部委密集发文，其中包括《关于加强中央企业PPP业务风险管控的通知》，全方位多渠道对PPP项目参与主体行为予以规范，包括严格央企参与项目的规模控制和准入条件、严守地方政府财政承受能力10%的天花板、表内贷款成为PPP项目的主要融资渠道等，PPP业务进入强监管周期，项目建设资金来源收窄，投融资难度加大。

（三）下一步工作想法

完善顶层制度建设，营造良好交通投资营商环境。针对交通运输行业PPP项目发展形势及客观需求，联合国家发改委和财政部共同完善行业管理制度，加速制度体系更新升级。

一是做好行业顶层设计 研究编制出台《全省高速公路特许经营管理办法》，强化行业领域特许经营管理，将BOT和BOT+补助的方式，按照特许经营管理的方式推动，鼓励和引导社会资本积极参与交通基础设施特许经营项目，简化不必要的审批或备案程序。

二是编制PPP项目实施方案范本 PPP项目实施方案是PPP项目的"行动纲领"，其编制质量的好坏和完善程度直接影响社会资本方招标文件的条款设置，甚至影响招标结果和长达二三十年合作期内项目的顺利实施。截至2018年，国家和省级相关文件仅规定高速公路PPP项目实施方案的主要原则，并未出台相关范本。在实际操作中，因各地实施机构对实施方案的理解不同、编制单位水平良莠不齐等原因，项目实施方案框架结构和具体内容差异较大、甚至出现照抄文件、缺乏大量的数据测算、实质性条款描述简单、操作性不强等问题，影响项目入库和快速推进。

三是开展项目绩效评价 研究制订涵盖收费公路PPP项目全生命周期的绩效评价体系，同步出台考核办法，将绩效考核结果与政府补贴和收费价格挂钩，以此促使社会投资人在项目合作期内严格履约，实现项目经济效益和社会效益的最大化。

四是探索建立特许经营项目经营报告制度 在特许经营管理中，社会资本投资方只是项目运行的CEO，只拥有项目的使用权和经营权，省政府才是项目的"董事会"，拥有项目的所有权。应进一步做好行业特许经营管理工作，探索建立项目经营报告制度，分析研究特许经营项目实际运行及经营状况，编制特许经营项目经营报告并定期上报省委、省政府，为省委、省政府精准掌握特许经营项目运行情况提供参考。

五是建立行业"智库" 根据现行国家级相关部委专家库管理规章制度，建立交通运输领域特许经营管理专家库。同步制订专家库管理办法和细则，明确资格条件、入库流程、工作职责、权利义务等，充分利用专家库为交通运输领域特许经营管理提供智力支撑，促进行业持续健康发展。

《四川省高速公路条例》立法后评估

厅法规处

《四川省高速公路条例》（以下简称《条例》）颁布实施3年来，效果基本显现，《条例》本身和实施中存在的问题也初步暴露。省交通运输厅开展《条例》立法后评估专题调研，对《条例》立法及贯彻实施的基本情况、经验做法、问题不足进行全面评估。

（一）内容评估

全面认可《条例》的合法性、合理性和协调性。

《条例》由省交通运输厅和省公安厅共同提出立法需求，并由两厅共同开展立法调研和起草工作，经原省政府法制办初步审查，省政府办公会议集体讨论通过，省人大三次审议，最终由省人大常委会讨论通过颁布实施，其立法主体、程序完全符合国家和四川关于地方立法工作的相关规定。

《条例》起草和审议过程中，多次征求高速公路营运主体、基层执法机构、运输经营业主、地方政府及相关部门的意见；为确定《条例》中的重要制度、权利义务设定等重要立法意图，召开由学者、律师、企业高管、政府官员等多类型专家组成的专题论证会议；多次网上公开征求意见，充分吸纳各方面的诉求和建议；草案修改过程中，全面对比《公路法》《道路交通安全法》等法律法规和相关规章制度，《条例》的合法性、合理性和协调性在立法过程中得到充分保障，具体条款未发现不合法、不合理、不协调的内容。

个别条款技术性和可操作性有待提高。

1. 对已有的管理职权没有再作明确，导致基层执法单位不清楚具体执行主体。如第三十九条对桥下空间管理职责的规定，从立法的本意来讲，由于桥下空间权属复杂，有的是城市道路，有的是其他建筑设施，有的是农村集体用地，桥下空间的违法行为应根据其空间权属来确定管理主体。但因《条例》未作深入规定，使得执法单位理解出现偏差，桥下违规搭建设施、修建场所、仓库、堆放物品等违法行为由高速公路营运企业报告给高速公路管理机构后，高速公路管理机构想处理无权限，有权限的单位则认为《条例》把职责划归高速公路管理机构而不予管理。

2. 概念描述可理解但不好操作。比如《条例》附则中对高速公路的界定，除了高速公路封闭区域以外，还增加了“划定为高速公路管理的区域”，但哪些是被划定为高速公路管理的区域尚无明确规定，收费广场地界在什么范围也无明确标识，收费广场到底归高速公路管理机构管理还是归地方政府管理也存在不同意见。

3. 部分条款采用定性描述的方式，缺少明确的操作规范或必要的配套制度支撑，导致执行难度较大。如第十五条、第十七条、第二十五条、第三十条、第三十二条等条款中，多以“按照有关规定”“满足工作需要”“擅自关闭”或者“具体办法另行制定”的方式予以规定，而具体标准有的已有明文规定，有的尚未明确，这种非定量的、不确定性的规定，往往因执行者的理解不同影响《条例》的正确实施。

（二）效果评估

《条例》推动高速公路健康持续发展和优质安全运行成效显著。

1. 推动高速公路建设平稳发展。《条例》进一步明确高速公路规划、建设、招商筹资及建设程序等规定，特别是细化高速公路沿线地方人民政府的招商责任主体地位和对高速公路征地拆迁及物料保障等方面的职责义务，对推动和保障高速公路建设项目的顺利进行意义重大。全省高速公路建设发展迅速，通车里程快速增长，截至2018年底，全省高速公路建成总里程已达到7 238公里，较2015年底增加1 222公里，跃居全国第二。

2. 理顺高速公路管理体制。《条例》确立“以条为主、条块结合”和“政企分开”的高速公路管理体制。随着《条例》的贯彻实施，高速公路管理机构、公安机关交通管理部门、高速公路营运企业、沿线地方人民政府及相关部门的职能职责和权限边界逐步明晰，相互间的配合也日渐娴熟。《条例》推动建立高速公路

“一路四方”（即：地方人民政府及相关部门、高速公路管理机构、高速交警部门、高速公路营运企业）联席会议制度和联勤联动工作机制，强化地方政府职能部门对高速公路的综合协调管理职责，有效改善高速公路营运服务和执法环境，实现全省21个市（州）行政区域内高速公路沿线127个县（市、区）高速公路管理“一路四方”联动工作机制全覆盖。

3. 强化高速公路违法行为治理。《条例》实施以来，全省开展路面巡查2 500万余公里，出动交通执法人员65万余人次，办结路政案件2 093件，运政案件3 664件，办结收费稽查案件387起，追缴通行费259万余元，采取行政强制措施461件，行政强制执行18件，累计拆除违法非标770余块，整治桥下空间900余处，劝返超限车辆66 638起，责令超限车辆卸载3 561起，连续3年实现违法超限车辆“零驶入”，因超限货车引发的交通事故“零发生”，没有发生死亡10人以上重大交通安全事故，有效打击违法超限运输、非法营运、偷逃通行费等违法行为，保障人民群众的生命财产安全。

4. 提升高速公路运行服务水平。依据《条例》先后建立健全收费标准与工程建设质量和运营服务质量挂钩、收费标准的动态调整、收费站拥堵评价管理、安全预警预报和重大安全隐患挂牌督办等一系列配套的制度机制，开展“平安交通”创建、智慧高速建设、隧道提质升级、国家公路网命名编号调整等专项工作，切实保障高速公路的安全畅通。全省高速公路路况水平持续保持优等，路面使用性能指数（PQI）达93.5，优良率99%以上，一、二类桥隧占比达99.5%，四五类桥隧当年处治率100%。共设立高速公路应急物资储备点200余处，组建3 000余人的应急队伍，高效完成“6・24”茂县高位滑坡、“8・8”九寨沟地震、“10・11”金沙江堰塞湖抢险、“6・17”宜宾长宁地震等突发事件高速公路的保通保畅。

《条例》贯彻实施的力度仍有不足。

1. 地方政府及相关部门的职责履行不够到位。如高速公路服务区的消防、食品安全、环境保护、价格监督等属地监督管理职责，有些地方及部门没有切实承担起来；在高速公路建筑控制区管理中，仍存在地方政府及相关部门与高速公路管理机构推诿责任，建设期间抢种抢建，建成后非标清理难度大，缺乏有效治理手段等问题。

2. “一路四方”联勤联动机制常态化不够。各高速公路管理主体从形式上基本做到了定期召开联席会议，沟通交流管理信息，但由于几个管理主体互不隶属，没有明确的牵头单位，推进工作的动力不足，各方的指挥调度实际上仍是自成体系，资源共享效率不高，信息传输渠道不畅。

3. 执法用房保障仍有不足。新建的高速公路已按《条例》要求基本实现了执法用房与高速公路同步规划、同步建设、同步投入使用，但《条例》出台前已通车运营的高速公路由于历史原因或地理位置限制或营运效益不好，个别路段仍不能按要求提供执法用房。

（三）面临问题

1. 随着国家机构改革的推进到位，行政许可、行政执法等行政监督管职责回归交通运输行业主管部门，交通运输综合执法改革方案已基本明确，各级交通行政执法主体将全面调整，交通运输行政执法机构的职责将全面整合，《条例》对高速公路执法机构的授权已不符合改革的趋势和方向，需要进行调整。

2. 随着“放管服”改革的推进，省、市两级交通运输行政管理职能已大幅度下放至市、县两级，地方法规有必要进行相应调整，在高速公路行政管理和执法监督职责上，也有必要通过《条例》重新明确省、市、县三级的权力和责任。

3. 随着智慧高速、数字交通的建设发展，交通运输行政执法的手段、程序和规范将进行创新和变革，非现场执法的手段和方式将逐步增加，需要《条例》给予新手段新方式的认可。

4. 随着收费公路管理体制改革的深入推进，取消省界收费站将实现高速公路全国联网收费，各省区市原有的收费管理模式将全面打破，收费技术和清分结算方式将加快革新。面对全国联网收费的新形势，《条例》第十七条“按照车辆出站点距联网内最远入站点的最短路径收取车辆通行费”的规定，其合理性将受到质疑，难以继续执行。《条例》第二十八条对“整车合法装载运输鲜活农产品的车辆”免交车辆通行费的规定需要严格限定在全国统一的鲜活农产品目录范围，不能随意增加“藤椒”“鳝鱼”等地方特色农产品，否则在其他省份无法执行该政策，容易产生不必要的收费纠纷。

（四）评估结论

总体看，《条例》作为全省高速公路管理的重要法定依据，推动全省高速公路事业健康发展，理顺高速公路管理体制，创新高速公路行业监管方式，提升高速公路管理和服务水平，得到社会各界的充分肯定，取得良好的社会效益和经济效益，实现预期的立法目的。同时，依据《条例》建立的营运服务质量考评、高速公路入口“治超”等创新工作机制被国务院修订《收费公路管理条例》借鉴。在调研中发现的个别规定可操作性不强、推进力度不足、不适应新形势新情况等问题，还需要采取针对性措施予以解决。

政策法规选编

ZHENGCE FAGUI XUANBIAN

四川省航道条例

（四川省第十三届人民代表大会常务委员会公告第5号）

《四川省航道条例》已由四川省第十三届人民代表大会常务委员会第四次会议于二零一八年五月三十一日通过，现予公布。自二零一八年八月一日起施行。

四川省人民代表大会常务委员会

二〇一八年五月三十一日

四川省航道条例

第一章　总　则

第一条　为了加强航道管理，保障航道畅通和通航安全，促进水路运输发展，根据《中华人民共和国航道法》《中华人民共和国水法》等法律法规，结合四川省实际，制定本条例。

第二条　在四川省行政区域内航道的规划、建设、养护、保护及有关活动适用本条例，国务院交通运输主管部门直接管理或者指定管理的航道除外。

本条例所称航道，是指四川省行政区域内的江河、湖泊等水域中可以供船舶通航的通道，包括通航建筑物、航道整治建筑物和航标等航道设施。

第三条　航道是重要的水运交通基础设施，依法受法律保护，任何单位和个人不得破坏或者侵占；造成断航、碍航和航道淤积的，由有关县级以上地方人民政府按照“谁造成谁负责”的原则，责成有关部门和单位限期恢复通航。

第四条　有关县级以上地方人民政府应当加强对航道工作的领导，建立健全航道管理的统筹协调机制，组织、协调、督促有关部门采取措施，保持和改善航道通航条件，保护航道安全，维护航道网络完整和畅通。

有关县级以上地方人民政府应当将航道建设、养护纳入本行政区域国民经济和社会发展规划，统筹本级财政投入、上级转移支付等资金来源，在财政预算中合理安排航道建设和养护资金，保障航道功能定位与通航能力。

第五条　县级以上地方人民政府交通运输主管部门按照下列职责做好所辖航道的管理工作：

（一）省交通运输主管部门主管全省航道工作，组织编制全省航道布局规划和一至七级航道建设规划，指导协调全省航道的建设、养护、保护等管理工作，监督考核全省一至五级航道的建设、养护工作；

（二）市（州）交通运输主管部门按照管理职责，组织实施本行政区域内一至五级航道的建设、养护、保护等管理工作；

（三）县（市、区）交通运输主管部门按照管理职责，组织实施本行政区域内六级及以下航道的建设、养护、保护等管理工作。

交通运输主管部门负责航道管理的机构承担所辖航道的规划、建设、养护和保护等工作。

第六条　县级以上地方人民政府有关部门以及航道

沿线的乡（镇）人民政府、街道办事处，应当按照各自的职责共同做好航道管理及监督工作。

第七条 省、市（州）、县（市、区）、乡（镇）建立河长制，分级分段组织领导本行政区域内江河、湖泊等水域的航道管理、水资源保护、水域岸线管理、水污染防治、水环境治理等工作，协调解决航道管理相关问题。

第二章 航道规划与建设

第八条 航道规划应当符合交通运输、环境保护、国土资源、水利水电等有关法律法规要求，符合依法制定的流域、区域综合规划，符合水资源规划、防洪规划，并与涉及水资源综合利用的相关专业规划以及依法制定的城乡规划、环境保护规划、土地利用总体规划、重要水域水生生物保护规划、文物保护规划、产业发展规划等其他相关规划和军事设施保护区划相协调。

交通运输主管部门在编制航道规划时涉及其他法律法规调整范围的，应当征求其他同级主管部门意见。航道涉及自然保护区的，其规划应当与自然保护区总体规划相协调；航道涉及流域管理的，其规划应当报经流域管理机构同意。

有关部门在编制规划时涉及航道的，应当与航道规划相互衔接，并符合国家规定的通航标准和技术要求。

第九条 航道应当划分技术等级，航道技术等级按照通航标准确定为一至七级和等外级。

航道技术等级包括现状技术等级和发展规划技术等级。现状技术等级一至七级的航道按照国家有关规定确定并公布，等外级航道由省航道管理机构提出方案，报省交通运输主管部门批准公布；航道发展规划技术等级根据相关自然条件以及防洪、供水、水资源保护、生态环境保护要求和航运发展需求等因素评定。

发展规划技术等级在全省航道规划中予以确定。

第十条 四川省航道规划包括全省航道布局规划和航道建设规划。

全省航道布局规划由省交通运输主管部门会同同级负责发展改革、水行政、国土资源、环境保护等工作的部门编制，征求航道沿线市（州）人民政府的意见后，报省人民政府会同国务院交通运输主管部门批准公布。

航道建设规划是对某一条江河航道或者某一个特定区域航道建设进行的规划，是对全省航道布局规划在具体航道项目或者特定区域的细化。

航道发展规划技术等级为一至七级的航道建设规划由省交通运输主管部门会同同级负责发展改革、水行政等工作的部门编制，征求航道沿线市（州）人民政府的意见后，按照国家的规定批准公布。

经批准的航道规划需要修改的，应当经原批准机关批准。

第十一条 新建航道以及为改善航道通航条件而进行的航道工程建设，应当遵守法律法规关于建设工程质量管理、安全管理和生态环境保护等方面的规定，符合航道规划，执行有关的国家标准、行业标准和技术规范，依法办理相关手续。

负责发展改革、交通运输、能源、水行政等工作的主管部门按照各自的职责负责航电枢纽工程建设过程的交通、水电、水利工程建设的监督管理工作。

第十二条 航道建设单位应当根据航道建设工程的技术要求，依法通过招标等方式选择具有相应资质的勘察、设计、施工和监理单位进行工程建设，对工程质量和安全进行监督检查，并对工程质量和安全负责。

从事航道工程建设的勘察、设计、施工和监理单位，应当在其资质等级许可的范围内从事航道工程建设活动，依法对其勘察、设计、施工、监理的质量和安全负责。

第十三条 航道工程建设用地应当由县级以上地方人民政府依法统筹安排，任何单位和个人不得非法侵占。

第十四条 航道、水利、水电、市政、渔业、旅游等工程具备联合建设条件的，县级以上地方人民政府应当统筹利用建设资金，兼顾航道、水利、水电、市政、渔业、旅游等功能，提高投资的综合效益。

鼓励公民、法人和其他组织依法投资建设航道。

第十五条 进行航道工程建设应当维护河势稳定，符合防洪要求，不得危及依法建设的其他工程或者设施的安全。因航道工程建设损坏依法建设的其他工程或者设施的，航道建设单位应当予以修复或者依法赔偿。

第十六条 航道建设项目竣工后，应当按照国家有关规定组织竣工验收，经验收合格方可正式投入使用。

第三章 航道养护与保护

第十七条 航道管理机构应当根据航道的地位、作用和发展需要，按照航道养护技术规范、操作规程制定辖区内航道的养护类别、养护计划并组织实施，保证航道处于良好的通航技术状态。

航道管理机构应当根据航道现状技术等级、航道自然条件确定并公布航道维护尺度和内河航道图。航道维护尺度由所在地市（州）航道管理机构负责确定并公布。现状技术等级为一至四级航道的内河航道图由省航道管理机构负责组织编制并公布；其他等级航道的内河航道图由所在地市（州）航道管理机构负责组织编制并公布。

市（州）、县（市、区）人民政府根据管理权限确定航道养护单位或者通过向社会购买服务等方式保障航道养护工作。

第十八条 航道管理机构应当按照航道养护类别、航道条件和通航需要，制定航道突发事件应急预案和航道巡查、航道信息公布等制度并组织实施。

航道管理机构应当根据航道条件和通航需要，合理配置和调整航标，保证航标处于正常技术状态。航道管理机构在航道巡查过程中发现航道状况发生改变、航道实际尺度达不到维护尺度、航标发生异动等影响船舶通航安全的情形，应当进行维护，及时发布航道通告并通报海事管理机构。

第十九条 负责交通运输、环境保护、水行政、国土资源、气象、应急、公安等工作的相关部门应当加强信息沟通和预警联动，提高各种险情灾害情况下航道损害的预警、应急处置能力。

第二十条 航道管理机构应当合理安排航道养护作业，避免限制通航的集中作业和在通航高峰期作业。

航道管理机构组织的航道疏浚、抛泥、吹填、清障、维修航道设施和设置航标等活动，任何单位和个人不得非法阻挠和干涉；涉及相关部门管理事项的，应当征求其意见。

影响通航或者确需限制通航的养护作业，应当设置明显的作业标志，采取必要的安全措施。

养护作业结束后，应当及时清除影响航道通航条件的作业标志及其他残留物，恢复正常通航。

第二十一条 交通运输主管部门应当按照航道发展规划技术等级和航道保护实际需要，会同同级负责水行政、城乡规划、国土资源、环境保护等工作的部门划定航道保护范围，报同级人民政府批准、公布。

第二十二条 省、市（州）人民政府应当组织负责交通运输、发展改革、经济和信息化、水行政、环境保护等工作的部门根据综合利用水资源和江河防洪等总体要求，建立江河流域综合协调机制和蓄放水调度管理联动机制，统筹协调航运与发电、防洪、供水、环境保护等的需求，合理调节江河上下游、干支流径流量，满足通航建筑物的正常运行和船舶通航安全。

第二十三条 建设与航道有关的跨河、拦河、临河、穿越等工程，建设单位应当依法在工程可行性研究阶段就建设项目对航道通航条件的影响作出评价，并报送有审核权的航道管理机构审核。

发展规划技术等级为一至四级航道，由省航道管理机构负责航道通航条件影响评价审核；五级及以下航道，由所在地市（州）航道管理机构负责航道通航条件影响评价审核，并将审核意见报省航道管理机构备案。

开工建设前，建设单位应当向所在地航道管理机构报送建设项目施工图设计中涉及航道、通航内容的资料。与航道、通航有关的建设内容完工后，建设单位应当向所在地航道管理机构报送建设项目审核意见执行情况和施工临时设施及残留物的清除情况等资料；所在地航道管理机构应当加强监督检查。

第二十四条 除依照法律、行政法规或者国务院规定进行的防洪、供水等特殊工程外，不得因工程建设降低航道通航条件。

任何单位和个人在施工、水上水下活动期间应当按照规定设置、维护专用航标和必要的辅助设施，保持航道原有通航能力，不得断航；确实难以保持原有通航能力的，应当采取临时航道、翻坝转运等补救措施，其费用由建设单位承担；确需中断通航的，应当事先征得航道管理机构、海事管理机构的同意，并给予受损方断航损失补偿。

施工、水上水下活动完毕后，应当按照通航要求及时清除临时设施、围堰等残留物。

第二十五条 禁止下列危害航道和通航安全的行为：

（一）在航道内设置渔具、种植水生植物或者水产养殖的；

（二）在航道和航道保护范围内倾倒或者堆放砂石、泥土、垃圾或者其他废弃物的；

（三）破坏整治建筑物、航标、标志标牌等航道设施的；

（四）在航道整治建筑物边线外二十米范围内采砂取石、淘金的；

（五）设置混淆、遮挡助导航标志的构筑物、发光体等物体的；

（六）设置影响通航的电缆、缆绳或者其他设施的；

（七）在航道和航道保护范围内擅自建设建筑物、构筑物或者其他设施的；

（八）占用主航道水域过驳作业的；

（九）其他危害航道通航安全的行为。

第二十六条　相邻拦河闸坝之间的航道通航水位衔接，应当符合国家规定的通航标准和技术要求。位于航道及其上游支流上的水工程，应当在规划、工程可行性研究、设计、施工和调度运行中统筹考虑生态流量及下游航道设计最低通航水位所需的下泄流量，满足航道所需的通航流量，水位运行变幅应当符合船舶安全航行的要求，但水文条件超出实际标准的除外。保障下游航道通航所需的最小下泄流量以及满足航道通航条件允许的水位变化的确定，水工程建设、管理单位应当征求航道管理机构、海事管理机构的意见，并定期报送相关水情信息。

第二十七条　水电站、水库管理单位或者其他调水作业单位应当履行以下职责：

（一）建立水情信息传递、通报和预警制度；

（二）因调水、泄水影响通航条件的，应当提前二十四小时发布相关水情信息，紧急情况下应当在作出决定后立即发布；

（三）及时将相关水情信息告知船舶业主、所在地县（市、区）人民政府、有关乡镇人民政府和县（市、区）航道管理机构、海事管理机构。

有关地方人民政府和机构接到相关水情信息后，应当立即采取措施，并予以发布。

第二十八条　与航道有关的工程建设活动确需移动、拆除航道设施的，应当经航道管理机构同意，其移动、拆除和重建费用由相关责任人承担。

在通航水域上新建、改建桥梁等建筑物，建设单位应当按照国家有关规定和技术要求设置航标等设施，并承担相应费用。

在通航河流上设置专用航标的，建设单位应当报经航道管理机构同意，保证航标处于正常技术状态，并承担其建设和维护费用。

第二十九条　在航道和航道保护范围从事采砂活动，除应当依法取得河道采砂许可证外，还应当向航道管理机构、海事管理机构申请办理相关手续，根据需要设置助导航标志、安全标志和作业信号，按照批准的范围和作业方式开采，不得恶化通航环境。

第四章　通航建筑物管理

第三十条　在通航河流上建设永久性拦河闸坝，应当符合防洪标准和通航标准，依照法定建设程序实施。建设单位应当按照航道发展规划技术等级建设通航建筑物，承担建设及运行维护费用。通航建筑物应当与主体工程同步规划、同步设计、同步建设、同步验收、同步投入使用。

在通航河流上建设的通航建筑物，应当实行船舶免费通行，国务院有关部门和省人民政府另有规定的除外。

在不通航河流上建设闸坝后可以通航的，闸坝建设单位应当同步建设通航建筑物或者预留通航建筑物位置。

第三十一条　通航建筑物所在地县级以上地方人民政府应当组织负责交通运输、水行政、国土资源等工作的管理部门及建设单位，根据经批准的项目设计方案和运营管理需要，划定通航建筑物管理区域并予公布。

通航建筑物的管理区域包括上下游引航道、口门区及连接段、外靠船墩区域和锚地等。

第三十二条　通航建筑物建设单位或者管理单位（以下统称为通航建筑物运行维护单位）应当建立通航建筑物的运行维护及安全管理制度，负责通航建筑物管理区域内的日常安全管理、通航秩序维护、助导航设施设置维护和清障清淤等，保持通航建筑物处于良好技术状态并正常运行使用。

通航建筑物的运行维护应当适应船舶通行需要，通航建筑物运行维护单位应当按照规定编制通航建筑物的运行方案，报经航道管理机构审查同意后公布。

第三十三条 航道管理机构应当对通航建筑物运行方案所涉及的通航建筑物运行条件、运行计划、调度规则、养护停航计划、应急预案、信息公开等活动内容进行统筹协调和科学管理；同一航道上建有多座通航建筑物的，航道管理机构应当建立梯级运行调度协调联动机制，实现运行方案相互衔接，保障航道等级不降低和航道畅通。

通航建筑物运行方案经审查同意公布后，通航建筑物运行维护单位应当严格执行，不得擅自变更。

航道管理机构、海事管理机构应当根据通航建筑物运行方案，做好通航协调、调度、监督工作。

第三十四条 同一河流通航建筑物的开放运行时间及停航维护时限等应当合理衔接，统筹安排大修和岁修，减少对通航的影响。

通航建筑物确需停航检修的，通航建筑物运行维护单位应当将检修方案提前三十日报经航道管理机构、海事管理机构同意，并按照规定申请发布航道通告、航行警告。

第三十五条 通航建筑物运行维护单位应当制定应急预案，配备必要的人员和设施设备，定期开展应急演练。通航建筑物应急预案应当包括安全生产、设备故障、防治船舶污染、自然灾害、防汛度汛等应对措施。

通航建筑物运行维护单位应当建立船舶应急通过机制，对军事运输、防汛抢险、应急救援等船舶实行优先通过。

第三十六条 通航建筑物管理区域内禁止下列行为：

（一）爆破、取土、采石、采砂、倾倒废物或者堆放物料的；

（二）擅自停放船舶、浮动设施等的；

（三）擅自建设码头、渡口、栈桥和其他设施的；

（四）从事货物装卸、水上加油、船舶维修、捕鱼等，影响通航建筑物正常运行的；

（五）其他影响通航建筑物运行维护及管理的行为。

第三十七条 船舶有下列情形之一的，不得通过通航建筑物：

（一）船舶动力、舵机操纵设备等发生故障无牵引设备的；

（二）超载、超宽、超高或者其他超过过船设施设计限定标准的；

（三）船体损坏漏水或者其他影响航行安全的；

（四）其他不符合通航建筑物安全通行要求的情形。

第三十八条 船舶通过通航建筑物时，禁止下列行为：

（一）擅自在闸首、闸室、引航道内抛锚、滞留的；

（二）未经调度强行进入或者抢档、超越其他船舶的；

（三）在靠船墩或者闸室停靠时，超越安全界限的；

（四）装运危险品的船舶，不按照指定水域停靠的；

（五）其他影响通航建筑物正常运行的行为。

第三十九条 《中华人民共和国航道法》施行前建设的拦河闸坝造成通航河流断航，需要恢复通航且具备建设通航建筑物条件的，由发展改革部门会同水行政主管部门、交通运输主管部门提出恢复通航方案，报本级人民政府决定。

通航河流已建跨河、临河建筑物造成断航、碍航和航道淤积的，需要恢复通航的，由交通运输主管部门会同发展改革、水行政等主管部门，根据通航需要提出复航方案，按照管辖权限报经县级以上地方人民政府批准，恢复原有通航条件。

第五章 法律责任

第四十条 违反本条例规定的行为，法律、法规已有处罚规定的，从其规定。

第四十一条 与航道有关的工程的建设单位违反法律规定，未及时清除影响航道通航条件的临时设施及其残留物的，由县级以上地方人民政府负责航道管理的部门或者机构责令限期清除，处二万元以下的罚款；逾期仍未清除的，处三万元以上二十万元以下的罚款，并由县级以上地方人民政府负责航道管理的部门或者机构依法组织清除，所需费用由建设单位承担。

第四十二条 违反本条例规定，有下列行为之一的，由县级以上地方人民政府负责航道管理的部门或者机构责令改正，对单位处一万元以上五万元以下的罚款，对个人处五百元以上两千元以下的罚款；造成损失的，依法承担赔偿责任：

（一）破坏整治建筑物、航标、标志标牌等航道设施的；

（二）设置混淆、遮挡助导航标志的构筑物、发光体等物体的；

（三）设置影响通航的电缆、缆绳或者其他设施的；

（四）占用主航道水域过驳作业的；

（五）其他危害航道通航安全的行为。

第四十三条 建设单位未依法报送航道通航条件影响评价材料而开工建设的，由有审核权的县级以上地方人民政府负责航道管理的部门或者机构责令停止建设，限期补办手续，处三万元以下的罚款；逾期不补办手续继续建设的，由有审核权的县级以上地方人民政府负责航道管理的部门或者机构责令恢复原状，处二十万元以上五十万元以下的罚款。

报送的航道通航条件影响评价材料未通过审核，建设单位开工建设的，由有审核权的县级以上地方人民政府负责航道管理的部门或者机构责令停止建设、恢复原状，处二十万元以上五十万元以下的罚款。

违反航道通航条件影响评价的规定建成的项目导致航道通航条件严重下降的，由前两款规定的县级以上地方人民政府负责航道管理的部门或者机构责令限期采取补救措施或者拆除；逾期未采取补救措施或者拆除的，由县级以上地方人民政府负责航道管理的部门或者机构代为采取补救措施或者依法组织拆除，所需费用由建设单位承担。

第四十四条 违反本条例规定，在通航建筑物管理区域内有下列行为之一的，由县级以上地方人民政府负责航道管理的部门或者机构对单位处一万元以上五万元以下的罚款，对个人处五百元以上两千元以下的罚款：

（一）爆破、取土、采石的；

（二）擅自停放船舶、浮动设施等的；

（三）擅自建设码头、渡口、栈桥和其他设施的；

（四）从事货物装卸、水上加油、船舶维修、捕鱼等，影响通航建筑物正常运行的；

（五）其他影响通航建筑物运行维护及管理的行为。

第四十五条 违反本条例规定，通过通航建筑物有下列行为之一的，由县级以上地方人民政府负责航道管理的部门或者机构对单位处五千元以上两万元以下的罚款，对个人处五百元以上两千元以下的罚款：

（一）船舶动力、舵机操纵设备等发生故障无牵引设备的；

（二）超载、超宽、超高或者其他超过过船设施设计限定标准的；

（三）船体损坏漏水或者其他影响航行安全的；

（四）其他不符合通航建筑物安全通行要求的行为。

第四十六条 违反本条例规定，通过通航建筑物有下列行为之一的，由县级以上地方人民政府负责航道管理的部门或者机构对单位处五千元以上两万元以下的罚款，对个人处五百元以上两千元以下的罚款：

（一）擅自在闸首、闸室、引航道内抛锚、滞留的；

（二）未经调度强行进入或者抢档、超越其他船舶的；

（三）在靠船墩或者闸室停靠超越安全界限的；

（四）装运危险品的船舶，不按照指定水域停靠的；

（五）其他影响通航建筑物正常运行的行为。

第四十七条 地方人民政府负责航道管理的部门或者机构以及其他有关部门不依法履行本条例规定的职责的，对直接负责的主管人员和其他直接责任人员依法给予处理。

第六章 附 则

第四十八条 本条例相关用语的含义是：

（一）“航道现状技术等级”是指航道现有的技术等级，是负责航道管理的部门开展航道维护工作的等级依据，包括航道维护宽度、水深、弯曲半径、维护水深保证率等主要技术指标。

（二）“航道发展规划技术等级”是指在航道规划中确定的技术等级，是为保护航道资源，开展建设与航道有关拦河、跨河、临河建筑物等设施进行航道通航条件影响评价的重要等级依据。

（三）“航道通航条件”是指航道满足船舶畅通、安全航行的条件，主要包括航道尺度、通航水位、航行水流条件、航道稳定性、航道通视性、与航道有关的工程的通航净高、净宽、埋设深度，以及航道通过能力的适应性、船舶通航安全的适应性等。

（四）“通航建筑物”是指在拦河闸坝或者水利水电枢纽上建设的可供船舶通行的水工设施。

（五）“航道整治建筑物”是指对航道具有束水、导流、导沙、固滩和护岸等作用的整治建筑物。

第四十九条 本条例自2018年8月1日起施行。

2018年法律和行政法规索引

类　别	颁布时间	名　称	颁布机关及文号
法律	2018-12-29	全国人民代表大会常务委员会关于修改《中华人民共和国电力法》等四部法律的决定	第十三届全国人民代表大会常务委员会第七次会议通过
行政法规	2018-03-19	国务院关于修改和废止部分行政法规的决定	中华人民共和国国务院令第698号

2018年地方性法规和部门规章索引

类　别	颁布时间	名　称	颁布机关及文号
地方性法规	2018-05-31	《四川省航道条例》	四川省第十三届人民代表大会常务委员会第四次会议通过
部门规章	2018-01-11	长江三峡水利枢纽过闸船舶安全检查暂行办法	中华人民共和国交通运输部令2018年第1号
	2018-01-15	港口工程建设管理规定（已被修订）	中华人民共和国交通运输部令2018年第2号
	2018-04-08	农村公路建设管理办法	中华人民共和国交通运输部令2018年第4号
	2018-05-03	交通运输部 国家发展改革委关于修改《港口岸线使用审批管理办法》的决定	中华人民共和国交通运输部令2018年第5号
	2018-05-17	公路水运工程监理企业资质管理规定	中华人民共和国交通运输部令2018年第7号
	2018-07-31	关于修改《港口经营管理规定》的决定（已被修订）	中华人民共和国交通运输部令2017年第14号

续表

类 别	颁布时间	名 称	颁布机关及文号
部门规章	2018-07-31	船舶载运危险货物安全监督管理规定	中华人民共和国交通运输部令2018年第11号
	2018-08-28	通运输部关于修改《船员注册管理办法》的决定	中华人民共和国交通运输部令2018年第12号
	2018-07-23	交通运输统计管理规定	中华人民共和国交通运输部令2018年第20号
	2018-09-27	交通运输部关于修改《中华人民共和国船舶污染海洋环境应急防备和应急处置管理规定》的决定	中华人民共和国交通运输部令2018年第21号
	2018-10-20	交通运输部关于修改《中华人民共和国海事行政许可条件规定》的决定	中华人民共和国交通运输部令2018年第22号
	2018-10-31	交通运输部关于修改《水上移动卫星通信管理规则》的决定	中华人民共和国交通运输部令2018年第27号
	2018-11-10	交通运输部 商务部关于废止《外商投资道路运输业管理规定》的决定	中华人民共和国交通运输部令2018年第28号
	2018-11-27	交通运输部关于修改《交通运输法规制定程序规定》的决定	中华人民共和国交通运输部令2018年第41号
	2018-11-28	交通运输部关于修改《港口工程建设管理规定》的决定	中华人民共和国交通运输部令2018年第42号
	2018-11-28	交通运输部关于修改《中华人民共和国船舶最低安全配员规则》的决定	中华人民共和国交通运输部令2018年第43号
	2018-11-28	交通运输部关于修改《航道建设管理规定》的决定	中华人民共和国交通运输部令2018年第44号

2018年省政府规章和文件索引

类　别	颁布时间	名　称	颁布机关及文号
省政府规章	2018-01-09	四川省人民政府关于修改《四川省机动车驾驶员培训管理办法》的决定	四川省人民政府令第328号
省政府文件	2018-04-09	四川省人民政府办公厅关于转发交通运输厅 财政厅《四川省普通国省干线公路养护工程专项补助办法》的通知	四川省人民政府办公厅川办函〔2018〕36号
	2018-07-08	四川省人民政府关于表彰2014—2016年四川省道路交通安全综合治理工作先进集体和先进个人的决定	四川省人民政府川府发〔2018〕22号
	2018-07-24	四川省人民政府办公厅关于进一步推进物流降本增效促进实体经济发展的实施意见	四川省人民政府办公厅川办发〔2018〕51号
	2018-07-27	四川省人民政府办公厅关于成立四川省推进“厕所革命”工作领导小组的通知	四川省人民政府办公厅川办函〔2018〕66号
	2018-09-30	四川省人民政府办公厅关于认定第二批“四好农村路”示范县的通知	四川省人民政府办公厅川办函〔2018〕91号
	2018-11-30	四川省人民政府办公厅关于进一步推进全省“厕所革命”工作的意见	四川省人民政府办公厅川办发〔2018〕89号

（本栏目供稿单位：厅法规处）

统计资料

TONGJI ZILIAO

2018年全省国家高速公路路线表

路线编号	路线名称	顺序号	省份	起点桩号	止点桩号	当前布设起点桩号	主要控制点
G42	沪蓉高速	6	四川	1 626.000	1 982.366	1 626.000	广安、南充、遂宁、成都
G4202	成都绕城高速	1	四川	0	85.000	0	成都
G4216	蓉丽高速	1	四川	0	723.090	0	成都、仁寿、沐川、金阳、会东、攀枝花
G4217	蓉昌高速	1	四川	0	747.000	0	成都、都江堰、汶川、马尔康、炉霍、德格
G5	京昆高速	5	四川	1 464.000	2 501.915	1 464.000	广元、绵阳、成都、雅安、西昌、攀枝花
G5012	恩广高速	3	四川	168.000	481.109	168.000	达州、巴中、广元
G5515	张南高速	4	四川	456.000	598.101	456.000	大竹、营山、南充
G65	包茂高速	3	四川	1 190.800	1 495.814	1 190.800	达州
G75	兰海高速	2	四川	537.241	877.087	537.241	广元、南充
G76	厦蓉高速	6	四川	1 723.932	2 144.402	1 723.932	泸州、隆昌、内江、成都
G85	银昆高速	4	四川	798.000	1 107.289	798.000	巴中、南充、广安
G85	银昆高速	6	四川	1 340.000	1 528.479	1 340.000	内江、宜宾
G93	成渝环线高速	1	四川	0	311.232	0	成都、绵阳、遂宁
G93	成渝环线高速	3	四川	509.888	1 014.082	509.888	合江、泸州、宜宾、乐山、雅安、成都
G0512	成乐高速	1	四川	0	131.648	0	彭山、眉山、乐山
G0511	德都高速	1	四川	0	91.000	0	德阳、什邡、彭州、都江堰
G0611	张汶高速	4	四川	754.000	1 136.000	754.000	若尔盖、松潘、汶川
G0615	德马高速	2	四川	721.190	945.190	0	马尔康
G4218	雅叶高速	1	四川	0	613.000	0	雅安、天全、泸定、康定、理塘、巴塘
G5013	渝蓉高速	2	四川	80.717	255.256	80.717	安岳、成都
G7611	都香高速	3	四川	563.800	985.800	0	金阳、西昌
G8513	平绵高速	2	四川	545.000	786.000	0	九寨沟、平武、绵阳
G8515	广泸高速	1	四川	0	57.595	0	广安、武胜
G8515	广泸高速	3	四川	245.000	288.000	0	泸州
G4215	蓉遵高速	1	四川	0	296.721	0	成都、仁寿、自贡、泸州

（厅规划处）

2018年全省普通国道路线表

路线编号	路线名称	顺序号	省份	起点	止点	当前布设起点桩号	主要控制点
				桩号	桩号		
G108	北京至昆明	5	四川	1 817.510	3 086.406	1 831.510	广元、剑阁、梓潼、绵阳、罗江、德阳、广汉、成都、蒲江、名山、雅安、荥经、汉源、石棉、冕宁、西昌、德昌、会理
G210	满都拉至防城港	3	四川	1 715.571	2 101.467	1 385.000	万源、达州、大竹、邻水
G212	兰州至龙邦	2	四川	695.150	1 144.768	704.150	广元、苍溪、阆中、南部、西充、南充
G213	策克至磨憨	5	四川	1 685.874	2 580.690	433.307	若尔盖、松潘、茂县、汶川、都江堰、郫县、成都、仁寿、井研、犍为、沐川
G215	马鬃山至宁洱	3	四川	1 998.700	2 892.413		德格、白玉、巴塘、得荣
G227	张掖至孟连	3	四川	1 203.829	2 672.636		壤塘、炉霍、甘孜、新龙、理塘、稻城、木里、盐源、米易、盐边、攀枝花
G244	乌海至江津	6	四川	1 130.090	1 587.326		南江、巴中、蓬安、岳池、华蓥
G245	巴中至金平	1	四川		1 417.532		巴中、南部、盐亭、三台、中江、金堂、新都、成都、新津、彭山、眉山、青神、夹江、峨眉山、峨边、金口河、甘洛、越西、昭觉、西昌、德昌、会理
G246	遂宁至麻栗坡	1	四川		57.998		遂宁
G246	遂宁至麻栗坡	3	四川	238.397	506.964		泸州、江安、长宁、珙县、高县、筠连
G247	景泰至昭通	2	四川	855.504	1 674.985		九寨沟、平武、江油、安县、绵阳、三台、射洪、遂宁、安岳、资中、威远、宜宾
G248	兰州至马关	2	四川	502.970	1 901.724		若尔盖、红原、马尔康、金川、丹巴、九龙、冕宁、西昌、普格、宁南、巧家、东川、寻甸
G317	成都至噶尔	1	四川		911.050		成都、郫县、都江堰、汶川、理县、马尔康、炉霍、甘孜、德格
G318	上海至聂拉木	7	四川	2 002.200	3 320.407	1 986.200	大竹、渠县、南充、蓬溪、遂宁、安居、乐至、简阳、成都、崇州、大邑、邛崃、名山、雅安、天全、泸定、康定、雅江、理塘、巴塘
G319	高雄至成都	5	四川	2 682.128	2 871.310	2 525.424	安岳、乐至、简阳、成都
G321	广州至成都	6	四川	1 663.456	2 181.124	1 624.000	叙永、泸州、泸县、隆昌、内江、资中、资阳、简阳、成都
G345	启东至那曲	6	四川	2 597.625	2 666.673		若尔盖县

续表

路线编号	路线名称	顺序号	省份	起点桩号	止点桩号	当前布设起点桩号	主要控制点
G345	启东至那曲	8	四川	2 671.275	2 704.815		石渠县
G345	启东至那曲	11	四川	3 280.873	3 477.834		甘孜县
G347	南京至德令哈	5	四川	1 877.099	3 027.819		万源、通江、巴中、阆中、梓潼、江油、北川、茂县、黑水、阿坝
G348	武汉至大理	3	四川	1 537.689	2 436.416		隆昌、富顺、自贡、荣县、乐山、沙湾、马边、美姑、昭觉、西昌、盐源
G350	利川至炉霍	3	四川	279.342	1 347.919		邻水、广安、武胜、遂宁、大英、中江、德阳、什邡、彭州、都江堰、小金、丹巴、八美、道孚、炉霍
G351	台州至小金	5	四川	2 636.565	3 185.222		安岳、乐至、资阳、仁寿、眉山、丹棱、洪雅、雅安、芦山、宝兴、小金（达维）
G352	张家界至巧家	3	四川	996.279	1 125.535		古蔺
G353	宁德至福贡	7	四川	2 309.728	3 363.980		合江、泸州、南溪、宜宾、屏山、雷波、金阳、会东、会理、盐边、攀枝花
G356	湄洲至西昌	6	四川	2 698.547	2 990.036		布拖、西昌
G542	广元至万州	1	四川		451.986		广元、旺苍、巴中、平昌、达州、开江
G543	青川至平武	1	四川		126.728		青川（沙州）、平武（南坝）
G544	九寨沟至川主寺	1	四川		139.592		九寨沟、川主寺
G545	茂县至德阳	1	四川		113.191		茂县、绵竹、德阳
G546	纳溪至习水	1	四川		56.905		纳溪
G546	纳溪至习水	3	四川	150.704	165.179		习水
G547	宜宾至兴文	1	四川		139.133		宜宾、长宁、兴文
G548	班玛至色达	2	四川	72.968	217.614		色达（翁达）
G549	石棉至得荣	1	四川		659.748		石棉、九龙、稻城、乡城、得荣
G550	越西至冕宁	1	四川		81.387		越西（斯基）、喜德、冕宁（泸沽）

（厅规划处）

2018年全省公路里程年底达到数（按技术等级分）

单位：公里

项　　目	公路里程总计	等级公路				
		合　计	高速公路			
			小　计	四车道	六车道	八车道及以上
一、上年年底达到数	329 950.47	294 808.62	6 820.99	6 103.54	717.45	
国　道	22 228.84	22 017.59	4 847.04	4 462.46	384.58	
其中：国家高速公路	4 844.65	4 844.65	4 844.65	4 460.07	384.58	
省　道	4 782.76	4 782.76	1 926.67	1 617.13	309.54	
县　道	38 006.87	36 200.89	47.27	23.95	23.32	
乡　道	52 440.00	46 244.75				
专用公路	5 037.61	2 414.08				
村　道	207 454.39	183 148.55				
二、本年新建数	2 277.79	2 277.79	310.38	310.38		
国　道	215.77	215.77	186.03	186.03		
其中：国家高速公路	186.03	186.03	186.03	186.03		
省　道	468.46	468.46	124.36	124.36		
县　道	27.52	27.52				
乡　道	159.38	159.38				
专用公路	14.02	14.02				
村　道	1 392.65	1 392.65				
三、本年改建变更数	−636.00	7 743.90		−82.53	65.33	17 .20
国　道	17.09	23.09				
其中：国家高速公路						
省　道	18 154.06	17 504.92	−13.08	−95.61	65.33	17 .20
县　道	−15 339.33	−14 355.70	13.08	13.08		
乡　道	−2 563.16	−660.38				
专用公路	−252.31	−17.69				
村　道	−652.34	5 249.65				
四、本年年底达到数	331 592.26	304 830.31	7 131.37	6 331.39	782.78	17 .20
国　道	22 461.70	22 256.46	5 033.06	4 648.48	384.58	
其中：国家高速公路	5 030.68	5 030.68	5 030.68	4 646.10	384.58	
省　道	23 405.27	22 756.13	2 037.96	1 645.88	374.87	17 .20
县　道	22 695.06	21 872.71	60.35	37.03	23.32	
乡　道	50 036.22	45 743.76				
专用公路	4 799.31	2 410.41				
村　道	208 194.70	189 790.85				

续表

项 目	等级公路				等外公路
	一 级	二 级	三 级	四 级	
一、上年年底达到数	3 668.92	14 911.73	13 632.47	255 774.53	35 141.85
国 道	1 942.03	8 573.70	3 798.89	2 855.95	211.25
其中：国家高速公路					
省 道	235.21	1 652.83	648.13	319.92	
县 道	762.82	3 365.71	6 533.86	25 491.23	1 805.98
乡 道	403.75	759.71	1 633.49	43 447.80	6 195.24
专用公路	16.91	85.53	171.84	2 139.79	2 623.53
村 道	308.21	474.24	846.26	181 519.84	24 305.85
二、本年新建数	242.09	152.96	71.74	1 500.61	
国 道	4.60	11.13	14.01		
其中：国家高速公路					
省 道	154.45	130.56	23.78	35.31	
县 道	3.02		15.16	9.33	
乡 道	10.23		5.18	143.98	
专用公路		3.38		10.64	
村 道	69.79	7.88	13.61	1 301.36	
三、本年改建变更数	267.04	956.46	931.45	5 588.95	–8 379.90
国 道	5.40	304.21	378.32	–664.83	–6.01
其中：国家高速公路					
省 道	638.31	2 409.96	3 546.36	10 923.37	649.14
县 道	–255.25	–1 795.12	–2 895.78	–9 422.63	–983.63
乡 道	–109.39	–52.35	–112.41	–386.23	–1 902.78
专用公路	.00	–6.50	–23.60	12.40	–234.62
村 道	–12.02	96.26	38.55	5 126.87	–5 902.00
四、本年年底达到数	4 178.05	16 021.14	14 635.65	262 864.09	26 761.95
国 道	1 952.02	8 889.04	4 191.22	2 191.12	205.24
其中：国家高速公路					
省 道	1 027.97	4 193.35	4 218.27	11 278.59	649.14
县 道	510.59	1 570.60	3 653.24	16 077.93	822.35
乡 道	304.59	707.36	1 526.26	43 205.55	4 292.46
专用公路	16.91	82.42	148.25	2 162.83	2 388.91
村 道	365.98	578.38	898.42	187 948.07	18 403.85

（厅规划处）

2018年全省公路里程年底达到数（按路面类型分）

单位：公里

项 目	公路里程总计	有铺装路面（高级）		
		合 计	沥青混凝土	水泥混凝土
一、上年年底达到数	329 950.470	241 750.854	43 165.581	198 585.273
国 道	22 228.842	19 705.975	17 505.748	2 200.227
其中：国家高速公路	4 844.650	4 844.650	4 696.061	148.589
省 道	4 782.759	4 557.207	4 142.895	414.312
县 道	38 006.873	28 111.925	9 984.233	18 127.692
乡 道	52 439.997	37 258.569	8 036.321	29 222.248
专用公路	5 037.606	1 448.242	428.666	1 019.576
村 道	207 454.393	150 668.936	3 067.718	147 601.218
二、本年新建数	2 277.788	2 277.788	977.256	1 300.532
国 道	215.770	215.770	215.770	
其中：国家高速公路	186.026	186.026	186.026	
省 道	468.455	468.455	457.461	10.994
县 道	27.517	27.517	4.532	22.985
乡 道	159.379	159.379	152.427	6.952
专用公路	14.021	14.021	14.021	
村 道	1 392.646	1 392.646	133.045	1 259.601
三、本年改建变更数	–636.000	26 880.759	6 092.135	20 788.624
国 道	17.087	840.790	1 169.193	–328.403
其中：国家高速公路			40.960	–40.960
省 道	18 154.060	14 701.426	7 145.312	7 556.114
县 道	–15 339.330	–9 735.456	–3 583.176	–6 152.280
乡 道	–2 563.160	1 403.545	669.012	734.533
专用公路	–252.314	125.498	24.956	100.542
村 道	–652.343	19 544.956	666.838	18 878.118
四、本年年底达到数	331 592.258	270 909.401	50 234.972	220 674.429
国 道	22 461.699	20 762.535	18 890.711	1 871.824
其中：国家高速公路	5 030.676	5 030.676	4 923.047	107.629
省 道	23 405.274	19 727.088	11 745.668	7 981.420
县 道	22 695.060	18 403.986	6 405.589	11 998.397
乡 道	50 036.216	38 821.493	8 857.760	29 963.733
专用公路	4 799.313	1 587.761	467.643	1 120.118
村 道	208 194.696	171 606.538	3 867.601	167 738.937

续表

项 目	简易铺装路面（次高级）	未铺装路面（中级、低级、无路面）	可绿化里程	已绿化里程	养护里程
一、上年年底达到数	17 455.665	70 743.951	266 884.407	136 273.761	313 730.272
国 道	1 655.529	867.338	19 375.124	17 640.223	22 228.842
其中：国家高速公路			4 667.408	4 667.408	4 844.650
省 道	156.535	69.017	4 435.139	4 284.091	4 782.759
县 道	5 330.750	4 564.198	36 313.144	28 134.948	38 006.553
乡 道	4 321.849	10 859.579	48 329.600	29 770.437	51 243.074
专用公路	240.933	3 348.431	4 317.585	2 086.719	4 786.383
村 道	5 750.069	51 035.388	154 113.815	54 357.343	192 682.661
二、本年新建数			2 022.043	1 317.263	2 243.367
国 道			52.422	26.713	215.770
其中：国家高速公路			27.221	9.000	186.026
省 道			453.184	348.871	468.455
县 道			27.213	25.983	27.517
乡 道			155.790	124.840	159.173
专用公路			13.781	13.781	14.021
村 道			1 319.653	777.075	1 358.431
三、本年改建变更数	−3 445.601	−24 071.158	1 714.827	2 701.710	3 519.859
国 道	−625.056	−198.647	−64.688	−32.135	17.087
其中：国家高速公路			−75.575	−75.575	
省 道	1 489.119	1 963.515	17 005.545	13 208.469	18 154.060
县 道	−2 955.641	−2 648.233	−14 638.777	−11 526.512	−15 339.010
乡 道	−739.830	−3 226.875	−2 253.959	−1 633.783	−2 186.007
专用公路	−24.221	−353.591	−165.167	−111.441	−241.659
村 道	−589.972	−19 607.327	1 831.873	2 797.112	3 115.388
四、本年年底达到数	14 010.064	46 672.793	270 621.277	140 292.734	319 493.498
国 道	1 030.473	668.691	19 362.858	17 634.801	22 461.699
其中：国家高速公路			4 619.054	4 600.833	5 030.676
省 道	1 645.654	2 032.532	21 893.868	17 841.431	23 405.274
县 道	2 375.109	1 915.965	21 701.580	16 634.419	22 695.060
乡 道	3 582.019	7 632.704	46 231.431	28 261.494	49 216.240
专用公路	216.712	2 994.840	4 166.199	1 989.059	4 558.745
村 道	5 160.097	31 428.061	157 265.341	57 931.530	197 156.480

（厅规划处）

2018年全省公路桥梁、渡口年底达到数（按跨径分）

项　目	总　计		互通式立交桥	
	座	延米	座	延米
一、上年年底达到数	41 525	2 889 295.10	513	97 595.67
国　道	10 643	1 615 367.86	322	52 041.30
其中：国家高速公路	5 909	1 321 901.44	320	51 979.30
省　道	2 889	440 938.77	190	45 498.31
县　道	7 679	291 555.82	1	56.06
乡　道	6 871	204 499.09		
专用公路	439	11 688.64		
村　道	13 004	325 244.92		
二、本年新建数	515	97 382.00	11	1 331.55
国　道	143	45 897.49	11	1 331.55
其中：国家高速公路	114	40 840.79	11	1 331.55
省　道	288	45 049.48		
县　道	12	1 364.68		
乡　道	9	768.84		
专用公路	1	30.00		
村　道	62	4 271.51		
三、本年改建变更数	591	59 316.60	-11	-2 619.91
国　道	114	22 892.42	1	395.00
其中：国家高速公路	57	11 083.28		
省　道	3 595	150 281.00	-12	-3 014.91
县　道	-3 244	-119 898.30		
乡　道	-277	-8 216.39		
专用公路	-21	-1 200.14		
村　道	424	15 458.01		
四、本年年底达到数	42 631	3 045 993.70	513	96 307.31
国　道	10 900	1 684 157.77	334	53 767.85
其中：国家高速公路	6 080	1 373 825.51	331	53 310.85
省　道	6 772	636 269.25	178	42 483.40
县　道	4 447	173 022.20	1	56.06
乡　道	6 603	197 051.54		
专用公路	419	10 518.50		
村　道	13 490	344 974.44		

续表

项 目	按跨径分								渡口总计	
	特大桥		大 桥		中 桥		小 桥			机动渡口
	座	延米	座	延米	座	延米	座	延米	处	处
一、上年年底达到数	260	392 666.69	6 503	1 561 611.29	9 215	483 043.18	25 547	451 973.94	186	108
国 道	189	290 388.58	3 982	1 081 747.71	2 862	170 149.15	3 610	73 082.42	1	1
其中：国家高速公路	164	275 053.14	3 206	927 565.92	1 520	98 719.71	1 019	20 562.67		
省 道	56	88 308.37	1 145	286 022.26	834	48 996.68	854	17 611.46		
县 道	11	12 248.86	538	92 350.67	1 700	83 703.12	5 430	103 253.17	11	8
乡 道	4	1 720.88	378	49 571.97	1 324	63 670.37	5 165	89 535.87	47	26
专用公路			28	3 227.40	89	3 453.14	322	5 008.10	9	7
村 道			432	48 691.28	2 406	113 070.72	10 166	163 482.92	118	66
二、本年新建数	13	20 179.19	245	65 575.40	178	9 953.09	79	1 674.32	1	1
国 道	12	18 680.19	86	24 783.05	41	2 340.19	4	94.06		
其中：国家高速公路	11	17 382.19	73	21 776.55	29	1 664.19	1	17.86		
省 道	1	1 499.00	142	37 013.34	104	5 658.68	41	878.46		
县 道			3	1 045.44	4	238.24	5	81.00		
乡 道			3	571.00	3	149.80	3	48.04	1	1
专用公路					1	30.00				
村 道			11	2 162.57	25	1 536.18	26	572.76		
三、本年改建变更数	2	−1 466.93	175	42 815.12	263	15 565.85	151	2 402.56	−11	−8
国 道		−24.06	70	19 101.60	60	4 201.42	−16	−386.54		
其中：国家高速公路			40	10 074.76	13	969.48	4	39.04		
省 道	6	1 258.75	333	60 056.58	919	44 935.04	2 337	44 030.63	7	6
县 道	−4	−2 701.62	−245	−39 894.75	−728	−34 304.36	−2 267	−42 997.57	−4	−3
乡 道			−18	−3 005.14	−54	−2 080.71	−205	−3 130.54	−4	−3
专用公路			−4	−855.00	−4	−185.14	−13	−160.00	−1	−1
村 道			39	7 411.83	70	2 999.60	315	5 046.58	−9	−7
四、本年年底达到数	275	411 378.95	6 923	1 670 001.81	9 656	508 562.12	25 777	456 050.82	176	101
国 道	201	309 044.71	4 138	1 125 632.36	2 963	176 690.76	3 598	72 789.94	1	1
其中：国家高速公路	175	292 435.33	3 319	959 417.23	1 562	101 353.38	1 024	20 619.57		
省 道	63	91 066.12	1 620	383 092.18	1 857	99 590.40	3 232	62 520.55	7	6
县 道	7	9 547.24	296	53 501.36	976	49 637.00	3 168	60 336.60	7	5
乡 道	4	1 720.88	363	47 137.83	1 273	61 739.46	4 963	86 453.37	44	24
专用公路			24	2 372.40	86	3 298.00	309	4 848.10	8	6
村 道			482	58 265.68	2 501	117 606.50	10 507	169 102.26	109	59

（厅规划处）

2018年全省公路桥梁年底达到数（按使用年限分）

项　目	总　计				按建筑材料和使用年限分					
			四五类桥		永久性		半永久性		临时性	
	座	延米	座	延米	座	延米	座	延米	座	延米
一、上年年底达到数	41 525	2 889 295.10	1 693	65 439.19	40 448	2 856 555.50	772	23 886.80	305	8 852.80
国　道	10 643	1 615 367.86	94	5 609.38	10 608	1 613 824.86	25	1 325.00	10	218.00
其中：国家高速公路	5 909	1 321 901.44			5 909	1 321 901.44				
省　道	2 889	440 938.77	11	1 294.44	2 885	440 750.17	3	46.00	1	142.60
县　道	7 679	291 555.82	419	17 303.69	7 587	289 512.88	48	1 450.74	44	592.20
乡　道	6 871	204 499.09	448	15 911.76	6 658	199 696.34	135	3 417.85	78	1 384.90
专用公路	439	11 688.64	24	715.60	427	11 424.64	6	158.00	6	106.00
村　道	13 004	325 244.92	697	24 604.32	12 283	301 346.61	555	17 489.21	166	6 409.10
二、本年新建数	515	97 382.00			515	97 382.00				
国　道	143	45 897.49			143	45 897.49				
其中：国家高速公路	114	40 840.79			114	40 840.79				
省　道	288	45 049.48			288	45 049.48				
县　道	12	1 364.68			12	1 364.68				
乡　道	9	768.84			9	768.84				
专用公路	1	30.00			1	30.00				
村　道	62	4 271.51			62	4 271.51				
三、本年改建变更数	591	59 316.60	−446	−15 839.71	550	58 039.90	61	1 863.50	−20	−586.80
国　道	114	22 892.42	−21	75.77	114	22 892.42				
其中：国家高速公路	57	11 083.28	2	682.00	57	11 083.28				
省　道	3 595	150 281.00	195	7 624.22	3 530	148 321.76	25	1 643.24	40	316.00
县　道	−3 244	−119 898.30	−295	−12 504.15	−3 174	−118 494.96	−29	−954.74	−41	−448.60
乡　道	−277	−8 216.39	−213	−5 696.79	−243	−7 832.29	−11	−94.70	−23	−289.40
专用公路	−21	−1 200.14	−15	−520.20	−22	−1 253.64	1	53.50		
村　道	424	15 458.01	−97	−4 818.56	345	14 406.61	75	1 216.20	4	−164.80
四、本年年底达到数	42 631	3 045 993.70	1 247	49 599.48	41 513	3 011 977.40	833	25 750.30	285	8 266.00
国　道	10 900	1 684 157.77	73	5 685.15	10 865	1 682 614.77	25	1 325.00	10	218.00
其中：国家高速公路	6 080	1 373 825.51	2	682.00	6 080	1 373 825.51				
省　道	6 772	636 269.25	206	8 918.66	6 703	634 121.41	28	1 689.24	41	458.60
县　道	4 447	173 022.20	124	4 799.54	4 425	172 382.60	19	496.00	3	143.60
乡　道	6 603	197 051.54	235	10 214.97	6 424	192 632.89	124	3 323.15	55	1 095.50
专用公路	419	10 518.50	9	195.40	406	10 201.00	7	211.50	6	106.00
村　道	13 490	344 974.44	600	19 785.76	12 690	320 024.73	630	18 705.41	170	6 244.30

（厅规划处）

2018年全省公路隧道年底达到数

项　目	合　计		按隧道长度分类							
			特长隧道		长隧道		中隧道		短隧道	
	道	延米	道	延米	道	延米	道	延米	道	延米
一、上年年底达到数	1 089.00	1181 690.38	85.00	381 078.07	295.00	497 523.65	250.00	179 915.27	459.00	123 173.39
国　道	821.00	992 296.76	76.00	345 901.07	243.00	421 490.23	185.00	131 972.77	317.00	92 932.69
其中：国家高速公路	622.00	799 405.06	65.00	291 845.07	193.00	332 439.00	146.00	104 610.77	218.00	70 510.22
省　道	146.00	139 102.00	8.00	32 077.00	34.00	51 620.00	52.00	38 917.00	52.00	16 488.00
县　道	49.00	28 556.62			13.00	18 104.42	5.00	3 608.00	31.00	6 844.20
乡　道	31.00	10 684.50	1.00	3 100.00	1.00	1 200.00	4.00	2 788.50	25.00	3 596.00
专用公路	6.00	3 459.00			2.00	2 659.00			4.00	800.00
村　道	36.00	7 591.50			2.00	2 450.00	4.00	2 629.00	30.00	2 512.50
二、本年新建数	119.00	255 536.50	29.00	169 698.00	32.00	59 025.50	24.00	15 753.00	34.00	11 060.00
国　道	79.00	232 877.50	29.00	169 698.00	28.00	52 963.50	11.00	7 540.00	11.00	2 676.00
其中：国家高速公路	70.00	220 369.50	28.00	166 140.00	24.00	45 788.50	10.00	6 548.00	8.00	1 893.00
省　道	40.00	22 659.00			4.00	6 062.00	13.00	8 213.00	23.00	8 384.00
县　道										
乡　道										
专用公路										
村　道										
三、本年改建变更数	73.00	110 162.24	9.00	34 001.00	31.00	62 180.60	10.00	8 114.50	23.00	5 866.14
国　道	20.00	13 080.94			5.00	9 479.00	2.00	1 592.50	13.00	2 009.44
其中：国家高速公路										
省　道	80.00	108 066.00	8.00	29 106.00	31.00	60 469.60	15.00	11 022.00	26.00	7 468.40
县　道	-21.00	-8 316.20	1.00	4 895.00	-5.00	-7 768.00	-4.00	-2 615.00	-13.00	-2 828.20
乡　道	-4.00	-2 035.00					-3.00	-1 885.00	-1.00	-150.00
专用公路										
村　道	-2.00	-633.50							-2.00	-633.50
四、本年年底达到数	1 281.00	1547 389.12	123.00	584 777.07	358.00	618 729.75	284.00	203 782.77	516.00	140 099.53
国　道	920.00	1238 255.20	105.00	515 599.07	276.00	483 932.73	198.00	141 105.27	341.00	97 618.13
其中：国家高速公路	692.00	1019 774.56	93.00	457 985.07	217.00	378 227.50	156.00	111 158.77	226.00	72 403.22
省　道	266.00	269 827.00	16.00	61 183.00	69.00	118 151.60	80.00	58 152.00	101.00	32 340.40
县　道	28.00	20 240.42	1.00	4 895.00	8.00	10 336.42	1.00	993.00	18.00	4 016.00
乡　道	27.00	8 649.50	1.00	3 100.00	1.00	1 200.00	1.00	903.50	24.00	3 446.00
专用公路	6.00	3 459.00			2.00	2 659.00			4.00	800.00
村　道	34.00	6 958.00			2.00	2 450.00	4.00	2 629.00	28.00	1 879.00

（厅规划处）

2018年全省公路旅客营运车辆拥有量

指标	单位	总计	个体	按标记客位分					
				大型	个体	中型	个体	小型	个体
总计	辆	48 410	513						
	客位	1144 546	6 531						
一、载客汽车	辆	48 410	513	13 184	64	17 956	77	17 270	372
	客位	1144 546	6 531	529 498	1 940	459 224	1 777	155 824	2 814
其中：卧铺客车	辆	10		10					
	客位	432		432					
（一）按经营范围分									
班车客运客车	辆	38 778	489	9 007	64	16 309	53	13 462	372
	客位	906 589	6 075	356 808	1 940	418 757	1 321	131 024	2 814
旅游客车	辆	4 726	24	2 992		1 351	24	383	
	客位	157 273	456	121 473		32 425	456	3 375	
包车客车	辆	1 612		1 177		245		190	
	客位	58 794		50 825		6 749		1 220	
其他客车	辆	3 294		8		51		3 235	
	客位	21 890		392		1 293		20 205	
（二）按燃料类型分									
汽油车	辆	11 802	364						
柴油车	辆	26 301	144						
液化石油汽车	辆	182							
天然气车	辆	3 831							
双燃料车	辆	5 112	5						
纯电动车	辆	790							
混合动力车	辆	392							
其他燃料车	辆								
二、其他载客机动车	辆								
	客位								

续表

指 标	计算单位	按车长分				按等级分			安装卫星定位车载终端
		特大型	大 型	中 型	小 型	高 级	中 级	普 通	
总 计	辆								
	客位								
一、载客汽车	辆	468	9 672	20 442	17 828	14 870	13 934	19 606	43 438
	客位	19 757	371 332	576 477	176 980	504 410	352 454	287 682	1036 162
其中：卧铺客车	辆		10			6	4		8
	客位		432			246	186		356
（一）按经营范围分									
班车客运客车	辆	377	6 903	17 579	13 919	9 626	12 314	16 838	34 254
	客位	15 423	259 758	481 551	149 857	322 814	320 769	263 006	809 150
旅游客车	辆	62	1 719	2 451	494	4 181	454	91	4 473
	客位	2 838	66 299	82 387	5 749	144 552	10 436	2 285	148 429
包车客车	辆	29	1 042	361	180	939	533	140	1 583
	客位	1 496	44 883	11 246	1 169	36 106	16 962	5 726	57 650
其他客车	辆		8	51	3 235	124	633	2 537	3 128
	客位		392	1 293	20 205	938	4 287	16 665	20 933
（二）按燃料类型分									
汽油车	辆								
柴油车	辆								
液化石油汽车	辆								
天然气车	辆								
双燃料车	辆								
纯电动车	辆								
混合动力车	辆								
其他燃料车	辆								
二、其他载客机动车	辆								
	客位								

（厅规划处）

2018年全省出租汽车运营情况表

指标名称	计量单位	数量	比上年（百分比）
一、运营车辆			
（一）运营车数	辆	43 567	4.55
1. 个体车辆	辆	714	-17.55
2. 安装卫星定位车载终端的车辆		42 407	5.12
（二）运营车数按燃料类型分：			
汽油车		5 223	-4.52
乙醇汽油车			
柴油车			
液化石油气车	辆		
天然气车	辆		
双燃料车	辆	37 831	5.24
纯电动车	辆	513	105.20
其他	辆		
本年新增运营车数	辆	2 245	-17.74
本年报废更新运营车数	辆	6 061	-25.34
二、运营服务			
载客车次总数	万车次	89 456 .2	-1.64
客运量	万人次	171 407 .3	-0.90
运营里程	万公里	585 024 .9	-1.26
其中：载客里程	万公里	378 445 .5	-0.43

注：统计范围：所有从事出租客运业务的企业。出租汽车是指按照乘客意愿提供运送服务并按行驶里程和时间收费的客车。

（厅规划处）

2018全省城市（县城）客运交通基本情况表

指标名称	计量单位	数量	比上年（百分比）
一、基础设施			
（一）公交专用车道长度	公里	631.8	9.42
（二）轨道交通车站数	个	168	21.74
其中：换乘站数	个	14	
（三）城市客运轮渡在用码头数	个		
（四）综合客运枢纽	个	53	-1.85
其中：对外交通综合客运枢纽	个	34	-8.11
（五）500米公交站点覆盖面积	平方公里		
二、经营业户			
（一）公共汽电车经营业户数	户	249	0.81
1. 国有企业	户	59	25.53
2. 国有控股企业	户	32	
3. 私营企业	户	133	10.83
4. 个体经营业户数	户	9	-25.00
（二）出租汽车经营业户数	户	1 229	-7.94
1. 车辆301辆以上的企业数	户	29	52.63
2. 车辆101~300辆（含）的企业数	户	90	-7.22
3. 车辆51~100辆（含）的企业数	户	149	11.19
4. 车辆50辆（含）以下的企业数	户	247	12.79
5. 个体经营业户数	户	714	-17.55
（三）轨道交通经营业户数	户		
（四）城市客运轮渡经营业户数	户		
三、公交IC卡累计售卡量	张	32 082 230	14.47
四、城市建成区面积	平方公里		

注：1. 统计范围：全国设市城市和县城，具体如下：

（1）设市城市城区的统计范围为设市城市（含直辖市、地级市、县级市）的城区，即设市城市本级行政管辖的地域，不含市辖县与独立的市辖建制镇；

（2）县城的统计范围为县政府驻地的镇、乡（城关镇）或街道办事处所辖地域；城区县城的范围界定原则上以镇（乡）一级为最小统计单位，不打破镇（乡）的行政区划；

（3）对于镇（乡）是否“连接”的判断，一般以镇（乡）政府驻地是否与城区（县城）连接为依据，若镇（乡）政府驻地已与城区（县城）连接，则视同该镇（乡）与城区（县城）连接，该镇（乡）纳入城区（县城）统计范围；否则，不纳入。

（4）“500米公交站点覆盖面积”和“城市建成区面积”由公交都市建设示范工程第一批、第二批创建城市及成都市、厦门市等城市填报，该两项指标涉及的城市根据公交都市创建工作推进情况适时调整。

（厅规划处）

2018年全省公路货物营运车辆拥有量（按标记吨位分）

指　标	单　位	总　计	个　体	按标记吨位分		
				大　型	重　型	个　体
全省合计	辆	576 134	231 824			
	吨位	4 440 968	920 831			
一、载货汽车	辆	572 320	228 165	242 549	199 388	36 979
	吨位	4 437 401	917 417	4 024 478	3 764 136	561 305
（一）货　车	辆	475 777	221 707	192 707	149 660	33 797
	吨位	2 843 277	816 928	2 430 475	2 170 856	462 525
1. 按车型结构分						
普通货车	辆	288 885	159 956	100 142	71 098	21 400
	吨位	1 515 899	561 915	1 240 525	1 064 915	298 516
平板货车	辆	19 131	7 885	5 768	4 484	847
	吨位	96 881	25 607	78 071	70 352	13 618
仓栅式货车	辆	47 713	21 739	22 502	19 149	5 804
	吨位	320 946	105 593	284 709	264 775	76 358
厢式货车	辆	51 605	20 136	11 465	6 567	1 181
	吨位	164 094	44 951	108 215	78 870	14 062
其中：冷藏保温车	辆	491	8	161	88	
	吨位	2 270	13	1 676	1 190	
封闭货车	辆	409	158			
	吨位	461	144			
罐式货车	辆	16 294	1 571	15 430	14 173	1 380
	吨位	201 837	19 681	199 451	191 381	17 932
特殊结构货车	辆	3 910	560	3 861	3 418	365
	吨位	40 351	5 722	40 266	37 721	3 965
自卸货车	辆	45 637	9 702	31 346	28 578	2 820
	吨位	433 770	53 315	410 200	393 804	38 074
车辆运输车	辆	10		10	10	
	吨位	94		94	94	
集装箱车	辆	2 183		2 183	2 183	
	吨位	68 944		68 944	68 944	
	标箱	3 963		3 963	3 963	
2. 按经营范围分						
普通载货汽车	辆	448 909	215 792	173 184	132 621	31 692
	吨位	2 540 515	779 155	2 141 171	1 896 082	434 638
专用载货汽车	辆	26 868	5 915	19 523	17 039	2 105
	吨位	302 762	37 773	289 304	274 774	27 887
其中：商品汽车运输车	辆	20		20	20	
	吨位	238		238	238	
大型物件运输车	辆	872		872	871	
	吨位	22 799		22 799	22 794	
危险货物运输车	辆	10 256		7 680	6 291	
	吨位	117 565		112 656	104 426	

续表

指 标	单 位	总 计	个 体	按标记吨位分 大 型	重 型	个 体
3. 按燃料类型分						
汽油车	辆	62 487	41 185			
柴油车	辆	407 725	179 962			
液化石油汽车	辆	1				
天然气车	辆	986	25			
双燃料车	辆	766	470			
纯电动车	辆	3 792	58			
混合动力车	辆	20	7			
其他燃料车	辆					
（二）牵引车	辆	46 658	3 174			
按燃料类型分						
汽油车	辆	295	16			
柴油车	辆	44 597	3 149			
液化石油汽车	辆					
天然气车	辆	1 693	9			
双燃料车	辆	68				
纯电动车	辆	2				
混合动力车	辆	3				
其他燃料车	辆					
（三）挂 车	辆	49 885	3 284	49 842	49 728	3 182
	吨位	1 594 124	100 489	1 594 003	1 593 280	98 780
1. 按车型结构分						
普通挂车	辆	30 896	2 607	30 874	30 788	2 520
	吨位	983 932	79 378	983 870	983 314	78 036
平板挂车	辆	2 609	94	2 602	2 590	94
	吨位	82 081	2 665	82 069	81 986	2 665
仓栅式挂车	辆	7 786	370	7 785	7 785	370
	吨位	259 513	12 029	259 510	259 510	12 029
厢式挂车	辆	233	17	233	232	4
	吨位	6 417	495	6 417	6 410	135
其中：冷藏保温式挂车	辆	1		1	1	
	吨位	25		25	25	
罐式挂车	辆	4 557	97	4 553	4 544	96
	吨位	141 620	3 078	141 606	141 567	3 073
特殊结构挂车	辆	362	3	353	347	2
	吨位	9 283	45	9 253	9 215	43
自卸挂车	辆	2 134	80	2 134	2 134	80
	吨位	69 461	2 536	69 461	69 461	2 536
车辆运输挂车	辆	80	16	80	80	16
	吨位	1 361	263	1 361	1 361	263
集装箱挂车	辆	1 228		1 228	1 228	
	吨位	40 456		40 456	40 456	

续表

指标	单位	总计	个体	按标记吨位分		
				大型	重型	个体
	标箱	2 079		2 079	2 079	
2. 按经营范围分						
普通载货汽车	辆	41 909	3 137	41 879	41 787	3 049
	吨位	1 356 417	95 891	1 356 343	1 355 732	94 549
专用载货汽车	辆	7 976	147	7 963	7 941	133
	吨位	237 707	4 598	237 660	237 548	4 231
其中：商品汽车运输	辆	225		225	225	
	吨位	6 302		6 302	6 302	
大型物件运输	辆	759	3	759	759	3
	吨位	23 358	83	23 358	23 358	83
危险货物运输	辆	3 854		3 852	3 829	
	吨位	117 474		117 467	117 356	
二、其他载货机动车	辆					
	吨位					
三、轮胎式拖拉机	辆	3 814	3 659			
	吨位	3 567	3 414			

续表

指标	按标记吨位分				
	个体	中型	个体	小型	个体
全省合计					
一、载货汽车	54 887	13 257	6 792	269 856	163 312
	673 680	42 528	22 224	370 395	221 513
（一）货　车	51 605	13 225	6 792	269 845	163 310
	573 194	42 418	22 224	370 384	221 510
1. 按车型结构分					
普通货车	35 069	8 890	5 351	179 853	119 536
	382 266	27 977	17 291	247 397	162 358
平板货车	1 131	620	333	12 743	6 421
	15 339	2 144	1 148	16 666	9 120
仓栅式货车	7 330	489	294	24 722	14 115
	85 970	1 702	1 032	34 535	18 591
厢式货车	2 256	2 239	592	37 901	17 288
	20 745	7 297	2 017	48 582	22 189
其中：冷藏保温车		71	2	259	6
		240	7	354	6

续表

指 标	按标记吨位分				
	个 体	中 型		小 型	
			个 体		个 体
封闭货车				409	158
				461	144
罐式货车	1 554	601	13	263	4
	19 631	2 021	43	365	7
特殊结构货车	547	13	1	36	12
	5 706	46	3	39	13
自卸货车	3 718	373	208	13 918	5 776
	43 537	1 231	690	22 339	9 088
车辆运输车					
集装箱车					
2. 按经营范围分					
普通载货汽车	48 798	11 578	6 365	264 147	160 629
	540 928	36 956	20 662	362 388	217 565
专用载货汽车	2 807	1 647	427	5 698	2 681
	32 266	5 462	1 562	7 996	3 945
其中：商品汽车运输车					
大型物件运输车					
危险货物运输车		901		1 675	
		2 923		1 986	
3. 按燃料类型分					
汽油车					
柴油车					
液化石油汽车					
天然气车					
双燃料车					
纯电动车					
混合动力车					
其他燃料车					
（二）牵引车					
按燃料类型分					
汽油车					
柴油车					
液化石油汽车					
天然气车					
双燃料车					
纯电动车					

续表

指 标	按标记吨位分				
	个 体	中 型		小 型	
			个 体		个 体
混合动力车					
其他燃料车					
（三）挂 车	3 282	32		11	2
	100 486	110		11	3
1. 按车型结构分					
普通挂车	2 606	17		5	1
	79 377	57		5	1
平板挂车	94	3		4	
	2 665	9		3	
仓栅式挂车	370	1			
	12 029	3			
厢式挂车	17				
	495				
其中：冷藏保温式挂车					
罐式挂车	97	4			
	3 078	14			
特殊结构挂车	2	7		2	1
	43	27		3	2
自卸挂车	80				
	2 536				
车辆运输挂车	16				
	263				
集装箱挂车					
2. 按经营范围分					
普通载货汽车	3 135	19		11	2
	95 888	63		11	3
专用载货汽车	147	13			
	4 598	47			
其中：商品汽车运输					
大型物件运输	3				
	83				
危险货物运输		2			
		7			
二、其他载货机动车					
三、轮胎式拖拉机					

（厅规划处）

2018年全省公路货物营运车辆拥有量表（按总质量分）

指　标	单　位	总　计		按总质量划分			
			个　体	重　型	特重型	个　体	个　体
全省合计	辆	475 777	221 707	165 273	73 910	12 201	39 990
	吨位	4 431 553	1 334 997	3 397 590	1 994 175	323 973	767 046
一、按车型结构分							
（一）普通货车	辆	288 885	159 956	83 330	33 453	7 881	26 047
	吨位	2 295 370	933 046	1 623 223	864 276	216 239	514 017
（二）平板货车	辆	19 131	7 885	4 785	1 218	282	860
	吨位	116 985	33 639	85 286	30 580	7 916	17 130
（三）仓栅式货车	辆	47 713	21 739	20 065	9 645	1 456	6 480
	吨位	509 723	153 502	417 713	261 522	36 337	109 275
（四） 厢式货车	辆	51 605	20 136	8 586	2 793	504	1 665
	吨位	286 238	82 391	155 819	67 208	11 291	28 799
其中：冷藏保温车	辆	491	8	116	59		
	吨位	4 307	35	2 476	1 641		
（五）封闭货车	辆	409	158				
	吨位	1 017	431				
（六）. 罐式货车	辆	16 294	1 571	13 693	5 710	540	1 387
	吨位	303 085	27 954	280 851	156 824	12 852	26 148
（七）特殊结构货车	辆	3 910	560	3 479	1 645	113	537
	吨位	74 948	9 805	70 682	41 651	2 729	9 671
（八）自卸货车	辆	45 637	9 702	29 152	17 290	1 425	3 014
	吨位	746 601	94 229	666 524	475 031	36 609	62 006
（九）车辆运输车	辆	10					
	吨位	94					
（十）集装箱车	辆	2 183		2 183	2 156		
	吨位	97 492		97 492	97 083		
	标箱	3 963		3 963	3 936		
二、按经营范围分							
（一）普通载货汽车	辆	448 909	215 792	148 519	64 221	10 801	37 638
	吨位	3 989 922	1 275 409	3 008 998	1 707 655	291 234	720 031
（二）专用载货汽车	辆	26 868	5 915	16 754	9 689	1 400	2 352
	吨位	441 631	59 588	388 592	286 520	32 739	47 015
其中：1. 商品汽车运输车	辆	20		20	1		
	吨位	362		362	25		
2. 大型物件运输车	辆	872		872	786		
	吨位	24 313		24 313	22 676		
3. 危险货物运输车	辆	10 256		6 453	4 382		
	吨位	162 818		138 360	106 695		

续表

指标	按总质量划分						安装卫星定位车载终端	重型车辆
	中型	个体	轻型	个体	微型	个体		
全省合计	**49 092**	**21 513**	**176 128**	**111 077**	**85 284**	**49 127**	**157 906**	**126 407**
	380 375	163 988	552 237	344 917	101 351	59 046	2873 247	2609 880
一、按车型结构分								
（一）普通货车	31 082	16 074	119 328	82 989	55 145	34 846	89 764	65 163
	238 854	122 675	368 301	253 757	64 992	42 597	1 449 409	1 274 767
（二）平板货车	1 258	450	6 984	5 276	6 104	1 299	3 920	3 745
	8 792	3 422	16 399	11 434	6 508	1 653	68 786	67 847
（三）仓栅式货车	3 626	1 237	16 243	8 110	7 779	5 912	14 214	13 554
	30 015	9 929	53 705	28 225	8 290	6 073	280 105	270 444
（四）厢式货车	5 136	1 400	22 918	10 708	14 965	6 363	6 475	4 638
	38 456	9 939	72 286	36 010	19 677	7 643	90 474	82 580
其中：冷藏保温车	122	2	246	6	7		71	69
	870	11	951	24	10		1 612	1 604
（五）封闭货车			301	133	108	25		
			875	397	142	34		
（六）罐式货车	2 310	176	256	4	35	4	12 118	10 760
	21 351	1 786	833	14	50	6	232 195	217 956
（七）特殊结构货车	386	10	39	12	6	1	2 835	2 460
	4 140	87	117	46	9	1	57 576	52 568
（八）自卸货车	5 284	2 166	10 059	3 845	1 142	677	26 397	23 904
	38 673	16 150	39 721	15 034	1 683	1 039	597 210	546 226
（九）车辆运输车	10							
	94							
（十）集装箱车							2 183	2 183
							97 492	97 492
							3 963	3 963
二、按经营范围分								
（一）普通载货汽车	44 605	20 658	172 378	109 535	83 407	47 961	139 848	111 949
	341 443	157 767	540 387	340 050	99 094	57 561	2 501 804	2 270 566
（二）专用载货汽车	4 487	855	3 750	1 542	1 877	1 166	18 058	14 458
	38 932	6 221	11 850	4 867	2 257	1 485	371 443	339 314
其中：1.商品汽车运输车							20	20
							362	362
2.大型物件运输车							872	872
							24 313	23 828
3.危险货物运输车	2 171		1 278		354		10 256	6 453
	19 592		4 464		402		162 818	138 360

（厅规划处）

2018年全省公路灾毁损失和抢通情况统计表

项 目			计量单位	灾毁数量			
				合 计		国省干线	
路 基			立方米/公里	10 376 086.183	6 321.081	1 936 217.290	555.566
损失情况	路面	沥青路面	平方米/公里	3 192 327.740	1 660.425	1 738 625.340	741.223
		水泥路面	平方米/公里	6 981 937.200	2 551.192	127 564.010	20.845
		砂石路面	平方米/公里	152 366.580	94.310		
	桥梁	全毁	延米/座	3 470.050	133.000	166.750	4.000
		局部损毁	延米/座	17 550.500	699.000	2 776.700	48.000
	隧道		延米/道	10 004.000	12.000	9 904.000	11.000
	涵洞		道	9 331.000		1 031.000	
	防护工程	护坡	立方米/处	575 425.250	5 334.000	131 374.250	1 583.000
		驳岸、挡墙	立方米/处	1 938 785.930	5 130.000	497 680.190	1 217.000
	坍塌方		立方米/处	13 173 768.780	43 768.280	3 597 932.950	10 231.280
	公路中断		处/条	10 424.000	1 448.000	687.000	93.000
	其它灾毁损失		万元				
	损失合计		万元				
抢通情况	已抢通公路		处/条	10 424.000	1 448.000	687.000	93.000
	已投入机械		台班	29 355.000		13 539.000	
	已投入资金		万元				

续表

项 目			水毁数量			
			合 计		国省干线	
路 基			10 376 086.183	6 321.081	1 936 217.290	555.566
损失情况	路面	沥青路面	3 192 327.740	1 660.425	1 738 625.340	741.223
		水泥路面	6 981 937.200	2 551.192	127 564.010	20.845
		砂石路面	152 366.580	94.310		
	桥梁	全毁	3 470.050	133.000	166.750	4.000
		局部损毁	17 550.500	699.000	2 776.700	48.000
	隧道		10 004.000	12.000	9 904.000	11.000
	涵洞		9 331.000		1 031.000	
	防护工程	护坡	575 425.250	5 334.000	131 374.250	1 583.000
		驳岸、挡墙	1 938 785.930	5 130.000	497 680.190	1 217.000
	坍塌方		13 173 768.780	43 768.280	3 597 932.950	10 231.280
	公路中断		10 424.000	1 448.000	687.000	93.000
	其它灾毁损失					
	损失合计					
抢通情况	已抢通公路		10 424.000	1 448.000	687.000	93.000
	已投入机械		29 355.000		13 539.000	
	已投入资金					

续表

项目			涉及金额（万元）合计	涉及金额（万元）国省干线	水毁（万元）合计	水毁（万元）国省干线
路基			131 751.540	32 648.274	131 751.540	32 648.274
损失情况	路面	沥青路面	74 227.742	35 687.051	74 227.742	35 687.051
		水泥路面	81 959.834	1 966.562	81 959.834	1 966.562
		砂石路面	1 607.420		1 607.420	
	桥梁	全毁	24 460.800	2 800.000	24 460.800	2 800.000
		局部损毁	58 556.210	6 766.480	58 556.210	6 766.480
	隧道		16 530.000	16 520.000	16 530.000	16 520.000
	涵洞		36 129.400	9 605.760	36 129.400	9 605.760
	防护工程	护坡	41 619.848	10 200.310	41 619.848	10 200.310
		驳岸、挡墙	145 296.838	37 359.369	145 296.838	37 359.369
	坍塌方		93 297.417	14 445.603	93 297.417	14 445.603
	公路中断					
	其它灾毁损失		25 602.620	9 473.182	25 602.620	9 473.182
	损失合计		731 039.668	177 472.590	731 039.668	177 472.590
抢通情况	已抢通公路					
	已投入机械					
	已投入资金		30 197.367	10 634.173	30 197.367	10 634.173

（厅规划处）

2018年全省贫困地区农村客运基本情况表

指标	单位	客运站数量 总计	本年新建	县城	本年新建	乡镇	本年新建	建制村	本年新建
一、客运站总数	个	18 815	1 550	133	−2	1,745	−29	16 937	1 581
（一）一级客运站	个	20		20					
（二）二级客运站	个	65	1	64		1	1		
（三）三级客运站	个	72	−1	43	−1	29			
（四）四级客运站	个	320	5	5	−1	315	6		
（五）五级客运站	个	996	26	1		939	18	56	8
（六）简易站	个	593	−34			195	−1	398	−33
（七）招呼站（候车亭牌）	个	16 749	1 553			266	−53	16 483	1 606

续表

农村通客运班车（公交）情况			
指 标	单位	总计	
			本年新增
二、乡镇数量	个	2 769	–4
（一）通客车数量	个	2 528	5
（二）具备通客运班车条件数量	个	2 563	4
（三）通客运班车（公交）数量	个	2 374	11
（四）拥有等级客运站数量	个	1 261	19
（五）具有农村客运始发班线数量	个	1 873	43
（六）建有客运站数量	个	1 133	–11
三、建制村数量	个	26 261	–42
（一）通客车数量	个	22 753	860
（二）具备通客运班车条件数量	个	21 806	1 409
（三）通客运班车（公交）数量	个	16 611	230
（四）拥有客运站或停靠点数量	个	16 859	1 043

（厅规划处）

2018年全省水上交通主要指标

项目名称	计算单位	2018年	2017年	2018年比2017年增长百分比	备注
一、基础设施					
（一）通航河流	条	176	176	0.00	
（二）通航水库、湖泊	个	147	147	0.00	
（三）通航里程	公里	10 540	10 540	0.00	
1. 三级以上航道		299	299	0.00	
2. 四级以上航道		1 532	1 532	0.00	
（四）港口	个	17	17	0.00	
（五）码头泊位		1 830	1 946	–5.96	

续表

项目名称	计算单位	2018年	2017年	2018年比2017年增长百分比	备注
其中：千吨级泊位		47	51	−7.84	
（六）货物吞吐能力	万吨	7 940	8 820	−9.98	
（七）渡口	个	924	1 169	−20.96	
二、船舶					
（一）运输船舶	艘	5 316	6 466	−17.79	
	吨	1336 368	1376 132	−2.89	
	座	47 565	61 559	−22.73	
	千瓦	553 963	590 819	−6.24	
（二）渡船	艘	1 168	1 225	−4.65	
三、运输、港口、船舶生产企业					
（一）运输企业					
1. 公司化企业	家	263	217	21.20	
2. 个人（联户）经营者	户	2 188	3 751	−41.67	
（二）港口企业	家	30	26	15.38	
（三）船舶生产企业		58	68	−14.71	因环保及地方政府相关规范而减少
四、运输服务					
（一）货运量	万吨	6 862	7 750	−11.46	
（二）货物周转量	亿吨公里	270	256	5.47	
（三）客运量	万人	1 991	2 364	−15.78	
（四）旅客周转量	万人公里	19 058	22 295	−14.52	
（五）货物吞吐量	万吨	5 685	8 730	−34.88	
（六）集装箱吞吐量	万标箱	97.32	93	4.65	
五、固定资产投资	亿元	56.98	57.2	−0.38	

（厅规划处）

2018年全省港口吞吐量（按港口统计）

港口	货物吞吐量				集装箱吞吐量			旅客吞吐量		利用自然岸坡完成船舶货物装卸量（万吨）
	合计（吨）	其中：外贸	出港	出港其中：外贸	箱数（万标箱）	重量（万吨）	重量货重	（万人）	出港	
全省总计	56 854 378	755 650	19 749 107	161 255	97.32	1 296	1 097	813	353	297
自　贡	1 260 000							48	24	
攀枝花	197 900		21 500					38	24	
泸　州	14 211 131	444 250	5 523 021	128 755	57.07	603	493			
绵　阳								15	7	
广　元	7 110 000							52		
遂　宁	846 800		446 800					31	17	
内　江	2 536 600		1 265 900					158	79	1
乐　山	2 501 427		2 489 638					3	1	1
南　充	5 866 610		639 830					30	15	25
眉　山								98	49	
宜　宾	13 892 100	311 400	8 071 508	32 500	40.26	692	604	8		260
广　安	3 815 310		54 510					52	25	
达　州	1 549 100		772 600					21	11	
巴　中								98	42	
资　阳	2 390 000									
凉　山	427 400		213 800					119	59	11

（厅规划处）

2018年全省市（州）水路运输分类完成情况（按运量统计）

旅客运量单位：万人次；货物运量单位：万吨

运　量	合　计	成　都	自　贡	攀枝花	泸　州	绵　阳	广　元	遂　宁	内　江
一、旅客运量合计	1 991.09	44.38	47.50	37.58	4.27	14.75	51.50	30.82	157.31
二、货物运量合计	6 862.25	25.00	126.00	19.80	1 808.11		711.00	84.68	253.66
（一）煤炭及制品	284.22				222.20				
（二）石油、天然气及制品	47.37				47.33				
其中：原　油	41.39				41.39				
（三）金属矿石	174.57			15.48	147.13				
（四）钢　铁	105.71				101.82				
（五）矿物性建筑材料	5 263.86	25.00	126.00		863.75		708.60	84.68	253.66
（六）水　泥	89.94			2.16	64.72				
（七）木　材	6.34				0.14				
（八）非金属矿石	394.19				110.76				
其中：磷　矿	219.25				7.47				
（九）化肥及农药	105.63			2.16	46.10		2.40		
（十）盐	13.09								
（十一）粮　食	78.17				55.47				
（十二）机械、设备、电器	45.92				16.92				
（十三）化工原料及制品	114.36				18.48				
（十四）有色金属									
（十五）轻工、医药产品	21.28				17.04				
其中：日用工业品									
（十六）农林牧渔业产品	32.47				11.37				
其中：棉　花	1.43				0.43				
（十七）其　他	85.13				84.88				

续表

运 量	乐 山	南 充	眉 山	宜 宾	广 安	达 州	巴 中	资 阳	凉 山	雅 安
一、旅客运量合计	240.06	713.40	26.00	108.91	74.12	203.41	98.31		125.74	13.04
二、货物运量合计	244.91	1 611.80		624.07	775.54	288.88		239.00	49.80	
（一）煤炭及制品	2.35			38.90	20.77					
（二）石油、天然气及制品	0.04									
其中：原 油										
（三）金属矿石	1.96			10.00						
（四）钢 铁	1.19			2.70						
（五）矿物性建筑材料	209.49	1 611.56		98.47	754.77	288.88		239.00		
（六）水 泥	0.86			13.80					8.40	
（七）木 材	0.20			6.00						
（八）非金属矿石	3.33			280.10						
其中：磷矿	2.78			209.00						
（九）化肥及农药	1.45	0.12		41.80					11.60	
（十）盐	0.09			13.00						
（十一）粮 食	2.38	0.12		11.50					8.70	
（十二）机械、设备、电器	5.40			23.60						
（十三）化工原料及制品	11.68			84.20						
（十四）有色金属										
（十五）轻工、医药产品	4.24									
其中：日用工业品										
（十六）农林牧渔业产品									21.10	
其中：棉 花				1.00						
（十七）其 他	0.25									

（厅规划处）

2018年全省市（州）水路运输分类完成情况（按周转量统计）

旅客周转量单位：万人公里；货物周转量单位：万吨公里

运　量	合　计	成　都	自　贡	攀枝花	泸　州	绵　阳	广　元	遂　宁	内　江
一、旅客周转量合计	19 058.00	254.00	427.00	1 315.00	28.00	170.00	735.00	275.00	1 055.00
二、货物周转量合计	2 701 284.00	125.00	1 971.00	1 309.00	2 017 145.00		2 063.00	520.00	1 060.00
（一）煤炭及制品	394 506.00				365 513.00				
（二）石油、天然气及制品	63 994.00				63 885.00				
其中：原油	54 423.00				54 423.00				
（三）金属矿石	196 658.00			1 024.00	181 199.00				
（四）钢　铁	117 301.00				111 483.00				
（五）矿物性建筑材料	877 044.00	125.00	1 971.00		756 377.00		2 015.00	520.00	1 060.00
（六）水　泥	89 573.00			143.00	72 290.00				
（七）木　材	7 334.00				286.00				
（八）非金属矿石	351 054.00				140 673.00				
其中：磷　矿	206 232.00				16 972.00				
（九）化肥及农药	118 837.00			143.00	83 655.00		48.00		
（十）盐	17 320.00								
（十一）粮　食	73 203.00				54 413.00				
（十二）机械、设备、电器	64 713.00				18 288.00				
（十三）化工原料及制品	170 731.00				22 018.00				
（十四）有色金属									
（十五）轻工、医药产品	29 849.00				20 001.00				
其中：日用工业品									
（十六）农林牧渔业产品	18 492.00				17 015.00				
其中：棉　花	648.00				648.00				
（十七）其　他	110 673.00				110 047.00				

续表

运 量	乐 山	南 充	眉 山	宜 宾	广 安	达 州	巴 中	资 阳	凉 山	雅 安
一、旅客运量合计	1 369.00	6 312.00	260.00	1 681.00	591.00	2 153.00	434.00		1 919.00	78.24
二、货物运量合计	55 597.00	41 012.00		524 573.00	40 669.00	10 259.00		1 496.00	3 486.00	
（一）煤炭及制品	759.00			24 978.00	3 256.00					
（二）石油、天然气及制品	109.00									
其中：原　油										
（三）金属矿石	2 976.00			11 460.00						
（四）钢　铁	2 498.00			3 320.00						
（五）矿物性建筑材料	3 815.00	41 009.00		20 985.00	37 412.00	10 259.00		1 496.00		
（六）水　泥	96.00			16 455.00					588.00	
（七）木　材	248.00			6 800.00						
（八）非金属矿石	1 789.00			208 592.00						
其中：磷矿	464.00			188 796.00						
（九）化肥及农药	2 765.00	1.00		31 412.00					812.00	
（十）盐	10.00			17 310.00						
（十一）粮　食	5 300.00	1.00		12 880.00					609.00	
（十二）机械、设备、电器	14 915.00			31 510.00						
（十三）化工原料及制品	9 843.00			138 871.00						
（十四）有色金属										
（十五）轻工、医药产品	9 848.00									
其中：日用工业品										
（十六）农林牧渔业产品									1 477.00	
其中：棉　花										
（十七）其　他	626.00									

（厅规划处）

2018年交通固定资产投资完成情况

单位：万元

指　标		代　码	金　额	指　标	代　码	金　额
计划总投资		01	92 957 506.8	改、扩建	29	8 091 212.6
其中：中央投资		02	9 059 354.2	单纯购置	30	245 678.0
自开始建设至当年底	累计完成投资	03	41 378 912.5	其　他	31	20 575.3
	建筑工程	04	30 961 641.2	3. 按构成分		
	安装工程	05	157 046.2	建筑工程	32	13 708 844.2
	设备工器具购置	06	518 524.4	安装工程	33	32 675.2
	其　他	07	9 741 700.7	设备工器具购置	34	293 040.0
	累计新增固定资产	08	9 959 192.3	其　他	35	2 323 918.2
当年计划投资		09	18 648 544.9	当年新增固定资产	36	4 663 901.1
其中：中央投资		10	2 214 063.0	当年资金来源合计	37	9 341 866.9
当年完成投资		11	16 358 477.6	上年末结余资金	38	1 209 982.6
1. 按交通行业分				其中：国家预算资金	39	52 816.5
水上运输业		12	406 326.0	部专项资金	40	105 615.5
航　道		13	391 326.0	当年资金来源小计	41	8 131 884.3
出海航道		14		国家预算	42	2 372 277.6
内河航道		15	391 326.0	中央预算	43	183 692.0
港　口		16	15 000.0	中央国债	44	
沿海港口		17		地方预算	45	2 154 968.0
内河港口		18	15 000.0	其中：燃油税返还	46	8 113.0
水上运输业其他		19		通行费	47	
公路运输业		20	15 783 852.2	地方政府债券	48	33 617.6
线　路		21	15 188 159.2	部专项资金	49	1 298 607.8
其中：国家高速公路		22	2 986 621.0	车购税	50	1 271 097.8
地方高速公路		23	4 413 710.3	港建费	51	27 510.0
场　站		24	350 015.0	国内贷款	52	1 400 989.9
公路运输业其他		25	245 678.0	其中：中央专项建设基金	53	
支持系统		26	27 233.1	利用外资	54	
交通部门其他		27		企事业单位自筹资金	55	895 057.7
2. 按建设性质分				交通发展基金	56	374 195.0
新　建		28	7 926 700.7	其他资金	57	1 790 756.3

（厅建管处）

2018年度四川省交通运输安全事故统计表

地 区	道路运输		水上交通		建设施工	
	事故数（起）	死亡人数（人）	事故数（起）	死亡人数（人）	事故数（起）	死亡人数（人）
合 计	195	229	4	5	3	7
成 都	59	69			1	1
自 贡	9	9				
攀枝花	8	13			1	1
泸 州	13	13			1	5
绵 阳	15	17				
广 元	5	6				
遂 宁	2	2	1	2		
德 阳	18	19				
内 江	1	1				
资 阳	2	2				
乐 山	12	17				
眉 山	13	17				
南 充	16	19	2	2		
宜 宾	11	13	1	1		
广 安	1	1				
达 州	3	3				
巴 中						
雅 安	5	5				
凉 山	2	3				
阿 坝						
甘 孜						

（厅安监处）

专 文

2018年全省交通运输经济运行情况分析报告

厅规划处

2018年，全省交通运输系统以习近平新时代中国特色社会主义思想为指导，深入贯彻落实党的十九大精神和中共四川省委省政府、交通运输部的系列决策部署，坚持稳中求进工作总基调，坚持新发展理念，按照高质量发展要求，以交通运输供给侧结构性改革为主线，凝心聚力，狠抓落实，各项任务目标圆满完成，交通投资再创新高，客运服务提档升级，货运结构调整成效初显，路网运行平稳有序，安全形势稳中向好，全年交通运输经济运行“总体平稳、稳中有进”。

（一）全年交通运输经济运行态势及特点

1. 交通投资持续保持高位运行、稳中有进

全年公路水路固定资产完成投资1590亿元、比上年增长6.1%，是年度目标1430亿元的111.2%，规模居全国第四位（前三位分别为云南、浙江、贵州，详见图1）。其中，云南、广东、浙江3省投资增幅较快，贵州省增速有所放缓。经分析，近三年来，高速公路、国省干线公路仍然是全省交通建设投资的主力军，其完成投资分别占总投资的70%、73%、75%（详见图2）。

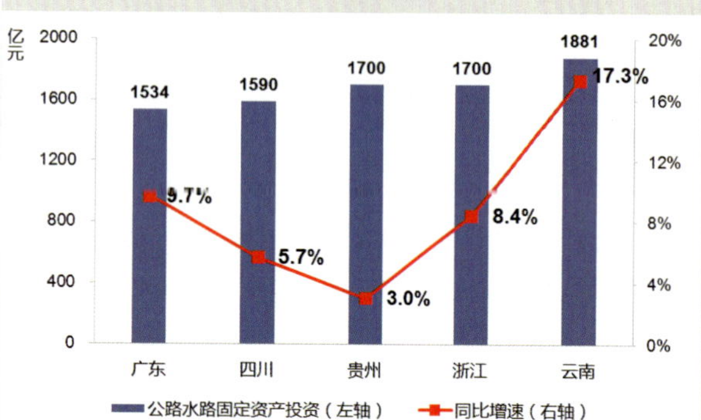

图1 2018年度公路水路固定资产投资横向对比

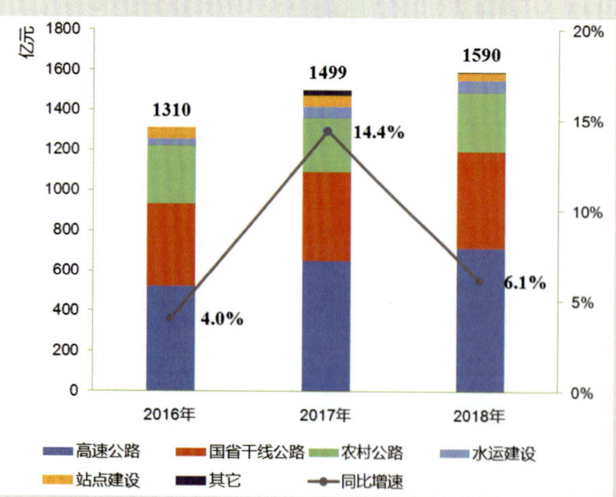

图2 2016—2018年全省公路水路交通固定资产投资分项目类别完成情况

分项目类别看，主要呈现以下特点：

高速公路投资持续高位增长。全年完成投资715亿元，占总投资的45.0%，比上年增长10.3%，为年度目标680亿元的105.1%。由于德会高速公路、成南高速公路扩容2个项目为年底开工，高速公路投资均来源于续建项目。国省干线公路投资略有下降。全年完成投资436亿元，占总投资的27.4%，比上年下降2.1%，为年度目标420亿元的103.8%。主要由续建项目支撑。其中，新开工项目完成99.4亿元、占比22.8%；续建项目完成336.6亿元、占比77.2%。农村公路投资保持较快增速。全年完成投资296亿元、占总投资的18.6%，比上年增长10.2%，为年度目标200亿元的148%。其中，乡村通畅工程完成投资93.0亿元、占31.4%，旅游路、资源路和产业路完成投资34.6亿元、占11.7%，农村路网完善等其他项目完成投资168.4亿元、占56.9%。运输站场投资大幅下降。全年完成投资35亿元、占总投资的2.2%，比上年下降38.5%，为年度目标35亿元的100%，公路货运站建设投资同比增幅较大，客运站点、公交场站等建设投资比上年均下降。其中，货运站场完成投资19.1亿元、占54.6%，县级及以上汽车客运站完成投资14.2亿元、占40.6%，农村客运站完成投资0.6亿元、占1.6%，公交客运站场（点）完成投资1.1亿元、占3.2%。水运投资实现小幅增长。全年完成投资60亿元、占总投资的3.8%，比上年增长4.9%，为年度目标60亿元的100%。受环保、土地等政策要求进一步严格影响，内河水运重点项目新开工不足，完成投资均来源于续建项目。智慧交通及其他专项投资增幅较大。全年完成投资48亿元、占总投资的3%，比上年增长109.6%。其中，智慧交通完成投资4亿元，完成年度目标任务。

2. 交通建设持续深入推进、势头强劲

2018年，各等级公路建设齐头并进。路网规模持续增加，全年新增公路里程约2 000公里，全省公路通车总里程达到33.2万公里；路网结构继续优化，高速公路和三级及以上公路等高等级公路占比持续提升（详见图3）。①高速公路建设取得重大突破。全年新增高速公路里程418公里，完成年度目标的139%。截至年底，全省高速公路总里程达到7 238公里，实现所有市（州）政府所在地通高速。②普通国省干线公路加快提档升级，新（改）建国省干线公路2 112公里，完成年度目标1 500公里的141%，基本实现市（州）至县通二级（三州三

级）及以上公路。③农村公路基础更加牢固。新（改）建农村公路2.67万公里，完成年度目标2万公里的133.5%，其中，减少等外路8 380公里，等级公路占比达91%。“十三五”规划目标中，除建制村通客车比重和普通国道二级及以上比重进度较为滞后（均低于50%）外，其余主要目标完成情况较好，均快于时序进度，为全面完成规划目标奠定坚实基础（详见图4）。④枢纽建设持续强化。客运枢纽有效覆盖90%营运高铁站，五大经济区均实现大型货运枢纽全覆盖。⑤内河水运建设深入推进。岷江犍为航电枢纽、长江四川境内航道整治等项目加快实施，岷江龙溪口航电枢纽开工建设，嘉陵江航道川境段实现全江畅通，泸州、宜宾、乐山三港整合稳步推进。截至年底，全省航道里程达到11 725公里，其中通航里程10 540公里，七级

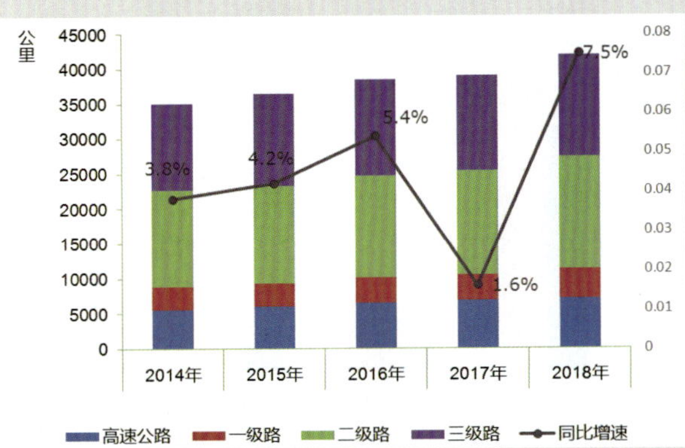

图3 2014—2018年全省三级以上等级公路构成及变化

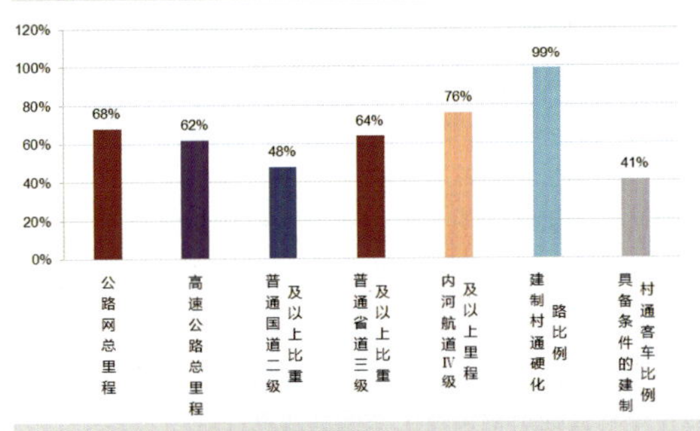

图4 交通基础设施建设“十三五”规划目标完成情况

（含）以上航道4 220公里，四级（含）以上航道1 532公里，水运基础设施进一步完善。

3. 客运服务加快转型升级、提质增效

2018年，全省客运结构持续优化（详见图5和图6）。全年完成全社会营业性客运量10.4亿人次，比上年下降9.0%，连续四年呈下降趋势；完成旅客周转量1 802亿人公里，比上年增长6.2%，增速比上年加快5.5%。受居民消费升级和高铁、民航供给能力提高的带动，铁路、民航客运量呈增长态势，分别比上年增长19.9%和6.0%，占全社会营业性客运量比重提高到14.4%和5.1%。公路、水路营业性客运量呈下降趋势，民航、铁路约挤占了公路客运市场3%的客运量。此外，公路营业性客运量占全社会营业性客运量的78.5%，旅客周转量占25.9%，表明公路营业性旅客运输仍在短途运输市场占据主体地位。

公路营业性客运规模趋势性减少，服务品质不断提升。全

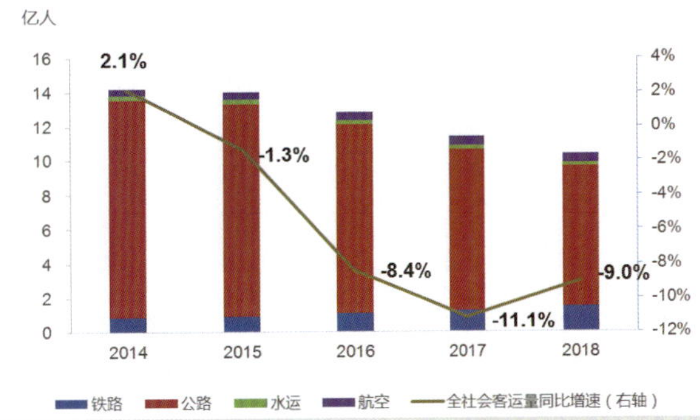

图5 2014—2018年全社会营业性客运量变化情况

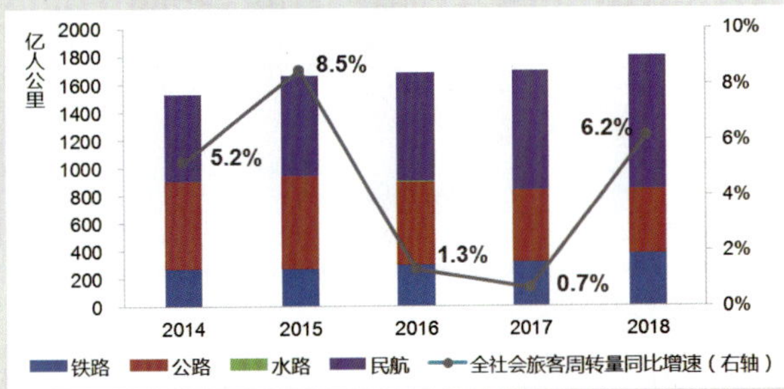

图6 2014—2018年全社会旅客周转量变化情况

年完成公路营业性客运量8.1亿人次，比上年下降13.4%；全年完成旅客周转量466亿人公里，比上年下降10.6%。高速公路7座及以下私家车出行快速增长，车流量达5.6亿辆、比上年增长9.3%，占高速公路客车流量的97.1%。受高铁、私家车分流和城乡公交一体化深入推进等因素影响，公路营业性旅客运输连续四年缩减。为适应客运需求变化，全省积极推动旅游包车、定制化等新模式，全年包车客运（含旅游客车）服务趟次、客运量分别比上年增长31.7%和34.3%，其中高级客车比重达80.8%，公路客运服务品质进一步提升。水路客运持续下降。受个体客船退出市场（174艘、占12.4%）、公路网完善和渡改桥建设等因素影响，全年完成水路客运量1 991万人次，比上年下降15.8%；完成旅客周转量19 058万人公里，比上年下降14.5%。

4. 货物运输持续较快增长、结构优化

2018年，全省货运增速高于全国平均水平。全年完成全社会营业性货运量18.6亿吨、货物周转量2 821亿吨公里，比上年分别增长8.4%和9.5%，增速高于全国平均水平1.3%和5.8%。数据显示（详见图7和图8），公路运输承担93.3%的货运量和64.3%的货物周转量，分别下降1.0%和0.8%，但依然占据货运市场主体地位。为贯彻落实中央关于运输结构调整的重大决策部署，全省编制完成运输结构调整三年行动计划实施方案，积极推动中、长距离大宗物资运输向铁路、水路转移，铁路、水路货物运输平均运距达1 318公里和394公里，比上年分别增加150公里和63公里。公路货运持续较快增长。完成货运量17.3亿吨、货物周转量1 815亿吨公里，比上年分别增长9.6%和8.2%，增速比上年加快1.3%和1.0%，高于全国平均水平2.2%和1.6%，主要受全省宏观经济较快增长和甩挂运输、无车承运人等新业态快速发展带动，各季度货运量增速均保持在8%以上较快增长区间。水路货运转型升级步伐加快。完成水路货运量6 862万吨，比上年下降11.5%；货物周转量270亿吨公里，比上

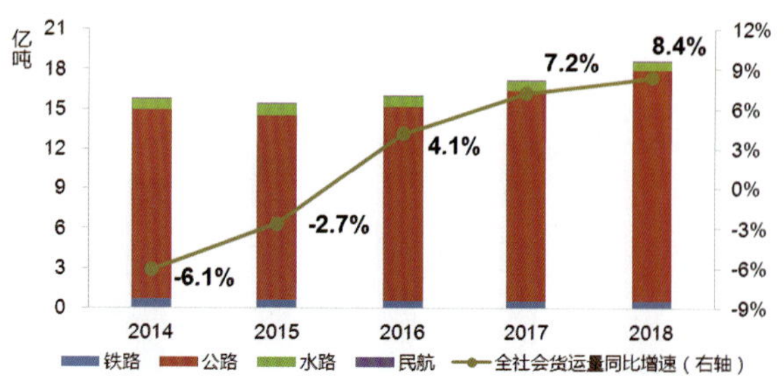

图7 2014—2018年全社会货运量变化情况

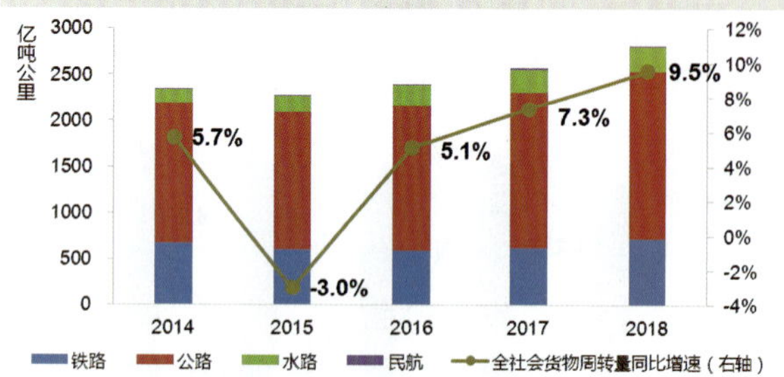

图8 2014—2018年全社会货物周转量变化情况

年增长5.7%。主要受长江经济带绿色发展、河道岸线保护力度加大等因素影响，传统砂石短途运输减少。全省加快培育多式联运航线，泸州、宜宾等港口集装箱、大件货物等长距离运输快速增长，完成港口集装箱吞吐量97万标箱，比上年增长4.6%。

5. 路网运行服务不断加强、总体顺畅

2018年，全省高速公路交通量快速增长，普通公路平稳增长。公路交调数据显示，全年高速公路自然交通量比上年增长15.1%，普通公路自然交通量比上年增长5.3%。分车型结构看，中小型客车交通量占主导地位，高速公路、普通公路中小型客车自然交通量占比均在90%左右；高速公路中型及以上货车占比高于普通公路占23.6%（详见图 9）。初步统计，截至2018年底，全省高速公路收费里程6 391公里，通行费总收入约233亿元，平均每公里收费363万元，略高于全国349万元/公里的平均水平，远高于西部地区249万元的平均水平。降本增效工作成效显著。全省收费公路通行费收入235.45亿元（其中高速公路233.46亿元），各项优惠政策减免共计约80亿元，约为通行费总收入的34%。其中，正常装载货车优惠43.62亿元，进出水运港口集装箱运输车辆优惠0.33亿元，ETC车辆优惠3.17亿元，鲜活农产品运输车辆“绿色通道”减免15.74亿元，重大节假日小型客车减免15.74亿元，其他政策性减免1.40亿元。完成全省高速公路收费车道高清车牌识别改造和多义性路径识别系统升级改造，实现全路网移动支付全覆盖和车辆精准路径识别。全省ETC用户突破390万，ETC车流量占比提高到38%。

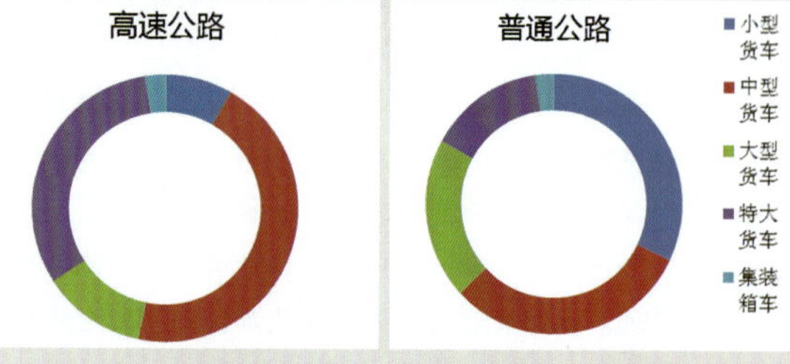

图9 2018年路网货车分车型构成

全省路网运行基本顺畅，高速公路拥挤程度高于普通公路（详见图10）。公路交调数据显示，全年高速公路拥挤度[1]为0.71，处于“稍有拥堵”水平，比上年增加0.09，普通公路拥挤度为0.50，处于“顺畅”水平，比上年增加0.02。高速公路“稍有拥堵及以上”路段占43.8%，高出普通干线公路9.8%。其中，高速公路严重拥堵路段主要集中在成都绕城高速公路和成乐高速公路等成都放射线高速公路，普通公路严重拥堵路段主要集中在省道103线眉山至峨眉段（大量运输水泥和陶瓷）等路段。成都放射线高速公路交通量最大，横线高速公路交通量增长最快。高速公路联网收费数据显示，全年成都放射线高速公路日均交通量92.4万辆，比上年增长8.1%；纵线高速公路日均交通量22.6万辆，比上年增长10.0%；横线高速日均交通量13.0万辆，比上年增长30.9%。

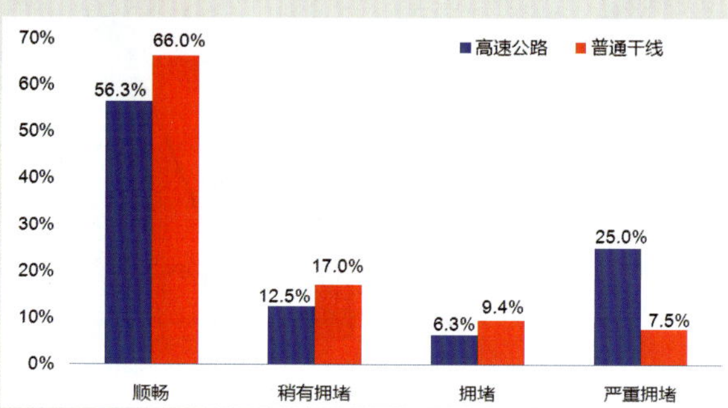

图10 2018年高速公路、普通干线各类运行状态占比

6. 严守底线、筑牢防线，行业安全形势稳中向好

2018年，全省发生交通运输安全事故200起、死亡235人，比上年分别下降2.4%和8.6%，发生较大事故4起、无重大事故发生。安全监管水平持续提升，重点营运车辆卫星定位装置入网率97%以上，其中危货车辆入网率达100%。信访维稳工作持续向好，与公安、维稳、网信、信访等部门协作进一步深化，舆情监测和引导加强，妥善化解出租车、交通工程劳资和征地拆迁纠纷，行业安全形势持续稳定。

（二）全年交通运输重点工作推进情况

1. 重点项目建设稳步推进

①高速公路。雅康、巴陕、绵西、成彭扩容等4个高速公路项目全线通车，并建成汶马高速公路部分路段，德昌至会理、成南扩容改造2个高速公路项目实现开工建设。荣泸、资潼、成宜、德都、广平等7个高速公路项目实现全面实质性开工，叙古、绵九、仁沐新、泸黄扩容、德简、攀大等9个高速公路项目总体推进滞后，宜宾绕城西、宜彝2个高速公路项目实现复工建设。峨汉高速公路、天府机场高速等5个项目推进略有滞后，成乐扩容高速公路、乐西高速公路、宜攀高速公路未实现开工建设。②国省干线公路。建成省道463线亚丁至云南三江口（木里段）等26个省重点续建项目、827公里，新开工国道246线泸县立石镇至泸州段等16个项目、448公里，成都市五环快速路等19个项目尚未开工，其余35个项目有序推进。③港口航运。续建项目中，尖子山航电枢纽尚无实质性进展，

其余7个项目建设推进正常，生态环保、农民工工资支付等专项工作开展情况较好。龙溪口航电枢纽开工建设，长江羊石盘至上白沙段航道航道整治等3个拟开工项目受生态环保条件制约均未实现开工。

2. 交通精准扶贫成效显著

2018年，第三轮“甘推”和第二轮“凉推”基本实施完成，第四轮甘推、第三轮凉推启动实施。全年新（改）建农村公路2.67万公里，新增50个乡镇、1 356个建制村通硬化路，基本实现乡乡通油路、村村通硬化路；3 427个建制村通客车，建制村通客车率88.8%。整治完成畅返不畅整治工程9 425公里，占已排查发现总量的80%以上。“四好农村路”建设中，成功创建14个省级示范县和3个全国示范县。示范县个数居全国第一。拟脱贫摘帽的30个县全部实现乡镇和建制村通硬化路“两个100%”目标，计划脱贫摘帽的3 500个建制村全部通硬化路。

3. 绿色、智慧交通发展取得新进展

2018年，全省绿色交通发展成效显著。全力推进中央环保督察反馈问题整改，都汶高速公路紫坪铺水库环境风险等问题高质量销号。紧盯交通运输重点环节，制订实施《全面加强交通运输生态环境保护污染防治攻坚战的实施方案》等文件，健全完善长效机制。落实环保党政同责责任分工，开展非法码头整治等督查专项行动，加强培训宣传，行业绿色环保意识明显提升。深入推进“交通+旅游”融合发展专项行动，启动高速公路景观绿化品质提升行动，开展普通公路路域环境治理工作。

智慧交通建设强力推进。完成全省交通运输网上审批服务平台建设，基本实现省、市、县三级行政审批“一网通办”。交通运行监测与应急指挥系统建设加快推进，交通云整合平台投入运行。在全省率先完成第一批数据资源目录梳理并接入部、省共享平台。建成全国第一张省级高速公路光传输专用通信网（OTN）。28个客运站开展电子客票试点，部分客运站开展基于人脸识别电子客票应用试点。内江、达州等地普通公路养护管理信息化系统投入试运行。新开工航务海事综合管理、普通国省道监测预警等项目10个，建成4个。

4. 营商环境不断优化

2018年，省交通运输厅印发《关于支持交通运输领域民营经济健康发展的实施意见》，通过推动降低企业成本、加大简政放权力度、营造良好营商环境、加强市场主体培育等措施，不断优化完善营商环境。90%省级事项实现“最多跑一次”，在全国率先试行“一站式”公路超限运输审批服务，提前实现普通货车“两检合一”和省内异地监测。在全国率先完成取消省界收费站试点，实现川渝间10条高速公路顺畅通行。全面完成高速公路通行费“营改增”工作。通过对全省339家交通运输企业调查显示，近八成企业认为，全省交通运输领域营商环境较上年改善或持平、总体持正面评价。

5. 行业治理能力显著提升

①新业态监管更加规范。印发省网约车服务许可工作规范文件，15个市（州）已实施许可工作，发放网约车平台证97个。部分城市制订共享单车运营管理服务规范和服务质量信誉考核办法，成都市共整治转运损坏、不活跃车辆10.4万辆。②执法能力不断提升。航道条例颁布实施、道路运输等条例加快制定。科技“治超”效果位居全国前列，高速公路基本实现违法超限1吨以上的货车“零驶入”，国省干线公路平均超限率控制在3%以内。③行业服务监管成效明显。“12328”电话系统受理业务75.7万件，即时答复率为99.2%，抽查回访满意率为94.9%，已成为行业发展的“连心桥”。

（三）全年五大经济区交通经济运行情况

1. 五大经济区建设投资均超额完成全年目标

2018年，总体上看，除攀西经济区比上年下降外，其余四区交通建设投资均有不同程度增长（详见图11和图12）。其中，成都平原经济区仍然是全省交通建设投资的主力军，占比达43%左右；川东北经济区也是全省交通建设投资的重要支撑，占比超25%。经分析，川南经济区由于成都至宜宾等项目建设加快推进，高速公路投资恢复增长；川东北经济区国省干

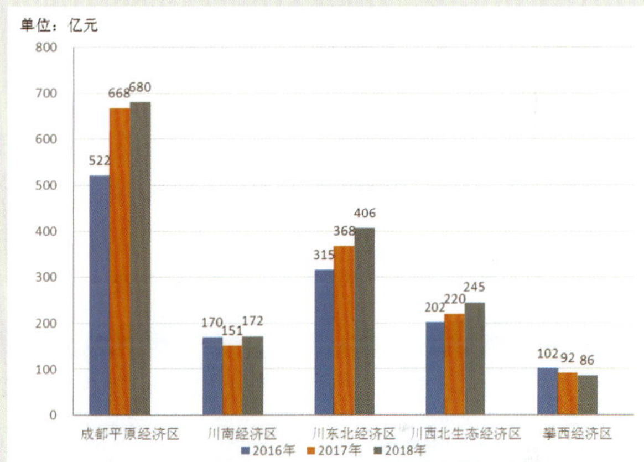

图11 2016—2018年五大经济区完成投资对比

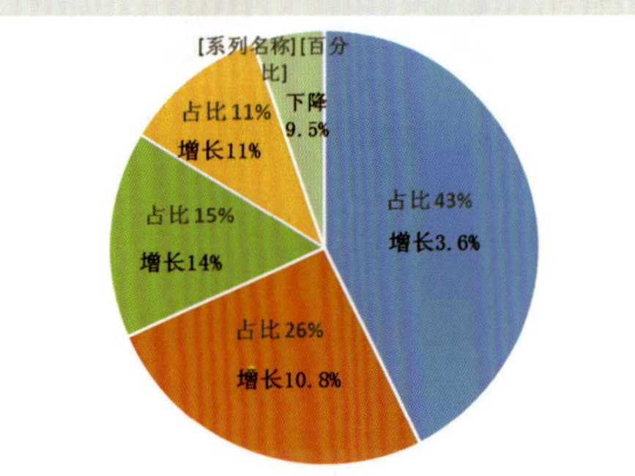

图12 2018年五大经济区完成投资对比

线新开工投资规模比上年减少、增速放缓；攀西经济区没有新开工国省干线公路项目，农村公路投资呈下降趋势。

2. 五大经济区公路旅客运输“一升四降”态势明显

2018年，除攀西经济区公路营业性旅客运输增长外，其余四个经济区降幅均在10%以上（详见图13）。攀西经济区铁路和民航发展存在短板，出行主要依靠公路，随着凉山州干线公路的逐步完善，其公路营业性客运量、旅客周转量比上年分别增长5.6%和7.8%。川南经济区公路营业性旅客运输降幅最大，

客运量、旅客周转量比上年分别下降21.6%和17.1%。成都平原经济区公路旅客运输规模最大，客运量、旅客周转量分别占全省的36.8%和41.5%，较上年分别提高0.6%和1.2%。

3. 五大经济区货物运输发展“齐头并进”

2018年，五大经济区公路货运量均呈现增长态势（详见图14）。其中，川南地区货运量增速最快、达12.4%。成都平原经济区公路货物运输规模最大，货运量、货物周转量分别占全省的48.6%和44.0%，较上年分别降低1.4%和提高0.2%。川西北生态经济区公路货物运输平均运距最长，达200公里，是全省平均运距的1.9倍。

（四）2019年交通运输经济运行走势预判

展望2019年，全省交通运输行业发展机遇和挑战并存、有利因素和不利因素并存。

1. 不利因素方面

从宏观层面看，经济下行压力加大，触及合理区间下限。投资增速大幅回落，消费需求增长乏力，内需两大指标增速均创近十多年来新低；先行指标PMI指数[2]持续回落并跌至49.4%，为近29个月来首次跌破50%荣枯线。中美经贸摩擦是当前和今后一个时期全国发展面临的最大不确定性因素，“抢出口”因素在透支2019年需求的同时，也抬高2018年基数，预计2019年出口增速将明显放缓。IMF（国际货币基金组织）、国家信息中心、交通银行等机构都下调2019年中国经济增长预期，预计增速均在6.3%左右，这一增速水平已接近触及6.15%的合理区间下限。具体到四川，经济发展也面临较大下行压力，固定资产投资增速创近3年来新低，社会消费品零售总额增速创近16年来新低，出口保持增长也面临较大不确定性因素，三大需求拉动经济增长的动力有所减弱，2019年全省GDP增速预期目标为7.5%。

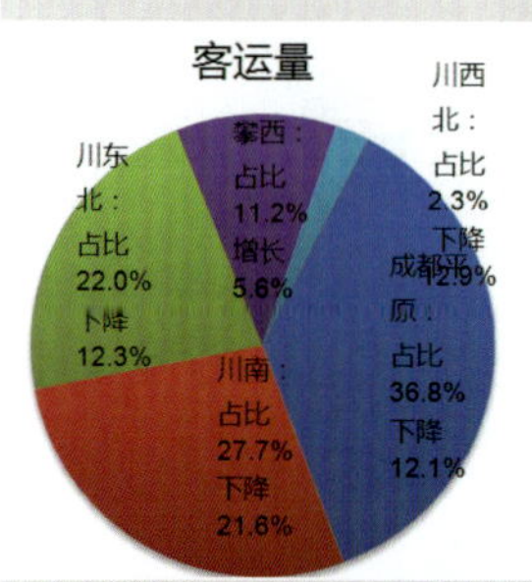

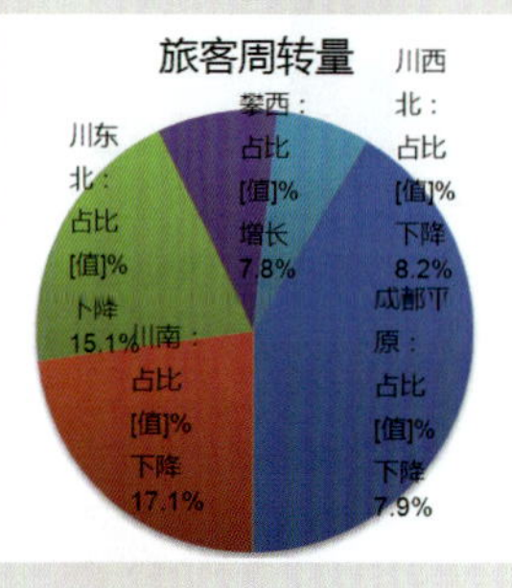

图13 2018年五大经济区旅客运输量构成

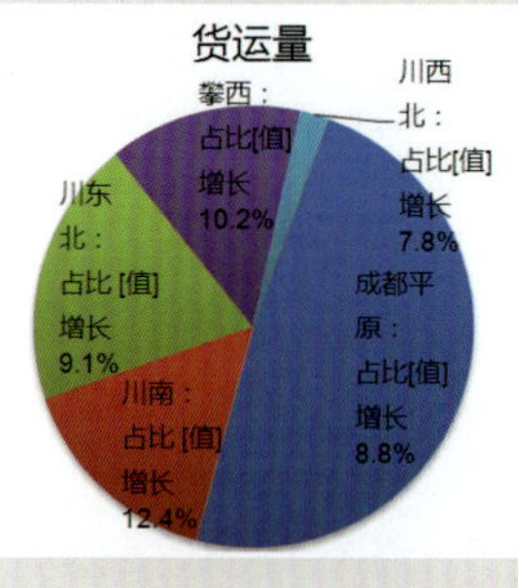

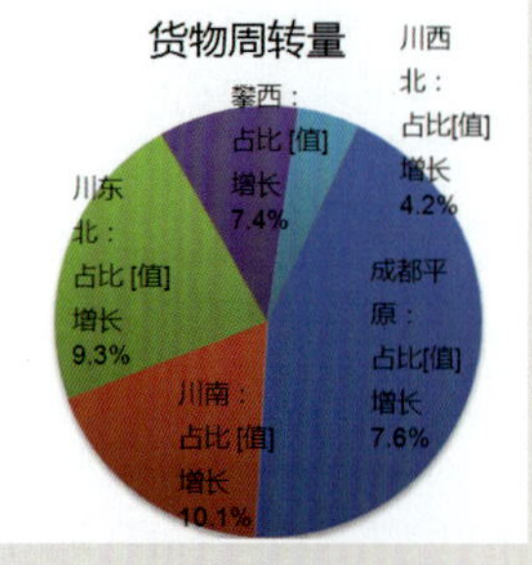

图14 2018年五大经济区货物运输量构成

从行业层面看，保持平稳运行面临多重挑战。①交通固定资产投资保持高位增长难度加大。受用地和环评等制约趋紧、地材供应短缺、征地拆迁保障不足以及筹融资难度明显加大等因素影响，2018年部分续建项目推进滞后，新开工项目大幅减少，仅有2个高速公路项目新开工，普通国省道新开工项目数比上年下降11.8%、投资额比上年下降6.4%，按照三年工期判断，新开工项目不足将对今明两年以及“十四五”初的交通投资带来较大影响。②交通运输企业预期走弱。宏观层面预期偏弱已逐步传导至微观企业层面，全省交通运输企业景气调查显示，2019年运输业务量、经营效益预期指数均明显低于50%荣枯线，燃料价格上涨、用工成本上升、运输需求减少、资金紧张是四大主要原因。③大货车司机面临断档风险。全省84家公路货运企业调查显示，八成企业的货车司机构成以80前为主、占比在70%以上，80后司机占比较少、90后几乎没有，保持货车司机队伍稳定面临较大挑战。

2. 有利因素方面

从宏观层面看，全国经济发展仍处于重要战略机遇期。同主要经济体相比，中国经济增长仍居世界前列，四川经济增速居全国前列，主要经济指标增速高于全国平均水平，保持经济平稳较快增长的基本面依然存在。

从行业层面看，交通运输仍处于基础设施发展的黄金时期。建设需求方面，中央经济工作会议提出加大基础设施等领域补短板力度，加大项目用地、环评等支持力度，将为全省交通基础设施建设带来难得的发展机遇。资金供给方面，中央经济工作会议提出积极的财政政策要加力提效，较大幅度增加地方政府专项债券规模，国务院近期部署，加快1.39万亿元地方债发行使用进度，明确提出专项债募集资金优先用于在建项目，防止“半拉子”工程，抓紧开工一批交通重大项目，尽快形成实物工作量；稳健的货币政策要松紧适度，近期央行已宣布全面降准措施，将有助于缓解流动性紧张状况，控制资金成本，降低行业债务风险。

综合分析判断，2019年主要指标预计如下：全省交通固定资产投资规模有望保持高位运行，实现连续9年超千亿元。公路营业性客运量延续下降态势，降幅在10%左右，客运结构进一步优化。公路货运量保持较快增长，增速在8%～10%，货运结构持续调整，铁路占比进一步提高。

[1]拥挤度是指公路上某一路段折算交通量与适应交通量的比值，反映道路拥堵程度。分为四级：一级0≤0.6，顺畅；二级0.6≤0.8，稍有拥堵；三级0.8≤1，拥堵；四级V/C>1，严重拥堵。

[2]PMI指数（采购经理指数）是通过对企业采购经理的月度调查结果汇总、编制而成的，是国际上通用的监测宏观经济走势的先行指标。PMI指数通常以50%作为经济强弱的荣枯线，高于50%反映经济总体扩张；低于50%反映经济总体收缩。

2017年全国公路基本情况排名

名次	水泥、沥青路面 铺装率		等级公路比例		公路密度			
					以国土面积计算		以人口计算	
	省 份	百分比	省 份	百分比	省 份		省 份	
	总 计	79.50	总 计	90.89	总 计	49.72	总 计	34.34
1	北 京	100.00	北 京	100.00	上 海	210.09	西 藏	270.29
2	天 津	100.00	天 津	100.00	重 庆	179.47	青 海	139.56
3	上 海	100.00	上 海	100.00	山 东	172.68	内蒙古	80.67
4	浙 江	98.74	山 东	99.67	河 南	160.36	新 疆	77.29
5	海 南	98.25	宁 夏	99.63	安 徽	156.37	贵 州	54.85
6	江 苏	97.69	浙 江	98.96	江 苏	154.46	甘 肃	54.51
7	山 东	94.06	安 徽	98.92	湖 北	144.96	宁 夏	51.74
8	湖 南	90.25	海 南	98.53	天 津	138.93	云 南	51.14
9	河 北	90.24	江 苏	98.31	北 京	135.43	重 庆	49.84
10	湖 北	89.36	山 西	98.14	广 东	123.43	陕 西	46.20
11	安 徽	89.06	河 北	97.17	浙 江	117.98	湖 北	44.71
12	山 西	88.68	内蒙古	96.39	湖 南	113.18	黑龙江	43.29
13	宁 夏	85.59	湖 北	96.33	贵 州	110.38	吉 林	39.27
14	福 建	83.95	吉 林	95.20	河 北	102.13	山 西	38.80
15	河 南	83.42	广 东	94.03	江 西	97.23	四 川	36.25
16	吉 林	82.72	广 西	91.37	山 西	91.40	江 西	35.34
17	广 西	81.39	陕 西	91.19	海 南	90.51	湖 南	35.34
18	江 西	79.18	辽 宁	90.75	福 建	88.97	海 南	33.46
19	陕 西	78.78	湖 南	90.63	陕 西	84.82	辽 宁	28.99
20	四 川	78.56	四 川	89.35	辽 宁	84.10	安 徽	28.93
21	内蒙古	75.82	甘 肃	87.72	四 川	67.67	山 东	28.22
22	广 东	74.44	西 藏	87.20	云 南	61.56	福 建	27.88
23	黑龙江	72.76	河 南	86.93	吉 林	55.44	河 北	27.30
24	甘 肃	71.58	云 南	85.97	广 西	52.07	河 南	24.98
25	重 庆	71.24	黑龙江	84.76	宁 夏	52.05	浙 江	24.46
26	辽 宁	70.69	青 海	84.64	黑龙江	36.56	广 西	22.09
27	新 疆	69.82	福 建	84.53	甘 肃	31.31	广 东	19.96
28	贵 州	67.21	江 西	83.10	内蒙古	16.86	江 苏	19.81
29	云 南	58.20	重 庆	81.76	新 疆	11.22	北 京	11.01
30	青 海	49.16	新 疆	80.15	青 海	11.16	天 津	10.58
31	西 藏	24.01	贵 州	76.57	西 藏	7.27	上 海	5.51

注：1. 公路密度以国土面积计算的单位为公里/百平方公里，以人口计算的单位为公里/万人。
2. 此表为2018卷年鉴中同一表格的勘误表，所有数据以此表为准。

（厅规划处）

机构及领导名录

JIGOU JI LINGDAO MINGLU

2018年四川省交通运输厅厅领导名录

党组书记、厅长 汪 洋

党组副书记、副厅长（正厅级） 周道平
（2018年9月免副厅长、党组副书记，2018年1月任省政协委员）

党组副书记、副厅长 张 琪
（2018年12月任党组副书记）

党组成员、副厅长 张晓燕
（2018年4月晋升厅一级巡视员、免党组成员，2018年6月免副厅长，2018年6月退休）

党组成员、副厅长 黄英权
（2018年12月免党组成员）

党组成员、副厅长 朱学雷
（2018年12月任职）

党组成员、副厅长（挂职） 赵长利

党组成员、副厅长 张 勇
（2018年9月免机关党委书记，2018年9月任副厅长）

副厅长（兼） 徐文葛
（2018年8月任职）

党组成员、省纪委监委驻厅纪检监察组组长 杜世相

党组成员、总工程师、一级巡视员 陈乐生
（2018年9月晋升一级巡视员）

党组成员、机关党委书记 胡洪波
（2018年9月免省交战办主任，2018年9月任党组成员、机关党委书记）

安全总监 王 波
（2018年5月任职）

一级巡视员 胡大昌
（2018年2月退休）

二级巡视员 寇小兵

二级巡视员 蒲继生
（2018年1月任职）

二级巡视员 但 伦
（2018年12月任职）

二级巡视员 李跃勤
（2018年12月退休）

（厅人教处）

2018年四川省交通运输厅内设机构及领导名录

厅办公室（精神文明建设办公室）

主 任、一级调研员 屈洪斌
（2017年12月晋升一级调研员）

副主任、二级调研员 屈争真
（2018年6月晋升三级调研员，2018年9月晋升二级调研员）

副主任 丁 杨

厅政策法规处

处 长 罗 廷

厅综合规划处

处长、一级调研员　许　磊
（2017年12月晋升一级调研员）
副处长　苏林军
（2018年7月任厅质监局副局长，免厅综合规划处副处长）
副处长、二级调研员　胡厚池
（2018年6月晋升三级调研员，2018年9月晋升二级调研员）
副处长　黄朱林

厅财务处

处长、一级调研员　陈亚莉
（2017年12月晋升一级调研员）
副处长　刘　烽
副处长　丁　敏

厅人事教育处

处长、一级调研员　冯书明
（2017年12月晋升一级调研员）
副处长、二级调研员　王小元
（2018年3月晋升二级调研员，2018年4月免人事处副处长、二级调研员，调川投水务集团）
副处长　李阆阆

厅建设管理处

处长、一级调研员　王茂奎
（2017年12月晋升一级调研员）
副处长、二级调研员　马海燕
（2018年3月晋升二级调研员）
副处长　赵　刚

厅公路管理处

处长　胡　旭
副处长、二级调研员　蒋　军
（2018年6月晋升三级调研员，2018年8月晋升二级调研员）

厅行政审批处

处长、一级调研员　吴　波
（2017年12月晋升一级调研员）
副处长、二级调研员　潘玉华
（2018年3月晋升二级调研员）

厅运输管理处

处长　雷　磊
（2018年12月任职）
处长、一级调研员　彭　涛
（2018年7月任厅运管局局长、党委书记<正处级>，2018年12月免处长、一级调研员）
副处长、二级调研员　黄静兰
（2018年3月晋升二级调研员）

厅安全监督处（应急办公室）

处长　朱　江
副处长、三级调研员　周　翔
（2018年6月晋升三级调研员）

厅审计处

处长　周翠琼
副处长、二级调研员　吴晓清
（2018年1月免副处长，2018年3月晋升二级调研员）

厅科技和信息化处

处长、二级巡视员　但　伦
（2018年12月晋升二级巡视员）
副处长、二级调研员　钟映梅
（2018年3月晋升二级调研员）
副处长（挂职）　舒泽亮
（2018年10月结束挂职）

厅外经外事处

处长　颜晓平

省纪委驻厅纪检监察组

副组长、一级调研员　张贤翠
（2018年5月任职，2018年7月晋升一级调研员）
副组长　涂孝忠
（2018年5月调出）
综合处处长　刘　芳

厅公安处

处　长　何志远
副处长　刘翔宇

厅信访处

处长、一级调研员　姜洪武
（2018年12月任公路规划勘察设计研究院公司党委副书记、纪委书记、监事，免厅信访处处长、一级调研员）
副处长、二级调研员　李天洲
（2018年3月晋升二级调研员）

厅离退休人员工作处

处长、一级调研员　李宏琳
副处长、二级调研员　涂　蕻
（2018年1月免副处长，2018年3月晋升二级调研员）

厅机关党委

专职副书记（正处级）　李　可
副书记（副处级）　廖迎春

省交通战备办公室

副主任（正处级）、一级调研员　王子开
（2017年12月晋升一级调研员）
副主任（保留正处级）　李欣荣

（厅人教处）

2018年四川省交通运输厅直属单位领导名录

省交通运输工会

主席、一级调研员 陈光华
（2018年5月晋升厅交通执法第三支队二级巡视员，2018年8月免省交通运输工会一级调研员）
副主席、二级调研员 唐蓉华
（2018年6月晋升二级调研员）
副主席 敬川平

四川省交通运输厅公路局

党委书记、局长（副厅级） 李永亮
（2018年12月调任凉山州副州长）
党委副书记（正处级）、副局长、一级调研员 李武强
（2018年1月晋升一级调研员）
副局长（正处级）、一级调研员 钱育锋
（2018年1月晋升一级调研员）
副局长（正处级）、一级调研员 刘 涛
（2018年1月任一级调研员）
副局长（正处级） 蒲朝勇
纪委书记、工会主席（副处级）、二级调研员 刘 芳
（2018年5月晋升三级调研员，2018年7月晋升二级调研员）
总工程师（正处级） 梁正钦

四川省交通运输厅航务管理局（四川省地方海事局、四川省船舶检验局）

党委书记、局长、二级巡视员 刘孝明
（2018年12月晋升厅航务局二级巡视员）
纪委书记（正处级）、副局长、一级调研员 任胜平
（2017年12月晋升一级调研员）
副局长（保留正处级）、一级调研员 赵旭东
（2018年7月晋升厅交通执法第七支队二级巡视员，2018年8月免厅航务局一级调研员）
副局长（保留正处级待遇） 肖体育
副局长 陈春梅
监督长、二级调研员 张晓川
（2018年1月晋升三级调研员，2018年5月晋升二级调研员）

四川省交通运输厅道路运输管理局

党委书记、局长（副厅级） 王 波
（2018年5月任厅安全总监，免局长、党委书记）
党委书记、局长（正处级）、一级调研员 彭 涛
（2018年7月任职，2017年12月晋升一级调研员）
党委副书记、副局长（正处级）、一级调研员 刘 剑
（2018年5月晋升一级调研员）
副局长（正处级）、一级调研员 张 洪
（2018年7月晋升为厅交通执法二支队二级巡视员，2018年8月免厅运管局一级调研员）
副局长（正处级） 曹驰宇
党委副书记、纪委书记（正处级）、一级调研员 左忠英
（2018年5月晋升一级调研员）
安全总监（正处级） 周继斌
（2018年4月任正处级）

四川省交通运输厅高速公路管理局（四川省交通运输厅高速公路交通执法总队）

党委书记、局长（总队长）、一级调研员 刘洁梅
（2017年12月晋升一级调研员）
副局长（副总队长）（正处级）、一级调研员 张 钧
（2017年12月晋升一级调研员）
副局长（副总队长）（正处级）、纪委书记、一级调研员 雷 健
（2017年12月晋升一级调研员，2018年12月免职，调阿坝师范学院）
副局长（保留正处级）、二级调研员 邓 洪
总工程师、二级调研员 张 敏
（2018年2月晋升二级调研员）

四川省交通运输厅高速公路交通执法第一支队

党委书记、支队长、二级巡视员 黄 健
（2018年5月晋升厅交通执法第一支队二级巡视员）
副支队长、纪委书记、二级调研员 赵 刚
（2018年3月晋升二级调研员）
副支队长、二级调研员 卢 敏
（2018年2月免副支队长，2018年3月晋升二级调研员）
副支队长、党委副书记、工会主席、二级调研员 聂红峰
（2018年5月任党委副书记，2018年9月晋升二级调研员）
副支队长 罗 勇
（2018年4月任职）

四川省交通运输厅高速公路交通执法第二支队

党委书记、支队长、一级调研员 吕 军
（2017年12月晋升一级调研员）
副支队长、纪委书记、二级调研员 李俊国
（2018年6月晋升二级调研员）
副支队长、二级调研员 王 庆
（2018年3月晋升二级调研员）
副支队长、党委副书记、工会主席、三级调研员 颜 敏
（2018年5月任党委副书记，2017年12月晋升三级调研员）

四川省交通运输厅高速公路交通执法第三支队

党委书记、支队长、一级调研员 李宏军
（2017年12月晋升一级调研员）
副支队长、纪委书记、工会主席、二级调研员 陈 岗
（2018年3月晋升二级调研员）
副支队长、党委副书记、二级调研员 何清华
（2018年2月晋升三级调研员，2018年5月任党委副书记，2018年6月晋升二级调研员）

副支队长、三级调研员 杨森林
（2018年3月晋升三级调研员）

四川省交通运输厅高速公路交通执法第四支队

党委书记、支队长、一级调研员 黄 健（女）
（2018年8月晋升一级调研员）
副支队长、二级调研员 唐南彬
（2018年2月免副支队长，2018年3月晋升二级调研员）
副支队长、党委副书记、工会主席、二级调研员 吴 晨
（2018年3月晋升二级调研员，2018年5月任党委副书记）
副支队长、纪委书记 余 良
副支队长 唐 娟
（2018年4月任职）

四川省交通运输厅高速公路交通执法第五支队

党委书记、支队长、二级巡视员 龚文春
（2018年7月晋升厅交通执法第五支队二级巡视员）
副支队长（保留正处级待遇）、党委副书记、二级调研员 姜学宏
（2018年5月任党委副书记、2018年6月晋升二级调研员）
副支队长、纪委书记、二级调研员 杨建刚
（2018年6月晋升二级调研员）
副支队长、工会主席、二级调研员 陈其勇
（2018年2月免副支队长、工会主席，2018年3月晋升二级调研员）
副支队长 李 方
（2018年4月任职）

四川省交通运输厅高速公路交通执法第六支队

党委书记、支队长、一级调研员 胡 刚
（2017年12月晋升一级调研员）
副支队长、党委副书记、工会主席、三级调研员 吉后马布
（2018年5月任党委副书记，2017年12月晋升三级调研员）
副支队长、纪委书记、三级调研员 董 清
（2017年12月晋升三级调研员）
副支队长 高洪贵

四川省交通运输厅高速公路交通执法第七支队

党委书记、支队长、一级调研员 李威明
（2017年12月晋升一级调研员）
副支队长、纪委书记、工会主席、二级调研员 刘 坚
（2018年3月晋升二级调研员）
副支队长、三级调研员 寇 伟
（2017年12月晋升三级调研员）
副支队长、党委副书记、三级调研员 曾衍家
（2018年5月晋升三级调研员、任党委副书记）

四川交通职业技术学院

党委书记 王东平
院长、党委副书记 蒋永林
副院长 李全文
副院长 李玉文
副院长 彭 谦
副院长 权 全
副院长 鞠 敬
副院长 刘玉荣
（2018年4月任职）
副院长 杨甲奇
（2018年4月任职）
副院长 陈 斌
（2018年1月任交科院院长，免副院长）
党委副书记、纪委书记 徐 林

四川省交通管理学校

党委书记 李 红
校长、党委副书记 鞠友才
副校长 穆树林
副校长 赵 明
副校长 瞿 勇
纪委书记、工会主席 王志荣

四川交通运输职业学校（四川交通技师学院）

党委副书记、校长 王永莲
党委书记 曾祥亮
副校长、纪委书记、工会主席 周 萍
（2018年5月任工会主席）
副校长 廖鸿茜
（2018年9月调四川省财经职业学院，免副校长）
副校长 龚文安
副校长 刘新江

四川省交通运输厅工程质量监督局

党委书记、局长、一级调研员 曾 宇
（2017年12月晋升一级调研员）
副局长、纪委书记、工会主席 高艳龙
副局长 邹 南
副局长 苏林军
（2018年7月任职）
副局长（挂职） 陆曹蓉
（2018年10月结束挂职）

四川省交通运输发展战略和规划科学研究院

院长 陈 斌
（2018年1月任职）
副院长 罗 强
（2018年1月任职）
副院长 康子庄
（2018年2月任职）

四川省交通运输厅公路规划勘察设计研究院（2018.12转企改制为四川省公路规划勘察设计院研究院有限公司）

党委书记、院长 罗玉宏
（2018年12月任公路院有限公司党委书记、董事长）
副院长、党委副书记 柯 勇
党委副书记、纪委书记、监事 姜洪武
（2018年12月任职）
副院长 蒋自强
（2018年12月任公路院有限公司董事、副总经理）
副院长 余 强
（2018年12月任公路院有限公司副总经理）
副院长 陈 强
（2018年12月任公路院有限公司副总经理）
副院长 蒋劲松
（2018年12月任公路院有限公司副总经理）
总工程师 牟廷敏
（2018年12月任公路院有限公司总工程师）
党委副书记、纪委书记 王 毅
（2018年12月免党委副书记、纪委书记）
工会主席 杨 芳
（2018年12月任公路院有限公司工

会主席）

四川省交通运输厅交通勘察设计研究院（2018年12月改企转制为四川省交通勘察设计院研究院有限公司）

党委书记、院长 刘四昌
（2018年12月任交通院有限公司党委书记、董事长）
党委副书记、副院长（保留正处级） 任康秀
（2018年12月任交通院有限公司董事、党委副书记）
副院长、总工程师 庄卫林
（2018年12月任交通院有限公司董事、副总经理、总工程师）
副院长 刘云辉
（2018年12月免副院长）
副院长 蹇依
（2018年12月免副院长）
副院长 张世慧
党委副书记、纪委书记 杨小宁
（2018年12月任交通院有限公司纪委书记、监事）

四川省交通运输厅高速公路监控结算中心（四川省交通科学研究所〈2018年4月撤销〉、四川智能交通系统管理有限责任公司）

主任（所长、总经理） 易术
（2018年4月免科研所所长）
监控结算中心副主任 周敏
（2018年1月免职）
监控结算中心副主任、纪委书记 李晓春
（2018年1月兼任纪委书记）
监控结算中心党委副主任、副书记 戴元
（2018年1月免科研所副所长，2018年1月任监控结算中心副主任、党委副书记）
监控结算中心副主任、工会主席 李世洪
（2018年4月任工会主席）
科研所副所长 罗强
（2018年1月免科研所副所长，任交科院副院长）
科研所副所长 刘晓东
（2018年7月免科研所副所长，任省运业公司副总经理）

四川省交通运输厅交通建设工程造价管理站

站长 谭举鸿
副站长 张德

四川公路工程咨询监理公司（2018年12月更名为四川公路工程咨询监理有限公司）

党委书记、董事长 吉随旺
（2018年12月任四川公路工程咨询监理有限公司党委书记、董事长）
总经理、党委副书记、副董事长 陈谋
（2018年12月任四川公路工程咨询监理有限公司党委副书记、总经理、副董事长）
副总经理 唐元华
（2018年12月任四川公路工程咨询监理有限公司副总经理）
监事会主席 袁泉
（2018年12月任兴蜀公司党委副书记、董事、总经理，免监事会主席）
副总经理（保留公司正职待遇） 范洪成
（2018年12月任四川公路工程咨询监理有限公司副总经理）
副总经理 盛兴富
（2018年12月任四川公路工程咨询监理有限公司副总经理）
工会主席 李新江
（2018年12月任四川公路工程咨询监理有限公司工会主席）
党委副书记、纪委书记、监事 卢夏琼
（2018年12月任四川公路工程咨询监理有限公司党委副书记、纪委书记、监事）

四川省大件公路管理处

党总支书记、处长 谢能剑
副处长 余波
副处长 何伟

四川省交通宣传中心

主任 吴丹
副主任 周显仁
副主任 徐航

四川省交通运输厅信息中心

主任 柏吉琼
副主任 周志彬
副主任 许长枫

四川省路网监测与应急处置中心

党总支书记、主任 范双成
（2018年4月任党总支书记）
副主任、工会主席 马华卫
（2018年4月任工会主席）
副主任 任吉剑
副主任 王卓伟

四川省公路交通应急装备物资储备中心

党委书记、主任 王雪飞
副主任、党委副书记 刘健
副主任、纪委书记 毛林
副主任 袁顺山

四川省交通运输厅交通史志总编室

总编辑 黄丽
副总编辑 岑松

四川省交通运输厅机关后勤服务中心

党委书记、主任 孙秋明
副主任 周德树
副主任、纪委书记 李建荣
副主任 陈斌

四川交通运输职业资格中心

主任 李明
副主任 何天茂

四川兴蜀公路建设发展有限责任公司

党委书记、董事长、总经理 王屹
总经理、党委副书记、董事 袁泉
（2018年12月任总经理、党委副书记、董事）
纪委书记、监事会主席 李崇明
董事、副总经理 晏大蓉
董事、副总经理 刘臻
董事、副总经理 潘华
董事、总工程师 樊增彬

四川省交通运输厅公路局医院

党委书记 隆泽均

四川省公路职工疗养院

院长 张炳文

（厅人教处）

2018年四川省市（州）交通运输局（委）领导名录

成都市交通运输委员会

党组书记、主任 王翼刚
党组成员、副主任 易传斌
党组成员、副主任 金大中
党组成员、市纪委派驻市交委纪检组组长 郭海涛
党组成员、副主任 田贵文
党组成员、机关党委书记 王 宏
市邮政管理局党组书记、局长兼任市交委副主任 陈 敬
总工程师 聂 斌
巡视员 祝年贵
副巡视员 王增勇
（2018年7月退休）

自贡市交通运输局

党组书记、局长 黄如贝
党组成员、副局长，邮政管理局局长 黄贵明
（2018年10月免职）
党组成员、副局长 陈 鹏
党组成员、副局长 王 平
党组成员、副局长 王行富
党组成员、副局长 李慎康
党组成员、市纪委驻交通运输局纪检组长 蒲友明
党组成员、机关党委书记 魏旭春
党组成员、总工程师 张代江
党组成员、公路局局长 高建军
党组成员、安全总监 卢天禄
（2018年11月转任非领导职务）

攀枝花市交通运输局

党委书记、局长 唐成斌
（2019年1月离任）
党委书记、局长 曾 科
（2019年1月任职）
党委副书记 朱 斌
党委委员、副局长 付朴忠
党委委员、副局长 温 洮
党委委员、副局长 刘应贵
（2018年5月离任）
党委委员、市纪委监委驻局纪检监察组组长 尹锡军
（2018年1月任职）
市邮政管理局局长兼市交通运输局副局长 雷云平
党委委员、副局长 郭 杰
（挂职一年，2018年1月任职，2019年1月离任）
党委委员、副局长 陈绪明

泸州市交通运输局

党组书记、局长 沈昭平
党组成员、副局长 李子辉
（2018年1月调出）
党组成员、副局长 曾志刚
党组成员、副局长、市邮政局长 虞卫国
党组成员、纪检组长 杨玲兰
党组成员、副局长 刘体文
党组成员、副局长 曾兴宇
副局长 陆曹荣
党组成员、机关党委书记 肖云贵
党组成员、总工程师 王顺蓉
保留副县级待遇 陈曲平
安全总监 徐 伟

德阳市交通运输局

党委书记、局长 廖立新
（2018年4月11日免去公路局党委书记职务）
党委委员、副局长 郑国伟
党委委员、纪委书记 高 云
（2018年6月20日免去局纪委书记、党委委员职务）
党委委员、副局长 李 明
党委委员、副局长 杨庆富
党委委员、副局长 李 争
（2018年7月23日免去局总工程师职务；任命副局长）
党委委员、机关党委书记 陈 林
党委委员、驻德阳市交通运输局纪检组组长 金 春
（2018年6月20日任中共德阳市纪委驻德阳市交通运输局纪检组组长、德阳市交通运输局党委委员）

绵阳市交通运输局

局党委书记、局长 寇子胜
局党委副书记 练才伟
局党委委员、副局长 王明庚
局党委委员、副局长（兼） 景 炜
市纪委驻局纪检组组长、局党委委员 姜 文
局党委委员、副局长 康孝先
局党委委员、副局长 淳道松
局党委委员、安全总监 何 俊
局党委委员、机关党委书记 张 玲
市交通战备办公室主任 余 群
市交通运输局总工程师 赵朝晖
（2018年11月免职）

广元市交通运输局

党组书记、局长 田刚富
党组成员、副局长 吴文斌

党组成员、市交战办主任　夏长万
党组成员、副局长　王　强
（2018年8月调离）
党组成员、副局长、市邮政管理局局长　李茂泉
党组成员、直属机关党委书记　马　军
党组成员、副局长　陈林河
（2018年3月任职）
党组成员、副局长　张立安
（2018年3月任局党组成员，4月任副局长）
党组成员、副局长　罗云杰
（2018年7月任职，挂职）
党组成员、副局长　杨映刚
（2018年7月任局党组成员，8月任副局长）
党组成员、总工程师　陈代平
（2018年3月离职）
安全总监　赵　华

遂宁市交通运输局

局党组书记、局长　夏海荣
局党组成员、市公路管理局局长　袁仕平
局党组成员、副局长　杨务荣
局党组成员、副局长　余礼军
局党组成员、副局长　黄火平
局党组成员、总工程师　肖　伟
（2018年1月任党组成员）
局安全总监　谢春容
副局长　刘红军
（2018年9月免职）
局党组成员、机关党委书记　舒兆康
（2018年1月免职）

内江市交通运输局

局党委书记、局长　陈代兵
局党委委员、副局长　刘　波
局党委委员、副局长　王　亮
局党委委员、副局长　朱　鹏
局党委委员、市路政支队长　肖忠祥
局党委委员、总工程师　徐洪友
局党委委员、机关党委书记　龙　岗

乐山市交通运输委员会

市交委党组书记、主任　何金文
市交委党组成员、副主任　吴礼刚
市交委党组成员、副主任　彭治中
（2017年12月离职）
市交委党组成员、副主任　罗文智
市交委党组成员、副主任　涂泽江
市交委党组成员、直属机关党委书记　刘　陈
（2017年3月离职）
市交委党组成员、直属机关党委书记　宋剑如
（2017年3月任职）
市交委党组成员、纪检组长　袁　彦
（2017年8月离职）
市交委党组成员、纪检组长　范明亮
（2017年8月任职）
市交战办主任　朱明友
市交委安全总监　李　锦
市交委总工程师　刘俊学
市交委调研员　张开立
市交委调研员　李永生
市交委副调研员　祝秀华
市交委副调研员　秦怀丰
市公路局局长　赵　星
市航务（海事）局局长　刘　敏
市运管局局长　邓世龙
市路政支队支队长　先劲松

南充市交通运输局

局党委书记、局长　刘本良
局党委委员、副局长　黄　伟
局党委委员、副局长　王熊骅
（2018年10月任职）
局党委委员、副局长　张世民
（2018年4月任职）
局党委委员、副局长　蒲五才
（2018年11月免职）
局党委委员、副局长、市邮政管理局局长　罗通明
局党委委员、安全总监　杨淮森
局党委委员、纪检组长　甘雨鑫
（2018年2月任职）
局党委书记、机关党委书记　范雪峰
（2018年11月任职）
局党委委员、市公路局党委书记、局长　苏　彬
局党委委员、市航务管理局党委书记、局长　梁　超
局党委委员、市道路运输管理局局长　曾　颖

宜宾市交通运输局

党委书记、局长　张　琦
党委委员、党委副书记　李果伟
党委委员、纪检组长　常　军
党委委员、副局长　黄　斌
党委委员、副局长　罗　昕
党委委员、邮政管理局局长　赖　勇
党委委员、总工程师　游鹏飞
副局长　李兴岷
交战办副主任　杨万明
高速公路协调办副主任　何　涛

达州市交通运输局

党组书记、局长　谭永奉
党组成员、市邮政管理局长（正县级）　何　峰
（2018年7月免职）
党组成员、市公路管理局局长　李祝荣
（2018年6月任职）
党组成员、副局长　岳万刚
党组成员、副局长　荆　林
党组成员、副局长　彭　铸
党组成员、副局长　蒋　波
党组成员、副局长　王茜茜
（2018年2月起下派一年）
党组成员、交通工会主席　张显文
党组成员，市运管处长　曾　俊
党组成员、机关党委书记　万玉霞
局总工程师　冷中海
局安全总监　薛奉荣
市交通战备办主任　张建军

广安市交通运输局

党党组书记、局长　王晓明
党组成员、调研员　张德坤
党组成员、副局长　李兴华
党组成员、副局长（兼）、市邮政管理局局长　陈武林
党组成员、副局长　郑永锋
党组成员、总工程师　杨　航
党组成员、纪检组长　谭　平
党组成员、机关党委书记　程财军
党组成员、市公路处处长　刘　伟
党组成员、市运管处处长　柳维波
党组成员、市航务（海事）局局长　黄光军

巴中市交通运输局

局党委书记、局长　李本勇
局党委委员、副局长　杨述兰
局党委委员、副局长　何清元
局党委委员、副局长　周照森
局党委委员、市运管局局长　李　勇
局党委委员、机关党委书记　黄　慧
局党委委员、总工程师　吴林益
（2018年1月任职局党委委员、总工程师）
局党委委员、机关党委书记　张　杰
（2018年8月任职局党委委员、机关党委书记）
局党委委员、正县级干部　杨培静
局工会主任　唐东风
调研员　王　平
（2018年8月任职调研员）
副调研员　李丕俊

雅安市交通运输局

党委书记、局长　李景峰
党委委员、副局长　王　翔
党委委员、副局长　叶其林
党委委员、副局长　赵飞勇
党委委员、局机关党委书记　文　平
副局长　龙　兴
（2018年7月任职副局长）
安全总监　张　华
总工程师　程　宜
交战办副主任　余文清

眉山市交通运输局

局党组书记、局长　江昌淆
局党组成员、市交通建设中心负责人　刘小伶
局党组成员、副局长　汪文毅
局党组成员、副局长、市邮政管理局局长　覃建伟
（2018年9月调离）
局党组成员、副局长　韩顺江
局党组成员、副局长　牟德明
局党组成员、机关党委书记　崔秀丽
（2018年1月退休）
局党组成员、总工程师　何永列
局党组成员、纪检组长　文万红
副局长　彭俊文
（2018年7月挂职）

资阳市交通运输局

局党委书记、局长，交战办主任　曾洪光
局党委委员、副局长　施　毅
局党委委员、副局长（市邮政管理局党组书记、局长）　周向阳
副局长　郑　勇
局党委委员、副局长　魏　鲲
局党委委员、机关党委书记　宋晓星
局党委委员、总工程师　张祖德
局党委委员、副局长　张学问
交战办专职副主任　王永良

阿坝州交通运输局

局党组书记、局长　龚　明
局党组成员、副局长（兼州公路局党委书记、局长 ）　益　英
局党组成员、机关党委书记　刘显辉
局党组成员、总工程师、副局长　詹永康
局党组成员、安全总监　尹　忠
局党组成员、交通战备办公室专职主任　杨太平
局党组成员、副局长　王志武
局党组成员、副局长　张　巍
（交通运输部挂职干部）
局党组成员、副局长　林　伟
（交通运输部挂职干部）
局党组成员、副局长　樊增彬
（2018年10月至12月）
局党组成员、州运管处处长　马兴明

甘孜州交通运输局

党委书记、局长　王　强
党委副书记、副局长　丁　虹
党委委员、副局长　康秀英
党委委员、副局长　肖星义
党委委员、副局长　张　斌
党委委员、安全总监　高宝寿
党委委员、政治部主任　张文淼
副局长　李王斌
总工程师　刘军儒

凉山州交通运输局

党组书记、局长　周大海
州纪委派驻局纪检组长、局党组成员　张春秋
党组成员、机关党委书记　阿木古合
副局长　龚　平
总工程师　陈兵文
党组成员、副局长　杨华俊
（2018年6月任党组成员、7月任副局长）
党组成员、副局长　张炳文
（挂职，2018年10月任职）
州交通运输行业工会工委主任　伙补尔曲
副局长、州邮政局局长　邵建洲
党组成员、副局长　蒋海飞
（挂职，2018年7月离任）
党组成员、副局长　易　雷
（挂职，2018年9月离任）
调研员　卢汉荣
（2018年9月退休）
保留正处职干部　吴晓平
副调研员　刘　强
副调研员　何　俊

（各市〈州〉交通局〈委〉）

常用缩略语注释

治理公路“三乱”：乱设站卡、乱罚款、乱收费。

运输管理“三把关，一监督”：严把运输经营者市场准入关，严把营运车辆技术关，严把驾驶员资格关；强化源头管理，完善动态监督。

汽车客运站管理“三不进站，五不出站”：易燃、易爆、易腐蚀物品不进站，无关人员不进站，无关车辆不进站；行驶证、驾驶证、从业资格证、道路运输证、客运线路标志牌、超长客运派车通知单不全或不符合规定的，报班车辆安检不合格的，驾驶员酒后和不按规定配备驾驶员的，车辆超载、超高的，天气恶劣不宜行车等情况不能出站。

超长客运管理“五统一”：建立超长客运管理中心、客运站、代办点三级售票网络，将车票代售网点建到每一个乡镇，实行统一售票；实行政府指导价，统一超长客运票价；根据售票情况，统一运力调度；对客车线路牌收发、运行费用报销、单车服务质量实施统一管理；实行单车趟次结算、按座位系数结算的分配方式，统一营收分配。

严禁旅客携带“三品”：易燃品、易爆品、危险品。

安全管理“一岗双责”：主要负责人对安全工作负总责，其他副职领导既对各自分管的业务和部门负责，又对分管业务范围内的安全生产工作负责。

行政审批管理“两集中，两到位”：部门的行政审批职能向一个内设机构相对集中，该内设机构向政务服务中心集中；部门将行业审批权向政务服务中心窗口授权到位，行政审批事项在政务服务中心办理到位。

四江六港：四江即长江、岷江、嘉陵江、渠江，六港即宜宾港、泸州港、乐山港、广元港、南充港、广安港。

两客一危：指从事旅游的包车、三类以上班线客车和运输危险化学品、烟花爆竹、民用爆炸物品的道路专用车辆。两客是指单次运营里程超过800公里的客运车辆和高速公路客运车辆；一危是指危险品运输车辆。

交通行政执法形象“四统一”：统一执法标识标志、统一执法证件、统一执法服装、统一执法场所外观。

农村公路建设项目“七公开”：①建设计划。省（区、市）、市（地、州、盟）、县（市、区）、乡镇、村农村公路建设计划按层级公开。②补助政策。公开农村公路建设资金补助政策，包括县、乡、村道及危桥改造、安保工程等的补助标准和资金。③招投标。符合招标条件的农村公路建设项目，应公开建设规模、技术标准、招标方式、标段划分、评标方法、中标结果、监督机构等。④施工管理。公开工程概况、施工许可（以年度计划替代施工许可的小型项目除外）、参建单位（建设单位、设计、施工、监理等）、岗位职责、质量安全控制、进度计划、主要原材料等信息。⑤质量监管。公开质量管理单位或监督机构、主要职责、质监负责人、联系方式、检查内容及方法、检查结果等。聘请村民监督员的，相关信息也同时公开。⑥资金使用。公开建设资金筹措、资金来源、资金到位、拨付情况等。⑦工程验收。公开工程验收方式、评定结果、竣（交）工验收鉴定书等。

三严三实：指严以修身、严以用权、严以律己，谋事要实、创业要实、做人要实。严以修身，就是要加强党性修养，坚定理想信念，提升道德境界，追求高尚情操，自觉远离低级趣味，自觉抵制歪风邪气。严以用权，就是要坚持用权为民，按三严三实规则、按制度行使权力，把权力关进制度的笼子里，任何时候都不搞特权、不以权谋私。严以律己，就是要心存敬畏、手握戒尺，慎独慎微、勤于自省，遵守党纪国法，做到为政清廉。谋事要实，就是要从实际出发谋划事业和工作，使点子、政策、方案符合实际情况、符合客观规律、符合科学精神，不好高骛远，不脱离实际。创业要实，就是要脚踏实地、真抓实干，敢于担当责任，勇于直面矛盾，善于解决问题，努力创造经得起实践、人民、历史检验的实绩。做人要实，就是要对党、对组织、对人民、对同志忠诚老实，做老实人、说老实话、干老实事，襟怀坦白，公道正派。要发扬钉钉子精神，保持力度、保持韧劲，善始善终、善作善成，不断取得作风建设新成效。

党员干部六项承诺：坚定信念、对党忠诚，坚决维护党章权威;牢记宗旨、为民服务，切实践行群众路线;坚持原则、秉公执纪，依纪依法严惩腐败;艰苦奋斗、实事求是，大力弘扬优良作风;改革创新、敢于担当，始终保持昂扬锐气;清正廉洁、严于律已，自觉接受人民监督。

三基三化：基层执法队伍的职业化建设、基层执法站所的标准化建设、基础管理制度的规范化建设，全面推进交通运输依法行政。

六打六治：打击矿山企业无证开采、超越批准的矿区范围采矿行为，整治图纸造假、图实不符问题；打击破坏损害油气管道行为，整治管道周边乱建乱挖乱钻问题；打击危化品非法运输行为，整治无证经营、充装、运输，非法改装、认证，违法挂靠、外包，违规装载等问题；打击无资质施工行为，整治层层转包、违法分包问题；打击客车客船非法营运行为，整治无证经营、超范围经营、挂靠经营及超速、超员、疲劳驾驶和长途客车夜间违规行驶等问题；打击“三合一”“多合一”场所违法生产经营行为，整治违规住人、消防设施缺失损坏、安全出口疏散通道堵塞封闭等问题。

一带一路：“丝绸之路经济带”和“21世纪海上丝绸之路”的简称。它将充分依靠中国与有关国家既有的双多边机制，借助既有的、行之有效的区域合作平台。“一带一路”战略是目前中国最高的国家级顶层战略。

四川省道路旅客运输安全生产“六严禁”： 严禁营运客车超速行驶，严禁营运客车超员运行，严禁营运客车驾驶员疲劳驾驶，严禁不按规定时间运行，严禁站外揽客、私拉乱跑，严禁故意损毁、屏蔽GPS监控系统。

六不发航：证照不齐不发航、超载不发航、船况不良不发航、停航封渡不发航、气候不良不发航、乘客不穿救生衣不发航。

监督执纪的“四种形态”：指党内关系要正常化，批评和自我批评要经常开展，让咬耳扯袖、红脸出汗成为常态；党纪轻处分和组织处理要成为大多数；对严重违纪的重处分、作出重大职务调整应当是少数；而严重违纪涉嫌违法立案审查的只能是极极少数。

法律七进：法律进机关、进学校、进乡村、进社区、进寺庙、进企业、进单位。

PPP：指政府和社会资本合资，是公共基础设施建设中一种项目融资模式。

三大发展战略：实施多点多极支撑发展战略，构建全省竞相发展新格局；实施“两化”互动、城乡统筹发展战略，形成“四化”同步发展新态势；实施创新驱动发展战略，增强转型发展、跨越提升新动力。

放管服：“放”即简政放权，降低准入门槛；“管”即公正监管，促进公平竞争；“服”即高效服务，营造便利环境。

“四好农村路”：是中共中央总书记、国家主席、中国共产党中央军事委员会主席习近平于2014年3月4日提出的。习近平指出“要求农村公路建设要因地制宜、以人为本，与优化村镇布局、农村经济发展和广大农民安全便捷出行相适应，要进一步把农村公路建好、管好、护好、运营好，逐步消除制约农村发展的交通瓶颈，为广大农民脱贫致富奔小康提供更好的保障。”

寄递物流“三个100%”：100%做到先验视，后封箱。100%寄递物流实名制。100%通过X光机安检制度。

“四个一律”：对非法生产经营建设和经停产整顿仍未达到要求的，一律关闭取缔；对非法违法生产经营建设的有关单位和责任人，一律按规定上限予以经济处罚；对存在违法生产经营建设行为的单位，一律责令停产整顿，并严格落实监管措施；对触犯法律的有关单位和人员，一律依法严格追究法律责任。

一干多支，五区协同：“一干多支”发展战略，是中共四川省委对站在新起点的四川作出的重要谋划，是促使四川走在西部全面开发开放前列的重要举措。做强“主干”，支持成都加快建设全面体现新发展理念的国家中心城市。发展“多支”，打造各具特色的区域经济板块，推动环成都经济圈、川南经济区、川东北经济区、攀西经济区竞相发展；大力促进“五区协同”发展，推动成都平原经济区、川南经济区、川东北经济区、攀西经济区、川西北生态示范区协同发展，推动成都与环成都经济圈协同发展，构建四川“一干多支、五区协同”区域发展新格局。

“四个意识”：政治意识、大局意识、核心意识、看齐意识。

“四个自信”：中国特色社会主义道路自信、理论自信、制度自信、文化自信。

“两个维护”：坚决维护习近平总书记党中央的核心、全党的核心地位，坚决维护党中央权威和集中统一领导。

“四向拓展，全域开放”：突出南向，重点对接国家中新合作机制、粤港澳大湾区、北部湾经济区，深化与南亚、东南亚等合作。提升东向，重点依托长江经济带，承接东部沿海地区和美日韩等发达国家先进生产力，加强与京津冀、长三角、中原经济区、华中经济区合作。深化西向，重点释放中欧班列（蓉欧快铁）、“空中丝绸之路”等泛欧泛亚通道能力，推进对欧高端合作。扩大北向，重点服务国家外交战略，主动参与中俄蒙经济走廊建设。同时，加强与周边省（区、市）合作，深化与扶贫协作、对口支援省份的全面合作。

“两检合一”：车辆年检（安全技术检验）和年审（综合性能检测）依法合并。

（厅史志总编室）

索引

SUOYIN

一、本索引按汉语拼音字母顺序排列。内文中包含的表格、内文插图、专文、资料在其款目后括号内分别注明“表”“图”“专”“资”，彩色插页标识注明“插”。

二、索引款目后的数字表示内容所在的页码，数字后的字母（a、b）表示栏别（即版面的左、右栏）。

A

B

C

D

E

F

G

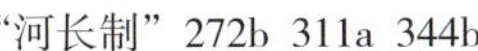

H

I

J

K

L

M

N

P

Q

R

S

T

V

W

Z